中国图书馆学会年会论文集
（2022年卷）

中国图书馆学会　编

国家图书馆出版社

图书在版编目（CIP）数据

中国图书馆学会年会论文集 . 2022 年卷 / 中国图书馆学会编 . — 北京：
国家图书馆出版社 , 2023.4

ISBN 978-7-5013-7744-2

Ⅰ . ①中… Ⅱ . ①中… Ⅲ . ①图书馆学—学术会议—文集 Ⅳ . ① G250-53

中国国家版本馆 CIP 数据核字（2023）第 007727 号

书　　名	中国图书馆学会年会论文集（2022 年卷）	
著　　者	中国图书馆学会　编	
责任编辑	刘健煊	
封面设计	耕者设计工作室	

出版发行	国家图书馆出版社（北京市西城区文津街 7 号　　100034） （原书目文献出版社　北京图书馆出版社） 010-66114536　63802249　nlcpress@nlc.cn（邮购）
网　　址	http://www.nlcpress.com
排　　版	九章文化
印　　装	河北鲁汇荣彩印刷有限公司
版次印次	2023 年 4 月第 1 版　2023 年 4 月第 1 次印刷

开　　本	787×1092　1/16
印　　张	34.25
字　　数	852 千字

书　　号	ISBN 978-7-5013-7744-2
定　　价	200.00 元

目 录

学术论文

数智时代图书馆法律引领事业高质量发展

图书馆质量评价标准、指标与机制研究

科技创新战略下信息资源建设与共享策略

中华典籍文化的继承、推广与创新

推动地方文献创造性转化，实现地域文化创新性发展

智能化环境下图书馆业务与服务创新发展

新文科背景下的图书馆学高等教育发展对策

《马拉喀什条约》实施背景下的阅读障碍文化服务提升研究

中国公共图书馆的历史经验与当代传承

公共阅读空间的创新建设与创意营造

民族文献阅读推广与民族文化传承

业务案例

"融媒体"背景下图书馆讲座与培训工作创新方案

数据生存周期框架下学术图书馆用户画像合规依据梳理

宋晨晖(莆田学院图书馆)

当前,大数据以毋庸置疑的重要性融汇于各行各业之中,"用户画像"作为驾驭大数据、实现精准服务必不可少的工具之一,得到了国内图书馆界的关注。以中国知网发文量可视化分析为例,以"用户画像AND图书馆"为主题对知网的中文发文进行检索,2014—2018年仅发表了13篇文献,2018—2021年的发文量开始激增,其中2021年发文量的预测值是123篇。已发表的文献分别从可行性层面、技术层面、实践运用层面等对图书馆运用"用户画像"进行了研究,但正如阳广元和白美程在2021年发表的《国内图书馆领域用户画像研究综述》中所指出的:当前,在国内图书馆领域关于用户画像技术的研究中"是否(有些用户画像技术)与现行法律法规冲突""是否有一套完整的保护机制为用户隐私保驾护航"等问题还未得到全面深入的研究[1]。最新颁布的《中华人民共和国数据安全法》明确指出,相关行业应当依法制定数据安全行为规范,维护数据安全,这使得对图书馆领域在使用用户画像技术过程中应依据的法律法规的梳理和研究这一基础性工作变得十分有必要。由于公共图书馆和高校图书馆在馆藏及服务范围方面都有很大的差别,为了使研究更为精准,本文以高校图书馆为具体使用场景,采用杨新涯在《学术图书馆"十四五"规划的思考》中提出的将"高校图书馆"称为"学术图书馆"的建议[2],专门对学术图书馆在使用用户画像技术时所应注意的法律合规问题进行研究。

1 定义分析

1.1 国内现行法律法规框架下关于用户画像的定义

在国内现行法律法规框架下,对"用户画像"的定义见表1。

表1 国内现行法律法规框架下关于用户画像的定义

相关规定	发布及实施时间	相关内容节选
TC260-PG-20183A《网络安全实践指南——欧盟GDPR关注点》	2018年5月25日发布	关于GDPR(欧盟通用数据保护条例),建议重点关注以下几点:…… 关注点七:对用户画像的规定 用户画像是指通过自动化方式处理个人数据的活动,用于评估、分析以及预测个人的特点方面,可能包括工作表现、经济状况、位置、健康状况、个人偏好、可信赖度或者行为表现等。如电商通过用户画像,开展广告、市场预测和推广工作。

续表

相关规定	发布及实施时间	相关内容节选
国标GB/T 35273—2020《信息安全技术　个人信息安全规范》（以下简称GB/T 35273—2020）	2020-03-06发布2020-10-01实施	3 术语和定义 3.1注3：个人信息控制者通过个人信息或者其他信息加工处理后形成的信息，例如，用户画像或特征标签，能够单独或者与其他信息结合识别特定自然人身份或者反映特定自然人活动情况的，属于个人信息。
		3.8 用户画像： 通过收集、汇聚、分析个人信息，对某特定自然人个人特征，如职业、经济、健康、教育、个人喜好、信用、行为等方面作出分析或预测，形成其个人特征模型的过程。（注：直接使用特定自然人的个人信息，形成该自然人的特征模型，称为直接用户画像。使用来源于特定自然人以外的个人信息，如其所在群体的数据，形成自然人的特征模型，称为间接用户画像。）
		7.4 用户画像的使用限制 对个人信息控制者的要求包括： a）用户画像中对个人信息主体的特征描述，不应： 　　1）包含淫秽、色情、赌博、迷信、恐怖、暴力的内容； 　　2）表达对民族、种族、宗教、残疾、疾病歧视的内容。 b）在业务运营或对外业务合作中使用用户画像的，不应： 　　1）侵害公民、法人和其他组织的合法权益； 　　2）危害国家安全、荣誉和利益，煽动国家政权、推翻社会主义制度，煽动分裂国家、破坏国家统一，宣扬恐怖主义、极端主义，宣扬民族仇恨、民族歧视，传播暴力、淫秽色情信息，编造、传播虚假信息扰乱经济秩序和社会秩序。 c）除为实现个人信息主体授权同意的使用目的所必需外，使用个人信息时应消除明确身份指向性，避免精确定位到特定个人。例如，为准确评价个人信用状况，可使用直接用户画像，而用于推送商业广告时，则宜使用间接用户画像。

从表1中能够看出，用户画像技术在现行法律法规框架下与"个人数据"或"个人信息"是高度相关的。因此，在对用户画像技术合规依据进行梳理时，与"个人数据"或"个人信息"相关的法律法规是梳理的重点之一。

1.2　图书馆界对用户画像的定义

将用户画像应用到图书馆场景中后，学者对其进行了重新定义。李业根于2014年提出，"用户画像是指在前期调研的基础上，通过对后台数据进行提取，获取有关用户信息需求的一些关键指标，形成较为清晰的图书馆文献资源主要受众和目标群体"[3]；2021年，王丽艳等人提出，"图书馆用户画像即用户信息标签化，是以图书馆服务系统及其相关平台一系列真实数据为基础，借助数据预处理、机器学习、数据挖掘、可视化等技术自动提取出个体或群体用户标签，从而建立起联系用户诉求与设计方向的目标用户模型"[4]。在用户画像定义的变化中，我们可以看出图书馆界对实际运用场景下用户画像的定义正在不断丰富。纵观当前研究脉络，虽未对用户画像这一概念有规范定义，但总的来说是指为了提高图书馆服务的精确性，对用户的真实数据进行标签化处理后得到的可视化结果。由此可以看出，图书馆用户画像具有鲜明的大数据属性。《中华人民共和国国民经济和社会发展第十四个五年规划和2035年远景目标纲要》指出，应"充分发挥海量数据和丰富应用场景优势"，"强化数据资源全生命周期安全保护"。这要求我们必须细致梳理具体场景下图书馆用户画像在其不同数据生命周期中的合规问题，只有这样才能在确保安全合法的前提下最大限度地发挥其应用场景优势。

1.3　学术图书用户画像的具体内容

传统的学术图书馆因其丰富的馆藏资料在高校中占据支柱地位，然而，近年来学术图书馆的生存空间受到了大数据的严峻挑战，拓展图书馆服务边界成为学术图书馆"十四五"规划研究的热点之一。因此，相比传统的学术图书馆，新时代的学术图书馆构建的用户画像具有更丰富的维度。

1.3.1　读者画像

从2019年杨帆的《画像分析为基础的图书馆大数据实践——以国家图书馆大数据项目为例》[5]、2020年李春秋的《基于用户画像的智慧图书馆个性化服务研究》[6]、2021年李宝的《基于用户画像的高校图书馆个性化资源推荐服务设计》[7]等研究中，可以归纳出传统学术图书馆的读者画像由读者的个人属性信息，读者入馆行为、阅读行为等数据构成。从2019年刘相金等人的《大数据环境下基于用户画像的学术文献推荐系统研究》[8]、同年彭程程等人的《"智慧校园"学者画像系统研究》[9]、2021年顾亦然等人的《学术资源推荐服务中多维度用户画像构建》[10]等研究中，可以归纳出学术图书馆构建的读者画像还需要涵盖读者的学术行为、科研行为等维度的数据。

1.3.2　资源画像

关于资源画像的研究较少，杨帆在2019年发表的《画像分析为基础的图书馆大数据实践——以国家图书馆大数据项目为例》一文中主要针对公共图书馆的馆藏资源及其借阅行为数据进行资源画像构建。2021年肖敖夏等人的《基于Session识别的高校图书馆电子资源用户访问行为画像分析》[11]，张惠的《基于用户视角的图书馆特色数据库建设再思考》[12]等研究，为学术图书馆对拥有使用权的电子资源的内容和使用行为进行画像提供了理论基础。

1.3.3　科研团队画像

仅开展传统业务的图书馆不涉及科研团队画像，从2020年莫君兰的《基于多源异构数据的科研团队画像构建方法》[13]、同年刘邦国的《面向学科服务的用户画像研究》[14]中可以看出，学术图书馆除了对读者个人科研行为进行画像，还很有必要对学校科研团队进行集体画像，其主要是指对团队总体基金、成果、评价与成员个人信息、成员合作关系等信息进行组合分析后形成的数据描述，从而能够全面、客观地对科研团队进行评估，提高团队决策效率和团队管理部门对科研团队的管理效率。

1.3.4　其他维度用户画像

大数据带来的挑战和机遇并存，学术图书馆不仅承担着为学校科研提供服务的责任，自身也肩负科研重担。随着智慧型图书馆逐渐成为学术图书馆的建设目标，拥有情报分析技能优势的学术图书馆必然能够开发出维度更为丰富的用户画像。

2 学术图书馆用户画像的数据生存周期研究

通过相应的研究,我们可以看到,用户画像技术已经与学术图书馆这一实际应用场景接轨。在安全和法治意识不断提升的今天,我们应进一步从合规角度为用户画像技术保驾护航。正如前文所述,用户画像技术具有显著的大数据属性,大数据的5V特性虽然加剧了其合规风险,但大数据本身具备的生存周期却有一个相对稳定的框架,这为学术图书馆用户画像合规研究提供了一个良好的切入点。

2.1 数据生存周期框架的定义

《信息安全技术数据安全能力成熟度模型》(GB/T 37988—2019)(以下简称GB/T 37988—2019)指出,衡量数据过程安全是保障数据建设安全的维度之一,并对数据生存周期进行了明确的定义:一般数据需要经历采集、传输、存储、处理、交换、销毁六个生存周期。

数据生存周期分为以下6个阶段:

a)数据采集:组织内部系统中新产生数据,以及从外部系统收集数据的阶段;

b)数据传输:数据从一个实体传输到另一个实体的阶段;

c)数据存储:数据以任何数字格式进行存储的阶段;

d)数据处理:组织在内部对数据进行计算、分析、可视化等操作的阶段;

e)数据交换:组织与组织或个人进行数据交换的阶段;

f)数据销毁:对数据及数据存储媒体通过相应的操作手段,使数据彻底删除且无法通过任何手段恢复的过程。

特定的数据所经历的生存周期由实际的业务所决定,可为完整的6个阶段或是其中的几个阶段。

2.2 数据生存周期框架下的学术图书馆用户画像

GB/T 37988—2019中提出,具体数据经历的生存周期具有不同特征。为了确保学术图书馆用户画像所涉及的数据合规安全,需要将学术图书馆用户画像所涉及的数据一一纳入生存框架中就其全过程进行具体分析。

2.2.1 数据采集

学术图书馆构建用户画像数据需要采集的数据包括读者身份数据、服务内容数据、服务衍生数据等,具体有以下内容:

(1)读者画像。由于学术图书馆需要面对学生、教师、科研人员等不同层次的读者,因而需要收集的数据的侧重点不尽相同。但是总的来说,需要涵盖的数据包括读者个人属性数据(如姓名、性别、联系方式、学籍信息、工作年限、专业背景、研究方向、现有科研成果),行为属性数据(如与图书馆的交互情况、检索内容、科研笔记),风格属性数据(如学术动机、兴趣方向、认知风格)等。学术图书馆主要可以通过个人填写、RFID技术、传感器、图书馆及学校相关部门业务系统采集、学术数据库采集、网络爬虫对读者网络行为抓取等方式对读者的结构化、半结构化、非结构化数据进行采集。在采集过程中应关注对这些个人数据的采集是否合规。

(2)资源画像。图书馆的资源种类包括正式出版的纸质图书、民间收集的特色文献、外购数据库、自建数据库、多媒体资源库等,但大致来说分为纸质资源和数字资源两种。关于纸质资源的画像需要收集资源的馆藏地点、编目数据、被借阅频次等数据,数字资源的画像需要收集电子资源内容信息、读者浏览电子资源的行为信息等数据(包括浏览时长以及下载、收藏等行为)。同时,还需收集使用该资源的读者个人信息、读者对资源的评论等交互信息配合以上数据,最终形成完整的资源画像。这些数据可从图书馆业务管理系统、图书馆微信网站等官方平台、读者社交平台、资源系统日志等渠道获取。在收集资源画像数据时,除了不得过分收集读者的个人行为信息,还要注意与知识产权保护相关的法律法规对图书馆使用各类资源的相关限制。

(3)科研团队画像。科研团队主要需要收集成员基本信息(姓名、性别、职称等)、成员学术行为(研究方向、参加学术会议情况、个人学术习惯、个人研究成果等)、团队合作关系(团队基金、个人在团队中的地位等)、团队科研成果(文章、项目、专利等)四个维度的数据。这些数据可通过个人填写、数据库导出、网络抓取等方式从电子文献库、国家基金网、国家知识产权局网络、学术网站等来源中获取。因此,在采集过程中,还需要注意从国家政务系统中获取数据的合规方式。

2.2.2　数据传输

在数据采集阶段我们可以看到学术图书馆用户画像的数据来源十分复杂,这给数据的安全传输带来了更大的挑战。传统学术图书馆的数据业务主要在校园网区域内开展,例如与校园一卡通、学校人事及教务系统之间的数据传输等,而大数据时代的学术图书馆还需要实现与数字资源服务平台、国家政务系统、社交网络平台、移动终端设备等的数据传输。这使得用户画像技术的传输过程需要面对来自内部校园网和外部互联网的双重压力。就校园网来说,校园网用户多采用明文传输;就互联网来说,由于互联网端用户访问控制难度大,使得数据在传输过程中存在被窃取的风险。此外,由于当前学术图书馆用户的数字素养普遍不高,而学术图书馆用户画像的科研价值较高,因而用户极易被黑客攻击从而造成数字转移风险,其危害也从泄露个人信息到泄露国家重点科研数据不等。因此,运用学术图书馆用户画像技术时一定要依规对数据进行加密管理、访问控制管理、可信连接验证管理,并充分开发区块链技术,以保障大数据传输安全。

2.2.3　数据存储

大数据的存储是用户画像技术的重要前提之一,安全的数据存储空间为用户画像技术提供保障:所需数据在被采集后,将被传输至学术图书馆的存储空间中进行进一步的清洗、匿名化、去标识化处理,然后再被存储。学术图书馆中所需要存储的数据主要为业务数据以及应用数据等结构化数据,然而用户画像技术需要存储的数据除了资源对象数据,还有大量的读者行为数据,为此,许多学者已经对学术图书馆用户画像技术的数据存储问题进行了研究:杨帆等人提出,图书馆在面临大数据时"有一些读者的网络行为数据不仅没有得到有效利用,反因数据存储容量过大而被定期清除"[15];叶春蕾提出,大数据要求图书馆的存储系统需要具备高吞吐量,而传统数据库在容量和数据结构上难以适应半结构和非结构化数据[16];周莉提出,"非法篡改存储数据和黑客盗取用户信息是移动图书馆用户画像数据存储的主要问题"[17]。当前的研究还提出利用分布式存储、分布式重复删除系统、Hadoop生态系统、区块链技术等来改善学术图书馆用户画像技术存储空间的负载均衡策略、副本策略、篡改防范策略,这为用户画像数据的存储安全提供了强大的技术保障。然而,仅依靠技术是不够的,强大的技术还需要对照规范为数据服务,才能最大限度确保数据存储安全。

2.2.4 数据处理

数据处理赋予大数据新生:看似无序的读者行为数据和海量的资源数据经过算法关联处理后,将用户个人或团体使用图书馆的情况、资源被使用情况等以美化后的标签集图形加以展示,从而帮助图书馆及用户揭示用户与用户、用户与资源之间的联系,达到"为用户找资源,为资源找用户"的目的。当前,关于实现学术图书馆用户画像的研究提出了许多创新性的数据处理方法,如肖敫夏等人提出可基于关联规则"利用序列模式挖掘算法对操作序列进行挖掘",并利用Tagxedo在线可视化工具来构建读者利用电子资源的画像[18]。杨传斌提出,"将数据通过Sqoop或者编程导入HDFS,再通过Hive编写UDF"来构建校园图书馆动态用户画像[19]。董婕在其硕士学位论文中对构建图书馆用户画像过程中的数据处理流程进行了详细的应用研究[20]。数据处理技术的日趋成熟使学术图书馆用户画像得以更加精准,同时也对数据所涉及的法律和伦理带来冲击:数据处理技术的"黑箱性"将导致难以问责性、通过用户画像进行精准推送容易使用户陷入"信息茧房"等问题逐渐引起了学者的重视。姜野提出,算法不是法外之地,不能完全依靠行业自我规制[21],数据处理技术的合规性成为当前的研究热点之一。

2.2.5 数据交换

学术图书馆用户画像面对的数据交换对象比较多元,大致可以分为与学校内部组织的数据交换、与商业数据库的数据交换、与政务数据信息共享系统的数据交换、与图书馆联盟校间的数据交换等。从学校内部来说,需要与图书馆馆内门禁、业务系统,学校数据中心、教务、人事、科研等信息系统进行数据交换,这可以极大地改善校内的"数据孤岛"情况。校内数据交换一般采用视图、数据库直连、接口、手工交换等方式进行。然而,由于高校师生数据安全素养普遍不高,容易产生管理账户被违规操作的风险,使得数据交换过程难以追溯和控制[22]。从学校外部来说,需要与合作学术数据库、国家政务与科研数据信息库交换资源和行为数据,在数据交换授权方面需要采用更多的交换对策。知识产权安全隐患、科研数据安全隐患等是数据交换过程应该规避的问题。除此以外,学术图书馆还承担着开展文献传递、馆际互借、服务社会等职责,这要求在为了实现用户画像而进行数据交换的过程中要依规严控数据交换接口安全,明确事务标记,建立数字资源目录,划分数据安全等级,对数据进行脱敏处理,加强分用户授权及身份鉴别管理,对数据交换过程进行把控,从而保障数据交换安全。

2.2.6 数据销毁

学术图书馆用户画像数据的销毁主要分为用户个人信息数据的销毁、用户行为数据的销毁、资源数据和安全记录数据的销毁等。从读者个人用户画像角度来说,涉及数据销毁操作的有流失用户整体账户数据的销毁,例如:离校人员、出于个人意愿注销账户人员申请进行数据销毁;读者对单条或多条个人信息数据、行为数据的销毁,例如读者对自己某条个人属性数据的销毁或读者对误检索数据记录的销毁。从资源用户画像角度来说,涉及数据销毁操作的有失效资源、失去使用权资源、涉密资源、错误资源等数据的销毁。从科研团体用户画像角度来说,涉及团队整体画像数据的删除、团队成员数据的删除、团队科研数据记录的删除等。从安全记录数据的销毁角度来说,注销不仅仅是简单的删除操作,而是将元数据及元数据实体从存储系统中删除的操作,具有不可恢复性,这要求用户画像在执行数据销毁操作时要十分谨慎,既要兼顾用户销毁数据的合法权益,又要依规规避销毁操作对算法系统以及算法安全过程审计带来不可恢复的损害。

3 各数据生存阶段学术图书馆用户画像合规依据梳理

GB/T 37988—2019对不同安全等级要求下不同数据生存阶段应该具备的PA（过程域）、BP（基本域）安全能力进行了详细的规范，给学术图书馆构建用户画像提供了安全建设依据。同时，该标准还将合规管理作为保障数据安全建设的通用安全标准之一，并对组织应具备的合规能力也进行了等级划分。但该标准并未对照不同生存阶段的数据合规依据具体展开梳理，使得学术图书馆在进行合规管理时面对繁杂的法律法规无从入手。因此，本文将对照我国现有适用法律法规，对构建用户画像所涉及数据的不同生存周期进行合规依据梳理，以期为学术图书馆在构建用户画像时进行必要的合规管理提供参照。

3.1 数据采集

3.1.1 个人信息采集

虽然《互联网个人信息安全保护指南》指出，用户画像在应用于精准服务时，可事先不经用户明确授权而采集个人信息，但仍指出应确保用户有反对权和拒绝权。《数据安全管理办法（征求意见稿）》指出，网络运营者间接采集信息时，与第三方平台负有同等义务和责任，这要求学术图书馆为构建用户画像进行个人信息采集时应该注重合规审查。在我国当前个人信息和数据领域的法律框架下，《中华人民共和国民法典》《中华人民共和国数据安全法》《中华人民共和国网络安全法》等多部法律都要求个人信息采集必须遵循合法、正当、必要原则，在《App违法违规收集使用个人信息自评估指南》《中华人民共和国个人信息保护法》《数据安全管理办法（征求意见稿）》等文件中对自动化手段收集个人信息等数据采集都有所规定。当前，学术图书馆为实现用户画像采集个人信息时，还可以具体依照《互联网个人信息安全保护指南》中的"收集""应用"，GB/T 35273—2020中的"个人信息采集"，《网络安全实践指南——移动互联网应用基本业务功能必要信息规范》中的"个人信息收集原则""通用功能相关必要信息"，《信息安全技术 公共及商用服务信息系统个人信息保护指南》（GB/Z 28828—2012）（以下简称GB/Z 28828—2012）中的收集阶段等进行合规审查。

3.1.2 资源的收集

关于资源的收集一般需要关注的是资源收集行为是否侵犯《中华人民共和国知识产权保护法》《科学数据管理办法》等的相关规定。在知识产权方面，《中华人民共和国著作权法》《信息网络传播权保护条例》《中华人民共和国著作权法实施细则》等法律法规为图书馆提供了"合理使用"资源的避风港，同时制定了任何组织不得故意避开或者破坏资源的技术保护措施等原则，《中华人民共和国刑法》也通过"侵犯著作权罪""非法侵入计算机信息系统罪"等对违规数据采集行为提供了量刑依据。当需要采集专利成果等资源时，需要与国家政务系统对接，此时应该依照《信息安全技术 政务信息共享数据安全技术要求》（GB/T 39477—2020）（以下简称GB/T 39477—2020）对学术画像技术进行合规审查后，方可申请采集相关信息。在科学数据采集方面，《科学数据管理办法》规定，相关组织应该按照相关标准规范开展科学数据采集工作，在科学数据采集方面应对照此章节进行合规审查。以上法律法规都是学术图书馆在资源收集时应关注的合规点。

3.2　数据传输

《中华人民共和国民法典》《中华人民共和国网络安全法》《中华人民共和国广告法》《中华人民共和国反恐怖主义法》《关于加强网络信息保护的决定》《互联网信息服务管理办法》《公安机关互联网安全监督检查规定》等法律法规都提出，当服务提供者发现所传输信息含有不合规信息时，应当停止传输，保存有关记录并通知有关机构阻断非法信息;《中华人民共和国刑法》更是将为犯罪者提供非法传输接入口定性为"帮助信息网络犯罪活动罪";《关于依法惩处侵害公民个人信息犯罪活动的通知》也对企事业单位工作人员非法传输个人信息以牟利的行为做出了必须"正确适用法律""依法加大打击力度"的提醒。此外，关于数据传输的安全规范较集中见于跨境传输的安全规制，例如GB/T 35273—2020、《网络安全实践指南——欧盟GDPR关注点》、《个人信息和重要数据出境安全评估办法（征求意见稿）》都将数据传输的安全关注点放在跨境传输上。但是当前学术图书馆在构建用户画像时涉及跨境传输的情况比较罕见，主要的合规依据见于"网络等级保护2.0"框架中:学术图书馆可根据《信息安全等级保护管理办法》，对所采集的个人信息、资源信息做好自查并进行定级后，对照《信息安全技术　网络安全等级保护设计技术要求》（GB/T 25070—2019）（以下简称GB/T 25070—2019）附录C《大数据设计技术要求》中所在等级关于通信网络安全的技术要求以及GB/T 35273—2020的个人敏感信息传输条款规范进行合规审查，以保障数据传输全过程的完整性和保密性。

3.3　数据存储

《中华人民共和国民法典》指出，信息处理者必须采取必要措施确保个人信息存储安全;《中华人民共和国数据安全法》《中华人民共和国网络安全法》《关键信息基础设施安全保护条例（征求意见稿）》《互联网个人信息安全保护指南》等法律法规则进一步提出，境内收集的数据应当在境内存储，未经允许不得向境外机构提供存储于境内的数据，存储数据应实行保密、分类、容灾备份管理等规定。在数据存储时长方面，除了上述法律法规提出的对于用户网络数据、日志的数据至少留存60天（特殊规定的除外），GB/T 35273—2020还对个人信息的存储提出了保存时间最小化、去标识化处理、个人敏感信息的存储原则。在数据存储安全实践层面，《互联网个人信息安全保护指南》、GB/T 35273—2020、《信息安全技术　个人信息去标识化指南》（GB/T 37964—2019）、《信息系统密码应用基本要求》（GM/T 0054—2018）、GB/T 39477—2020、《信息安全技术信息系统灾难恢复规范》（GB/T 20988—2007）等从人员管理及技术层面为学术图书馆构建用户画像的数据存储阶段提供了合规审查依据。

3.4　数据处理

在当前法律框架下，数据处理有广义和狭义之分。本文所提及的数据处理采用的是GB/T 37988—2019中对数据处理的狭义定义，主要指对存储数据进行自动化处理使数据得以被用户所理解的过程。自动化数据处理作为一种技术手段是中立的，但若不加以控制将造成"数据鸿沟"。2019年以来，法律界正不断摸索通过立法的方式对自动化数据处理进行规制，《中华人民共和国个人信息保护法》《数据安全管理办法（征求意见稿）》都提出自动化决策算法必须为用户提供停止接收定性信息的功能，同时使用者享有要求解释及拒绝权，以避免算法歧视、"信息茧房"等情况的发生。同时，研究表明，利用用户画像进行自动化精准推送会对读者形成规训[23],《网络信息内容生态治理规定》也提出,应鼓励数字阅读平台等建立人工干预和用户自主选择的信息推荐机制,积极宣传主流价值导向的信息内容,防范、抵制不法宣传内容。学术图书馆作为宣扬社会主义核心价值观的前沿阵地,其构建的用户画像模型在优化网络信息内容生态方面有极高的价值,因此必须依规对数据处理技术进行审查,从而确保所构建的用户画像符合GB/T 35273—2020中对用户画像使用限制的规定。在技术标准层面,GB/Z 28828—2012中的"加工阶段"、《互联网个人信息安全保护指南》中的"通信网络安全"、GB/T 39477—2020中的"数据安全"等都对狭义的数据处理提供了合规依据,《国家网络安全事件应急预案》、《信息安全等级保护管理办法》、《信息安全技术 个人信息安全影响评估指南》(GB/T 39335—2020)(以下简称GB/T 39335—2020)等对数据处理系统被破坏造成安全事件的后果进行了等级评定,《信息安全技术机器学习算法安全评估规范》也于2021年5月发布了意见征求稿,不断完善的法律法规将为数据处理提供更具针对性的合规依据。

3.5 数据交换

在数据的交换过程中,应该从学术图书馆用户画像的个人数据属性、资源数据属性、科学数据属性三个方面对数据交换时应该注意的问题进行审查。个人数据属性方面:《最高人民法院、最高人民检察院关于办理侵犯公民个人信息刑事案件适用法律若干问题的解释》指出,违规交换个人信息属于《中华人民共和国刑法》规定的"以其他方法非法获取公民个人信息",属于"侵犯公民个人信息罪";《最高人民法院关于审理利用信息网络侵害人身权益民事纠纷案件适用法律若干问题的规定》《检察机关办理侵犯公民个人信息案件指引》《最高人民法院、最高人民检察院、公安部关于依法惩处侵害公民个人信息犯罪活动的通知》等司法解释也从个人信息层面指出数据交换过程中应该注意的问题。在资源数据属性方面,《最高人民法院关于审理侵害信息网络传播权民事纠纷案适用法律若干问题的规定》对数据交换过程中资源数据交换过程中应注意的问题进行了梳理。此外,学术图书馆还应该对照自己所属的图书馆联盟所制定的资源共享规范进行合规性审查。在科学资源属性方面,可以对照《国家政务信息化项目建设管理办法》《科学数据管理办法》等法规进行对照审查。最后,在具体技术标准上,GB/T 39335—2020、《信息安全技术 网络安全等级保护基本要求》(GB/T 22239—2019)(以下简称GB/T 22239—2019)、GB/T 25070—2019、GB/T 39477—2020等从交换接口安全、事务标记、资源目录建立、身份鉴别、访问控制、安全区域边界、外部人员访问管理、操作抗抵赖、过程追溯、数据加密防泄露等方面对不同等级数据交换安全提出技术规范,《互联网个人信息安全保护指南》《电信和互联网用户个人信息保护规定》GB/T 35273—2020、GB/Z 28828—2012也从个人信息交换角度对数据交换提出可参照的安全规范。

3.6 数据销毁

对超过业务存储能力的、失去使用或被监管价值的数据予以规范的销毁操作是用户画像作为大数据生存的最后阶段。当前的法律框架主要从个人信息保护层面、知识产权保护层面、系统安全保护层面对数据销毁制定了相应的规定。从个人信息保护层面来说,主要从个人信息的删除和账户的注销方面进行规定。《中华人民共和国民法典》《数据安全管理办法》《网络安全标准实践指南——移动互联网应用程序(App)个人信息保护常见问题及处置指南》《中华人民共和国网络安全法》《关于加强网络信息保护的决定》《电信和互联网用户个人信息保护规定》《个人信息保护法》等赋予个人要求数据处理者注销个人相关数据的权利,GB/T 35273—2020、《互联网个人信息安全保护指南》、GB/Z 28828—2012专门列出个人信息的删除或注销、个人账户的注销等要点为个人信息数据的销毁提供了合规依据。在知识产权保护层面,除了应对照《中华人民共和国著作权保护法》《信息网络传播权保护条例》等知识产权相关法律法规对侵权资源进行数据销毁,还应该参考《科学数据管理办法》,要求数据主管部门建立健全制度对涉及国家秘密的数据进行销毁,以及依据GB/T 39477—2020中的"数据销毁"等要点进行合规审查。最后,在系统安全保护层面,《中华人民共和国刑法》《数据安全管理办法(征求意见稿)》《规范互联网信息服务市场秩序若干规定》等法律法规都对数据处理者做出不得非法销毁数据、数据销毁应进行事前安全审计、停止使用系统时要依法对数据进行销毁、数据销毁时应通知上下游用户等规定,GB/T 22239—2019等标准则从离岗管理人员信息的注销、安全审计、访问控制时应销毁的数据、废弃存储设备处理等方面为学术图书馆处理好用户画像这一大数据产品最后的生存阶段提供了合规审查依据。

大数据技术的飞速发展给数据安全管理带来了前所未有的挑战,在这一背景下,为开展数据安全管理指明方向的基础性法律《中华人民共和国数据安全法》应运而生。《中华人民共和国数据安全法》提出,数据管理者要建立数据分类分级保护制度、开展全流程数据安全管理制度、开展合规审查及风险评估工作,这就要求学术图书馆作为图书馆用户画像的数据管理者应全面梳理业务流程,开展数据流安全管理。但当前具体的行业数据规范仍在向社会征求意见,在此阶段本文根据学术图书馆用户画像的具体业务流程,对照现有的相关法律、法规、国标进行梳理,试图在繁杂的法律框架中帮助学术图书馆用户画像技术在隐私保护政策的设置、服务页面设计、业务流程设计、研发运维设计等实务过程中找到审查依据,期望能够为图书馆行业的数据合规标准设计研究提供有益的思路。

参考文献

[1] 阳广元,白美程.国内图书馆领域用户画像研究综述[J].图书馆理论与实践,2021(3):95-10.

[2] 杨新涯.学术图书馆"十四五"规划的思考[J].高校图书馆工作,2020(5):12-15,33.

[3] 李业根.基于大数据的图书馆信息营销策略[J].图书馆学刊,2014(10):7-9.

[4] 王丽艳,郭春侠.图书馆用户画像研究现状及趋势[J].图书馆界,2021(2):65-70,94.

[5] 杨帆.画像分析为基础的图书馆大数据实践——以国家图书馆大数据项目为例[J].图书馆论坛,2019(2):58-64.

[6] 李春秋.基于用户画像的智慧图书馆个性化服务研究[J].阜阳职业技术学院学报,2020(4):69-72.

[7] 李宝.基于用户画像的高校图书馆个性化资源推荐服务设计[J].新世纪图书馆,2021(4):68-75.

[8] 刘相金,王梦菊.大数据环境下基于用户画像的学术文献推荐系统研究[J].河南图书馆学刊,2019(12):113-114,119.

[9] 彭程程,吴斌."智慧校园"学者画像系统研究[J].数字图书馆论坛,2019(2):2-11.

[10] 顾亦然,郭玉雯.学术资源推荐服务中多维度用户画像构建[J].软件导刊,2021(4):101-105.

[11][18] 肖敖夏,董嘉慧,刘华玮,等.基于Session识别的高校图书馆电子资源用户访问行为画像分析[J].图书馆杂志,2022(1):98-105.

[12] 张惠.基于用户视角的图书馆特色数据库建设再思考[J].情报探索,2021(3):107-113.

［13］莫君兰.基于多源异构数据的科研团队画像构建方法[D].西安:西安电子科技大学,2020.

［14］刘邦国.面向学科服务的用户画像研究[D].镇江:江苏大学,2020.

［15］杨帆,张红,薛尧予.基于核心业务系统的图书馆大数据平台构建策略研究[J].图书馆学研究,2017（6）:38-42,86.

［16］叶春蕾.基于Hadoop的高校图书馆大数据关键技术研究[J].数字图书馆论坛,2017（5）:33-38.

［17］周莉.基于区块链技术的移动图书馆用户画像数据管理策略研究[J].图书馆工作与研究,2021（7）:49-57.

［19］杨传斌.智慧校园环境下图书馆动态用户画像构建方法[J].大学图书情报学刊,2021,39（2）:73-77,139.

［20］董婕.基于"读者画像"的图书馆个性化信息推荐系统构建研究[D].扬州:扬州大学,2021.

［21］[23］姜野.算法的法律规制研究[D].长春:吉林大学,2020.

［22］王晓震,金培莉,陈瑛,等.高校数据中心数据安全风险分析及对策研究[J].北京联合大学学报,2021(3):53-59.

图书馆外购数据库涉诉案实证研究[*]

李丽芳（国家图书馆）　刘振民（中国政法大学）

随着网络数字技术的发展，公众对数字资源的需求日益增加。数据库作为数字资源的主要载体，更是成为图书馆信息资源建设的重要对象[1]。图书馆的数据库建设有两种方式：一种是自建，主要是通过馆藏特色资源数字化获得；另一种是引进，主要是通过商业数字资源采购获取。对于现当代作品，通过购买商业数据库获得使用授权是解决其版权问题的一种主要途径[2]。

近年来，图书馆著作权侵权案件频发，其中绝大多数是因购买商业数据库涉嫌侵犯信息网络传播权案件。究其原因，一方面，在网络环境下，图书馆对数字资源的利用，既不能以适用于纸质资源的权利穷竭原则抗辩，一般也不具备合理使用或法定许可规定的条件；另一方面，商业数据库由数据库商提供，图书馆对数据库内容无法掌控。这使得这些案件有一个共同点，即图书馆因与其合作的数据库提供商的过错而作为共同被告被拖入侵权诉讼[3]。产生这一现象的根源在于"作者—出版社—数据库提供商—图书馆"这条法律关系链过于复杂，数据库所含作品量巨大，任何一个作品的任何一个环节的授权出现瑕疵，都会导致图书馆对数据库中相关作品失去权利基础，从而引发侵权诉讼。

1　研究方法与样本选取

本文将采用实证分析方法，以北大法宝案例库中图书馆因外购数据库涉诉案为统计和研究对象，从判决结果和法官的释法说理中探寻司法实务界对图书馆行为性质的认定、法律适用以及对该类案件认识上的变化。

1.1　数据检索

本文侧重于从宏观上、整体上对图书馆外购数据库涉诉案进行研究，因此，全面、准确的样本统计对保证结论的客观真实至关重要。收录国内法院判决较全的数据库有中国裁判文书网、北大法宝案例库、中国审判案例数据库。经仔细比对后，本文选择案件收录最全的北大法宝案例库作为数据检索对象，以北大法宝案例库中所有案例为检索范围（截至2022年2月10日）。

本次研究以各级公共图书馆和高校图书馆为研究对象。为保证案件的检全率，检索分三

＊　本文的研究对象仅限于公共图书馆和高校图书馆，文中除"1.1　数据检索"段落外，其余部分提到的"图书馆"包含公共图书馆和高校图书馆。

次进行。第一次检索，以"当事人"为"图书馆"、"案由"为"著作权权属、侵权纠纷"、"文书类型"为"判决书"进行组合检索。第二、三次检索，以"当事人"分别为"大学"和"学院"，"全文"含"图书馆"，其他检索条件不变，进行组合检索。之所以进行三次检索，是因为高校图书馆不具有独立的诉讼主体资格，只能以所属高等院校名义参与诉讼，以"当事人"为"图书馆"检索时，高校图书馆涉诉的案件往往不在搜索结果范围内。为避免以"大学"或"学院"为"当事人"导致的搜索结果范围过大，增加"全文"中含"图书馆"作为限制条件。

北大法宝案例库在依据案由归类案件时，部分案件因原告以"著作权被侵犯"为由起诉而未被细分到"侵害作品信息网络传播权纠纷"这一更为专指的层级概念。为了提高数据筛选的全面性、网罗性，本文选择其上位层级概念"著作权权属、侵权纠纷"作为案由检索条件。为进一步避免遗漏案件，在其他检索条件不变的情况下，本文另选择"其他知识产权与竞争纠纷"作为案由检索条件。

"文书类型"之所以选择"判决书"是因为判决书解决的是实体法律关系问题，体现了法官对行为是否构成侵权以及责任如何认定的见解和评判。裁定书主要解决的是程序问题，调解书更多地体现了当事人的意志，两者均不能充分体现法官对案件实体问题的看法。

1.2 数据处理

1.2.1 排除不相关案例

首先，逐一查看判决书，排除当事人名称中含"图书馆"，但并非公共图书馆或高校图书馆的案例，如厦门市简帛图书馆、国家图书馆出版社等。其次，排除非因外购数据库引发的信息网络传播权诉讼案，如因公共图书馆或高校图书馆自建数字资源、公众号转载文章、文献传递等引发的案件不在本文研究范围。最后，排除虽然是图书馆因外购数据库涉诉，但因为原告不具有诉讼主体资格或数据库商有合法授权而判决原告败诉的案件。最终保留的只是公共图书馆或高校图书馆因外购数据库中含有数据库商未取得合法授权的作品而被权利人起诉的案件。

1.2.2 合并类案

类案大致可以被分为以下三种情况。

情况一：案件的原告、被告等当事人相同，审理法院相同，只是因涉案作品不同而被作为不同案件立案审判的案件。该类案件的原告通常是拥有作者授权的出版社或版权代理公司，被告为同一数据库商和图书馆，就同一数据库中的多个作品向同一法院起诉，如北京大学出版社诉北京世纪超星信息技术发展有限责任公司、绵阳市图书馆侵犯作品信息网络传播权案，一、二审判决书的数量各自多达110件。这些案件由同一法院甚至是相同的法官在同一时期审理，对图书馆行为性质的认定和法律的适用无异，因此将其作为一个样本案例加以研究。

情况二：不同原告以各自作品被同一被告的同一数据库收录引发侵权为由，于同一时期向同一法院分别起诉，甚至各案件的审理法官均相同，判决理由也基本无异，此类案件被当作一个样本案例看待，如表1中2号、11号案例。

情况三：将同一纠纷的一审、二审、再审案件视为一个样本案例，以最终生效的判决作为研究样本。

按照以上标准检索、处理数据后，最终得到样本案例29个，依据案例审结时间由近及远的顺序排列，详见表1。

表1 案例样本统计表

编号	主要当事人	生效判决法院及样本案号	审结年	一审案件数量/件	二(再)审案件数量/件	图书馆责任	服务方式	与图书馆有关的裁判要点
1	北京世纪读秀技术有限公司(简称读秀);北京世纪超星信息技术发展有限责任公司(简称超星公司);北京君贤林文化传媒有限公司;苏州图书馆	北京知识产权法院(2021)京73民终3490号	2019—2021	23	42	不赔偿	远程访问(链接)	网页明显由苏州图书馆的网站页面跳转至读秀网站页面,苏州图书馆通过读秀网站的链接服务,远程访问到上传到网络服务器等方式提供在线阅读服务,其并未实施提供法律规定的上传到网络服务器等方式的采购方而非共建方。苏州图书馆作为在线阅读服务的采购方,现有证据无法证明其在在线阅读涉案图书中具有明知或应知的过错,且涉案图书现已删除,故苏州图书馆不构成侵权。
2	四川大学;顾保孜/刘素朝/王胜朝/刘素朝;北京勋腾高科技术有限公司(简称勋腾高科公司)	北京知识产权法院(2020)京73民终2992号	2020—2021	6+8+6	6+8	连带赔偿	原告主张张本地存储(本地存储),被告主张远程访问(链接)	涉案远程镜像是否为链接接技术服务,以及涉案作品存储的服务器位置,应当由四川大学提供证据予以证明。四川大学未提供相应的证据的主张,本院关于不予采信。四川大学以分工合作的方式向勋腾高科公司系以分工合作的方式向勋腾高科公司提供涉案作品,一审法院认定四川大学与勋腾高科公司构成共同侵权,处理并无不当。
3	中国社会科学出版社(简称社科社);超星公司;读秀;湖北省图书馆	北京知识产权法院(2020)京73民终143号	2019—2020	10	10	不赔偿	远程访问(链接)	被诉图书系存储于超星公司的服务器中,由超星公司向公众网络向公众提供,并使公众可以在选定的时间和地点获得被诉图书。湖北省图书馆提供被诉图书供读者阅读的被诉图书电子资源系从超星公司处采购,并通过远程访问方式进行使用,社科社亦无证据证明其与超星公司具有分工合作的主观意思联络,故湖北省图书馆不构成侵权,不应与超星公司承担连带侵权责任。

续表

编号	主要当事人	生效判决法院及样本案号	审结年	一审案件数量/件	二(再)审案件数量/件	图书馆责任	服务方式	与图书馆有关的裁判要点
4	超星公司;北京大学出版社有限公司;绵阳市图书馆	北京知识产权法院（2020）京73民终255号	2018—2020	110	110	连带赔偿	镜像（本地存储）	超星公司系通过镜像技术将电子图书完全复制到绵阳市图书馆本地服务器，并持续提供本地更新服务。故超星公司与绵阳市图书馆通过分工合作的方式通过信息网络向不特定公众提供涉案作品。
5	超星公司;对外经济贸易大学（简称对外经贸大学）;王瑞兰;罗旸	北京知识产权法院（2019）京73民终1984号	2018—2020	2	2	不赔偿	远程访问（链接）	一审：对外经贸大学与超星公司构成分工合作。二审：对外经贸大学并未将涉案作品复制、存储在其控制的服务器中。由于对外经贸大学仅实施了设链行为，其无法直接控制被链网站的内容提供，因而不能苛责对外经贸大学进行逐一的审查。在没有证据证明对外经贸大学对涉案作品通过被链网站传播系其明知或应知的情况下，不能仅以对外经贸大学与超星公司之间存在合作协议，即认定双方就提供涉案作品存在主观意思联络。
6	社科社;超星公司;重庆图书馆;北京千秋伟业图书有限公司	北京市海淀区人民法院（2017）京0108民初9279号	2018—2019	94		连带赔偿	镜像（本地存储）	根据社科社提交的公证书及超星公司与重庆图书馆签订的《重庆图书馆数字图书馆共建协议书》，可以确认二被告共同提供涉案图书的主观意思联络，客观上也实施了提供涉案图书在线阅读服务的行为，即通过分工合作的方式共同向网络用户提供涉案图书的在线阅读服务，侵犯了社科社对涉案图书内容享有的信息网络传播权，应承担连带侵权责任。

续表

编号	主要当事人	生效判决法院及样本案号	审结年	一审案件数量/件	二审(再)审案件数量/件	图书馆责任	服务方式	与图书馆有关的裁判要点
7	北京版之光文化传媒有限公司;防灾科技学院(简称防灾学院);重庆维普资讯有限公司(简称重庆维普公司)	河北省廊坊市中级人民法院(2018)冀10民初408号	2018	32		不赔偿	远程访问(链接)	防灾学院在其校园网站上为包含涉案作品在内的维普知识资源系统提供链接,是基于其与重庆维普公司签订《维普维普知识资源系统技术合同》并支付合同对价的授权行为,且防灾学院对其维普知识资源系统提供的经营者或管理者,对重庆维普公司提供审查能力和义务。原告未提交证据证明防灾学院对重庆维普公司侵权存在主观意思联络或客观帮助。对其主张防灾学院侵犯其著作权本院不予支持。
8	詹启智;深圳图书馆;北京方正阿帕比技术有限公司(简称阿帕比公司)	深圳市中级人民法院(2017)粤03民终15421号	2018		1	连带赔偿	远程访问(链接)	阿帕比公司提供涉案作品的内容,深圳图书馆提供获得涉案作品的路径,为相关者提供获得涉案作品的路径通道,二者以分工合作方式获得涉案作品。对于希望获取内容的读者而言,深圳图书馆所提供的内容路径与阿帕比公司所提供的内容缺一不可。因此,深圳图书馆与阿帕比公司共同实施了侵犯詹启智等对涉案作品所享有的信息网络传播权的行为。
9	曹宏波;阿帕比公司;国家图书馆	北京市海淀区人民法院(2018)京0108民初39286号	2018	1		连带赔偿	镜像(本地存储镜)	阿帕比公司、国家图书馆未经曹宏波许可,在中国国家图书馆网站的"阿帕比数字资源平台"中共同提供了涉案图书的下载服务。阿帕比公司、国家图书馆应当对其共同侵权行为承担连带法律责任。

编号	主要当事人	生效判决法院及样本案号	审结年	一审案件数量/件	二(再)审案件数量/件	图书馆责任	服务方式	与图书馆有关的裁判要点
10	北京版中版文化传媒有限公司(简称版中版公司);南开大学;北京万方数据股份有限公司(简称万方公司)等	天津市和平区法院(2017)津0101民初4065号	2017	1		不赔偿	远程访问(链接)	根据查明的事实,南开大学网站仅提供了与万方公司网站的一般链接接受文章已经下架,且庭审过程中涉案文章已经下架,故对版中版公司要求南开大学承担赔偿责任的诉讼请求,一审法院不支持。
11	赵德馨/刘冠军;北京书生数字图书馆软件技术有限公司(简称书生图书公司);宁德市蕉城区图书馆(简称蕉城图书馆)	北京知识产权法院(2016)京73民终562号	2016—2017	1	2+19	连带赔偿	远程访问(链接)	蕉城图书馆所提供的定向链接系其与书生图书公司事前共同协商的结果,是共同意思表示的体现,构成以分工合作方式对其实施的共同侵权行为,依法应当承担连带责任。
12	北京代代读图书有限公司;阿帕比公司;国家图书馆	北京市海淀区人民法院(2015)海民(知)初字第26904号	2016	1		不赔偿	镜像(本地存储)	国家图书馆通过合法途径获得包含涉案图书的阿帕比数字资源平台软件,属于《合作协议》第4项约定的"数字资源购买者"(《合作协议》将其享有永久合法的数字资源使用权),符合合同约定内容及社会公共利益,属于合法使用。
13	宿春礼;北京书生网络技术有限公司(书生网络公司);书生图书公司;北京师范大学等	北京知识产权法院(2015)京知民终字第617号	2016	1	1	连带赔偿	镜像(本地存储)	书生图书公司、书生网络公司的官方网站以及北京师范大学图书馆网站上提供了涉案作品。书生网络公司和北京师范大学未经许可使用此作品,行为构成侵权,应依法承担连带侵权责任。

续表

编号	主要当事人	生效判决法院及样本案号	审结年	一审案件数量/件	二(再)审案件数量/件	图书馆责任	服务方式	与图书馆有关的裁判要点
14	北京中文在线数字出版股份有限公司;淮南区图书馆等	安徽省淮南市中级人民法院(2015)淮民三初字第00017号	2015	1		赔偿	镜像(本地存储)	根据审理查明的事实看,涉案作品系存储在潘集区图书馆的服务器上。根据潘集区图书馆当庭陈述,其在电子图书采购过程中,并没有进行相应的审查,包括采购合同对方经营资质、电子图书基本授权文件等。
15	北京优朋普乐科技有限公司(简称优朋普乐公司);北京化工大学(简称化工大学);北京畅想文源信息技术有限公司(简称畅想文源)	北京市朝阳区人民法院(2014)朝民(知)初字第37825号	2014	1		独立赔偿	镜像(本地存储)	鉴于该非书资源管理平台是基于化工大学与畅想公司之间的合意安装在化工大学涉案网站服务器中的,故化工大学也是在网络传播涉案影片的行为人,优朋普乐公司有权单独向化工大学作为被告主张权利。
16	重庆邮电大学(简称邮电大学);北京三面向版权代理有限公司;+北京超星神州科创技术有限责任公司	重庆市高级人民法院(2011)渝高法民终字第37号	2011		5+6	独立赔偿	镜像(本地存储)	因邮电大学没有提供充分证据证明其传播的文字作品系由合法网络内容产品经营企业提供且已经尽到合理注意义务,一审法院不予支持。二审法院认为:邮电大学在一、二审诉讼中,均未能举示证据证明其传播的文字作品具有合法来源,且其已经尽到合理注意义务,故其行为不符合免责要求,本院对其主张免责的主张不予支持。
17	北京书生数字技术有限公司(简称书生公司);北京三面向版权代理有限公司;西南大学	重庆市高级人民法院(2011)渝高法民终字第6号	2011		4	不赔偿	镜像(本地存储)	原审认为,西南大学从书生公司这一合法的数字图书馆开发企业购买并安装书生数字图书馆,在主观上已经尽到了合理注意义务,不应认定可侵权的民事责任。鉴于原审已经从西南大学安装的书生数字图书系统中删除,本案无须承担停止侵权的必要。二审确认以上事实。

编号	主要当事人	生效判决法院及样本案号	审结年	一审案件数量/件	二(再)审案件数量/件	图书馆责任	服务方式	与图书馆有关的裁判要点
18	李昌奎;超星公司;北京超星图信息技术有限公司(简称超星数图公司);贵州大学	最高人民法院(2010)民提字第159号	2010		1	不赔偿	镜像(本地存储)或远程访问(链接)	因贵州大学图书馆对"超星数字图书馆"数据库系统的内容不能进行控制,二审法院认为为贵州大学图书馆不具有侵权的故意,且未通过"超星数字图书馆"直接获取利益,可不承担赔偿责任,但负有协助超星数图公司删除涉案作品、停止侵权行为的责任并无明显不当。
19	书生公司;人民出版社;对外经贸大学等	北京市第二中级人民法院(2010)二中民终字第11104号	2010	4	4	不赔偿	镜像(本地存储)	对外经贸大学自书生公司购买了书生数字图书馆系统,主观上并无过错,但是鉴于该书生数字图书馆系统中确有侵权内容,故对外经贸大学应承担停止使用的责任。
20	北京三面向版权代理有限公司;重庆大学;书生公司	重庆市沙坪坝区人民法院(2010)沙法民初字第4132号	2010	1		不赔偿	镜像(本地存储)	重庆大学作为提供信息存储空间的网络服务提供者,第一,(重庆大学)在其网站上明确标示书生之家数字图书由书生公司创办;第二,(重庆大学)不能改变书生之家数字图书馆的理由由重庆图书馆提供的作品权;第三,(重庆大学)没有合理的理由知道书生公司提供的重庆大学通过书生数字图书系统直接获得经济利益;第四,及时删除本后,书收到起诉状副本后,及时删除了涉案作品。根据《信息网络传播权保护条例》第二十二条的规定,重庆大学不应承担赔偿责任。
21	中国建筑工业出版社;北京万方数据股份有限公司(简称北京万方);北京工业大学(简称北工大);北京交通大学(简称北京交大);同济大学(简称同济大学)	北京市第二中级人民法院(2009)二中民终字第20749号	2009	290	463	不赔偿	镜像(本地存储)	北工大、北京交大和同济大学局域网内的"中国标准全文数据库"中含有涉案权的责任,故其应当承担停止侵权,图书馆停止侵权,未主张赔偿损失。(原告只要求图书馆停止侵权,未主张赔偿损失。)

续表

编号	主要当事人	生效判决法院及样本案号	审结年	一审案件数量/件	二(再)审案件数量/件	图书馆责任	服务方式	与图书馆有关的裁判要点
22	北京龙源网通电子商务有限公司;武汉鼎森电子科技有限公司(简称鼎森公司);湖北省图书馆	湖北省武汉市中级人民法院(2008)武知初字第262号	2009	1		不赔偿	镜像(本地存储)	湖北省图书馆网站是在自己的网络服务器上以镜像数据库的方式向自己的服务对象提供"博看网"数据库的资源内容,被告鼎森公司负责每月数据的更新并向被告湖北省图书馆提供镜像服务,被告湖北省图书馆实质是"博看网"数据库的用户。该网络服务是以技术安排自动向用户提供的,维护该电子数据库进行改动的行为符合《信息网络传播权条例》第二十一条规定的情形,不承担赔偿责任,但应负责湖北省图书馆网站未对相关的内容电子数据进行改动。因此,被告湖北省图书馆的行为不符合《信息网络传播权条例》第二十一条规定的情形,不承担赔偿责任,但应当断开与本案《女子世界》期刊相关的内容链接。
23	何海群;温州市图书馆	浙江省温州市中级人民法院(2009)浙温知初字第44号	2009	1		不赔偿	镜像(本地存储)	本院认为,被告未经原告许可,在涉案网站以镜像方式向公众提供《高手》一书的查询、下载服务,侵害了原告就《高手》一书所享有的信息网络传播权。本院认为,不宜要求被告承担赔偿责任,理由如下:1.被告对以镜像方式提供的《高手》一书没有进行改编,也没有改变作品内容;2.涉案网站作为镜像站点,存放着拷贝自超星数字图书馆的作品,被告难以对数量庞大的所有作品的授权情况进行——核实;3.原告亦没有证据证实被告通过向公众提供《高手》一书的下载服务而直接获得经济利益;4.被告在接到原告的律师函后能够及时地删除涉嫌侵权的《高手》一书,并将超星数字图书馆的经营者超星公司的联系方式告知了原告。

20

续表

编号	主要当事人	生效判决法院及样本案号	审结年	一审案件数量/件	二（再）审案件数量/件	图书馆责任	服务方式	与图书馆有关的裁判要点
24	李昌奎;对外经贸大学;超星公司;超星数图公司	北京市朝阳区人民法院（2009）朝民初字第19395号	2009	1		不赔偿	镜像（本地存储）	对于对外经贸大学而言，其为"超星数字图书馆"软件提供了存储空间，并在其局域网上在线传播了李昌奎的涉案图书，侵犯了李昌奎对其作品的信息网络传播权，应当承担停止侵权责任。但对外经贸大学并不对"超星数字图书馆"软件内容实施控制、维护、增删、修改等行为，且其仅在在内部局域网中提供浏览服务，也未据此直接获取经济利益，主观上并无过错，因此，对外经贸大学不应当承担赔偿责任。
25	李昌奎;山东大学;超星数图公司	山东省济南市中级人民法院（2007）济民三初字324号	2008	1		不赔偿	镜像（本地存储）	山东大学在购买包含涉案图书的"超星数字图书馆"之后在校园网上进行传播，亦侵犯了原告的信息网络传播权，依法应承担相应的民事责任。由于涉案图书的上传、修改、更新等管理工作系由超星数图公司具体实施，山东大学无法控制，且在山东大学资源导航中的"超星数字图书电子资源导航"栏目中已经对"超星数字图书馆"所收录图书的数量进行明示，"超星数字图书馆"所提供图书的数量巨大，山东大学无论权利上和技术上都无法对其内容进行事先的审查，不存在侵权故意。因此，被告山东大学不应承担赔偿责任。
26	姜广辉（等）;+超星公司;超星数图公司;上海理工大学	北京市第一中级人民法院（2008）一中民终字第2305号	2007—2008	2+1	2+1	不赔偿	远程访问（链接）	涉案作品存储于超星存储公司服务器，上海理工大学分配的用户名和密码可以浏览或者使用这种方式而言，要求上海理工大学承担超星数字图书馆审查超星数字图书馆内容是否侵犯他人著作权之义务未免过苛。因此，上诉人要求上海理工大学与超星数图公司承担连带责任的证据不足，对此上诉理由，本院不予支持。

编号	主要当事人	生效判决法院及样本案号	审结年	一审案件数量/件	二（再）审案件数量/件	图书馆责任	服务方式	与图书馆有关的裁判要点
27	周大新；超星公司；对外经贸大学	海淀区人民法院（2008）海民初字第15899号	2008	8		不赔偿	镜像（本地存储）	超星公司将超星数字图书馆安装于对外经贸大学服务器，对外经贸大学可以在其内部局域网提供浏览或者下载超星数字图书馆内容之服务，对外经贸大学作为超星数字图书馆用户，并不能对超星数字图书馆内容进行控制、维护、增删或者更改，且其并未通过超星数字图书馆直接获得经济利益。法院认为对外经贸大学向超星公司删除该涉案图书应限于责任之协助超星公司删除服务器所载超星数字图书馆中的涉案作品。
28	樊元武；上海图书馆；清华同方光盘股份有限公司等	上海市高级人民法院（2006）沪高民三（知）终字第53号	2006		1	不赔偿	镜像（本地存储）	鉴于被告上海图书馆并非"中国知网"的分站，而是CNKI数据库的用户，且属于公益子公益性使用，故上海图书馆未侵犯原告的著作权，也不承担任何民事责任。
29	殷志强；金陵图书馆	江苏省高级人民法院（2005）苏民三终字第0096号	2005		1	不赔偿	镜像（本地存储）	金陵图书馆与清华同方公司在"CNKI数据库订置合同"中选择的是"镜像站点"服务方式，其对所购置的数据库并没有管理权限。图书馆在搜集资料过程中所应尽的义务就是审查其购买的资料是否为合法出版物。本案中，《中国学术期刊（光盘版）》及其数据库是经国家批准的依法公开发行的合法电子刊物。金陵图书馆通过签订合同并支付对价的方式取得该电子数据库产品，已经尽到合理的注意义务。至于该电子数据库产品中是否存在侵犯他人著作权的情形，金陵图书馆对此没有审查义务。

说明：2号样本和11号样本的案件数中"+"代表不同原告以各自作品被同一数据库收录引发侵权为由，于同一时期向同一法院起诉；16号样本中、二审案件中有6个案件增加一个当事人，即北京超星神州科创技术有限责任公司；26号样本中，一、二审各有一个案件增加一个当事人，即超星数图公司（销售者）。受北大法宝数据库收录案件不够完全的局限，部分样本中二审案件数多于一审案件数。

2 样本案例分析

图书馆提供数据库服务一般有两种方式:一是镜像(本地存储)方式。数据库商通过镜像技术将电子数据库拷贝至图书馆本地服务器形成"镜像站点",图书馆用户访问图书馆本地服务器进行在线阅读或下载数字资源。二是远程访问(链接)方式。数据库存储在数据库商的服务器中,图书馆在自己的网站上设置链接,图书馆用户通过点击链接访问数据库商的服务器使用数据库。

2.1 2013年之前图书馆因外购数据库涉诉案特点

2013年之前,在图书馆因外购数据库涉诉案中,基本没有承担赔偿责任的判决。审结的样本案例共有14个(16—29号),除16号案例判决重庆邮电大学承担赔偿责任外,其他不论是以镜像(本地存储)方式还是远程访问(链接)方式提供服务,图书馆都不承担赔偿责任。而16号案例中重庆邮电大学被判独立承担赔偿责任,主要是因为在一、二审诉讼中,重庆邮电大学均未能提供充分证据证明其传播的文字作品系由合法的网络文化内容产品经营企业提供,法院据此认定其没有尽到合理注意义务。

17—29号案例判决图书馆不承担赔偿责任的理由,可以归纳为以下几点:①数据库从合法的数字图书馆开发企业购买,为合法出版物,如17、19、29号案例。②图书馆为数据库的使用者,对数据库没有管理权限,不能对内容进行控制、维护、增删或者更改,如18、24、25、27、28、29号案例。③图书馆为网络服务提供者,具备了《信息网络传播权保护条例》第二十一、二十二条规定的免于承担赔偿责任的条件,如20、22、23号案例。④图书馆无法对海量内容进行审查,或直接认为其没有审查数据库内容的义务,如25、26、29号案例。⑤图书馆未获得直接经济利益,如18、24、27、28号案例。⑥原告提出的诉讼请求只要求图书馆停止侵权,未主张其承担赔偿责任,如21号案例。

2.2 2013年之后图书馆因外购数据库涉诉案特点

2.2.1 判决图书馆承担赔偿责任的案例明显增加

在2013年之后的15个样本案例(1—15号)中,有9个样本案例判决图书馆承担赔偿责任,其中7个案例判决图书馆与数据库商共同侵权并承担连带赔偿责任,另外2个案例因原告只将图书馆作为被告(14号)或只要求图书馆承担赔偿责任(15号),图书馆被判独立承担赔偿责任。

2.2.2 图书馆是否承担赔偿责任与其采用的数据库服务方式密切相关

在以镜像(本地存储)方式提供服务的7个案例里,除12号案例外,其他案例均判决图书馆承担赔偿责任。12号案例判决图书馆不承担赔偿责任,原因在于法院认为图书馆在河北天鹿公司与北京方正阿帕比技术有限公司的协议有效期内,获得了对其购买的数字资源的永久合法使用权,后作为河北天鹿公司权利义务承继方的北京代代读图书有限公司与北京方正阿帕比技术有限公司终止了合作关系,但图书馆享有的永久合法使用权不受影响。

在以远程访问(链接)方式提供服务的7个案例中,5个案例(1、3、5、7、10号)认为图书馆提供的是链接服务,判决图书馆不承担赔偿责任,2个案例(8、11号)认为图书馆与数据库商以分工合作的方式向公众共同提供了涉案作品,构成共同侵权,应承担连带赔偿责任。

另有1个案例（2号），因大学图书馆未提供证据证明其是否为链接技术服务以及涉案作品存储的服务器位置，法院对其关于仅提供链接的主张不予采信，认定其与数据库商构成以分工合作的方式通过信息网络向公众提供涉案作品，判决图书馆承担连带赔偿责任。

不难看出，2013年之前审结的案例中，不管图书馆以远程访问（链接）还是镜像（本地存储）方式提供服务，法院将图书馆的行为性质基本认定为网络服务提供行为。2013年之后审结的案例可分为两种情况：以镜像（本地存储）方式服务的，图书馆被认为与数据库商以分工合作的方式共同提供侵权作品，是内容提供者，构成直接侵权，承担连带赔偿责任；以远程访问（链接）方式服务的，图书馆的行为大多被认定为网络服务提供行为，一般不承担赔偿责任。但也有小部分以远程访问（链接）方式服务的案件，法院认为图书馆与数据库商分工合作共同提供涉案作品，应与数据库商承担连带赔偿责任。

尽管受北大法宝数据库收录案件未尽完全的局限，但以上结论是建立在对数据库中所有符合条件的案例进行深入细致的统计分析基础之上的，反映了该类案件的判决在总体上的概然性和倾向性，有助于我们从整体上把握司法领域对该类案件的基本态度和审判方向。

3　解析司法实践中对图书馆行为性质的不同认识

我国信息网络著作权立法过程中，始终注意区分作品提供行为和网络服务行为。作品提供行为和网络服务行为的二分法是构建网络环境下著作权保护规则体系的基石[4]。虽然我国有关侵权责任的立法中没有采用直接侵权和间接侵权的概念，司法实践中却已广泛地采取直接侵权与间接侵权的划分和认定，这也成为处理侵害信息网络传播权纠纷的重要司法逻辑[5]。如何判断是直接侵权还是间接侵权，理论界和司法实务界在经历了"用户感知标准"和"服务器标准"的争议后，"服务器标准"因具有客观统一性以及在一定程度上能够体现信息网络传播权的立法本意而成为主流观点。但是，随着中心服务器逐步被新的技术取代，又出现了新的判断标准——"法律标准"（又称"专有权标准"）[6]。"专有权标准"即以是否构成对著作专有权的行使或直接侵犯为标准。作品提供行为直接行使了他人的著作权，便进入了著作权的专有权领域，构成直接侵权；网络服务提供行为只是为作品的传播提供了帮助，并未直接行使著作权，充其量构成间接侵权[7]。

在图书馆外购数据库侵犯信息网络传播权诉讼案中，图书馆行为性质的认定，即该行为是作品提供行为还是网络服务提供行为，对判决图书馆是否承担赔偿责任起着至关重要的作用。法律规定，作品提供行为在侵权的认定和责任承担上适用严格责任，一般无须考察行为人主观上是否有过错，只要是未经许可擅自提供作品且无法定免责事由即构成侵权；而网络服务提供行为只有在行为人主观上存在过错时才承担侵权赔偿责任。不同的归责原则反映了不同性质的行为对侵权结果产生的原因力大小和网络产业发展在政策上的考量。

3.1　远程访问（链接）方式

远程访问数据库的方式是通过链接实现的。链接是一种信息定位技术，是在信息已经被提供、已处于网络传播状态下时方便用户查询、获得信息的手段。而定向链接是链接的一种特殊形式，属于预先设定条件抓取网络页面的爬虫技术，这种预先设定导致抓取的结果具有特定性或者单一性[8]。远程访问方式实质上是一种定向链接技术，即数据库由数据库商上传到自己的服务器中,图书馆在自己的网站上设立与该服务器的链接,点击链接即可跳转至数据库商的网页,在该网页完成作品的搜索、阅览和下载。该链接本质上是对作品的二次传播,其对作品的传播依赖于数据库商网站中作品的初始提供状态,在行为性质上该链接提供的只是接触作品的途径或通道而非作品本身,在结果上也仅仅是扩大了原作品的传播范围,因而不构成作品提供行为,而是网络服务提供行为。只要图书馆在购买数据库时,对数据库商的经营资质及数据库中的内容是否为合法出版物进行了审核,不存在"明知"和"应知"的主观过错并履行了"通知—删除"义务后,法院一般判决其不承担赔偿责任。审判实践中,对于以远程访问(链接)方式提供数据库服务的案件,法院大多依据服务器标准将图书馆行为定性为网络服务提供行为,图书馆不承担赔偿责任。

持图书馆行为构成以分工合作方式提供涉案作品观点的人认为,图书馆所使用的技术本身是链接技术,但其目的是为他人提供的内容提供渠道和平台,这种链接是图书馆与数据库商双方事前共同协商的结果,是共同意思表示的体现,双方通过分工合作共同实施侵权行为,应承担连带赔偿权利人损失的责任。《最高人民法院关于审理侵害信息网络传播权民事纠纷案件适用法律若干问题的规定》(以下简称"《规定》",2013年1月1日起施行)第四条规定:有证据证明网络服务提供者与他人以分工合作等方式共同提供作品、表演、录音录像制品,构成共同侵权行为的,人民法院应当判令其承担连带责任。该条司法解释实际上是从法律意义上拓展了提供行为的范围,即网络服务提供者虽然并不直接提供作品,但因与直接提供者有分工合作关系,而在法律上被认定为提供行为。对该条司法解释的准确适用关键点在于如何理解"分工合作"。在涉及提供链接服务是否构成以分工合作方式提供作品的案件中,法院存在两种截然不同的裁判结果。出现不同裁判结果的原因主要是该《规定》对于"分工合作"没有具体的规定,司法实践中存在具体把握标准上的差异[9]。5号案例的一、二审判决分别体现了这两种不同观点。一审法院认为,根据对外经贸大学与超星公司之间签订的协议,可以认定二者有共同提供作品的主观意思联络,超星公司将涉案作品上传至"汇雅书世界"网站,对外经贸大学将包含该网站的链接放置于其学校图书馆网站,属于以分工合作的形式直接向公众提供涉案作品的行为,构成共同侵权,应共同承担停止侵权、赔偿损失的责任。而二审法院认为,由于对外经贸大学并未将涉案作品复制、存储在其控制的服务器中,而是在其图书馆网站中设置链接,且该链接链向"汇雅书世界"网站首页,不直接指向涉案作品。对外经贸大学仅实施了设链行为,其无法直接控制被链网站的内容提供,因而不能苛责对外经贸大学对被链网站上经搜索得到的内容是否侵权进行逐一的审查。在没有证据证明对外经贸大学对涉案作品通过被链网站传播系明知或应知的情况下,不能仅因对外经贸大学与超星公司之间存在合作协议,即认定双方就提供涉案作品存在主观意思联络。

3.2 镜像(本地存储)方式

从表1可以看出,以镜像(本地存储)方式提供服务导致图书馆涉诉的案件,也存在两种截然不同的判决结果,且具有很强的时间规律性。2013年之前,几乎所有以镜像(本地存储)方式服务的图书馆涉诉案件,图书馆都不承担赔偿责任(16号案例除外,原因见表格)。法院判决图书馆不承担赔偿责任,通常是基于图书馆一般并不对被镜像的"具体"数据信息进行选择和甄别,图书馆只是提供被镜像的数据信息的类型和学科方向,而被镜像的"具体"的数据信息由数据库商提供,图书馆仅仅起到的是提供"信息存储空间"的功能,因此图书馆的版权角色类似于"网络服务提供者",而非"内容服务提供者"[10],如20、23号案例。另有部分判决认为,图书馆是数据库的购买者和使用者,不负有对数据库内容的审查义务,如27、28号案例。2013年之后,对于图书馆以镜像(本地存储)方式服务的案件,法院均认定图书馆与数据库商以分工合作的方式共同提供涉案作品,判决图书馆与数据库商承担连带赔偿责任。判决上的这一变化体现了司法对该类行为的定性从原来的网络服务提供者到作品内容提供者的转变,加重了图书馆的责任,使图书馆陷入了非常不利的境况。

从对样本案例的统计结果看,实践中图书馆以镜像(本地存储)方式服务的案件,其判赔率明显高于远程访问(链接)方式。虽然镜像(本地存储)方式下数据库存储在图书馆服务器中,但数据库的存储、维护、更新都由数据库商操作完成,图书馆对数据库内容依然没有管理操控能力,与远程访问(链接)方式并无实质差别。因此,笔者认为,认定图书馆行为性质时不应将两种服务方式区别对待。

远程访问(链接)和镜像(本地存储)与通常意义上的链接和信息存储空间服务有所不同。在普通链接和提供信息存储空间服务中,作品内容提供者和网络服务提供者之间不存在意思联络。而在远程访问(链接)和镜像(本地存储)服务中,图书馆与数据库商之间一般均签有订购协议,有合作的意思联络,也正因如此,部分判决认定图书馆与数据库商分工合作共同提供涉案作品。

4 通过司法政策确立该类案件的裁判方向

在当今网络环境下,一方提供内容,一方提供网络服务,双方以合作方式从事网络活动实为常见。在存在合作关系的情况下,如何认定合作双方的责任存在两种观点。一种观点认为,双方构成共同提供行为,均适用直接侵权的规定。另一种观点认为,双方各自的行为性质没有变化,只是应加重提供网络服务一方的注意义务。究竟采取哪种处理方式更为恰当,应取决于双方的合作程度[11]。合作程度本身就是一个带有模糊性的概念,很难清晰划定网络服务行为向共同提供行为转化的临界点。此时,从利益衡量的角度来为行为定性不失为一种追本求源的方法。因为,无论是服务器标准还是用户感知标准,本质上都是利益衡量和政策考量的结果[12]。

对图书馆提供数据库服务行为的定性,应重点从以下几个方面加以考量:

第一,图书馆是公益性组织,一般提供数据库供用户免费使用,未从中获得直接经济利益。在涉及主观过错判断时,是否从侵权作品中直接获得经济利益是考量网络服务提供者主观上是否存在过错的一个重要因素。如果合作达到了通过共同利用作品共享收益的程度,就可以认定构成共同提供行为[13]。

第二,图书馆采取预防措施的成本畸高,要求图书馆对数据库内容承担审查义务既不经济也不具有可操作性。侵权法不要求行为人在行为之前将所有的致害可能性都考虑到,并一一做出预防措施。一般来说,所提供的服务中信息量越大以及侵权与否的判断越不确定,合理注意义务的要求越低[14]。数据库所含作品众多,且数据库商获得授权的渠道多样,要求图书馆对海量作品逐一审查版权,无异于使作为数据库购买者的图书馆承担了与数据库制作者同等程度的注意义务,对图书馆显失公平。

第三,图书馆不具有对数据库内容的信息管理能力。数据库的内容完全由数据库商提供,图书馆无法对其内容进行控制、维护、修改与增删,不具有对数据库内容的信息管理能力。

第四,图书馆承担着公共文化服务职能,是社会公众获得知识信息的重要渠道。著作权法的核心思想是利益平衡[15]。网络著作权法调整的是著作权人、信息传播者及社会公众三者之间利益的平衡。图书馆在提供外购数据库服务中,既是信息传播者之一,又代表着社会公众的利益。著作权法的最终目的是促进全社会发展,维护公共利益,保护著作权人的权利。法律调整利益平衡主要是通过分配权利与义务实现的,过度加重图书馆的义务会使利益失衡。对著作权人利益的保护,应从作为直接行使著作权人复制权和信息网络传播权的数据库商处入手,而让作为数据库购买和使用者的图书馆承担对数据库所含作品的审查义务,不仅对减少数据库侵权案件的发生于事无补,还会造成对图书馆社会评价的降低,加剧图书馆经费紧张局面,挫伤图书馆购买数据库的积极性,最终损害公共文化利益和公众文化自由。

图书馆设置指向数据库的定向链接或为数据库商提供存储空间,是双方通过合同协商一致的结果,体现了图书馆的主观意图,设链者理应承担较之于一般搜索链接和存储空间服务者更高标准的注意义务,但这种注意义务应设定在合理限度内。在当前法律规定一般搜索链接和存储空间服务提供者不负有事前审查义务的情况下,图书馆在购买数据库时的注意义务也仅应界定在向具有合法出版和发行资质的资源提供方采购合法出版物,并在合理使用上尽到注意义务即可[16]。图书馆在提供外购数据库服务时仍然属于网络服务提供者,适用过错归责原则。对图书馆行为的这一定性既符合权利义务配置的公平正义原则,又实现了著作权法所追求的价值目标,即利益平衡。

法律适用并不仅是根据法律规范得出具体结论的形式推理过程,其间不可避免地存在价值判断或者利益衡量,需要法官行使自由裁量权。司法政策可以防范法官自由裁量的恣意,防止法官认知、判断与裁量的多样化,使得司法裁判更具可预见性、稳定性,避免“同案不同判”现象的出现,从更大的范围维护法律的普适性,并保障法律效果与社会效果的统一[17]。知识产权制度在很大程度上是各国为促进本国经济社会发展而采取的政策性手段。知识产权既缺乏物权所具有的天然的物理边界,又缺乏债权所具有的清晰的法律边界,因而在保护范围和保护强度方面,都存在政策上的考虑和利益上的平衡,存在弹性的法律空间。正是因为知识产权保护的上述特点,知识产权司法政策和理念在知识产权司法中占据着特殊的重要地位,起着特殊的重要作用[18]。

图书馆因外购数据库引发的涉诉案件已经成为图书馆侵犯著作权案件的主要案件类型。该类案件同案不同判的现象使得图书馆对自身行为的合法性缺乏明确的预期,影响了图书馆引进数字资源的积极性和图书馆文化服务职能的发挥。因此,应通过发布司法政策的方式统一认识这种类型化的行为,赋予图书馆类似于网吧经营者享有的特殊避风港①,以最高人民法院的指导性案例、意见通知或领导讲话等形式发布,从而统一法律适用,规范自由裁量权。

---

① 根据《最高人民法院关于做好涉及网吧著作权纠纷案件审判工作的通知》[法发(2010)50号]第四条的规定,网吧经营者能证明涉案影视作品是从有经营资质的影视作品提供者合法取得,根据取得时的具体情形,不知道也没有合理理由应当知道涉案影视作品侵犯他人信息网络传播权等权利的,不承担赔偿损失的民事责任。

参考文献

[1] 梁宵萌,刘兹恒.从采购协议看国外数据库的版权保护[J].山东图书馆学刊,2015（3）:81-84.

[2] 申晓娟,胡洁.数字图书馆知识产权策略探讨[J].图书馆,2012（2）:35-38.

[3] 阿力木江·依明.民法典权利救济视域下图书馆著作权侵权困境、缘由及其对策[J].图书情报工作,2021（12）:130-138.

[4][7] 孔祥俊.网络著作权保护法律理念与裁判方法[M].北京:中国法制出版社,2015:70.

[5] 同[4]:123.

[6] 张玲玲.网络服务提供者侵犯著作权责任问题研究[M].北京:中国人民大学出版社,2019:163-164.

[8] 高翡.定向链接服务提供者侵权的认定[J].人民司法,2019（29）:84-86.

[9] 同[6]:171-172.

[10] 周文雅.图书馆从事镜像信息服务的法律边界[J].图书馆学刊,2018（10）:37-40.

[11][13] 同[4]:161.

[12] 同[4]:26.

[14] 同[6]:74.

[15] 何蓉.数字图书馆利用作品的著作权限制研究[M].武汉:湖北人民出版社,2020:121.

[16] 申庆月.数字资源采访版权风险分析和防范[J].图书馆杂志,2014（6）:24-28.

[17] 宫小汀,陈聪.知识产权司法政策对法官自由裁量权的引导[J].人民司法,2014（23）:37-41.

[18] 奚晓明.当前我国知识产权司法保护的政策与理念[J].知识产权,2012（3）:3-10.

"以评促建"视角下市、县两级公共图书馆服务优化研究

——以湖南省为例

刘时容（湖南人文科技学院图书馆）

随着《中华人民共和国公共文化服务保障法》和《中华人民共和国公共图书馆法》的实施，我国已建成由"国家—省—地（市）—县（区）—乡镇（街道）—村（社区）"组成的六级公共文化服务体系。图书馆是公共文化服务的重要供给者，我国现行的公共图书馆体系也相应地由国家级公共图书馆（以下简称"国家馆"）、省级公共图书馆（以下简称"省级馆"）、地市级公共图书馆（以下简称"地市馆"）、县区级公共图书馆（以下简称"县级馆"）、乡镇（街道）综合文化站、村（社区）图书室六级机构组成。地市馆与县级馆处于该体系的中间层，起着承上启下、衔接城、乡公共文化服务网络的重要作用，是我国公共文化服务体系中的关键节点。本文所指的市、县两级公共图书馆涵盖地级市（州）馆、市辖区馆、县级市馆和县馆。笔者基于第四、五、六次全国公共图书馆评估定级数据对湖南省公共图书馆事业发展进行宏观分析，以市、县两级公共图书馆网站为调查途径对当前湖南省公共图书馆的服务状况进行微观考察，梳理市、县两级公共图书馆服务中存在的典型问题，为我国公共图书馆的全面发展和第七次全国公共图书馆评估定级建言献策。

1 "以评促建"视角下湖南省公共图书馆事业发展分析

湖南省下辖13个地级市、1个自治州，35个市辖区、16个县级市、64个县、7个自治县[1]。根据《中华人民共和国公共图书馆法》的规定，"县级以上人民政府应当设立公共图书馆"，湖南省至少应该设立1个省级馆、14个地市馆、122个县级馆。据统计，湖南省目前实际投入使用的省级馆有2个（含1个省级少儿馆），地市馆有16个（含4个地市少儿馆）、县级馆有120个（含2个县级少儿馆）[2]。数据比对发现，湖南省目前还有2个地级市无市级公共图书馆，4个县无县级公共图书馆。2017年，湖南省投入运营的2个省级馆、136个市、县馆全部参加了第六次全国公共图书馆评估定级，有128个馆上等级。笔者据此名单[3]，并回溯第四次[4]、第五次[5]全国公共图书馆评估定级结果，进行综合分析，详见表1：

表1 第四、五、六次全国公共图书馆评估定级中湖南省市、县两级上等级图书馆情况分析

评估年份及馆别		一级图书馆		二级图书馆		三级图书馆		上等级图书馆数量/个		市、县两级参评图书馆总数/个
		数量/个	百分比/%	数量/个	百分比/%	数量/个	百分比/%	分类别	合计	
2009年（第四次）	地市馆	2	25.00	3	37.50	3	37.50	8	94	具体数据不详。据统计，至1997年，湖南省已有107个市、县馆投入使用[6]
	县级馆	22	25.58	19	22.09	45	52.33	86		
2013年（第五次）	地市馆	4	33.33	7	58.33	1	8.33	12	126	134
	县级馆	40	35.09	37	32.46	37	32.46	114		
2017年（第六次）	地市馆	5	31.25	7	43.75	4	25.00	16	128	136
	县级馆	28	25.00	25	22.32	59	52.68	112		

注：因未上等级参评图书馆名单无法获取，不清楚其馆别属性，故表中百分比计算方法为各等级图书馆数量（分类别）/上等级图书馆数量（分类别）。

从表1可以看出：2009—2013年是湖南省公共图书馆事业发展的黄金期。在全国公共图书馆评估定级工作的推动下，湖南省市、县两级公共图书馆不仅数量呈两位数增加，已基本覆盖全省市、县两级行政区域，办馆质量也在大幅提升。相比第四次评估定级结果，在第五次评估定级中，地市馆的一、二级率分别提升了8.33%和20.83%，县级馆的一、二级率分别提升了9.51%和10.37%，充分体现了"以评促建"的功效。

2013—2017年，湖南省公共图书馆事业发展缓慢，办馆质量并没有与时俱进，甚至开始萎缩。相比第五次评估定级结果，在第六次评估定级中，地市馆的一、二级率分别降低了2.08%和14.58%，县级馆的一、二级率分别降低了10.09%和10.14%。此外，城步县图书馆、江永县图书馆、蓝山县图书馆3个县级馆在第四次和第五次评估定级中均获"三级图书馆"称号，可在2017年第六次评估定级时却名落孙山；第五次评估定级时被评为"二级图书馆"的保靖县图书馆在第六次评估时亦榜上无名。这给上等级图书馆敲响了警钟：如果不是用评估定级来促进建设，而是为评估定级而评估定级，评估定级完了就"万事大吉"，那一定会被时代淘汰。

表2 湖南省地市级公共图书馆参加第四、五、六次全国公共图书馆评估定级结果汇总

单位：个

名　称	等　级		
	第四次评估（2009）	第五次评估（2013）	第六次评估（2017）
长沙市图书馆			1
岳阳市图书馆	1	1	1
衡阳市图书馆	2	1	1
株洲市图书馆	2	1	1

名　称	等　级		
	第四次评估（2009）	第五次评估（2013）	第六次评估（2017）
邵阳市松坡图书馆	3	2	1
常德市图书馆	1	1	2
郴州市图书馆	2	2	2
湘潭市图书馆	2		2
益阳市图书馆	3	2	2
湘西土家族苗族自治州图书馆		2	2
永州市图书馆		3	2
怀化市图书馆		2	3
衡阳市少年儿童图书馆		2	2
邵阳市少年儿童图书馆	3	2	3
株洲市少年儿童图书馆			3
湘潭市少年儿童图书馆			3
合　计	9	12	16

注："等级"栏中的"1""2""3"分别代表一级图书馆、二级图书馆、三级图书馆。

从表2可以看出：第一，长沙市图书馆、岳阳市图书馆、衡阳市图书馆、株洲市图书馆、邵阳市松坡图书馆走在湖南省地市馆发展的前列。于2015年底全面开放的长沙市图书馆新馆，以打造城市"文化综合体"[7]为目标，致力于建设成为长沙文献信息资源服务中心、全民阅读终身教育中心、区域图书馆网络中心、文化学术交流中心。2017年，长沙市图书馆首次参加全国公共图书馆评估即获"一级图书馆"的殊荣，这种高起点、高标准办新馆的思路和经验值得后发赶超者学习借鉴。

第二，地级市少年儿童图书馆是以少年儿童、家长及教育工作者为主要服务对象的社会文化教育场所，承担着城市少年儿童文献信息资源借阅、市域各基层及中小学校图书馆的技术支持、业务咨询指导、信息交流等工作。儿童是家庭的希望、国家的未来，少年儿童图书馆的建设理应受到各级政府的重视。目前，湖南省上等级少年儿童图书馆仅有省级1个、地市级4个、县级2个，发展空间巨大。

第三，湖南省上等级地市馆的数量从第四次评估时的9个，增长到第五次评估时的12个，再到第六次评估时的16个，表明湖南省地市级公共图书馆事业发展整体上呈现出保障条件稳步改善、业务建设持续向好、服务效能不断提高的良好局面。从微观上看，湖南省地市馆的发展既有稳立鳌头的岳阳市图书馆，又有脚踏实地、步步为营的邵阳市松坡图书馆、衡阳市图书馆、株洲市图书馆，也有如逆水行舟不进则退的常德市图书馆、怀化市图书馆，更有至今榜上无名的张家界市图书馆和娄底市图书馆，说明当前湖南省公共图书馆事业发展存在着不平衡、不充分的现象。究其原因，除了与当地政府、主管部门是否重视有关，与各馆领导班子、馆员团队的自强不息、艰苦奋斗的精神也不无关系。

表3 湖南省县级公共图书馆参加第四、五、六次全国公共图书馆评估定级情况汇总分析

序 号	第四、五、六次评估等级排列类别	等级排列图示	相应的图书馆数量/个	所占百分比	类 型
1	1—1—1		13	11.6%	"稳居鳌头"
2	2—1—1		6		
3	3—1—1		4	13.4%	"勇登高峰"
4	3—2—1		2		
5	无—1—1		3		
6	1—1—2		4		
7	1—1—3		2	8.9%	"下降"
8	2—2—3		3		
9	1—2—3		1		
10	2—2—2		6	21.4%	"平稳发展"
11	3—3—3		18		
12	2—1—2		2		
13	3—1—2		2		
14	2—1—3		1		
15	3—2—3		10	24.1%	"曲折前进"
16	无—2—3		10		
17	2—无—3		1		
18	3—无—3		1		
19	3—2—2		2		
20	无—2—2		3		
21	3—3—2		3	20.5%	"上升"
22	无—3—2		3		
23	无—3—3		9		
24	无—无—3		3		

注："第四、五、六次评估等级排列类别"栏中的"无""3""2""1"分别代表未上等级图书馆、三级图书馆、二级图书馆、一级图书馆。

从表3可以看出：

第一，根据第四、五、六次全国公共图书馆评估定级结果，湖南省112个上等级县级馆的评估等级排列类别共有24种。等级排列图示表明，2009—2017年，湖南省112个县级图书馆的发展状况可以被形象地划分为六种类型，分别是："稳居鳌头"型、"勇登高峰"型、"下降"型、"平稳发展"型、"曲折前进"型和"上升"型。

第二，对比分析第四、五、六次全国公共图书馆评估定级名单可知：长沙市芙蓉区图书馆、

长沙市天心区图书馆、长沙市岳麓区图书馆、长沙市雨花区图书馆、浏阳市图书馆、衡南县图书馆、衡东县荣恒图书馆、炎陵县图书馆、临湘市图书馆、石门县图书馆、涟源市图书馆、双峰县图书馆、花垣县图书馆共13个县级馆在第四、五、六次全国公共图书馆评估中连续三次被评为一级图书馆，说明这些图书馆的发展得到了当地政府、馆员团队的持续重视，服务成效有目共睹，是县级图书馆的标杆，属于"稳居鳌头"型图书馆。

第三，长沙县图书馆、长沙市望城区雷锋图书馆、长沙市开福区图书馆、茶陵县图书馆、醴陵市图书馆、湘乡市图书馆、韶山市图书馆、隆回县魏源图书馆、冷水江市图书馆、祁阳陶铸图书馆、宁乡县图书馆、泸溪县图书馆、凤凰县图书馆、宁远县图书馆、张家界市永定区图书馆共15个县级馆脚踏实地地办馆、做服务，经过8年的发展，分别从二级图书馆、三级图书馆甚至无等级图书馆跻身"一级图书馆"行列，可谓"勇登高峰"型图书馆。以上两种类型共计28个图书馆走在湖南省县级馆发展的第一阵营，起到重要的引领作用。值得一提的是，隆回县、泸溪县、凤凰县、花垣县曾是国家级贫困县。扶贫先扶智，当地政府高度重视文化扶贫，上下一心把各自的县级图书馆办成了国家一级图书馆，这种自强不息的奋斗精神值得称道。

第四，湘潭县图书馆、平江县图书馆、汨罗市图书馆、益阳市赫山区图书馆、华容县图书馆、永州市零陵区图书馆、沅陵县图书馆、安化县图书馆、南县图书馆、龙山县图书馆共10个图书馆曾经获评一级或二级图书馆，却在第六次评估中降为二级或三级图书馆；等级排列图示清晰表明，这10个图书馆属于"下降"型图书馆。所谓"创业容易守业难"，图书馆团队的主动服务意识稍有松懈，图书馆事业就会掉队。因此，图书馆人绝不能躺在功劳簿上沾沾自喜，谨防图书馆在评估定级中陷入"名落孙山"之痛。

第五，在第四、五、六次评估中，祁东县图书馆、常德市鼎城区图书馆、临澧县图书馆、澧县图书馆、沅江市图书馆、新化县图书馆共6个县级馆连续三次均被评为二级图书馆；衡阳市南岳区图书馆、株洲县图书馆、新宁县图书馆、桃源县图书馆、郴州市苏仙区图书馆、永兴县图书馆、汝城县图书馆、桂东县图书馆、永州市冷水滩区图书馆、东安县图书馆、道县图书馆、江华瑶族自治县图书馆、新田县图书馆、新晃侗族自治县图书馆、芷江侗族自治县图书馆、洪江市图书馆、怀化市洪江区图书馆、靖州苗族侗族自治县图书馆共18个县级馆连续三次均被评为三级图书馆。这24个县级馆可谓"平稳发展"型图书馆，占比约21.4%。这些图书馆也不能掉以轻心，因为"平稳发展"亦可解读为"原地踏步、不思进取"，此种图书馆服务有悖开拓创新的时代精神，应该高度警惕。

第六，以攸县图书馆为代表的27个县级馆的发展在曲折中前进，其中还有5个图书馆曾被评为一级图书馆。或许是思想麻痹作祟，抑或是未能持续发力，它们提供的图书馆服务均有起伏波动，可谓"曲折前进"型图书馆，占比也最高，约为24.1%。例如：岳阳县图书馆第五次评估由原来的二级图书馆晋升为一级图书馆，到第六次评估时却下降为三级图书馆；常宁市图书馆第五次评估时由原来的二级图书馆跌至无等级图书馆，到第六次评估时才回升至三级图书馆。虽说事物的发展都是曲折式前进、螺旋式上升，但谁不希望能够一帆风顺、节节高升呢？作为满足人们美好精神生活需要的图书馆，更应该以此为理想。

第七，以汉寿县图书馆为代表的23个县级馆的发展呈上升趋势，属于"上升"型图书馆。例如，津市市图书馆、麻阳苗族自治县图书馆一步一个脚印扎实开展服务，都从第四次评估时的无等级图书馆上升到第五次评估时的三级图书馆，再到第六次评估时的二级图书馆，为"以评促建、以评促管、以评促用"[8]方针提供了最佳注脚。

2 湖南省市、县两级公共图书馆服务存在问题梳理

2.1 图书馆网站建设被忽视

笔者于2021年10月15日—11月10日，以第六次全国县级以上公共图书馆评估定级湖南省上等级图书馆名单为依据，对照湖南省行政区划表，利用搜索引擎搜索16个地市馆、120个县级馆的官方网站并仔细阅读后发现，网站建设在湖南省市、县两级公共图书馆都被不同程度地忽视，主要表现在以下三个方面：①官方网站设置率不高。目前仅有9个地市馆、27个县级馆建设有自己的官方网站，占比分别为56.25%和22.5%，仍有43.75%的地市馆和77.5%的县级馆未设立自己的门户网站。②网站架构不合理，栏目设置存在数量失衡、分类模糊、名称欠妥等缺陷。③网站功能丧失，维护不到位，更新不及时。例如，邵东市图书馆网站早在2017年便获得了全国事业单位互联网网站标识证书，可其"县支中心""邵东文化""地方文献""非遗保护""留言反馈"等栏目至今均无任何内容，仅有的58条新闻公告只见标题不见内容，人们也只能从500字的"本馆概况"中了解其馆舍面积、馆藏量、部门设置、工作人员、开放时间、馆址电话等简要信息，馆藏分布、书目查询、入馆须知、借阅规则、服务项目等内容皆未见，可以说是一个"僵尸网站"，不仅丧失了网站本该有的各种功能，还有损其图书馆形象。

2.2 图书馆服务效能不高

服务效能是衡量图书馆利用既有资源为民众提供令其满意的图书馆服务的效率和能力。对照评估标准之"服务效能"指标，可以发现湖南省市、县两级图书馆的服务效能都不高，重点体现在以下几个方面：①每周开馆时长不够。《公共图书馆服务规范》（GB/T 28220—2011）要求，地市馆每周开放时间不少于60小时，县级馆每周开放时间不少于56小时，各级独立建制的少儿馆每周开放时间不少于40小时。根据湖南省9个地市馆（含2个地市少儿馆）网站公布的开放时间，以开放时间最长窗口计算，仅有常德市图书馆、益阳市图书馆、长沙市图书馆、衡阳市少年儿童图书馆和湘潭市少年儿童图书馆共5个地市馆开放时间达标。用同样的方法统计，27个县级馆中仅有9个达标。还有一些图书馆每周闭馆一天，政治、业务学习半天，每天开放7小时，每周开放时间仅为39小时，连评估标准的下限"48小时"也未达到。因为开放时长不达标，只好将其公布的开放时间模糊化，如"开放时间：每周二至周日"，或者将未连续开放写成连续开放，如"周一至周日：8:00—17:30"（实为8:00—12:00,14:30—17:30）。②持证读者占比偏低。据统计，目前湖南省所有公共图书馆（含两个省级馆）累计发放借书证173万个[9]，湖南省总人口6644万余人[10]，持证读者占比（持证读者数/服务人口数）约为2.6%。许多县级馆的持证读者占比低于全省平均值。例如，江华瑶族自治县图书馆现有持证读者6100人[11]，全县共有37.5万人[12]，持证读者占比为1.6%；衡山县图书馆服务全县45.7万人[13]，现有持证读者3690人[14]，持证读者占比0.8%。③年读者人均到馆量偏低。根据来自江永县图书馆的数据，该馆2017年共接待读者32650人次[15]，服务全县28.6万人[16]，年读者人均到馆量为0.114次（年到馆总人次/服务人口数），在10分基本分中得6分，属于合格区间。统计数据显示，2013—2016年，湖南省全省公共图书馆共接待到馆读者1749万人次[17]，年读者人均到馆量为0.006次，在10分基本分中得4分，属于不合格区间。由此可见，湖南省公共图书馆整体门庭冷落，人气不旺，服务效能低。

2.3　图书馆持续发展动力不足

读者是图书馆发展的动力。图书馆服务效能低的直接后果是用户数量流失、读者关注缺乏,主要表现在三个方面:第一,在用户心中,图书馆可有可无。两个地市馆十余年的长期缺位并未引起社会公众的强烈不满便是一个力证。许多县级馆无论是在网站上还是微信公众号上发布的信息阅读量不足50次,有些甚至屈指可数,图书馆在民众心中的位置由此可见一斑。第二,图书馆存在"评估前狠抓服务,评估后服务懈怠"的现象,这可以从图书馆的网站信息发布中看出端倪。例如,汝城县图书馆网站"本馆动态"栏目发布的32条记录(截至2021年12月30日)按年份分布依次为1条(2015年)、3条(2016年)、13条(2017年)、3条(2018年)、3条(2019年)、8条(2020年)、0条(2021年),2013—2016年的年度服务数据公示及年报的8条记录集中于2017年7月6日和7月10日两天发布——彼时正是迎接第六次评估定级的紧张准备期。评估完成后,"年度服务数据"与"年报"等本该及时公布的信息却已销声匿迹,网站基本处于停滞状态,各栏目均无内容更新。第三,服务挖掘力度不够。以最常用的"图书推荐"服务为例,不仅推荐类型应各式各样,推荐主体也应多元多面。图书馆开展的"图书推荐"服务"必须为读者提供推荐图书的免费获取地点或方式",否则就有违"节省读者时间"这一要求。然而,业内却少有公共图书馆这样做。

2.4　县级馆与民众生活游离

所谓"有为才能有位",图书馆要想在用户心中有地位,首先得要有所作为。如何作为呢?应与民众生活高度融合。可在现实中,图书馆却游离于民众生活之外,其提供的服务很多并非普通民众之所需,普通民众所需要的服务图书馆又满足率低甚至缺位,集中体现在以下几个方面:①"图书流动服务车"流动频率低。据统计,湖南省全省建有以县级馆为中心馆的公共图书馆分馆305个,配发流动图书车44辆[18],平均每辆车要为7个分馆服务。倘若每月或每周每个分馆巡回服务1次,相关的新闻报道每年应该少则十几条,多则几十条。但笔者在网站、微信公众号上查阅却发现,相关的新闻报道寥寥无几。以此项服务开展得较好的茶陵县图书馆为例,其在"流动图书室"服务窗口介绍中提到该馆"于2015年开通了流动图书车对外服务项目,每月四次进社区、公园、乡镇开展流动图书服务"[19],可在其"新闻资讯""活动公告"两个栏目从2016年1月4日至2019年3月26日公布的80条记录中,仅有4条与流动图书服务相关。很多县级馆配置有流动图书车却并无多少流动图书服务也是不争的事实。②儿童服务薄弱。一方面,全省独立建制的儿童图书馆屈指可数,致使中小学校图书馆的业务指导缺位;另一方面,县级馆缺乏专业的儿童图书馆员,导致"绘本故事会"等最受儿童欢迎的服务项目缺席。③老年服务认识不足。当下的公共图书馆未能在"健康中国"与"智慧中国"建设中找准自己的定位,未能给"老想所为者"发挥余热的机会和场所,也未能给"养生保健者"和"数字鸿沟者"以知识传授和智能指导。④职场成年人服务缺失。"就业"是成年人永恒的主题,可当下无论是地市馆还是县级馆都未针对失业的成年人开展就业信息导读、职业设计导航、就业心理辅导、求职技能指导等服务。

2.5　地市馆向下业务指导缺位、乏力

尽管湖南省现有的2个省级馆在第四、五、六次全国公共图书馆评估定级中连续三次都被

评为一级图书馆,可其在微观上的业务指导作用却难以辐射到散落在广阔土地上的112个上等级县级馆。事实上,我国通行的公共图书馆业务指导遵循"国家馆—省级馆—地市馆—县级馆—乡镇文化站、社区图书室"的链条。就湖南省而言,地市馆的向下业务指导尤为乏力甚至缺位。首先,地市馆建设尚未实现全覆盖。截至目前,娄底市和张家界市两个地市馆还未投入使用,致使其下属的9个县级馆本该获得的地市馆业务指导缺位。其次,地市馆的服务能力尚待提升。在第六次公共图书馆评估中,湖南省地市馆的一级率仅为31.25%,低于全国参评图书馆的一级率(38.42%)。这说明湖南省多数地市馆自身建设不足,从而导致其对县级馆的指导虚弱乏力,以其为牵头单位组建的市级行业协会缺失。目前,湖南省仍有5个地级市无市级图书馆学会。

3 湖南省市、县两级公共图书馆服务优化献策

3.1 高度重视,建好图书馆门户网站

图书馆网站是图书馆在网络环境下揭示馆藏信息资源、开展网上服务的窗口和门户[20]。图书馆网站建设是现代化图书馆建设的重要组成部分,更是智慧图书馆建设的基础,应该得到图书馆领导的高度重视。图书馆可以从以下几个方面着力建设图书馆网站:第一,充分考虑自身区域中心馆属性及图书馆行业特点,将市、县两级图书馆网站建成涵盖区域公共文化服务的综合性网站。地市馆网站应该设立"学会工作"或"系统图书馆"专栏,以公布市域内县级馆的服务状况,增强馆际交流以及市级馆的凝聚力;县级馆网站应该设立"分馆动态"专栏,让县域内的分馆建设接受社会监督,同时也提高基层图书馆服务的知晓度。第二,合理安排栏目设置。一级栏目数量要适中,可以围绕图书馆机构信息、资源信息、服务信息、互动信息、学会工作或分馆建设等方面设置栏目;栏目层次要分明,重点要突出,一级栏目名称要尽可能涵盖二级栏目内容。第三,重视用户体验。应该搭建用户交流平台,让用户的期望、意见和建议能够及时、自由、真实地传达给馆方;馆方应该对用户留言做到每条必回,对于积极的留言给予感谢和鼓励,对于提出的问题给出解决方案,好的建议要及时采纳。一言以蔽之,互动交流平台是留住用户的一个情感桥梁,应该指派专人维护,久久为功。第四,做好信息更新与维护。对于常态信息如现任领导、馆员风采等若有变动须及时更新;对于动态信息如通知公告、新闻报道等一定要注意时效性,避免信息滞后,撰稿、审稿、发布要分工明确,责任到人,让图书馆所做的每一件事都能让大众"看见";对于失效的链接和IP地址要定时清理和修复,不浪费用户的时间。第五,建立网站考评制度。应该将地市馆、县级馆网站建设纳入政府部门和行业组织开展的年度荣誉考评中,以评促建,推动市、县两级公共图书馆网站建设迈上新台阶。

3.2 开拓创新,提高图书馆服务效能

创新是事业发展的核心动力。图书馆应该组建以馆长为中心的创新团队,推动图书馆的各项服务与时俱进。首先,图书馆应设定灵活的开放时间。"在任何一个便于人们使用图书馆的时间里将它关闭,都会被认为是真正的犯罪"[21],公共图书馆的开放时间应该异于"上班族"和"上学族"的时间,处于三、四线城市的地市馆、县级馆以"朝九晚五"的银行制营业时

间为宜,处于一、二线城市的市区馆以上午、下午分段式开放时间为好;双休日、节假日应该长时段连续开放,还可设置独立无时限的自修室。只有确保开放时间的弹性和科学性,才能扫除人们利用图书馆的时间障碍。其次,图书馆应创造积极的工作制度。图书馆可以根据不同岗位的工作性质制定不同的上班制度,以调动馆员的积极性,进而解决长时间开放人力不足的问题。行政后勤人员可以采用八小时正常坐班制,采编馆员启用任务定额制,活动馆员由于活动开展的阶段性和周期性,亦可采用居家办公制或异地工作制。对于知识含金量不高又不能裁撤的服务窗口,可以采用智能设备替代以保证足够的服务时长。此外,还应该撤销每周一天的集体闭馆制度和每周半天的业务学习制度,鼓励馆员自觉学习、在工作中学习、利用业余时间学习,要杜绝"借业务学习之名,行集体休息之实"的现象。会同县图书馆只有7名工作人员,可其外借、阅览两部门实行全星期开放的"人休馆不休"制度,值得学习借鉴。再次,图书馆应放宽借阅权限,免押金办证。借阅权限是基于馆藏供不应求而设定的。如今,图书馆藏书已十分丰富,再加上移动阅读的兴起,网上购书的便利,馆藏图书借阅量逐年下降,且幅度很大,仍将读者借阅权限限定在3—5册次已不合时宜,应该大幅放宽借阅权限,阅读爱好者和科研工作者甚至可以不受限。押金作为"诚信"的保证金,在信用体系逐步建立的公民社会,可以尝试取消。常德市图书馆用"身份证当读者证"的举措值得推介。最后,图书馆应发挥活动复合效应。图书馆可以将办证、活动年度计划、新书推荐、场所开放、免费项目、特色服务等事项与送书、送春联、志愿者服务、服务宣传周等有机融合,并学习市场推广模式,采用横幅、展板、宣传单、语音播报等立体宣传手段将活动效益最大化。简言之,图书馆不应放过任何一次与用户面对面接触的机会,应尽最大可能将潜在读者发展成为持证读者和活动参与者。让人人都拥有一张借书证应该成为每一个图书馆的奋斗目标。

3.3 系统思维,激发图书馆发展动能

系统思维要求人们用系统的眼光从结构与功能的角度审视事物,把组成事物的各个要素放在系统中重新整合,以实现"整体大于部分的简单总和"效应[22]。整体性原则是系统思维方式的核心。就整体而言,图书馆的发展动能包括内驱力和外驱力两个方面。外驱力主要有两种:一是组织保障。在我国,政府支持力是公共图书馆发展的主导力量,直接决定着市、县两级图书馆的发展走向。研究显示,县级领导年视察县级图书馆1次,县级馆的馆舍面积、馆藏、总经费分别增加5.3%、3.0%和4.8%[23]。因此,各级政府部门领导要增加对图书馆的调研次数,图书馆也要主动邀请和争取上级领导来馆考察。二是社会需求。社会需求是社会对图书馆服务需要的一种集中表现,体现的是图书馆的存在价值[24]。为此,要加大书香社会建设步伐,从坚定文化自信、倡导终身教育、营造书香家庭等方面激发社会需求。祁阳陶铸图书馆的"线路你来定,书车开到家"活动、常德市图书馆的"点书台"服务便是激发社会需求的有益实践。内驱力是来自发展主体自身的力量。倘若内驱力不足,则难以吸引外部力量对其进行支持。图书馆发展的内驱力主要体现在图书馆领导者和图书馆操作者身上。一方面,馆长作为实施图书馆运行和发展的领导者,需要对责任与精神、管理与决策、领导艺术、战略思维、全球视野五个方面加以重视[25]。馆长个人要自觉学习领导方法,上级部门和行业协会要举办馆长培训班,实行新任馆长证书制度。另一方面,图书馆馆员要注重自身内涵修养和形象塑造,用积极心理学原理来指导自己的工作实践,树立整体性意识,通过自己的人格魅力和知识服务来赢得读者和社会的尊重,从而实现图书馆馆员个体发展与图书馆整体事业发展的双赢。

3.4 革新观念，营造爱意融融的乐园

一个成功的图书馆，并不一定要拥有最好的设施，也不一定要很大、很漂亮，但它一定是一个与民众生活高度融合、满足人们需求、懂得给予、让人觉得必不可少的图书馆。2021年7月，郑州市遭遇罕见强降雨，郑州市图书馆彻夜开放，为在馆读者及附近受困群众提供免费食宿等服务，其在暴雨中温情守候的行为便是图书馆大爱精神的体现。图书馆要革新观念，学会关爱民众。对此，图书馆可以从以下三个方面着力：①关爱儿童，深度嵌入孩子的教育过程。孩子的教育是大部分家庭的头等大事。市、县两级公共图书馆要高度重视儿童阅读推广工作，办好"故事会""家长论坛""暑期阅读"等品牌活动，让流动图书车全年无休地在乡村间高频流动，切实解决"阅读最后一公里"问题。会同县图书馆举办的"爱心加油站""暑期小学作业辅导""青少年公益培训""会同青年说——优秀毕业生暑期专题讲座"等活动便是深度嵌入教育过程的一种创意实践。②关爱成年人，尝试嵌入家庭的生产就业过程。因个体禀赋和资源差异，总有一部分成年人面临失业、亏损、生产效率低下、产品销路缺乏等困境。美国艾奥瓦州斯潘塞镇图书馆设立就业服务资料库，列出所有工种以及关于工作技巧、工作性质和技术培训的书籍，并配备了电脑、打印机为居民写信和简历，晚上开办故事课、白天办好日托中心以鼓励妇女出门工作，几十年如一日为残障儿童每周举办一次特殊故事课[26]。市、县两级图书馆作为民众身边的图书馆，应该以此为榜样，在就业信息、家政服务、应用文写作指导等方面为成年人提供服务。③关爱老人，适度嵌入老龄医疗卫生服务。"老龄"通常意味着体弱多病，市、县两级图书馆可以在疾病防治、医疗咨询、健康饮食、运动锻炼等方面为老年用户提供信息服务；互联网时代，还可以在智能手机使用、网上购物、出行订票、信息甄别、防诈骗等方面对这一群体进行培训指导。

3.5 交流互鉴，发挥行业学会的推动作用

我国的图书馆行业学会是一个半官方半民间的组织，学会对其成员虽然无经费和人事管理权限，但在业务建设方面却举足轻重。省、市、县各级公共图书馆可参照《中国图书馆学会章程》成立相应层面的图书馆学会，以期在政策建议和制度引领、图书馆文化宣传、统一规划与协调、学术研究与经验交流、教育培训、行业服务质量评估、馆际合作等方面发挥推动作用。图书馆行业协会可以采取以下举措：第一，完善总分馆体系。当前业界实行的总分馆体系是以县级馆为中心馆，各乡镇文化站、社区（村）图书室以及农家书屋为分馆的资源共建共享模式，局限于县级层面。其实，总馆和分馆是相对而言的。基于公共图书馆的事业单位性质和普遍公益属性，也可以建立以地市馆为中心馆，下辖县级馆为分馆的市级总分馆体系；还可建立以省级馆为中心馆，下辖地市馆为分馆的省级总分馆体系。2021年，国家图书馆联合全国公共图书馆启动的文献共享借阅计划亦可看作一个以国家馆为中心馆，全国公共图书馆为分馆的国家级总分馆体系。第二，建设校、地图书馆联盟。校、城融合发展背景下，地方高校馆与地级市馆之间开展联盟建设是两馆优势互补、取长补短的一种最优方案，既为高校馆拓展社会服务职能提供了一个高效平台，又能快速提升地市馆的公共文化服务能力，同时也能让地方高校馆在市级图书馆学会中起到核心骨干作用，从而强化市级图书馆学会的业务指导能力。永州市图书馆与永州职业技术学院图书馆"一套班子、两块牌子、双重管理"的校、地两馆共建模式便是一个范例。第三，推行访问馆员制度。"访问馆员"作为一种人才培植方法，其

终极目的是学以致用，让馆员和图书馆都能从交流互鉴中受益。除了从国家层面向国外派出访问馆员，还可以发挥图书馆学会的沟通协调作用，在国内行业层面建立访问馆员制度。如市、县两级公共图书馆可以向省级馆、国家馆派出访问馆员，县级馆也可以向地市馆派出访问馆员，亦可在县级馆之间互派访问馆员。访问完成后，访问馆员应该将个人总结和项目评估报告及时、完整地以书面和讲座的形式在馆内公开，尽可能扩大在馆内各层面的影响，从而让每一个馆员都能够从访问项目中获益[27]。

毋庸置疑，公共图书馆的发展与当地经济发展状况密切相关。湖南省是一个人口超过6000万的大省，2010年以来省人均GDP排名常居全国中游。可以说，湖南省市、县两级公共图书馆服务中存在的问题在全国范围内都不同程度存在。网站建设、信息发布、图书推荐、流动服务等皆是图书馆必须做好的日常工作。正是这些看似普通的日常服务的系统整合，勾勒出了图书馆事业发展的群像并体现出了其所具有的时代特征。因此，在"日常—非常"服务谱系中把握日常，是图书馆服务优化的基本原则，亦是公共图书馆评估的核心考量域。

参考文献

[1] 湖南省人民政府.市州县区[EB/OL].[2021-10-20].http://www.hunan.gov.cn/hnszf/fzlm/wzdh/szxq/sxdh.html.

[2][9][17][18] 王昕晗."以评促建"视角下湖南省公共图书馆发展现状及对策分析[J].河南图书馆学刊,2020（2）:25-27.

[3] 中华人民共和国文化和旅游部.文化和旅游部办公厅关于公示第六次全国县级以上公共图书馆评估定级结果的公告[EB/OL].[2018-05-14].http://zwgk.mct.gov.cn/zfxxgkml/ggfw/202012/t20201205-916606.html.

[4] 公共图书馆第四次评估定级上等级图书馆名单[EB/OL].[2019-04-18].https://wenku.so.com/d/37bb2b7390b5dccb208b1a6b9b2272ec.

[5] 中华人民共和国文化和旅游部.文化部办公厅关于公示第五次全国县以上公共图书馆评估定级上等级图书馆结果的公告[EB/OL].[2013-10-21].http://zwgk.mct.gov.cn/zfxxgkml/ggfw/202012/t20201205-916572.html.

[6] 湖南图书馆学会.新中国的湖南公共图书馆事业[EB/OL].[2009-09-02].http://www.library.hn.cn/tsgxh/tsg50n/200909/t20090902-752.htm.

[7] 长沙图书馆.本馆简介[EB/OL].[2021-12-10].http://www.changshalib.cn/about.asp?id=1.

[8] 柯平,刘旭青,邹金汇.以评促建,以评促管,以评促用——第六次全国公共图书馆评估定级回顾与思考[J].图书与情报,2018（1）:37-48.

[10] 湖南省人民政府.概况湖南[EB/OL].[2021-12-10].https://www.hunan.gov.cn/hnszf/jxxx/hngk/sqjs/sqjs.html.

[11] 江华瑶族自治县图书馆.本馆简介[EB/OL].[2021-12-10].http://jhyzzzxtsg.superlib.libsou.com/Show/news_info?columnId=10793.

[12] 江华瑶族自治县人民政府.走进江华[EB/OL].[2021-12-10].http://jh.gov.cn/jh/zjjh/zjjh.shtml.

[13] 衡山县人民政府.走进衡山[EB/OL].[2021-12-10].http://www.hengshan.gov.cn/zjhs/index.html.

[14] 衡山县图书馆.本馆简介[EB/OL].[2021-12-10].http://www.hsxtsg.com/show/news_info?columnId=5180.

[15] 江永县图书馆.江永县图书馆基本情况说明[EB/OL].[2021-12-10].http://www.jyxtsg.top/show/news_info?columnId=9401.

[16] 江永县人民政府.江永县情[EB/OL].http://www.jiangyong.gov.cn/jiangyong/zjjy/zjjy.shtml.

[19] 茶陵县图书馆.服务窗口（流动图书室）[EB/OL].[2021-12-20].http://www.clxtsg.cn/show/news_info?columnId=
16714.

[20] 吴冬曼.图书馆网站的功能与主页设计要素[J].图书馆理论与实践,2002（2）:61-62.

[21] 阮冈纳赞.图书馆学五定律[M].夏云,王先林,郑挺,等,译.北京:书目文献出版社,1988:24.

[22] 龙柒.世界上最伟大的50种思维方法[M].石家庄:花山文艺出版社,2018:94.

[23] 邓辉.西部地区县级公共图书馆发展现状研究[J].图书馆理论与实践,2021（5）:117-122.

[24] 廖雯玲.基层图书馆内源发展动力机制形成的现实可行性与障碍[J].新世纪图书馆,2021（5）:11-16.

[25] 柯平.我们需要什么样的图书馆馆长[J].国家图书馆学刊,2011（1）:6-11.

[26] 麦仑,维特.小猫杜威[M].马爱龙,译.上海:上海译文出版社,2011:69-74.

[27] 胡琳,刘倩,舒予,等.图书馆员国际交流项目评价体系的实证研究[J].大学图书馆学报,2017（5）:37-
44,79.

基于老年读者视角的公共图书馆阅读推广活动影响力研究

姚　杰　李光媛　张　欣（辽宁省图书馆）

全民阅读是立足中华优秀传统文化、实现中华民族伟大复兴中国梦的重要举措,近年来受到政府与社会的广泛关注,先后6次被写入《政府工作报告》,成为国家文化发展战略的重要组成部分。阅读推广是社会各相关部门为培养读者阅读习惯,激发读者阅读兴趣,提高读者阅读水平,进而促进全民阅读而开展的一切工作的总称[1]。自2009年中国图书馆学会阅读推广委员会成立以来,阅读推广活动在全国范围内系统展开[2]。

随着我国进入人口老龄化快速发展时期,近年来我国各级各类公共图书馆积极响应国家政策,面向老年群体开展了形式多样、内容丰富的阅读推广活动。这些活动作为全国正在蓬勃开展的阅读推广活动的缩影,越来越多地影响着老年读者的生活,在当前国家对老年人从生活到精神层面的关注和关爱越来越细致入微的时代背景下,意义重大。

但是,笔者也看到,在阅读推广的细分领域,特别是在阅读推广活动开展的主阵地——公共图书馆,工作人员可能并没有熟练掌握相关影响力评估的方法或者相关技能,在衡量、评判面向老年读者开展的活动的时候,缺乏经验和范例。

2019年8月,全国图书馆标准化技术委员会在《信息与文献——图书馆影响力评估的方法与流程》出台之后,组织制定了《信息与文献——公共图书馆影响力评估的方法和流程》(WH/T 84-2019,以下简称"标准")并正式施行,从公共图书馆影响力和价值的评估方法上为业界提供了指导。标准施行之后,业界在公共图书馆影响力评估方面,有了规范性的参考。银晶等人[3]在对该标准的解读与分析中提出,在公共图书馆影响力评估上,要转变视角,从图书馆提供了多少资源与服务,转变为多少个体读者因图书馆的资源与服务获益;数据要整理分析,要采用科学合理的数据挖掘和统计分析方法,来发现和证明数据之间的关联性。

遵循这样的研究思路,笔者在SERVQUAL和LibQUAL+体系及Martensen的图书馆读者满意度模型的基础上提出了图书馆阅读推广活动感知量表(包括服务感知、资源感知、馆员感知、环境感知)[4],本文将接续之前的研究,从实证研究的视角出发,运用公共图书馆一线数据来检验和应用量表,结合SPSS20.0统计软件,构建阅读推广活动影响力评价模型,并结合国内公共图书馆阅读推广服务实际给出优化策略的探讨。

1　研究设计

1.1　问卷设计

本研究接续姚杰等人对量表的研究设计问卷《基于读者需求的图书馆阅读推广活动满意

度感知研究》,问卷分成以下三个部分:

第一部分询问受访者是否参加过图书馆举办的阅读推广活动(如"否"结束问卷),以及参加过的活动种类,包含"讲座""文化展览""读书会""文化沙龙""培训课""其他"6个答项。

第二部分是测量老年群体对图书馆阅读推广活动服务质量的感知和行为意向,分成感知测量、满意度测量和行为意向测量。测量没有采用李斯特五点或七点量表的原因是考虑到老年群体的心理特点,规避受访者因追求方便全部选择"非常满意"的可能性。感知测量部分由17个问项组成,每个问项请受访者按同意程度,打出1—100分区间的分数(1分为非常不同意,100分为非常同意);满意度测量部分由4个问项组成,每个问项请受访者按满意程度,打出1—100分区间的分数(1分为非常不满意,100分为非常满意);行为意向测量部分由3个问项组成,每个问项请受访者按同意程度,打出1—100分区间的分数(1分为非常不同意,100分为非常同意)。在满意度和行为意向的测量上,参考卢章平等人在《公共图书馆文化服务质量与满意度实证研究》中提出的可测变量列表。

第三部分是读者基本情况调查,包含5个问项,调查受访者的年龄、性别、是否退休、(退休前)职业和学历。其中,关于职业的问题提供"事业单位/公务员/政府工作人员""企业职员""专业人士""自由职业者"4个答项;关于学历的问题提供"初中及以下""高中""大学""研究生及以上"4个答项。

在遵循姚杰、卢章平等人量表的基础上,本研究针对老年群体的特点,对原始问卷进行简单的修改,主要是注重语言的直白性和可理解性,同时兼顾语气,并未更改原问项的含义,如表1所示。

表1　图书馆阅读推广活动影响力调查问项与代码

维　度	调查问项	代　码
服务感知	服务形式新颖、设计科学	FW1
	服务满足文化需求	FW2
	服务开展质量	FW3
资源感知	馆藏资源带来的体验感	ZY1
	活动紧密围绕馆藏资源展开	ZY2
	对馆藏资源的需要程度	ZY3
	馆藏资源的广度	ZY4
	馆藏资源的深度	ZY5
馆员感知	馆员愿意帮助读者	GY1
	馆员用关切、友好的态度接待	GY2
	馆员具备必要的知识和技能	GY3
	馆员能够及时处理批评和建议	GY4
	馆员关注读者的个性化需求	GY5

维　　度	调查问项	代　　码
环境感知	环境、氛围	HJ1
	现代化服务设备和配套设施	HJ2
	设施摆放、氛围设计	HJ3
	知识交流中心	HJ4
满意度测量	总体满意度	MY1
	让人感到愉快	MY2
	对人的帮助性	MY3
	与理想效果的差距	MY4
行为意向测量	未来继续参与的意向	XW1
	对生活的必需程度	XW2
	推荐给亲朋好友的可能性	XW3

1.2　调研设计

本次调研的时间是2021年6月18日至6月28日;调研对象是有过公共图书馆阅读推广活动经历的、年龄在60岁以上的老年读者群体。问卷的发放和回收由课题组内两名公共图书馆馆员完成,这两名馆员对问卷问项的理解保持一致,在调研现场能够帮助老年读者正确理解问卷,将老年读者因无法正确理解问项而造成的漏选、多选、错选的现象降到最低,尽量保证问卷的有效回收。调研采用的是在图书馆现场调研和在公共图书馆老年读者活动微信群线上调研相结合的方式来进行的。

调研共发放问卷240份,回收问卷236份,除去一些作答不合规以及没有参与过公共图书馆阅读推广活动的问卷,共回收有效问卷203份,回收率为98.3%,有效回收率为84.6%,满足统计分析的基本要求。

2　研究结果与讨论

2.1　信度和效度检验

在信度方面,采用Cronbach的Alpha系数来衡量,并以Fornell和Larcker[5]推荐的系数大于0.7作为信度满足要求的标准。表2、表3、表4显示,问卷各个质量维度的感知水平、满意度水平及行为意向水平的信度系数最小值为0.866,最大值为0.968,表明此量表具有较好的信度。此处"感知水平"包含服务感知、资源感知、馆员感知、环境感知。

表2　SPSS Alpha信度检测(感知水平)

Cronbach's Alpha	基于标准化项的Cronbachs Alpha	项　数
0.964	.968	17

表3 SPSS Alpha信度检测（满意度水平）

Cronbach's Alpha	基于标准化项的Cronbachs Alpha	项 数
0.821	.866	4

表4 SPSS Alpha信度检测（行为意向水平）

Cronbach's Alpha	基于标准化项的Cronbachs Alpha	项 数
0.896	.905	3

在效度方面，采用Kaiser-Meyer-Olkin和Bartlett系数来衡量，表5显示，问卷的样本数据的结构效度较为理想。

表5 SPSS KMO和Bartlett的检测

取样足够度的Kaiser-Meyer-Olkin度量		.948
Bartlett的球形度检验	近似卡方	5582.870
	Df	276
	Sig.	.000

2.2 影响因素分析

为了分析图书馆阅读推广活动的影响因素，笔者根据问卷第一部分和第三部分设置的问项，分析不同情况（性别、年龄、职业、是否退休）的老年读者在对阅读推广活动的满意度（简称"满意度"）和未来参与阅读推广活动的行为意向（简称"未来行为意向"）方面的差异性。根据两个部分设置的6个问项，本文提出如下假设：

假设1：讲座、文化展览、读书会、文化沙龙、技能培训对满意度和未来行为意向的提升产生显著差异。

假设2：阅读推广活动给不同性别的老年读者带来的愉快程度有显著差异。

假设3：已退休和未退休的老年读者在满意度和未来行为意向方面有显著差异。

假设4：不同学历的老年读者在未来行为意向方面有显著差异。

针对假设1、假设2、假设3，笔者采用独立样本T检验来检验这些假设；对于假设4，笔者采用单因素的方差分析来检验该假设。计算过程均在SPSS12.0平台上完成。限于篇幅，笔者仅给出通过验证的检验结果（以$P < 0.05$作为显著性标准）。

由检验结果得到：为老年读者开展文化展览、技能培训，有利于提升其满意度和未来行为意向。其中，文化展览对老年读者的帮助很大；参加过文化展览的老年读者未来更愿意参加图书馆的活动，且更愿意把活动介绍给他人；老年读者对技能培训这项活动的满意度更高，且愿意持续参与此类活动。

讲座、读书会、文化沙龙对老年人满意度和未来行为意向的提升没有显著差异。因此假设1得到部分验证，具体统计结果见表6、表7、表8、表9。

表6 假设1中"文化展览"的独立样本检验结果

		方差方程的Levene检查		均值方程的t检验						
		F	Sig.	t	df	Sig.（双侧）	均值差值	标准误差值	差分的95%置信区间	
									下限	上限
MY1	假设方差相等	5.882	.016	−1.681	201	.094	−2.048	1.218	−4.449	.354
	假设方差不相等			−1.587	121.856	.115	−2.048	1.290	−4.062	.506
MY2	假设方差相等	3.541	.061	−1.520	201	.130	−1.827	1.203	−4.199	.544
	假设方差不相等			−1.461	128.324	.146	−1.827	1.251	−4.302	.647
MY3	假设方差相等	10.859	.001	−2.037	201	.043	−3.213	1.578	−6.324	−.102
	假设方差不相等			−1.738	94.338	.085	−3.213	1.849	−6.884	.457
MY4	假设方差相等	2.852	.093	−1.636	201	.103	−3.494	2.136	−7.705	.718
	假设方差不相等			−1.494	111.594	.138	−3.494	2.338	−8.126	1.139
XW1	假设方差相等	7.887	.005	−2.105	201	.037	−2.537	1.205	−4.913	−.161
	假设方差不相等			−2.029	129.112	.045	−2.537	1.250	−5.010	−.063
XW2	假设方差相等	12.993	.000	−2.161	201	.032	−3.246	1.502	−6.209	−.284
	假设方差不相等			−1.993	114.432	.049	−3.246	1.629	−6.473	−.020
XW3	假设方差相等	16.754	.000	−2.535	201	.012	−4.115	1.623	−7.315	−.914
	假设方差不相等			−2.147	92.699	.034	−4.115	1.916	−7.921	−.309

表7 假设1中"文化展览"的组统计量结果

		N	均值	标准差	均值的标准误
MY1	0	71	93.93	9.302	1.104
	1	132	95.98	7.670	.668
MY2	0	71	94.42	8.859	1.051
	1	132	92.25	7.780	.677
MY3	0	71	92.01	14.403	1.709
	1	132	95.23	8.093	.704
MY4	0	71	88.92	17.338	2.058
	1	132	92.41	12.749	1.110
XW1	0	71	93.99	8.837	1.049
	1	132	96.52	7.818	.680
XW2	0	71	92.35	11.985	1.422
	1	132	95.60	9.117	.793
XW3	0	71	91.92	15.004	1.781
	1	132	96.03	8.144	.709

表8 假设1中"技能培训"的独立样本检验结果

		方差方程的Levene检查		均值方程的t检验						
		F	Sig.	t	df	Sig.（双侧）	均值差值	标准误差值	差分的95%置信区间	
									下限	上限
MY1	假设方差相等	13.865	.000	−2.093	201	.038	−2.450	1.171	−4.759	−.141
	假设方差不相等			−2.006	151.413	.047	−2.450	1.222	−4.864	−.037
MY2	假设方差相等	8.846	.003	−1.399	201	.163	−1.625	1.162	−3.915	.666
	假设方差不相等			−1.345	154.245	.180	−1.625	1.208	−4.010	.761
MY3	假设方差相等	.873	.351	−1.236	201	.218	−1.894	1.533	−4.916	1.128
	假设方差不相等			−1.264	195.697	.208	−1.894	1.499	−4.850	1.062
MY4	假设方差相等	.846	.359	−.205	201	.838	−.426	2.075	−4.517	3.665
	假设方差不相等			−.217	200.019	.828	−.426	1.962	−4.295	3.443
XW1	假设方差相等	12.701	.000	−2.146	201	.003	−2.495	1.162	−4.787	−.202
	假设方差不相等			−2.045	146.932	.043	−2.495	1.220	−4.905	−.084
XW2	假设方差相等	5.047	.026	−1.674	201	.096	−2.438	1.456	−5.309	.434
	假设方差不相等			−1.602	150.507	.111	−2.438	1.521	−5.443	.568
XW3	假设方差相等	3.497	.063	−1.541	201	.125	−2.438	1.582	−5.557	.681
	假设方差不相等			−1.544	184.452	.124	−2.438	1.579	−5.554	.678

表9 假设1中"技能培训"的组统计量结果

		N	均值	标准差	均值的标准误
MY1	0	86	93.85	9.516	1.026
	1	117	96.30	7.169	.663
MY2	0	86	94.67	9.335	1.007
	1	117	96.30	7.215	.667
MY3	0	86	93.01	9.870	1.064
	1	117	94.91	11.416	1.055
MY4	0	86	90.94	11.338	1.223
	1	117	91.37	16.599	1.535
XW1	0	86	94.20	9.616	1.037
	1	117	96.69	6.950	.643
XW2	0	86	93.06	11.879	1.281
	1	117	95.50	8.879	.821
XW3	0	86	93.19	11.065	1.193
	1	117	95.62	11.190	1.035

　　不同性别的老年读者对阅读推广活动的愉快程度存在显著差异（统计结果见表10，$P=0.028$），女性高于男性（统计结果见表11）。因此假设2得到验证。

表10 假设2的独立样本检验结果

表10 假设2的独立样本检验结果

		方差方程的 Levene检查		均值方程的t检验						
		F	Sig.	t	df	Sig.（双侧）	均值差值	标准误差值	差分的95%置信区间	
									下限	上限
MY2	假设方差相等	13.067	.000	−2.218	201	.028	−3.309	1.492	−6.251	−.367
	假设方差不相等			−1.796	43.090	.080	−3.309	1.842	−7.024	.407

表11 假设2中的组统计量结果

	性别	N	均值	标准差	均值的标准误
MY2	男	36	92.89	10.487	1.748
	女	167	96.20	7.526	.582

已退休和未退休的老年读者的满意度和未来行为意向存在显著差异，已退休群体高于未退休群体。因此假设3得到验证，具体统计结果见表12、表13。

表12 假设3的独立样本检验结果

		方差方程的 Levene检查		均值方程的t检验						
		F	Sig.	t	df	Sig.（双侧）	均值差值	标准误差值	差分的95%置信区间	
									下限	上限
MY1	假设方差相等	5.576	.019	2.413	201	.017	4.505	1.867	.824	8.187
	假设方差不相等			2.149	23.580	.042	4.505	2.096	.175	8.836
MY2	假设方差相等	15.428	.000	3.368	201	.001	6.293	1.868	2.609	9.977
	假设方差不相等			2.352	21.871	.028	6.293	2.676	.742	11.844
MY3	假设方差相等	.461	.498	2.355	201	.019	5.799	2.462	.943	10.654
	假设方差不相等			2.341	24.770	.028	5.799	2.477	.695	10.902
MY4	假设方差相等	.339	.561	1.314	201	.190	4.405	3.352	−2.206	11.015
	假设方差不相等			1.865	32.710	.071	4.405	2.362	−.402	9.212
XW1	假设方差相等	2.458	.119	2.615	201	.010	4.905	1.876	1.206	8.604
	假设方差不相等			2.438	24.035	.023	4.905	2.012	.753	9.057
XW2	假设方差相等	1.268	.262	1.977	201	.049	4.659	2.357	.012	9.307
	假设方差不相等			1.850	24.074	.077	4.659	2.518	−.537	9.856
XW3	假设方差相等	17.005	.000	3.891	201	.000	9.689	2.490	4.779	14.598
	假设方差不相等			2.069	20.823	.051	9.689	4.682	−.054	19.431

表13 假设3中的组统计量结果

	是否退休	N	均值	标准差	均值的标准误
MY2	已退休	182	96.08	7.969	.591
	未退休	21	91.57	9.217	2.011
MY1	已退休	182	95.91	7.557	.560
	未退休	21	89.62	11.989	2.616
MY3	已退休	182	94.70	10.676	.791
	未退休	21	88.90	10.756	2.347
MY4	已退休	182	91.64	14.997	1.112
	未退休	21	87.24	9.549	2.084
XW1	已退休	182	96.14	8.063	.598
	未退休	21	91.24	8.803	1.921
XW2	已退休	182	94.95	10.135	.751
	未退休	21	90.29	11.014	2.404
XW3	已退休	182	95.59	8.931	.662
	未退休	21	85.90	21.241	4.635

不同学历的老年读者在未来行为意向方面没有显著差异。因此假设4没有得到统计验证。

2.3 影响效应分析

2.3.1 模型估计

笔者在之前的研究中在Martensen[6]的图书馆读者满意度模型的基础上构建"图书馆阅读推广活动读者满意度初始模型",结合Dabholkar[7],Caruana[8]的满意度结构模型,采用PLS方法构建了公共图书馆阅读推广活动影响力初始模型,见图1。此处选用PLS模型而非SPSS线性回归,主要是出于以下两点考虑:

(1)PLS模型对样本的数量要求比较低。

(2)PLS模型相比SPSS线性回归可以较好地处理多重共线性问题。

根据上述分析,本研究提出以下假设:

假设5:服务感知、资源感知、馆员感知、环境感知对读者满意度产生正向影响。

假设6:读者满意度决定其未来行为意向。

假设7:读者满意度对服务感知、资源感知、馆员感知、环境感知和未来行为意向产生中介效应。

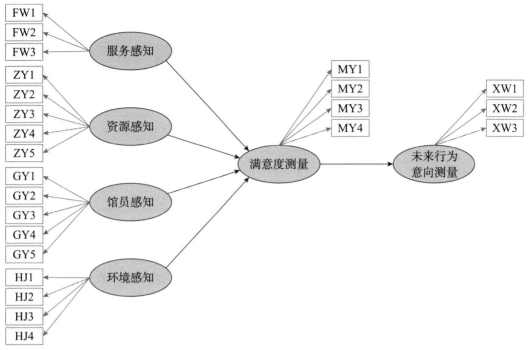

图1 公共图书馆阅读推广活动影响力初始模型

2.3.2 模型验证

笔者采用PLS软件的PLS Algorithm算法来进行统计分析,最终的路径系数计算结果见图2,信效度结果见表14。

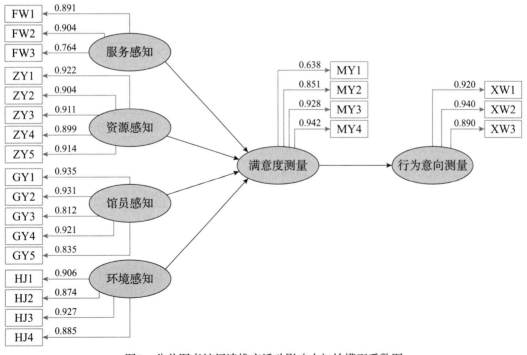

图2 公共图书馆阅读推广活动影响力初始模型系数图

表14　初始模型拟合指数

潜变量	拟合指标		
	Cronbach's Alpha	组合信度	平均抽取变异量
服务感知	0.818	0.891	0.732
资源感知	0.948	0.960	0.828
馆员感知	0.932	0.949	0.789
环境感知	0.920	0.944	0.807
满意度测量	0.866	0.910	0.720
未来行为意向测量	0.905	0.941	0.841

各项拟合指标中，Cronbach's Alpha是评价测试信度的指标，Alpha值大于0.35为中等信度，大于0.7为高信度[9]；组合信度（Composite Reliability）表示潜变量内部一致性的高低[10]，当组合信度大于0.5时模型较稳定；平均抽取变异量（AVE）代表模型的信度和收敛效度[11]，其值大于0.5为正常。对应表14的数据，发现初始模型的指标均符合要求。

使用bootsreapping对模型估计结果进行检验，检验结果见表15。结果显示，只有资源感知→满意度测量（P=0.381）、资源感知→满意度测量→行为意向测量（P=0.377）两个变量的影响关系不成立，其余潜变量都具有统计学上的正向显著关系①。

表15　初始模型相关参数值

潜变量	参数				
	初始样本（O）	样本均值（M）	标准差（STDEV）	T统计量	P值
服务感知→满意度测量	0.247	0.253	0.097	2.546	0.012**
资源感知→满意度测量	0.102	0.113	0.117	0.876	0.381
馆员感知→满意度测量	0.315	0.306	0.106	2.979	0.003**
环境感知→满意度测量	0.313	0.307	0.093	3.370	0.001**
满意度测量→行为意向测量	0.864	0.865	0.030	28.402	0.000**
服务感知→满意度测量→行为意向测量	0.213	0.221	0.083	2.565	0.010**
资源感知→满意度测量→行为意向测量	0.088	0.095	0.100	0.884	0.377
馆员感知→满意度测量→行为意向测量	0.273	0.266	0.097	2.821	0.005**
环境感知→满意度测量→行为意向测量	0.270	0.265	0.080	3.362	0.001**

注：**为统计学意义上的显著关系。

由此可得，服务感知、馆员感知、环境感知对读者满意度产生正向影响，资源感知对读者满意度和未来行为意向无显著影响，假设5得到部分验证；读者满意度决定读者的行为意向，

---

① "→"表示统计学意义上的前者影响/决定后者。

假设6得到验证;读者满意度对服务感知、馆员感知、环境感知和行为意向产生中介效应,假设7得到部分验证。

3 优化策略探讨

笔者邀请部分老年读者和公共图书馆负责老年读者活动的同人,进行半结构式深度访谈,用以解释上述研究结果,了解老年读者行为背后的原因,辅助验证模型结论。访谈围绕公共图书馆面向老年读者开展的阅读推广活动的现状、内容、形式、感受、建议等问题展开,共获得访谈资料1万余字。结合数据分析结果,笔者给出以下优化策略。

3.1 深入考量读者的爱好和生活习惯

通过数据分析可知,在面向老年读者开展的形式多样的阅读推广活动中,文化展览和技能培训对读者的满意度和行为意向的影响最为深远。访谈中,老年读者X反复表达对近年来L图书馆开展的几次大型原创文化展览的喜爱,其中"砚端书笔意 楮墨有乾坤——中国文房四宝图文特展"非常受到这位老年读者的欢迎。老年读者大多对传统文化接受度很高,这样的展览对老年读者帮助很大。他们在观展时,往往非常乐意在展馆拍照,并把照片发至社交媒体,推荐与自己志同道合的朋友们也到访图书馆。这种口口相传的方式,直接带动了公共图书馆阅读推广活动在市民中的宣传。日常负责老年读者活动的馆员X谈到,L图书馆的"乐龄俱乐部"项目是专门为老年读者开设的公共文化服务品牌,其中的三个子项目——老年电脑班、英语沙龙、诵读俱乐部都属于技能培训的范畴,为老年读者老有所学、老有所乐提供资源保障和服务平台。一个班型可容纳30人,每期课程2—3个月,报名情况非常火爆。老年读者对于摄影、智能手机应用、诵读等的学习热情非常高,使得这类活动的持续性更强。可见,不同年龄段的读者对于不同的活动内容有着各自的想法和偏爱,公共图书馆应在充分调研特定读者现阶段的精神需求的基础上设计活动内容。

3.2 着重关注男性老年读者和退休老人的文化需要

研究发现,不同性别的老年读者对阅读推广活动的满意度存在显著差异,主要体现在愉快程度上,其中女性读者的平均愉快程度明显高于男性读者。这种显著差异提示我们,公共图书馆应该把男性读者的需求放在亟需关注的地位上来,提升他们对于阅读推广活动满意度的评价,进而提升男性读者到馆的意愿。

另外,通过是否退休对老年读者的划分发现,两部分群体的满意度和未来行为意向存在显著差异:已退休群体要高于未退休群体。但是表12显示,MY4问项的独立样本T检验结果并不显著(P=0.19)。这一研究结果值得思考:阅读推广活动的实际效果在已退休读者心里,并没有明显高出理想效果,但是他们仍然对活动持满意态度,并觉得这些活动对自己来说必不可少,且也愿意推荐给别人。这说明,退休老人(无关学历)的业余生活在一定程度上是空虚、不知所措的,公共图书馆应着重关注退休群体的精神文化需要。

3.3 注重服务、馆员、环境的三位一体

在验证公共图书馆阅读推广活动影响力效应的时候,本研究发现了一个很有趣的结论:

在以老年读者为样本的分析中显示,馆方使用或推荐馆藏资源(包括纸质资源、电子资源、影音资源等)并不能明显提升读者对图书馆的满意度,更谈不上间接影响他们的未来行为决策了。

这个结论引发了笔者的思考。对此,有馆员认为,现在公共图书馆的资源,无论纸质资源还是电子资源,都非常丰富,可以说是兼顾各个年龄段的读者群体的;但是,目前吸引老年读者到馆的是经由馆员二次加工的知识,比如对电脑和智能手机的操作。相关培训课的教材是由馆员在馆藏文献的基础上进行提炼、延伸而成的,这种契合老年群体需求的个性化培训受到老年读者的欢迎。与此同时,馆员带给老年读者的个性化服务,宽敞明亮、温度适宜的环境也是吸引老年读者的重要因素。因此,馆员应该充分考虑到老年读者这一独特的身份特征,更多地注重服务、环境的结合,具体表现在设计科学、易懂的活动形式,提升馆员的专业素养,完善馆内环境和设施上。

无论是开展新颖简单的活动、提升馆员的服务态度、使馆员保持较高的知识技能水准,还是提供现代化服务设备和环境,都对老年读者的满意度乃至其未来的行为意愿有至关重要的影响。随着我国公共文化事业体系制度的完善,以及当前国家对于老年人精神层面的关注和关爱越来越细致入微,国内公共图书馆阅读推广服务将走向更完善、成熟的明天。

参考文献

[1] 秦疏影. 高校图书馆精细化阅读推广模式研究与效果评价——以北京农学院图书馆阅读推广活动为例[J]. 图书情报工作,2015(16):45-49,89.

[2] 章小童,柯佳秀,阮建海. 国内高校阅读推广评价研究现状与存在问题分析[J]. 图书馆工作与研究,2017(6):52-57.

[3] 银晶,冯玲. 国际标准ISO16439:2014《信息与文献——图书馆影响力评估的方法与流程》解读与分析[J]. 山东图书馆学刊,2017(2):66-70.

[4] 姚杰,李光媛,张欣. 基于读者需求的图书馆阅读推广活动满意度感知研究[J]. 图书馆学刊,2021(5):49-54.

[5] FORNELL C,LARCKER D. Evaluating structure equations models with unobservable variables and measurement error[J]. Journal of marketing research,1981(2):39-50.

[6] MARTENSEN A,Grønholdt L. Improving library users' perceived quality,satisfaction and loyalty:an integrated measurement and management system[J]. The journal of academic librarianship,2003(3):140-147.

[7] DABHOLKAR P A,SHEPHERD C D,DAYLE I T. A comprehensive framework for service quality:an investigation of critical conceptual measurement issues through a longitudinal study[J]. Journal of retailing,2000(2):139-173.

[8] CARUANA A. Service loyalty:the effects of service quality the mediating role of customer satisfaction[J]. European journal of marketing,2002(7/8):811-828.

[9] CRONBACH L J. Coeffcient alpha and the internal structure of tests[J]. Psychometrika,1951(3):297-334.

[10] FORNELL C,LARCKER D F. Evaluating structural equation models with unobservable variables and measurement error[J]. Journal of marketing research,1981(1):39-50.

[11] 赵富强. 基于PLS路径模型的顾客满意度测评研究[D]. 天津:天津大学,2010.

沉寂期刊与拒访期刊视角下外文数字资源建设研究[*]

——以首都师范大学图书馆为例

袁子晗（首都师范大学图书馆）

1 研究背景

最大限度地组织文献资源为教学和科研服务，一直以来都是高校图书馆的使命[1]，也是高校图书馆文献资源建设的初心与本位[2]。在后疫情时代，高校图书馆数字资源采购经费日益紧张，相应的绩效考核也更加严格，而数字资源（尤其是外文数字资源）的价格仍然出现逐年上涨的趋势。因此，如何使用有限的经费采购更多高质量外文数字资源，最大限度地保障学科发展，已经成为图书馆资源建设的重点工作。

当前，学界对外文数字资源的效益分析大多采用下载量或篇均下载成本作为评估指标，无法对其真实使用情况做出全面、客观的评价。COUNTER报告中除了下载量，还提供了拒访报告，记录了读者有下载需求但是图书馆暂未购买的资源；此外，数据库中还存在一些下载量较低或无下载量的资源。基于此，本文计划从零下载量期刊和拒访期刊的角度出发，以首都师范大学图书馆采购的外文数字资源为例，对其使用情况进行分析与评估，希望为外文数字资源的评价考核提供数据支撑，为图书馆的馆藏资源建设提供启示与借鉴。

2 相关研究现状

目前，关于数字资源建设的研究大致集中在数字资源使用统计分析、数字资源保障研究和数字资源评价研究3个方面，下面将分点论述：

首先，在数字资源使用统计分析方面，各高校图书馆侧重于从绩效考核的角度出发统计分析数字资源的使用成本。南京航空航天大学图书馆[3]较早地对其购买的ScienceDirect数据库的使用情况进行统计，分析了重点需求期刊的学科分类和影响因子分布，并结合购买经费展开了绩效评价。清华大学图书馆[4]每年会根据数据库的COUNTER报告形成年度电子资源使用统计报表，统计分析各类型电子资源使用量增减、使用成本增减等指标，进一步形成《年度电子资源使用统计报告》。同样地，电子科技大学图书馆[5]在每年度三四月份会出具上一年度《资源利用统计分析报告》《电子期刊资源保障率分析报告》。上海财经大学图书馆[6]利用ERS（Electronic Resource Analysis System，电子资源分析系统）平台开展了外文电子期刊的资源管

---

* 致谢：感谢南京昆虫软件公司芮正彪提供的数据处理技术支持！

理、核心资源与学科资源分析、数据库评估等工作，并讨论数字资源统计评估的方法。复旦大学图书馆[7]对ScienceDirect、Wiley、Springer和Taylor-ST数据库的资源订购和使用情况进行深入分析，分类归纳出馆藏资源概况、"双一流"学科建设的保障概况等，并进一步通过问卷调查和社会网络分析方法，探究学科、院系与图书馆电子资源利用间的关联性，深化了相关研究与实践[8]。

其次，在数字资源保障研究方面，王新才等人以武汉大学2013年SCIE、SSCI和A&HCI所收录文章的期刊类参考文献为研究样本，匹配世界主要开放存取期刊目录以及武汉大学图书馆馆藏电子和印本期刊目录，分析了武汉大学图书馆收藏和缺藏情况[9]。于宁等人从学科文献资源保障、教材教参资源配置、特色资源建设、文献资源一体化管理和文献资源评估与评价等方面详细介绍了清华大学图书馆在数字资源保障方面的举措[10]。张宇娥等人提出了一种高校学科期刊资源保障优先顺序的统一量化方法，为高校图书馆开展学科期刊资源保障状况的精细化评价提供了依据[11]。此外，较多学者从引文分析的角度入手，分析了所在高校关于某一学科的数字资源保障情况[12-14]，也有学者运用可视化分析的方法，深入分析了馆藏数字资源的学科保障情况[15-16]，还有学者基于爬虫技术设计了引文挖掘分析系统，提升了资源保障分析的效率[17]。

最后，在数字资源评价研究方面，徐革较早地探究了数字资源评价体系及其具体指标内容[18]，肖珑等人在2008年提出的CALIS数字资源评估指标体系在国内产生了较为深远的影响[19]，此后提出的众多数字资源评价体系虽然各具特色，但大致可以归纳出5大类一级指标，即数字资源内容、检索系统功能、数字资源使用情况、成本核算与数据商服务[20-22]。除了数字资源评价指标研究，还有学者对评价模型和评价方法进行了改进，如庄纪林等人针对外文期刊数据库内容质量的双库与多库指标的量化，提出基于统一期刊空间的多库比较算法[23]。豆洪青等人基于数字资源质量、经费、宣传与用户数量等参数提出了一种采购前评估电子资源的方法[24]。苏云梅等人基于EQUINOX、ARL E-metrics两项测评体系构建了一个综合的图书馆电子资源绩效评价影响因子模型[25]。

综上所述，目前学界对数字资源建设开展了多方面的实证研究和理论探讨，为本文的研究设计提供了重要的理论依据和实践参考。但是，上述研究大多从正向评价的角度出发，统计分析了数字资源的使用情况和成本效益，或进行相关评价，尚未见到关于零使用量期刊和拒访期刊的报道。因此本文从反向评价的思维出发，以首都师范大学图书馆为例，分别统计外文数字资源中零下载量期刊和拒访期刊的基本学术特征，并进行比较分析，希望为首都师范大学图书馆馆藏动态调整提供依据，并为高校图书馆外文数字资源建设提供数据支持和信息保障。

3　研究设计

3.1　数据处理工具

数字资源在数据用量统计方面的难度主要集中在数据收集、数据处理、数据比较和数据集成4个方面[26]。南京昆虫软件公司与上海交通大学联合研发的ERS平台是一款用于图书馆数字资源绩效评估及学科资源保障分析的软件[27]，主要包括资源分析和学科服务两大模块，可以有效地解决数字资源用量统计中的数据处理与数据集成方面的难题。作为深度数据挖掘平台，ERS平台通过收集资源列表、COUNTER报告、引文统计等各类标准化定量数据，对数字资源使用情况进行梳理，并对资源绩效进行深度挖掘分析[28]。本文使用ERS平台作为数据处理工具，其具体工作流程如图1所示。

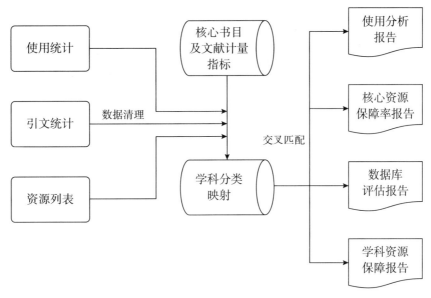

图1　ERS平台工作流程图

资料来源:南京昆虫软件公司ERS介绍手册。

3.2　数据来源

在参考ERS平台"沉寂值"理念的基础上,本文将3年内无下载量的期刊定义为沉寂期刊;此外,将单位时间内有拒访记录的期刊定义为拒访期刊。本文中沉寂期刊数据均来源于ERS平台,拒访期刊数据来源于数据库商提供的COUNTER报告,数据清洗工具同样为ERS平台,具体数据处理过程为:首先将COUNTER报告和数据库资源清单导入ERS平台,其次在ERS平台的"外文期刊"模块获取2021年沉寂期刊列表,并在"数据库"模块分别获取各已购数据库的拒访期刊列表,汇总后导入EXCEL表格进行统计分析。

需要说明的是,沉寂期刊与拒访期刊的时间窗口均为2021-01-01至2021-12-31。其中,沉寂期刊为2019—2021年3年内无下载量的期刊,共有1371条记录;拒访期刊为2021年全年有拒访记录的期刊,共有469条记录。

3.3　研究方法

本文主要采用文献计量法和对比分析法进行研究。首先,通过文献计量方法,从数据库分布、学科分布、索引收录、影响因子、JCR(Journal Citation Report,期刊引正报告)区间等角度出发,分别分析沉寂期刊和拒访期刊的基本特征。其次,使用对比分析方法,对沉寂期刊和拒访期刊具有的学术特征和统计特征进行对比分析、总结归纳,探究这两者之间有无关联以及有何关联,并尝试进一步分析期刊沉寂和拒访的可能原因。

4　沉寂期刊学术特征统计分析

4.1　总体情况

首先,从沉寂期刊数量上看,首都师范大学图书馆2021年馆藏外文期刊27952种,沉寂期刊数量1371种（见表1），沉寂期刊与馆藏期刊的占比约4.9%，说明首都师范大学图书馆购买的外文电子期刊中尚有相当比重的资源没有得到利用，整体馆藏资源具有一定的优化调整空间。

其次，从数据库分布上看，首都师范大学图书馆2021年有16个数据库存在沉寂期刊，其中EBSCO数据库沉寂期刊数量最多，共有1025种，约占首都师范大学图书馆沉寂期刊总数的75%；紧随其后的是SAGE和SpringerLink数据库，分别为113种和112种，共约占首都师范大学图书馆沉寂期刊总数的16%；此外，JSTOR、ScienceDirect、CUP、Project MUSE和Emerald数据库的沉寂期刊占比也较为靠前。

最后，从某一数据库沉寂期刊与该数据库馆藏期刊占比角度来看，EMS数据库占比最高，达到了27%，其后是AMS数据库，占比为22%。SAGE和EBSCO也出现了较高的占比，分别为17%和11%；此外，Emerald（9%）和CUP（8%）的比值也较高。一般来说，数据库中沉寂资源越少，说明数据库利用程度越高。首都师范大学图书馆沉寂期刊与馆藏期刊占比最高的两个数据库均为数学类数据库，这可能与数学专业的论文引用关系、学者的科研信息行为等有关，且这两个数据库本身收录期刊数量较少，因此数值较高。但SAGE和EBSCO数据库的比值均超过了10%，且收录期刊数量较多，需要引起我们的注意。以SAGE数据库为例，Project MUSE数据库的馆藏期刊数量与其大致相同，且两者收录资源均为人文社科类，但后者的比值仅为3%，说明SAGE数据库的利用率远远低于后者，其收录期刊的质量和资源使用的情况可能需要进一步论证。

表1　首都师范大学图书馆2021年沉寂期刊统计表

数据库	沉寂期刊品种数/种	馆藏期刊品种数/种	沉寂期刊在馆藏期刊中的占比/%
EBSCO	1025	9314	11.00
SAGE	113	670	16.87
SpringerLink	112	2057	5.44
JSTOR	74	2726	2.71
ScienceDirect	37	2004	1.84
CUP	35	423	8.27
Project MUSE	21	710	2.96
Emerald	19	212	8.96
Wiley	6	971	0.61
EMS	6	22	27.27
East View	5	100	5.00
ACM	4	61	6.56
AMS	2	9	22.22
OUP	2	357	0.56
AIP	1	17	5.88
RSC	1	56	1.79
合计	1463	19709	

注：有的期刊被不同数据库同时收录，故此处沉寂期刊合计数量为1463种。

4.2 沉寂期刊学科分布

ERS平台中提供了ESI、JCR和教育部分类等不同学科分类体系,本文选择教育部分类作为统一学科分类口径。由于一种期刊可以被划分到不同的学科,此处在统计的时候重复计算。数据表明,沉寂期刊中学科数量排名前五的分别是医学(460种)、工学(444种)、法学(317种)、管理学(273种)和理学(266种),约占总数的73%(见图2)。教育学和历史学历来是首都师范大学的重点学科,但是它们也分别存在137种和109种沉寂期刊。此外,首都师范大学虽然暂未开设医学和农学专业,但经过前期论证后也购买了这类学科资源(如SpringerLink的生物医学学科包),沉寂期刊中这两个专业的期刊数量累计达到了520种。

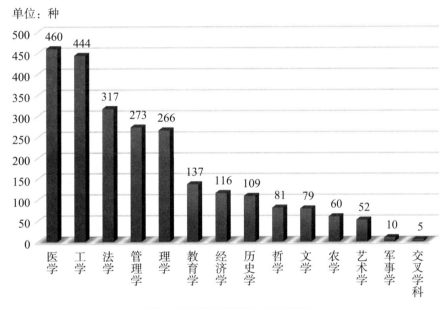

图2　沉寂期刊学科分布示意图

进一步分析发现,沉寂期刊中的医学期刊大部分分布在EBSCO数据库中,少量分布于ScienceDirect、SpringerLink等数据库中;工学、法学、管理学和理学期刊绝大多数分布在EBSCO数据库中;文学、历史学、艺术学等学科期刊主要分布在JSTOR、Project MUSE等数据库中(见图3)。一方面这与不同数据库的资源收录侧重相符合,另一方面这也说明不同数据库的不同学科包中也存在不同数量的沉寂期刊。因此,本文推测,如同文献老化一样,期刊沉寂可能是一个普遍的现象,在不同数据库、不同学科中普遍存在,但实际情况还应当通过实证研究进一步验证。同时,在资源采购中,对于沉寂期刊数量较少的数据库或许可以放任不理,但对于数量较多的数据库(如EBSCO)应当及时调整采购策略,减少沉寂期刊的数量,提高馆藏资源的利用率。

4.3 沉寂期刊重要索引收录

一般来说,沉寂期刊可能是影响因子较低、未被重要索引收录的普通期刊乃至"水刊"。但本文统计后发现,首都师范大学图书馆2021年沉寂期刊中超半数被SCIE、EI等重要索引收录(见图4),具体来说体现为:

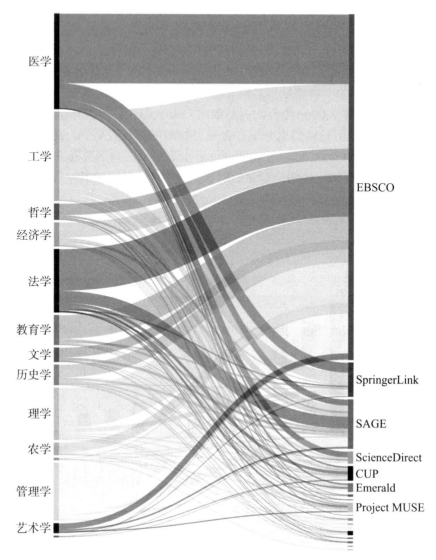

图3　沉寂期刊学科映射数据库分布示意图

• 294种期刊被SCIE收录，约占沉寂期刊总数的21%，其中影响因子最高的为*Annual Review of Astronomy and Astrophysics*（IF=30.065）；

• 186种期刊被SSCI收录，约占总数的14%，其中影响因子最高的为*Annual Review of Organizational Psychology and Organizational Behavior*（IF=18.333）；

• 138种期刊被EI收录，约占总数的10%，其中影响因子最高的为*Journal of Management in Engineering*（IF=6.853）；

• 99种期刊被AHCI收录，约占总数的7%；

• 60种期刊被SCIE和EI同时收录、1种期刊被SSCI和EI同时收录。

此外，从影响因子的区间划分考虑，1371种沉寂期刊中有500种被JCR收录，约占总数的36%，其中一区47种、二区99种、三区122种、四区232种。超过半数的沉寂期刊被EI、SCIE等重要索引收录，相当一部分期刊的影响因子高于同类期刊水平，这说明并非所有沉寂期刊都是普通期刊甚至"水刊",但是这部分资源近3年来均无下载量,这一现象应当引起注意。

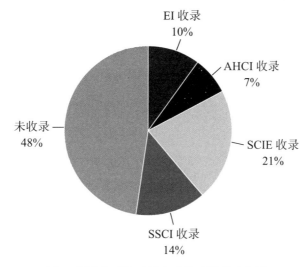

图4　沉寂期刊被重要索引收录情况示意图

5　拒访期刊学术特征统计分析

5.1　总体情况

首先,从拒访期刊数量上来看(见表2),2021年首都师范大学图书馆馆藏外文期刊27952种,累计拒访期刊数量为469种,拒访频次累计2889次,拒访期刊与馆藏期刊数量占比约为1.7%。

表2　首都师范大学图书馆拒访期刊统计表

数据库	拒访 品种数/种	拒访频次/次	馆藏 品种数/种	拒访期刊在馆藏 期刊中的占比/%
ScienceDirect	140	1473	2004	6.99
JSTOR	117	355	2726	4.29
SpringerLink	91	456	2057	4.42
Wiley	52	248	971	5.36
SAGE	42	176	670	6.27
CUP	24	126	423	5.67
Nature	2	52	15	13.33
AMS	1	3	9	11.11
合计	469	2889	8875	

其次,从期刊拒访频次上来看(见图5),虽然累计拒访频次达到了2889次,但是拒访频次呈现出集中分布的趋势:453种期刊的拒访频次在20次以下,其中有155种期刊的拒访频次仅有1次,仅有2种期刊的拒访频次超过了200次,分别为*Annals of Allergy,Asthma & Immunology*(283次)和*Journal of Allergy and Clinical Immunology:In Practice*(211次)。

最后,从数据库分布的角度来看,2021年首都师范大学图书馆共有8个外文数据库存在拒访记录,拒访期刊数量和拒访频次排在前3位的数据库均为ScienceDirect、JSTOR和SpringerLink,它们的拒访期刊总品种数达到了348种,拒访总频次累计2284次,说明这些数据库中有大量资源是读者迫切需要但目前尚未购买的,在后续的资源调整中应当重点关注这3个数据库的学科包订购情况。

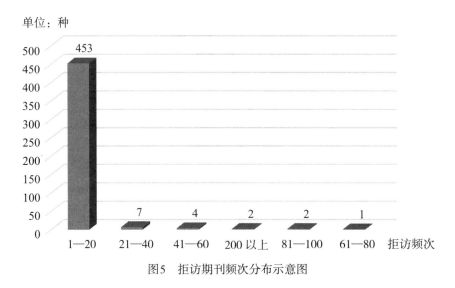

图5　拒访期刊频次分布示意图

5.2　拒访期刊学科分布

对于拒访期刊的学科分布同样采用教育部分类作为统一学科分类口径,如图6所示,拒访期刊主要集中在工学(140种)、理学(127种)、医学(102种)、法学(73种)和管理学(65种)学科,共507种期刊,约占总数的70.6%。首都师范大学暂未开设的医学、农学和军事学专业的拒访期刊累计达到了112种。

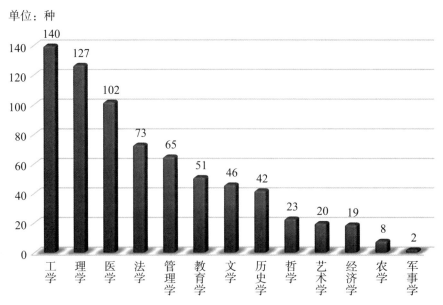

图6　拒访期刊学科分布示意图

进一步分析发现，拒访期刊中各个学科期刊分布在不同的数据库中，未出现集中分布在某一数据库的情况（见图7）。具体来看，医学期刊主要分布在ScienceDirect和Wiley数据库，理学期刊主要分布在ScienceDirect、Wiley和JSTOR数据库中，工学期刊主要分布在ScienceDirect和SpringerLink中，历史学、教育学等则主要集中在CUP和JSTOR数据库中。这些学科均是对应数据库的重点学科，说明这些数据库中的重点资源首都师范大学图书馆尚未完全保障，在下一步的资源采购中应当重点关注已购数据库中暂未采购的学科包。

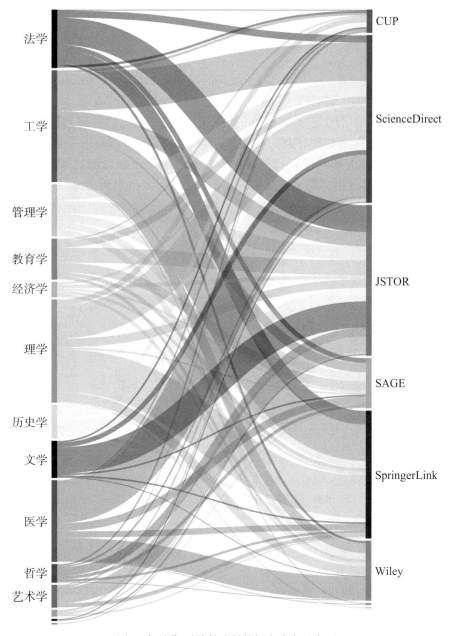

图7　拒访期刊学科映射数据库分布示意图

5.3 拒访期刊重要索引收录

本文统计发现（见图8），2021年首都师范大学图书馆拒访期刊中约59%的期刊被SCIE、EI等重要索引收录，具体来说：

- 158种期刊被SCIE收录，其中影响因子最高的期刊是*American Journal of Transplantation*（IF=7.338）。
- 76种期刊被SSCI收录，其中影响因子最高的期刊是*Journal of Interactive Marketing*（IF=5.097）。
- 43种期刊被EI收录，其中影响因子最高的期刊是*Structural Control & Health Monitoring*（IF=3.499）。
- 36种期刊被AHCI收录，其中影响因子最高的期刊是*American Antiquity*（IF=1.961）。
- 34种期刊被EI和SCIE同时收录、19种期刊被SCIE和SSCI同时收录。

同时，从影响因子的区间划分考虑，469种拒访期刊中共有213种期刊被JCR收录，其中1区至4区的期刊数量分别为47种、50种、48种和68种，分布较为均匀；进一步从影响因子的角度分析，影响因子大于5的期刊仅有15种，129种期刊影响因子在1到5之间，69种期刊影响因子小于1。这表明，大部分拒访期刊被重要索引收录，但和沉寂期刊相比，平均影响因子略低于后者。

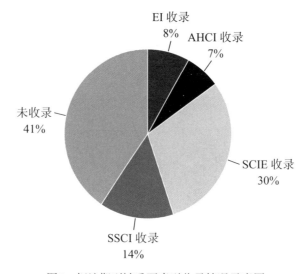

图8　拒访期刊被重要索引收录情况示意图

6　沉寂期刊与拒访期刊统计特征对比分析

对比分析来看，沉寂期刊的数量远远大于拒访期刊，但质量和学科分布几乎相仿，具体来说体现为以下三点：

首先，从数量的角度来看，2021年首都师范大学图书馆累计沉寂期刊共1371种，涉及数据库16个，沉寂期刊在馆藏期刊中的占比约4.9%；拒访期刊共469种，涉及数据库8个，拒访期刊在馆藏期刊中的占比约1.7%。因此，无论是总体数量、涉及数据库还是在馆藏量中的占比，沉寂期刊均远远大于拒访期刊,说明目前馆藏中没有得到利用的资源数量远远超过读者需要但尚未购买的资源数量。

其次,从质量的角度来看,沉寂期刊的平均影响因子为1.86,最高影响因子高达30.065,约52%被SCIE等重要索引收录;拒访期刊的平均影响因子为2.22,最高影响因子为7.338,约59%被SCIE等重要索引收录。总体而言,沉寂期刊和拒访期刊中均有超过半数的刊物被SCIE等重要索引收录,说明不论是沉寂期刊还是拒访期刊,其整体质量较高;比较而言,沉寂期刊的质量略逊于拒访期刊,但差别不大。

最后,从学科的角度来看,不论是沉寂期刊还是拒访期刊,其学科均集中分布在医学、工学、法学、管理学和理学这5个学科。这说明,一方面,目前馆藏资源中的物理学、化学、材料学、心理学、信息工程等专业资源数量较为丰富;另一方面,目前馆藏建设的短板主要集中在工学、理学、医学、法学、管理学等学科,并且启示我们在未来相当一段时间内馆藏建设的重点应该继续围绕这些学科展开。

表3　沉寂期刊与拒访期刊对比一览表

	沉寂期刊	拒访期刊
品种数	1371种	469种
涉及数据库	16个	8个
与馆藏刊占比	4.9%	1.7%
平均IF	1.86	2.22
最高IF	30.065	7.338
重要索引收录	52%被SCIE、EI等收录	59%被SCIE、EI等收录
主要学科分布	医学、工学、法学、管理学、理学	工学、理学、医学、法学、管理学

7　讨论与启示

本文统计了首都师范大学图书馆2021年沉寂期刊与拒访期刊的基本特征,并进行比较分析,得出如下主要研究结论:

(1)沉寂期刊约占总体馆藏的4.9%,拒访期刊约占总体馆藏的1.7%。

(2)沉寂期刊主要集中在EBSCO、SAGE和SpringerLink数据库,拒访期刊主要集中在ScienceDirect、SpringerLink和JSTOR数据库。

(3)沉寂期刊和拒访期刊均主要分布于医学、工学、法学、管理学和理学等学科。

(4)超过半数的沉寂期刊和拒访期刊被SCIE、EI等重要索引收录。

(5)当前馆藏建设中存在不充分、不均衡的问题,需要及时做出相应调整。

基于此,本文做出如下讨论,希望为下一步数字资源建设、资源绩效考核等提供启示与借鉴。

7.1　将期刊沉寂与拒访的情况作为动态调整馆藏的依据

本文研究发现,目前,首都师范大学图书馆馆藏中存在约4.9%的沉寂期刊和约1.7%的拒访期刊。期刊沉寂说明图书馆提供的资源读者可能并不需要,期刊拒访说明读者有需求但图书馆暂未满足,这二者是图书馆调整订购策略的重要依据。因此,图书馆在充分论证的基础上可以考虑停订沉寂期刊,增订高频次拒访期刊,以促进馆藏高质量发展,切实保障师生的科研文献需求。在数据库的实际论证和采购过程中,很多数据库商将期刊分学科包或分子库售卖,沉寂期刊和拒访期刊大多分布在不同学科包或子库中,因此,在实际操作中对某一批期刊进行停订或增订或许存在一定困难,但图书馆可以将期刊沉寂或拒访的具体情况作为重要依据与数据库商进行磋商,高校图书馆数字资源采购联盟(Digital Resource Acquisition Alliance, DRAA)也可以考虑对所有参团成员馆的沉寂期刊和拒访期刊进行统计分析,作为与数据库商谈判的重要筹码。总之,图书馆可以定期统计期刊沉寂和拒访的实际情况,将分析结果作为动态调整馆藏、开展资源评价、进行绩效考核和资源采购论证的重要指标。

7.2 探究期刊沉寂和拒访的深层次原因

本文分析发现,沉寂期刊和拒访期刊具有相似的特征:前者在3年内没有被下载或阅读,后者被读者迫切需要但是暂未购买,这既反映出馆藏建设的不足,也体现出资源建设的困难。除了对沉寂期刊和拒访期刊进行动态调整,图书馆还应深入探究期刊沉寂和拒访的深层次原因。就沉寂期刊而言,其中有的可能是读者的确不需要的资源,也有的可能是读者需要但是尚不了解的资源。对于前者,应该及时调整剔除,对于后者应该加大资源推广宣传力度。就拒访期刊而言,高频次拒访期刊应当及时增订,低频次拒访期刊可以考虑通过文献传递等方式提供给读者。此外,期刊的拒访频次呈现出什么样的分布特征,除了资源未购买是否还有其他拒访原因,还有哪些期刊有潜在的拒访可能等,这些都是图书馆下一步应当深入探究的问题。

7.3 重视期刊用量报告的多角度统计分析

当前,对图书馆外文数据库的绩效考核大多将下载量或篇均下载成本作为评价指标,也有研究指出,关注下载量对于数据库建设具有重要意义[29],但是仅仅将下载量作为单一衡量指标或许略显单薄,且难以应对日益严格的绩效考核要求。本文对沉寂期刊和拒访期刊的实证研究证明,沉寂值和拒访值可以作为数据库建设的重要评价指标。同时,本文认为,图书馆应该重视并加强期刊用量报告的多角度统计分析。COUNTER5报告提供了下载量、浏览量、检索量、拒访量等一系列数据用量,图书馆在开展资源论证与数据库评估的时候,在分析数据库资源总量、核心期刊占比、与重点学科匹配程度等的基础上,可以综合考虑用量报告的系列指标,深入分析下载量、沉寂量和拒访量等在资源建设、数据库评价乃至读者信息行为等方面的研究价值,为外文数据库的采购、评估与考核提供数据和理论支撑。

本文的主要研究贡献在于以下两个方面:①从沉寂期刊和拒访期刊的视角分析了当前馆藏建设中存在的问题,一定程度上弥补了以往资源评价中偏重下载量指标的不足;②通过实证研究证明,沉寂值与拒访值可以作为资源评价的重要依据,同时也为资源绩效考核提供了指标支撑。

当然,本文还存在以下研究不足:①本文仅分析了2021年的沉寂值与拒访值,如果将疫情前后的情况进行对比分析相信能够得出更有价值的结论;②本文仅分析了期刊的沉寂与拒访情况,下一步可以将图书以及多类型的文献数据库纳入研究范围,为馆藏建设和资源评价提供更为详细的信息保障。

参考文献

[1] [9]王新才,王海宁.高校图书馆期刊文献保障实证研究——以武汉大学为例[J].中国图书馆学报,2015（5）:4-15.

[2] [10]于宁,贾延霞,武丽娜,等.聚焦支持高校教学与科研——清华大学图书馆资源建设实践与思考[J].图书情报工作,2021（1）:34-40.

[3] 刘佳音.高校图书馆电子资源使用与用户检索行为统计分析——以ScienceDirect数据库为例[J].大学图书馆学报,2012（2）:81-86.

[4] 于宁,贾延霞,邵敏.电子资源统计数据及成本数据标准应用案例研究——以清华大学图书馆为例[J].图书馆杂志,2021（9）:70-75.

[5] 毕艳芳,李泰峰.用户数据维度的数字资源评价方法及实例——以电子科技大学图书馆为例[J].图书情报工作,2017（22）:82-88.

[6] 李娜.电子资源管理与评估——以上海财经大学图书馆的外文电子期刊为例[J].图书情报工作,2018（15）:60-66.

[7] [29]赵玮佳,郝群,张立彬.高校图书馆外文数据库资源建设的使用统计和分析思考——以复旦大学4个数据库的实践为例[J].图书情报工作,2022（4）:73-86.

[8] 阳昕,张敏,廖剑岚,等.社会网络视角下的高校图书馆电子资源利用研究——以复旦大学图书馆为例[J].图书情报工作,2021（15）:91-99.

[11] 张宇娥,柯佳秀,杜丽.高校学科期刊资源保障优先级方法与实证分析[J].图书情报工作,2020（8）:71-77.

[12] 徐志玮,郑建瑜.高校化学学科用户对纸本/电子期刊需求研究——以中山大学化学学科用户为例[J].图书情报知识,2010（4）:44-50.

[13] 李海霞.基于引文分析的图书馆期刊资源建设策略研究——以哈尔滨工程大学图书馆为例[J].图书馆建设,2011（8）:43-45.

[14] 侯利娟,郝群,张立彬.高校图书馆外文文献资源保障研究——以复旦大学数学学科为例[J].图书馆,2018（1）:92-100.

[15] 王丽珍,张幸芝,雷润玲.基于SCI的图书馆外文期刊资源建设可视化分析——以西安交通大学图书馆为例[J].农业图书情报学刊,2015（12）:58-61.

[16] 罗梅兰.基于引文的高校期刊需求可视化分析方法[J].图书馆研究与工作,2018（7）:35-39.

[17] 许洁,梁国庆,杜化荣.基于资源建设评价的定向引文挖掘分析系统研究和实现[J].现代情报,2018（6）:99-105.

[18] 徐革.我国大学图书馆电子资源绩效评价方法及其应用研究[D].成都:西南交通大学,2006.

[19] 肖珑,李浩凌,徐成.CALIS数字资源评估指标体系及其应用指南[J].大学图书馆学报,2008（3）:2-8,17.

[20] 刘爽.高校图书馆电子资源评价指标体系构建[J].图书馆理论与实践,2014（10）:60-63.

[21] 陈淑娟.基于层次分析法的数字资源数据库评价研究[D].合肥:安徽大学,2014.

[22] 黄碧航."双一流"建设视角下高校图书馆文献资源保障评价指标体系构建.[D].武汉:华中科技大学,2019.

[23] 庄纪林,陈凌,姚晓霞.外文期刊数据库内容质量指标的量化研究[J].图书情报工作,2021（2）:54-64.

[24] 豆洪青,沈小烽.基于预期效益的高校新引进电子资源评估——以全文电子期刊资源为例[J].图书馆学研究,2021（19）:29-35.

[25] 苏云梅,武建光.图书馆电子资源绩效评价影响因子模型构建及实证研究[J].农业图书情报学报,2021

（10）:98-107.

［26］ FRY A. A hybrid model for managing standard usage data:principles for e-resource statistics workflows[J]. Serials review,2013,39（1）:21-28.

［27］ 俞凯君,龚瑞怡,胡姗姗,等.基于ERS软件应用的外文数字资源质量评价研究——以上海健康医学院外文全文期刊为例[J].图书馆理论与实践,2018（7）:83-86.

［28］ 张赟玥,秦鸿,杜丽.应用ERS评估外文电子图书绩效的实践探索——以电子科技大学为例[J].图书情报工作,2020（21）:50-57.

复杂国际形势下我国高校图书馆数字资源
保障策略与实践研究*

高　振　肖　宏（山东大学图书馆）

2018年起,世界经济全球化的热潮被美国特朗普政府的对外贸易政策打破,中美贸易冲突直接影响到全球供应链生态和我国的经济建设。2020年开始,新冠疫情在全球的扩散与蔓延对各国的实体经济造成了剧烈的冲击[1]。2022年初,俄罗斯与乌克兰爆发军事冲突,由此引发的地缘政治危机让全球经济陷入低谷。在世界命运共同体的理念下,中美贸易冲突、新冠疫情大流行、地缘政治危机等国际事件对我国的经济发展与社会建设都产生了深远影响。目前,我国高校正在纷纷布局"十四五"规划,以"新学科建设、国际化发展"为主题的高等教育发展模式正在引领未来我国高校内涵式发展的方向。新学科建设可以为我国的经济发展赋能,国际化发展则是我国"一带一路"倡议实施的需要。在当前国际局势充满了各种不确定性的前提下,国际突发事件的产生不但使我国的经济发展陷入了瓶颈,也使我国高等教育的国际化发展受到了影响。各种新学科、交叉学科的建设因为复杂的国际局势而无法得到充足的实验物料、系统支持、文献保障以及人才支持。

人类进入信息时代后,各种有效的信息作为价值资源已然成为经济发展、社会进步的催化剂。图书馆作为高校的信息中心,其信息资源对学科建设的保障作用越来越明显,文献信息资源引领学科发展的理念也逐渐被图书馆学界、业界所认可。一项调查表明,2020年,我国数字资源采购经费排名前五的高校,在数字资源建设上所花费的经费均超过3500万人民币,全国高校图书馆数字资源建设经费已占文献资源建设总经费的56.8%[2]。这说明数字资源已经成为目前我国高校图书馆最重要的信息资源之一。目前,我国正在积极进行"四新"学科(新文科、新工科、新农科、新医科)建设,它对我国社会发展与经济建设意义非凡。在复杂的国际形势下,我国的高校图书馆的数字资源保障策略如何制定,如何以战略思维去开展数字资源保障工作是高校图书馆要考虑的重要问题。

1　国内外相关研究及工作现状

1.1　国内相关研究及工作现状

国内关于图书馆数字资源保障的成果主要集中在数字资源长期保存、数字资源共建共

＊　本文为山东省社会科学规划项目"高校图书馆数字文献资源赋能'四新'学科建设研究"(项目编号:22CTQJ03)的研究成果之一;本文通讯作者:肖宏。

享、数字资源建设、馆藏数字化以及图书馆大数据等领域。张美娜[3]以文献计量学的研究方式归纳了我国数字资源长期保存的主要研究方向和热点，反映出我国数字资源保障体系研究的多样性。徐速等人[4]以我国高校图书馆数字资源采购联盟（Digital Resource Acquisition Alliance of Chinese Academic Library & Information System，DRAA）引进的数字资源为研究对象，论述了我国数字资源长期保存工作中出现的问题以及解决方式，为我国数字资源保障工作提供了新思路。夏旭[5]从数字资源共建共享的角度阐释了当前我国数字资源保障的三种工作模式：集中式、分层式和网络式，并将数字资源保障工作进行了维度划分。王斌[6]从技术层面指出了目前我国高校图书馆在数字资源建设工作中出现的资源管理问题和人力资源问题，对数字资源保障的主体与客观条件之间的关系进行了详细论述。李家清[7]以互联网信息时代为背景，把供求关系融入图书馆数字资源建设工作之中，指出数字资源保障工作的社会化与国际化趋势，对数字资源保障的对象、服务模式、服务方式进行了深入研究。王红等人[8]通过建立数学模型，精确计算了数字资源在学科保障中的回报率，在数字资源建设的经费使用方面提供了实证支持。刘世影等人[9]以引文分析法计算了其所在单位某一学科使用的数字资源学术贡献度，为提高学科保障的精准度提供了有效依据。

从实际工作上看，目前我国数字资源保障体系的建设与运行，主要有两种模式，即集中型和分散型。集中型的数字资源保障体系依靠特定区域或者特定系统内的文献信息机构建设和运行，比如国家科技图书文献中心（National Science and Techology Library，NSTL）、中国高等教育文献保障系统（China Academic Library & Information System，CALIS）、中科院国家科学数字图书馆（Chinese Science Digital Library，CSDL）等。分散型数字资源保障体系的建设与运行则是一种有共同目标的群策群力，它没有固定的区域限制和系统要求，主要依靠主体间的合作保障协议以及共同数据标准来开展工作。

笔者通过研究发现，虽然国内对数字资源保障的研究和实践已有不少成果，但是从整体上看，这些研究未能充分考虑大环境变化带来的影响，也未从某一学科或某一学科群的建设角度去审视数字资源保障工作，更未能充分地运用战略思维去考虑未来的工作发展。所以，深入研究外界环境影响下的图书馆数字资源保障策略与实践意义非凡。

1.2 国外相关研究及工作现状

国外的图书馆数字资源保障研究起步较早且研究领域较为分散，King等[10]运用经济学的成本与价值理论对图书馆的电子期刊进行了评估研究，通过指数与赋权直观反映了资源的保障力度。图书馆进入信息时代后，以EQUINOX（欧洲图书馆绩效评价和质量管理系统项目）和E-Metrics[美国研究图书馆协会（Association of Research Libraries）的数字资源使用评价指标体系][11]为代表的数字资源保障评价与指标体系将数字资源保障的研究升华到精准化、结构化与指标化阶段。在经济全球化的背景下，国外的图书馆数字资源保障研究逐渐向共建共享领域靠拢，McClure[12]在文章中论述了构建新型的数字资源共享系统的方法。Kopp[13]以联盟化发展的视角阐述了国外图书馆数字资源共建共享的工作方式。艾伦和赫尚从战略保障角度出发，通过分析外界影响因素，提出环境变化促使资源共建共享及保障模式转变的理论，将国外数字资源保障研究提升到战略层面。

从实践上看，国外数字资源保障工作的成功案例要优于国内。比较有代表性的有OhioLINK（The Ohio Library and Information Network，俄亥俄图书馆与信息网络）、OCLC（Online Computer

Library Center，联机计算机图书馆中心）、CDL（California Digital Library，美国加州数字图书馆）、NSDL（National Science Digital Library，美国国家科学数字图书馆）、ILA（Illinois Library Association，伊利诺伊州图书协会）、JISC（Joint Information Systems Committee，英国联合信息系统委员会）、KERIS（Korea Education Rerised International Staging System，韩国学术信息服务组织）等，虽然国外对数字资源保障的研究有很多高价值的成果，相关的实践经验也较为丰富，但是对国际环境的变化、突发事件的影响缺乏足够的分析，未能对新时代图书馆数字资源的保障作用进行较细致的研究。

2　影响我国高校图书馆数字资源保障体系发展的因素

2.1　数字资源建设水平

自2006年起，我国高校图书馆采购的数字资源种类和数量正在逐年递增。高校图书馆事实数据库最新数据显示，2020年我国参与填报数字资源建设信息的高校图书馆有1141个，其经费总和为人民币39.21亿元，平均值为人民币343.6万元，但是从头部高校图书馆的数字资源建设经费上看，排名前五的高校图书馆年度经费均已超过平均值的十倍[14]。这说明，现阶段我国高校图书馆存在数字资源建设经费两级分化的现象。这虽然与所属高校的学科建设水平、社会定位有一定关系，但从未来我国高等教育内涵式发展的趋势看，这种经费的严重失衡，会导致学科发展与人才培养的保障环节出现短板效应，从而制约我国高校图书馆数字资源保障体系的发展。

目前，我国高校图书馆的外文数字资源大部分是通过我国高校图书馆数字资源采购联盟引入的，这种集团采购在外文数字资源建设工作中有一定优势，不但可以降低图书馆数字资源的采购成本，还能够通过专家论证与谈判提升数字资源的采购水平。但是，从特色化、差异化发展的角度看，某些特定研究领域的外文数字资源因为国内法规的限定未能进入集团采购目录，会造成相关学科的文献保障力度降低，从而影响学者的研究。由此可见，外文数字资源采购渠道单一也是制约我国高校图书馆数字资源保障体系发展的重要因素之一。

长期以来，我国大部分高校图书馆的文献资源建设政策都是以满足各类评估为主要目标，在实际工作中往往注重资源建设的广度而忽略精度。随着网络信息时代的深入发展，越来越多的数字资源被引入图书馆，同质化的数字信息在图书馆数字资源中的占比逐年升高。在数据商的销售策略引导下，高校图书馆在数字资源建设工作中往往互相攀比，为了与对标图书馆的数字资源保持同等建设水准，被动地接受各种采购建议，造成了各种同质异构数据库、各类同源数字信息轻松进入高校学科建设保障资源序列，使各高校图书馆逐渐失去了资源特色和学术魅力[15]。

2.2　数字资源服务水平

我国高校图书馆的数字资源工作包括数字资源保存、数字资源元数据服务、数字资源推广、数字资源远程访问、数字资源导航、数字资源检索等。这些工作分别对应了图书馆的编目、典藏、技术以及阅读推广等相关业务，所以数字资源服务是一项多部门合作的系统性工作，其水平的高低取决于图书馆的综合业务水平。笔者调研了39个高校图书馆（后文称调研对象）的数字资源服务情况，做出如下分析：

（1）数字资源保存

绝大多数调研对象只对特藏文献、特色文献的数字化资源进行单独建库保存，对引进的数字资源库未做直接保存，一般通过镜像访问的形式为读者提供服务。这种做法虽然可以降低图书馆的运营成本，但是从资源保障的角度看，这种数字资源保存形式非常容易受到突发事件的影响而中断服务。

（2）数字资源元数据服务

数字资源元数据服务与数字资源揭示工作息息相关，在调研对象中，通过对数字资源编目来达到资源揭示目的的高校图书馆非常少，部分调研对象只对少量外文数字资源进行了编目，其余调研对象皆使用发现系统或下一代图书馆管理系统的数字资源管理工具为读者提供元数据服务。这种将编目工作边缘化的数字资源元数据服务模式，会引起数字资源揭示深度降低、缺乏精准度、缺乏统一标准等问题。在网络信息时代，通过数字资源编目的形式开展元数据服务最大的优势在于：它可以将数字资源的最小揭示单元进行标准化处理，从而增强数据的延展性，后期只要通过语义关联便可以对异构库的同质资源进行筛选，确保数字资源服务的准确性。

（3）数字资源推广

对数字资源进行有效的推广可以提升数字资源的使用率。几乎所有的调研对象都开展了数字资源推广工作。随着5G技术、移动互联技术、社交软件、新媒体的不断发展，调研对象的数字资源推广渠道也越来越丰富。微博、微信公众号、抖音等平台都已成为调研对象进行数字资源推广的阵地，与此同时，读者对于数字资源的使用率和满意度也在攀升。

（4）数字资源远程访问

自2020年开始，我国受新冠疫情影响，大部分高校根据疫情防控政策的要求动态开展了线上教学及居家办公，多数读者不能在校内使用数字资源。所以，在此期间，数字资源的远程访问变得尤为重要。当前，我国高校图书馆使用的主流数字资源远程访问技术包括SSLVPN（Security Socket Layer Virtual Private Network）技术、联合身份认证技术、Web代理技术以及IP转换技术等[16]。这些技术各有利弊，合理使用远程访问技术，最大限度地满足读者的使用需求已经成为数字资源保障的重要手段之一。

（5）数字资源导航

由于调研对象皆为我国高水平大学的图书馆，所以其在数字资源建设方面各具特色且优于普通高校。调研对象拥有的数字资源库数量众多，除了为读者提供元数据服务，数字资源导航也是保证读者精准获取信息的渠道之一。调研对象的数字资源导航覆盖率为100%，由此可见它在数字资源保障中的重要性。

（6）数字资源检索

数字资源检索原本可以归为元数据服务的范畴，但是随着图书馆的不断发展，一些特殊的信息资源如历史文化遗产、古代舆图、原始档案等具有特殊数据结构的数字化信息无法利用元数据来进行检索，所以笔者将数字资源检索作为独立的服务模块进行分析。读者在使用数字资源时，最大的偏好就是利用图书馆提供的检索工具进行精准化检索。在调研对象中，除少数使用"下一代图书馆管理系统"的图书馆可为读者提供统一检索外，其余调研对象皆使用OPAC+发现系统的模块化检索工具为读者提供该项服务，这样就导致读者需要在不同工具间进行切换,从而降低读者的使用体验,进而影响数字资源的保障。

综上所述,数字资源服务水平可直接影响我国高校图书馆数字资源保障工作的开展效果,所以加强数字资源服务水平对我国高校图书馆数字资源保障工作的开展有重要的意义。

2.3 法律、法规以及国际局势

我国高校图书馆的数字资源一般包括各类自建特藏文献、特色文献的数字化库以及通过采购获得的中外文数据库。无论哪一种数字资源都要面临版权归属问题。目前,我国针对数字资源版权问题的法律只有《中华人民共和国著作权法》一部,相比国外系统的知识产权保障法律体系来说稍显不足。2018年,国际图联(IFLA)向政府组织、图书馆行业提出制定图书馆版权指南的建议,计划以理念规范法规,保护知识产权[17]。法律、法规可以从顶层设计上影响图书馆数字资源保障体系的运行,也是保障体系建设的重要依据。所以,深入研究法律、法规对数字资源保障工作的影响具有指导意义。

在网络信息时代,数字资源的虚拟属性和馆藏占比让图书馆的角色从"纸质资源拥有者"转变为"数字资源使用者"[18]。在我国高校图书馆数字资源建设的过程中,越来越多的高价值外文数字资源进入采购清单,它们的引进为我国高校的学科建设与国际化进程做出了贡献。但是现实情况却并非一帆风顺:资源垄断、资源讹诈、资源壁垒让外文数字资源的建设"险象环生",一纸合同中的不可抗力免责条款让国际局势的变化成为影响外文数字资源保障工作的最大变数,网络中断、出版社停止服务、地缘政治危机导致特定区域停止资源访问等都会影响读者的使用从而影响数字资源保障工作。所以,我国高校图书馆在进行数字资源保障工作时要考虑国际局势变化带来的影响,以不变应万变。

3 复杂国际形势背景下高校图书馆数字资源保障策略与实践

3.1 加强顶层设计,拓宽战略保障性数字资源的采访渠道

3.1.1 面向高校图书馆数字资源保障的顶层设计

高校图书馆的定位和作用有别于公共图书馆,所以,在国家层面制定面向高校图书馆的数字资源保障政策时要充分考虑高校图书馆的特征属性,即服务教学与科研的属性以及学术属性。目前,我国从国家层面规划建设的数字资源保障体系的数量远不能支撑此项工作的开展,对于高校图书馆来说,只有中国高等教育文献保障系统与CADAL(大学数字图书馆国际合作计划)两个比较规范的项目可以支撑高校图书馆数字资源保障工作。要想将有限的资源发挥出更大的作用,必须从国家层面做出支撑数字资源保障体系重构的顶层设计。叶继元等学者认为[19],要进行国家层面的数字资源保障体系重构,必须有一个国家职能部门直接参与其中,不但要负责体系的规划,还要直接参与项目实施,这是由于我国的高校图书馆、公共图书馆、情报信息机构等数字资源保障工作的参与主体分属不同的系统,在进行数字资源保障的工作中难免出现壁垒,由国家的职能部门组织协调跨系统的工作,对日常工作进行管理、指导并巡查参与者负责的工作,有利于保障国家层面的数字资源保障体系平稳运行。另外,国家还需要设立专业委员会来参与具体保障工作,如集团采购、长期保存、技术研发等。除此之外,国家还需要设计相关政策来拓宽系统的边界,制定统一数据标准、统一采购指南等,通过

各系统间的业务融合加强对高校图书馆数字资源保障工作的支持[20]。只有依靠国家的力量，才能真正地将复杂国际局势带来的影响降到最低。

3.1.2　拓宽高校图书馆战略保障性数字资源的采选渠道

目前，我国高校图书馆的战略保障性数字资源主要通过我国高校图书馆数字资源采购联盟的集团采购和地区性的高校图工委推荐采购，一般只能采购到数据商推荐的数据库，对于其他的战略保障性数字资源，采购力度几乎为零。在复杂的国际形势背景下，这样的采访渠道略显单薄，一旦遇上突发事件或地缘政治危机，战略保障性数字资源的建设工作就难以继续进行。笔者通过调研并结合多年的文献资源建设经验总结了目前我国战略保障性数字资源的类型和来源，如表1所示。

表1　我国战略保障性数字资源的类型和来源

战略保障性数字资源类型	来　源	备　注
高被引论文、高价值论文	世界知名引文数据库、数据商等	Web of Science、Springer等
前沿科研基金项目数据	世界各大政府或科技部门网站等	美国商务部网站等
专利数据	世界各大专利数据库等	THOMSON REUTERS等
科研管理数据	国际各科学基金会等	美国科学界基金会、WIOT等
前沿科技趋势数据	全球知名智库、科技行业协会等	IEE Review、Nature Review等
重要社会经济数据	经济类数据商、政府公报数据等	商业市场研究数据库、China INFOBANK等
技术瓶颈领域数据	大型科技公司年度报告、欧美科技强国科技部门报告等	IEA数据库、新能源报告等
高科技基础设施数据	世界各大重点实验室、前沿研究机构等	麻省理工林肯实验室等
顶尖人才数据	世界各大智库、科技人才榜单等	IEEE Fellow、福布斯榜单

通过对表1进行分析，我们了解到，目前我国亟须的战略保障性数字资源种类丰富，很多资源是无法通过我国高校图书馆数字资源采购联盟或直接采购引进的。部分战略保障性数字资源可以通过政府间的合作或者机构间的合作获得，这些资源的获取极其容易被国际局势的变化左右。所以，在进行战略保障性数字资源建设时，需构建多元化的资源获取渠道，制定系统的采访策略，包括采购预算、合作预算、数据交换、数据拓展、数据存储等来系统规划获取流程。此外，加强外部合作，联络政府或者科研机构，利用多维度的合作获取所需战略保障性数字资源也是拓宽资源获取渠道的重要手段[21]。

3.2　加强元数据管理，利用语义技术挖掘馆藏数据信息

当前，我国高校图书馆对数字资源的管理较为粗放，绝大多数高校图书馆只是将数字资源以数据库的形式进行保存和日常管理，对于数字资源库的基底层和最小揭示单元未充分重视。在"信息爆炸"时代，海量的数字资源库堆积在图书馆的数字资源导航上，各种结构化、非结构化、半结构化的数据混合使用，让数字资源服务的精准程度大打折扣。大量同质异构数据库的存在也给用户的精准检索设置了障碍[22]。元数据具有描述和规范数字资源的作用，加强数字资源的元数据管理工作，可以提升图书馆的精准服务能力，为数字资源的保障工作

提供新的动力。

近年来,我国高校图书馆与数据商签订数字资源采购合同时很少签订元数据的服务条款。一般在图书馆要求数据商提供元数据时,数据商都会配合,但是有些元数据的来源却模糊不清,这给图书馆的元数据管理工作带来了法律风险。由于国别、数据商层次、编目水平等因素的制约,元数据的标准也无法统一,这给数字资源的揭示工作带来了挑战。在复杂的国际形势下,利用战略思维对数字资源的元数据进行仓储式、颗粒化的管理可以减小外部环境的变化带来的负面影响,这对于数字资源保障工作具有重要意义。

由于高校图书馆数字资源采购形式的约束,在进行数字资源服务时,高校图书馆往往过多地依赖数据商的网站或者系统,一旦出现网络问题或政策性暂停服务,高校图书馆所购的数字资源就无法被读者利用,即使图书馆的技术人员立即部署本地服务,也无法有效覆盖所有形式的数字资源。这会导致原有的数字资源生态链被切断,数据库之间的关联被打破,产生"数据孤岛"效应,从而影响数字资源保障工作的开展。数字人文的语义技术则可以有效解决上述问题:通过对数据的语义增强,可以拓展数据间的关联程度,即便是没有数据商的相关服务,一样可以构建知识图谱,修复数字资源生态链,达到消除"数据孤岛"的目的,从图书馆内部构建数字资源保障堡垒。

在实践中,高校图书馆可建立基于战略思维的元数据管理体系,规范跨地域、跨系统的元数据标准,合并同质元数据,建立标准数据仓,对元数据进行分类仓储管理,通过数据结构间的映射、关联与揭示提供优质服务;建设平台化的元数据管理业务系统,开放数据端口,推动不同体系、不同国别、不同标准的数字资源元数据的共享。高校图书馆可以通过数据清洗、数据扩展来完成元数据的统一标准,实现跨地域、跨系统、跨行业的协同发展,解决因为外部环境的变化带来的诸多问题。高校图书馆应建立以读者为中心的知识发现系统。目前,我国高校图书馆受元数据标准不一的影响,用户在进行检索时无法精准覆盖所有数字资源。从元数据层面建立以用户为中心的知识发现系统,可以拓展数字资源与元数据的生态链,将外界环境变化带来的影响降到最低。在技术层面,高校图书馆可以利用数字人文工具对数据进行语义增强来挖掘数据库之间的内部关系,构建起知识图谱,提高现有数据的使用性和可发现性,形成新的数据应用场景,降低对数据商的依赖程度,构建新型数字资源保障模式。

3.3 加强高校图书馆数字资源长期保存工作,构建资源保障堡垒

目前,国外的数字资源长期保存工作主要通过图书馆、出版社、第三方保存机构开展,比较有代表性的项目有LOCKSS(Lots of Copies Keep Stuff Safe,"多备份资源保存")项目和Portico项目。国内的数字资源长期保存工作则依靠国家层面支撑,具有代表性的项目是国家科技图书文献中心的NDPP(National Digital Preservation Program,国家数字保存计划)项目。笔者通过调研归纳了这三个数字资源长期保存项目的相关内容,如表2所示。

表2　LOCKSS、Portico和NDPP项目对比

具体参数	项目名称		
	LOCKSS	Portico	NDPP
所属国家	美国	美国	中国
创建时间	1999年	2002年	2014年

续表

具体参数	项目名称		
	LOCKSS	Portico	NDPP
参与出版社数量	400多家	75家	21家
参与图书馆及机构数量	200余家	491家	216家
保存模式	LOCKSS提供开放性源代码,出版社提供许可,成员馆进行具体储存工作	数据以第三方的形式进行存储	利用分布式的协作保存网络,实现联合参与,责任分担,协同保障
数据的稳定性	不断与系统内相同内容的备份进行比对并不断修复	出版社、图书馆、Portico三方审核	项目管理方对长期保存的数字资源定期检验,按照协议进行周期性审计
使用费用	免服务费,成员馆自购存储器,均摊项目研发升级费用	每年有固定服务费,根据索取文献的数量和类型定价	项目正在建设,以协议为准

由表2可知,我国的数字资源长期保存项目正处于起步阶段,相关工作都在探索,除了有国家层面的政策保障,并没有太多成熟的经验可以借鉴。反观国外的两个项目,虽然商业化痕迹明显,但是很多工作经验都值得借鉴。例如,LOCKSS项目邀请了大量的出版社加入,从版权归属上解决了影响数字资源长期保存的知识产权法律问题;Portico项目利用第三方存储的方式,免去了参与机构的项目建设成本。当下,数字资源已经成为支持科研创新、技术革命、经济发展的战略要素,我国高校图书馆在外文科技数字资源的获取方式上存在较大风险,原本各自为政的零散式保存机制已经无法满足新时代的要求,在国际局势变化深刻影响国际合作的前提下,图书馆提前规划数字资源的长期保存工作是国家层面的战略需求。图书馆积极进行数字资源的长期保存对复杂国际形势下的数字资源保障具有重要意义。

在构建数字资源长期保存体系的实践中,我国高校图书馆要结合自身的特点,有计划地开展工作。首先要有长期经费支持。无论采用哪种方式进行数字资源的长期保存,都要消耗大量的经费,因为数字资源的长期保存不只是单纯的数据存储,还牵扯版权许可、数据服务、元数据支持等工作。图书馆只有拥有长期的经费支持才能有效地开展此项工作。其次,要科学规划,因地制宜。图书馆应根据自身的采购模式,了解各类数字资源商的态度,加强与出版社、供应商的合作,合理运用谈判技巧获得长期保存权。再次,要加强技术研发。图书馆应通过新技术、新手段探寻非商业化数字资源的获取渠道并长期保存。最后,要积极探寻合作。以联盟的方式进行数字资源长期保存工作。高校图书馆可以各省的高校图工委为牵头单位,借鉴LOCKSS项目的成功经验,在法律、法规允许范围内,进行联盟性的数字资源长期保存,加强数字资源的保障。

3.4 重视共建共享,发挥集体协作优势

目前,我国已经进入"十四五"时期,对高校而言,根据自己的社会责任和定位,及时更迭学科建设方向,为社会培养专业人才,满足经济发展需求是国家的要求。笔者通过调研发现,

随着高校的"双一流"建设与国家"十四五"规划的深入,很多高校图书馆在数字资源的建设上开始注重对新兴学科的保障,纷纷引入专题数据库与特色资源库以达到保障所属学校新兴学科建设的目的。自中美贸易摩擦以来,各种材料瓶颈、技术鸿沟成为我国科研事业攻坚克难的障碍,这也加速了我国高校新兴学科的建设步伐。从保障新学科发展的角度出发,有针对性地扩充图书馆的数字资源刻不容缓。但是在经费有限的情况下,图书馆的数字资源建设常常会出现"马太效应",这会使在萌芽发展阶段的新兴学科无法得到全方位的数字资源保障。目前,受新冠疫情和国际局势的复杂性影响,我国经济下行,高校图书馆可使用的数字资源建设经费也在降低,积极开展数字资源的共建共享可以有效地解决上述问题。

高校图书馆数字资源的共建共享在两个层面进行。第一是校内的共建共享,主要在同一高校内部的教学科研单位与图书馆间开展,把图书馆的数字资源建设经费与教学科研单位的学科建设经费相结合,通过权重配比计算各自应承担的费用,减小图书馆的经费压力,从而达到资源的优化配置的目的。第二是跨校的共建共享,即在特定的区域内,由一所高校的图书馆发起,区域内的其他高校图书馆配合进行的数字资源建设方式。特定区域内的高校图书馆根据自身所属高校的学科建设特征,有针对性地加强配套数字资源建设,以联盟平台的形式进行数字资源服务。联盟内的图书馆根据自己的责任和义务,维护平台信息并扩充资源,从而使区域内的数字资源保障工作顺利开展。

在具体实践中,无论采取哪一种共建共享方式,都要有一个常务理事部门负责协调工作。校内的数字资源共建共享可依靠各高校的图书馆工作委员会,而跨校的共建共享则可设立专门的跨校数字资源共建工作办公室。在开展相关工作时,要合理规划经费的使用,明确共建共享参与方的责任与义务,制定共建共享工作方针或者指南,明确业务范围,建立标准统一的数字资源共建共享平台,加强研发,保证平台资源能在跨地域、跨系统的图书馆业务之中无缝衔接,消除体制和技术的限制,达到真正的数字资源共建共享。

数字资源是高校图书馆的重要战略资源,在保障学科发展的过程中起到了至关重要的作用。当下,我们正经历着百年未有之大变局。在复杂的国际形势下,针对不同的领域,图书馆应建立配套的数字资源保障体系,合理规划数字资源建设路径,提升数字资源的保障率,更好地为读者服务。在信息时代,高校图书馆要与时俱进,在各种外部环境的交替影响下,不忘初心,构建新型的数字资源保障体系来加强读者服务,促进学科建设、经济发展,为我国科教文卫事业的发展贡献自己的力量。

参考文献

[1] 冯稚飞.国际局势变革下的离岸人民币市场建设[D].杭州:浙江大学,2021.

[2][14] 吴汉华,王波.2020年中国高校图书馆基本统计数据报告[J].大学图书馆学报,2021(4):5-11.

[3] 张美娜.基于文献计量的我国数字资源长期保存研究综述[J].兰台世界,2016(19):86-89.

[4] 徐速,王金玲,王静芬.DRAA引进数字资源的长期保存与利用研究[J].大学图书馆学报,2019(6):70-77.

[5] 夏旭.新时期公共与高校图书馆运作机制新探[J].图书馆理论与实践,1997(4):3-6.

[6] 王斌.高校图书馆资源共享建设存在的几个问题[J].现代情报,2003(9):144-145,154.

[7] 李家清.信息资源共建共享环境下的信息服务发展趋势[J].情报科学,2004(4):449-451,455.

[8] 王红,丁媛,王舒,等.高校图书馆文献资源在教学科研中的价值评估研究[J].图书情报工作,2017(1):

25-31.

［9］刘世影,李慧.基于H指数评价的图书馆馆藏期刊对学科保障研究[J].情报科学,2017（7）:70-74,81.

［10］KING D,AERNI S,BRODY S,et al. The use and outcomes of university library print and electronic collections[EB/OL].[2018-10-08]. http://web.utk.edu/~ten opir/resea rch/pitts/Pitt_Use_Final.pdf.

［11］张宏玲.国外数字馆藏使用及服务绩效评价指标体系述评[J].大学图书馆学报,2005（6）:63-69.

［12］MCCLURE D. Information policies and strategies[M]. London:Facet Publishing,2010:21-50.

［13］KOPP J J. Library consortia and information technology:the past,the present,the promise[J]. Information technology libraries,1998（1）:7-12.

［15］[18]程焕文,黄梦琪. 在"纸张崇拜"与"数字拥戴"之间——高校图书馆信息资源建设的困境与出路[J].图书馆论坛,2015（4）:1-8.

［16］孙瑾.高校图书馆数字资源远程服务比较研究[J].图书馆研究与工作,2022（4）:43-48,59.

［17］刘京京.信息化时代高校图书馆资源的版权保护研究[J].中国信息化,2022（3）:81-82.

［19］叶继元,刘凤仪.全国数字资源保障体系重构的管理体制与运行机制宏观构想[J].数字图书馆论坛,2021（6）:17-22.

［20］朱泽,李玉海,王常珏,等.重构之路,我国数字资源保障体系的发展与未来——"2021年全国数字资源保障体系重构学术研讨会"评述[J].数字图书馆论坛,2021（6）:30-35.

［21］刘静羽,黄金霞,王昉.支撑科技战略情报的资源保障体系建设研究[J].数字图书馆论坛,2021（9）:27-33.

［22］许天才,潘雨亭,杨新涯,等.基于元数据管理的数字资源保障评估研究[J].图书情报工作,2019（2）:84-90.

"闽师之源"文献的整理与研究

胡彩云（三明学院图书馆）

1903年12月，经由福州东文学堂改组扩充而成的全闽师范学堂开堂办学，乃近代福建师范教育之嚆矢，后又经历数度的更名、分合。1936年7月，福建省政府发布《廿五年度整理本省教育方案》，福建省政府主席提出"齐一师资训练，发扬民族精神"方针[1]。发端于全闽师范学堂的福建省立福州师范学校，在是月合并了福州、建瓯、莆田、龙溪四所省立师范和晋江、闽侯等乡村师范，定名为"福建省立师范学校"，成为八闽唯一的师范学府，号称"闽师"。1937年，日军侵华战争全面爆发。为了躲避日寇的战火，福建省立师范学校从省垣福州内迁永安，并最终留在永安继续办学。1969年8月，由福建省立师范学校更名而来的永安师范学校停办。1972年，应通知要求，全省各地复办中等师范学校，三明地区师范学校在原来永安师范学校的基础上成立，后又改为"福建省三明师范学校"。1992年，正值福建省三明师范学校成立90周年校庆之际，开国上将、时任福建省委第一书记叶飞同志为福建省三明师范学校题词"闽师之源"。这便为"闽师之源"之由来。

1 "闽师之源"文献的定义

"闽师之源"文献包含了从福建省三明师范学校往前追溯至1903年12月12日开堂办学的全闽师范学堂这段办学历史中各个时期学校收藏并且传承下来的古籍等文献资料。据《福州东文学堂三年报告汇编》载，"光绪二十四年（1898）福州东文学堂暂开讲舍于苍霞精舍之西"[2]。1903年，陈宝琛与闽浙总督崇善商议，将私立的福州东文学堂改组扩充为全闽师范学堂，原学堂藏书随之归入全闽师范学堂。现存于三明学院图书馆"闽师之源"文献室的福州东文学堂藏书，卷端均钤"福州东文学堂图书印""全闽师范学堂图书印"两枚木刻方形朱印，此为证。

1871年，时任福建巡抚王凯泰设"致用堂"，甫于抚署，月立一课。1873年，致用堂正式成立于福州西湖的西湖书院内。1874年，"致用堂"改名为"致用书院"[3]。该书院为清代福建省城四大书院之一。1905年，福州致用书院并入全闽师范学堂简易科，书院藏书随之并入全闽师范学堂[4]。因此，"闽师之源"文献不仅包含从福建省三明师范学校往前追溯至全闽师范学堂这段办学历史中各个时期学校流传下来的图书文献资料，还应包括全闽师范学堂的前身福州东文学堂藏书，以及1905年并入全闽师范学堂简易科的福州致用书院藏书。

2 "闽师之源"文献的概况

2000年8月，福建省三明师范学校与三明师范高等专科学校、三明职业大学合并组建三明高等专科学校,其藏书归入[5]。2004年5月,三明高等专科学校升格为三明学院[6]。所以由福建省三明师范学校在办学过程中收集而来的这些文献最终得以保存于三明学院图书馆,学校为这批文献定名为"闽师之源"文献。

从构成上,"闽师之源"文献包含了福州致用书院、福州东文学堂、全闽师范学堂、福建师范学校、福建省立师范学校、福建省立永安师范学校、福建省三明师范学校等办学时期收藏的线装古籍137种3243册、清末民初时期日文原版图书293册、民国版《四部备要》1879册、民国版《万有文库》3825册,及其他类型的民国时期文献及20世纪五六十年代的纸质文献共计12465册。

从文献类型及版本上,"闽师之源"文献主要包含了上述办学历程中学堂、学校图书室、图书馆收藏的各类书籍,包括学校自行印制的教学讲义,如福建省立师范学校原校长王秀南与谢诗白授课的油印本讲义《自然法》,也包括各地书坊刻印的图籍。在版本上,"闽师之源"文献中有清刻本、清末民初的铅印本、民国油印本、民国石印本等。如,清刻本有清康熙十九年(1680)刻本《通志堂经解》一百四十种、清道光二十八年(1848)刻本《石斋先生经传》九种、清嘉庆八年(1803)诵芬堂刻本《三礼陈数求义》三十卷等;铅印本有清光绪二十五年(1899)福州美华书局铅印本《大美国史略》、清光绪二十九年(1903)铅印本《德国学校制度》不分卷、清宣统二年(1910)商务印书馆铅印本《涵芬楼古今文钞》一百卷等;油印本有闽海道立福宁师范讲习所《矿物学》;石印本有《详注中华高等学生尺牍》、民国三年(1914)石印本《康南海文集》、民国十七年(1928)石印本《古文评注全集》十二卷。

3 "闽师之源"文献的整理

2012年10月,第一次全国可移动文物普查开始,福建省也积极开展此项工作,各公共图书馆和高校图书馆收藏的古籍、民国图书均在普查之列。三明学院图书馆收藏的"闽师之源"文献也属于普查对象,故在2015年被列为普查单位,由此开启了"闽师之源"文献的整理工作。这批文献的整理主要包含以下几个步骤:

3.1 信息采集

因学校的辗转艰辛办学,在2015年之前,"闽师之源"文献基本处于尘封状态,没有详细的书目信息。根据全国可移动文物普查中对古籍等文献的著录要求,信息采集成为整理这批文献的首要步骤。采集的信息包含藏品编号(编号类型、编号)、名称、原名、年代、具体年代、文物类别、质地、实际数量、外形尺寸、具体尺寸、质量、文物级别、文物来源、完残程度、完残状况、保存状态、入藏时间范围、入藏年度、著者、版本、存卷等基本指标及附录信息[7]。因此前并未对这批文献进行完整、彻底的清点,所以在信息采集过程中同时清点存卷情况,加盖清点编号。最后,在全体工作人员的努力下,信息采集工作完成,形成《三明学院图书馆古籍目录》《三明学院图书馆日文藏书目录》《三明学院图书馆民国文献目录》。

3.2 分类整理

基于信息采集所掌握的文献情况,工作人员对这批文献进行了分类整理。该批文献并非同一时期的馆藏,而是各个办学时期留存下来的,所以它的一个显著特点便是封面或卷端大都钤印所处时代藏书机构的印章或私人藏书章，少则一两枚，多则八九枚。一般古籍分类按四部分类法来进行即可。但是，"闽师之源"文献中有不同时期藏书机构的藏书，也有私人藏书，若仅仅按四部分类来分，不能体现这一批古籍的传承脉络。所以，工作人员分类时先要按机构和私人藏书的时间段进行划分，然后再按四部分类法分类。而且这些藏书机构存在的时间有的较短，工作人员需要在认真考证后方能确定其存在时间，故分类整理工作更加复杂。

为了凸显"闽师之源"文献的史料价值，工作人员的整理工作主要遵循两个原则：首先按文献中钤印最早的藏书章分类。按照这个原则将这批文献分为"致用书院藏书""福州东文学堂藏书""全闽师范学堂藏书""福建师范学校藏书""福建省立师范学校藏书""永安师范学校藏书"等若干个单元。也就是说，判定某册文献具体归属哪个单元，主要是根据该文献卷端或封面上所钤最早的藏书章来判定。然后再依照文献分类法进行分类整理，即在划分单元的基础上，针对文献的不同形态采取对应的文献分类法。若是古籍，则按照四部分类法类分文献。随着清朝国门洞开，西方文化传入中国，新学和外文图书随之涌入国内。"闽师之源"文献中也存在一些新学、类丛书籍。民国时期文献则以藏书章划分为"×××学校图书馆藏书"，按流水号顺序排列。表1为按照此原则和步骤整理出来的"闽师之源"文献分类号汇总表（古籍部分）。

表1 "闽师之源"文献分类号汇总表（古籍部分）

题名卷数	原藏	分类	索书号
古经解汇函十六种	致用书院	经部/丛编	经1=3
御纂七经五种二百九十四卷	致用书院	经部/丛编	经1=4
史记一百三十卷	致用书院	史部/纪传类/正史之属	史2/1=1
武英殿聚珍版书一百四十八种	致用书院	类丛部/丛书类/汇编之属	类丛2/1=1
周礼精华六卷	全闽师范学堂	经部/周礼	经5=1
绎史一百六十卷，世系图一卷，年表一卷	全闽师范学堂	史部/纪事本末/断代之属	史4/2=2
形学备旨十卷，开端一卷	全闽师范学堂	子部/术数类/数学之属	子15/2=1
范忠贞公全集四卷，卷首一卷	全闽师范学堂	集部/别集类/明别集	集2/6=3
皇清经解一千四百八卷	福建省立第一师范学校	经部/丛编	经1=6
御批通鉴辑览一百十六卷，明唐桂二王本末四卷	福建省立第一师范学校	史部/编年/断代之属	史3/2=1
德国学校制度不分卷	福建省立第一师范学校	新学/学校	新学3=2
诗经四家异文考五卷	福建省立师范学校	经部/诗类/专著之属	经4/4=1
圣谕广训直解一卷	福建省立师范学校	子部/儒家类/儒学之属/礼教/鉴戒	子2/2=1
朱子集二百四卷，目录二卷	福建省立师范学校	集部/别集类/宋别集	集2/3=1
五经类编二十八卷	福建省立师范学校	类丛部/类书类	类丛1=1
大日本维新史上下两卷	福建省立师范学校	新学/史志/别国史	新学1/2=2

3.3 制作目录卡片、上架存放

首先,工作人员在对"闽师之源"文献进行分类整理的基础上,最终形成了"闽师之源"文献目录。与当代普通图书不同,"闽师之源"文献或为古籍,或为民国时期文献,或为外文古籍,且距今年代较远,文献呈现不同程度的破损、脆化、霉变等情况,已不适宜在每种文献上加入磁条和粘贴书标。为便于查找和保护文献,工作人员参照国家图书馆和福建省图书馆馆藏古籍目录卡片的样式,量身制作了目录卡片。卡片正面主要包含了索书号、分类、题名卷数、著者、版本、附件(印章)、册数、原藏等字段,背面则为存卷情况。每种文献根据实际情况依次填入对应信息,若无某字段信息则不填。经统一编辑、排版后,打印制作。每张卡片上端留有空白,对折后空白部分插入每种文献存卷的第一册,便于后续的查找和利用。

其次,插入目录卡片的文献先按照原藏单位分为不同的单元,依次以"致用书院—福州东文学堂—全闽师范学堂—福建省立师范学校—永安师范学校—福建省三明师范学校"的顺序分开上架,每个单元再依索书号依次上架。这种分类上架的方法既遵循了四部分类法类分文献的原则,又使每一原藏单位办学遗留的藏书相对集中存放,便于查阅和管理。

4 "闽师之源"文献的研究

"闽师之源"文献囊括了自全闽师范学堂前后至今共计百余年来留存下来的各类文献,是福建省师范教育发展的见证与文献辅证,对其展开研究具有重要的学术价值和意义。目前,对"闽师之源"文献的研究主要从以下三个方面开展。

4.1 依托课题,申报项目,开展专题研究

"闽师之源"文献内容丰富、时间跨度大、文献类型多样,较适合开展专题研究。自开始整理"闽师之源"文献以来,图书馆相关人员累计成功申报省部级课题和地厅级课题三项,分别为《致用书院文集》研究"(福建省中青年教师教育科研项目,编号JZ170342)、"清末福州东文学堂藏书研究"(福建省社科规划青年项目,编号FJ2019C017)、"闽台书院文献的整理与研究"(福建省社科规划一般项目,编号FJ2020B089)。以上三个项目分别从致用书院藏书、福州东文学堂藏书、闽台书院藏书角度进行专题研究。随着相关学者对"闽师之源"文献关注的与日俱增,接下来的研究将更加深入和全面。依托各级各类课题申报,不仅可以为研究提供资金支持,而且有利于围绕各个主题形成专题研究。随着项目的累计申报,形成"闽师之源"文献研究网状结构,最后使研究的客观性和科学性得到提升。

4.2 借助福建省社会科学研究基地"闽台书院与经世致用文化研究中心",在项目研究基础上,形成"闽师之源"文献研究阵地

"闽师之源"文献包含了致用书院藏书。该书院与鳌峰书院、正谊书院、凤池书院并称为清代福建省城的四大书院。书院提倡"通经致用""经世致用"。据《致用堂志略·文檄》载,"本部院现与多士更始尼择九郡二州之英,于常课外别悬一格,专考经济有用之材"[8]。三明学院以经世致用文化为切入点,积极申报福建省社会科学研究基地"闽台书院与经世致用文化研究中心"。2021年1月12日,闽台书院与经世致用文化研究中心正式获批授牌。研究中

心自成立以来,取得了较为丰硕的成果,相继出版了《台湾传统书院研究综述》《致用书院优秀课艺出版研究》《闽台书院文献汇刊·致用书院卷》等。

4.3 建设"闽师之源"文献数据库,搭建研究平台

1937年,日寇战火烧向闽海。为躲避日寇的轰炸,"闽师之源"文献作为重要校产,随着当时的福建省立师范学校内迁永安,通过水路从福建省城福州转运至永安,因历史因素,最终保存于三明学院图书馆[9]。因距今年代较远,相当一部分古籍及民国时期文献呈现不同程度的破损,故存于樟木书柜内,未对外开放查阅,这对开展"闽师之源"文献研究无疑是不利的。要破解文献保护与查阅研究之间的矛盾,建设"闽师之源"文献数据库是一个较好的解决办法。该数据库包含福州致用书院、福州东文学堂、全闽师范学堂等各个办学时期留存文献的电子版全文。建设数据库的第一步便是搭建主要框架。该库以各个时期的办学名称划分单元,形成"致用书院藏书""福州东文学堂藏书""全闽师范学堂藏书"等若干个二级目录。第二步,根据文献的不同装帧形态和类型设定特定字段。如,因福州致用书院藏书均为古籍(清刻本),所以该单元设定的必备字段为:题名、著者、卷数、版本、牌记、版式、存卷、分类号、附件(记录印章、笔记等情况)。而福州东文学堂藏书和全闽师范学堂藏书除中文古籍外,还包含相当数量的日文原版图书,故该单元的字段除前述外,还增设"语种"字段,以较为完备地反映文献的基本形态和特征。第三步,录入"闽师之源"文献的题录数据。根据第二步所设定的各单元字段,录入每种文献的具体信息,这主要基于"闽师之源"文献整理阶段所采集的信息。第四步,"闽师之源"文献的全文数字化及上传,即根据数据库的技术要求,利用专业的古籍数字化设备(如非接触式古籍高清扫描仪),将全文数字化后的电子文件加工整理成符合参数的电子书,并通过数据库后台上传保存。另外,数据库还会设置检索功能,用户在检索框中输入相关主题词,既能进行单库检索,也可实现跨单元检索。检索命中的文献,用户可在线查阅或下载电子版全文。

"闽师之源"文献是经历百年办学传承至今的文献史料,装帧形态丰富,承载着各个时期的办学特色与方向,对其展开系统的整理与研究具有重要意义。这批文献见证了清末民初福建教育近代化进程,是研究福建教育史的重要史料,同时也是百年办学传承下来的历史文物。"闽师之源"文献是福建省图书收藏史上的一个重要组成部分,对其展开系统的整理与研究丰富了福建省的图书馆事业。在这个过程中,相关工作人员既要重视整理、保护与研究工作,又要积极利用古籍等文献资源挖掘的先进技术,如全文数字化自然语言处理技术(Natural Language Processing,NLP),将数字化的文献图片进行语言文字处理,进行深度标引,实现古籍、民国文献电子书的全文检索和按读者需求以专题呈现,为深入挖掘"闽师之源"文献的价值提供技术保障。

参考文献

[1] 政协福建省三明市委员会文史资料委员会,福建省三明师范学校.闽师之源[M].北京:中国文史出版社,1993:9.

[2] 王孝绳.福州东文学堂三年报告汇编[A].清光绪二十七年(1901)抄本.福州:福建师范大学图书馆古籍部.

[3][8] 赵所生,薛正兴.中国历代书院志:第10册[G].南京:江苏教育出版社,1995:516.

［4］檀仁梅,庄明水.福建师范教育史[M].福州:福建教育出版社,1990:339.

［5］福建省人民政府〔2000〕262号文《福建省人民政府关于同意组建三明高等专科学校的通知》[A].三明学院档案馆档号:ws00-01.

［6］教育部教发函〔2004〕139号文《关于同意三明高等专科学校改建为三明学院的通知》[A].三明学院档案馆档号:ws04-01.

［7］三明市人民政府编.三明市第一次全国可移动文物普查工作的实施方案[A].档号不详.

［9］中国人民政治协商会议福建省永安县委员会文史工作组.永安文史资料:第2辑[G].永安:永安县印刷厂,1983:58.

国内古籍修复核心期刊成果（近三十年）的图谱画像研究

王梓懿　　陈　　晨（吉首大学旅游与管理工程学院）

古籍是指书写或印刷于1912年以前，具有古典装帧形式并记载古代政治、经济和文化等内容的书籍[1]。而古籍修复是以最大限度恢复破损古籍的价值为目标，在不改变文字载体的前提下进行的修复手段，古籍修复是开展古籍保护的重要内容之一[2]。传统的古籍修复技艺传承已久，在《齐民要术》和《装潢志》等古代文献中都有提及和记载。而针对古籍修复的学术研究则起步较晚，随着《中共中央关于整理我国古籍的指示》和《中华人民共和国文物保护法》等文件的先后颁布，古籍保护工作才重新得到重视，原本零散、单一的研究模式也开始转变为系统、多元的研究模式[3]。时至今日，关于古籍修复领域的研究已步入平稳发展阶段，但是相关综述类文献却不多。学者许卫红对1986—2010年的相关文献进行统计，从主题、合著率和作者分布等角度对古籍修复领域的发展进行定量分析[4]。学者林红状以读秀学术搜索和知网数据库文献为研究对象，从技术研究、规范管理、人才培养、学科建设和国内外修复事业进展五个方面对古籍修复的进展进行评述[5]。及时整理与研究古籍修复领域的研究现状对于研究人员和修复人员把握古籍修复领域的研究热点和发展趋势至关重要。基于此，本文借助文献计量平台SATI和可视化软件CiteSpace与VOSviewer，对知网数据库检索得到的古籍修复领域近30年的核心期刊进行画像绘制，借助图谱画像对期刊来源、主题分布和参考文献进行整理与分析，以期直观地了解古籍修复领域的研究进展与热点趋势。

1　研究方法与思路

1.1　研究工具

文献题录计量平台SATI是为学术研究提供期刊文献数据统计与分析的辅助工具，可以通过计量、筛选和聚类等方式来挖掘符合可视化要求的数据[6]。科学计量与图谱绘制软件CiteSpace是一款着眼于发掘信息资源中的潜在知识价值的辅助工具，可以通过共现、聚类、引文等方式来展现科学知识结构[7]。图谱绘制分析软件VOSviewer是一款基于文件分析、数据分析和文本分析的辅助工具，可以通过共现网络、时间视图和密度视图来展示数据间的关系与状态[8]。

1.2　文献来源

以知网数据库为数据来源，限定来源为"期刊"，限定检索字段为"主题"，一次检索选择"古籍""古书""古文""古代文献""典籍""善本"，二次检索选择"修复""修复技术""修补""恢复""装订"，以组配词"OR"连接，以同义词扩展进行检索，在2022年2月前共检索出目标期刊文章989篇（1983年至今）。参考布拉德福定律，具备较高研究价值的学术期刊文章会在某专业领域的核心期刊集中或者分散出现，对核心刊物进行计量和分析更容易达成研究目标[9]。缩小检索范围为核心期刊（北大核心和CSSCI），共检索出目标期刊文章302篇（1992年至今）。运用SATI对核心样本数据进行筛选、去重和清洗，确定有效期刊文章为903篇，其中核心期刊文章为291篇。古籍修复研究主题的上位类项包括古籍保护和文献保护，细分类项包括修复原则、修复技巧和修复材料等，交叉领域包括历史档案修复。交叉领域的研究主题具有一定的同质性，在学科异质性知识趋于协同发展的背景下[10]，参考交叉领域核心期刊可以保障后续研究的合理性和科学性。基于此，进行文献甄别和手工整理后，补充交叉领域相关文献并剔除原文献集合中无关文献，最终确定有效期刊文章为761篇，其中核心期刊文章为199篇，数据处理结果详见表1。

表1　筛选处理后的核心期刊数据

数据名称	有效来源	总关键词	独立关键词	总作者数	独立作者数
	49	716	421	282	188
古籍修复	总机构数	独立机构数	作者/文章	关键词/文章	机构/文章
	209	132	1.42	3.60	1.05

1.3　研究思路

对处理后的有效数据集合"古籍修复"的分析和探究可以划分为"研究进展"和"热点趋势"两个部分：研究进展包括发文趋势比较、核心作者分布和机构期刊现状，热点趋势包括热点主题展示、核心主题划分和发展趋势分析。整体思路既涉及古籍修复过去的轨迹，也注重分析古籍修复领域研究的现状，并通过分析期刊内容来探究热点分布和发展趋势，具体详见图1。

2　古籍修复研究进展分析

2.1　发文趋势比较

期刊的发文趋势是划分国内古籍修复研究阶段的量化标准之一，针对古籍修复领域总期刊量和核心期刊进行发文趋势的比较，可以大致掌握古籍修复发展的现状和动态[11]。通过对古籍修复领域的发文趋势进行比较分析，结合趋势与背景可以将古籍修复领域的研究历程划分为基础发展、快速发展和深化发展三个阶段。

2.1.1　基础发展阶段（2007年之前）

关于古籍修复技艺早在北魏末年的《齐民要术》中已有记载，并一直以"衣钵相承"的方式不断传承。然而，古籍修复行业在近代由盛而衰，面临着古籍分散、条件艰苦和人员匮乏等诸多困难，直至中华人民共和国成立后政府采取一系列古籍抢救措施才得以缓解，但是在庞大的古籍基数面前，修复工作依旧严峻[12]。1981年至1982年《中共中央关于整理我国古籍的指示》和《中华人民共和国文物保护法》相继颁布，各级藏书机构针对古籍的整理和编目工作开始逐渐恢复，古籍修复工作开始步入正轨。但是在这一阶段的前期，古籍修复工作依旧偏重修复实践，相关的教育资源不够，缺乏统一的指导理论，导致古籍修复人才青黄不接，修复

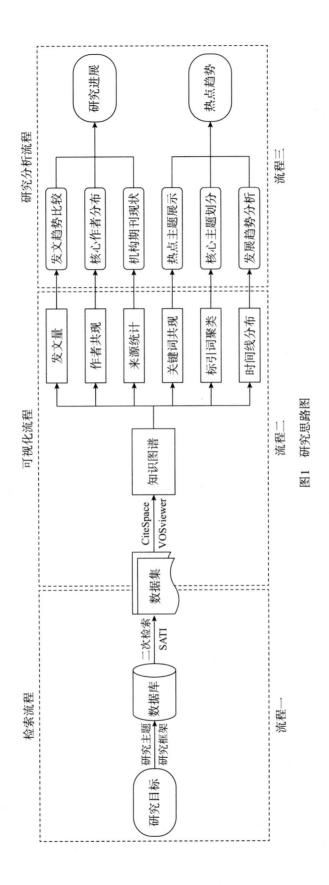

图1 研究思路图

古籍质量也参差不齐。2000年后，相关法规才逐渐完善。2001年，文化部颁布《文物藏品定级标准》确定了古籍的文物属性。2002年，国家重点文化工程"中华再造善本工程"立项实施，促进了古籍善本的整理、出版和利用。2006年，文化部颁布《古籍定级标准》（WH/T 20—2006）、《古籍特藏破损定级标准》（WH/T 22—2006）和《古籍修复技术规范与质量标准》（WH/T 23—2006）等标准文件明确了破损古籍的分类依据，阐明了古籍修复的定义和要求，促使古籍修复工作更加规范和标准[13]。参考图2可知，在2006年之前年均发文量不足10篇，共发文66篇，其中核心期刊文章数仅有23篇，期刊总趋势和核心期刊趋势较为低迷。

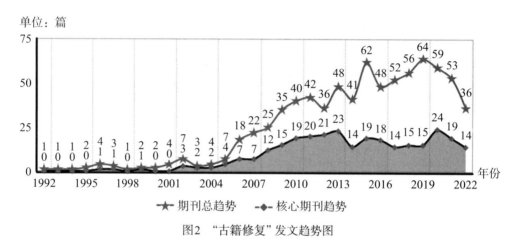

图2 "古籍修复"发文趋势图

2.1.2 快速发展阶段（2007—2013年）

2007年，国务院办公厅颁发了《国务院办公厅关于进一步加强古籍保护工作的意见》，正式启动"中华古籍保护计划"并开展全国古籍普查工作，建立《国家珍贵古籍名录》，并先后命名多批"全国古籍重点保护单位"，国家古籍保护中心也根据实际需要开展了多期古籍修复培训并培养了大批的古籍修复人才[14]。同时，各级图书馆和藏书机构开始引入管理理论和数据库技术，以期用更加科学合理的手段来提高古籍修复的效率[15]。在此背景下，古籍修复的发展环境得到了显著改善，越来越多的古籍修复项目获得立项，古籍修复成果的增加也促使2007年至2013年总发文量和核心期刊发文量快速上升。截至2013年，"古籍修复"领域的成果逐年丰厚，共发文248篇，较前一阶段提升275%，其中核心期刊数为117篇，较前一阶段提升4倍，期刊总体发文趋势和核心期刊发文趋势均上升明显。总体上看，在政策和成果的支持下，古籍修复相关研究和工作开始逐渐系统化、规范化，工作成果和研究成果的产出也逐年丰厚。

2.1.3 深化发展阶段（2014—2021年）

2014年，国家古籍保护中心启动"海外中华古籍调查暨数字化合作项目"以推动分散在海外的中华古籍回归，扩大了修复古籍的范围。同年，国家图书馆与中山大学和复旦大学等高校签署了研究生合作培养协议，在高校首创古籍保护专业学科体系，促使更多高学历人才加入古籍修复行业[16]。回顾相关政策法规，2016年发布的"十三五"规划文件将"中华古籍保护计划"和"古籍原生性保护"等内容列入文化重大工程条款；2017年印发的《"十三五"时期全国古籍保护工作规划》将古籍修复能力提升列为重点任务[17]；2018年颁布的《中华人民共和国公共图书馆法》指出，图书馆应按照国家标准对破损古籍实施专门的保护措施[18]；2019年实施的《中国少数民族文字古籍定级》（GB/T 36748—2018）补充了开展少数民族古籍修复工作的依据。此阶段古籍修复行业发展环境持续向好,从2014年开始,期刊总趋势依旧保持上升态势,产出成果维持在50—60篇,2019年期刊发文总量达到峰值64篇,此阶段共发文448篇;而核心期刊趋势则呈现平稳态势,产出成果维持在15—25篇,在2020年达到峰值24篇,此阶段共发文141篇。查阅相关文献和比较两者趋势可知,期刊总体发文趋势上升明显是源于相关领域研究主题的广度,相较之下,核心期刊趋势稳定则反映出高质量成果更加偏向于研究主题的深度。整体上看,在政策、法规、标准和人才的多方保障下,古籍修复领域研究和行业发展将朝向多元和深化的道路前进。

2.2 核心作者分布

研究作者分布现状可以清楚地了解科研人员的成果产出并准确把握该研究领域的主要贡献者及团队分布[19]。通过统计作者发文量可知,382名作者发表261篇核心期刊文章,其中发文量最高的是王国强,发文数量为10篇。结合普莱斯定律公式 $x(m, n_{max}) = m * (n_{max} \frac{1}{2})$(其中, $m \approx 0.749$, n_{max} 代表最高发文量)通过获得核心作者群为核心期刊发文量≥3篇的作者群体。将转换后数据输入VOSviewer软件并设置作者共现阈值为3,可以获得24位作者共现网络图谱。

统计发现,领域内成果大多来自独立作者且相互合作程度不强。根据表2,独立作者主要有郑州大学王国强10篇(占比3.83%,发文时间段趋于2016年)、国家图书馆杜伟生7篇(占比2.68%,发文时间段趋于2010年之前)、中国人民大学张美芳6篇(占比2.30%,发文时间段趋于2017年)、中山大学林明6篇(占比2.30%,发文时间段趋于2015年)、中山大学张靖5篇(占比1.92%,发文时间段趋于2018年)和天津图书馆万群5篇(占比1.92%,发文时间段趋于2010年);作者合作团队主要是以林明和张靖为中心由肖晓梅、何祯、邱蔚晴、周旖和刘蔷组成的中山大学团队(占比10.34%,团队发文时间为2012—2021年)。可以看出,古籍修复领域的核心作者们更偏向于独立完成研究,其他作者间虽然有合作,但是也局限于机构内同事或者是导师与学生之间。以普赖斯定律中核心作者群体形成值50%为目标,主要核心作者可以适当加强和其他机构或者地区的作者间联系,领导相关学术领域队伍合作和提高研究成果产出效率。

表2 "古籍修复"核心期刊作者统计表(发文量≥3篇)

序号	作者姓名	刊数/篇	机构单位	占比/%	序号	作者姓名	刊数/篇	机构单位	占比/%
1	王国强	10	郑州大学	3.83	10	肖晓梅	4	中山大学	1.13
2	杜伟生	7	国家图书馆	2.68	11	吴晓云	3	北京大学	1.13
3	张美芳	6	中国人民大学	2.29	12	何 祯	3	中山大学	1.13
4	林 明	6	中山大学	2.29	13	余 辉	3	复旦大学	1.13
5	张 靖	5	中山大学	1.91	14	刘 蔷	3	中山大学	1.13
6	万 群	5	天津图书馆	1.91	15	周 旖	3	中山大学	1.13
7	许卫红	4	四川大学	1.53	16	娄明辉	3	辽宁省图书馆	1.13
8	杨 健	4	北京师范大学	1.53	17	张宛艳	3	南阳师范学院	1.13
9	邱晓刚	4	南京大学	1.53	18	张建国	3	天津图书馆	1.13

序号	作者姓名	刊数/篇	机构单位	占比/%	序号	作者姓名	刊数/篇	机构单位	占比/%
19	樊慧明	3	华南理工大学	1.13	22	邱蔚晴	3	中山大学	1.13
20	王阿陶	3	四川大学	1.13	23	阎琳	3	华东师范大学	1.13
21	石庆功	3	郑州大学	1.13	24	陈红彦	3	国家图书馆	1.13

2.3 机构期刊现状

研究机构是研究成果产出的首要来源,对作者所在机构和期刊来源进行统计,可以了解古籍修复领域的研究格局和主力分布。根据表3机构发文量可以看出,古籍修复的研究成果主要来自高校研究机构和各级图书馆,其中排名前三的机构分别是中山大学24篇、国家图书馆13篇和郑州大学13篇;高校及图书馆排名靠前的为武汉大学8篇、天津图书馆8篇、中国人民大学7篇、浙江图书馆7篇、北京大学6篇、四川大学和复旦大学各5篇。发文量排名前十的机构共发文96篇,排名前十的机构研究成果占核心论文总量的48.24%,说明机构是古籍修复领域高质量成果产出的重要来源。从地区分布来看,发文量较多的机构主要分布在中部和东部经济较为发达的地区,这些地区具备良好的技术资源和人才资源,针对古籍原生性保护的研究起步较早,成果较为丰富。相较之下,坐落在中西部地区的高校和图书馆则起步较晚,相关资源和人才匮乏,很多高校与古籍修复相关的研究还处于起步阶段,在政策支持和行业上行的大环境下,还需要通过投入和积累来产出高质量成果。

分析期刊发表情况也是了解研究主力和研究动态的重要途径。根据文献题录信息统计分析工具(Statistical Analysis Toolkit for Informetrics,SATI)平台对古籍修复核心期刊统计分析获得表3和表4。根据表3和表4可以看出,古籍修复领域的主要研究成果集中在图书情报与数字图书馆和档案与博物馆领域。从产出成果来看,《图书馆工作与研究》、《图书馆论坛》和《国家图书馆学刊》是发文量最多的3个期刊,共发文90篇,占整体发文量的34.48%,而排名前十的核心期刊共发文169篇,占整体发文量的64.75%,是该学术领域重要的信息来源和高质量成果产出源。从期刊发布时间来看,新近刊载古籍修复成果的期刊有《大学图书馆学报》和《图书馆杂志》等7种核心期刊,而较早刊载古籍修复成果的期刊有《图书与情报》和《图书馆》等4种核心期刊。虽然其中部分期刊已不设专栏来刊载和古籍修复相关的文献,但是收录相关文献的期刊种类和范围在逐渐增多,整体趋势表明,古籍修复领域的研究在稳定上行。

表3 "古籍修复"主力机构统计表

序 号	研究机构	刊数/篇	地 区
1	中山大学	24	广东
2	国家图书馆	13	北京
3	郑州大学	13	河南
4	武汉大学	8	湖北
5	天津图书馆	8	天津

序　号	研究机构	刊数/篇	地　区
6	中国人民大学	7	北京
7	浙江图书馆	7	浙江
8	北京大学	6	北京
9	四川大学	5	四川
10	复旦大学	5	上海

表4　"古籍修复"主要期刊统计表

序　号	期刊名称	刊数/篇	占比/%
1	图书馆工作与研究	33	12.64
2	图书馆论坛	32	12.26
3	国家图书馆学刊	25	9.58
4	大学图书馆学报	15	5.75
5	图书馆建设	15	5.75
6	图书馆杂志	13	4.98
7	图书馆学研究	10	3.83
8	图书馆	10	3.83
9	图书情报工作	9	3.45
10	文物保护与考古科学	7	2.68

3　古籍修复热点趋势分析

3.1　热点主题展示

关键词作为论文主题内容的代表性语词,既具备阐释主题的作用,又具备标识全文的功能,是了解特定学术领域研究动态和热点的重要指标。将"古籍修复"数据集输入VOSviewer软件,并选择关键词共现阈值为2,可获得84个关键词共现图以及词频≥6次的高频词汇总表。

共现图谱具备知识图形和知识谱系的双重性质,可以通过共现方式来展现特定研究领域内科学知识的结构、联系和分布[20]。基于数据集原始字段提取关键词并结合VOSviewer形成共现图谱,其节点大小代表关键词的出现频次,节点间连线粗细代表关键词间相关程度,节点离中心远近表明关键词重要程度。参考图3,整体分布以"古籍修复""古籍保护"为核心向四周分散。以这两个最大的节点为基础可以将主要节点划分为两类,由内向外可以得到与"古籍修复"紧密相连的节点,包括"中华古籍保护计划""图书馆""古籍""修复""古籍普查""文献修复",与"古籍保护"紧密相连的节点包括"文献保护""数字化""古籍利用""保护""人才培养""学科建设"。可以看出,两类节点基本可以覆盖领域内所有热点主题,其中如"脱酸""耐热性"是针对"修复用纸"提出的改进策略,"金镶玉""蝴蝶装金镶玉"则是针对衬纸"修复技术"的改进成果。大部分关键词都存在上下位关系,说明目前"古籍修复"领域研究的方向和进展较为集中和深入。

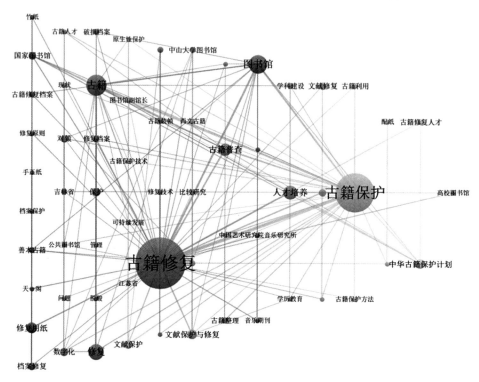

图3 "古籍修复"关键词共现图谱画像

高频词自身代表着古籍修复研究的重心和热点,还可以反映出该领域研究的核心内容和知识框架。排除检索时涉及的关键词"古籍"、"修复"和"古籍修复",依照表5高频词频次和占比可以看出,"古籍保护""图书馆""人才培养""古籍普查""中华古籍保护计划"等是主要高频词。其中,针对"古籍保护"的研究包括原生性保护和再生性保护两个部分,而"古籍修复"是开展原生性保护的重要手段,两者互为上下位关系且相互关联的程度高,出现频次也居于前两位,分别达到66次和95次;"图书馆"和"人才培养"是针对研究机构和研究现状提出来的热点词,图书馆是开展相关古籍研究的核心机构之一,而人才培养和输入是保障古籍工作延续的前提,"图书馆""人才培养""古籍修复"分别对应场所、人员和目标,并共同构成一个完整的研究流程;在国务院《关于进一步加强古籍保护工作的意见》和文化部《关于印发〈全国古籍普查工作方案〉等文件的通知》等几部重要文件颁布背景下,"古籍修复"相关政策和计划陆续出台,使"中华古籍保护计划"中发现"古籍普查"、"国家珍贵古籍名录"和"古籍修复技术"等研究,并逐渐成为"古籍修复"领域主要的研究热点和研究方向。

表5 "古籍修复"高频词总表（词频≥6次）

序号	关键词	频次/次	中心度	占比/%	序号	关键词	频次/次	中心度	占比/%
1	古籍修复	95	0.47	9.85	8	古籍普查	13	0.29	1.35
2	古籍保护	66	0.38	6.74	9	中华古籍保护计划	10	0.23	1.04
3	古籍	27	0.30	2.49	10	文献修复	7	0.07	0.73
4	图书馆	23	0.40	2.39	11	国家珍贵古籍名录	7	0.18	0.73
5	修复	21	0.28	2.18	12	古籍修复技术	6	0.09	0.62
6	文献保护	17	0.12	1.56	13	古籍修复原则	6	0.08	0.62
7	人才培养	13	0.21	1.35	14	修复用纸	6	0.08	0.62

3.2 核心主题划分

聚类分析是通过对目标数据集的标题、作者关键词、系统补充关键词以及摘要提取标引词，并按照分级聚类原理来清晰展现词间关系和知识结构。将整理后的古籍修复数据集以EndNote格式输入CiteSpace并通过数据处理工具获得转换格式文件，新建"古籍修复"项目库并选择关键词聚类，可以形成380个节点和739条连线的混合网络和初始聚类图谱。通过添加别名列表（主要）—别名列表（次要）合并相似聚类并进行K-cores群集筛选出8个明显聚类形成修正聚类图谱（图4）。根据参数模块中聚类模块值Q（0.8598）和聚类平均轮廓值S（0.9643）可知整体聚类结构显著，信服度较高。通过集群白名单和集群浏览器统计各个聚类的大小、轮廓值，平均时间和标引词信息，筛选各聚类中排在前8位的标引词获得表6。

参考图4和表6，从整体图谱分布来看，8个聚类分布均匀，聚类#3"古籍普查"和#2"图书馆"以及#4"修复"和#2"图书馆"有较多部分重合，而#3"古籍普查"和#4"修复"无明显重合，说明领域内图书馆相关研究内容以普查古籍和修复古籍两个部分为主。从整体统计信息来看，最大的两个聚类为#0"古籍修复"和#1"古籍修复技术"，聚类大小分别为55个和44个，轮廓值分别为1和0.952，说明整体聚类结果和古籍修复研究的主题相符度高。#7"学科建设"的轮廓值为0.998，平均年份为2016年，说明学科建设和古籍修复领域的研究相关度高且学科建设的研究内容较为新颖。从各聚类标引词来看，在#0"古籍修复"中的"书画装潢"、"版本鉴定"、"古籍著录"和"南派技艺"，#1"古籍修复技术"中的"最小干预原则"、"古籍价值属性"、"材料要求"和"修复性破坏"以及#4"修复"中的"修复用纸"、"手稿修复"、"延长纸寿"和"破损档案"都是围绕古籍和历史档案的本体来开展的研究，说明相关修复工作的开展和研究应立足于待修文献的现状和特征。参考来源文献，涉及古籍修复方法的内容有古籍装潢的浆糊配方研究[21]、进行南北派修复技艺的比较[22]和探究古籍著录的贡献与不足[23]，涉及古籍修复实例的内容包括《刘赞廷手稿》的修复方案[24]和《古鉴阁藏晋十七帖集联拓本》的修复实操探究[25]，涉及古籍材料的内容有按照古纸生产工艺和纸张操作用途来定制适合的竹纸、皮纸和宣纸用以古籍修复[26]、使用新型脱酸方法和多功能修复方法来延长古籍原纸寿命的研究[27]和探究增强历史档案用纸科学性的研究[28]。从各聚类平均年份来看，#2"图书馆"和#7"学科建设"是统计年限最旧和最新的聚类，分别为2008年和2016年。#7"学科建设"

中"人才培养"、"修复人员"和"版本鉴定"首次出现的时间较早,相关研究方向侧重于探讨如何培养古籍修复人才来推动古籍修复领域的发展,而"传承保护"、"古籍保护学"和"专业硕士"首次出现的时间较近,相关研究方向倾向于探究体系建设来保障古籍修复领域的高质量研究和可持续发展。

图4 "古籍修复"标引词聚类图谱画像

表6 "古籍修复"标引词汇总表

聚类编号	聚类标签	聚类大小/个	轮廓值	平均年份	标引词集
#0	古籍修复	55	1	2011	书画装潢;古籍著录;南派技艺;版本鉴定;色密度;敦煌遗书
#1	古籍修复技术	44	0.952	2011	最小干预原则;古籍价值属性;材料要求;修复性破坏;数据库建设;互联网+
#2	图书馆	38	0.941	2008	古籍利用;古籍修复档案;人员流失;善本古籍;知识管理;数字化工作
#3	古籍普查	37	0.947	2011	中华古籍保护计划;国家珍贵古籍名录;古籍定级标准;珍贵古籍保护;文化遗产保护;古籍普查平台
#4	修复	37	0.936	2011	修复用纸;手稿修复;延长纸寿;破损档案;文献遗产;古籍病害
#5	文献保护	21	0.979	2012	可持续发展;开发利用;保障体系;地方历史文献;原生性保护;抢救性保护

聚类编号	聚类标签	聚类大小/个	轮廓值	平均年份	标引词集
#6	保护	15	0.944	2012	濒危古籍；少数民族文字古籍；中医古籍；新疆文献；回族典籍；毕摩文献
#7	学科建设	15	0.998	2016	人才培养；修复人员；专业硕士；传承保护；古籍文化遗产；古籍保护学

3.3 发展趋势分析

时区图谱按照时区排序和标引词群来反映各个发展阶段的侧重点，既可以梳理某领域的发展历程，还可以探究其发展趋势和前沿演变。设置Time Slice为"1"并运行"古籍修复"项目库生成初始时区图谱，设置共现阈值≥4并调整词间分布获得修正时区图谱（图5）。参考主题分布并从中筛选来源文献，研究来源文献内容与其参考文献内容，以快速发展时期和深入发展时期临界点2014年为划分限值，可以从探索研究和深入研究两个阶段来总结和概括古籍修复领域近三十年的演变趋势。

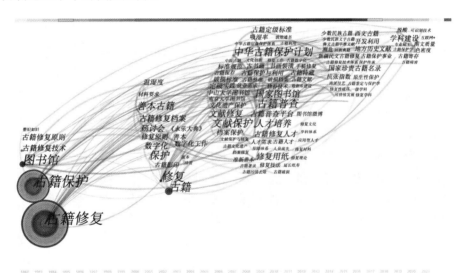

图5 "古籍修复"时区图谱画像

3.3.1 探索研究阶段（2014年之前）

参考时区图谱分布和图中主题词来源文献，可以将2014年之前的研究内容大致划分为基础探索阶段和拓展探索阶段。基础探索阶段包括古籍修复指导性研究和传统修复技艺研究，拓展探索阶段包括具体案例研究、现代技术应用和综合发展研究三个部分。从整体上看，此阶段研究的主题和内容偏向于探索型的研究。

基础探索阶段以经验总结和技巧整理为主。古籍修复工作需要面临纷繁复杂的影响因素，而指导性研究的目的就是完善和规范相应的解决手段，不同的古籍修复对象有不同的修复手段，但必须遵守相同的修复原则，修复原则的制定是最主要的指导性研究成果之一。"整旧如旧"是古籍修复应遵循的重要原则。20世纪80年代初，冀叔英在忆念赵万里先生善本修复工作时提出了古籍修复工作应贯彻整旧如旧的原则[29]，其后邱晓刚[30]、杨秀中[31]等分别探讨了整旧如旧对于古籍修复的作用和开展相应修复工作的细节，杨晓黎也结合自身经验提出古籍修复工作应遵守的基本原则是整旧如旧[32]。诸多学者认同整旧如旧在古籍修复中的意义，为该原则后续在古籍修复标准中的确立奠定了基础。"最小干预原则"是古籍修复应遵循的另一重要原则。马海鹏在谈及文献修复一般原则时提到能小修小补者，不宜大修大动，避免过度修复对文献造成二次伤害，文中内容接近但却并未明确提及最小干预原则[33]。之后，国家图书馆在修复西夏文献时为保障文献的原有信息和研究价值，明确提出了修复工作应遵循最小干预原则[34]。随着古籍修复工作量的增加，原有修复原则需要完善和细化，杜伟生结合抢救修复、保护修复和预防修复三个阶段提出了包含"整旧如旧"和"最小干预原则"在内的八项修复原则[35]。传统修复技艺的研究是提高古籍修复效率的基础，主要围绕修复方案、材料要求和适宜环境开展研究。潘美娣依据太仓明墓出土的四部古籍介绍了相关古籍的具体修复方案和步骤[36]；朱嫦虹探究了传统古籍修复技艺经久不衰的原因，并介绍了传统修复技艺的特点和价值[37]；郑豫广研究了书籍制度变革并总结出一种不拆页的线装古籍修复方法[38]；杨晓黎指出，对古代典籍的修复实质上是对载体材料的修复，并介绍了纸张和浆糊这类修复材料对于古籍修复质量的影响[39]；罗益群认为，古籍保存与流传和气候条件密切相关，并以湖南气候特征为例研究气候特征与古籍保护的关系[40]。

拓展探索阶段以技术运用和领域走向为主。开展古籍修复研究最主要的目的在于指导修复人员选用更加专业和高效的方式来修复受损的古籍，而分析和研究具体修复案例是探索专业和高效修复方式的重要渠道之一。以敦煌遗书为例，杜伟生通过对敦煌遗书中的《无上秘要》与《摩诃般若波罗蜜经》和《道德经》修复方法的比较，提出敦煌遗书的修复工作应严格按照修复原则和规范操作进行[41]。无垠介绍了中、法、英、日等国对敦煌遗书修复工作的进展和现状，并借助提交的会议论文较为全面地概括了各国在敦煌遗书研究上取得的成果[42]。以《永乐大典》为例，杜伟生介绍了《永乐大典》的馆藏现状和装帧特点，并详细描述了修复工作中涉及的调查讨论、方案技巧和修复实操[43]；王世伟论述了《永乐大典》的编纂现状，并从古籍影印、数字化和数据库建设等角度提出相关古籍保护工作未来的发展方向[44]。现代理论的应用是多学科交融背景下合作成果的体现，管理学理论和计算机检索理论的运用能够有效完善和更新古籍修复的制度。以记录古籍修复信息的档案为例，许卫红和王阿陶结合信息技术发展契机，认为知识管理可以提高信息交流并帮助建立完善的古籍修复档案管理制度[45]。王阿陶和许卫红认为，古籍修复档案数据库能够提高修复档案的管理效率，并建议古籍修复单位建立纸质和电子双套制来确保古籍修复档案能够妥善保存[46]。万群以天津图书馆古籍修复档案管理系统为例，提出了从著录元素和著录规范去建立特色古籍修复档案数据库的方法[47]。传统的古籍修复被认为是一项实操技术，虽然隶属于古籍保护学科，但是缺少系统、具体的规划，从而限制了其发展，想要摆脱这一困境可以从人才培养和国外经验借鉴两个部分入手来进行修复学的发展规划。专业人才的培养是撑起学科发展的基石，陈红彦依据古籍修复人才发展史和各古籍保护单位人员现状，提出从政策、设备和培训等方面来完善古籍修复人才培养体系[48]，并借鉴波兰、法国和加拿大等国家在古籍修复人才培养方面的经验，建议开设正规学历教育、多形式在职培训和资格认证机制来缓解人员困境[49]。钟小宇和钟东探究了图书馆古籍修复需求和人才结构及素质现状，提出从兴趣培养和地位待遇角度来提高专业人才培养效率[50]。国外经验借鉴能够改善学科发展的规划，蔡筱青探究了法国国家图书馆古籍概况和来源，概括了其出版物缴送制度并介绍了其数字化时代背景下文献保护和传播手段的特色[51]。

娄明辉归纳和总结了日本针对古籍修复的现有政策制度、修复方法和培养体系，并提出可以通过中外合作和经验交流的方式来互促发展[52]。

3.3.2 深化研究阶段（2014年至今）

参考时区图谱分布和图中主题词来源文献，可以将2014年至今的研究内容划分为深化研究阶段。深化阶段涉及的中观研究和微观研究更为丰富，研究内容开始深入到原有研究主题和成果的下位类和衍生类，整体可以划分为主题深化研究、创新策略研究和学科建设研究三个方面。

主题深化研究需要在原有成果上进行更细致和更深层次的探究，使研究主题更加深刻，更具有穿透力，更能反映主题的本质。少数民族古籍是古籍文献的重要组成部分，同样也是传承民族特色文化的重要载体，研究少数民族古籍修复是针对待修古籍研究的深化体现。张玉祥总结了西北边疆地区少数民族古籍的困境并分析了该地区内影响古籍保护的因素，提出需要整合政府、机构和高校资源，从采集、整理和修复等多个环节来建立保护体制[53]。王水乔总结了2007年以来云南省在少数民族古籍修复工作中取得的成果，并针对现有保护体系构建提出了重视保护工作、扩大古籍普查范围和加速人才队伍建设等建议[54]。修复材料的选择会直接影响古籍修复的质量，深入探讨修复材料性能和应用以保障古籍修复工作有利于更加科学地开展。张美芳依据珍贵文献纸张信息对古籍所用的手工纸现状和困境进行了整理和分析，提出可采用定制和认证两种方式来解决相应的手工修复用纸困境[55]。阎琳将安全性、美观性、功能性和长期性定为古籍修复用纸的选取准则，构建了以纸张pH酸碱度、机械强度、耐久性和匹配性为指标的古籍修复用纸性能评估体系[56]。任云、耿付江等以竹纸为检测对象，通过优化染液温度、染色时间和染纸张数以达到染色效果适宜、染色时间最短和染色相对稳定的目的[57]。古籍常见的破损原因有虫害、霉蚀、酸化和老化等，而发生于古籍修复过程中的修复性破坏同样危害巨大。王国强、石庆功总结了古籍修复性破坏在古籍形态、载体内容等方面的表现，并根据破坏发生的原因提出了建设修复档案数据库等5项预防性措施[58]。古籍修复的目的之一就是最大限度地恢复古籍的价值，而随着对古籍修复认知的提升，在原有的文物价值和文献价值基础上古籍的利用与传播价值越来越值得重视。周余姣、田晨、武文杰等根据文化传承理论，提出了原生性保护、再生性保护和传承性保护的新架构设想，并期盼通过加速古籍传播和利用达到传承文化、服务社会的目的[59]。

在传统修复技术和现代科学技术结合的趋势下，发掘创新策略成为古籍修复工作的新方向。传统线装古籍的书眼定位主要依靠眼睛来反复目测取位，存在操作不便和定位不理想现象，而黄金分割具有严格的比例性、艺术性和协调性，将黄金分割比例运用于线装古籍书眼定位可以保证修复后书眼的美观与和谐[60]。万群、高学森以传统古籍修复用纸信息为基础，设想将知识管理方法、计算机网络技术和实验检测技术相结合，构建包含文献古纸数据库和修复用纸数据库的古籍保护纸张数字化系统[61]。阎琳则阐述了古籍修复对象选择中存在准则不一的情况，并提出以破损情况、载体价值、古籍利用和修复风险为主要因素制定更高效、实用的古籍修复对象选择策略[62]。互联网的普及进一步激发了古籍修复领域学者们的创新性，吴爱云总结了在"互联网+"背景下典藏博物馆与云计算、物联网和人工智能结合的趋势，提出典藏博物馆在行使古籍保护和文化传承职能时可以多尝试制定智慧型策略[63]。

学科建设是学科发展的必经环节，探究科学合理的学科建设方案是确定学科方向和推动学科发展的内动力。古籍修复的学科建设研究是进一步深化探究古籍修复学科发展道路的体现，研究内容主要围绕人才优化和体系建设来开展。人才优化研究是在人才培养基础上围绕模式优化和古籍种类等实际需求进行的研究，而人才优化成效可以直接影响学科建设水平。例如在模式优化上，张建国针对现有古籍修复人才培养资源提出了各级古籍修复单位联合各类高校合作办学的优化途径[64]。牛甲芝针对高水平修复人才匮乏现状提出了可持续的机构联合优化培养模式[65]。在古籍种类上，少数民族古籍的修复往往需要辨析文字和语言，而同时掌握语言和修复技术的人才却相当匮乏，以职业培训、纳贤计划与联培方案等方式来实现濒危古籍修复人才梯队建设和培养精通多语种的复合型修复人才是可行建议之一[66]。而相对于单独研究人才优化的问题，完善学科内各体系建设则能够更为科学、全面地推动修复学的发展。王国强总结了古籍修复技术体系内涵、意义和现状，构建出具备指导思想体统、准备技术系统等6个部分更为规范、完整的古籍修复技术体系[67]。张美芳认为，古籍修复学科建设在基础理论建设、学科体系建设等基础性工作上还需要深入开掘，并明确古籍修复的内涵与外延，厘清了古籍修复与图书保护学和材料学的关联性，提出了建立核心知识体系、完整方法论体系和学术评价体系的建议[68]。姚伯岳、周余姣通过梳理国内外古籍保护学科建设和人才培养实践和经验，提出古籍保护学科建设的知识理论体系和学科建设方案[69]。张靖、刘菡针对现有的主要古籍保护研究团队特点进行评析，并结合学科框架和内涵，提出建设古籍保护学科方案和知识理论体系[70]。

表7 "古籍修复"主要研究内容汇总表

发展阶段		研究内容	研究示例
探索阶段（2014年之前）	基础探索阶段	古籍修复指导	修复原则、修复指导
		传统修复技艺	修复材料、修复环境
	拓展探索阶段	古籍修复案例	敦煌遗书、永乐大典
		现代理论应用	知识管理、检索技术
		学科发展研究	人才培养、经验借鉴
深化阶段（2014—2021年）		主题深化研究	少数民族古籍、纸张筛选
		创新策略研究	书眼定位技术、互联网技术
		学科建设研究	人才优化、体系建设

对于古籍修复领域的研究以知网数据库检索到的国内古籍修复近三十年核心期刊成果为对象，运用计量平台SATI进行数据筛选和整理，再运用可视化软件CiteSpace.5.7.R5和VOSviewer绘制相应图谱画像，并分析和展示古籍修复领域的研究进展和热点趋势。

（1）整体上来说，古籍修复行业发展在近代发生了由盛至衰的转变，直至中华人民共和国成立后才得以复兴。总结近三十年来古籍修复领域的学术成果可知，古籍修复领域的发展过程可以划分为三个阶段。在基础发展阶段，各地区古籍修复工作已逐渐恢复，但依旧面临修复技术繁杂和修复人员匮乏等问题。为改善这一局面，相关研究成果多集中在指导性理论探究和传统修复技艺整理，相关部门也制定和颁布了一系列定级标准、修复技术标准和质量标准等文字性资料来帮助提升古籍修复的效率和修复古籍的质量。在快速发展阶段，一系列准则的正式实施让古籍修复工作趋向有据可依。"中华古籍保护计划"引领的全国古籍普查、成立国家古籍修复技艺传习中心、颁布《国家珍贵古籍名录》和融合传统技艺与现代技术等措施促使古籍修复研究逐渐从冷门走向热门。在深化发展阶段，海外分散古籍的回归和合作培养协议的签订促使古籍修复行业修复古籍愈发丰富、人才学历不断提高。在"十三五"以及"十四五"政策的支持下，古籍修复领域研究主题广度逐渐拓宽，相关成果逐年丰富，而在研究重点问题上更加注重于深度，保障了高质量成果的稳定产出，在此趋势下，古籍修复领域发展将更加多元化和深入化。

（2）分析研究进展可以得出，在作者分布上，由于古籍修复具有实践性强、针对性强和连贯性强等特点，大多数古籍修复会单独安排给个人或者团队全程负责，致使古籍修复的相关研究也偏向于个人和机构内团队开展而缺乏机构间的合作。在作者分布上，还未完全形成核心作者群体，需要通过机构间和地区间学者的互动与合作来提升高质量成果的产出效率。在期刊来源上，古籍修复领域的高质量学术论文多集中于《图书馆工作与研究》《图书馆论坛》和《国家图书馆学刊》等头部期刊，且各类型期刊对古籍修复的关注度呈现上升趋势。在机构分布上，中山大学图书馆和国家图书馆都是国家级古籍修复中心，已完成大量的古籍修复工作并开展了多期修复人才培训；而郑州大学设有历史文化遗产保护研究中心，对古籍修复技艺的传承贡献显著。

（3）分析发展趋势可以得出，在研究主题上，中华古籍保护计划的进展和成果是近十年古籍修复研究的主要热点，计划包含的古籍普查、传习所设立、古籍人才培养和古籍整理与利用等项目都直接推进了濒危古籍、修复理论、修复人才培养和古籍修复档案管理等相关研究的开展。截至2021年末，全国已完成270万余部汉文古籍普查，累计登记264家藏书单位普查数据；先后公布六批《国家珍贵古籍名录》；先后设立六批"全国古籍重点保护单位"，共203家；成立12个国家级古籍修复人才培养基地和国家图书馆古籍修复传习中心并附设32家修复技艺传习所；设立中华古籍保护网，用以整合古籍数字资源、更新行业动态和开设名家讲坛等。依据以上中华古籍保护计划的成果，相关学者和研究机构可以深入发掘各项数据背后的价值。在研究趋势上，古籍修复相关研究更加偏重主题的广度和深度，丰富了少数民族古籍的研究，探究了古籍修复材料的各类性能，借助黄金分割比例和计算机技能来创新修复策略，提出古籍修复人才培养优化途径和构建古籍修复知识体系与技术体系等。探索阶段包含的古籍修复案例、现代理论运用和学科发展研究多为行业发展的基础研究，将在一定时间内维持较高热度，而深化阶段的主题深化、创新策略和学科建设等方向具备较高研究潜力，将在未来形成新的研究热点。

参考文献

[1] 李明杰. 简明古籍整理教程[M]. 武汉：武汉大学出版社，2018：12.

[2] 王会梅. 古籍概述[M]. 芜湖：安徽师范大学出版社，2018：10.

[3] 国家古籍保护中心. 古籍保护研究：第3辑[G]. 郑州：大象出版社，2018：12.

[4] 许卫红. 我国古籍修复研究现状分析[J]. 四川图书馆学报，2011（4）：84-88.

[5] 林红状. 国内古籍修复研究述评[J]. 图书馆学研究，2015（8）：6-10,85.

[6] 刘启元，叶鹰. 文献题录信息挖掘技术方法及其软件SATI的实现——以中外图书情报学为例[J]. 信息资源管理学报，2012（1）：50-58.

[7] 李杰，陈超美. CiteSpace科技文本挖掘及可视化[M]. 2版. 北京：首都经济贸易大学出版社，2017：9.

[8] 张力，赵星，叶鹰. 信息可视化软件CiteSpace与VOSviewer的应用比较[J]. 信息资源管理学报，2011（1）：

95-98.

[9] 黄丽霞,周丽霞,赵丽梅.信息检索教程[M].北京:知识产权出版社,2014:7.

[10] 朱晓峰,蒋旭牧,吴汀,等.知识异质性视角下政府数据开放平台领域的学科交叉融合分析[J].情报理论与实践,2021(12):103-113.

[11] 刘伟成,杨红梅,周琪.数字信息资源检索[M].武汉:武汉大学出版社,2018:2.

[12] 庄秀芬,杨照坤.古籍修复技艺的传承与发展综述[J].古籍保护研究,2020(2):63-72.

[13] 张美芳,陈敏.我国古籍、档案修复技术标准体系建设研究[J].图书馆论坛,2014(12):111-115.

[14] 中国古籍保护网.中华古籍保护计划简报:第三期[EB/OL].[2021-05-20].http://www.nlc.cn/pcab/bhjh/gzjb/201412/P020141222613888790463.pdf.

[15] 李静霞.武汉图书馆[M].天津:天津大学出版社,2017:11.

[16] 中国古籍保护网.古籍整理、科学技术与非遗技艺三位一体——复旦大学中华古籍保护研究院成果累累[EB/OL].[2021-05-23].http://www.nlc.cn/pcab/xctg/bd/201708/t20170815_154571.htm.

[17] 国家古籍保护中心办公室.2019年"中华古籍保护计划"实施情况综述[J].古籍保护研究,2020(2):1-6.

[18] 王莞菁.公共图书馆法中的古籍保护和利用[J].图书馆,2018(2):8-13.

[19] 夏丹,李娟.中国图书情报图谱画像研究[M].长春:吉林大学出版社,2018:8.

[20] Chen C M,Song I Y,Yuan X J,et al.The thematic and citation landscape of data and knowledge engineering(1985-2007)[J].Knowledge engineering,2008(2):234-259.

[21] 王国强.古籍装潢中的浆糊问题研究[J].国家图书馆学刊,2010(1):82-85.

[22] 王巨安,沈大晟.古籍修复南派技艺与浙江传人[J].图书馆杂志,2014(10):98-103.

[23] 沈蕙.对古籍著录工作的几点思考——以《中国古籍总目》为例[J].大学图书馆学报,2020(3):102-106.

[24] 傅晓岚.名人手稿修复方案及技法——以重庆图书馆藏刘赞廷手稿修复为例[J].图书馆工作与研究,2012(9):93-95.

[25] 张建国.古鉴阁藏晋十七帖集联拓本修复说略[J].图书馆工作与研究,2015(S1):75-77.

[26] 张平,田周玲.古籍修复用纸谈[J].文物保护与考古科学,2012(2):106-112.

[27] 何贝,许桂彬,樊慧明,等.古籍脱酸增强研究进展[J].中国造纸,2019(8):73-81.

[28] 祝金梦.档案修复用纸选配存在的问题及对策研究[J].北京档案,2020(10):24-26.

[29] 冀叔英.忆念赵万里先生[J].文献,1982(2):151-156.

[30] 邱晓刚.谈古籍修补的整旧如"旧"[J].图书馆杂志,1987(2):33-34.

[31] 杨秀中.古籍修补技艺点滴[J].江苏图书馆学报,1993(2):62.

[32] 杨晓黎.略论图书馆善本古籍的修复[J].图书馆工作与研究,2002(6):20-23.

[33] 马海鹏.论文献修复原则[J].中国博物馆,2000(4):80-85.

[34] 杜伟生.西夏文献修复始末[C]//中国图书馆学会古籍整理与文献保护专业委员会,国家古籍保护中心.全国图书馆古籍工作会议论文集.北京:国家图书馆出版社,2009:165-169.

[35] 杜伟生.古籍修复原则[J].国家图书馆学刊,2007(4):79-83.

[36] 潘美娣.太仓明墓——出土古籍修复记[J].图书馆杂志,1987(5):14-16,9.

[37] 朱赛虹.富于科学性与艺术性的传统技艺——关于古籍修复技术的初步探讨[J].图书馆学研究,1990(2):80-84,101.

[38] 郑豫广.介绍一种不拆页线装书的修复法[J].图书馆工作与研究,1996(1):59.

[39] 杨晓黎.中国古代典籍保护技术面面观[J].图书馆学研究,2002(10):91-93.

[40] 罗益群.湖南的气候特点与古籍保护[J].图书馆,1989(2):68-72.

[41] 杜伟生.谈敦煌遗书修复[J].北京图书馆馆刊,1993(Z2):146-149.

[42] 无垠."敦煌写本研究、遗书修复及数字化国际研讨会"综述[J].敦煌研究,2004(1):105-107.

[43] 杜伟生.《永乐大典》修复始末[J].国家图书馆学刊,2004(2):64-68.

[44] 王世伟.《永乐大典》保存、研究与传播的过去与未来——参加《永乐大典》编纂600年国际研讨会札记[J].图书馆杂志,2002(7):74-76.

[45] 许卫红,王阿陶.古籍修复工作中的知识管理[J].大学图书馆学报,2010(2):45-49.

[46] 王阿陶,许卫红.古籍修复档案内容设置及其重要性探析[J].档案学通讯,2010(5):68-71.

[47] 万群.数字古籍修复档案的实践及思考——以天津图书馆为例[J].图书馆工作与研究,2013(1):84-86.

[48] 陈红彦.古籍修复与人才培养[J].国家图书馆学刊,2008(3):69-71.

[49] 陈红彦.国外古籍修复人才的科学培养对我们的启示[J].国家图书馆学刊,2009(4):75-80.

[50] 钟小宇,钟东.图书馆古籍修复人才需求与古籍修复人才就业需求[J].大学图书馆学报,2011(1):110-116,86.

[51] 蔡筱青.法国国家图书馆的古籍收藏与文献保护[J].图书馆建设,2010(11):42-45,49.

[52] 娄明辉.论日本古籍修复工作[J].图书馆建设,2011(8):91-93.

[53] 张玉祥.西北边疆地区濒危少数民族古籍保护研究[J].图书馆工作与研究,2016(8):92-96.

[54] 王水乔.中华古籍保护计划视域下云南古籍保护体系的建构[J].图书馆杂志,2020(3):89-94.

[55] 张美芳.历史档案及古籍修复用手工纸的选择[J].档案学通讯,2014(2):75-80.

[56] 阎琳.古籍修复用纸性能评估体系的建立[J].图书馆杂志,2017(10):47-50,77.

[57] 任云,耿付江,章宏升,等.响应面法优化古籍修复配纸染色工艺[J].中国国家博物馆馆刊,2019(11):138-144.

[58] 王国强,石庆功.古籍修复性破坏原因分析及预防措施探讨[J].图书馆论坛,2018(11):164-171.

[59] 周余姣,田晨,武文杰,等.古籍传承性保护的理论探索[J].图书馆杂志,2020(12):14-19,42.

[60] 廖爱姣,汪文勇.古籍线装书书眼最优定位法——一种文献修复技术微创新[J].图书馆杂志,2014(3):56-58.

[61] 万群,高学森.谈数字化背景下古籍保护纸张信息系统的构建[J].图书馆工作与研究,2016(9):67-69.

[62] 阎琳.古籍修复对象选择策略[J].图书馆论坛,2016(7):97-101.

[63] 吴爱云.互联网+背景下典籍博物馆建设——以吉林省典籍博物馆为例[J].图书馆学研究,2019(4):73-75,60.

[64] 张建国.谈古籍修复与人才培养的新途径——以院校合作办学培养古籍修复人才为例[J].图书馆工作与研究,2015(7):91-94.

[65] 牛甲芝.基于机构联合的古籍修复人才培养模式研究——以天津地区为例[J].图书馆工作与研究,2016(10):42-45.

[66] 韩南南,张馨元,张伟.新疆濒危少数民族古籍保护研究[J].山西档案,2016(2):46-48.

[67] 王国强.中国古籍修复技术体系构建的原则、思路和框架[J].图书馆论坛,2019(10):134-141.

[68] 张美芳.古籍修复学科构建的若干思考[J].图书情报工作,2018(10):5-9.

[69] 姚伯岳,周余姣.任重道远　砥砺奋进——我国古籍保护学科建设之探索与愿景[J].中国图书馆学报,2019(4):44-60.

[70] 张靖,刘蔺.古籍保护学科建设研究:背景、现状及空间[J].图书馆论坛,2020(3):101-106.

清雍正铜活字《钦定古今图书集成》入陕始末考

薛继民（陕西省图书馆）

　　《钦定古今图书集成》（以下简称"《集成》"）是中国图书史、印刷史上里程碑式的巨著，被誉为古代的"中国百科全书"。该书由清康熙时期陈梦雷主持编撰，后经雍正初年蒋廷锡校订刷印成书，全书分六编，三十二典，六千一百零九部，共一万卷。其内容兼收并蓄，贯通古今，集中华传统文化博大精深之大成，是现存规模最大、资料最丰富的大型类书。后世虽有多种版本传世，但雍正六年（1728）铜活字版本，以其特殊的历史文化价值和文物价值，历来为世所重。《集成》刷印成书之初，获赐者仅为雍正皇帝身边少数的几个王公重臣，颁赐数量极其有限。乾隆时期，随着皇帝开设四库全书馆下诏征书，编纂《四库全书》并兴建藏书阁开始，《集成》才逐年按需陈设于各省行宫及各阁、各殿，同时亦颁赐给一些重要大臣和因编《四库全书》献书最多的民间藏书家以示褒扬。然而，历经二百余年的时代更迭和风起云涌，多数《集成》已被淹没在历史的洪流之中。据第一批《国家珍贵古籍名录》收录，国内现存清雍正铜活字《集成》十一部，殊为珍贵。

1　陕图珍藏《集成》来源于王杰之误谬

　　迄今为止，有关陕西省图书馆这部《集成》之最初来源，在学界流传最广的说法是："清乾隆帝以铜活字版本《集成》一部赐与军机大臣王杰（陕西韩城人），王杰以书系皇帝所赐，家藏恐贻不敬，为嘉惠十属士子，遂恭奉于同州丰登书院庋藏。"[1]此种说法最早来源于清末同盟会陕西分会负责人尚镇圭的后人尚者炎对其先辈的回忆。

　　据民国《大荔县新志存稿》记载："光绪二十七年（1901），就城内丰登书院因陋就简改为丰登中学堂。至三十二年（1906），知府英琦委日本留学生尚镇圭为监督，始将书院旧制房舍尽行拆毁，从新改造。建讲堂三膳堂一礼堂一监督暨职教员室五六处，原有藏书阁一所，丰登阁一所，学生宿舍五号，以仁义礼智信字命名号，各造房二十余间，招收中学生一班，补习生一班，师范讲习科一班，合计学生百余名，岁支银四。"[2]从这段史料中我们可以看出，尚镇圭在做丰登书院监督时，对旧式书院做了一些近代化改造。作为书院的实际管理人员，他对书院所藏《集成》的来龙去脉自然有所了解，其讲述也就令人可信。另外，此种说法将皇帝、状元、名臣、珍本、书院等元素紧密联系，入情入理，逐渐成为一种广受认可并被后世学人大量引用的说法。陕西省图书馆各个时期编写的馆史（1998年出版《陕西省图书馆馆史》、2009年出版《陕西省图书馆馆史》、2001年出版《陕西省图书馆记事》）中亦沿袭此说法。

　　2015年，笔者在对该书修复保护工作中发现的相关信息，对该书的最初来源问题产生了一系列疑问：如此重要的藏书，未见任何与王杰、书院和《集成》相关联的实物信息和历史资料,这部书到底与王杰和丰登书院有什么联系?

1.1 王杰与《集成》之关联无据可查

笔者在查阅众多有关王杰的史料时发现,无论是《清史稿》《王文瑞公年谱》,还是同州、大荔和韩城各个时期的地方志中,都全面系统地记载了王杰一生的重要事件,尤其对皇家赏赐部分更是相互借鉴补充,详细记录,逐项列出。从这些记录中可以清晰地看出,作为乾隆帝的钦点状元,乾嘉两朝之军机重臣,王杰深受两代皇帝礼遇,不但有"乾隆五十三年戊申,平定台湾,赐图像紫光阁"[3]像这样的对文臣武将的最高奖赏,也有"嘉庆九年……御笔'福绥燕喜'匾额,并梵铜无量寿佛,镶玉如意,蜜蜡朝珠,珊瑚顶冠,皮裹绣蟒袍,补褂绣钵,以为公寿"[4]这样细微之处的关怀,还有其在嘉庆九年(1804)去世后,逐年颁布的《谕祭予告大学士王杰文》[5]等四篇谕祭文。但在如此详细的众多记录中,我们并未发现任何有关对其赏赐《集成》的只言片语。如此重要的事件在各类官修史料中均无记录,似乎不是巧合也不合常理。反观其他受赐过《集成》的人士,不论是其自订年谱,还是后世的记载,都不难找出各种对受赐事件的记录,如:

> 《古今图书集成》以内府铜字联缀成版,计六十余部,未有刻本也。比时,玉蒙恩颁赐一部。雍正十年(1732),给假南归,又赐一部,令织造赍送至桐城,收藏于家。[6]

> 钦赐古今图书集成一万二千卷,……书成之日只赏给诸王与在廷大臣实心办事学问优通者始各赐一部,存内府者不足其半,乃于万里外委官赍给与公,公奏谢圣赐。[7]

> 三十九年(1774),赐诸大臣《古今图书集成》,以刘统勋先卒未得预,特赐墉一部。[8]

1.2 《集成》入藏丰登书院的时间节点

丰登书院作为该部《集成》的曾经存藏之处,也是探究其流转传承的重要途径。笔者在查阅乾隆至民国各个时期的《大荔县志》《同州府志》等众多地方志时,发现两条有关王杰、丰登书院和《集成》的重要信息:

> 丰登书院在县治东,乾隆二十五年(1760)知府李星曜、知县王勋率绅士创建,旧志云:知府李星曜于藏书阁置有《古今图书集成》全部,余经史等书俱交经历司收馆造册。[9]

> 李星曜,江南丰县人,监生,乾隆二十二年(1757)知同州府事,明察慈惠,士属安阜,而尤加意造士,创建丰登书院,选生童之有异才者亲课之,诗文之余兼教以射,暇日宴于丰登阁上,饮酒赋诗以寓旨酒承筐之意。逾年为己卯科,文武乡试一时获隽者,文则亚元李泰等十六人、武则解元姬辅清等十三人,皆出府属,时人荣之,负笈而来者益众,而星曜所心赏者,则韩城王杰。辛巳,果以一甲一名及第,士林传为盛事。[10]

结合以上两条记载可知,乾隆二十五年,时任同州知府李星曜创建丰登书院,并将雍正版铜活字《集成》置于藏书阁,自此开启该书在陕二百余年的流转传承。值得注意的是,此时王杰的身份是"乾隆二十五年庚辰,三十六岁,乡试中式第六名举人"[11]。依此略作梳理,我们可以推断，乾隆二十五年，该部《集成》开始收藏于丰登书院，此时身为举人的王杰受赐《集成》似无可能，由他将书带回陕西转藏于同州丰登书院的说法也就无从谈起了，而传承至今的这部《集成》与王杰自然也就没有直接联系。长久以来，有关这种说法的流传大多属于口耳相传的记事，也许只是后世经年累月的以讹传讹、张冠李戴的想当然之言。一方面无同时期史料佐证，另一方面又经不起深层次地追问和探究，实难作为确论，这正是"口述历史"本身的弊端和局限。唯一可能的是，当时作为同州众多学子中佼佼者的王杰也许在丰登书院翻阅过这部书。

2 陕图珍藏《集成》来自李卫之源流

陕西省图书馆所藏《集成》既然与王杰无关，那又是什么人，在什么机缘下带着这部旷世巨著来到陕西的呢？纵观受赐过《集成》的人物，不是王公贵胄，就是位高权重的内外重臣，作为时任同州知府的李星曜，其官阶和地位显然与之不符。他与《集成》之间又有什么渊源呢？在为数不多的有关李星曜的史料中，笔者未能找到更多其与《集成》相关联的信息，致使查证工作一度陷入停顿。

如前文所述，李星曜为江南丰县人，笔者查阅光绪二十年（1894）刊本《丰县志》时发现，有这样一段关于李卫的记载：

> 赐谥敏达，五年，诏祀贤良祠。子五，长星垣，丙辰武进士一甲第三人，御前二等侍卫，现任陕西汉中城守营副将；嗣兄衡后星聚，荫生，现任兴全永道；星照，戊午副榜；星曜，附监生，现任同州府知府；星福，未仕。咸干济有为能继家声。[12]

如此看来，李星曜正是一代名臣李卫之第四子。李卫（1686—1738），字又玠，江南铜山人（今属江苏徐州）。其一生历经康熙、雍正、乾隆三帝，尤其在雍正登基后的十年时间里，深受赏识和提拔，历任户部郎中、云南盐驿道、布政使、浙江巡抚、浙江总督、兵部尚书、署理刑部尚书、直隶总督等要职，逐步从一个名不见经传的小官，一路晋升到官居一品的封疆大吏，其家喻户晓的个人经历在民间传说中颇具传奇色彩。作为雍正时期总督三杰之一，李卫是雍正推行新政的得力干将，也是最为皇帝所看重的股肱之臣。乾隆皇帝曾评价其"三朝荣遇，九列华阶，褒赐宠赉超轶"[13]。

李卫受赐《集成》在后世亦多有记载，"其余官员和民间所获赐颁者有张廷玉（二部）、刘统勋之子刘墉、舒赫德、于敏中、鄂尔泰、田文镜、杨文干、马尔赛、讷亲王、诚亲王、李卫、岳钟琪、朱纲以及鲍士恭、范懋柱、汪启淑、马裕等"[14]。

正如同一时期的重臣鄂尔泰将雍正所赐《集成》捐赠给云南五华书院时所说："天恩高厚至此，与其遗我一家子孙读，何如存在书院，留与一省子孙读也！"[15]我们不妨设想，乾隆三年（1738），李卫去世之后，由重视文化教育，倡导积极办学的李星曜继承了其父的这部藏书，乾隆二十五年，在其同州知府任上创建丰登书院后，将该书收藏于书院供广大同州学子课读，这也体现了古代中国传统文人士大夫的无私胸怀。

后来，笔者在翻阅《清内府刻书档案史料汇编》时终于发现一条重要记录：

乾隆　年　月　日①

奉旨,今将《古今图书集成》原书缴回者共五家:鄂尔泰(二部内缘一部据伊口鄂岳称现在拟缴),……奉旨查询其家现在原书是否完全者共四家:诚亲王(据贝勒弘景借给黄松石已经奏明),李卫(据伊子修补进李星曜曾载往同州府任所现存该处书院),岳钟琪(已经武英殿查得),朱纲(已行文山东巡抚向其家查询)[16]

这份奏折虽只有寥寥数语,却将李卫、李星曜、《集成》、丰登书院之关联讲得言之凿凿,明确了该书最初源流和最终去处,确可信据。至此,陕西省图书馆所藏《集成》最初来源的诸多疑问迎刃而解,准确无疑了,即该书最初系雍正皇帝赏赐给宠臣李卫,乾隆二十五年经由其子李星曜在同州知府任上创建丰登书院,将其收藏于书院藏书阁,在陕流转至今。

3　陕图珍藏《钦定古今图书集成》的特点

雍正铜活字本《集成》在后世的传承过程中,或秘藏于殿阁,或颠沛流离于世,在漫长的岁月流转中,其中的每一部都经历了各自不同的命运,历经时代变革浪潮的洗礼,最终体现出各自独特的艺术风格和文化魅力。从国内现存各部《集成》看,装帧形式有包背装、线装、毛装,书衣材质有绫、洒金蜡笺纸、宣纸,所用色彩有黄色、瓷青色、古色,装具形式有楠木书夹、四合套。这些各具特色的装帧风格,都充分体现了清代内府刻书精益求精的装潢工艺。陕西省图书馆所藏《集成》现存4652册,9304卷,黄丝双线四眼装订、黄色洒金蜡笺书衣、黄绫包角;纸张材料为青檀皮纸书衣、护页、太史连纸内页;全书函套损毁殆尽,仅存封底板一块,残存黄色绢面和黄色里子纸;全书仅见四册存有白色纸质书签,手抄楷体"古今图书集成□□汇编□□典□□部□□至□□卷",余册未见书签及残留痕迹;全书各卷卷端未见传统形式藏书印,只在书衣及护页的不同位置钤有民国时期"陕西省立同州师范学校图书馆"圆形阳文朱印一枚。从清内府对装帧书籍书衣、函套、包角材料所用色彩崇尚黄色的体系来看,该部《集成》合乎皇帝御览图书或进呈皇帝审阅之书的礼制规范,整体上呈现了内府刻书尊贵典雅、庄重古朴的艺术风格。

从传承历史来看,陕西省图书馆所藏《集成》属雍正六年刷印成书后早期颁赐于世的一部,在成书仅三十余年后的乾隆二十五年,因同州知府李星曜创建丰登书院入藏书院藏书阁,自此开启了这部珍贵典籍在陕西境内二百余年的流转传承。在清末动荡的时局下,迭经丧乱,这部典籍相继归于丰登中学堂(光绪二十七年)、同州府中学堂(光绪三十二年),又历经民国初年的硝烟战火,历遭兵燹。据《民国大荔县新志存稿》记载:"民国初年,省教育当局计划改为第八中学而卒未果,继为防军驻扎,而庐舍半荡然矣!尤可惜者,中藏《图书集成》计六千一百九部共万卷,其余经史更六十余函,版本清晰装潢整洁,诚为希世之宝。戎马仓皇无人过问, 后移同州师范学校保存, 然已失去十之一二矣! 可胜叹哉! "[17]正是这些不同寻常的经历, 成就了陕西省图书馆所藏《集成》独特的历史文化魅力。自2015年起, 笔者有幸对陕西省图书馆珍藏的这部珍贵古籍开展科学性的修复与保护, 在工作的不断深入和对相关资料的梳理考证中, 笔者对这部书的最初来源问题得出了全新的结论, 特行诸文, 以期见教于方家。

参考文献

[1] 中国人民政治协商会议西安市莲湖区委员会文史资料研究委员会. 莲湖文史资料:第3辑[G]. 政协西安市莲湖区委员会文史资料研究委员会,1988:121.

[2][17] 李泰. 民国大荔县新志存稿:卷六[M]. 聂雨润, 修. 铅印本. 西安:陕西省印刷局,1937(民国二十六年):78.

[3] 北京图书馆. 北京图书馆藏珍本年谱丛刊:第105册[G]. 北京:北京图书馆出版社,1999:57.

[4] 同[3]:69。

[5] 传应奎,冀兰泰. 中国方志丛书·陕西省韩城县续志[M]. 台北:成文出版社有限公司,1976:12,15,17,19.

[6] 裴芹. 古今图书集成研究[M]. 北京:北京图书馆出版社,2001:151.

[7] 鄂容安,等. 鄂尔泰年谱[M]. 李致忠,点校. 北京:中华书局,1993:54.

[8] 马子木. 清代大学士传稿[M]. 济南:山东教育出版社,2013:400.

[9] 熊北麟. 大荔县志:卷九:学校志[M]. 刻本.1850(道光三十年).

[10] 李思继. 同州府志:卷二十八[M]. 刻本.1852(咸丰二年).

[11] 同[3]:44.

[12] 姚鸿杰. 光绪丰县志[M]. 刊本.1894(光绪二十年):264.

[13] 刘庠,方骏谟. 同治徐州府志[M]. 吴世熊,朱忻,修. 刻本.1874(同治十三年):1068.

[14] 沈津. 书林物语[M]. 上海:上海辞书出版社,2011:38.

[15] 鄂容安,等. 鄂尔泰年谱[M]. 李致忠,点校. 北京:中华书局,1993:62.

[16] 翁连溪. 清内府刻书档案史料汇编:下[G]. 扬州:广陵书社,2007:412.

XR赋能图书馆古籍文献资源的继承、推广与创新

——以"VR+5G全景文化典籍"为例

周笑盈（国家图书馆）

1 中华古籍资源创新性继承与发展的政策红利

古籍善本是文明遗珠。民间有言，"一页宋版，一两黄金"。据不完全统计，我国现存古籍约19万种，其中仅保存在公共图书馆系统的就有2750万册，可列入善本的约250万册[1]。从年代久远的写本、稿本、抄本、刻本，到精校本、精注本、精印本，再到古籍数字化之后的古汉语电子语料库、古籍全文数据库、中华再造善本数据库，它们承载的是数千年来的中华文明图景，展示了我国历史一脉相承的精气神。

但是，好酒也怕巷子深，好书也怕没人看。古籍再好，如果始终在图书馆中"束之高阁"，或是在拍卖行中流转，终究只是风雅文化中的一个传说。唯有飞入寻常百姓家，让年轻人近距离感受到古籍的精妙之美，才能将其活化成千载流转的力量。

让古籍说话，既可满足民众对国学文化的刚需，也是推动中华优秀传统文化创新性继承与发展的应时之举。2021年，文化和旅游部、国家发展改革委、财政部联合印发《关于推动公共文化服务高质量发展的意见》[2]，提出大力发展基于5G等新技术应用的数字服务类型，拓宽数字文化服务应用场景，探索发展数字文化大众化实体体验空间，加强数字艺术、沉浸式体验等新型文化业态在公共文化场馆的应用。2022年，中共中央办公厅、国务院办公厅印发《关于推进新时代古籍工作的意见》[3]，提出要做好古籍普及传播，加大古籍宣传推广力度，多渠道、多媒介、立体化做好古籍大众化传播工作。这些政策为古籍文献资源的继承、推广与创新指明了方向。

图书馆是古籍的重要保护机构之一。目前，古籍研究工作的重心一直停留在原生性保护和再生性保护上，阅读推广滞后，古籍价值没有得到充分发挥。XR（Extended Reality，扩展现实）技术的出现为古籍阅读推广的智慧转型提供了全新的思路和方法，对图书馆智慧知识服务体系的构建和服务模式的创新具有重要价值。

2 智慧图书馆背景下古籍资源的数字赋能

2.1 解决古籍保护的"藏""用"矛盾

古籍保护与利用是公共图书馆的重要职能之一，既有公共服务的共性，也具有文物保护的特殊性。古籍的文献价值和版本价值之间存在一定的冲突，古籍"藏"与"用"之间的供需

矛盾较为突出。

一方面,古籍是文脉的重要组成部分,在一代一代护书人的舍身护书之下流传至今,其保护工作刻不容缓;另一方面,公共图书馆所藏的古籍属于公共文化资源,需要满足读者的文献阅读、查找和使用需求,但由于文物保护的客观情况,很多公藏单位不具备面向公众开放的功能,很多古籍资源只能"束之高阁"。同时,由于很多古籍没有及时点校整理,内容晦涩难懂,也不利于古籍的阅读推广。

面对广大人民群众不断升级的文化需求,公共图书馆作为公共文化服务体系的重要组成部分,正逐步开展供给侧的改革探索与实践,推进古籍的点校整理和数字化,构建古籍数据库系统,探索多种方式活化古籍,确保古籍文献的有效保存和利用。

2.2 促进古籍阅读的时代精神解读

移动互联网背景下的古籍阅读依然存在知识内容获取与理解困难的问题,古籍文字晦涩难懂,普通读者的古文知识储备有限,所以认知理解负荷较大。用户对网络阅读产品的需求已由单纯的视觉娱乐开始向知识获取和精神审美层面提升,泛知识类内容生产也开始影响年轻人的知识接受和文化参与。"知识风尚"成为古籍资源知识内容传播的起点。

伴随着智媒时代的演进,在阅读推广领域,数字阅读已经成为人们获取知识、信息的重要方式。动漫游戏、数字叙事、VR(Virtual Reality,虚拟现实)/AR(Augmented Reality,增强现实)等数字内容形式迅速发展,以5G为核心的移动互联网技术在空间环境、资源供给、技术赋能、服务管理等各个维度促进阅读场景的融合,也将场景体验的概念深深地嵌入传统典籍传承与推广中。在古籍的阅读推广实践中,也需要充分运用数字技术,开展基于古籍知识的普及,用新方式、新形态和新成果推广古籍阅读产品。

2.3 利用XR数字技术活化古人智慧

中华优秀传统文化是5000年文明的结晶,古籍承载着古人的世界观、价值观和人生观,具有特定的文化象征意义。修齐治平、尊时守位、知常达变、开物成务、建功立业[4]——在碎片化阅读时代,阅读经典古籍,不仅是人文精神的对话,更是"以古鉴今"智慧的体现。

古籍是一种"雅文化",要想让艰涩的阳春白雪式文化与大众化传播达到平衡,需要不断探索。本文提出利用XR赋能图书馆的方式活化古籍文献资源。XR技术一方面可以满足视觉化、沉浸化的感官体验,符合大众传播的特性,同时又具有耳濡目染的知识传播特点,可以使古籍理解的时效延伸,为挖掘中国智慧打开新的思路。在古籍知识的传播过程中,需要弱化古籍阅读是"冷门绝学"的概念,激活"人"的要素,以富有趣味性的方式诠释古籍智慧,复现古籍里的美食、神话等内容,让晦涩的古籍内容以看得见、摸得着的方式呈现给读者,达到复活古籍的目的。

2.4 讲好"国之重器"的中国故事

在文博领域,中国文化典籍可以说是"国之重器",拥有厚重的传统文化底蕴。伴随着国学的不断复兴,对于古籍的阐释更与中国故事的表达、国际话语权的提升和民族文化自信的增强有关。

在中华传统文化中有非常多具有国际传播意义的内容,对于讲好中国故事、推进国际传播、加强人类文明交流互鉴具有重要价值。古籍作为中华民族厚重历史文化积淀的重要代表，不仅可以深入阐释中国故事的"精气神"，还可以在国际传播中开辟出一条"书山有路"，既展示中华文化的"各美其美"，也让中华民族千年的文化脉络在世界范围得以清晰地展现，实现"美美与共"。

图书馆行业更应该怀有历史格局，扛起文化担当，站在千年历史厚土上延续文脉薪火，让互联网时代与考古文博同频共振，主动让古籍"出圈"。

3 XR技术赋能古籍资源开发的路径

3.1 "求真—做深—活化—延展"的开发链

古籍资源的开发利用，不仅要"求真"，即尊重古籍文化，通过专家访谈、科研合作、专项采集数据等方式，建立权威的古籍保护体系；也要"做深"，即充分挖掘古籍文本内涵，通过"延线—扩面"的方式丰富古籍现代精神解读，让读者通过多元技术了解古籍的前因后果和文化脉络；还要"活化"，即通过AI、虚拟人、AR、VR、3D等互联网技术展示增强互动效果，让用户感受历史文化，传播古籍智慧；更要"延展"，即把古籍文化核心资源与文创产业对接，积极发展文化商品和参与性娱乐，做大做强古籍文化产业。

3.2 "高冷"古籍的"鲜活"生活化叙事

近年来，聚焦古籍的纪录片和文化类综艺节目层出不穷，"典籍里的中国"采用"戏剧+影视+文化访谈"的形式，从三重叙事空间中将现实、历史与古今对话表现出来，其中《尚书》《楚辞》等经典名篇的点击量超过了几亿次，成为现象级的文化综艺产品。2022年，首部中华古籍活化纪录片《穿越时空的古籍》上线。该部纪录片以学者和古籍修复专家作为叙事核心，再现古人晒书场景，演绎能工巧匠的精深技法，展示古籍装帧中的"黑科技"，讲述名家逸闻趣事和工匠精神，以生活化的灵动故事来讲述古籍，让束之高阁的古籍逐渐"鲜活起来"。除此之外，"但是还有书籍""中国影像方志""古书复活记"等纪录片节目也深入人心，"春兰秋菊""栗糕""螃蟹羹"等古籍中的佳肴更展示了古人生活的真实与风雅。

除了知识性、学术性和科普性，古籍的故事性和生活性也已逐渐成为吸引观众的地方。文化综艺类节目充分运用故事情节和场景叙事还原历史，激发出观众对于传统文化的好奇与兴趣，唤起年轻人对中国传统文化的内在传承。但是，文化类综艺节目往往拘泥于纪录片、文化访谈、场景还原等形式，为了更好地推广古籍文化，可以充分引入XR技术，通过营造"沉浸式体验"的良好氛围，为古籍文化更好传播提供新的思考方向。在用户层面，XR技术可以搭建不同的古籍社群，通过社群文化传播增强用户黏性，激发用户自主探索开发古籍资源，拓展古籍内容消费与体验范畴。

3.3 以古籍IP为中心的场景化内容生产

"场景"原指戏剧类作品中的特定场面，后这一概念逐渐被应用于传播学领域。随着XR技术在文化艺术创作领域的应用，场景概念更多地被应用于虚拟内容生产，即通过搭建虚拟场景，提升用户感官体验。场景创设主要包括两个方面：一是内容场景的创设，通过设计虚拟阅读场景,促进用户的感情沟通和价值认同;二是用户场景的创设,基于用户数据和网络行为,搭建用户关系模型,针对不同用户特征提供个性化内容推送。

古籍的场景内容生产包括内容设计、场景设计、用户交互、情感互动四个部分。内容设计主要是针对古籍主题IP的开发,从古籍内容出发,以故事内容、古籍人物角色、特色插图为中心,进行跨媒介的深度开发,形成IP依恋。例如在动漫领域,哈利·波特、迪士尼等IP的成功开发被应用于影视作品、动漫、游戏、服装、文创等多种消费场景,深度嵌入用户日常,形成了稳定的粉丝主体。场景设计指通过三维空间搭建、语音互动、空间感知等技术实现内容的场景化呈现。用户交互指用户在场景中与其他用户或其他程序进行虚拟互动。情感互动在线上主要采用感官沉浸和剧情体验的方式,激发用户对传统文化的强烈兴趣和文化认同;在线下通过弹幕评论和热搜论题互动等形式,促进信息的双向传播,引发群体情感共鸣。在碎片化阅读的背景下,具身认知和多维交互成为主流。具身认知理论认为,身体是重要的媒介物,通过介入不同环境,可以实现与环境的交互。XR技术将现实世界的体验移至虚拟空间,创设不同场景和特色鲜明的文化标签,让用户产生强烈的情感认同和文化社群感,继而引发场景内容消费与再生产。

3.4 打造古籍的表达新美学与情感认同

审美是人们对世界的综合感知,往往借助形态、色彩、表演、配乐、节奏等表达特色文化形式和风格。从美学角度看,XR技术主要采用抽象化的表达与虚拟情境的创设来构建幻觉色彩和意境,强调想象力的发挥,营造"出幻入实"的美学符号,并通过三维、动画、MR(Mixed Reality,混合现实)等形式完成立体视觉呈现,细化古籍文本数据的检索、三维的立体展演和漫游式知识发现。

古籍本身涉及文学、艺术、绘画、舞蹈等多个门类,在书法、版刻、装帧、绘画、文学内容和意境等方面具有独特的美学价值,中华传统文化IP大多取材于古籍资料中的文学经典和民间传说,具有独特的东方审美特质,对提升国学文化自信,推动审美积淀有重要意义。古籍表达中的内容叙述往往是扁平化和概念化的,多呈现感性的特点。因此,在XR的技术表现环节就需要注重构建符合时代性的情节叙事框架。在美术造型设计方面,既要借鉴和融合古今中外的经典造型元素,又要充分尊重古籍原著元素,遵循传统美学,凸显古风,为古籍的现代化艺术创作提供新的思路。

古籍推广的最终目标是与读者建立情感认同,XR技术在视听层面具有丰富的美学张力,可以更好地驱动古籍自身的审美表征,融合真实与抽象技法,还原古籍的"形与神"。在古籍类XR作品的设计中,不能只关注形而上的浅层形式重构,更要关注深层的文化精神和内涵,将古籍背后的时代背景、风俗习惯、地域特色、审美情趣与当代价值体系相融合,不仅使文化的传承超越时空的限制,更能让受众在感知中产生共情与共鸣,激发对古籍的认同感和传播中华传统文化的责任意识。

4 XR赋能图书馆新型古籍资源的内容生产模式

4.1 全景文化典籍VR呈现

VR是一种可以创建和体验虚拟世界的计算机仿真系统,它利用计算机生成一种模拟环境,以计算机仿生、三维图像处理和视觉传达等技术为基础,充分调动人的视觉、听觉、触觉、嗅觉、味觉、运动等多种感官,使人产生沉浸式、交互式的应用体验。

利用VR可以深入挖掘图书馆特色资源,推动现有馆藏特色文本数据向虚拟现实内容转移,推进古籍等特色资源的深度利用。例如,建立VR古籍阅览室、构建古籍VR内容全景系统、开发古籍VR资源平台等,借助可穿戴增强显示设备、体感交互设备和三维立体显示设备等特殊的输入/输出设备,使用户沉浸在逼真的虚拟世界中,通过视觉、听觉、触觉等多种感官与虚拟世界的物体进行自由交互。如图1所示,是读者体验国家图书馆的5G全景VR《永乐大典》。

图1　读者体验5G全景VR《永乐大典》

4.2　AR古籍场景可读

AR技术通过实时计算影像位置及角度实现图像识别,借助感知和显示设备,将虚实信息融为一体,最终呈现给观察者一个感观效果真实的新环境。利用AR探索、AR扫描识别等技术,图书馆可以动态展示古籍场景的背景知识和相关文献。

在场景游览过程中,读者通过手机扫描景点或图案标识,可以直观了解景点相关知识,并与图书馆丰富的馆藏资源实现链接,关联人物、事件、资源。其中,不仅有对景点和人物的介绍,更纵向链接了古籍相关书目、图片和存档的资料,关联图书馆馆藏检索系统,展示馆藏状态,便于感兴趣的读者及时就近获得阅读资源;还可设计动画宣传视频讲解,为游客设置例如景点打卡签到、文物位置追踪、景区知识答题、虚拟签名墙[5]等活动,把馆藏资源与读者的日常生活场景融合起来,让读者在行走的过程中可以自主地收听观看,促进文旅融合。例如"上海武康路AR导览"项目,利用AR扫描、实景拍摄、3D建模、AR探索、识别门牌号等技术助推文旅融合,串联线下文旅资源,链接馆藏检索系统,动态展示相关的背景知识和馆藏状态,把上海图书馆的馆藏与用户的生活结合在一起。用户通过简单点击AR导航App,可以直接看到图书馆的老照片和视频音频,如图2所示。

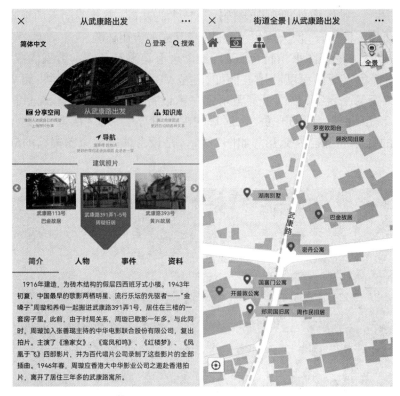

图2 "上海武康路AR导览"项目

4.3 古籍MR混合现实内容生产

混合现实技术是虚拟现实技术的进一步发展。该技术通过在虚拟环境中引入现实场景信息,在虚拟世界、现实世界和用户之间搭起一个交互反馈的信息回路,将虚拟场景和现实场景结合,突破传统空间呈现形态,实现虚拟空间与现实世界的无缝衔接,产生隔空互动的效果,以增强用户体验的真实感。例如,河南省春节联欢晚会上表演的《唐宫夜宴》,便利用抠像、三维、AR等虚拟技术,将舞台录制与棚内的画面进行合成,实现了虚拟场景和现实舞台的结合,最终呈现了精妙绝伦的舞台效果,如图3所示。

图3 《唐宫夜宴》效果图

4.4 虚拟古籍文化时空漫游

虚拟漫游是VR技术的重要分支，在建筑、旅游、游戏、航空航天、医学等多个行业发展很快。虚拟漫游技术通过创建虚拟信息环境，帮助用户实现与环境的交互。例如，图书馆可以利用虚拟漫游技术对场馆进行高精度还原，将古籍藏品逼真地呈现在用户面前，以720°展陈真实馆藏资源，并使用户获得大量平时无法从实体文献中获取的信息，增强用户和文献之间的互动。借助于3DMAX、动态数据互动和场景仿真技术，通过图像处理、知识点解析、参考文献标注、音视频关联等方式进行多维场景设计和空间呈现，构建古籍虚拟漫游时空，开展动态漫游服务，如图4所示。

图4 虚拟场景漫游

4.5 古籍文旅知识图谱

知识图谱技术指利用抽取、融合、管理等技术，构建有序、多维、智能的知识关系网络，实现"点—线—面"的知识体系可视化。在古籍领域，图书馆可以采集区域的地理、人物、历史等方面的百科数据，通过知识定义、结构化知识抽取、知识映射、知识融合、知识存储等服务工具，构建古籍领域的文化知识图谱数据库。而XR技术可以通过搭建API（Application Program Interface，应用程序界面）的形式提供知识数据呈现。

古籍文旅知识图谱通过挖掘图书馆特色资源，将地方重大历史文化事件与地图结合，搭建虚拟文化时空地图，通过滑动时间轴与地图快速浏览历史文化变迁，支持文物、文献、建筑、历史事件、人物、非物质文化遗产、动植物等文化要素的百科知识查询。XR赋能下的时空地图相比传统的百度百科，可以将古籍要素展现得更加立体、全面，使用户更有探索发现的欲望，与线下古籍资源的结合也更加紧密。重要的古籍文献和知识信息可以在立体空间中实现旋转展陈，或以图谱形式展示知识要点、古籍故事、回归路径等。

利用图谱形态串联馆藏数字资源与线下旅游资源,可以实现重要历史人物、文献、历史事件的直观呈现,吸引读者通过线上的文化探索发现线下旅游要素,引导读者按照知识图谱的关联线索发现旅游资源背后的故事。

4.6　XR古籍生态图书馆

XR古籍生态图书馆指利用虚拟3D、环绕影像技术,构建针对古籍的虚拟生态系统,搭建数字孪生模型,为读者提供细致入微的古籍知识。

古籍生态图书馆可以将古籍中的历史人物、建筑、文物及书画诗歌以虚拟时空的形式进行重新组织,支持与旅游资源相连,实现文化要素与旅游要素的融合创新;古籍生态图书馆还可以提供游戏形式的互动体验,让读者在线上模拟古籍修复过程,通过AI技术让古籍IP"动"起来,凸显古籍主题IP,活化历史IP,创新文化价值。

除了VR、AR、MR、时空漫游、XR等技术的应用,图书馆还可以从虚拟古籍教育服务、馆藏古籍特藏推介、立体古籍资源整合、智能场馆导航、用户虚拟参考咨询等角度开展古籍新型资源建设,并以此为基础进行服务创新,提升服务效果,实现资料、实物、场景的深度多重融合、深度关联与沉浸式展现。

5　国家图书馆"5G全景文化典籍"的实证分析

2014年12月,习近平在澳门大学考察时向学校赠送了《永乐大典》重印本[6],他表示:"中华文化源远流长、博大精深,如同一座宝藏,一旦探秘其中,就会终生受用。我们要取其精华、去其糟粕,赋予中华传统文化以新的时代内涵,使之成为我们的精神追求和行为准则。"2022年,国家图书馆打造了5G全景文化典籍之《永乐大典》系列VR产品,利用5G数字化创新技术赋能传统文化典籍,虚拟现实技术与《永乐大典》的碰撞,对活化珍贵典籍文献、传承历史文化、维系民族精神具有重要意义。

《永乐大典》全景VR采用CG[Computer Graphics,计算机图形学特效+8K分辨率(分辨率7680×4320)]全景实拍制作标准,利用二维和三维素材加工、场景和角色建模、动画和特效制作、数字绘景等技术完成制作。该产品采用当今最先进的VR技术加以仿古画风格化处理,生动展现《永乐大典》作为旷世宏编的文献价值,引领观众以主观视角经历明代宫廷级别的编书场景,在虚拟时空中实现古籍文字和插图的动态呈现。观众既可以通过270°环形屏幕观看全景视频,还可通过AR/VR等设备,自主调节视角进行720°的全维度观看。

5.1　内容生产机制

5.1.1　用N种方式破解《永乐大典》密码

《永乐大典》全景VR从编书、抄书、人物、脚本编写等角度细化设计细节,因典籍真迹珍贵,所以采用无实物3D建模的方式构建模型。《永乐大典》典籍体系庞大,多经流散聚合,设计人员通过抓取关键信息事件作为切入点,对国家图书馆馆藏全部200余册《永乐大典》卷次进行逐一核阅。设计人员通过线上渠道翻看《永乐大典》书影资料300余册,从馆藏200余册《永乐大典》影印本的万余张扫描书影中精选出200余幅书影进行3D建模,翻阅《永乐大典》相关文献专著20余部,论文300余篇,查阅明代官吏服饰、宫廷家具、书画、建筑、园林等方面的专业文献40余种,参考明代绘画百余幅。

5.1.2 技术赋能,活化《永乐大典》

《永乐大典》全景VR在国内首次将虚拟现实技术应用于古籍文献阅读服务,使用360°全景摄影技术对现实环境进行记录,利用空间环绕立体声、3D视觉显示系统和参与者的双眼视差,营造立体包围感和真实体验感。作品以计算机二维及三维动画制作和VR摄像机拍摄的视频内容为基础,输出3D立体、4K/8K、60fps高清晰度与高帧率视频,保证作品内容的高质量呈现。

在5G与人工智能等多重技术的融合应用下,VR全景文化典籍对古籍人物进行立体化造像。设计人员在参照相关书影和古籍资料的基础上,设计人物模型,通过AI视频捕捉动作数据,利用动画电影工具改变人物的面部表情,如图5所示。

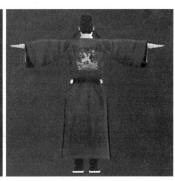

图5　古籍人物形象设计

在虚拟场景设计方面,全景VR利用内容云化渲染的方式,将3D模型导入虚拟空间,从技术实现角度实现了模型设计、动画绘制和场景搭建。

5.1.3 巧妙编排,深入挖掘古籍主题

上部作品从《永乐大典》的"前世"(即体量、版式、纸张、编纂等书内之美)及"今生"(即修书、寻书及读书的追书之路)两个部分切入,向大众介绍《永乐大典》的成书情况、编修篆修、装帧抄写、流传辑佚、古籍修复等内容。

下部作品从"深锁内廷　抄副另储""人祸兵燹　弱息仅存""有识之士　奔走搜求""珠还合浦　集腋成裘""百年遗珍　转世新生"五个章节重现了《永乐大典》在历史变迁中遭受重重厄运的经历和海内外人士为《永乐大典》传承后世而呕心沥血的事迹。

5G全景VR《永乐大典》系列作品基于国家图书馆再造善本和现有文字、图片、音视频、展览等资料,通过专业策划和多种技术手段的组合加工,用全景化方式再现了《永乐大典》的历史变迁。目前,该作品已在国家图书馆新阅读空间提供服务。未来,伴随着全息可视化、交互场景化技术的发展,古籍资源将更多地利用XR技术构建虚拟场景,将文化典籍进行数字化的追溯与还原,保留历史,传承文化。

5.2 传播效果分析

5G全景VR《永乐大典》不仅利用现代化技术赋予了传统文化新的生命力,也为未来更多古籍文献的传播创新和服务创新提供了可参考的应用实例。

5.2.1 促进古籍阅读推广的智慧化转型

VR技术利用文本可视化的方式将复杂难解的古文内容解析为3D虚拟时空,让受众可以"身临其境"读懂古籍,"入画"式体验历史事件,漫游在古籍插图的山水之间,从而帮助其将古籍文字转变为个人知识。图书馆的阅读推广服务需要以读者为导向。VR技术不仅可以重塑古籍内容,还可以借助XR直播体验、VR+游戏、VR+教育课堂、VR云端阅读空间等路径,深度整合古籍资源、深化古籍知识供给、实现从传统古籍信息服务到知识服务的转变,结合读者的阅读习惯,特别是针对年轻人阅读素养提升和儿童阅读推广服务,探索新的阅读形式。

5.2.2 推动公共文化服务形式的多样化发展

5G全景VR《永乐大典》系列作品可在多种终端发布,是5G技术与新阅读体验融合的具体应用,更加注重带给读者全新的用户体验、技术体验和知识体验。该作品以8K超高清标准进行制作,可输出不同格式,适配LED大屏、电视中屏、VR眼镜小屏,满足公共文化服务、家庭娱乐、个人体验等多场景需求。5G技术助力了传统文化的"破圈"和"出圈"。

5.2.3 创新图书馆新型数字资源的建设机制

5G全景VR《永乐大典》系列作品在制作过程中从宏观角度扩展服务生态,不仅重视内容价值增值链上的合作,还注重技术增值链和营销推广链上的合作[7]。国家图书馆尝试与出版集团进行合作,寻求技术、运营、消费等多层面的互动,做到"横向协作、纵向联动,各负其责、发挥合力",实现资源相通与技术互补。

项目团队自主研发了全景视频适配技术,搭建泛终端传播体系,"一次制作、多向分发",可以实现270° 裸眼、360° 电视和720° 眼镜全景赏析典籍,可满足不同受众群体的阅读偏好。

5.2.4 兼顾文化传播经济效益与社会效益

5G全景VR《永乐大典》荣获第五届中国出版政府奖提名奖并入选全国文化和旅游装备技术提升优秀案例;同步配合国家典籍博物馆展览,推出了多种文创产品;以世界读书日、北京冬奥会为契机,通过举办5G新阅读系列体验活动的方式走进学校、图书馆、博物馆、企业、社区,打造有声、有景、有色的沉浸式阅读体验新模式,用新技术赋能中华优秀传统文化传播,培养文化自信,助力文化强国建设。

图6　大厅展示《永乐大典》VR作品

5G全景VR《永乐大典》系列作品在延庆冬奥村的中国传统文化数字体验区作为经典作品进行全景展示，一经推出，便引发众多媒体关注（如图6所示），包括《新闻联播》在内的多家媒体对其进行了报道。这一系列作品在成为新闻热点的同时，也得到全国各级文化机构的关注。

XR赋能图书馆古籍文献资源旨在解决古籍保护的"藏"与"用"之间的矛盾，促进古籍的时代精神解读，活化古人智慧，讲好"国之重器"的中国故事，这是图书馆应用XR服务阅读推广的前提和目标。将XR技术与古籍文献的固有价值相结合，也是智慧图书馆转型升级的重要方向，具有重要的理论价值和实践意义。图书馆应根据古籍资源的实际情况，充分整合资源、技术、空间、人员等要素，"求真—做深—活化—延伸"古籍资源，用好叙事逻辑，加强场景内容生产，表达新美学。图书馆应加强VR、AR、MR、虚拟漫游、知识图谱等技术的嵌入，逐渐建立与图书馆发展相适应的新型古籍阅读产品的建设机制和服务模式，促进阅读推广的智慧化转型。

参考文献

[1] 建立我们的数据思维——简论大数据时代古籍数字化的若干问题[EB/OL].［2022-04-14］. https://m.gmw. cn/baijia/2020-06/ 13/33909374.html.

[2] 文化和旅游部、国家发展改革委、财政部联合印发《关于推动公共文化服务高质量发展的意见》[EB/OL].［2022-04-14］. https://www.ndrc.gov.cn/fzggw/jgsj/shs/sjdt/202103/t20210329_1270693.html?code=&state=123.

[3] 中共中央办公厅　国务院办公厅印发《关于推进新时代古籍工作的意见》[EB/OL].［2022-04-14］. https:// www.ccps.gov.cn/ xtt/202204/t20220411_153574.shtml.

[4] 在古老神话中解读中华民族文化自信[EB/OL].［2022-04-14］. https://baijiahao.baidu.com/s?id=16768652568 86640041&wfr=spider&for=pc.

[5]《5G新媒体行业白皮书》发布[EB/OL].［2022-04-14］. https://www.sohu.com/a/333281747_120066051.

[6] 习近平考察澳门大学横琴校区[EB/OL].［2022-04-14］. http://www.xinhuanet.com//politics/2014-12/20/c_ 1113717374.htm.

[7] 张楠，翟雪松. 5G视域下虚拟现实出版的价值共创研究[J]. 出版广角，2020（11）:14-18.

地方文献创造性转化与地域文化创新性发展模式研究

——以沈阳市图书馆为例

马　丽（沈阳市图书馆）

地方文献是记录地域文化的直接载体，作为一个地区或一个图书馆最具特色的馆藏文献，其在图书馆藏书体系中占据着非常重要的地位。如何推动地方文献的创造性转化、实现地域文化的创新性发展已成为当前图书馆工作的首要任务，积极弘扬与传播地域文化成为图书馆开展地方文献工作的重要内容。

1　"地方文献创造性转化与地域文化创新性发展"理念的含义

1.1　政策的提出与解读

2018年3月，国家文化和旅游部成立，文化部和旅游部的合并曾被国人形象化地比喻成"诗和远方"的结合。文化和旅游部党组书记、部长雒树刚在出席"2018旅游集团发展论坛"时提出，文旅融合要按照"宜融则融，能融尽融，以文促旅，以旅彰文"的指导方针，引导文化建设和旅游发展。这一指导方针为各地的文旅工作指明了未来的发展方向，从此，"文旅融合"的工作思路为伴随人类生息繁衍的地方文化注入了新的元素，也为公共图书馆地方文献的挖掘与研究找到了一个新的切入点。

2021年11月11日，党的十九届六中全会通过的《中共中央关于党的百年奋斗重大成就和历史经验的决议》中，再次强调"推动中华优秀传统文化创造性转化，创新性发展"。

关于"创造性转化与创新性发展"，应该说二者既密切相关又有所区别，不能完全等同。习近平总书记对"创造性转化与创新性发展"下过明确的定义：创造性转化，就是要按照时代的特点和要求，对那些至今仍有借鉴价值的内涵和陈旧的表现形式加以改造，赋予其新的时代内涵和现代表达形式，激活其生命力；创新性发展，就是要按照时代的新进步、新进展，对中华优秀传统文化的内涵加以补充、拓展、完善，增强其影响力和感召力。

地方文献作为记录地域文化的直接载体，也是中华优秀传统文化的重要组成部分。只有通过改造和转化，才能实现创新和发展；只有把传统文化中对今天仍有借鉴价值的内涵和陈旧的表达形式进行转化，赋予其新的时代内涵和现代表达形式，才能推动整个中华优秀传统文化内涵的创新和发展；只有首先激活中华优秀传统文化的生命力，才能进一步增强其影响力和号召力。总而言之，创造性转化是创新性发展的前奏，创新性发展是创造性转化的升华，而这实际上也符合文化传承发展的一般规律。

图书馆是地方文献的重要收藏机构，在经过几十年甚至上百年的积累后，拥有了大量的地方文献资源,这些资源无疑是图书馆珍贵的特色文献,只有对地方文献进行认真的分析、挖掘与研究,并赋予其新的时代内涵和现代表达形式,让地方文献"活"起来,才能切实地推动地方文献的创造性转化,让图书馆保持与时俱进的态势,实现地域文化的创造性发展。

1.2 理念的应用与实践意义

按照国家文旅部要求的文旅工作要"宜融则融,能融尽融,以文促旅,以旅彰文"的指导方针,应将"地方文献创造性转化与地域文化创新性发展"这一理念应用到实际工作中,这里关系到三个概念,即"地方文献"、"地域文化"与"特色旅游"。

1.2.1 地方文献与地域文化的关系

地域文化,是与特定区域相联系的文化,是一个区域特定的文化符号;地方文献,则是对地域文化的记录和反映,它综合反映了一个地区的政治、经济、地理、历史、文化、民族、民俗等各方面的情况,记录了一个地区的发生、发展和变迁。可以说,地方文献是记录地域文化的物质载体,地域文化则是地方文献记录的内容与形式的来源,两者是相辅相承的关系。

1.2.2 地域文化与特色旅游的关系

旅游,一直以来都是人们美好生活的重要内容,是修身养性之道。中华民族自古就把旅游和读书结合在一起,崇尚"读万卷书,行万里路"。通过旅游不仅可以让人身心愉悦、增长见识,而且可以让旅游者接触不同地区的历史和传统文化,体验不同地区的风土人情、民俗习惯,从而增长智慧,增加人们的知识储备量,提升人们的文化素养。而特色旅游要想突出它的特色化,则必须依靠地域特色文化。由此可见,文化"走出去"需要激活旅游市场,而旅游的深度开发则需要注入丰厚的文化内涵[1]。因此,特色旅游是地域文化的具体体现。

1.2.3 地方文献、地域文化与特色旅游三者之间的关系

在当今文旅融合的社会大背景下,地方文献是地域文化的史料依据,而地域文化又是特色旅游的灵魂,是为特色旅游提供高层次内涵的文化依托,三者相辅相成、密不可分。以文化为核心,可以使城市旅游更具有地方文化特色;以旅游为平台,可以让地方文献资源得以被更充分地挖掘与传播[2]。因此,作为地方文献重要保存单位的图书馆,应积极挖掘与研究地方文献,用地域文化来打造各个地区不同的特色旅游项目,从而带动地域文化被更广泛地传播与弘扬,最终实现地方文献的创造性转化与地域文化的创新性发展。

2 地方文献创造性转化与地域文化创新性发展的几种模式

2.1 举办各类地方特色主题展览,让地方文献"活"起来,推动地方文献的创造性转化

近年来,随着公共图书馆事业的不断发展,展览成为一种不可或缺的服务形式。图书馆所举办的各类展览,除具有实现公共图书馆社会教育职能、满足读者需求、扩大图书馆知名度的作用外,还有一个更重要的作用,那就是宣传地方文献、弘扬地方文化。一次成功的地方文献主题展览,不仅能够提高地方文献的利用率,加深市民对地区历史文化的了解,更能增强市民的城市文化认同感,进而打造地方特色文化品牌[3]。

沈阳市图书馆自2020年起,在对地方文献进行研究与开发的基础上,重点打造并推出了以挖掘和传播地方文化为宗旨的特色品牌项目——"'盛京风华'沈阳地方文献主题系列展

览"。此展至今已累计举办了六场。展览采取多元化、立体化的办展模式,从静到动、从诗文到绘画、从文学到历史,全方位、特色化地揭示了每场展览的主题思想,在社会上引起较大轰动,备受关注,得到当地学界、文化界人士及广大观展者的一致好评。由于展览内容不断丰富,展览规模不断扩大,展览的影响力也在不断地提升,品牌效应逐步形成。

2.2 编制地方文献专题书目,助推地方文献读物的阅读推广

为深入挖掘沈阳地方文献,沈阳市图书馆近几年陆续编制出版了《沈阳地方文献书目总览》《沈阳文化人物资料索引》《沈阳地方文献百本图书推荐目录》等多部地方文献专著,收录各类词条近万条。许多地方文化研究者多次到图书馆查阅,并进行拍照复印,甚至要求购买,一些重点读者也获得过我们的赠书。图书馆的这项地方文献书目编制工作极大地方便了地方文献研究者的研究,缩短了研究人员前期的资料查找时间,让读者可以更直观、更便捷、更快速地查找到自己所需要的相关文献,不仅提高了工作效率,也为今后的研究工作提供了大量的文献线索,大家对此赞不绝口。

2.3 举办各类专题讲座,让专家为读者讲述地域文化

从2018年起,沈阳市图书馆根据社会需要以及读者的阅读需求,适时地推出"谁不说俺家乡好——'魅力沈阳'讲坛"活动。讲坛内容重点围绕"历史文化名城""改革振兴发展""沈阳历史名人""沈阳历史事件"等多个主题,多视角展示沈阳悠悠两千三百年的文化精髓以及沈阳的新成就、新形象。图书馆每周邀请一至两位沈阳地方文史研究专家为读者讲述地方文化,力争通过讲好沈阳故事、传播好沈阳声音、树立好沈阳形象,提升沈阳的城市文化底蕴,扩大沈阳影响力,打造高品质的城市营商环境。此讲座已举办了近百场,受众人数近万人,受到当地读者的热烈欢迎,许多读者早早便关注沈阳市图书馆微信公众号进行预约,场场讲座都准时到馆参加。这些活动起到了宣传地方文化的作用,取得了较好的社会效益。

2.4 利用现代信息技术手段,拓宽地域文化传播的途径

随着新媒体技术的不断发展,各种宣传推广活动也可以突破原有的线下模式,逐步采用线上、线下同时宣传的方式。通过利用图书馆网站、微信公众号、微博等新媒体的力量,可以拓宽图书馆信息传播途径和读者信息获取渠道,不断扩大展览的受众面,使地方文献阅读推广信息能够及时得到推送,从而吸引更多的读者关注和参与图书馆地方文献阅读推广活动。同时,也可将展览成果以数据库的形式保存下来,在网上进行二次推广与传播。

2.5 积极寻求社会合作,利用多方力量推动地方文献阅读推广工作

为了办好沈阳地方文献主题系列展览,沈阳市图书馆地方文献部门积极寻求广泛的社会合作伙伴。2020年起,沈阳市图书馆与当地的文化学者、书画院等联合开发,合作举办地域文化特色展览,通过联系当地知名文化学者与书画家,如李仲元、卢林、初国卿、张有、陆允铬等一批辽沈文化艺术名人,请他们按照每场展览的主题进行书画艺术创作,将地方文化全方位、多角度、立体化呈现出来,以全新的方式揭示地方文化,从而提升展览的档次。通过文化名人的社会影响力,带动观展者一起深入地了解沈阳历史,宣传地方文化,在社会上引起很大反响,受到各级专家、学者以及广大读者的高度赞赏。

沈阳市图书馆举办的地方文献主题系列展览可以说是场场惊艳、场场火爆,每场展览都各具特色、各有千秋,引起了沈阳市广大市民的极大关注。很多观展者都慕名前来参观展览。当地的多家媒体,如《辽宁日报》《辽沈晚报》《沈阳日报》《沈阳晚报》、沈阳电视台、沈阳地铁报等,多次对展览进行采访和深度报道。沈阳电视台"正午朋友圈"栏目组还特别编辑制作了六集专题片("风起""雅集""传颂""雪落""月升""函可")来对首展"寒木春华——冰天诗社主题文献展"进行宣传与报道,收到了非常好的社会传播效果。

2.6 以地域文化的传播带动特色旅游的发展,实现地域文化的创新性发展

旅游,可以说是代表了人民生活水平提高的一个重要指标。特别是在当代,旅游已成为新时期人民群众美好生活和精神文化需求的重要内容,而同时,旅游又是促进社会和谐的重要举措,是文化建设的重要载体,更是文化交流的重要纽带。特色旅游作为传统旅游项目的提升与创新性发展项目,离不开各地文化的坚强支撑。而图书馆利用自身优势来宣传与弘扬地域文化,就是为打造地域特色旅游项目提供文化保障,为特色旅游注入更深层次的文化内涵,从而带动地域传统文化的创新性发展。具体举措有:在旅游场所设立地方文献阅读区域,播放地域文化宣传视频,讲述老沈阳的故事,展示沈阳的特色产品,等等。

3 沈阳市图书馆"地方文献创造性转化与地域文化创新性发展"所取得的社会效益

3.1 特色展览深入民心,地域文化得以传扬

沈阳市图书馆于2021年举办的"盛京风华——沈阳地方文献主题系列展"特色品牌活动,在深入挖掘与研究沈阳地方文献的基础上,进一步厘清了沈阳文化历史脉络,传播并弘扬了沈阳地方文化。沈阳市图书馆通过挖掘城市历史文化精髓,深耕城市文脉,让地方文献"活"起来,使广大市民真正地走近地方文献,感悟沈阳文化,传承沈阳精神。

首场"寒木春华——冰天诗社主题文献展"于2021年5月15日开展,之后陆续推出了"翰苑墨华——沈阳百咏主题文献展""沈阳地方党史主题文献展""张鹤龄与奉天图书馆主题文献展""泠然希音——王弘力书画并主题文献展"。五场展览分别介绍了沈阳文化史上的多位名人。例如东北文学史的第一个文学社团"冰天诗社",著有两部经典乡土文化著作《沈阳百咏》《陪京杂述》的"沈阳三才子"之一的缪润绂,为沈阳市图书馆的创建和奉天文化教育事业"鞠躬尽瘁,死而后已"的奉天首任提学史张鹤龄,辽沈著名书画家、古文字学家和美术理论家王弘力,等等。五场展览有万余人到馆观展,每场展览都在社会上引起很大反响,得到辽沈地区学界、艺术界的专家学者们及广大市民的广泛赞誉。有关展览的新闻报道更是五次荣登"学习强国"辽宁学习平台。观展者一致表示:沈阳市图书馆举办的"'盛京风华'——沈阳地方文献主题系列展览"办得好!通过举办这些展览既可以充分挖掘与保护沈阳地方文献,又可以传播与弘扬沈阳地方文化,宣传沈阳名人的事迹,彰显他们的成就,提升沈阳形象,扩大城市影响,助推沈阳高质量发展。这样的评价既是对这项工作的肯定,也是对图书馆深入挖掘与大力弘扬地方文化做法的赞赏,这种来自专家、学者以及广大读者的肯定与赞赏更坚定了沈阳市图书馆办好系列展的决心与信心,沈阳市图书馆将以更饱满的热情、更扎实

的研究、更艺术的表现形式做好今后的每一场展览,让沈阳地方文化得以更广泛地传播与弘扬!此项工作在2021年沈阳市社科联"我为群众办实事 争作贡献促振兴"实践活动创新案例评比中荣获二等奖。

3.2 特色讲座生动形象,地域历史得以传承

2019年,沈阳市图书馆推出了"谁不说俺家乡好——'魅力沈阳'"讲坛,将沈阳大地曾经发生过的或家喻户晓,或鲜为人知的历史典故、历史人物、先进典型、感人事迹等以专家讲授的方式呈现给广大市民。三年来,累计举办讲座60余场,受众达2300余人次,备受读者欢迎。系列讲座活动将沈阳的历史以故事的形式呈现在市民面前,让更多的沈阳市民了解沈阳,了解家乡的历史,了解家乡的文化,了解家乡的历史名人,进而唤醒市民对沈阳这座城市的记忆,增进市民对家乡的认同感和自豪感,提高沈阳市民的文化素质,进一步激发市民热爱祖国、热爱家乡、热爱学习的热情,从而实现图书馆"以文育人,以文化人"的目标,为建设终身学习型沈阳做出一份努力。

3.3 地域文化的广泛传播,赋予地方特色旅游丰厚的文化内涵,促进了文旅深度融合发展

在"十四五"期间,促进文旅深度融合发展,依然是公共文化服务领域的重要内容。近年来,沈阳市图书馆依靠自身地方文献收藏特色以及文化传播职能的优势,不断地通过举办地方特色展览和地方特色讲座,以及在沈阳各大景区设立图书馆分馆等举措,使地域文化得到更进一步的传播,为地域特色旅游源源不断地注入地方文化内涵。这不仅极大地推动了"文化+旅游"的深度融合,更使游客在欣赏地域美景的同时,学习到了地域文化知识,从而使旅游变得更有意义、更富文化气息。

3.4 实现图书馆"以藏促展""以展增藏""以讲补藏""展讲藏互动"的良性发展

近年来,沈阳市图书馆通过举办一系列的地域文化特色主题展览和特色专题讲座,极大地促进了图书馆与地方各界名人的良好互动关系,不仅提高了图书馆的社会地位,同时也为文化学者与艺术家们提供了一个展示平台。许多当地的文化学者、授课老师纷纷向图书馆抛来橄榄枝,主动捐赠自己的著作、藏书;更有许多书画艺术家将自己围绕地方文化创作的诗书作品以及画作无偿捐赠给沈阳市图书馆,极大地扩充了图书馆的地方文献资源,为进一步建立沈阳市图书馆的地方特色馆藏奠定了坚实的基础,真正实现了图书馆"以藏促展""以展增藏""以讲补藏""展讲藏互动"的良性发展[4]。

参考文献

[1] 顾美雯. 文旅融合背景下公共图书馆地方文献挖掘研究——以上海市嘉定区图书馆为例[J]. 图书馆理论与实践,2020(5):41-45.

[2] 盛兴军,张璐. 文旅融合背景下公共图书馆地方文化资源宣传推广研究——以浙江省地级市图书馆为例[J]. 图书馆学研究,2020(5):75-80.

[3][4] 肖瑶楚. 以展览推动地市级公共图书馆地方文献建设的实践与启示[J]. 图书馆研究与工作,2018(6):59-62.

"地方人士著述"搜集策略和书目建设路径

——以淄博市图书馆为例

杨长新（淄博市图书馆）

地方文献承载着人们的乡邦记忆，涵养着千百年来地方文化的根脉，张元济先生有诗云"睹乔木而思故家，考文献而爱旧邦"，形象地描述了此中之意。地方文献因其地域性的本质特征，天然构成公共图书馆特色馆藏的建设重点。做好地方文献工作，传承弘扬地方文化，发掘"资政、存史、励志"的地方文献价值，是各级公共图书馆的重要职能之一。

淄博市位于鲁中地区海岱之间，交通便利，经济发达。历史上属齐国故地，自古以来人文荟萃，地方文化源远流长。历代学者勤于著述，文献以先秦和明清时期尤为鼎盛，近世以来亦有繁荣之势。其中翘楚者，如《甘石星经》《考工记》《管子》《孙子兵法》《九章算术注》《齐民要术》《聊斋志异》等著作，更是中国传统文化的重要典籍。本地丰富的地方文献资源，为淄博市图书馆开展地方文献工作，奠定了良好的物质基础。在淄博地方文献的搜集、整理方面，学者们做过大量工作，如"齐文化""聊斋文化"等专题文献研究，对赵执信、王士禛、毕自严等本地文化名人及其世家的乡邦文献研究，等等，不一而足。这些研究成就斐然，但也有一定缺憾，比如相对局限于专题研究，缺乏对本地文献的全景把握，对现当代文献的关注也严重不足。

本文试图针对淄博地方文献中的"地方人士著述"部分，结合理论研究和工作实践，厘清相关概念和收集范围，甄别编选要点，探讨文献搜集策略和书目建设路径，以期为淄博"地方人士著述"的全面梳理和建设提供一个可行的导引性工作框架。

1 "地方人士著述"相关概念和收集范围

1.1 "地方人士著述"的概念界定

在20世纪50年代，著名图书馆学家杜定友先生在《地方文献的搜集整理与使用》一文中，较早归纳出地方文献的定义：地方文献是指表现于各种记载形式的有关本地方的一切资料。关于地方文献的概念和范围问题，业内多有争议，长期以来存在广义与狭义两种理解：广义的理解是地方出版物、地方人士著述、地方史料；在狭义的理解中，地方史料即内容上具有地方特征的区域性文献。其中，"地方人士著述"的界定亦有广义和狭义之分。以著述内容是否具有地方性作为区分，广义论者多综合考虑内容和著者的地方属性，狭义论者则强调内容的地方性是最终标准。前者以杜定友先生和广东省中山图书馆为代表，后者以湖南省图书馆、甘肃省图书馆和首都图书馆等为代表。

笔者认为，关于"广义"与"狭义"的地方文献的纯理论研究并没有多大的意义，关键是要结合地方文献工作的实践来进行讨论。从地市级公共图书馆的层面来看，采用广义的概念似更为符合工作实际。

首先，中国一直有编纂乡邦文献的学术传统。南北朝时《关东风俗传》中有《坟籍志》，专录一方人士的著作，是中国最早的地方文献目录。南宋高似孙的《剡录》中著录了地方人士的著作，是地方文献中兼备书目的先例。地方志中《艺文志》的编纂与内容一直受到历代文人学者的重视。他们对乡邦文献不断开展整理和研究并取得成果，这些成果是传统文献学的重要组成部分。地方文献的广义内涵与乡邦文献相近，从继承文化传统和文献永续流传的角度出发，图书馆应该采用广义概念。

其次，著者和出版者是文献有机组成部分，单纯强调文献内容的地方特征，却忽略这些著录项目的地方特征，理论上有失全面。在大量的地方人士著述中，虽然其著述内容并非描述特定区域，但是因为著者本人的地方属性，而使其作品成为特定区域文化史或学术史的有机组成部分。这些文献如不予收集，则无法反映地方文化全貌，势必造成资料缺失，为后续利用和研究带来障碍。比如，淄博现代著名藏学家于道泉，如果因为内容的地方属性，拒绝收录其代表著作《仓央嘉措情歌》《藏汉对照拉萨口语词典》，仅仅收录其传记《平凡而伟大的学者——于道泉》，自然对著作者的文化研究和学术研究是舍本求末，相应馆藏必然是缺失的、不全面的。

最后，从工作实际中看，地方出版物和地方史料大都由专门的政府部门和其他机构编纂出版和搜集整理使用，如出版部门，史志部门，档案部门，人大政协的文史部门，政府部门的资料室，各种纪念馆、博物馆，等等。公共图书馆应该整合、利用这些资源。但限于诸多因素，公共图书馆很难成为上述类型文献的建设和使用主体。而"地方人士著述"（包括家谱类）的搜集、整理和使用，并无相应的职能单位，以公共图书馆作为建设主体单位，则能发挥专业和资源优势，做出特色。因此，在一定意义上，图书馆更应该将"地方人士著述"作为地方文献的建设重点，作为自己有别于其他机构的特色馆藏，不应自我设限。

1.2 "地方人士著述"的外延界定

明确地方人士著述的内涵之后，需要进一步确定其外延，即确定"地方人士"的收录范围。一般而言，业内多以行政区划和著者籍贯作为选定标准，这无疑是正确的，不过这里面也存在一些复杂情况，需要仔细甄别，力求准确无误。

1.2.1 属地的确认：从今原则

各地行政区划多有变迁，同一地方不同时代可能隶属于不同区划。比如，范县现属河南省安阳市，在历史上长期属山东管辖，范县人所作著述，在《山东文献书目》一书中全部予以收录；又如淄博市淄川区，明清时期归属济南府辖领，在《济南历代著述考》一书中大量收录淄川人士著述。从尊重历史的角度，这是有一定道理的，但是笔者认为，地市级公共图书馆以当今行政区划作为收录范围更为妥当。一则省内地市辖区相对不稳定，析入析出频繁；二则若以历史归属为限，不同地市馆地方文献的收集范围容易产生重叠，导致重复建设，也可能有掠美之嫌，产生争议。例如，鲁迅研究专家薛绥之，1922年生于淄川县第六区大临池村，该村于1955年划归现滨州邹平市临池镇，与淄博境线仅一路之隔。考虑上述理由，根据属地从今原则，其著述宜归滨州市图书馆收录，淄博市图书馆则不宜收录。

1.2.2 著者籍贯的确认:本籍和客籍

籍贯是著者的重要属性,如籍贯无考,则"不知何许人也"。著者籍贯具有明确的地方性特征,从籍贯入手确认归属,进而搜求其书,是"地方人士著述"资源建设的便捷之径。地方文献的著者籍贯,一般有本籍和客籍之分,大致有以下几种情况:一是祖籍本地并出生于本地,这毫无疑问属于本地人士,不必多言。二是祖籍本地出生于外地,源流清晰者,如天文学家苗永瑞院士,原籍桓台,出生于济南,依籍贯应予收录。三是祖籍外地出生于本地,如数学家万哲先院士,原籍湖北仙桃,出生于淄川,考虑全面收集的原则,依出生地也当予以收录。四是祖籍外地出生于外地,但在淄博长期居留生活,对本地文化有重大影响的客籍人士,应细加分析,以定取舍。如北魏农学家贾思勰,寿光人,《齐民要术》中自署"后魏高阳太守贾思勰撰",后魏高阳郡治所在今天临淄境内,著述内容多涉齐地,则应归入。又如当代学者宣兆琦,兖州人,长期工作于淄博,对齐文化研究有重要贡献,亦应收录。而北宋赵明诚、李清照夫妇,曾寓居淄川,但著述内容与本地风土相关不大,则不应归入。又如北宋范仲淹,母籍博山,与淄博渊源颇深,但传统上多以父系归籍,且其著述与淄博地方相关不彰,综合考校似不宜收入。五是籍贯不明,但有明确证据显示属于淄博本地人士,如魏晋时期数学家刘徽,其著述也应予以收录。其余情形不一一列举,复杂之处,需逐案细加辩证,以求收录妥切。

1.3 地方人士著述的时代界定

地方文献以著作年代为依据,以1911年为界,可以划分为"古代文献"和"现代文献",也可以进行更细致的划分,如"先秦文献""明清文献""民国文献"等,这些没有歧义。有一种特殊情况,需加以讨论。清末民初时期,西学东渐,新学旧学交融,这一时期文献的时代划分,以著述内容作为标准,似乎更为合理。比如淄川理学家孙廼琨,生于1861年,卒于1940年,其著述多成于民国时期,但以旧学为主,仍以归入"古代文献"为宜;又如博山政治活动家蒋衍升,生于1881年,卒于1915年,其著述《日出处旅行小计》《东瀛读书记》等,多为新学内容,虽著于民国之前,仍以归入"现代文献"为宜。

2 "地方人士著述"的搜集策略

厘清地方人士著述的相关概念和收集范围之后,文献搜集的具体策略便可以提上议事日程。不同的策略选择,对地方文献的搜集整理以及后续建设工作,会有不同的效果。适当的策略会使工作进展顺畅、趋于完善,确保馆藏质量上乘,而失当的策略则适得其反,事倍功半。

2.1 做好文献调查,编制普查书目

在地方人士著述的建设策略上,多数图书馆遵循"搜集—编目"的步骤,根据一定的文献线索收集文献,在现有文献的基础上整理编目,揭示馆藏,即"先书后目"。这个策略的优点是直观、方便,所见即所得,缺点是无法掌握本地文献的全貌,一般需要依靠图书馆馆员个人深厚的学识和认知,才能掌控全局,有的放矢地开展采访工作。笔者倾向于采用"先目后书"的策略,即先对本地相关文献做全面调查,不拘于有无馆藏,预先编制囊括所有地方人士著述的回溯书目(书目编制的路径选择见后文),然后再依据书目按图索骥,开展采访搜集工作。这样做的优点是以目为纲,提纲挈领,易于把握文献全貌,减少缺漏。另外以书目为引领,不

必过度依赖馆员个人的专业能力,有利于地方文献工作的持续开展。当然,这个策略的实现也存在一定的难度。比如,"先目后书"的前提是预先编制一部高质量的回溯书目,由于人员、资源等各方面条件限制,这对许多基层公共图书馆而言并不容易实现。

2.2 疏密有秩,重点突出

囿于人力、财力的限制,基层图书馆地方文献的资源建设不太可能包罗万象,尽收其书,必然会在建设中有所侧重。具体到淄博市图书馆,既要全面有序,防止遗漏,又要结合本地文化特色,突出建设重点。例如,对于本地知名人士和重要著者的文献,如淄博本地特有的"齐文化""聊斋文化""陶琉文化"等专题文献,相关著述包括研究资料,应无巨细,能收尽收;而本地非重点著者的普通文献,如一般文学作品等,则可有所取舍。古代人士文献应全面收集,现代人士文献应结合其史料价值、学术价值和地方特色重点收集。未能入藏的地方人士著述应以存目形式收录,并提供检索路径。

2.3 兼收并蓄,文理并重

中国古代文化有重文轻理的倾向,体现在文献上,学科比例畸轻畸重。据粗略统计,《四库全书》著录的科技文献有300余种,约占全书著录的十分之一,存目360余种,约占全书存目的二十分之一,其中又以医书、历书、农书为多,偏颇甚深。比较而言,淄博本地科技文献相对丰富,其中又以《甘石星经》《考工记》《管子·度地》《九章算术注》《齐民要术》《历学会通》《经穴解》等最为著名,为我国古代科技的发展做出了卓越贡献。这种现象与齐文化务实、开放的精神密切相关,是淄博地域文化的重要组成部分和特色。因此,在淄博市图书馆地方文献采集工作中,注重地方科技人士,尤其是现当代科技人士著述的收集整理,建设一个学科门类齐全、文理相对均衡的地方文献馆藏,对于传承淄博地方科技文化传统和特色,具有重要意义。

3 "地方人士著述"书目建设的路径选择

工欲善其事,必先利其器。如前所述,通过事先的文献调查,编制"地方人士著述"的普查书目,对于地方文献工作是十分必要的。由于该类文献的特殊性,书目的编制体例不宜简单采用传统的"四部"体系和《中图法》体系,以采用"年代—著者—著述"体例为宜。限于篇幅,本文不对此展开讨论。一方面,已有的文献整理成果和计算机检索技术,为普查书目的编制提供了文献调查基础和技术手段;另一方面,因为地方人士著述在现存的各种目录文献和数据库中多有著录,预编普查书目是具备可行性的。同时,根据"地方人士著述"中古代文献和现代文献的不同特点,普查书目应选择不同的编选路径。

3.1 古代文献的书目编选路径

我国历来重视文献整理,历代学者孜孜不倦,成果丰富。山东地方文献整理也是如此,百年来重大学术成果不断涌现,为文献整理工作提供了极大便利。充分利用现有文献整理成果,是淄博市图书馆古代地方文献普查书目建设的必由之路。

3.1.1 《山东通志·艺文志》

《山东通志·艺文志》纂修于清末光绪、宣统年间,由著名学者孙葆田、法伟堂、宋书升等主持其事,著录山东先贤著作10831部,多数撰有提要,且著录著者籍贯生平,是山东省文献资料的渊薮。可以《山东通志·艺文志》为依托,以该书著者索引为工具,全面辑录淄博本地人士著述,作为普查书目的底本。

3.1.2 《山东文献书目》《山东文献书目续编》

《山东通志·艺文志》的缺点是存佚不分,脱漏过多,且不记注版本。为了弥补这个缺陷,山东大学王绍曾和沙嘉孙先生在该书的基础上,遍观群书,编成《山东文献书目》及其续编,凡存有刻本、稿本、抄本者均在收录之列。可依此二书,为普查书目厘定图书存佚、版本状况、藏书地点等重要信息,并补充缺漏之目。

3.1.3 《山东文献集成》《中国古籍总目》

《山东文献集成》由山东大学王学典、杜泽逊先生主持编纂,优先选择学术价值较高而又流传不广的山东先贤著述,影印1375种,成书200册,大大超过此前的任何地方文献丛书,可谓网罗宏富。《中国古籍总目》作为现存中国汉文古籍的总目录,全面反映中国古代文献的品种、版本及收藏现状,是近年来最全面、最重要的古籍整理成果之一。在普查书目的编制过程中,应充分利用以上大型丛书、工具书和其他相关资料,查缺补佚,并为后续的藏书建设工作提供文献线索,打好建设基础。

3.2 现当代文献的书目编选路径

相对于古代地方人士,现当代地方人士著述的文献整理明显不足,其中一个突出的表现就是近年各地新编纂的地方志史料,多数缺修"艺文志"。不过,正因为对现当代地方人士著述的整理不足,各级公共图书馆尤其是基层图书馆更应重视该类文献的资源建设,以存亡绝续,不留缺憾,也为将来地方史料的编修补齐短板。现当代地方人士著述的搜集工作,由于很少有现成的文献整理成果可资利用,图书馆馆员可能需要付出更多努力,更多依靠本馆和个人亲力亲为。普查书目编选一般可遵循以下路径。

3.2.1 确定收录的地方人士

通过地方人物志、名人录、文史资料、政府出版物、报纸等各种渠道,多方查找有所著述的本地人士,并根据既定的选取标准,确定收录名单。

3.2.2 搜集地方人士著述

利用"读秀"等学术搜索引擎,以作者为检索词,按时间降序,逐项搜检图书、期刊、报纸、论文等,剔重后著录该著者的著述。对于重要著者,应同时检索著录其研究资料,以备后用。再以同样步骤,利用国家图书馆、山东省图书馆及其他相关图书馆的检索系统,查漏补缺。另外,如《民国时期总书目》《全国总书目》等书目资料,也是重要的核检工具。

3.2.3 书目补佚

通过上述路径,能够搜集到淄博现当代人士的大部分著述,但也有脱漏的情况,对于其中的重点著者,应利用人物传记、学术年谱等资料,再加排检,进行补佚。例如,淄川学者路大荒的其传记和年谱载明他撰有《齐长城考察报告》《山东周代的齐国长城》等著述,是其晚年重要学术成果,但搜索引擎和图书馆检索系统并未检出。仔细考察,发现上述著述系王献唐与路大荒合著,系统只著录王献唐一人,造成脱漏。诸如此类情况,应多方考校,加以补正,力求搜罗完备。

地方文献工作是一项十分繁复的系统工程，久久为功，始见成效。地方文献的搜集整理，是地方文献工作的第一步，是整个工作的基石，其重要性显而易见。本文所述，多为笔者对于淄博市图书馆地方文献工作，主要是"地方人士著述"搜集整理中的一些思考，简述一二，挂一漏万，不揣粗陋，以就教于业内方家。

参考文献

[1] 岳长志. 淄博文化通史[M]. 济南:山东人民出版社,2017:1-14.

[2] 邹华享. 关于地方文献若干问题的思考[J]. 中国图书馆学报,1999（1）:60-65.

[3] 黄俊贵. 地方文献工作刍论[J]. 中国图书馆学报,1999（1）:54-59,72.

[4] 倪俊明. 谈地方文献中的"地方人士著述"[J]. 图书馆论坛,1998（6）:70-71,76.

[5] 徐亮.《四库全书》著者籍贯问题辨证[M]. 北京:人民日报出版社,2018:14-24.

[6] 王绍曾. 山东文献书目[M]. 济南:齐鲁书社,2017:1-35.

[7] 路方红. 路大荒传[M]. 济南:齐鲁书社,2017:222.

后疫情时代地方文化融媒体传播新探索

——以井冈山大学图书馆实践为例

吕咏梅（井冈山大学图书馆）

2020年新冠疫情的暴发，不仅危及各国人民生命安全和身体健康，严重冲击世界经济，疫情的持续蔓延，更改变着世界经济的运转模式，也颠覆着国家治理行为和社会交往的方式，既革新着人们的固有认知，也影响着后疫情时代的公共政策和全球治理格局[1]。疫情带来的不仅是经济的衰退，也带来了人们生产生活方式、学习方式的众多改变。随着社会进入互联网大数据时代，各种信息的电子获取已成为人们日常生活的一部分，知识的获取越来越容易，文化传播变得更加随意和碎片化，更多年轻人追求短暂的视觉快感和心理愉悦的"浅阅读"效果。进入后疫情时代，国家不仅很有可能强化融媒体环境下文化推广的政府作用，疫情也将迫使文化传播单位主动思考和开创传播新形式。如何依托融媒体环境，发挥数字经济的推动作用，实现更加包容的发展，引导地方文化在后疫情时代下实现线下与线上的创新传播迫在眉睫。

1 后疫情时代概念的界定

所谓后疫情时代，并不是我们原来想象的疫情完全消失，一切恢复如常，而是疫情时起时伏，随时都可能小规模暴发，从外国、外地回流并季节性发作，而且迁延较长时间，对各方面产生深远影响的时代[2]。笔者认为，"后疫情时代"是疫情基本控制但又未被完全控制的时期，社会面动态清零后，仍随时存在小面积暴发的可能，它是以疫情被基本控制为节点，人类生产、生活、学习方式产生较大改变的新时代。

2 后疫情时代地方文化融媒体传播背景

2.1 新冠疫情环境机遇

突如其来的疫情打乱了固有的生产生活学习秩序，也提供了发展契机，推动各行各业重新思考其存在的价值与未来的发展方向，对于文化传播来说亦是如此。文化部门要主动调整工作思路，创新发展战略，加快地方文化产品数字化进程，牢牢抓住发展机遇。

2.2 信息技术发展机遇

数字化技术的发展推动信息收集、整理、发布与获取走上了"高速路"，在"融合式发展"

及受众需求多元化的新形势下,社会对地方文化传播提出了新的要求:一是文化传播的深度、广度、形式和内容的创新;二是树立个性品牌、塑造鲜明的形象定位、开展面向不同受众的文化传播。随着计算机和手机的普及,社会进入互联网大数据时代,知识的获取越来越容易,网页阅读、电子阅读已成为人们日常生活的一部分,文化信息获取变得更加随性和个体化,后疫情时代让融媒体传播获得极大发展,手段日益丰富,并逐渐占据主导地位。

2.3 青少年受众机遇

当下的青少年是在移动互联网等新媒体文化土壤中成长起来的被网络包围的一代,拥有迥异于既往的情感结构、文化经验和自我认知。移动互联网的媒介迭代,让年轻群体更能接受融媒体文化传播方式,也能有机会参与公共意见的表达,并为社会所关注和重视。

3 后疫情时代井冈山大学图书馆地方文化融媒体传播实践

随着新冠疫情的暴发,井冈山大学图书馆一直在摸索如何克服疫情带来的弊端,依托智慧图书馆建设,开创地方文化传播新局面。图书馆围绕学校立德树人的根本任务,以红色文化教育为契机,以"三全育人"为目标,精心谋划,锐意创新,全力推进地方文化推广。目前,图书馆的管理和服务已基本智能化,实现PC端与移动端融合技术,搭建了"平台+资源+服务"一体化架构,具备课程管理、文化管理、资源检索与推送、讨论交流、信息发布、活动开展、数据调度、统计分析等功能,实现资源与服务大数据的实时更新。经过三年的摸索,各类新媒介新技术得到广泛充分的运用,线下与线上地方文化融媒体传播实现完美结合,参与人数众多,传播影响扩大。

3.1 井冈山大学图书馆地方文化融媒体传播方针

图书馆依托"文章节义之邦"、江南望郡金庐陵和井冈山红色革命根据地的文化特色,确立"红、绿、古、金"地方文化融媒体传播一体化平台建设目标,建设方针为"一凝、二面、三全、四多":

"一凝"指凝练一个主题。彰显重点,确定主基调,围绕主题准备地方文化传播资源,筹措活动经费,协调合作机构,制订活动方案。

"二面"指师生两方面和校内外两方面的参与。积极对接校内外相关部门,对接社会媒体。创建学生文化推广团队"博厚书友社"和"映山红读书会",将文化推广受众者变成文化推广者,以实现地方文化推广社会效益最大化。

"三全"指全技术运用、全方位打造、全人员参与。通过微信公众号、网站、学习通、QQ群、微博、"钉钉"、新闻媒体、校园广播、学生社团等一切可利用的途径,充分调动一切有利因素,实现新媒体全方位传播。

"四多"指活动多、形式多、受众多、效益多。文化传播活动利用网络技术,突破时空限制,扩大受众面,将专家讲座、建党百年活动、户外共读、实地研学、红色经典阅读和中华文化经典传诵等活动实现耦合推广,云直播和云参与成为后疫情时代地方文化推广的重要阵地,完全契合年轻人低语境环境获取信息习惯。

3.2 井冈山大学图书馆地方文化融媒体传播模块设计

3.2.1 文化资源推送模块建设

疫情发生后，图书馆利用前期建设好的地方特色文化数据库、微信资源荐购群、网站新书预约与推荐、智能采书柜、电子瀑布流、馆藏借阅分析大数据屏等组成红色文化资源推送平台，借力建党百年活动和党史学习教育，线上、线下合力打造红色思政大厅，筑牢红色更红信念高地。发挥网络优势，征集文献需求，收集整理井冈山研究、庐陵文化等地方文献，打造特藏室，将地方文化图书集中并实时推送给师生。利用平台数据分析功能，形成馆藏分析报告，牢牢把握特色文化资源建设方向，助力各学院部门了解师生地方文化研究需求。新书"你选我买"活动开拓了地方文献推广新局面，利用微信、网站等办理简单手续就可立即带走看中的图书，待归还后再做加工入库，符合年轻人"短平快"的阅读心理，创下两天立选、立购、立借图书3000多册的记录。

3.2.2 文化活动开展模块建设

每年年底谋划第二年特色文化推广活动主题，围绕学校办学目标和发展规划，紧扣重大纪念日主题，准备文化资源，筹措活动经费，协调合作机构，制订文化活动方案。"博厚书友社"读书群、"超星学习通"的竞赛和活动召集App、学生会工作群、图书馆网站、图书馆微信公众号等媒介构建起地方文化活动推广融媒体平台。活动平台分三大模块：一是涵盖各类地方文化活动、竞赛活动、特色地方文献推荐等活动布置与组织模块；二是研讨间、会议室、移动音响等硬件预约与使用模块；三是文化活动成效宣传及评估的模块。每项主题活动都紧紧围绕目标，采用海报、网络、快闪等多元推广模式，启动校园所有新媒介新技术平台予以传播，参与人数众多。"映山红读书会""户外共读""寒暑假线上打卡读书线下交流"等已成为校园线上文化推广品牌的重头戏。

3.2.3 特色文化传播模块建设

中国第一个农村革命根据地创建于井冈山，井冈山又被古庐陵文化所浸染，特色文化的利用和传播自然成为井冈山大学图书馆地方文化推广的重中之重。建党百年之际，图书馆将红色文化资源进行有效整合，打造图书馆红色思政大厅，资源按照党史教育、井冈山研究、课程思政3个专题规划，配合红色文化展览和红色教育成果展示，实现红色文化纸电资源同步推出，将学生带入乐读、好读的学习场景之中，真正实现红色文化教育入眼、入脑、入心。图书馆目前已自主建设"井冈山研究特色资源知识发现平台""庐陵文化研究特色文献资源数据库"等8个特色数据库，自建数据库内容丰富，地方文化专题集中整合，并为相关文化的"深开发"提供二次加工与服务，特色文化平台面向井冈山干部管理学院、政府各有关部门免费开放，服务地方文化建设。"十四五"规划期间，图书馆又将启动"红色文化资源库""庐陵文化资源库""井大文库"等地方特色文化数据库的建设工作。

3.2.4 传统文化服务创新模块建设

利用智慧图书馆的建设，创新传统文化服务模式，实现地方文化文献资源选购与借阅、参考咨询、打印复印等服务的自助化、自动化，节约劳动成本，提升用户使用体验。图书馆的自助还书、预约借书柜、机器人客服、疫情防控期间座位预约、实时数据统计与传送等服务，正是通过精准的信息抓取与分析，有效掌握读者关注热点，更好地开展地方文化服务。

3.2.5 文化情报分析模块建设

授人以鱼不如授人以渔，地方文化推广服务不仅局限于文献的传送、导读，更要注重对地方文化资源的分析与整理，侧重提升阅读技能，提高文化信息素养。情报服务平台的建立让地方文献传递、文化情报分析预约与推送、文化教学、特色学科分析定制等服务实现泛在化。仅2021年，图书馆就为学院或部门完成《1998—2020年杨万里研究论文分析报告》《三十年间刘过、刘辰翁、周必大研究论文分析报告》《井冈山大学科研论文产出分析报告》《井冈山大学马克思主义理论学科科研水平量化分析报告（2011—2020年）》等有关地方文化和教学科研的专业分析报告多篇，进一步提升了图书馆地方文化服务水准，让文化服务嵌入教学和科研中，做到掷地有声。

新冠疫情暴发后，图书馆的地方文化推广活动因为新媒体新技术的融合转型及时，各项文化活动依旧红红火火，得到各界认同，2021年被学习强国、《江西日报》头版、江西新闻客户端、大江网、江西教育官微、《井冈山报》、爱吉安网、江西高校图工委网站等媒体报道20余次，取得较好社会效益。

4 后疫情时代井冈山大学图书馆地方文化融媒体传播领悟

后疫情时代，电子媒介以其独有的优势带动地方文化活动的大融合：政府与民众之间的融合，文化产品生产者、提供者与接收者之间的融合，实地传播与网络推广的融合等。基于这些融合，新的地方文化传播行为应运而生，它同时涉及线上与线下活动，兼顾传统文化推广和数字文化推广优势，充分利用移动互联网数字技术，以书为交流平台挖掘出更多文化传播意义。本文通过分析井冈山大学图书馆地方文化传播创新模块的建设实践，总结出后疫情时代地方文化融媒体传播的些许经验。

4.1 顺势而为，以人为本

人与人之间的交流是文化生产和文化传播最主要的特征，而疫情导致相当长一段时间内人员交流的阻滞或部分阻滞，必然会波及从文化生产到文化消费整条生态链的发展。过去的线下推广和如今的融媒体传播都必须遵从"以人为本"的原则，地方文化产品创作、推广和创新要符合受众者的需求和接受方式，才能实现人文效益最大化。

4.2 不忘初心，深度挖掘

影响抗疫成效的因素不仅有经济上的宏观调控与物质资源的合理配置，还有政府的有序引导和民众的内心认同，更有群众对民族文化底蕴的深刻认知和集体凝聚力的最大化发挥。地方文化传播要顺势而为，不忘初心，服务社会，适应新时代发展要求，勇于尝试多种新传播媒介，从平面化走向立体化，从传统传播的单一化走向多元化，要进一步挖掘地方文化内涵，丰富地方文化数字化产品的种类与层次。

4.3 统筹均衡，重视效益

后疫情时代的地方文化推广要坚持统筹均衡，使线上与线下、虚拟与实体、创新与传统的交融汇合形成一种常态。文化传播融媒体模式在兼顾多类型、多途径推广的基础上，必须将意识形态工作始终放在首位，重视思想教育，强调社会效益，营造风清气正的文化网络空间，为社会主义核心价值观建设添砖加瓦。

4.4 动态设计，风险防控

人是最活跃的因素，人的思想易变，"因时而动""因势而定"。后疫情时代的地方文化传播模式不能采用一朝一夕、一蹴而就的配置方式。模块设计采用"分步走"策略，按主题层层推进，逐步加大新媒体、新技术融入，技术成熟再融合成各模块相互关联的大集成平台。现代技术的发展都是双刃剑，带给社会的发展与变化具有双面性，后疫情时代地方特色文化的新媒体、新技术传播也同样面临风险，如对多元化传播模式中个体推广的监督与制约风险、红色文化过度消费的不良现象等都需要时刻警惕。

5 后疫情时代地方文化融媒体传播的后续思考

后疫情时代，抗击疫情是共同的目标，只有各民族团结一致，在经济、政治、文化等各个领域通力合作才能共渡难关，中华民族文化所孕育的文化价值强调世界的共同利益，它积极贡献创造力，促使现实问题得到创造性解决，从而推动培育世界性的文化共识[3]。融媒体传播主导下的地方文化推广活动，必须牢牢把握文化的民族性，在对地方文化的继承与创新中，突出特色，强调独有，形成一系列具有时代性和地域性的文化理论与实践，并用青年一代能够接受的方式推广传播，才能够经受现代经济社会的实用性考问，有效将意识层面的精神财富转换为物质层面的实际效益，实现国家文化建设总目标。

参考文献

[1] 刘英团.后疫情时代:全球变革与行业重构——读《后疫情时代:大重构》[J].审计观察,2021（3）:94-96.

[2] 王竹立.后疫情时代,教育应如何转型?[J].电化教育研究,2020（4）:13-20.

[3] 张雯雯,李媛.论《共产党宣言》视域下文化的民族性与世界性——基于后疫情时代的新语境[J].甘肃理论学刊,2022（1）:55-61.

《袁母张夫人家训》解读及现代价值探究

于　萌（镇江市图书馆）

端蒙养、重家训是中华传统文化的一大特色。中国人一向重视家庭教育在个人成长过程中的作用，有"天下之本在家"之说。在家风的传承上，家训起着至关重要的作用。"家训，如王者之有条教号令之意；家训，以训子孙之贤而智者。"[1]家训就是长辈对其子孙的训诫教诱导，使其"习与智长、化与心成"，避免"扞格不入"之患。在当今社会，在浩如烟海的历代古籍中，把闪耀着中华民族智慧之光，至今仍有借鉴价值的家训梳理、筛选出来，深入挖掘传统家训蕴含的核心价值观，可以为现代家庭教育、当前社会主义核心价值观的培育和践行、地方文化的挖掘和发扬提供一定的经验借鉴。

家训内容各异，形式不同，其中贤母家训是其中特殊而重要的组成部分。"母训是一种家训，是指母亲对子女的劝诫和训诫，或母亲齐家的行为和道德规训。"[2]《袁母张夫人家训》是江苏省镇江地区典型的母训专著文献。镇江历史悠久、人杰地灵，文脉悠长、代不乏才，素有"人文渊薮"的美誉。袁家世守书香，代有俊杰，袁母持家有道，教子有方，袁长春等兄妹大多有所建树，然而后世对《袁母张夫人家训》研究不多。本文通过对文本的解析，探讨其在现代家训家风建设中的价值，为当代家庭教育提供积极的引导借鉴，并深入探讨其在地方文化发展建设中的积极作用。

1 《袁母张夫人家训》概况

张氏（1867—1934），江苏江都人，晚清翰林院编修袁善之继妻。袁善，江苏丹徒（今镇江）人，《续丹徒县志卷十二·人物·宦绩》有其传："袁善，字莘谷，同治辛未进士，改翰林院庶吉士，授职编修。居官清介，不尚标榜……丁父忧归里，主讲宝晋书院，以勤学敦行诱掖士子，生平怀清履洁，和易近人。邑有灾荒，倡筹振务不辞劳怨，竟食贫以终。子长春拔贡生。"[3]袁善、张氏共育有三子两女。长子长春以拔贡为浙掾苏官，久参中秘，耿介自持。次子先春为商不欺。三子季梅毕业于两江师范学堂及皖省法政学校，任镇江、苏州警政十数年，又任高淳县县长，甚有政绩。次女年五十五时，在母亡后痛哭身亡，人称孝女。

《袁母张夫人家训》是由张氏之子袁长春、袁先春、袁季梅三兄弟回忆其母生前教语所成。卷首有柳诒徵撰《袁母张夫人家传》，卷末有张志潜跋，正文半页九行二十字，白口，四周双边，单黑鱼尾，版框15.7cm×10cm，开本26cm×15.2cm。此本为民国仿宋铅印本，原为镇江绍宗藏书楼藏书，现藏镇江市图书馆。

袁母在教育子女的过程中，循循善诱，身行力践，"谆谆乎惟恐其不尽也，恻恻乎惟恐其不入也……尽其有以告之，无憾而后止"[4]。因多是平日教诲之语，故家训并不系统。全书共收录张氏训言十则，每则下附长春三兄弟按语，记述张氏、袁善及长春五兄妹的经历等，因而也可作袁家家传。张志潜书末跋云："所述不越庸言庸行，然合而观之，则亦宛然传状也。"故柳诒徵在内封题署为"袁母张夫人家训家传"。

2 《袁母张夫人家训》文本解读

袁母家训共有十条，内容主要包括日常所必需遵守的道德规范，涵盖"孝亲爱敬""励志勉学""习业农商""治生自立""救难济贫""节省早扫"等多个方面，现将十则家训分述如下：

> 《内则》一篇，所言事父母翁姑之道，至详且尽，吾幼时读之，觉其味深长。及来归汝家时，汝曾祖母及祖父母皆在堂。祖母治家有法，顾性刚，御下严。人皆谓吾作冢妇，大不易。吾每先意承志，博得亲欢。昔贤言天下无不是的父母，诚不可移易之论也。

家训首则收录张氏事父母翁姑之道及在家庭中需要遵循的礼则。

此则家训下是长春三兄弟对母亲张氏和父亲袁善生平行状的概述，以及张氏侍奉翁姑及丈夫的生活日常。如"吾母下气怡色，晨昏侍奉，不稍怠"等。

> 同光之朝，京官最为清苦，翰苑尤甚。往岁吾随汝父官京师十数年，禄入不丰，而南中菽水需要尤亟，汝父除修脯所得外，吾惟以针黹佐之，勉以供给。汝等务须时时节省物力，毋忘先世艰难。

在此则家训中，张氏劝解子女须铭记过去艰辛，力当节省。

此则家训下还有长春等记录的关于张氏勤俭持家及袁善做官及丁忧等情况。"壬午先严典试贵州""长春及长次两姐妹均在京产生"等。

> 汝家自高曾祖父积学励志，有声庠序间，世守书香，积厚流光。至汝父始克昌大门闾，乃以上仕。重闱事蓄累，重忧萦心曲，此吾从旁窥得之，无形者疾病之根，即基于是以外境虽舒，内忧难释，后来丁艰重以哀毁，遂至不起。

在此则家训中，张氏要子女世守书香、积厚流光，认真读书；放宽心神，纾解愤懑。

此则下主要记述的是长春曾祖母、祖父母、父亲等陆续去世，五个孩子均在幼龄，张氏"一人主持，昕夕操劳，无片刻宁"，"此先母一生最艰苦之时代"。

> 读书与科第本是两事，读书为立身治事之本，尽其在我，终有达到之一日。科第则得失，迟早听诸造化，人无权焉。汝辈欲显亲扬名，不能不力求科第，但终以精勤读书，以求上进，毋作诸妄想，以自误误人。
>
> 士农工商各择一业，均可自立。汝等能读书精进，固宜敏求弗懈，否则自揣不逮，不如就性之所近者，早习一业，以求自立。

此则家训可谓张氏家训最不凡的精华所在。读书不尽在入仕，各行各业均可，只要自立于世即可。

此则下是长春等回忆张母教养五兄妹及自身立业等事。"早夜督课，夏楚朴作，训诫极严。"规劝长春"多读书,毋亟求仕"。先春学贾,母谓"商与士皆期自立,果克自立,商不愈于士乎"。季梅从政,历任镇江苏州警政、省政府科长、高淳县县长等,张母时时以"毋秧民"为戒。

> 《曲礼》曰:临财毋苟得,临难毋苟免。世人无愧此二语者有几。汝等家传清白,无论为官为商,操守二字,固应谨严,至于事出非常,躬临患难,尤宜有卓然特立之操,切勿闻风避免。盖能任大事者,断不避艰险也。

此则家训颇异于一般的贤母家训,中心在于"操守"两字。

此则下记录季梅宦海浮沉,心有坚持,深受百姓爱戴。先春从商,重信用,均是"先母平日操守之训也"。

> 我国古重宗法,继嗣承祧尤视为急切之图,吾族各房人丁无多,对于此事尤须加以注意,以继祖宗之血胤。

此则下为袁家子嗣教养问题等。

> 爱亲者不敢恶于人,敬亲者不敢慢于人。此《孝经》言。天子之孝尚如此,何况庶人。吾读《孝经》,此二语最服膺。弗失以为爱敬二字,实处世要道,有不可须臾离者,推而广之,即圣人博施济众,戒慎恐惧之意。汝等如能体此二语,时时服习,无论何事何地,皆无困难之处,所谓蛮貊之邦可行也。

此则家训阐释张氏对"爱"与"敬"的理解,并要求子女们将其作为处事要义。
此则下记录张氏抚恤他人之事。"先母秉性慈祥,生平周恤贫乏,视为天职。"

> 人生每值生辰,即当思我生之初,生我者如何痛苦,最好于每日多诵经,为生我者祈福,切不可杀生佐宴,致滋罪孽。

张氏生辰,全家持素一日,或放生或振恤贫乏,整寿大寿亦无例外。

> 汝家为务本堂,须知人欲务本,应先不忘本。有子谓:孝弟为为人之本。其实孝弟二字,不仅限于父母兄弟之间,凡人与人相接,皆不可忘此二字,庶于务本之道,思过半矣。

此则阐释张氏对"孝弟"(通"孝悌")的理解,大爱于人,并要求子女做到"务本""博爱"等。
此则下记录了张氏"务本"的事情,如张氏遗嘱三事:一不准讣告,一不准开吊,一不准久停灵。立此遗嘱以不蹈前丧,此张氏务本之一事也。

> 人生有至乐,即早起早眠是也。若再不时劳动,更可减却疾病不少。曾文正谓早扫考宝。吾对早扫二字,生平尝致力焉。

此则记述张氏一生黎明即起,事必躬亲。最后记述张氏病重,离世之事。

3 《袁母张夫人家训》思想精髓

袁母张氏十则家训基本可以概括为孝亲、节省、读书与宽心、自立、操守、继嗣、爱敬、善念、孝悌与务本、早扫。十则家训基本上符合传统母训的内核，"传统母训文化的核心——以儒家文化的人伦价值观和家庭本位观为价值轴。"[5]如"孝亲""节俭""早扫"等。但是，袁母的思想有超脱当时社会和其环境的进步性。其最不凡、最值得称颂和学习之处主要有以下几点。

3.1 将读书和科举分而论之

受儒家思想的影响，读书是为了致用，出将拜相、入仕为官是读书的终极目标。在传统的贤母家训中，通过读书得以入仕为官，获得相应的社会地位是很重要的价值追求，如"陶侃母教子成名臣""郑善果母教子为清吏"等。皇甫谧叔母劝诫其读书时，曾言："昔孟母三徙以成仁，曾父烹豕以存教，岂我居不卜邻，教有所阙？何尔鲁钝之甚也？修自笃学，自汝得之，于我何有？"[6]这说明了读书都附带着其他的社会价值。

张氏非常注重读书，要求子女们世守书香门第、积厚流光，严格要求诸子女。

> 先严弃养时，长春等均在十龄以下，读书不能成诵，先母大惧其不克成，立早夜督课，夏楚朴作训戒极严，惟究以威不胜慈，长春等每受鞭答，先母辄隐痛于心，迨夜半伺诸孤就寝，母必起坐痛哭。

但难能可贵的是，她认为"读书与科第本是两事"，读书为立身治事之本，科举则得失迟早不定，家训谓"欲显亲扬名，不能不力求科第，但终以精勤读书，以求上进，毋作诸妄想"，张氏教育子女对此不要多作妄想，以自误、误人。

3.2 从商与读书均可自立

在当时社会背景下，万般皆下品，唯有读书高。但袁母支持长春兄弟们另立他业，支持先春从商，无论从事何种行业，只要能做到"自立"就可以。她并不认为只有读书入仕才是唯一出路，在她看来，能读书入仕固然好，不能入仕，也不妨依据自己的性格来任择一种职业以求自立。她对次子先春说，"商与士皆期自立，果克自立，商不愈于士乎。"能不以士为优，且认为历来被人轻视的商也可以高于历来被人看重的士，这些见识出自一个妇人之口，是很不一般的。

3.3 从政经商，谨严"操守"

张氏认为无论为官为商，总以操守为第一。后其诸子从政经商，能恪守诚信，尽心政务军务，都非常感激其母平日操守之训。张氏生平常周恤贫乏，临事又必出以敬慎，故其家训以"爱""敬"二字为处世之道，她要子女时时体验圣人博施济众，戒慎恐惧之意，如能时时服习，则无论何地均无困难之处。她不仅要子女记住这些教诲，更要他们能付诸行动，因此当家乡遭旱灾兵燹之灾时，张氏督促子女或竭力筹款，或办理赈务。这些都是难能可贵的。

> 汝等家传清白，无论为官为商，"操守"二字，固应谨严，至于事出非常，躬临患难，尤宜有卓然特立之操，切勿闻风避免。盖能任大事者，断不避艰险也。

文字虽短，然大义凛然，气概不凡，颇异于一般的贤母家训。其中心在强调"操守"二字。注重的是子女的大节问题，特别是在患难中显示超人的节操。次子先春身为商人，失利破产后尽偿欠债；幼子季梅20年从政，不计个人生死利害，"临难不希幸免，任事惟求实心"。

3.4 为人处世,不可离"爱敬"与"孝弟"

张氏在教导子女为人处世方面,也有比较独到的见解。

处世不可离"爱敬"二字,"爱敬二字,实处世要道,有不可须臾离者,推而广之,即圣人博施济众,戒慎恐惧之意。汝等如能体此二语,时时服习,无论何事何地,皆无困难之处,所谓蛮貊之邦可行也。"这就是要求子女"博爱"于人。

与人相交,不可忘"孝弟"二字,且"孝弟"是广义上的,范围更广的。"孝弟二字,不仅限于父母兄弟之间,凡人与人相接,皆不可忘此二字,庶于务本之道,思过半矣。"要求子女们以兄弟之义与人相交。

3.5 切勿重官轻民

张氏幼子季梅毕业于两江师范学校及皖省法政学校,任镇江苏州警政十数年,后任省政府科长及高淳县县长。"母犹时时以毋殃民为戒,盖母之意以地方官临民最近,宜养民教民为亟,而至于殃,尚可问耶,生平履以戒长春兄弟者此。"张氏认为,做官更应该亲民,以民为重。

4 《袁母张夫人家训》对现代家庭教育的启示

4.1 对家庭教育核心价值观的启示

袁母张氏的十则家训用通俗易懂的语言,在培育子女个体品德、规训家庭伦理、淳化社会风气方面指明了方向,阐释了贤母家训在家庭教育中发挥的重要作用。贤母家训本质上作为一种家庭德育,在核心价值观培育中发挥了重要的立德树人作用。

4.1.1 重德

张氏在教育子女过程中,极为重视德育,用"爱敬""孝弟""孝亲"等来进行人生观、价值观教育。但有很多现代家庭在教育子女方面却恰恰相反,事事以智育为先,德育处于被动地位,被弱化,这不仅不符合家庭教育的准则,与家训的初衷相悖,而且极易引发一系列社会问题、滋生许多不良风气。在家庭教育中,德育应与智育并举,才能让子女在三观正确的道路上健康成长。

4.1.2 勉学

张氏极为重视治学之道,鼓励子女们多读书,同时也勉励子女们外出历练,在取得一定的成绩后,依然保持读书的习惯。"己酉举行优拔考试……幸获选拔,母仍以多读书,毋亟求仕为言。"同时,张氏也极为重视社会实践方面的学习与教育。这给现代家庭教育带来很大的启发,在引导子女多读书的同时也应使其注重对世俗道理与经验的学习。

4.1.3 垂范

张氏在教育子女过程中,以榜样示范和说服教育为主,实际上多是一种润物细无声的方法,如早睡早起、勤劳节俭、宽厚待人等。张氏坚持树立榜样的教育思想,给整个家庭做出表率。在当代家庭教育中,孩子将父母作为首位老师,父母以身作则,可以使家庭的道德修养水平大大提升。

4.1.4 立志

立志教育是现代家庭教育极需重视的地方。"……濒行,依依膝下,母严词诫之谓丈夫志在四方,不宜作此小儿之态,迨长春起行,母辄痛苦不已。"树立远大的目标,并为目标的实现努力奋斗,是教育子女过程中极为重要的一点。这也是很多家庭目前比较欠缺的地方。

4.2 对教育观念更新与教养方式转变的启示

2021年,中共中央办公厅、国务院办公厅印发了《关于进一步减轻义务教育阶段学生作业负担和校外培训负担的意见》(以下简称"双减"),该意见的出台被视为有史以来最严"减负"政策,对现代的家庭教育也发起了前所未有的挑战。在这一背景下,改变家庭教养的方式,更新现有的教育观念迫在眉睫。

在"双减"政策背景下,家庭教养方式势必需要转型。但转型必须遵循科学的方法论,着力提升家庭教育能力,引导家庭从父母权利走向教育能力,注重家教家风建设,把立德树人贯穿到家庭教育全过程,让孩子们健康快乐地成长。

必须破除"唯分数论"的教育观念。"唯分数论",违背了教育的本真,也不再适宜新的教育环境。在"双减"政策背景下,现代家庭教育必须做到以下几点。首先父母要树立科学的育儿观,尊重子女的个性成长,不要与"别人家的孩子"比长短;其次,"言传"与"身教"并施,建立主动性陪伴,父母应主动增加与子女的接触时间,主动陪伴子女读书学习、锻炼和休闲娱乐,而不是让课外辅导机构替代父母的陪伴责任,以榜样的力量促进子女的进步;最后,开展平等性对话,父母应倾听子女成长心声,以"互动"替代"专断",加强情理交融的父母人格修养。

5 《袁母张夫人家训》对地方文化发展的价值

《袁母张夫人家训》作为典型的民国文献,具有较高的历史文物性和史料价值。通过张氏家训及长春三兄弟按语,很大程度上可以了解清末和民国时期在家庭生活、社会风化、官场情况等情况。如张氏其夫袁善曾供职翰林,可了解"同光之朝,京官最为清苦,翰苑尤甚"等。

《袁母张夫人家训》作为典型的地方文献,提供了丰富的研究镇江地方文化的史料,如关于袁善及长春求学为官的记载,为方志中其传记的研究提供了更多的资料;家训记载的一些事件,如旱灾兵燹等,为研究当时的历史、文化提供了可靠的资料。

《袁母张夫人家训》作为典型的母训专著,其中有很多值得我们学习和借鉴的家庭教养理念和方式,同时也彰显了贤母家训在家庭教养中举足轻重的地位。

《袁母张夫人家训》既为现代的家庭教育和现代家训家风建设提供了新的借鉴经验,也为镇江地方历史文化的研究提供了丰富的史料,同时充实了镇江家训文化史。在以后的研究中,需要我们继续学习、继承这些优秀的文化遗产,令我们璀璨的民族文化焕发新的光彩。

参考文献

[1] 龚自珍.龚自珍全集[M].上海:上海人民出版社,1975:230.

[2] 隗宁.贤母家训对当代中国家庭家风建设的启示研究[J].大庆社会科学,2019(10):125.

［3］张玉藻,翁有成.续丹徒县志[M].扬州:广陵书社,2017:177.

［4］张伯行.唐宋八大家文钞[M].上海:商务印书馆,1936:245.

［5］葛彬.论传统"母训文化"与家庭美德的"爱"[J].江西社会科学,1997（7）:74.

［6］房玄龄,等.晋书卷五十一·皇甫谧传[M].台北:商务印书馆,1982:854.

"可能"与"可为":地方文献赋能红色旅游的基础逻辑和技术路径

陈姣凤　王　彬(湖南图书馆)

2018年,文化和旅游部挂牌成立,同年,《中华人民共和国公共图书馆法》正式实施,其中第二十四条特别提出"政府设立的公共图书馆应该系统收集地方文献信息,保存和传承地方文化"[1],四年来,旅游与文化逐渐呈现出深度融合、共生共进的发展趋势。2022年3月,文化和旅游部开展"文化和旅游信息化发展典型案例征集工作",以期充分发挥文化赋能作用,推动文化和旅游高质量发展[2]。党的十八大以来,习近平总书记多次到红色革命纪念馆参观考察,强调发展红色旅游要把准方向,核心是进行红色教育、传承红色基因。红色旅游作为一种传承红色基因的旅游新形态,将极具时代价值和地方特色的红色资源与红色文化的育人功能进行融合,成为广大人民群众聆听红色故事,接受红色文化教育的"移步课堂"[3]。

在相关政策和法律的不断驱动下,公共图书馆作为现代公共文化服务的重要机构,加强对地方文献的开发与利用,尤其是在推动中华优秀传统文化创造性转化和创新性发展的背景下探索地方文献赋能红色旅游的"可能性",以新路径、新方式更好地呈现"地方文献+红色旅游"多层面、多领域的融合态势具有一定的现实意义。

1　"可能"——地方文献赋能红色旅游的基础逻辑

1.1　理论可能性——基于定义内涵联系

地方文献作为公共图书馆的特色馆藏,文化和旅游的融合发展让学界和业界更加关注地方文献开发与利用,尽管对于地方文献的定义并没有统一,但不可否认的是地方文献是区域文化的重要载体,蕴含着丰富的内容资源,具有鲜明的地域特色和时代价值[4]。地方文献是公共图书馆文献资源建设中的重要部分[5]。伴随着公共图书馆转型和发展的进程,地方文献的载体不断增多,所涵盖的内容范围不断扩大,公共图书馆地方文献的作用日益凸显。地方文献目前已走进景区,成为特色文化景点[6]。地方文献是客观存在并且更贴近用户的文献资料,其地域特色和时代价值更为明显。讲好红色故事,传承红色基因需要地方文献的参与。

相对于地方文献,红色旅游有着较为明确的定义,"红色旅游是指以中国共产党领导人民在革命和战争时期建树丰功伟绩所形成的纪念地、标志物为载体,以其所承载的革命历史、革命事迹和革命精神为内涵,组织接待旅游者开展缅怀学习、参观游览的主题性旅游活动"[7]。由此可见,红色旅游的内涵是革命历史、革命事迹和革命精神,其目的是学习和游览。红色旅游的开发大部分建立在历史文化资源基础之上,地方文献作为重要的文化资源之一,理应纳入红色旅游的开发进程。同时,参与红色旅游的过程本质上是游客了解历史的过程,也是对地方文献红色主题资源相关历史事件、人物事迹进行深入挖掘,从中发现红色旅游中所蕴含的红色文化内涵,不断扩大红色旅游影响力、传播力的过程[8]。

通过国家层面对红色旅游内涵的界定,让红色旅游和公共图书馆的地方文献建立起天然、紧密的联系,每个地域的红色旅游所蕴含的红色历史、红色事迹和革命精神,都需要通过文献载体进行保存和传播,红色旅游的内涵需要契合地方文献内容价值和文化价值,在现代技术的驱动下,让地方文献赋能红色旅游更加具有可为性。

1.2 现实可能性——基于用户实证分析

作为现代公共文化服务机构的公共图书馆,其服务围绕以"用户为中心"而开展[9],红色旅游的主体是游客[10]。为了厘清地方文献与红色旅游之间的联系,探索地方文献与丰富红色旅游文化内涵的实现路径,本研究以用户视角作为切入点,根据红色旅游过程中游客的文化体验方式与感知进行调查和分析,以更直观的方式阐述地方文献赋能红色旅游的现实需求。

本次调研主要分为电子问卷和纸质问卷两部分,为保证数据真实性,不同的问卷平台针对不同的游客进行问卷调研。电子问卷主要针对已经结束红色旅游活动的游客,纸质问卷主要针对体验受众,即正在进行红色旅游活动体验的受众。受新冠疫情防控影响,本次问卷仅涉及湖南省内的红色旅游景点,其中电子问卷发放地为湖南省党史陈列馆;纸质问卷发放地为韶山市毛泽东故居和纪念馆以及湖南第一师范,本次问卷调查电子问卷共回收192份,纸质问卷共回收177份,共计回收有效问卷369份。本次问卷调查设计了游客群体变量(年龄、性别、学历、收入)、旅行目的及频次、获取信息方式和评价、旅游体验感知与评价四个部分,结合本研究论证需求,游客群体变量分析与游客获取信息方式和评价分析结果如下:

1.2.1 游客群体变量分析

本次问卷调研群体男女比例基本持平,369份有效问卷中,男性填写问卷182人,女性填写问卷187人;本次参与红色旅游问卷调查的主体为80后和90后,占旅游主体的81%以上;在学历方面,75%以上的旅游主体拥有本科以上学历,这也意味着旅游主体对旅游活动的文化内涵要求有所提高;在收入方面,目前一半以上的旅游主体收入超过5000元。

1.2.2 地方文献与红色旅游的关系

本次问卷调查显示,超过96%的调研群体(354份问卷)认为信息对旅游活动的进行非常重要;超过79%的调研群体认为地方文献和红色旅游存在着比较紧密或非常紧密的联系;20%的调研群体认为联系一般;只有1%的调研群体认为没什么关系。

1.2.3 游客获取信息的方式及评价

接近70%的群体会选择用移动终端,如手机、平板电脑等获取自己需要的旅行信息,选择通过访问互联网旅游数据库的群体占比也达到26.56%,而选择去图书馆借阅书籍和从旅行社获取信息的群体占比较低。这说明了现代技术的便利性让人们会选择最方便的方式获取信息,从另一方面也表明了图书馆有关旅游的书籍的时效性落后于互联网相关旅游数据。

超过75%的人会选择相信旅游文献的相关数据库,64%左右的人会选择相信旅游App的相关介绍,37.67%的人会选择相信纸质图书。由此可见,如何利用新技术活化旅游文献资源、搭建数据库平台,让更多旅游群体可以获取真实可靠的信息,同样值得业界思考。

1.2.4　实证分析小结

从问卷调研结果来看,第一,超过79%的旅游群体认为地方文献和红色旅游存在着比较紧密或非常紧密的关系,这是地方文献助力红色旅游的现实基础;第二,随着科技的发展,现代社会进入了信息化时代,信息已成为人们日常生活的重要组成部分,超过96%的旅游群体认为信息的获取对旅游活动意义重大;第三,现代信息技术的普及,也改变了人们获取旅游信息的方式,超过95%的旅游群体会使用互联网获取所需信息;最后,在信息真实度上,超过75%的旅游群体会选择相信旅游文献数据库。

2　"节点"——地方文献赋能红色旅游的过程与变化

2.1　介入:地方文献丰富红色旅游内涵

发展红色旅游不能"千馆一面""千人一面",也不能将红色历史、革命人物的细枝末节放大,破坏了红色文化承载时代精神的核心要义。要立足于历史的真实反映宏观叙事,"见人、见物、见精神",推动红色旅游内涵式发展,发挥红色旅游满足人民群众文化需求的社会功能。地方文献对旅游文化内涵的提升有着较大的作用[11],地方文献涵盖了一个地区多元化、多形式的地方文化资源,如民俗文化、岁时节日文化、礼仪文化、服饰文化、建筑文化、饮食文化、市井文化等,这些不同形式、不同内涵的地方文化,以文字、图像或实物等形式蕴含于地方文献中,经过整理、开发以及数字化技术加工等一系列处理后,作为红色旅游的重要信息来源,可为各种形式的红色旅游提供信息支持。地方文献所蕴含的红色历史文化、鲜明的地域文化、独具特色的专题文化,为红色旅游产业开发提供丰富的史料记载与考证信息依据,通过针对性地集中挖掘、整理、开发,将其应用于红色旅游产业,可以为红色旅游注入文化内涵,提升旅游品质,丰富红色旅游内容。

2.2　转化:地方文献成为红色旅游组成部分

红色旅游与红色故事密不可分,红色故事是中华大地上的革命斗争史铸就而成的。公共图书馆现存的地方文献记载了当地的发展史,而其中涉及红色主题的地方文献更是红色故事的真实呈现。红色旅游的高质量发展需要建立在对文献资源有效的挖掘和开发上。公共图书馆地方文献的类型,既有图书、杂志、报纸等纸质文献,也有照片、影片、图片、唱片、契约等相关实物;根据其制作方式和载体,又包括金石文献、简帛文献、纸质文献、电子文献、胶卷文献等,其中,纸质文献包含印刷文献、手书文献等,电子文献包含硬盘文献、光盘文献等。发展文化产业是地方文献价值的真实体现[12],这些丰富的地方文献载体是红色旅游开发的基础,同时也可以成为红色旅游开发的对象,将不同类型的地方文献载体嵌入不同的红色旅游,整合馆藏红色文献与红色旅游景区信息[13],在红色旅游环节中融入红色故事讲解、红色歌曲吟唱、红色影片观看等,以更加多元、动态的方式打造新的红色旅游项目。

2.3　融合:地方文献助力完成红色旅游目的

区别于其他旅游的形式,红色旅游的特点体现在其既是旅游的一种形式,也是红色教育的一种形式。红色旅游的目的是学习和游览,因此,红色旅游中的红色教育主题尤为突出,通过"寓教于游"的方式对游客的理想与信念、行为与准则进行引导,让游客感受红色精神、传承红色基因。公共图书馆地方文献较为丰富,且不同地域有着不同的内容,具备教育功能,是进行红色教育的重要载体。红色旅游的高质量发展需要将文化价值充分渗透红色旅游的各项环节,让红色旅游能够更好地实现红色教育的目的,引发游客的共鸣与思考。因此公共图书馆地方文献可为红色旅游目的实现提供思想支撑和智力支持,同时也能作为特色馆藏参与红色旅游中的红色主题教育[14],促进地方文献的二次开发与利用。

3 "可为"——地方文献赋能红色旅游的技术路径

在现代信息技术发展的大背景下,将公共图书馆地方文献资源与红色旅游结合,以新的视角诠释、传播和利用地方红色文献资源,使之服务于红色旅游业,为旅游注入红色革命精神内涵,促进红色旅游的高质量发展,在数字化背景下,创新地方文献与红色旅游融合发展的技术路径,已经成为一项重要的课题。

3.1 技术路径一:数字化+信息支撑

由于人力、经费、文献资源量等因素影响,地方文献的数字化需要分步进行。可结合服务红色旅游的目标,对地方文献进行内容选择和整理。通常可采取两种方式,一是搜集、选取与红色旅游相关的具有代表性的、特色鲜明的地方文献,进行整理,通过扫描、录入或文字识别技术等方式将纸质文献转变为数字化文献,或将照片、影片、唱片等实物通过信息提取或格式转换,转变为数字化文献。二是基于数字化的文献进一步对文献内容和文献相关历史文化背景等方面进行数字化信息采集,通过计算机对文献进行深入的分析并发现文献内容之间的关系,搭建地方文献资源数据库,更立体、更细腻、更完整地呈现地方文献资源,通过互联网,提供文献的搜索和共享,服务红色旅游。"共建共享是图书馆数据库建设的发展趋势"[15],数据库管理系统将经数字化采集、3D建模、数字化修复还原等数字化加工处理的地方文献资源收录至数据库中,实现基本的浏览、查询、数据管理等功能。通过权限管理,可支持旅游系统用户或应用程序在任意时刻访问数据库,查询和利用图书馆数字化的地方文献资源。

比如湖南图书馆结合红色主题相关地方文献建设的"湖南红色记忆多媒体数据库",收集、存储了湖南红色旅游相关的地方文献,包括重大事件、杰出人物、红色故址、革命文献、文艺作品、影音图片等,将红色专题地方文献资源与专题涉及的红色纪念地相关的地方文献资源融合在一起。

3.2 技术路径二:物联网+信息服务

物联网作为新一代信息技术的重要组成部分,通过红外感应器、全球定位系统、激光扫描器等信息传感设备,把任意物品连接到互联网,实现物品的智能识别、管理监控、定位跟踪。它可以在任何时间、任何地点实现人、机、物的联通。物联网全方位延展了公共图书馆的信息服务触角[16]。借助物联网技术,数字化地方文献可从以下两方面助力红色旅游泛在服务:一是实时信息服务,基于无线宽带网、RFID与红外感应技术、二维条码等,为游客提供场景与物件定位感应介绍,游客凭借智能手机或旅游景点提供的便携式接收感测设备,即可即时动态地接收或查询到与当前所处场景及周边物件相关的红色人文背景信息、观光游览信息等。图书馆数字化地方文献可提供大量的信息支持,可将与之相关的数字化地方文献信息植入场景或物件信息标签中。信息提供方式可以是文字、图文、VR展示等,如公共图书馆在举办红色地方文献展览时,可尝试将旅游企业的红色旅游信息进行整合,以二维码形式嵌入展览中,使读者通过扫描二维码即可获取红色旅游相关的进一步信息。二是个性化内容服务,主要针对游客在游玩过程中对红色旅游景点信息中未预先设定的景点或物件的相关信息进行自助查询的情形。如游客在游玩时,遇到某个感兴趣的景点或物件,而现有的旅游景点信息设定中又未包含它们,游客便可用手机将其拍摄下来并附上问题发送给红色旅游景点泛在服务系统,系统依靠图书馆数字化地方文献的强大背景,可进行自动查询解答,或借助图书馆的业务协同,由图书馆的地方文献专业人员提供解答。物联网环境下的公共图书馆将以资源、读者、服务为核心进行挖掘[17],提供实时信息服务和个性化内容服务,实现智慧化的服务[18];红色旅游可从信息服务、体验改善、虚实场景结合、创新业务与智能管理等方面实施服务提升,从而优化游客体验、提升游客满意度。

3.3　技术路径三:大数据+信息分类

大数据技术采用新处理模式,通过大数据采集、大数据管理、大数据分析、大数据利用等步骤,对海量数据进行分布式数据挖掘,对海量数据进行高速、准确的处理和分析。利用大数据的这一特点,公共图书馆一方面可结合旅游大数据对图书馆红色主题地方文献资源数据库的海量数据进行数据筛选、分类,比如按照红色革命事件、红色革命地、游客关注来进行分类。这不仅有利于图书馆地方文献资源服务于红色旅游展示、宣传及游客需求响应,也有利于梳理各省、各地区图书馆红色主题地方文献资源情况,使图书馆地方文献资源对红色旅游信息需求的响应更为及时、准确,更好地作用于红色旅游新项目的开发。另一方面,公共图书馆可基于旅游大数据的游客需求分析确定地方文献内容。公共图书馆通过分析游客在旅游过程中持续移动的行为过程和“在线旅游”产生的“电子足迹”巨量数据,可获取游客旅游过程中对红色旅游相关的信息需求、对当前信息配置的改进需求以及部分游客的个性化信息需求以及偏好何种数据类型和呈现界面,探索新的服务内容和领域[19],从而更准确地获取游客对红色旅游的需求信息,并将相应的红色旅游信息进行整合。

3.4　技术路径四:移动互联网+信息传播

随着新一代移动互联网及多媒体技术的发展,信息展示和传播的形式和途径变得极为丰富,既可以文字、图片、音频、视频、动画等形式传播,又可通过网站、社交媒体(微博、微信、抖音等)、手机App、电子阅读器、互动设备(互动机器人、虚拟现实)等途径传播。红色旅游产品和旅游项目极具吸引力和价值的宣传点常常在于某个红色革命事件、物件、人物等。一方面,公共图书馆可以“以户为中心,创建关联性与高品质并存的宣传内容”[20],通过微信公众号、微博等新媒体平台推送与红色专题地方文献及相应网站宣传相关的图、文、音视频等,并适当加入红色旅游信息展示,或通过抖音、B站等平台发布相关的宣传和展示短视频;另一方面,在移动互联网应用的视域下,公共图书馆可尝试与旅游企业合作,根据其需求,开展定题服务,为其提供红色旅游相关的数字化地方文献资源服务,或为其建立特定的红色专题地方文献资源专栏,并关联宣传红色旅游信息,进行有效的信息传播。在合作传播的基础之上,公共图书馆也能够获取旅游企业关于新的旅游项目策划、实施等相关资料，进一步丰富其地方文献馆藏。

3.5 技术路径五：云计算+红色旅游智慧云系统

云计算可进行资源载体的扩充，并实现数据资源整合。借助云计算技术，可搭建一个虚拟化硬件资源池，存放全国或某个区域文旅系统的红色主题相关地方文献数据和红色旅游数据，以及数据备份。同时，可基于红色主题地方文献资源，将相关红色旅游资源整合成系列，拓展资源的层次和深度[21]，形成一个统一管理的智慧旅游云系统。以事件、人物、纪念地等为线索，以图书馆数字化的红色主题地方文献资源内容展示某区域的"红色记忆"，并关联展示红色纪念地相关的旅游资源信息，还可与相关的红色旅游企业网站建立链接，从而有效实现红色旅游产业集群和协同发展，提高文化和旅游资源信息共享性和资源信息化处理能力。结合图书馆地方文献提供的相关红色事件、革命人物等信息素材，红色革命纪念地可设计制作相应的VR展示旅游体验项目，使游客在身临其境、互动参与的体验中感受红色事件发生的情境，加深红色记忆。

推动中华优秀传统文化创造性转化和创新性发展给公共图书馆地方文献助力红色旅游高质量发展带来了新契机。公共图书馆搭载技术平台让地方文献资源可以更大程度地开放、共享。一方面，公共图书馆可以借助高效的数字技术对图书馆红色主题地方文献资源进行数字化处理，为红色旅游提供信息支持，同时借助物联网和大数据技术对红色旅游进行信息分类，充分挖掘地方文献资源的红色旅游应用价值，推动红色旅游新项目的开发，结合游客需求，为游客提供更加优质、高效的信息服务和个性化服务。另一方面，公共图书馆可以利用新一代移动互联网结合云计算等技术将共享的数字化地方文献资源融入红色旅游的展示与宣传，提升游客体验。

参考文献

[1] 中华人民共和国公共图书馆法[EB/OL].[2017-11-04].http://www.npc.gov.cn/npc/c30834/201711/86402870d45a4b2388e6b5a86a187bb8.shtml.

[2] 2022年文化和旅游信息化发展典型案例征集启动[EB/OL].[2022-03-02].http://zwgk.mct.gov.cn/zfxxgkml/zcfg/zcjd/202203/t20220302_931296.html.

[3] 刘利琼,乔旋.红色旅游的文化价值及育人功能——以红旗渠为例[J].社会科学家,2020（4）:63-67.

[4] 王彬.蜕变的尴尬:地方文献研究定位与服务的再探索——基于CNKI核心期刊文献计量及可视化分析[J].图书馆理论与实践,2018（6）:46-49.

[5] 王自洋,陈一诗,肖雨滋.文旅融合背景下我国公共图书馆特色资源建设与利用策略研究[J].图书馆,2021（6）:80-86.

[6] 盛兴军,张璐.文旅融合背景下公共图书馆地方文献资源宣传推广研究——以浙江省地级市图书馆为例[J].图书馆学研究,2020（5）:75-80.

[7]《2004—2010年全国红色旅游发展规划纲要》颁布实施[EB/OL].[2005-02-23].http://news.sina.com.cn/o/2005-02-23/10295178590s.shtml.

[8] 吴若山.红色旅游发展的"破"与"立"[J].旅游学刊,2021（6）:1-3.

[9] 汤利光,李教明.以用户为中心的图书馆核心价值演变探究[J].图书馆建设,2017（8）:4-11,20.

[10] 刺利青,徐菲菲,何云梦,等.基于游客视角的红色旅游资源开发价值共创机制[J].自然资源学报,2021（7）:1647-1657.

[11] 孙国茂,郭闻钧,岑映,等.公共图书馆地方文献服务当地旅游经济的路径探索——以舟山市图书馆为例[J].图书馆研究与工作,2021（2）:78-82.

[12] 蒋玲.多元合作发挥地方文献在新时期经济建设中的作用[J].图书情报工作,2012（S2）:292-294.

[13] 刘羿,饶恩惠.江西公共图书馆与旅游融合发展的思考[J].图书馆研究,2021（2）:41-45.

[14] 刘景会.文旅融合时代公共图书馆研学旅行服务模式与路径研究[J].国家图书馆学刊,2021（1）:38-43.

[15] 许庆勇,江顺亮,段隆振.红色旅游专题数据库共建共享机制研究[J].图书馆学研究,2014（17）:56-59.

[16] 范炜,胡康林.物联网环境中的智慧图书馆智能响应服务研究[J].图书情报工作,2020（12）:19-25.

[17] 张淼.物联网环境下的读者关系管理[J].图书馆论坛,2014（3）:73-77,47.

[18] 李广建,陈瑜,张庆芝.新中国70年现代图书情报技术研究与实践[J].图书馆杂志,2019（11）:4-20.

[19] 万玲."图书馆+"跨界服务的实践与思索[J].图书馆建设,2020（S1）:151-154.

[20] 邵阳.图书馆内容营销的实践特征与发展策略[J].图书馆工作与研究,2021（2）:28-33,49.

[21] 窦玉萌.云计算时代区域图书馆资源共享平台构建研究[J].新世纪图书馆,2019（6）:21-25.

"双创"背景下基层公共图书馆地方文献建设路径
——以北京市西城区图书馆为例

韩　芳　崔月强（北京市西城区图书馆）

党的十九大报告明确指出，要坚持创造性转化、创新性发展（以下简称"双创"），不断铸就中华文化新辉煌[1]。公共图书馆作为收集地方文献信息、保存和传承地方文化的主阵地，应当主动结合时代要求，不断探索地方文献创造性转化的路径，实现地方文化的创新性发展。笔者以北京市西城区图书馆为例，结合社会发展趋势与西城区地方文化特色，探索地方文献建设的可行性路径，落实与践行"双创"方针。

1　地方文化、地方文献及其建设

地方文化是某一地区在其社会历史发展过程中所形成的物质和精神成果的总和[2]，涵盖学术、文学、绘画、书法、音乐、戏曲、工艺、建筑、园林、民俗、宗教、饮食、语言等广泛内容，包括历史文物、文化艺术、风土民俗、文化遗迹等各种形态，具有独特的地域性、较强的稳定性和发展传承性[3]。地方文献是指"记录有某地区知识的一切载体"，具有鲜明的地域性、史料性、综合性、系统性[4]。地方文献涵盖本地的历史、地理、政治、经济、军事、文化、风俗、特产、人物、名胜古迹等众多内容，包括纸本图书、电子书、音像资料、实物、数字资源等各种记载形式。

地方文化与地方文献相辅相成、密不可分：①地方文化是与特定区域相联系的文化，是一个地方的根基和灵魂，是地方文献产生的基础和源泉；②地方文献是综合反映地方文化各个方面内容的文献资源，对地方文化起着保护、传承、促进发展等多方面的作用[5]；③二者都具有区域性、多样性、分散性和稀缺性[6]，都是中华传统文化的重要组成部分，共同构成传承文明、服务社会的精神财富。地方文献建设是对地方文化进行广泛收集、科学整理、系统开发、有效利用和学术研究的全过程，在创造性转化中实现地方文化的创造性发展。

2　"双创"背景下公共图书馆地方文献建设的必要性

2.1　新时代发展的需要

创造性转化是指按照时代特点和要求，对那些至今仍有借鉴价值的内涵和陈旧的表现形式加以改造，赋予其新的时代内涵和现代表达形式，激活其生命力[7]。创新性发展是在创造性转化的基础上，对富有当代价值的内涵和形式在实践中加以淬炼和发展。可以说，"转化"是中介、工具、环节和过程，而"发展"才是目的、意义和价值。"十四五"时期，我国进入新发展阶段,将更接近中华民族伟大复兴的目标,更需要发挥文化的深厚力量。在新的历史起点上,公共图书馆以地方文化积淀为基础进行地方文献创造性转化,是适应时代发展、坚定文化自信的客观要求。

2.2 传承与弘扬地方文化的需要

公共图书馆地方文献建设为地方文化发展提供最直接、最有力的文化源泉和资源保障,有利于培养民众对地方文化的认同感、自豪感以及归属感,进而培育民族文化自信。以习近平同志为核心的党中央明确了北京作为全国政治、文化、国际交往和科技创新中心的战略定位,为地方文献建设指明了方向、增强了动力。西城区图书馆应充分借助西城区乃至北京市地方文化的教化功能以及导向、激励和规范功能,努力在展现首都文化软实力、推动社会主义核心价值体系传承与发展中发挥示范、引领作用。

2.3 公共图书馆提升服务效能的需要

公共图书馆服务效能就是图书馆提供的服务达到预期结果或服务产生影响的程度,即其社会功能实现的程度。地方文献具有存史、教化、资政作用,并在历史研究乃至文化人类学等领域具有显而易见的学术意义[8]。加强地方文献建设,是公共图书馆履行保存人类文化遗产、开展社会教育、传递科学信息等社会职能的鲜明体现。地方文献只有转化为公众所用,才可能被赋予新的生命与价值,真正提升公共图书馆的服务效能。

3 西城区图书馆地方文献建设状况

西城区是北京建城、建都的肇始之地,有3000余年建城史、800余年建都史,是巧妙融合了皇家文化、士文化、宗教文化、市井文化、红色文化、创新文化等完整文化形态的唯一区域,历史传承悠久,文化积淀丰厚。中华人民共和国成立后,西城区一直是中国首都北京的中心城区,时代特征鲜明,政治环境优良,经济高度发达[9]。西城区图书馆馆藏地方文献主要记录和反映西城区物质文明和精神文明建设的丰硕成果,是了解与研究西城区发展的重要文献依据,有较高的史料价值与开发利用价值。

3.1 馆藏地方文献基本情况

西城区图书馆设有地方文献室,有专职人员负责地方文献工作。馆藏地方文献内容涵盖西城区历史、地理、政治、经济、文化和教育方面的著作、论文、报道、会议文集、政府出版物、资料汇编、简报、统计资料、年鉴、舆图、地名录及组织名录等,类型包括图书、报刊、音带、光盘、实物等。目前,馆藏地方文献共计图书5803种9503册、视听资料333种334册、实物100件、专题数据库10个,还有部分地方性期刊或报纸等。

近年来,西城区图书馆利用网站与微信公众号,加大地方文献专题数据库建设的力度。如表1所示,除"手绘西城"为购买外,其余都是自建数据库。其中,前三项为重点规划建设项目:①"什刹海文化"专题数据库分为三部分,即文献资源10163篇(约3500万字)、档案资源317篇、照片资源1016张;②"非物质文化遗产"专题数据库分为10个板块,收录了137项不同级别的非物质文化遗产项目;③"西城区老字号"专题数据库正在建设中。

表1 西城区图书馆地方文献专题数据库基本情况表

序 号	项目名称	资源内容	容量/GB
1	"什刹海文化"	有关什刹海的文字、图片资料	7168
2	"非物质文化遗产"	有关非物质文化遗产项目的文字、图片、视频资料	3.5
3	"西城区老字号"	（正在建设中）	
4	"西图讲坛"	西城区图书馆讲座视频资源	8192
5	"昨日西城"	电子期刊	0.3
6	"西城区志"	电子图书	0.05
7	"西城胡同"	西城区1593条胡同的文字、图片资料	0.4
8	"西城名人故居"	西城区名人故居的文字、图片资料	0.006
9	"《走遍中国》旅游资源"	旅游节目视频（含北京市西城区旅游资源）	740
10	"手绘西城"	对西城区的民族风俗、资源经济、宗教信仰、文化艺术、著名景点等进行手绘	163.84

3.2 采取多种推广形式，促进地方文献建设

西城区图书馆采用讲座、推荐与展览、阅读体验行、非物质文化遗产体验、知识问答、征文、演出表演等多种推广形式，以推广来促进地方文献建设。笔者以前四种推广形式为例，简要介绍西城区图书馆"以推广促建设"的情况，推动地方文献的创造性转化。

3.2.1 专题讲座

举办专题讲座能够对地方文化进行深入解读和系统讲解，是地方文化传承与发展的重要途径。2020年以来，因受到新冠疫情的影响，地方文化专题讲座大多采用线上方式进行，少数采用线上、线下相结合的方式进行。线上讲座指运用腾讯会议、抖音、B站等新媒体平台进行直播并把录制视频以链接的形式发到微信公众号上，不用考虑时间、场所或人数的限制。西城区图书馆依托地区文化资源，开展"宣南名人袁阔成及其红色评书""浅谈宣南地区的英烈""宣南地区名人故居与名人往事""'名人之后话名人'系列讲座""'走近中轴线'系列讲座"等专题讲座，既提高了馆藏地方文献的阅读率，又引发了地方文化爱好者的关注与研究，丰富了馆藏地方文献。

3.2.2 专题推荐与展览

专题推荐与展览是拓展图书馆服务职能、提高图书馆社会影响力的重要举措，是开展地方文化教育的重要形式。地方文化专题推荐与展览常采用编著图书、发布微信推文、举办线下展览三种方式，为读者查阅和利用提供便利。其一，编著图书分目录提要、二次文献两类：①系统梳理馆藏地方文献纸质图书，每隔5年编辑出版一部《北京市西城区图书馆入藏地方文献目录提要》工具书，目前已正式出版三部，建立起比较完善地方书目体系；②二次文献是指根据某一主题梳理纸质文献中的相关内容，压缩成简介、提要或文摘精选等，拍摄书封，附以检索号、作者、出版者等信息，将其制作并印刷成非正式出版物，免费发放给来馆读者，二次文献往往结合重大历史事件，契合读者阅读需求，如《宣南百年红色足迹》就是结合建党百年主

题而编制的。其二,借助微信传播速度快、推广成本低的特点,发布图文并茂的推文:①推荐纸质资源,如"诸腔竞奏在宣南"展览,推荐关于宣南戏剧文化的《中国京剧编年史》《富连成三十年史》等5本图书;②推荐数字资源,附有获取数字资源的途径与方法;③整理、转发或介绍地方文化知识,如转发"京报馆旧址修缮后正式对公众免费开放"的新闻、介绍什刹海冰雪运动的知识等。其三,图书馆一层服务大厅长期举办地方文化展览,如"牛街书法培训班学员中阿文书法作品展"、"西城之最"展览、"西城区集邮协会邮展"、"第十届西图金色光影摄影展"等,丰富了来馆读者的精神文化生活,广泛传播推广了地方文化。

3.2.3　阅读体验行

阅读体验行是指在特定时间内组织部分预约读者走出馆外,以行走、参观、体验、聆听、动手操作、阅读、交流、分享等多种形式,将阅读与旅游、推广与体验结合起来,实现文旅深度融合的阅读推广形式。西城区图书馆坐拥博物馆、名人故居、会馆、纪念馆、革命遗址等优质地方文化资源,在调查研究馆藏地方文献的基础上,发掘地方文化特性,打造了"阅读体验行"这一独具特色的品牌活动,让读者在行路、眼观、耳闻中获得文化体验、文化认知与文化分享。如围绕"京城文化名街琉璃厂"这一地方文化,西城区图书馆推荐《百年琉璃厂》《琉璃厂史话》《琉璃厂文物地图》等图书,举办题为"文化沃土琉璃厂"的讲座,还带领读者到琉璃厂文化街开展沉浸式参观体验活动,加深读者对图书馆价值、功能的认同。

3.2.4　非遗体验

非物质文化遗产(以下简称"非遗")深深植根于民间,汲取中华传统文化发展的精华和养分,体现了中华民族薪火相传、自强不息的民族精神。西城区非遗项目既有皇城文化的气息,也有市井民俗的韵味。其深厚的文化内涵,不仅代表了西城区的历史文化,也完全可以代表北京市乃至国家文化的发展轨迹。西城区图书馆每年在馆内外举办50场左右的非遗体验活动,活动内容涉及剪纸、面塑、毛猴、风筝、香包、茶道、娟人、清真小吃、景泰蓝掐丝画等,活动方式包括非遗知识讲解、专业老师指导、读者动手制作与作品展示等,活动策划注意多样性、系列性、趣味性,满足了不同读者的个性化体验需求。如曾把剪纸带进人民大会堂的有"南宫巧娘"之称的巩春华,擅长制作盘扣的有"北京市巧娘"称号的高忠玉,脸谱大师赵永岐等都曾是非遗体验专业培训讲师。

3.3　挖掘地方文化资源,推出研究利用成果

西城区图书馆立足自身实际,坚持与政府、其他文化或教育机构、地方文化爱好者或学者积极合作,做好地方文化资源的挖掘、利用与学术研究工作,不断推出地方文献研究成果,赋予地方文献新的内涵与利用价值。

3.3.1　挖掘整理,推出地方文献研究成果

西城区图书馆以编著图书、制作专题片或视频光盘的形式呈现地方文献研究成果,正式出版图书《北京会馆资料集成》《北京宣南寺庙文化通考》等30余种50余册,可分为图书馆独立完成、图书馆与他人或文化机构合作完成、图书馆参与完成三种完成方式,为地方文化的有效保护与弘扬提供理论指导。从研究途径来看,地方文献研究成果大体可分五类:①将不同载体、不同形式的隐含知识进行挖掘、整合、重组,如《北京会馆集成》《北京宣南寺庙文化通考》等;②通过实地调查、访谈、口述、座谈交流等不同形式对地方文化资源进行梳理与整合,如《口述天桥》《增订宣南鸿雪图志》等图书;③举办征文、专题研讨并出版征文集、论文集等,

如《中华灯谜纵横谈》《四月丁香情》等图书；④成立研究会并编制会刊，如宣南文化研究会编辑《宣武文史》（1993—2009年共15辑）、北京灯谜协会编辑《灯谜会刊》等刊物；⑤整理"外交官带你看世界"系列讲座资料，编辑出版图书《跟着大使看世界》。此外，地方文献研究成果还包括大量非正式出版物，如为庆祝建党百年印制的《赓续红色血脉　汲取奋进力量——2021年"红色文献阅读推广"征文选》、为宣传春节庙会文化而印制的《北京厂甸》等。

3.3.2　拓展利用，赋予地方文化新的价值

公共图书馆既可以从不同视角挖掘、揭示原有文献资源的内涵与价值，又可以从散落、隐形的文献资源中开发出可直接利用的新的文献资源，赋予其新的内涵与价值。西城区图书馆在挖掘整理地方文化、推出研究成果的基础上，创新服务内容与方式，打造出地方文献服务品牌。如在挖掘法源寺及法源寺丁香诗会历史文化价值的基础上，西城区图书馆于2002年举办了第一届现代意义上的丁香诗会，恢复了此前中断88年的丁香诗会。西城区图书馆至今已举办了二十届丁香诗会，出版有《丁香四月天》《丁香笔会书画作品选》《四月丁香梦》等系列研究成果，实现了地方传统文化当代价值意义的再发现、再转化、再运用。又如立足牛街地域文化，西城区图书馆于2015年创办了"北京牛街回族大众读书会"，至今已开展了约200场活动，以丰富的活动内容、多样的活动形式，在传承与弘扬回族文化、维护民族团结、开展爱国主义教育方面发挥了积极作用。

3.4　地方文献建设中存在的问题

西城区图书馆在地方文献建设上取得了长足的进步，但也存在着一些有待解决的问题：①文献资源利用率低，查阅的纸质文献集中在志略、地方史方面，同时可视化数字资源没有形成广泛的传播效应；②资源建设进程缓慢，受版权、资金、人员等条件的限制，或购买程序复杂，或沟通协调困难，或存在分散、重复的现象；③建设更多局限于馆内，且不能充分运用新媒体技术；④馆员需要加强业务学习与培训，增强创新意识，提升研究能力。

4　地方文献创造性转化的路径

对于地方文献如何进行创造性转化的问题，公共图书馆界进行了许多创新尝试，积累了一些实践经验，但还需要深入思考和研究。在总结实践经验的基础上，笔者探索地方文献创造性转化的可行性路径，促进地方文献建设的可持续性、系统性进行，推动地方文化的创新性发展。

4.1　合作协调，拓展文化与文献的社会价值

地方文化的多样性和分散性，决定了一所图书馆以"单打独斗"的方式"包揽"本地所有地方文化资源是不可能的。公共图书馆拥有丰富的文献资源、专业的馆员队伍和稳定的财政支持，应该坚持"政府主导、社会参与"原则，联合社会力量，建立"多层次、各有侧重、布局合理、职责明晰的地方文献资源保障体系"[10]。在转型、跨界和融合发展的大趋势下，西城区图书馆组建地方文化研究团队，建立并完善联络员制度、呈缴本制度，保障地方文献建设的完整性与系统性。如图书馆自建的"什刹海文化库"专题数据，就是与西城区社会科学界联合会、首都图书馆、北京市档案馆等文化机构合作完成的。又如在地方文献研究成果《口述天桥》口

述资料的搜集过程中,图书馆需要与天桥街道、与天桥相关的各界人士和新闻媒体等做好沟通协调工作。

4.2 统筹部署,形成建设与推广的良性互动

国家应从顶层设计和制度保障上,对地方文献建设提出明确的指导、要求,并进行监督、管理。如要加快《北京市图书馆条例》(2002年发布)的修订进程,明确地方文献建设与意识形态安全的要求,引导和帮助图书馆做好地方文献的挖掘、整理、保护与传承工作,确保北京市公共图书馆地方文献建设在全国文化中心中的引领、示范作用。

地方文献建设的根本目的在于最大限度地发挥地方文献的价值,而地方文献的意义和价值最终体现在"利用"上,体现在当地文化建设和社会发展服务中[11]。从这个意义上看,公共图书馆应将地方文献建设置于区域文化大背景下通盘考虑,形成建设与推广的良性互动:地方文献建设是地方文献推广的理论根基与文化动力,引领、带动着地方文献的推广;地方文献推广是地方文献建设的意义和价值,促进、丰富着地方文献的建设。例如,西城区图书馆以西城区"宣南旅游文化"为主题,编制图书《北京宣南文化游》,邀请专家开展"南城名人故居"等系列讲座,在微信公众号上发布"宣南文化底蕴深"专题推荐,与馆外文化旅游部门合作开展"行走宣南"活动,等等,形成地方文献建设与推广的良性互动,成为深化文旅融合、转化地方文献的典型实践。

4.3 借助新媒体技术,拓宽地方文献建设的渠道

在新媒体技术飞速发展的背景下,资源数字化以及专题数据库、微信或网络平台的建设成为地方文献建设的重要途径,成为公共图书馆高质量发展的必然选择。尤其对基层公共图书馆来说,因为物理空间有限、基础设施薄弱、人力资源不足,更要运用新媒体技术来拓宽地方文献建设的渠道。用微信、抖音、B站等新媒体平台,线上、线下互动,构建全方位、多层次、宽领域的宣传推广体系,让地方文献资源在智能手机或移动设备上活起来、传下去,让地方文献建设在创造性转发、创新性发展中获得最持久的生命力[12]。如西城区图书馆依托馆藏地方文献,与首都图书馆联合制作了《北京会馆揭秘》6集专题纪录片,以独特的视角展现北京地区,特别是宣南地区会馆文化,成为地方文献可视化建设的重要成果。

4.4 依托地方文献研究成果,创新理念促进成果转化

国内许多基层公共图书馆都加大了对地方文献研究的支持力度,取得了不少研究成果。但大量优秀地方文献研究成果没有转化成为文化IP(Intellectual Property),没有得到真正的传播与利用。这里可以借鉴国际上的成功案例,如美国斯坦福大学技术许可办公室(Office of Technology Licensing,OTL)的运作模式。OTL诞生40年来,通过商业流程使发明创造成果为公众所用,使斯坦福大学成为美国创新体系中进行知识和技术创新及转移的杰出典范[13]。借鉴OTL的运作模式,基层公共图书馆可以对地方文献研究成果进行创新性转化:首先由地方文献部门对成果进行分析管理,发现有价值的文化IP并进行市场化的运作;再借助商业公司的市场化运作,将研究成果推向社会大众,对接地方实际需求,弥补图书馆在营销宣传方面的劣势;还可把项目收益再次投入地方文献建设与研究,推动取得新的研究成果。西城区图书馆也进行了OTL运作模式的尝试,2020年根据地方文献研究成果制作了《北京老街区——

京城商街》6集专题片共180分钟,与北京纪事杂志社达成初步合作意向。北京纪事杂志社负责专题片的网络媒体推广,把专题片投放到腾讯视频等在线视频媒体平台,再按照播放量分配收益,所获收益再投入到西城区图书馆北京优秀传统文化视频项目的制作中,面向社会大众传播京城商业文化。同时,从项目中获益的北京纪事杂志社、在线视频媒体平台也会考虑对图书馆地方文献研究项目提供研究资助,促进研究成果的转化。该项目形成了地方文献建设、项目研究、成果转化、获取收益的良性循环,处理好了大众需求、优秀传统文化IP打造、成果转化和地方文献建设、地方文献研究之间的关系,通过地方文献成果的创新性转化,充分挖掘和利用地方文献的价值。

4.5　学习培训,提升馆员知识水平与文化素养

地方文献包罗万象、覆盖面很广,地方文献建设又是一项持续、系统的社会工程,对馆员来说具有较大的挑战性。一方面,图书馆要为馆员提供更多交流、学习的机会,加强培训力度,提高馆员的业务能力。另一方面,作为终身学习的倡导者和实践者,馆员要自觉主动地提升自己:①要具备一定的地方文化知识,具备挖掘、甄选、提炼和利用地方文化资源的能力;②调查、研究社会公众的需求,具备与地方文化机构、单位或他人沟通协调的能力,提供有效的参考咨询服务;③具备活动策划与宣传推广、课题研究的能力,推动地方文献建设持续、深入地开展下去;④热爱图书馆事业和地方文献建设工作,敬业乐业,主动创新。例如,西城区图书馆馆员参与"北京市西城区老字号谱系研究领导小组",调查研究馆藏地方文献资源,走访相关单位及人员,并进行文字撰写工作,历时四年编辑出版《北京西城老字号谱系丛书》(四册)、《北京西城老字号谱系研究文集》(两册)、《北京西城老字号传承故事集锦》、《北京西城老字号印谱》共八册图书,既深入挖掘与广泛传播了西城区地方文化,又有效地提升了馆员自身的业务水平、文化素养与课题研究能力。

公共图书馆对地方文献进行创造性转化,不仅是对地方文献最好的保护,也是在新时代实现其价值、使其焕发新的生命力的重要路径。基层公共图书馆要适应时代发展的要求,协调各种力量和资源,不断挖掘、整理、开发、利用、研究地方文化,实现建设与推广的良性互动,践行地方文献的创造性转化与创新性发展,为传承人类文明、坚定民族文化自信做出贡献。

参考文献

[1] 决胜全面建成小康社会　夺取新时代中国特色社会主义伟大胜利——在中国共产党第十九次全国代表大会上的报告[M].北京:人民出版社,2017.

[2] 顾美雯.文旅融合背景下公共图书馆地方文献挖掘研究——以上海市嘉定区图书馆为例[J].图书馆理论与实践,2020(5):41-45.

[3] 程芙蓉.地域艺术在地域文化体系中的地位[J].阜阳师范学院学报(社科版),2012(6):146-148.

[4] 金沛霖.图书馆地方文献工作[M].北京:北京图书馆出版社,2000.

[5] 黄黔梅.文旅融合背景下地方文献创造性转化路径探寻[J].文化产业,2020(21):128-130.

[6] 黎邦群.地方高校图书馆应注重地方文献的建设[J].科技情报开发与经济,2005(8):3-4.

[7] 谢紫悦,陈雅.图书馆助力优秀传统文化创造性转化和创新策略研究[J].图书馆理论与实践,2021(2):124-130.

[8] 赵大志. 地方文献建设研究[M]. 成都:西南交通大学出版社,2012.

[9] 刘洋. 北京西城历史文化概要[M]. 北京:燕山出版社,2010.

[10] 邹华享. 中国公共图书馆地方文献工作概述[J]. 图书馆,1998（6）:5-10.

[11] 许志云. 公共图书馆地方文献建设的现状与变革[J]. 图书馆,2016（4）:97-100.

[12] 熊莉君. 基于供给侧改革的图书馆经典阅读推广——兼论中华优秀传统文化的创造性转化与创新性发展[J]. 图书馆理论与实践,2019（11）:12-17.

[13] 李铭霞,吕旭峰. 美国斯坦福大学技术许可办公室的使命与专业化管理[J]. 世界教育信息,2015（21）:31-35.

基于杜定友地方文献学术思想的图书馆
"家文化"传承体系构建

赵　明（铜川图书馆）

1　传承"家文化"是公共图书馆弘扬优秀传统文化的突破口

公共图书馆"是滋养民族心灵、培育文化自信的重要场所"，传承发展中华优秀传统文化是新时代赋予公共图书馆的重要使命，传承传统文化须从"家文化"开始。

"家文化"是中华文化形成的源头。"文化模式既构造了行为和仪式，也构造了感知和思想，乃至塑造了个人的心理和群体的'地方性'、'民族性'和'国民性'——这往往以集体无意识的形式显示出来"[1]，集体无意识行为是人类"本能起源于反复重演的意识行为，这些意识行为先是个别的，以后则成为共同的"[2]，"集体无意识是人的演化发展的精神剩余物，它是经过许多世代的反复经验的结果所积累起来的剩余物"[3]。"在生命繁衍过程中血缘亲情的集体无意识心理，在文化环境、家庭模式中被演化出'夫恩妻爱''父慈子孝'一类的文化无意识图式一样，人类群体、个体一种文化的规范无意识地肯定和拓展着集体无意识的某些内容"[4]，家文化由人与亲人之间的家庭文化推演区域间人际社会文化，形成地域文化的雏形，经过融合完善，逐渐趋同，最终构成中华文化。

"家文化"是中华传统文化的根脉。以儒家思想为主流的传统文化思想认为，传统文化将家作为人类的根，以父子关系为伦理基础出发，由孝悌推构出"仁义礼智"人道基础框架，孔子说"孝弟也者，其为仁之本与！"，孟子曰"仁之实，事亲是也；义之实，从兄是也；智之实，知斯二者弗去是也；礼之实，节文斯二者是也"，"亲亲而仁民，仁民而爱物"[5]。钱穆认为，"家族是中国文化的柱石"，"中国文化，全部都从家族观念上筑起，先有家族观念乃有人道观念，先有人道观念乃有其他一切"[6]。

"家文化"是社会稳定的基础。"正家而天下定矣"，"千家万户都好，国家才能好，民族才能好"，"要在家庭中培育和践行社会主义核心价值观"，"要弘扬优良家风，以千千万万家庭的好家风支撑起全社会的好风气"，"要继承和弘扬中华优秀传统文化，继承弘扬革命先辈的红色家风"[7]。近年来，传统文化传承中师资的断代、市场经济的兴起和信息网络时代的冲击使新时代家庭结构、功能、关系发生着深刻变化，家庭活动独立性、多元化增强，产生了教育导向偏离，成员思想观念碰撞增多、关系紧张，唯利是图、享乐至上风气日盛，还出现了不赡养、不孝敬等现象，传承"家文化"也就成为构建和谐社会的必然要求。

"家文化"是传统文化的根，实现传统文化的创造性转化、创新性发展必先以"家文化"的创造创新为突破，活化"家文化"。通过还原揭示"家文化"的不同地域性特征，活化深植于地域文化中的"家文化",讲好地方故事,增加感情认同,贴近百姓生活,真正实现"家文化"在继承中发展,在发展中继承。

2 地方文献是传承"家文化"的有效抓手

文化传承依赖于文献活动,"文献活动对文化的贡献:通过文献生产、传播和消费三个具体环节实现了文化的储存、交流、继承和创造的功能","文献生产实现了人类文化的储存功能,文献传播实现了文化的交流功能,而文献消费则提供了文化的继承和创新的功能"[8]。"家文化"地域性特征依靠地方文献揭示,公共图书馆传承"家文化"需借助地方文献,《中华人民共和国公共图书馆法》规定"应当系统收集地方文献信息,保存和传承地方文化"。

地方文献里记录着区域内人们对家和自身认识等重要信息,包含着先祖们对家庭建设的思想感情、知识经验等。作为地域文化重要组成部分的"家文化",征集相关地方文献是系统了解研究地域文化的形成脉络和发展轨迹、地域文化与社会经济发展的关系以及当地群众行为、信仰、习惯等集体人格形成的基础。

在"家文化"地方文献建设中,公共图书馆应发挥地方文献的重要史料价值,在信息化加速,纸质文献被边缘化的今天,全面收集、保存和收藏"家文化"方面的地方文献,展示反映一定时期地域内群众的家庭生产生活实践,尤为必要。公共图书馆应激活地方文献重要教育价值,加大征集力度,普及公众对"家文化"的认知,"从中华民族世世代代形成和积累的优秀传统文化中汲取营养和智慧,延续文化基因,萃取思想精华,展现精神魅力"[9],引导公众敬畏传统,弘扬优良家风,把修身、齐家落到实处。通过文献加工,方便读者取用,并以征集为载体开展系列阅读推广活动,推动"家文化"主题馆建设,构建全民共建共享社会传承新格局。探寻地方文献潜在研究价值,发挥图书馆在收集、整理"家文化"地方文献方面的成果优势,利用好馆内丰富文化资源,加强自主研究和合作研究,将潜在研究价值转化为现实价值,服务于创造性转化、创新性发展。

公共图书馆继承弘扬中华传统优秀"家文化",培育和践行社会主义核心价值观,立足于时代性和地域性,以地方文献为依托,用阐释、修正、融合、发展的方法,研究揭示家庭建设中的普遍规律,推动形成爱国爱家、相亲相爱、向上向善、共建共享的社会主义文明新风尚。

3 构建基于地方文献的"家文化"传承体系

根据杜定友的地方文献理论思想,图书馆应重点在地方文献的收集、整理(分类、编目)、使用上用功,依赖地方文献的征集整理、依托地方文献的阅读推广并依靠"家文化"本土化特征挖掘研究,推动创造性转化,构建基于地方文献建设的"家文化"传承体系。

3.1 以征集整理为基础的"家文化"生产储存体系

杜定友指出,"文献的征集应具有远大的眼光,广阔的范围"[10],收集整理应高度重视内容宽泛化选取、征集手段多样化应用和文献精细化加工等三个环节。

在内容选取方面,图书馆从物质、行为、制度、价值等层面征集"家文化"文献,旨在反映本土模式化、符号化文化特点,揭示出地方性、民族性的深层"家文化"(即精神心理层面)。

公共图书馆从承载地方传统文化的历史文献、红色家风的挖掘和新时代家庭文明新风尚整理三个方面开展征集，面向全社会征集历史文献，"凡有历史价值的，即'断简残篇'，'片纸只字'，也在收集之列"[11]，不仅限于乡规民约、日记、账本、契约文书、信札、族谱等文献，也可以是有关于家的唱本、剧本，有价值的善书、经文、杂书等，还包括碑刻、牌坊、门楣、图腾等实物。公共图书馆还应加强对近现代文献的整理加工，"文献的内容并不限历史意义，必须继往开来，对旧的材料在批判地接受，对于新的材料要及时收罗，以免稍纵即逝"[12]，抢救性发掘老红军在家庭建设中所传承的红色家风，与妇联、文明办等单位联系，归存在文明城市创建中涌现出的家庭文明建设实践资料等，也包括图像、影视和考古的成果记录等非文字形式和音视频等数字资源。

征集手段包括挑选、选辑、采购、征求、复制、交换、接受、寄存、代借等多种方式，征求是基础和关键。征求对地方文献工作者的素质和能力要求较高，要求他们详熟区域情况，了解并掌握历代名人活动轨迹和区域内家族变迁，及时关注捕捉当前家庭文明建设动态，并具备一定的文献学素养。征求可分为围绕名人望族展开深入走访搜集工作，发社会公告，面向社会征集的自主模式；同博物馆、档案馆、史志办等加强资源共建共享，依托宣传部、文明办、民政、妇联、团委等组织部门，广泛征集文件政策、传承活动开展实践，通过复制文献实现的联合模式；建立各地图书馆"家文化"文献建设联盟，建立省域专题数据库，通过各地文献交流、读者参与和网站链接实现的互动模式，以不断提升征集能力，扩充内容。

"家文化"地方文献征集来源渠道杂、内容多、形式不一，征集人员必须进行筛选分类、考证查找、提炼归纳、整序、比较分析、综合、演绎，二次深度加工，将"家文化"中的符号、思想、价值与行为模式选择挖掘出来，加以重组改造，从文献采集与编辑中编制出书目、索引、题录、文摘等，争取形成二次地方文献，整理出地域个性特征，展示地域文化的稳定性、传承性和独特魅力。

3.2 以阅读推广为引导的"家文化"传播宣传体系

公共图书馆应根据地方文献资料的不同内容建立专藏，可以采取展览、咨询、阅览等方式，加强地方文献与读者之间的关系，提高其利用率[13]。图书馆应注重地方文献资源的开发与利用，依托阅读推广活动，揭示活化"家文化"地方文献资源价值，营造社会传承氛围。

公共图书馆应利用地方文献，探索设计多元化"家文化"公共文化产品供给，满足公众文化需求。制定社会主义家庭文明新风尚图书馆传承推广规划，用3—5年时间，分三个阶段推广。初期，引发社会关注，围绕"注重家庭，注重家教，注重家风"，加大宣传身边的好家庭、好家教、好家风等，讲述"家文化"地方文献征集故事，介绍传统文化中关于孝悌、礼义的内容和传统家规家训等，增进公众认知、引发兴趣。中期，突出弘扬中华优秀传统文化、革命文化、社会主义先进文化，培育社会主义核心价值观影响传导。依托地方文献，策划家文化展览，揭示家文化的形成、历史传承和当代实践，并推出相关系列活动，如"我家的家风"、读书分享会、"晒家书"、亲子家训诵读、"我在征集'家文化'"等活动，培育文化自信，激发公众参与互动。稳定期，在公众对传统文化有一定认知的基础时，深入一线开展家庭教育，活动应从传道向"作见证"转变，结合新时代实践，服务进校园、进机关、进家庭，开展家长沙龙、家庭课堂等活动，逐步扩展活动范围，引发群体交流，构建学校、家庭、社会"三位一体"传承"家文化"的局面，用家风建设影响政风、民风。

3.3 以研究转化为向导的"家文化"创新转化体系

图书馆要"组织研究小组,作分题研究","有计划地对每一个问题,作专精深入的研究",并且通过"阅读、讨论、访问、调查",结合本地实际,突出内容和传承方式及价值揭示研究,"出版文献丛谈,辑录遗闻佚事,地方丛书等"[14]。

提炼新时代语境下"家文化"的符号化、本土化表达。加强整理研究,将现有文献资源,按照符合中国特色、民族特性、时代特征的价值体系标准取舍扬弃,整理编辑。加强文化理论研究,在老龄化社会背景下,特别要突出以孝文化为核心,弘扬礼乐文化,提高文化鉴别力和推广力,焕发时代魅力。加强文化融合研究,坚持古为今用、推陈出新,将"家文化"中的美学元素、价值标准与现实生活、事件融合,依托互联网,提供更多公众喜闻乐见的公共文化产品和服务,开发"云展览""云讲座""云沙龙"等公益服务新手段。

传承"家文化"中国语境表达。部分与日常文化相关的内容立足于西方语境表达,如现在的绘本大多来自国外,国内创作也延续着西方语境表达。应从地方文献挖掘内容,设计制作传统的、本土的"家文化"绘本故事,强化个体的身份认同和价值输出。从地方文献资源中获得灵感,设计本土"家文化"文创产品,推动传统文化的创造性转化,吸引年轻人的目光。

加强馆员研究能力建设,提升传统文化修养,充分用好地方文献资源,加强对本土"家文化"特质、传承表达、与新媒体融合等方向的自主研究,为弘扬优秀传统文化、创新服务方式、推动全民阅读提供理论支撑。

参考文献

[1] 路柳.关于地域文化研究的几个问题[J].山东社会科学,2004(2):88-92.

[2] 荣格.荣格文集[M].冯川,译.北京:改革出版社,1997.

[3] 舒尔茨.现代心理学史[M].杨立能,沈德灿,译.北京:人民出版社,1981.

[4] 胡潇.集体无意识与文化无意识的互融性[J].开放时代,1999(6):55-59.

[5] 朱熹.大学章句.四书章句集注[M].北京:中华书局,2016.

[6] 钱穆.中国文化史导论[M].北京:商务印书馆,1994.

[7][9] 习近平.习近平谈治国理政:第二卷[M].北京:外文出版社,2017.

[8] 贺修铭.文献与文化[J].图书馆理论与实践,1994(3):33-38.

[10][11][12][13][14] 王子舟.杜定友和中国图书馆学[M].北京:北京图书馆出版社,2002.

大数据背景下公共图书馆数据馆员服务创新探析

吴迎春（南京图书馆）

大数据背景下，随着数据管理和服务工作的深入开展，图书馆作为一个不断生长着的有机体，建立数据馆员岗位并提供数据服务是图书馆适应新形势、进行新时期服务转型的必然要求。国外数据馆员岗位设置已日臻成熟，国内图书馆设置数据馆员岗位的还不多，公共图书馆甚至还尚未设置专门的数据馆员岗位。笔者通过中国知网数据库（CNKI）进行文献检索，以"数据馆员"为主题进行精确检索，截至2021年12月，共检索到227篇文献，经浏览别除非相关专业文献48篇，得到与"数据馆员"研究主题相关文献共179篇。通过文献分析，总结我国对数据馆员的研究，大致可分为如图1所示的四个阶段。①空白阶段（1997年以前）。未查找到数据馆员相关的研究文献，国内学者尚未关注。②萌芽阶段（1997—2008年）。国外关于数据馆员的研究文献比较多，国内出现相关的翻译文献。③探索阶段（2008—2017年）。检索到第一篇国内文献——安艳杰、黄良军于2008年发表的论文《图书馆参考咨询新领域——数据服务》指出，数据馆员是提供数据服务的图书馆馆员，需要掌握大量数据产品的相关知识，计算机相关技能，统计学和社会学等方面的知识，并通过相关数据协会组织专业学习、培训和交流，提升自身能力[1]。④发展阶段（2017年至今）。研究论文数量不断增加，内容的广度和深度也不断提高：一是对国外数据馆员发展与定位的研究，包括岗位设置、岗位职责、任职能力、服务内容和岗位培训等。如2018年，谌爱容发表论文《国外数据馆员培训实践及其启示》介绍国外数据馆员培训经典案例，从而给国内高校开展培训提出参考性建议[2]。2019年，刘婷、李书宁发表论文《国外数据馆员岗位2013—2018年设置情况调查与分析》，文中以IASSIST网站2013—2018年的376条数据馆员招聘信息为研究对象，从岗位职责和岗位能力两方面剖析数据馆员具备的素质[3]。2021年，闫雪发表论文《国外数据馆员的岗位职责与任职能力研究》对国外数据馆员研究文献进行调研，分析数据馆员的岗位职责、任职能力及特点，提出数据馆员的能力体系及特点[4]。二是对国内高校图书馆数据馆员的研究，包括数据馆员能力建设、数据馆员数据素养能力研究、学科馆员兼任数据馆员模式研究以及高校数据馆员岗位设置、能力建设、胜任力模型构建、培训实践和国内外数据馆员能力对比等，以期为我国数据馆员的发展提供借鉴。如2018年，陈媛媛、柯平发表论文《大学图书馆科研数据服务模型研究》，选取具有代表性的数据生命周期模型和"studio"科研数据模型进行讨论，经过反复验证和适度调整，得出具有普适性的科研数据服务模型提供参考[5]。2020年，左志林发表论文《我国高校图书馆数据馆员研究》，选取北京大学图书馆和复旦大学图书馆作为案例，对数据馆员外部环境、组织管理机制和实践等方面进行剖析，探索国内高校图书馆数据馆员制度与体系[6]。2021年，施雨、张晓阳的论文《高校图书馆数据馆员胜任特征模型探索》对专业知识、工作能力、个性特质三个维度，29个胜任特征要素进行模型有效性分析，提出相关对策，为数据馆员的职业规划提供支持[7]。

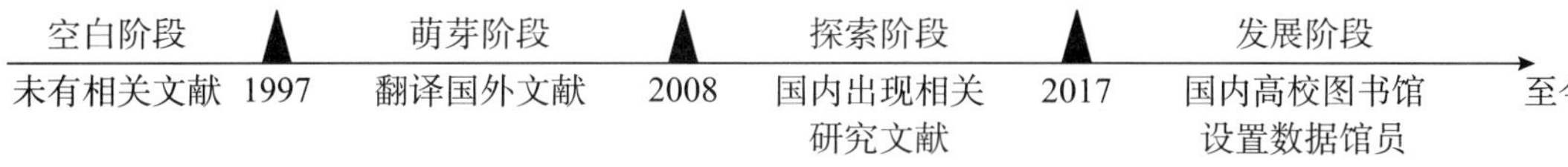

图1　我国数据馆员发展历程

目前尚未查阅到国内相关公共图书馆数据馆员研究的文章,本文采用文献调研与内容分析法,试图对公共图书馆数据馆员的角色定位、胜任力要求、服务路径构建进行探讨,以期为公共图书馆行业内数据馆员业务创新提供借鉴和参考。

1　数据馆员的定义与角色定位

1.1　数据馆员的定义

1997年,美国学者Liscouski发表论文《关于数据馆员应成为图书馆在未来发展中的重要角色》指出数据馆员在科研工作中的重要性,认为数据馆员是能够针对实验室数据提供存储、检索、搜索和记录的专业人员。数据馆员的真正雏形是2004年美国佐治亚理工学院以全方位了解科研产出为目的而任命的专门的图书馆馆员,主要职责是管理所收集的70个学院的2500个数据项目[8]。同年,ICPSR提出数据生命周期图[9],数据馆员在数据生命周期的每一环都体现了巨大的价值,因而地位日益上升,逐渐成为核心岗位。国内学者谌爱容将数据馆员定义为进行与数据相关事务的馆员[10]。胡元元指出,数据馆员是提供一切与数据服务相关的服务或利用图书馆的一切数据为读者提供服务的图书馆馆员[11]。综上所述,目前关于数据馆员的概念没有明确的定义,但有一个共同点,即"数据"。笔者认为,数据馆员是围绕数据从事一系列相关工作的馆员。这些工作包括数据处理、数据维护、数据培训和数据素养教育等。

1.2　数据馆员的定位

现阶段,已有的研究机构和学者对数据馆员的定位没有统一标准。学术界引用最多的是英国学者Alma Swan和Sheridan Brown在JISC(the Joint Information Systems Committee)报告中提出了科学数据服务的4种角色:数据创造者(Data Creator)、数据科学家(Data Scientist)、数据主管(Data Manager)、数据馆员(Data Librarian)[12]。

数据生命周期的概念被提出后,数据馆员的定位范畴更广泛,数据馆员提供贯穿于数据生命周期的支持服务,同时还要和科研人员开展密切的合作,例如建立元数据标准、开发数据管理平台以及改善数据管理工具等。在已有的国外高校工作中,爱丁堡大学图书馆将数据馆员岗位设置为数据图书馆助理、高级数字学习咨询师、数据馆员、副数据馆员。普度大学图书馆则设置为数据服务专家、跨学科研究馆员、研究副主任。我国高校图书馆设置数据馆员岗位较少,只有上海交通大学、华东师范大学、北京大学和复旦大学4所大学的图书馆招聘数据馆员。尽管公共图书馆并未设有专门数据馆员岗位,但已出现从事相关工作的职能,如江苏省公共图书馆大数据服务平台构建,尤其是图书馆大数据应用江苏省文化和旅游重点实验室(全国唯一省级公共图书馆大数据实验室)成立,数据馆员的岗位设置迫在眉睫。依据现有的文献资料分析和现实需求,可以探讨将公共图书馆数据馆员的角色定位为数据处理专员、数据咨询服务与维护专员、数据服务培训专员、数据项目支持专员等。

159

1.2.1　数据处理专员

数据处理专员贯穿于整个科学数据生命周期，是最核心的数据馆员。其职责包括数据收集、数据清洗、数据转换、数据挖掘、数据分析、数据保存、数据标准制定、数据管理平台构建与运营等。公共图书馆的数据链来源于三个层面：一是公共图书馆系统内部的数据。①管理数据。除了实名认证的读者数据，还有微信、微博、微视以及客户端的用户数据，图书馆内各端口采集到的人流数据，公共图书馆整体运营、服务、发展数据等。②资源数据。馆藏资源（纸本图书报刊、音像制品、电子资源和其他资源）、自建资源、外购资源、国家专项资源等。③业务及服务数据，包括图书馆在日常运营中产生的各类业务统计数据，馆内外举办的读者活动数据，读者访问、检索、借阅服务以及各服务端口产生的服务数据以及管理系统的业务数据。二是各文化机构如博物馆、文化馆、美术馆、档案馆等的数据，同行间数据共享能够有效避免重复建设、同质化竞争，发挥优势互补效能。三是跨领域的数据融合，在"全国一盘棋"的大格局下，为将来供给侧、需求侧、行政管理和监督数据池的实现和深层次服务的完成提供便利。

1.2.2　数据咨询服务与维护专员

参考咨询作为公共图书馆的重要服务，主要负责为本地区党政机关、企事业单位、科研院所以及单个用户提供社会科学、自然科学和工程技术等专业方向的信息咨询工作。大数据背景下，一方面数据呈爆炸式增长，传统的服务模式很难满足当下用户的需求；另一方面馆员需要由具有自然科学、信息科学和工程技术专业的人才担任，需要其对数据生命周期管理具有一定的理论知识及基本技能，能够开展数据管理计划咨询。国内提供科研咨询服务的高校，如复旦大学，其图书馆社会科学数据平台提供科研数据服务、定量研究方法教学和跨学科研究服务，开通了邮箱、微博、微信等咨询方式；北京大学开放研究数据平台，提供一切研究数据管理的咨询服务。国内提供咨询服务的公共图书馆如江苏省联合参考咨询服务平台，线上提供咨询服务和文献远程传递服务，开通官方QQ、官方微信、官方微博等咨询方式。

1.2.3　数据服务培训专员

公共图书馆一直致力于用户的信息素养培育，提升用户的数据管理意识。数据培训服务一般包括以下几个方面：①数据管理的基础知识和基本技能：章程制度、服务流程、行业标准等；②科研数据管理服务流程中相关的数据知识讲解、技能培训、工具的使用；③国内外数据服务最新动态以及案例分析，具体形式包括培训班、网络课程、论坛、年会、研讨会等，如国家科技图书文献中心（NSTL）举办的NSTL科研数据管理与服务实践培训班，复旦大学举办的"中国高校科学数据管理与服务学术研讨会"等[13]。

1.2.4　数据项目支持专员

用户多元化需求催生数据项目支持服务，推动公共图书馆向"以用户为中心"的业务优化。数据馆员要为支持项目收集、整理、评估项目数据资料，包括数据检索与获取、挖掘与分析、存储与安全维护等。目前我国设有数据馆员岗位并提供科研数据服务的高校图书馆有北京大学图书馆、复旦大学图书馆，未设置数据馆员岗位的高校图书馆如天津大学图书馆、浙江大学图书馆、北京师范大学图书馆、重庆大学图书馆也提供科研数据服务，表明数据项目支持是服务转型的方向[14]。

2　数据馆员胜任力框架

学界和业界对数据馆员的研究主要针对国内外高校图书馆数据馆员岗位设置、能力建设、服务内容、岗位培训、素养教育等。对公共图书馆数据馆员还尚未有具体研究，基于此本文通过文献检索、分析和归纳，结合现实需求，探究适合我国公共图书馆数据馆员胜任力框架（图2）。

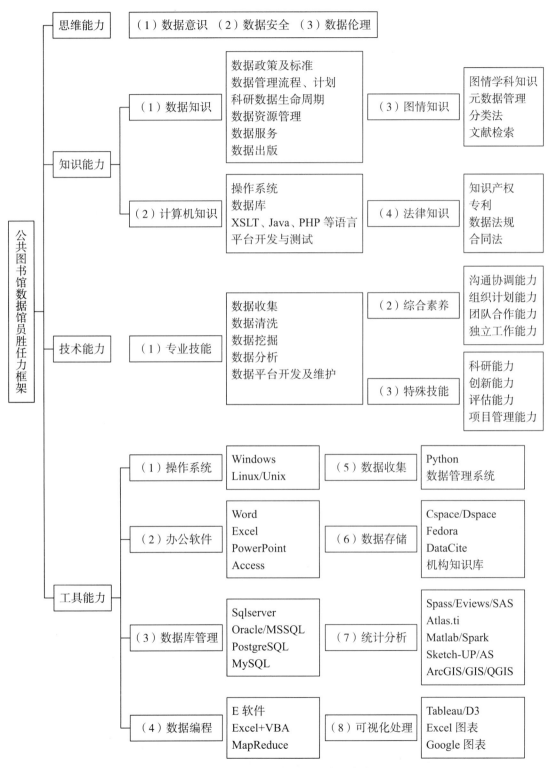

图2 公共图书馆数据馆员胜任力框架

图2展示出,我国公共图书馆数据馆员胜任力需要具备四个方面的能力,即思维能力、知识能力、技术能力和工具能力。

2.1 思维能力

思维能力主要指数据意识、数据安全和数据伦理。①数据意识。在大数据环境下,要避免过去的数据孤岛现象,具有融合、开源、共享的数据思维方式。②数据安全。数据安全包括以下两个方面:一是收集数据过程中,确保数据的完整性、准确性、安全性;二是避免数据造假,在使用和传播过程中避免滥用、错用数据。③数据伦理,主要涉及的是数据版权和隐私问题,目前没有明确的法规政策来说明在收集、使用和生产数据过程中的版权和隐私的界限,这容易被大家忽视,需要我们给予足够的重视。

2.2 知识能力

数据馆员是公共图书馆适应时代发展的产物,属于综合性人才,应该具备多学科、多层次知识背景,如数据知识、计算机知识、图情知识、法律知识等。其中,数据知识包括数据政策及标准、数据管理流程及计划、科研数据生命周期、数据资源管理、数据服务和数据出版;计算机知识包括操作系统、数据库、编程语言(XSLT、Java、PHP等)、平台开发与测试;图情知识包括图情学科知识、元数据管理、分类法、文献检索等;法律知识包括知识产权、专利、数据法规及合同法。

2.3 技术能力

数据馆员应掌握的技术能力可分为专业技能、综合素养及特殊技能。专业技能主要是指数据管理服务过程中需具备的一系列能力,包括数据收集、数据清洗、数据挖掘、数据分析、数据平台的开发与维护等;综合素养是针对某一研究对象从局部到整体的过程,包括沟通协调能力、组织计划能力、团队合作能力、独立工作能力等;特殊技能对数据馆员而言主要包括对数据的敏感度和相关的科研能力、创新能力、评估能力和项目管理能力等。

2.4 工具能力

数据馆员在提供科研数据管理服务时需要掌握一系列工具、软件的使用方法,包括操作系统、办公软件、数据库管理、数据编程、数据收集、数据存储、统计分析和可视化处理等。①科研数据共享平台的开发与维护常用操作系统的使用,如Windows、Linux/Unix等;②数据管理计划的撰写及数据培训常用办公软件的使用,如Word、Excel、Powerpoint、Access、Wps等;③大型数据库管理使用,如Sqlserver、Oracle/MSSQL、PostgreSQL、MySQL等;④计算机语言编程类软件使用,如R软件、Excel+VBA、MapReduce等;⑤数据收集会使用网页爬虫工具Python、数据管理系统等;⑥数据存储应掌握机构知识库的使用,如Cspace/Dspace、Fedora、DataCite等;⑦熟练运用数据处理软件统计分析,如Spass/Eviews/SAS、Atlas.ti、Matlab/Spark、Sketch-UP/AS、ArcGIS/GIS/QGIS等;⑧展示结果的可视化分析报告工具使用,如Tableau/D3、Excel图表和Google图表。

综上所述,数据馆员是具有一定数据安全和数据伦理意识,掌握数据知识、计算机知识、图情知识和法律知识,具备数据收集、数据清洗、数据挖掘、数据分析、数据管理平台的开发与维护等技能,以及沟通协调能力、组织计划能力、团队合作能力、独立工作能力的综合型人才。

3 公共图书馆数据馆员服务模型

数据馆员的服务模型研究也是科研数据管理服务过程中重要的环节之一,涉及服务规章、服务内容、服务对象、服务人员、服务要求,服务职责等多个因素。如2011年,李晓辉的论文《图书馆科研数据管理与服务模式探讨》从技术支撑、科研数据组织方式、科研数据服务方式、科研数据的用户信息素养教育、人员配置等方面构建图书馆科研数据管理与服务模式框架[15]。

本文根据国内公共图书馆数据管理服务对象和现实需求,探析将公共图书馆数据馆员服务模型暂分为基础型、研究型和定向型,相应地,将数据馆员分为初级数据馆员、专业数据馆员和高级数据馆员,如图3所示。

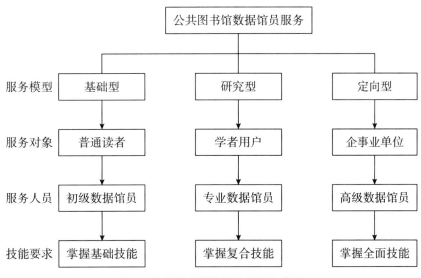

图3 公共图书馆数据馆员服务模型

3.1 基础型服务模型

基础型服务模型主要面向公共图书馆普通读者,满足各个年龄段的读者需求全覆盖,包括智障人士、外来务工人员、老年人、婴幼儿等,提供数据资源(馆藏资源、全省共建共享资源、机构数据库检索资源)、数据报告和数据可视化展示等基础性服务。服务开通的渠道:官方网站、官方微博、官方微信公众号、官方QQ等。基础型服务模型要求初级数据馆员具有图情专业本科以上学历,掌握基础数据管理工具技能,具备一定的沟通协调能力和团队合作能力等。

3.2 研究型服务模型

研究型服务模型主要面向公共图书馆专业学者用户,围绕整个数据生命周期过程进行服务。包括数据政策标准的制定、数据管理平台构建、数据收集、数据清洗、数据挖掘、数据分析、数据保存、数据素养教育与培训等。专业数据馆员需要全程跟踪数据的整个生命周期,全程参与、全程了解项目,检索国内外最新研究动态、对应国内环境下的政策、现状、进展。项目前撰写报告提供可行性评估意见;项目中获取实时数据进行分析,提供建设性建议;项目后对数据管理、数据咨询和数据报告提供参考性意见。研究型服务对专业数据馆员的要求较高，专业数据馆员应具有图情专业硕士及以上学历，具备数据意识等基础数据管理能力，还需要掌握图情知识、计算机知识和法律知识等，此外，还要拥有很强的工具使用能力和综合素养。

3.3 定向型服务模型

定向型服务模型主要面向企事业单位用户，需要围绕定向用户组建一支复合型、专业型、定向型数据馆员队伍，提供专项数据服务。定向型服务模型对数据馆员的要求甚高，对应的高级数据馆员要有多学科背景知识，丰富的企事业单位科研服务经验，熟知企事业单位数据服务需求，能够提供专业化、个性化、定制化的方案。高级数据馆员应具备以下能力：①了解企事业单位行业内科研数据服务方向，能够快速检索企事业单位定向文献资源及动态；②能够承担或独立承担科研数据管理服务需求，包括协助管理平台构建、数据收集、数据清洗、数据挖掘、数据分析、数据使用等；③参与项目实施，提供数据层的定向服务以及后续指导、宣传和维护；④凭借自身的知识能力、技术能力和工作能力，能够借助联盟化优势力量解决定向服务过程中的"疑难杂症"。

上述公共图书馆数据馆员模型构建表明"图书馆是一个生长着的有机体"，公共图书馆正向着智慧图书馆演进。大数据背景下，数据馆员岗位作为时代的发展产物，数据管理与服务未来将会被纳入图书馆业务范围，但并不是所有图书馆都需要马上开展此项工作，而是有条件、有计划、有步骤地开展实施，满足用户现实需求。

4 公共图书馆数据馆员路径探析

数据馆员是公共图书馆为适应新的数据服务角色和业务特别设置的岗位，是对传统馆员的服务思维、知识能力、技术能力的拓展和延伸，能够与新时期公共图书馆数据服务接轨，满足用户的新阶段需求。科研数据服务离不开政策法规保障、人才队伍培养、资源设施支撑等，公共图书馆要依据自身的发展需求，从制度、人才、设施等方面合理设置数据馆员的角色及服务。

4.1 制定政策规划，提升数据意识

制度先行，为避免数据服务队伍偏差发展，保障数据管理服务高效运行，应做好制度层面的顶层设计，借鉴PDCA管理模式，即Plan（计划）、Do（执行）、Check（检查）、Action（处理），将数据管理流程视为一个整体，制定政策规划，明确工作目标，响应反馈机制，实现科学管理[16]。其中最重要的是政策规划，科研数据管理服务离不开政策制度的支持，具体的政策包括：数据管理政策（包括数据整理政策、数据保存政策、数据出版政策等）和数据馆员服务政策（针对服务对象、服务方式、服务内容等）。在此基础上图书馆方能创建一批高质量的具有数据服务意识图书馆馆员。

4.2 把握内外兼修，培养人才队伍

数据服务的基础是人才，拥有一支高质量的专业人才队伍，是提供数据服务的强有力的保障。具体措施如下：一是建立人才保障机制。图书馆可以根据自身工作需要招聘或者引进符合相关条件的高学历专业人才，在各馆相关政策范围内提供如职务晋升、职称评定、考核

评优等方面的激励,按照成果给予优先或者加分。二是加强人才队伍培养。以江苏省公共图书馆为例,数据馆员通过跟班工作、兼职服务、课题研究和培训交流为图书馆培养专业人才:①短期工作培训。江苏省公共图书馆从全省图书馆和合作共建单位中遴选人员到图书馆大数据应用江苏省文化和旅游重点实验室跟班参与课题研究、数据分析等工作,提升骨干人员的综合业务水平和研究能力。②兼职工作实践。设立数据检查员、数据分析师、数据管理员等兼职岗位,从全省图书馆和合作共建单位中招聘符合条件的人员协助实验室开展数据审核验证、数据分析服务等工作,提升兼职人员的数据服务能力。③参与课题研究。一是邀请全省图书馆和合作共建单位参加或联合申报各级相关课题;二是鼓励全省图书馆和合作共建单位参与或承担平台实验室自主设立的开放研究课题,提升参与人员的研究能力和学术水平。④开展培训活动,如培训班、网络课程、论坛、年会、研讨会等,了解国内外数据服务最新动态。通过多层次、多渠道培养,数据推动行业整体馆员的专业能力。

4.3 明确角色方向,搭建设施平台

公共图书馆根据自身的发展需要,在科研数据管理服务过程中的具体定位,来设置服务的内容,明确馆员角色,搭建服务平台。如南京图书馆为了做好全省科研数据管理服务,构建江苏省公共图书馆大数据服务平台,在政策制定、服务对象、服务方式、服务内容等方面都做了明确规定,提供全省公共图书馆数据服务共建共享。尽管尚未明确设立数据馆员这一岗位,但部分公共图书馆已经具备先期条件,有计划、有步骤地履行数据馆员这一岗位的职能。国内高校图书馆在这方面已有先例,如复旦大学社会科学数据平台、北京大学开放研究平台等。

国内公共图书馆数据馆员的研究尚没有相关文献,本文对数据馆员的角色定位及业务服务都是大胆探析。基于对国外数据馆员发展与定位的研究和国内高校数据馆员的研究分析,本文从公共图书馆数据馆员的定义着手,对数据馆员在公共图书馆日常服务中的角色进行分析,尝试构建数据馆员胜任力框架,并在现有的国内服务模式理论研究基础上,将数据馆员服务模型分为基础型、研究型和定向型,提出公共图书馆开展数据馆员服务的建议。因水平有限,理论研究仍需实践验证,后续会通过南京图书馆运行的实际情况结合同行内研究进展,做出及时的补正更新。

参考文献

[1] 安艳杰,黄良军.图书馆参考咨询新领域——数据服务[J].情报资料工作,2008(3):94-96.

[2][10] 谌爱容.国外数据馆员培训实践及其启示[J].大学图书馆学报,2018(1):75-82.

[3] 刘婷,李书宁.国外数据馆员岗位2013—2018年设置情况调查与分析[J].图书馆学研究,2019(20):27-33.

[4] 闫雪.国外数据馆员的岗位职责与任职能力研究[J].情报科学,2021(1):163-168.

[5] 陈媛媛,柯平.大学图书馆科研数据服务模型研究[J].情报理论与实践,2018(5):120-124.

[6][14] 左志林.我国高校图书馆数据馆员研究[J].图书馆建设,2020(1):138-144.

[7] 施雨,张晓阳.高校图书馆数据馆员胜任特征模型探索[J].图书馆学研究,2021(9):35-48.

[8] WALTERS T O. Data curation program development in U.S. universities:the georgia institute of technology example[J]. International journal of digital curation,2009(3):83-92.

［9］左志林,李瑞萍.国外高校图书馆数据馆员发展现状研究[J].农业图书情报学刊,2018（8）:164-169.

［11］胡元元.高校图书馆数据馆员的定位及其服务[J].大学图书情报学刊,2021（3）:66-73.

［12］魏来,高希然.大数据背景下高校数据馆员的角色定位[J].情报资料工作,2015（5）:90-94.

［13］复旦大学社会科学数据平台.中国高校科学数据管理与服务学术研讨会顺利[EB/OL].[2018-11-27].
http://dvn.fudan.edu.cn/home/document/content.jsp?id=18.

［15］李晓辉.图书馆科研数据管理与服务模式探讨[J].中国图书馆学报,2011（5）:46-52.

［16］张雪.基于PDCA循环管理理念的图书馆图书采访模式研究[J].农业图书情报学刊,2018（6）:88-91.

图书馆手机扫码借书探索与实践

梁永平（上海图书馆）

快速发展的信息技术和迅速兴起的移动技术，改变着我们的生活，也改变着我们的行为习惯。同样，各类新技术也逐渐渗透到图书馆的各个领域并对图书馆产生重要影响。

上海图书馆自2001年开始建立上海市中心图书馆"一卡通"服务体系，建设"一城一网一卡一系统"的服务平台。多年来，作为公共图书馆行业先行者不断探索智能化新技术，逐步引进RFID自助借还设备、一体化馆员工作站、24小时自助借还书亭、智能书架、预约书柜等设备，为行业内同人提供使用建议及购置依据。当下，飞速发展的移动技术迫使公共图书馆不得不迎难而上，想尽一切办法吸引读者、方便读者。特别是在流通服务方面，每年6600多万次的书刊流通量一旦移动化，不仅会给读者带来方便，更将打通和引领图书馆界更多的移动化服务。然而，传统的思维定式往往会限制图书馆人的探索热情，在行业中推陈出新无异于逆水行舟，会遇到来自各方面的阻力，特别是在庞大的"一卡通"服务流程中引入一套全新的借书模式，且需要多系统兼容并行，其难度可想而知。2018年，上海图书馆尝试将服务从一线阵地拓展至移动端，开发了手机扫码借书项目，就此，图书馆的借书模式得以从以往的"点对点"逐步转化为"点对面""面对面"，为未来图书馆的服务创新搭建了移动平台，为图书馆的阅读推广提供了无限可能。

1 公共图书馆借阅方式的变迁

在图书馆设立借还书系统之前，书刊的外借方式一般采用纸质读者卡与书刊信息卡片相互登记的方式完成，我们称其为卡片外借方式。待图书馆有了借还书系统之后，纸质读者证退出历史舞台，书刊外借变成由工作人员扫描黏贴在书刊上的馆藏条码将书刊信息登记在读者证的名下，我们称其为条码外借方式。2006年10月，深圳图书馆新馆率先引进国外TAGSYS技术，成为中国第一家全面使用RFID技术的公共图书馆，开启了国内公共图书馆RFID外借书刊的新浪潮[1]，我们称其为RFID外借方式。

随着移动技术的飞速发展，国内公共图书馆开始了利用手机自助服务的探索和实践。在短短的十年间逐步普及了手机客户端书目检索、微阅书刊、掌上展厅、经典视听、讲座预告、新闻资讯等服务，使用二维码读者证享受图书馆传统的借阅服务也成为现实。在这一背景下，读者使用自己的手机扫描书刊上的馆藏条码完成借书的自助服务也应运而生，我们称其为手机扫码借书方式。

2 手机扫码借书概述

手机扫码借书是指读者用自己的手机扫描需要外借的书刊馆藏条码完成书刊外借的自助服务方式。通过读者手机替代RFID自助借还设备释放图书馆本不多的公共空间，读者可以在图书馆的任何地方打开手机扫描书刊馆藏条码完成外借操作，此举将图书馆的外借服务点从一个拓展为多个，甚至无数个。

手机扫码借书相较于传统RFID自助借还书流程，最大的区别是在操作过程中对于书刊的RFID芯片信息不做任何修改。为了保证图书馆馆藏资产不流失，实现手机扫码借书首先必须解决门禁以何种方式判断书刊的外借状态。为此，上海图书馆设计了多套方案。

2.1 手机扫码借书的三种方案

上海图书馆根据RFID、移动技术、数据分析、非接触双向数据通信等技术的特点，以手机扫码借书应用测试不能影响上海图书馆日常的书刊流通工作为前提，设计了手机扫码借书的三套方案：增设消磁设备协助流通安全方案、基于手机NFC功能方案和ACS数据库"白名单"方案。

2.1.1 方案1：增设消磁设备协助流通安全方案

该方案计划在原门禁处增加一台手机扫码借书消磁机，读者使用手机扫码借书完成书刊外借后，可以持已借书刊到门禁处核对卡内信息后进行书刊消磁，类似于"新零售"的服务模式。该方案能与目前正在使用的RFID设备兼容，最大限度减少手机扫码借书对传统流通业务所涉及的硬件设备的影响。

2.1.2 方案2：基于手机NFC功能方案

NFC（Near Field Communication）是一项利用13.56MHZ频率的电波作10cm以内短距离通信的技术[2]。该技术由飞利浦和索尼共同研制开发，根据RFID以及互联技术的融合演变而来。在单一芯片上结合感应式读卡器、感应式卡片和点对点的功能，能在短距离内与兼容设备进行识别和数据交换。简单来讲，读者使用具备NFC功能的手机扫码借书后只需打开NFC功能对于已借书刊的RFID芯片进行安全防盗标志位的修改即可直接带走书刊。

2.1.3 方案3：基于ACS数据库"白名单"方案

"白名单"方案就是通过在线门禁核对ACS数据库（Automated Circulation System, ACS）中书刊状态，来完成外借流程。这是因为手机扫码借书不能改变RFID芯片内的标志位设置，需要将读者手机扫码借书的信息备份给ACS数据库。在读者走出门禁的瞬间，门禁识别到书刊RFID芯片信息，在短时间内与后台ACS数据库中的书刊信息做比对，如书刊为"库中"状态则报警，若为"出库"状态则放行（如图1所示）。

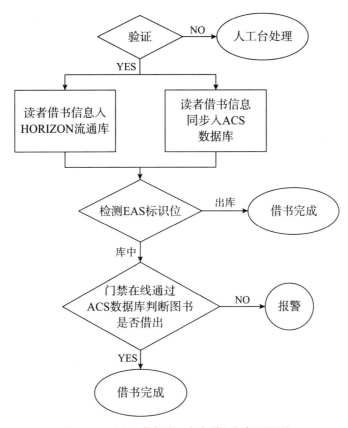

图1 基于ACS数据库"白名单"方案原理图

2.2 三种方案的优劣

表1 三种手机扫码借书方案的优劣比对

方案1		方案2		方案3	
优点	缺点	优点	缺点	优点	缺点
1. 对原流通业务的流程影响最小 2. 对图书馆现有硬件修改的要求最低	1. 读者依然需要在固定设备上进行操作	1. 具备身份识别功能,安全性高 2. 对图书馆现有设备修改的要求低	1. NFC手机普及率低 2. 涉及手机端硬件以及软件的开发,升级难度大	1. 对读者手机几乎没有要求 2. 借书操作简单,"零要求、零门槛" 3. 不因手机品牌、型号不同而操作不同	1. 需调整所有与RFID相关的借还设备 2. 在线门禁响应速度较慢 3. 所有流通书刊都需要采集RFID标签信息,存量数据的加工工作量较大

从表1中可以发现,方案3的开发难度最大,但不可否认该方案由于对使用方没有任何额外要求,因此最容易被读者接受,易推广、前景好。

为此,上海图书馆最终确定采用基于ACS数据库"白名单"的方案3,将重点集中到图书馆一侧的技术开发、设备改造和应用测试,力争给读者带来最完美的体验。

3 基于ACS数据库"白名单"方案的设计

该方案的最大难点在于"白名单"ACS数据库的创建、在线门禁的开发、馆员工作站的重置、微信服务端的开发和自助借还设备中还书参数的设计,其中这些硬件之间数据通信的质量和速度尤为重要。

3.1 建立"白名单"ACS数据库

实现基于ACS数据库"白名单"方案,首先需要采集所有上海图书馆中文书刊外借室室藏书刊的RFID芯片信息建立单独的中间件数据库即ACS数据库。其次,为了采集正在流通中的书刊及新入库书刊的RFID芯片信息,需要在目前所有与RFID相关的硬件设备上增设ACS数据采集功能。读者扫码完成借书后,从微信端通过与图书馆外借系统的接口将书刊外借信息发送到ACS数据库,将书刊状态改为"馆外",在通过门禁时检测RFID芯片信息就可以顺利地放行。

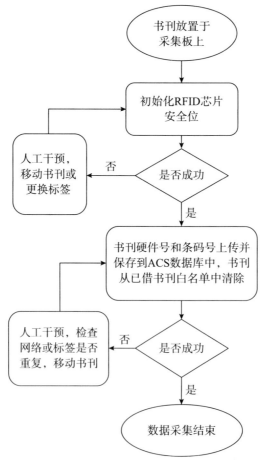

图2 RFID芯片数据采集流程

在外借区域日常的流通服务中,ACS数据库的信息主要来自4个方面,即新书入库、自助借书机借出的图书归还、中心图书馆分馆图书回流、手机扫码借出的图书归还。这些数据通过馆员工作站和自助还书设备这两条途径进入ACS数据库。因此,ACS数据库"白名单"方案需要对馆员工作站和自助还书设备等硬件进行改造。

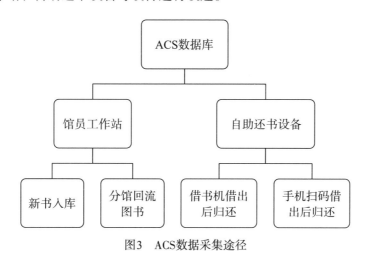

图3　ACS数据采集途径

3.2　RFID硬件设备调整

3.2.1　馆员工作站

馆员工作站负责完成书刊上架前RFID芯片信息的初始化操作,主要调整如下:

(1)读取RFID芯片数据,将芯片硬件号和书刊条码发送到ACS数据库,将采集到的信息保存至本地日志文件。

(2)编写中间程序,在向ACS数据库发送书刊信息后向图书馆外借系统发送书刊入库动作。

(3)向ACS数据库提交还书动作。

3.2.2　RFID自助还书机

主要调整如下:

(1)读者还书时设备读取RFID芯片数据,将芯片硬件号和书刊条码发送到ACS数据库。

(2)还书动作时,将书刊信息从ACS数据库已借书刊列表中删除。

3.2.3　门禁

主要调整如下:

(1)传统门禁更换为在线门禁。

(2)判断RFID芯片安全位,如果为馆外状态,直接放行。

(3)判断RFID芯片安全位,如果为馆内状态,上传芯片信息到ACS数据库,等待查询结果。

(4)处理门禁上报的书刊信息,到ACS数据库查询是否借出,确定是否报警。

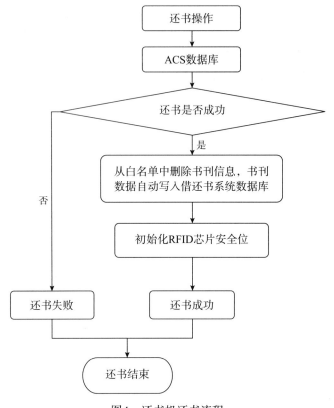

图4 还书机还书流程

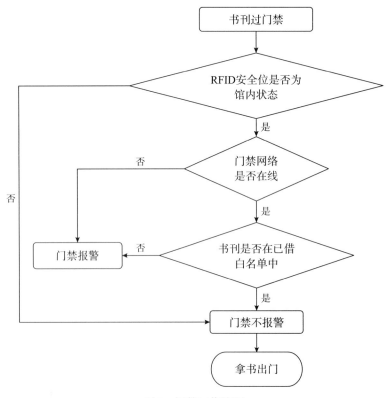

图5 门禁工作流程

3.3 测试环境的搭建

3.3.1 利用智能书架读写数据便利

前面提到基于ACS数据库"白名单"方案的多个缺点,为了清楚这些缺点落地到流通现场会造成多大的影响,需要搭建测试环境。其中,ACS数据库需要批量采集在架书刊信息,不仅工作量巨大,耗时耗力,同时还需要兼顾书刊流通的日常服务,避免对读者的借阅造成影响。所以,"白名单"方案在进行批量采集工作之前必须充分考虑测试中会发生的各种情况,收集在不同情况下"白名单"方案的测试数据,争取做到一次成功。考虑到智能书架具备对在架书刊进行实时信息采集、批量修改RFID标签信息的功能,上海图书馆决定在智能书架借书区增加一道在线门禁、增设一台自助借书设备,把智能书架区搭建为"白名单"方案的试验区。

3.3.2 两种流通方式并行

完成"白名单"试验区搭建后,在同一个外借区域将会有两道针对不同借阅手段来判断书刊是否外借的内外门禁。

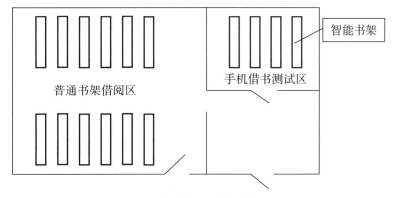

图6 智能书架测试区搭建

读者在测试区使用手机扫码所借书刊经过在线门禁后,还需经过另外一道正常流通政策的门禁才能走出外借室。这些手机扫码外借的书刊对于RFID芯片的安全标志位不做任何修改,读者经过传统门禁时将会发生门禁误报的情况。对于上海市中心图书馆"一卡通"其他分馆来说,读者持这些书刊进入也会造成门禁误报的情况。

为了有效避免以上情况发生,将测试区内所有书刊的AFI安全位批量设置为不报警状态,以求书刊走出测试区时由在线门禁判断书刊是否外借,经过第二道普通门禁时则判断AFI安全位给予不报警反馈。同时"白名单"测试区入口处设置馆员人工服务处并粘贴相关告示,提醒读者外区书刊请勿带入测试区内。

3.3.3 安排专业馆员负责测试

为了充分测试"白名单"方案的落地测试情况,需要安排3位在图书馆行业从业及接触RFID技术十余年的专业馆员,主要负责在测试区门禁处实时跟踪读者进出时在线门禁的反馈情况,发现系统中的BUG。如遇误报或是漏报,这些专业馆员将及时记录报警情况、判断误报原因,从一线服务角度给予技术开发部门反馈和建议。这些专业馆员依靠多年来使用RFID技术的经验记录读者进出门禁时书刊的角度和方位,以此来判断不同情况对于在线门禁反馈速度的影响等重要因素。另外,专业馆员还需不定期抽查在线门禁的可靠度和报警准确率,详见表2。

表2 在线门禁使用情况抽查表

项 目	条件/与安全门距离	测试次数/次	报警次数/次	总报警概率/%	同时报警图书册(次)数分布/本				
					1	2	3	4	5
15本图书中夹1本未借图书	平行距离<3cm	50	50	100	50	—	—	—	—
	平行距离>16cm	50	50	100	50	—	—	—	—
	垂直快速通过	50	6	12	6	—	—	—	—
	垂直慢速通过	50	21	42	21	—	—	—	—
15本图书中夹2本未借图书	平行距离<3cm	50	50	100	5	45	—	—	—
	平行距离>16cm	50	50	100	9	41	—	—	—
	垂直快速通过	50	39	78	31	8	—	—	—
	垂直慢速通过	50	46	92	22	24	—	—	—
15本图书中夹3本未借图书	平行距离<3cm	50	50	100	5	13	32	—	—
	平行距离>16cm	50	50	100	29	15	6	—	—
	垂直快速通过	50	40	80	33	7	0	—	—
	垂直慢速通过	50	51	82	33	8	0	—	—
15本图书中夹4本未借图书	平行距离<3cm	50	50	100	0	6	30	14	—
	平行距离>16cm	50	50	100	6	19	24	1	—
	垂直快速通过	50	39	78	32	7	0	0	—
	垂直慢速通过	50	41	82	31	9	1	0	—
15本图书中夹5本未借图书	平行距离<3cm	50	50	100	0	18	23	6	3
	平行距离>16cm	50	50	100	5	35	6	4	0
	垂直快速通过	50	50	100	36	8	6	0	0
	垂直慢速通过	50	50	100	28	32	0	0	0

3.3.4 逐步扩大和统一测试环境

通过智能书架区域小范围测试区域的"实践—改进—再实践","白名单"方案扩大到整个上海图书馆开架外借区域试用的条件逐步成熟。根据小范围测试的经验及硬件设备的调试设置,制订整体外借区域所有在架书刊信息采集的工作计划,同时合并两道门禁改为统一的在线门禁。"白名单"手机扫码借书测试方案落地。

3.4 "白名单"方案的优化

上海图书馆在使用"白名单"方案测试后发现,测试期间频发的问题主要有三点:①测试区采用进出一道门禁,读者通过门禁报警后图书馆馆员无法知晓报警书刊具体信息,往往仅排查报警书刊的过程就要让读者等待很长时间;②在线门禁响应速度较慢,读者携带未外借书刊走出门禁很远后门禁才会报警;③作为新兴产物,手机扫码借书在读者中的知晓度教低,能得到的测试数据很少。经过与相关技术开发方的反复研讨和检测,上海图书馆针对以上三个频发问题对"白名单"方案进行了一系列的优化。

3.4.1 增加门禁报警信息揭示

当门禁抓取到在"白名单"中为馆内状态的书刊时,门禁将会上传RFID芯片信息到ACS数据库,由ACS数据库将报警书刊的书名、馆藏条码、报警原因等信息通过屏幕显示的方式揭示出来。这让图书馆馆员在处理报警书刊时减少了排查的时间,判断报警原因时有一定的处理依据,提升了服务的质量。

3.4.2 增加EAS安全位的判断,释放门禁的工作压力

"白名单"方案的技术难点在于在线门禁是否能够有效地反馈书刊外借状态,主要受限于门禁硬件的感应强度、读者进出时书刊的通过角度、实时网络的响应速度等各种不确定因素。因此,想要攻克技术难关就需要不断地改进并进行测试,从不同角度试图打破以往陈旧的技术思维,另辟蹊径。原"白名单"方案设计的技术是,读者进出在线门禁都会给门禁带来从检测到判断RFID芯片名单状态的工作压力。分析发现,已经借出的书刊进入门禁所产生的判断压力属于重复工作压力。通过自助借书机借出的书刊再次由在线门禁判断是否已借出也属于重复工作压力。可见,释放这部分重复工作压力是解决门禁响应速度慢的有效途径之一。

一张RFID标签中包含AFI和EAS两种硬件安全位,国内公共图书馆的行业标准中只对AFI安全位做设定,物品电子防盗(EAS)功能被一些制造商作为专有功能增加到标签中。可以理解为AFI安全位置为1,为馆内状态/报警状态,AFI安全位置为0,为馆外状态/不报警状态,对于EAS安全位门禁不做判别。

上海图书馆普通外借所借书刊必须满足可以在全上海市中心图书馆300多家总分馆中流通的要求。读者如在上海图书馆使用手机扫码外借书刊,这些书刊的AFI安全位将不做修改保持馆内状态/报警状态,一旦读者持这些书刊经过分馆的RFID,门禁将会发生报警,这种情况会对分馆造成管理上的麻烦。如果可以利用EAS安全位与AFI两种安全位综合判断书刊外借状态,就可将上海图书馆普通外借书刊的AFI安全位都设置为馆外状态/不报警状态,保证手机扫码借书应用测试期间不会给分馆带来困扰。利用EAS安全位来区分书刊是使用自助借书设备外借还是手机扫码外借,以此释放使用自助借书设备所借的这部分书刊进出对门禁的压力。

具体优化方案如下:

(1)为了避免手机扫码外借的书刊在分馆发生报警的情况,AFI安全位统一设置为馆外状态。

(2)EAS安全位统一设置为馆内状态,读者使用自助借书设备外借书刊时由设备将芯片EAS安全位置设置为馆外状态。

(3)读者使用手机扫码借书的方式外借书刊,EAS安全位无法修改,走出门禁时由门禁在线判别ACS数据库"白名单"中该书刊的外借状态。

4 手机扫码借书尚需攻克的难点

4.1 在线门禁的响应速度

仅依靠上文3.4.2中提到的软件设置来释放在线门禁的判断压力,无法从根源上解决门

禁响应速度慢的问题。RFID门禁的识别准确率及响应速度很大程度上依赖感应线圈的读取能力及书刊使用的RFID芯片的硬件质量。目前,国内的公共图书馆大多使用HF高频RFID芯片,其优点是读取准确率高、误读率低,缺点是读取范围较小;UHF超高频RFID芯片被广泛运用在高校图书馆,其优点是读取范围大,缺点是穿透力较弱、读取时易受干扰,误读率高[3]。两种频率的RFID芯片各有优劣。所以在线门禁的优化是否能够在门禁感应线圈及RFID芯片等硬件技术上取得突破,目前还不得而知。

4.2 多道在线门禁的数据同步问题

目前,手机扫码借书应用测试采用进出一道门禁的服务方式。2022年,上海图书馆东馆借阅一体化区域将会有10000平方米的服务阵地,需要多道门禁同时服务,届时将会产生成倍增长的读者进出数据。为了保证在线门禁的数据统一,不同门禁收集的数据需要及时同步到所有门禁,门禁越多产生的同步压力越大,其是否会影响在线门禁的判断还不得而知,依然有很多未知的难题有待解决。

目前,上海图书馆微信公众号已为读者提供手机扫码借书服务。手机扫码借书让读者从开始操作到完成借书只需花费20秒时间,大大提高了外借的效率,改善了读者的借阅体验。读者可以根据实际情况选择坐在阅览桌上手机扫码外借单本图书,也可以在自助借书设备上一次性直接外借多本书刊。此外,这样可以避免读者在高峰时间排队借书的情况,减少由于使用自助借书设备不当产生的误借。在公共图书馆方面,使用手机扫码借书能够释放原本经费不足的压力,减少自助借书设备的购置成本和运维成本。

由于手机扫码借书带来了显而易见的便利,该App一经推出便收到了来自社会各界的广泛关注以及各家媒体的相继采访,全国各省市数十家图书馆来电来信(微信)询问相关技术及其应用情况。2019年9月,手机扫码借书项目荣获"第二届创新创意征集推广活动"一等奖。目前,上海图书馆正紧锣密鼓地开展下一轮应用测试,希望通过应用测试不断优化手机扫码借书的方案,力争获得大规模量化服务的最优方案,为上海乃至全国各地的图书馆流通服务的创新先行先试,为图书馆服务优化添砖加瓦。

参考文献

[1] 撖立军. RFID技术在图书馆的应用现状与问题分析[J]. 智能处理与应用,2012(12):79-80,83.

[2] 黄丽须. NFC手机取代传统借书证的可行性研究[C]//福建省图书馆学会2012年学术年会论文集. [出版者不详],2012:151-153.

[3] 王永东. RFID高频与超高频在图书馆的应用比较[J]. 图书馆论坛,2010(2):81-82,105.

基于西部地区"双一流"高校图书馆微信公众号的图书推介服务效能研究

付　鑫（喀什大学图书馆）

图书推介服务一直以来是各高校图书馆开展读者服务的常规工作,所谓图书推介,"实质上就是图书馆运用各种技术手段对所选择的图书进行宣传,以期引起读者的阅读兴趣,达到利用图书的目的"[1],也就是说,将自身所拥有的图书资源推介给读者,发挥资源的最大效能。随着微信公众平台这一媒介被人们广泛接受,各高校图书馆也逐渐将其应用到图书推介服务上来,笔者以西部地区"双一流"高校图书馆为对象,研究其图书推介情况。

1　高校图书馆使用微信公众号的基本情况

我国西部地区共计11个省、自治区,分别是四川省、陕西省、云南省、贵州省、广西壮族自治区、甘肃省、青海省、宁夏回族自治区、西藏自治区、新疆维吾尔自治区、内蒙古自治区。2017年9月20日,教育部、财政部、国家发展改革委发布了《关于公布世界一流大学和一流学科建设高校及建设学科名单的通知》。2022年2月9日,三部委又发布了《教育部　财政部　国家发展改革委关于公布第二轮"双一流"建设高校及建设学科名单的通知》,经过两轮评估,西部地区共计有26所"双一流"高校,且26所高校均在两轮评估名单中(部分高校学科有所增减)。笔者基于此,进行分析。

笔者通过在清博指数官方网站查询,以及通过在微信公众平台添加相应公众号的方式,搜索到西部地区"双一流"高校图书馆微信公众号的开通情况。经调查发现,西部地区26所"双一流"高校图书馆共计开通了28个微信公众号,其中,中国人民解放军空军军医大学由于其学校性质的特殊性,笔者未发现其图书馆微信公众号。另外,西南交通大学图书馆、成都理工大学图书馆、石河子大学图书馆各拥有2个微信公众号。2022年2月26日,经统计发现,已经通过认证且在认证期限内(有效期至2021年12月30日)的图书馆微信公众号有23个,3个微信公众号不在有效期内,2个微信公众号未显示有效时间,具体情况如表1所示。

表1 西部地区"双一流"高校图书馆公众号、账号名

学校名称	图书馆微信公众号名称	微信号	首篇推送时间	认证时间	有效期	备注
四川大学	四川大学图书馆	sculibrary	2014-05-29	2021-09-17	2023-01-09	
电子科技大学	电子科技大学图书馆	UESTCLIB	2018-09-17	2021-03-09	2023-10-16	
西南交通大学	西南交通大学图书馆	gh_ce0765fd25de	2018-07-11	2020-11-04	2024-07-16	
	西南交大图书馆	xnjdtsg	2013-12-23	2021-09-02	2024-07-16	
西南石油大学	西南石油大学图书馆	swpulib	2015-03-18	2021-10-19	2025-01-07	
四川农业大学	四川农业大学图书馆	sicaulib	2016-05-30	2021-04-01	2025-03-13	
成都理工大学	成都理工大学图书馆	cdlgxlib	2015-04-15	2021-11-24	2023-12-19	
	成都理工大学水上图书馆	cdutlib	2013-09-16	—	—	2015年4月24日停用
西南财经大学	西南财经大学图书馆	swufelibrary	2015-12-11	2021-11-11	2023-03-06	
成都中医药大学	成都中医药大学图书馆	gh_ea05a5f16f7e	2015-05-13	2021-01-08	2022-03-23	
西安交通大学	西安交通大学图书馆	xjtu_lib	2013-07-09	2021-03-03	2021-10-31	失效
西北工业大学	西北工业大学图书馆	NWPU-LIB	2015-03-27	2021-09-23	2021-11-07	失效
西北农林科技大学	西北农林科技大学图书馆	xinong_lib	2016-07-11	2021-05-18	2023-01-09	
西北大学	西北大学图书馆	nwu-lib	2015-07-10	2021-03-03	2022-03-17	
西安电子科技大学	西安电子科技大学图书馆	xidiantsg	2015-11-07	2022-02-24	2022-11-24	
长安大学	长安大学图书馆	CHDLibrary	2017-11-08	2021-10-08	2024-01-24	
陕西师范大学	陕西师范大学图书馆	snnulib	2016-10-11	2021-03-11	2023-01-25	
中国人民解放军空军军医大学	—	—	—	—	—	
云南大学	云南大学图书馆	ydxt616	2014-06-18	2021-06-30	2024-05-17	
贵州大学	贵州大学图书馆官微	Gzu_Library	2017-01-06	2021-09-13	2023-05-16	
广西大学	广西大学图书馆	gxulib	2014-03-18	2021-12-08	2022-03-09	

学校名称	图书馆微信公众号名称	微信号	首篇推送时间	认证时间	有效期	备注
兰州大学	兰州大学图书馆	lzulib	2014-11-17	2021-08-26	2024-04-19	
青海大学	青海大学图书馆	qhu-lib	2017-04-26	2021-11-24	2024-03-25	
宁夏大学	宁夏大学图书馆	nxdxlib	20150-4-23	2021-04-19	2026-03-30	
西藏大学	西藏大学图书馆	gh_d1c26ca9fff0	2016-11-23	2021-11-12	2026-09-14	
新疆大学	新疆大学图书馆	gh_193e1ee2ddec	2014-12-02	2021-09-07	2023-10-24	
石河子大学	石河子大学图书馆	shzdxtsg	2015-03-24	2021-09-06	2024-03-14	
		gh_363ab1e19edd	2017-03-28	——	——	发文1次,共计推送3篇
内蒙古大学	内蒙古大学图书馆	imulib	2015-04-30	2021-03-24	2021-08-19	失效

2 微信推文应用于高校图书推介服务的可行性

2.1 微信公众号推文自身优势有利于高校图书馆开展图书推介服务

第48次《中国互联网络发展状况统计报告》显示,"截至2021年6月,我国手机网民规模达10.07亿,较2020年12月增长2092万,网民使用手机上网的比例为99.6%,与2020年12月基本持平"[2]。微信公众号的用户规模非常巨大,由于微信公众号功能的多样性、信息传达的迅速性、接收信息的便捷性等特点,它越来越受到高校图书馆以及读者的青睐,既服务于线下,又服务于线上,甚至可以线上、线下共同开展图书推介服务活动,推文类型包含文字、图片、图文结合、视频、音频、综合形式(前五种形式不同方式的组合)。

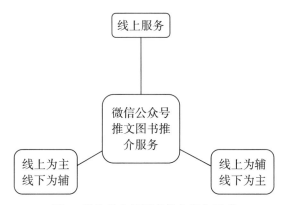

图1 微信公众号图书推介服务形式

与此同时,图书馆可以通过后台得知推文的效益,即推文的阅读量、点赞量、评论数以及转发量等情况,以期指导后期工作,提供更精准的图书推介服务。

179

2.2 高校图书馆有条件通过微信公众号开展图书推荐服务

按照教育部2002年印发的《普通高等学校图书馆规程（修订）》第17条要求，"高等学校要把图书馆的经费列入学校预算，并根据发展需要逐年增加。图书馆的经费包括文献信息资源购置费、运行费和专项建设费"[3]，即图书馆拥有购置资源的经费保障。与此同时，该规程规定"图书馆应不断提高文献服务水平，采用现代化技术改进服务方式，优化服务空间，注重用户体验，提高馆藏利用率和服务效率"[4]。图书馆积极顺应时代发展要求，积极做好图书推介服务工作，这既是其自身权力，又是其自身应尽的义务。

高校图书馆作为文献信息中心，是为教学和科学研究服务的学术性机构，拥有丰富的文献资源和专业的情报人才，有能力通过微信公众号这一第三方平台开展图书推介服务工作。

2.3 图书馆需要提高学生阅读兴趣

由于互联网的发展，学生的学习和生活被网络包围，甚至有的学生沉迷其中，部分学生考上大学之后失去了奋斗目标，并没有养成阅读习惯。图书馆为此需要通过微信公众平台，推出制作精良的图书推介推文，丰富学生的学习和业余生活，提升学生的综合素养。

而随着微信公众号的发展，如何让自身的推文抓住学生的眼球，最大限度地发挥微信公众号推文服务于图书推介工作的效能，是图书馆需要不断研究的问题。

3 西部地区"双一流"高校图书馆微信公众号图书推介服务现状

3.1 西部地区"双一流"高校图书馆微信公众号已将图书推介作为必推内容

经调研发现，西部地区"双一流"高校通过推文向读者推介图书是图书馆微信公众号的重要工作之一，大部分图书馆的此项服务已经较为成熟。2020年，西部地区"双一流"高校图书馆开展图书推介服务的推文占各馆全年推文的比重如表2所示。

表2　2020年西部地区"双一流"高校图书馆微信公众号图书推荐统计表

图书馆微信公众号名称	2020年发文条数/条	2020年图书推介推文条数/条	占比/%
四川大学图书馆	87	23	26.44
电子科技大学图书馆	194	43	22.16
西南交通大学图书馆	21	1	4.76
西南交大图书馆	198	14	7.07
西南石油大学图书馆	117	10	8.55
四川农业大学图书馆	129	30	23.26
成都理工大学图书馆	266	53	19.92
西南财经大学图书馆	115	13	11.30
成都中医药大学图书馆	213	40	18.78
西安交通大学图书馆	192	18	9.38

图书馆微信公众号名称	2020年发文条数/条	2020年图书推介推文条数/条	占比/%
西北工业大学图书馆	171	23	13.45
西北农林科技大学图书馆	140	33	23.57
西北大学图书馆	112	8	7.14
西安电子科技大学图书馆	248	54	21.77
长安大学图书馆	61	13	21.31
陕西师范大学图书馆	251	50	19.92
云南大学图书馆	236	70	29.66
贵州大学图书馆官微	212	34	16.04
广西大学图书馆	91	6	6.59
兰州大学图书馆	679	116	17.08
青海大学图书馆	9	1	11.11
宁夏大学图书馆	182	64	35.16
西藏大学图书馆	74	4	5.41
新疆大学图书馆	312	47	15.06
石河子大学图书馆	304	22	7.24
内蒙古大学图书馆	348	62	17.82
合计	4962	852	17.17

本统计表中的"图书推介条数"针对电子书、纸质书,不包括期刊。笔者利用爬虫技术将微信公众号推文数据导出之后进行分析,既有直接的"图书推介",又有间接的图书推介方式,例如:年度图书借阅榜单。与此同时,统计图书推介条数时,以点击的内容为参考依据,并非以标题、关键词分析为依据。

经统计,"双一流"高校图书馆微信公众号推文的内容包括图书推介、信息素养培训、专家讲座、影视欣赏、图书漂流、开闭馆通知、图书馆设备功能介绍、岗位招聘、问卷调查等。而从统计结果可以看出,西部地区"双一流"高校图书馆微信公众号图书推介内容是以上图书馆的必推内容。

3.2 西部地区"双一流"高校图书馆微信公众号图书推介方式分析

笔者分析了2020年西部"双一流"高校图书馆微信公众号的图书推介推文。大体而言,图书馆微信公众号的推荐方式为"推介人+图书+推荐理由"。

3.2.1 本校教师推介图书

本校教师和学生接触得最为密切,也对学生的学业、科研、生活、思想比较了解,由教师向学生推介图书,既具有说服力,又具有可信性。

四川大学图书馆微信公众号和西安交通大学图书馆2020年的推文可谓此方面的代表。2020年7月30日,四川大学图书馆推出的"十大部门加推书目,我爱经典每周悦读!"一文,推介人包括图书馆馆长、校长、教师等,所推荐的图书包含小说、管理学、史学、哲学等方面的书籍,可以说很有吸引力。

如果说四川大学图书馆的推文是通俗类图书推文的代表,那么西安交通大学的推文便是专业书籍推文的代表。2020年11月28日,西安交通大学图书馆微信公众号推出了题为"名师荐读|徐宗本院士推荐《微积分的历程》"的推文,中国科学院院士、数学家、信号与信息处理专家、西安交通大学教授徐宗本老师向读者们推荐了专业书籍《微积分的历程》。文中推出了徐老师录制的推荐视频,时长达6分钟。徐老师从三个方面介绍了这本书的内容梗概和阅读价值,最后强调了师生阅读这本书对于学习和科研的意义。

研究中,笔者发现,部分图书馆介绍时未向读者详尽介绍图书的基本信息,例如索书号、出版信息、馆藏地等。

3.2.2　本校学生推介图书

读者通过阅读此类推文,可以快速获悉其他正在阅读哪些书籍。图书馆在做此类图书推介时既能引起学生的阅读兴趣,又能够引发关注度,有的高校图书馆将其设为微信推文的常规栏目,例如成都理工大学图书馆微信公众号2020年5月推出11期题为"我是读书人"的文章,分享学生的学业成绩、读书心得以及推介图书。2020年,西安交通大学图书馆微信公众号先后4期推出题为"学长线下荐书"的文章。此次推介以线下活动为主,微信推文为辅。一般而言,此种推介方式的前提是图书馆能够提供该书籍的电子版或者纸质版。

以此种方法推介图书时,存在的问题是推介人、推介理由、推介书籍信息不详细,例如西部地区某"双一流"高校图书馆微信公众号于2020年4月23日推出的题为"学霸们的宅家阅读报告!"的推文,向读者推介了十余本图书,考虑到部分学生在家无法借阅纸质版图书,推文配备了图书的电子版链接、纸质版图书馆藏地点、推介人、推介理由、索书号等信息,然而,缺点是推文中没有提供图书内容简介。

3.2.3　推介本校教师的图书

经过积淀,不少高校拥有深厚的学术底蕴,为此,不少高校图书馆通过微信公众平台推荐本校专家教授的专著,这既可以让读者了解本校历史,增加读者的爱校情怀,又可以达到宣传本校馆藏的目的。例如,2020年12月30日,西安交通大学图书馆微信公众号推出题为"好书推荐|韩启德《医学的温度》"的文章,向读者推介了中国科学院院士、病理生理学家韩启德的专著《医学的温度》。2020年7月13日,四川大学图书馆微信公众号推出了题为"硬菜上桌|科学文库推介"的文章,推出了科学文库中本校教师的重大成果。2020年12月6日,西北工业大学图书馆微信公众号推出题为"百岁老人的天穹之梦!"的文章,向读者介绍姜长英老师的生平事迹以及姜老师撰写《中国航空史》时的故事。

3.2.4　发布一段时间的馆内借阅榜单

馆内一段时间的借阅榜单属于间接性推介,读者通过阅读榜单可以获知同校读者都在阅读什么书。就像消费者在淘宝、京东等网络购物平台上选择商品一样,销量是其选择商品的重要参考依据。当然,此类别数据统计具有一定的局限性,即大部分图书馆只能统计纸质类图书的借阅情况。表3为2020年西部地区"双一流"高校图书馆通过微信公众号推送的年度阅读报告。

总体而言,读者对于学校一年之内借阅量的排行榜关注度比较高,相比较其他图书推介推文,其阅读量在本校图书馆2020年的推文当中排名靠前。然而,并不是所有高校图书馆微信公众号都推出了相关推文。

表3　西部地区"双一流"高校图书馆微信公众号2020年发布借阅量情况推文统计表

图书馆微信公众号	标题名称	阅读量/次	发布时间	评论数/个	点赞量/个
贵州大学图书馆	2019阅读高光榜,等你"鼠"数	681	2020-01-09	7	0
贵州大学图书馆	2019小阅年度报告之服务篇	191	2020-01-09	0	0
新疆大学图书馆	2020年图书借阅量TOP10排行榜新鲜出炉	965	2020-12-19	1	12
内蒙古大学图书馆	回顾l内蒙古大学图书馆2019年读者利用报告	1160	2020-01-28	0	0
陕西师范大学图书馆	2019图书馆阅读报告新鲜出炉!	2608	2020-01-08	6	0
长安大学图书馆	四月读书季—小布克邀您一起回顾历史,阅见未来	204	2020-04-24	0	0
西北工业大学图书馆	我们的2020,送你一朵大红花!	2872	2020-12-31	9	35
成都理工大学图书馆	大数据回望成理图书馆的2019	837	2020-03-01	2	1
西北农林科技大学图书馆	2019年图书借阅与入馆报告来啦!	1843	2020-01-10	5	0
西北农林科技大学图书馆	人均借书21.41册次l2020届本科生阅读数	233	2020-08-28	0	0
西南石油大学图书馆	西南石油大学图书馆2019年度大数据来啦!	4279	2020-01-01	10	0
西南交通大学图书馆	这里有一份年度总结等待查收	4044	2020-01-01	8	0
西南交通大学图书馆	走过2019,图书馆的成绩单	4437	2020-01-04	7	1
电子科技大学图书馆	2020年电子科技大学年度阅读报告	6210	2020-12-29	20	112
西安电子科技大学图书馆	2019图书馆大数据	2414	2020-01-05	7	0
四川大学图书馆	明远学习榜SEASON 2l图书馆寒假服务大礼包第一弹!	7858	2020-01-10	26	0
四川农业大学图书馆	数据l您收到一份报告,了解不一样的图书馆!	113	2020-06-03	0	0
兰州大学图书馆	书荒请入l2019年度图书馆借阅排行前20本图书	438	2020-05-09	3	0

3.2.5　热门榜单图书推介

读者阅读图书时,不仅需要知道校内借阅量排行榜,还需要走出校门,知道其他热门排行榜。经统计,西部地区"双一流"高校图书馆微信公众号常用的榜单是豆瓣年度图书榜单。例如,电子科技大学图书馆2020年1月13日推出题为"速来围观｜2019'心底之书'结果揭晓"的推文,其中推出的即豆瓣2019图书榜单,并向读者推介了部分图书的电子版。

这类推介还会介绍获奖作品,例如2020年5月15日,西北农林科技大学图书馆微信公众号推出题为"大奖书系第4期:芥川奖获奖作品"的文章,向读者推介了十部荣获芥川奖的作品,并提供了电子书的二维码。2020年10月8日,瑞典文学院宣布将2020年诺贝尔文学奖授予美国诗人露易丝·格丽克(Louise Glück),陕西师范大学图书馆微信公众号于10月21日推出了题为"近年诺贝尔文学奖作品推荐:在经典中感受文学魅力"的文章,向读者介绍了近十年来的荣获诺贝尔文学奖的作品(包含露易丝·格丽克的作品)。

此类推文的问题表现在以下几个方面:一是有的图书馆微信推文介绍时并没有详尽介绍图书荣获的是哪一届奖项及作者信息等;二是图书馆关注的获奖类别较少。

3.2.6　推介新置图书

让读者了解图书馆新的图书资源,会使得读者多一种选择,为此,不少图书馆会通过其微信公众号开辟专栏介绍新进的馆藏资源,例如"每周新书"等。与此同时,为了避免推荐的图书杂乱无章,不少图书馆会以主题、图书类别、获捐图书等为依据陆续介绍新置的图书资源。此类别阅读量最高的推文是四川大学图书馆微信公众号于2020年9月21日推出的"每周新书|《拉丁美洲被切开的血管》"推文,最低的为西南财经大学图书馆微信公众号于2020年3月28日推出的"歌德新书|史里有春秋,有衣观传统、烟雨江南"推文。

上述四川大学图书馆的推文推荐了两本相关的图书,并有详尽的图书信息(ISBN号、出版社、出版时间、索书号、馆藏地)、作者简介、推荐理由(3条推荐理由)。

推介新购置图书的推文的问题主要表现在以下两个方面:一是只推荐图书的作者信息、出版社、出版时间,缺乏推荐理由或者推荐理由过于简单。笔者认为,推文中推介的图书不在于多与少,而在于是否精良。二是图书推介类别过于单一,例如鲜有推介外文图书的推文,唯有长安大学等少数高校的图书馆进行了推介。2020年12月9日,长安大学图书馆微信公众号推出文章"【长图书香｜外文新书推荐】第2期",向读者介绍了四本新购置的纸质版外文图书。

与此同时,除图书馆购买外,他人捐赠也是图书馆获得图书资源的方式之一。例如,2020年12月29日,陕西师范大学图书馆微信公众号推出题为"朱鸿教授向我馆捐赠个人著作"的文章,告知读者朱鸿教授向该馆捐赠了近40余年的所有作品。2020年12月4日,兰州大学图书馆微信公众号推送了题为"化私为公　嘉惠学林|陈长和教授向图书馆捐赠古籍《唐诗三百首》"的文章,读者便可获知馆藏内有一部《唐诗三百首》刻本,日后多了一项阅读选择。

3.2.7　好书推介

部分图书馆在设置图书推介时,笼统地将推介类别归为"好书推荐",推出方式有以下几种:

一是有的图书馆会将题目写为"好书荐读+图书名称"。例如云南大学图书馆在2020年9月17日推出了题为"好书荐读|《沈从文全集》"的推文,推文中详细介绍了沈从文和西南联大的渊源以及图书的馆藏位置,提升了读者的阅读兴趣;成都中医药大学图书馆微信公众号2020年连续推出15期题为"今日好书推荐"的文章,例如"今日好书推荐|《习惯的力量》"一文。

二是图书馆会利用他称,如电子科技大学图书微信公众号推出"书海撷英"系列图书推介,实则也是好书推介,题目命名形式为"书海撷英+反映该书的一句话",例如"书海撷英｜'他需要救治的不仅仅是他的眼睛,还有他的希望。'"一文推介的是图书《目光》;2020年陕西师范大学图书馆微信公众号先后推出14期题目命名形式为"红烛荐读+书名"的文章,例如"红烛荐读

14 |《谈美》:宁可食无肉,不可居无竹";兰州大学图书馆微信公众号先后推出了13期题目命名形式为"积石好书+主题"的图书推介,例如"积石好书走近职场"等;内蒙古大学图书馆微信公众号先后推出33期题为"爱读爱看十本书(IdoIcan)"的系列文章,例如"爱读爱看十本书(IdoIcan)之三十四"。

三是图书馆直接推出能够反映本期推介的一句话,例如西南交大图书馆微信公众号2020年12月20日推出题为"走过寒冬,品味厚重中散发的温暖味道"的推文,向读者推介《赫拉克勒斯之柱》《回归故里》等图书。

二、三类推介容易出现的弊端有以下两个方面:一是读者不能根据题目快速得知推文有何意图,例如"有心事的时候等到独自一人再去想",乍一看题目,不知道其推介内容,实则题目反映了本期图书的主题,文中有图书信息、馆藏地址、文字和音频的推介理由等;二是如果图书馆微信公众号没有形成这类风格,突然出现题为一句话的标题,会让读者难以理解。

3.2.8 影视名著推介

影视剧和原著如影随形,不少原著由于影视剧的改编而被人们关注,此类图书推介以由名著改编而来的影视剧为介,吸引读者的注意,让读者在观看影视剧的同时,品味原著的魅力。推介分为经典影视剧和热播影视剧,推介时,图书馆会介绍影片豆瓣评分、影片上映时间、影片简介,甚至会提供部分片段和图片供读者阅览,最后再向读者提供原著的作者、出版社、馆藏信息、电子书二维码等内容。

一是经典影视剧,以获奥斯卡金像奖等奖项的为多。例如,2020年5月7日,西北农林科技大学图书馆微信公众号推出题为"奥斯卡金像奖获奖作品原著盘点"的推文,向读者介绍了获奖电影的原著《徒手攀岩》《小妇人》等,并提供了相应的电子书二维码。

二是热播剧,这类推介想要吸引读者的注意,需要紧随读者关注的热点,例如,2020年6月在爱奇艺上映的网剧《隐秘的角落》受到了不少人的追捧,云南大学图书馆微信公众号便于2020年6月24日推出了题为"[享阅世界]豆瓣9.0,《隐秘的角落》凭什么"的推文,向读者提供了该影片的电子版原著《坏小孩》。2020年11月29日,中央电视台播出电视剧《装台》,受到了不少观众的追捧,2020年12月14日,宁夏大学图书馆微信公众号便推出题为"一本好书〈装台〉——被生活所虐又都将生活爱恋"的推文,向读者推出了《装台》这部剧的原著,可谓非常及时。

3.2.9 推介节日、节气相关图书

一年当中节日、节气的次数几乎没有变化,时间也相对固定。不少高校图书馆为了丰富节日的书香氛围,会按时为读者推送节日、节气介绍以及相关书籍。经过多年的经验积累,不少高校图书馆已经积累了丰富的经验。常见的节日有春节、端午节、中秋节、教师节、五四青年节、七夕、世界水日、感恩节等,常见的节气有小暑、白露、立秋、大暑、夏至、谷雨等,有的图书馆微信公众号甚至针对"双十一"推出专题,用以推介"双十一"期间可以购买的图书。

四川大学图书馆在春节期间通过微信公众号向读者推出了"年味书香,用典过节丨《平"语"近人——习近平总书记用典》"的推文。一般而言,读者很难将此类图书和春节联系起来,但图书馆从中汲取了图书中关于传统文化以及家庭的认知,可谓应时应景。电子科技大学图书馆微信公众号推出题为"年味书香丨习大大的'书柜'"的文章,向读者介绍了习近平总书记经常引用的传统国学书籍。2020年6月24日,四川农业大学图书馆微信公众号向读者推出题为"浓情端午,粽情粽意"的文章,向读者推介《大地悲歌屈原传》《屈原及楚辞学论考》

两本书,也很应景。

不少图书馆微信公众号推出了关于节气的图书,例如,2020年,成都理工大学图书馆微信公众号先后推出了以小寒、谷雨、小满、夏至、小暑、大暑、立秋、处暑、白露、秋分、霜降、冬至等为主题的图书,涵盖了一年当中主要的节气,读者通过阅读便可获悉节气及与之相关的图书。

在推介此类相关图书时,存在以下几个方面的问题:一是部分图书馆没有考虑到读者的实际,例如春节期间向读者推荐时,由于大部分师生不在学校,借阅图书并不方便,应尽可能地推荐电子书,以便学生阅读;二是部分图书馆的推文标题不明确,例如某西部地区"双一流"高校图书馆微信公众号于2020年春节期间推出题为"2020,我爱你!"的推文,如果只是看题目的话,读者并不能知道原来推文在介绍民俗的同时,要推荐《对联艺术》《酸甜苦辣咸》《人间滋味长》等图书;三是推介的时候,部分图书馆没有向读者介绍图书的作者、出版社、图书简介等信息,让读者不能详细得知图书的基本信息;四是推介的图书只是和节气名称略有相关,例如夏至时,推介《夏至未至》这本小说,这对读者了解节气而言并无太多作用。

3.2.10 图书馆微信公众号应对突发卫生公共事件

2020年春节期间,正值新型冠状病毒在全国开始蔓延。彼时,恰逢各高校放寒假,图书馆微信公众号便充分发挥其优势,向读者提供电子书服务,丰富读者的假期生活。在文字处理上,部分图书馆尽量体现出文字的温度,例如电子科技大学图书馆推出题为"阅读战疫""疫往昔"的推文,文字生动有趣。

一是向读者推介该校热门图书的电子版,例如,四川大学图书馆2020年2月1日推出题为"读书声中战疫情,接到起爱你爱你!"的推文,向读者推介了10年来该校"热书榜单"上的部分电子版图书;二是向读者推介新冠病毒的相关图书,有《新型冠状病毒感染的肺炎公众防护指南》《新型冠状病毒感染的肺炎防治知识问答》《新型冠状病毒大众心理防护手册》《中医抗"疫"大众调护指南》等;三是向读者提供缓解疫情压力,丰富"宅"家生活的图书,例如《水漾花开:水彩入门教程》《焦虑急救》《乌合之众——大众心理研究》等;四是向读者推介流行病相关的小说,例如2020年3月16日,电子科技大学图书馆微信公众号推出题为"'疫'往昔|那些在'黑暗'中诞生的文学作品——《岛》"的文章,向读者介绍了麻风病流行时的故事。

介绍这类图书时,出现的问题是部分图书馆在向读者推介《鼠疫》等图书时,没有提供纸质或者电子版图书的获取方式,读者并不知道图书馆推介的这本图书是否有馆藏、电子版图书如何获取。在疫情防控期间,图书馆应以向读者电子版图书为宜,方便读者阅读。

3.2.11 以活动促进图书推介

图书馆通过线上宣传,促进线上线下图书推介活动,既可以推进活动开展,又可以丰富线上推介,可谓一举两得。例如图书馆可以通过微信公众号告知读者开展读书会时共读的书籍,并向读者推送图书获取方式。推文中可以向读者介绍活动中共读的书籍、活动参与者的阅读体会等信息。

总体而言,这类以活动促进图书推介的推文形式主要有以下两种:一是活动新闻稿,例如西南交大图书馆微信公众号2020年10月29日推出题为"经典垂百代,文明传薪火"的推文,向读者介绍了古籍特藏室在10月9日至10月23日举办的"经典垂百代,文明薪火传"馆藏文献展览活动,通过阅读,读者便可以知道馆藏的"中华再造善本"。二是展示阅读心得,这类算是

间接推介,例如四川农业大学图书馆微信公众号2020年推出5期阅读心得,学生通过阅读题为"阅读分享|《挣扎与被驯化》"的读书心得,便可以了解《1984》这本书的梗概。另外,西安电子科技大学图书馆微信公众号于2020年先后推出5期"小图物语"专栏的书评推文,书评中配有书籍的图画、馆藏地址,推文版面设计很精美,书评撰写得很用心。

3.2.12 以时事为由推荐相关图书

以时事为由向读者推荐相关图书,既可以提高读者的阅读兴趣,又可以提高读者对于时事的认知,这一方法得到了不少图书馆的认可。例如,2020年12月17日凌晨,嫦娥五号返回器携带月球样品返回地球,在内蒙古四子王旗预定区域安全着陆,次日,西北农林科技大学图书馆微信公众号便推出了题为"嫦娥五号凯旋|追随人类征服太空的脚步"的推文,向读者推介了描写太空的相关书籍。2020年7月6日,陕西师范大学图书馆微信公众号推出题为"《皮书》专题之2020全国两会|'我'最关注"的文章,向读者推介了皮书数据库的2020全国两会主题丛书。

3.2.13 红色图书推介

图书馆有义务向读者推荐红色书籍,培养学生的爱国热情。部分图书馆微信公众号推出"四史"专题图书推荐系列专栏、"一二·九"活动爱国主义系列图书推荐专题。某图书馆微信公众号推出题为"纪念|中国人民志愿军抗美援朝出国作战70周年"的文章,向读者推介《朝鲜战争:尘封六十年的内幕》等电子书。石河子大学图书微信公众号推出"图书推送|石图特藏:兵团文献系列之四"等文章,为读者介绍新疆生产建设兵团的历史。

此类图书推介表现的问题是图书介绍不详尽,或是解读不详尽,推介中鲜少运用推介其他图书时的生动方式。

3.2.14 为特定人群推介图书

这类推介中比较常见的是向新生或者毕业生推介图书。例如,2020年9月23日,西南石油大学图书馆微信公众号推出题为"新生季|图书馆联络员书籍推荐"的文章,图书馆联络员代表不同的学院向新生们推介*C Primer plus*、《算法图解》、《西窗法语》、《论犯罪与刑罚》、*Pride and Prejudice*等图书;2020年9月10日,广西大学图书馆微信公众号推出题为"大学第一课——2020新生必读经典书目推荐(一)"的文章,向2020级新生推介了《西方美学史》《拖延心理学》等十本图书。面对毕业生,2020年6月9日,西南石油大学图书馆微信公众号推出题为《致毕业生的一封信及推荐书籍》的文章,推出《中国共产党的九十年》《杜拉拉升职记》《近距离看美国》系列图书等。

推介时有的图书馆没有向读者详尽介绍图书信息,甚至连电子版图书阅读方式也没有提供。

3.2.15 推介馆藏特色

每座图书馆均有自身的特色馆藏,图书馆微信公众号通过发布此类介绍文章,可以使读者获悉本馆的特色馆藏,加深对图书馆的认知,有利于读者了解馆藏书籍的信息。例如,2020年4月1日,陕西师范大学图书馆微信公众号推出题为"书影婆娑——时空漫游图书馆(下)"的文章,向读者展示了馆藏的《〈大明一统志〉九十卷·司礼》监原刻本等珍贵书籍。2020年,陕西师范大学图书馆微信公众号先后四期推出题为"古文献解密"的文章,介绍馆藏的唐碑拓片、历代方志等珍贵文献。

4 改善西部地区"双一流"高校图书馆微信公众号图书推介服务现状的途径

4.1 基于数据挖掘技术的图书馆推荐服务

4.1.1 关联性图书推荐

数据挖掘技术如今被用在经济、社会的各个领域,"数据挖掘的一个重要过程就是从数据中挖掘知识的过程,也称为数据库中知识发现的过程和知识提取、数据采掘的过程等,并且可以在这一过程中用于发现概念、分类、关联、预测、聚类、趋势分析、偏差分析和相似性分析及结果的可视化"[5]。图书馆后台明晰读者借阅的基本信息(例如姓名、学号/工号、学院、专业、已借阅图书等信息)、馆藏图书的借阅情况(已借出图书的读者信息)、图书实体的信息(例如图书作者、书名、借阅状态、出版日期等信息)。通过读者的借阅记录,图书馆建立模型进行借阅记录的关联分析,从而告诉读者借过这本书的其他人还借了哪些书。图书馆微信公众平台的图书推文可以就此分析一段时间之内读者借阅图书的情况,并预判大部分读者的"关联性图书"。

4.1.2 聚类性图书推荐

读者的身份信息包括性别、民族、年级、专业、学院、学历等,就不同的聚类,可以形成不同的阅读习惯和阅读需求,类似于排列组合。如历史学专业和数学专业读者拥有不同的阅读习惯和阅读需求,图书馆微信公众号推文可以定期导出不同聚类属性的读者借阅情况,供读者借阅选择。

总体而言,西部地区"双一流"高校图书馆微信公众号会就一年的阅读情况进行推送,一般以最热门借阅(或者预约)排行为依据,个别图书馆会以社会学科类、自然学科类、中文图书类、外文图书类等类别为依据分别进行推介,但推介过于笼统且频率过低,应该加大聚类分析力度和频率。

4.2 增加学科属性图书推介服务

大部分读者在高校图书馆借阅图书旨在提高人文素养和学科专业素养,从统计的情况来看,西部地区"双一流"高校图书馆微信公众号的图书推介绝大部分属于提高读者的人文素养的类别,图书馆图书推介没有在学科服务上发挥作用。

图书馆要熟悉学科特点,掌握学科前沿动态,才能向读者推介具有学科属性的专业类书籍。

在图书馆人员配备不齐或者馆员学科素养参差不齐的情况之下,如何解决这个问题?一是可以加大馆际联盟,发挥各馆优势,加强图书馆学科属性的图书推介服务;二是图书馆可以联合学院、科研管理部门、专家学者,加强图书馆学科属性的图书推介服务;三是图书馆可以通过关注学科行业协会的动态,提高图书馆学科属性的图书推介服务。

4.3 丰富图书推介信息

读者阅读一本书的兴趣,往往源自图书的出版时间、作者、页数、学科影响力、馆藏情况等信息,综合考量之下,才会决定是否需要借阅该图书。图书馆微信公众号推文在做图书推介服务时,需要细化图书信息。有的"双一流"高校图书馆直接通过推文推出新购置图书的列表,在这种信息不全面的情况之下,读者很难进行抉择。

微信推文要丰富图书推介信息,类似于电视台的商品广告或淘宝直播间对商品的推荐,消费者没有掌握全面的商品信息、商品卖点是不会去下单购买的,即微信推文需要全面告知读者图书的信息,并强调图书的特点,让图书的价值得以发挥。

4.4 多种方法并施提高图书推介效力

经统计发现,西部地区"双一流"高校图书馆微信公众号的图书推介类推文存在文章数量参差不齐、阅读量参差不齐以及推介方法不全面的情况。为此,高校图书馆应多种方法并施,提高图书推介数量、提升阅读量。读者可以根据不同的依据全方位地选择。图书推介方式如图2所示。

与此同时,图书馆还应积极统计图书推介推文的阅读量。图书推介的文章并非只为完成任务,而应发挥微信公众平台这一优势,积极总结经验和教训。有的图书推介推文阅读量可以高达上千次,有的图书馆图书推介推文阅读量仅为两位数。例如2020年7月30日,四川大学图书馆微信公众号推送的《十大部门加推书目,我爱经典每周悦读!》推文,阅读量达3801,评论数为10。2020年12月29日,电子科技大学图书馆微信公众号推送的《2020年电子科技大学年度阅读报告》阅读量达6210,评论数为20。对于这种高阅读量的图书推介微信推文,本校以及其他高校图书馆要积极学习和总结经验。

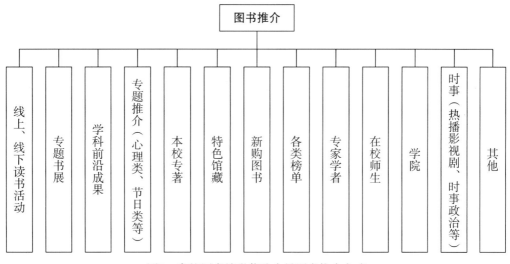

图2　高校图书馆微信公众号图书推介方式

4.5 统筹编排,合理规划

高校图书馆微信公众号图书推介类推文呈现分布不均匀、推介图书类别不全面的情况。例如有的高校图书馆图书推介推文集中在3月、10月、1月,其他月份没有任何图书推介推文,而有的图书馆可以按周为读者推荐图书。例如,云南大学图书馆2020年全年发布"新语听书"系列的推文32条,几乎平均分布在各个月份,推介方式较固定,能够让读者形成阅读习惯。

与此同时,对于不同语言文字的书籍均应有所涉及,且发挥西部地区部分高校学科设置的优势,推介中文、外文以及少数民族语言文字等编写的书籍。例如,2020年6月30日,内蒙古

大学图书馆微信公众号推出标题为"图书馆六部蒙古文古籍入选《国家珍贵古籍名录》"的推文，便是告知读者馆内的蒙古文藏书。2020年1月9日，西北工业大学图书馆微信公众号推出标题为"南山书舍|第5期:我的外文书单"的推文，便是向读者展示外文馆藏图书。

4.6　借助他力开展图书推介工作

某些高校图书馆和商家合作，开展电子书业务。例如，2020年，云南大学图书馆微信公众号推出了37期"新语听书"专栏，每一期图书推荐配有音频、文字、图片，全方位地介绍1—4本图书信息，推文最后详细介绍图书的作者、出版社、分类、推荐理由、演播员姓名、图书封面以及图书音频的二维码。无论是音频制作，还是文字、图片处理都很精良，读者插上耳机便可以享阅图书，所推介的图书涉及红色图书、获奖文学作品、学习方法、疫情知识等，推介类别可以说是很全面。贵州大学图书馆微信公众号也推出过"新语听书"，但期数不多。类似的还有QQ阅读易读书平台、掌阅阅读平台等，商家已经撰写好了图书推介的推文，高校图书馆微信公众号根据自身需要选择使用即可。图书馆可以根据自身的情况，选择和商家合作，开展此类业务。

基于微信平台的高校图书馆图书推介需要图书馆认真分析并不断改善，只有在掌握读者兴趣、需求以及馆藏情况的基础上，才能够有针对性地提供图书推介服务。西部地区"双一流"高校图书馆应充分利用互联网技术，借助微信服务功能助推资源价值的最大化。

参考文献

[1] 吴雪莹.基于微信平台的高校图书馆图书个性化推介研究[J].图书馆学刊,2015（1）:112-114.

[2] 中国互联网信息中心.第48次中国互联网发展状况统计报告[EB/OL].[2020-08-27].http://www.cnnic.cn/hlwfzyj/hlwxzbg/hlwtjbg/202109/P020210915523670981527.pdf.

[3][4] 中华人民共和国教育部.教育部关于印发《普通高等学校图书馆规程（修订）》的通知[EB/OL].[2020-02-01].http://www.moe.gov.cn/jyb_xxgk/gk_gbgg/moe_0/moe_8/moe_23/tnull_221.html.

[5] 聂飞霞.基于数据挖掘技术的移动图书馆个性化图书推荐服务[J].图书馆学刊,2014（5）:104-106.

长三角公共图书馆智慧旅游服务供给研究

严贝妮　刘　婉（安徽大学管理学院）

公共图书馆服务建设和转型升级始终是我国公共图书馆事业发展规划的焦点任务。近年来，智慧图书馆成为热议话题，学界和业界致力于实现智能化环境下图书馆对新理念、新技术的移植运用。2013年，文化部印发《全国公共图书馆事业发展"十二五"规划》，提出"创新服务手段，优化服务模式，全面提升公共图书馆服务能力"；到2017年，《"十三五"时期全国公共图书馆事业发展规划》提出，"提高服务效能"和"加强新技术应用，提升数字化服务能力"。2018年3月，文旅部获批设立，体现了文化和旅游同出一脉，文化赋予旅游精神内核，旅游为文化增添风采。文旅融合发展赋予公共图书馆新的发展思路，是新时期公共图书馆服务创新的方向。

纵观国内外公共图书馆旅游服务相关研究，国外起步较早于国内，国外学者主要探讨了公共图书馆旅游服务潜力[1-2]、公共图书馆文化空间作用[3]、公共图书馆旅游信息服务[4-5]以及公共图书馆旅游服务案例调查[6-7]等研究主题。国内相关研究起步较晚，整体数量较少，但近年来研究热度一路攀升，学者主要就文旅融合政策背景[8]、文旅公共服务体系建设支撑[9]、公共图书馆文旅定位和价值[10]、公共图书馆旅游服务建设[11]等展开了研究。针对公共图书馆旅游服务建设的研究主要有：服务目标和对象方面，李悦昌等人提出围绕公共图书馆旅游服务的多种对象开展地方性旅游服务[12]；资源建设方面，丁文娟探讨了公共图书馆地方特色资源库建设[13]；服务策略和提升路径方面，马玲剖析了公共图书馆"文创+旅游"的耦合并提出服务创新策略[14]。此外，学者们还对江苏[15]、山西[16]、江西[17]等地公共图书馆旅游服务的案例进行了探讨。目前，我国公共图书馆旅游服务研究主要探讨了公共图书馆旅游服务的发展前景、实践案例和未来路径，但提出的策略多为呼吁，可操作性一般，且较少关注公共图书馆旅游服务供给的现实内容。因此，本文通过调查长三角省级公共图书馆的智慧旅游服务供给现状，探讨长三角公共图书馆智慧旅游服务存在的不足和优化策略，以期为智慧化环境下公共图书馆服务的创新升级和多元发展提供参考和借鉴。

1 长三角公共图书馆智慧旅游服务供给现状调研

本文以长三角地区4个省级公共图书馆为研究对象，主要采用文献调查、网络调查和案例分析等方法，从旅游信息资源、移动平台建设和线下空间打造三个方面对各馆的网站及相关信息进行调查研究，剖析长三角地区公共图书馆智慧旅游服务供给现状和成效，调查时间截止到2022年4月1日。

1.1 旅游信息资源

目前,长三角各省级公共图书馆信息资源建设主要集中在数字资源方面,地方文献资源建设成果丰硕,但是在专门的旅游信息资源建设方面还有待加强,如表1所示。

表1　长三角地区省级公共图书馆旅游信息资源建设情况

网站名称	专门旅游信息资源		地方文献信息资源			
	资源名称	建设形式	总体概况		旅游相关的地方文献栏目/资源库建设情况	
			建设形式	数量/个	栏目/资源库名称	数量/个
"上海图书馆"	"上海之窗"	独立网站	特色馆藏栏目	8	"上海年华""抗战图片库"	2
"南京图书馆"	"江苏文化数据库"	站内自建资源库	自建资源库	30	"江苏文化数据库""江苏红色之旅""江苏特色博物馆""江苏名人故居""江苏非物质文化遗产""江苏不可移动文物数据库"	6
	"江苏红色之旅"					
"浙江图书馆"	"风景浙江"	站内自建资源库	自建资源库	14	"风景浙江""杭州西湖龙井茶文化资源库""浙江省名山古寺旅游资源图库""浙江人文数字地图资源总库"	4
	"浙江省名山古寺旅游资源图库"					
"安徽省图书馆"	"安徽旅游"	站内自建资源库	自建资源库	33	"安徽古建筑""安徽戏曲""安徽文化名人""安徽旅游""安徽红色记忆""安徽历史文化名城""安徽非遗""大黄山""光辉烈士县""徽州建筑"	10

1.1.1　专门旅游信息资源

长三角各省级馆均设有专门旅游信息资源相关内容,但设置方式和内容又有所不同。上海图书馆旅游信息资源建设成果最为显著,其首页设置"上海之窗"项目官网链接,其中又内设"美丽上海"栏目,分为"上海文旅""上海美食生活""上海出行""上海经典"等共8个板块,全方位介绍了上海衣食住行相关信息,具有明显的旅游信息作用。南京图书馆、浙江图书馆和安徽省图书馆的旅游信息资源都以站内自建数据库的形式呈现,属于地方文献资源的一部分。此外,南京图书馆和浙江图书馆还将旅游信息资源作为当地人文历史数据库建设的重要部分,如南京图书馆的"江苏文化数据库",拥有旅游、文化民俗、名人事迹等内容,浙江图书馆的"风景浙江"也涉及了浙江旅游景点、特产和名人等方面的介绍。而安徽省图书馆则将旅游信息资源作为独立的建设对象,建设了一个专门的"安徽旅游"资源库,主要介绍安徽旅游景点。

1.1.2　地方文献信息资源

长三角各省级馆的地方文献资源建设较完善,其中有不少和旅游信息资源相关的内容。

上海图书馆的特色馆藏共建有8个栏目，其中"上海年华"涵盖了"年谱""老照片""明星录""老电影""电影期刊"等上海地方特藏，"抗战图片库"展示了上海作为抗日正面战场的历史面貌，二者蕴含着丰富的文化旅游和红色旅游价值。其余三个图书馆都十分重视馆藏特色资源库建设，其中南京图书馆有30个，浙江图书馆有14个，安徽省图书馆有33个，包括名胜古迹、文化艺术、历史名人等各种地方文献资源。此外，南京图书馆和安徽省图书馆都挖掘了地方红色旅游信息资源，建设了如"江苏红色之旅""安徽红色记忆""光辉烈士县"等资源库。而浙江图书馆较关注对人文风景资源的开发，包含龙井茶文化、名山古寺、人文地图等内容。

1.2 移动平台建设

长三角地区各省级公共图书馆在移动信息服务建设方面都比较完善，运用现代信息技术，紧跟时代潮流，打造了现代化、多元化的移动信息服务方式，如表2所示。四个省级馆都推出了各类专属移动服务平台。

表2 长三角地区省级公共图书馆移动平台建设情况

图书馆名称	移动服务平台建设情况					
	App平台建设		微信平台建设		微博平台建设	
	App名称	服务功能	微信公众号	服务功能	微博账号	微博栏目	常用标签
上海图书馆	"上海图书馆"	"新闻活动""图书借阅""分馆导航""读者公告""在线咨询""楼层地图""预约入馆""读者证""书目检索""我的图书馆"	上海图书馆	①"我的图书"："查询""借阅""预约入馆"等 ②"活动"："AR图书馆""讲座""培训""活动预定""国图阅读"等 ③"发现"："咨询反馈""阅读账单""专业服务""借书积分"等	上海图书馆信使	"精选""微博""视频""直播""文章""相册"	"微阅读""readitNOW""艺起前行""新书到"
	"市民数字阅读"	"电子书分类""我的书架""用户信息"					
	"上图武康路导览"	"历史建筑""AR探索""武康路历史"					
	"上海享借"	"图书网上借阅"					
南京图书馆	"南京图书馆"	"南图信息""南图展览""图书查询""图书续借""电子证卡""借阅历史""国学导览""讲座视频""电子图书""电子期刊""少儿天地""新书上架""中文在线""阅览在线""阅读账单""扫一扫"	南京图书馆	①"服务中心" ②"在线阅读"："看书听书""少儿天地""讲座""新书推荐"等 ③"通知公告"	南京图书馆	"精选""微博""视频""文章""相册"	"转发赠书""相阅南图""四月""十万个为什么"
			图书馆学与国学	①"南图荐读"："荐读台""论坛分享会"等 ②"国学"："玄览堂""风俗""博识""经典"等 ③"动态"："书讯""聚焦""讲座"等			

图书馆名称	移动服务平台建设情况					
	App平台建设		微信平台建设		微博平台建设	
	App名称	服务功能	微信公众号	服务功能	微博账号	微博栏目	常用标签

图书馆名称	App名称	服务功能	微信公众号	服务功能	微博账号	微博栏目	常用标签
浙江图书馆	"浙江图书馆"	"书目检索""一键续借""移动阅读""数字资源""逾期缴费""活动报名""新书通报""导航定位""馆内公告""智能咨询""停车余位""场地预约""图书荐购""阅读报告单""我的图书馆"	浙江图书馆	①"服务":"服务大厅"②"互动":"公告""活动预告""入馆预约"等③"阅读":"借阅榜""移动阅读"等	浙江图书馆	"精选""微博""视频""文章""相册"	"每日一书""打卡日历""转发赠书""浙图公告"
	"浙里阅"	"信阅""展览""阅读""直播""咨询""活动""积分商城""活动日历""品牌活动""阅读推荐""特色资源"	浙里阅	①"文化活动"②"数字阅读"③"微服务大厅"			
安徽省图书馆	"安徽省图书馆"	"安图概况""安图公告""服务指南""数字资源""读者荐书""读者调查""名师讲坛""我的书架""文献发现""直播间""防疫专题""防疫知识库""我的图书馆""自修室预约""我的电子证""电子证办理"	安徽省图书馆	①"微服务大厅"②"数字阅读":"数字资源平台"等③"交流互动":"问卷调查""图书推荐""自修室预约""国图阅读"等	安徽省图书馆	"精选""微博""视频""相册"	"领奖通知""通知""活动预告""我为群众办实事"

1.2.1 基础性服务功能

通过观察四个省级馆移动平台的服务功能,可以发现各馆的基础性服务功能大致相同,主要可分为通知公告类、图书资源类、文化活动类和读者信息类四类。

（1）App平台

四个馆都有提供综合服务的App平台,其中上海图书馆最为多样,还开设了其他单一服务平台,对综合性平台的功能进行拓展和补充;浙江省图书馆还整合了浙江省公共图书馆线上资源打造了"浙里阅"App。以"上海图书馆"、"南京图书馆"、"浙江图书馆"和"安徽省图书馆"四个综合性App平台为例,其都包含四类基础服务功能:①通知公告类,主要用于发布图书馆的相关动态,如上海图书馆的"新闻活动"和"读者公告",南京图书馆的"南图信息",浙江图书馆的"馆内公告"和安徽省图书馆的"安图公告";②图书资源类,包含书目查询、图书借阅和电子资源阅览等内容,如上海图书馆的"书目检索"和"图书借阅"等,南京图书馆的"图书查询"、"图书续借"、"电子图书"等,浙江图书馆的"书目检索"、"一键续借"和"移动阅读",以及安徽省图书馆的"文献发现"和"数字资源"等;③文化活动类,主要用于宣传图书馆举办的各类活动,如上海图书馆的"新闻活动",南京图书馆的"南图展览"和"讲座视频"等,浙江图书馆的"活动报名"等,安徽省图书馆的"名师讲坛"和"直播间"等;④读者信息类,主要用于办理读者证件和提示读者借阅信息等内容,如上海图书馆的"读者证",南京图书馆的"电子证卡"和"借阅历史",浙江图书馆的"逾期缴费"和"我的图书馆"等,以及安徽省图书馆的"我的图书馆"、"我的电子证"和"我的书架"等。

（2）微信平台

各馆都创建了微信公众号,功能和App平台相类似,以四类基础服务为主,微信平台服务主要通过设置栏目和服务大厅的方式实现。如"上海图书馆"在微信平台上设置了"我的图书"、"活动"和"发现"3个一级栏目,各自又有下属栏目。而"南京图书馆"、"浙江图书馆"和"安徽省图书馆"都将服务大厅作为一级栏目之一,服务大厅涵盖了图书借阅、新书通报、个人资料、电子资源等各项功能。

（3）微博平台

各馆共有的基础功能包括精选热门、微博、视频和相册,通过各馆的常用标签可以看出其都将微博主要作为一个发布信息和展示宣传的平台,如上海图书馆的"新书到"和"艺起前行"、南京图书馆的"相阅南图"、浙江图书馆的"浙图公告"、安徽省图书馆的"活动预告"和"通知"等,体现图书馆的公共文化服务作用。

1.2.2　延伸性服务功能

各馆在提供基础性服务的同时,也不断拓宽和延伸图书馆的业务范围,努力实现图书馆的高质量服务。目前,图书馆的延伸性服务主要有两种形式:一种是利用馆藏资源为读者提供个性化服务,另一种是利用现代信息技术为读者呈现不同形态的馆藏资源。

（1）在App平台

四个馆都有相关的个性化服务或现代信息技术运用的服务功能。上图成果较为突出,不仅在"上海图书馆"App中为读者提供"在线咨询",还根据馆藏特色和用户需求开发出特色App,其中"市民数字阅读"和"上海享借"专门提供电子书阅览和网络借书服务,而"上图武康路导览"是一款AR导览应用,主要利用AR扫描技术展现武康路的历史、人文和建筑等信息,可以为游客动态展示武康路的历史变迁。南京图书馆的"南京图书馆"App依托馆藏资源开设了"国学导览",包含了"国学玄览堂"、"国学研究"、"中华学术"和"国际汉学"等内容。浙江图书馆的"浙江图书馆"App提供"智能咨询"服务,"浙里阅"提供了浙江省公共图书馆合作共享"信阅"平台,结合支付宝信用服务实现免费借阅新书和使用全省数字资源,此外,还通过视频展示浙江省的"特色资源",包含美术与技艺、戏曲名人、书楼学堂和浙江古村落。安徽省图书馆的"安徽省图书馆"App提供了"读者荐书"服务,读者可以自由填写推荐书目信息,并得到及时回复,同时其紧跟时事,开设了"防疫专题"和"防疫知识库",提供新冠疫情相关的各类防治信息。

（2）微信平台

各馆平台延伸性服务基本对应着App服务功能,主要为参考咨询和读者荐书,部分平台开设了其他特色服务。其中上海图书馆的"上海图书馆"微信公众号除了"咨询&反馈"服务外,还提供"跃+AR图书馆",以AR形式展现了图书、书评、活动和导航相关信息。南京图书馆的"南京图书馆"微信公众号提供了"云图有声"等有声书阅读服务以及读者参与荐书的"陶风采"服务;"图书馆学与国学"平台提供了"参与荐读"和"论坛分享会"服务,给予更多读者参与互动讨论的机会。浙江图书馆的"浙江图书馆"微信公众号开设了"自助咨询","百廿浙图"介绍了浙江图书馆发展120年来的主要事迹、人物和珍藏等内容;"浙里阅"微信公众号开展了"云享新春"和"红游浙江"活动,吸引读者参与各种小游戏和挑战。安徽省图书馆的"安徽省图书馆"微信公众号开展了有关读者满意的"问卷调查"和"读者荐书"服务。

（3）在微博平台

除了四项共有的基础功能外,上海图书馆还开通"直播"和"文章",南京图书馆和浙江图书馆开通了"文章"。此外,通过微博常用标签可以发现各馆的宣传聚焦于阅读推广,上海图书馆的"微阅读"和"readitNOW"体现了轻松化、故事化阅读,南图的"邂逅阅时光"和"转发赠书"、浙江图书馆的"每日一书"和"转发赠书"都以碎片化语句和书本奖励吸引读者,安徽省图书馆的"领奖通知"也体现对读者的激励,而"我为群众办实事"则通过借阅流程简化和深入基层实现阅读推广。

1.3 线下空间打造

图书馆智慧旅游服务供给包括线上资源和线下资源两部分,线上资源涉及旅游信息资源本身及供给的平台媒介等,线下资源涉及图书馆的实体建筑和文化活动等,其建筑馆舍亮点和特色活动开展关系到对读者和游客的吸引力。

1.3.1 馆舍亮点

图书馆通常是一个地区的地标性建筑物,是深厚历史文化底蕴和先进现代设计理念碰撞产生的作品,地理交通便利,对于打造旅游景点十分有优势。其中,上海图书馆的主楼由两座高楼和裙房组成,整体呈金字塔形,东西两楼呈多维台阶式块状设计,象征着不懈探索的求知精神,曾入选"第三批中国20世纪建筑遗产项目"。其馆藏实力雄厚,其中家谱建设独具特色,涉及22个省市、329个姓氏,此外还拥有设施完善的阅览室、研究室、展览厅、报告厅、学术会议室、音乐欣赏室及影音观摩室等。南京图书馆是中国第三大图书馆,建筑布局呈独特的"凹"字形,其设计方案来源于"中空弧形"模块设计,十分具有现代化气息,造型简洁流畅、极具个性,同时装饰设计借鉴南京明城残垣,巧妙地将现代技术和南京古都文化融为一体。馆内设置了六朝遗迹展示区、多功能厅、展览厅、学术报告厅等阅览和会展区域,此外还创新性地开设了文创艺术中心,江苏作家作品馆、惠风书堂、国学馆、十德堂、和畅文苑等个性化体验区域。浙江图书馆曙光路总馆建筑布局与周围山体湖泊环境完美融合,体现江南园林和民居建构双重特色。馆内珍贵文献丰富、地方文献齐全、外文文献入藏多样,与国内外多个图书馆保持友好合作关系。安徽省图书馆一直是安徽省的地标文化建筑,具有较高的人文历史、科学和建筑艺术价值,以主楼为中轴线,东西楼对称列于两侧,整体呈L型展开,具有高空间、大进深、对称美的特点。馆舍内部收藏了大量的珍贵文献,并具有现代化的空间布局和设备工具,设置了各类阅览室、展览厅及学习室和研究室等,共有19个对外服务窗口和1500余个阅览座位,安装了24小时还书机、自助办证机、自助借还机等设备。

1.3.2 特色活动

图书馆拥有丰富的文化旅游资源,借助各种宝贵的文献资源开展特色活动是图书馆发挥文化功能的重要方式,也是图书馆旅游服务的重要实现路径。长三角地区各省级馆在开展文化活动方面都别具特色,本文对四个图书馆2021年9月至2022年3月共7个月的活动开展情况进行调查,如表3所示。

表3 四馆7个月特色活动开展情况

图书馆名称	特色活动开展情况							
	开展活动数量/场次						开展活动天数/天	
	讲座		展览		其他			
	总数	月均数	总数	月均数	总数	月均数	总数	月均数
上海图书馆	42	6	21	3	0	0	164	23.4
南京图书馆	3	0.4	3	0.4	29	4.1	212	30.3
浙江图书馆	20	2.9	35	5	153	21.9	212	30.3
安徽省图书馆	11	1.6	14	2	44	6.3	184	26.3

注:讲座、展览若持续数天但主题、内容、地点均不变,则整体视作一场活动。

在特色活动类型和数量方面,四馆的侧重点有所不同。针对讲座和展览,上海图书馆、浙江图书馆和安徽省图书馆拥有相关的系列品牌文化活动,因此各月份开展数量比较稳定,整体数量比较丰富。如上海图书馆的"上图讲座"和"上图展览",浙江图书馆的"文澜讲坛"和"浙图之窗",安徽省图书馆的"新安百姓讲堂"和"安徽人文讲坛"等系列活动。而南京图书馆由于缺少相关系列活动,导致讲座和展览活动开展比较随机,数量最少。关于其他活动,主要有读者培训、少儿活动、助残活动等类型。上海图书馆在其他类活动方面建设比较薄弱;浙江图书馆开展了视障服务、培训和阅读推广等;安徽省图书馆少儿部定期开展少儿读者活动;南京图书馆拥有少儿活动、阅读推广、非遗公开课等多种类型的其他活动,如"孝满金秋·重阳诗会"和"七彩家风代代传"等活动,主题鲜明、富有创意。

在特色活动开展天数方面,四个图书馆整体活动天数都很多,南京图书馆和浙江图书馆都做到了全月开展活动,上海图书馆和安徽省图书馆月均活动天数较少,但也达到了20天以上,可见公共图书馆开展活动十分频繁,对于打造公共图书馆旅游景点十分有优势。

1.4 服务供给成效

目前,长三角地区4个省级公共馆均已开展了旅游服务建设,尽管发展阶段和方式不一,成果形式有所不同,但都取得了一定的成效。

1.4.1 馆藏特色资源丰富,地方文献资源成果颇丰

各馆都有着长期建设馆藏特色资源的经验和共识,尤其聚焦于地方文献资源的挖掘、建设和利用,依托地方资源创建地区信息服务中心,进而发挥地区优势,打造本馆的独特文化符号。其中,上海图书馆建设了地图、棋谱、百科全书等共17种特色馆藏文献资源,此外还着力创建了馆藏家谱、馆藏古籍和革命回忆录等特色资源;同时利用地方文献建设了"上海年华""抗战图片库""留学指南"等资源库。南京图书馆拥有中外文书刊、古籍文献、民国文献、外购和自建资源等多种馆藏特色资源,创建了30个自建特色资源库,全方位展现了江苏省政治、经济、文化、地理等方面的地方特色。浙江图书馆建设了图书报刊、古籍善本、地方文献、图像音像等多种文献资源,自建了14个特色数据库,涉及浙江的历史人文、自然风景、传统技艺等领域。安徽省图书馆的馆藏资源包含了中外文期刊、报纸、音像制品、地方文献、民国资

料和古籍善本等,自建了33个特色资源库,揭示了安徽的人文风俗、地理风貌和红色记忆。

1.4.2 移动平台类型多元,传播渠道持续拓宽

各馆都创建了专属App、微信和微博平台,致力于移动服务多元化发展,拓宽图书馆宣传渠道,提升图书馆的品牌影响力。此外,移动平台建设也体现出各馆的创新精神和建设重点。上海图书馆的App建设成果最多,既有综合性服务App,还有专门服务于"借""阅"的App,以及创新性的AR导览App,其微博平台是四个图书馆中唯一开通"直播"栏目的,重视读者参与和互动,微博视频累计播放量达93.9万次,粉丝人数达19.3万人。南京图书馆的App和微信平台都关注国学相关内容的宣传推广,开设了专门的"图书馆学与国学"微信公众号,通过多种平台宣传图书馆的特色服务,其微博平台视频服务做得较好,虽然粉丝数仅为13.1万,但视频累计播放量为四馆中最高,达到114.4万次。浙江图书馆为本馆和浙江省全体公共图书馆都分别开设了App和微信平台,全力打造江苏省公共文化资源共享平台,并联合支付宝信用服务,开展图书馆"信阅"服务,其微博粉丝数为四馆中最多,达34.6万人。安徽省图书馆利用App和微信平台开展了读者荐书、读者调查等服务,较为重视读者满意度评价,其微博平台建设较为薄弱,功能栏目和粉丝数都为四馆最少,有待继续加强平台建设。

1.4.3 线下空间各具特点,文化活动稳定开展

各馆的建筑设计都充分体现了文化理念和现代技术的高度契合,成为其开展旅游服务的一大优势。同时,各馆还具备多功能的馆舍和智能化的设备,可以有效满足各类读者对学习或休闲空间的文化需求。此外,各馆还长期开展各类文化活动,便于随时接待读者参观浏览,是公共图书馆开展旅游服务的重要支撑。其中,南京图书馆和浙江图书馆月均开展服务天数超过了30天,表示图书馆全月都开展服务,而上海图书馆和安徽省图书馆也都超过了20天,说明其一个月内绝大多数时间都在开展文化活动。

2 长三角公共图书馆智慧旅游服务供给的不足之处

2.1 专门旅游信息资源建设意识和基础薄弱

随着文旅融合深化,公共图书馆在新时期应当发挥文化和旅游休闲的功用。图书馆是一个巨大的信息资源库,其中包含丰富的旅游信息资源,包括景区景点、衣食住行、服务企业、地图气象等用户所需的信息。但是当前长三角公共图书馆整体上缺乏专门的旅游信息资源,主要体现在两方面:一方面是建设意识不足,图书馆对自身的旅游服务功能认识不明确,没有专门提出旅游服务的建设主题,相关资源附属于地方文献等其他资源建设。如上海图书馆首页的"上海之窗"项目中的"美丽上海"虽和旅游服务关联度很高,但其建设本意是支持"中国图书对外推广计划"(CBI),向境外读者宣传中国的历史文化;而南京图书馆、浙江图书馆和安徽省图书馆都将旅游服务相关资源分散放置在馆藏特色资源中,易导致不熟悉馆藏资源的读者不知道旅游信息资源的存在,或者较难找到其所需要的旅游信息资源。另一方面是缺乏旅游信息资源建设经验和专业人员,造成图书馆旅游信息资源信息量较少或质量较低。其中上海图书馆的"上海之窗"介绍了上海衣食住行等旅游相关基本信息,但是目前其包含的信息量较少,并且各信息板块之间关联性不强;而其他三馆旅游资源建设也处在较为基础的阶段,各类旅游信息资源不成体系,单一资源库信息量也较少,如"安徽旅游"资源库目前只有105

条信息。

2.2 地方文献资源和旅游信息资源建设衔接不足

地方文献包含当地的历史、人文、风俗和地理等与旅游服务密切相关的内容,然而长三角地区的4个省级馆对于地方文献资源和旅游信息资源的内在关联挖掘深度还不够。首先,地方文献建设和旅游信息资源建设各自为政。长三角地区的4个省级馆对地方文献资源建设重视程度较高,发展时间也较长,建设经验较为充足,而旅游信息资源建设起步较晚,还处于需要提高重视程度的阶段。此外,旅游信息资源建设缺少对地方文献资源建设的承接,忽视了地方文献中游记、方志、地图等资源的旅游价值,导致缺少相关文献资源支撑,旅游信息资源数量和质量都有不足。其次,地方文献资源的深挖和创新不足。长三角各省级馆的地方文献资源建设较完善、数量可观、种类丰富,有着巨大的挖掘空间和发展潜力,但旅游信息资源建设对其利用途径较为单调,集中于图文信息展示。相较于公共图书馆拥有的旅游文献类型和数量,现有已开发的旅游信息资源类型和数量还存在较大提升空间。

2.3 移动信息服务主要移植传统图书馆服务

目前,用户对移动信息设备的依赖已经成为常态,公共图书馆在传统服务模式建设基础上,更不能忽视移动信息服务建设。长三角地区的4个省级公共图书馆在多平台开展了移动信息服务,但是其内容主要还是移植传统图书馆服务,并未充分发挥移动信息服务的优势和特点。首先,各图书馆开发的App和开设的各类移动账号,其服务内容和线下传统服务内容基本一致,即移动信息服务和传统服务同质化。其次,移动信息服务发挥旅游信息服务功能有限,虽然部分馆开设了创新性服务,但是还存在较明显的局限。如上海图书馆开发的"上图武康路导览"利用AR导览形式动态地向用户展示武康路建筑年代变化,体现出移动信息服务跨越时空的优势,但是范围局限性比较明显,且信息含量也较少,信息类型也主要是建筑信息。

2.4 线下空间的赏玩性和新颖性有待强化

各馆的线下空间虽然有着独特建筑风格、多功能馆舍和多种文化活动等发展旅游服务的良好基础,但是仍旧比较缺乏旅游竞争力。首先,馆舍布局赏玩性有待优化。各馆馆舍布局以藏书和阅览服务为主,也开设了部分个性化服务体验区,但主要面向读者群体,而游客的活动目的、行为和轨迹都和读者有所区别,导致读者的阅览需求和游客的活动自由度在一定程度上会产生冲突,因此需要根据用户的不同需求进一步规划和调整馆舍布局。其次,特色活动长期因循守旧。大部分公共图书馆推出的活动以讲座、展览为主,辅之以弱势群体服务、阅读推广、少儿活动、读者培训等其他活动,活动类型固化,创新性的活动内容和方式较少,不利于挖掘潜在读者,对游客缺少吸引力,也不利于图书馆增强自身文化影响力和文化品牌建设。

3 数字化环境下公共图书馆智慧旅游服务供给优化策略

3.1 强化旅游信息资源规划设计,提升信息资源质量

旅游信息资源建设是公共图书馆在数字时代坚持与时俱进、创新服务的重要举措,图书

馆应当明确旅游信息资源建设的必要性,积极提升旅游信息资源建设质量。首先,公共图书馆作为公益性文化单位,承担着保障公众文化权益的重任,并且图书馆在信息收集、组织、整理加工方面具有独特的优势,有义务为读者提供信息服务。而文化旅游事业的发展和公众旅游意愿的加强,都要求公共图书馆以时代趋势和公众需求为导向,重视旅游信息资源建设,加强旅游信息资源规划设计。其次,图书馆是信息资源建设的专业性机构,应当具备建设高质量信息资源的能力。图书馆可通过对馆藏文献进行系统梳理,集中旅游相关原始文献信息,并加工整理生成二次文献信息,如根据藏书信息制作旅游书目、旅游索引等资源,增加旅游信息含量和可用性,并整合各关联资源库,为读者和游客提供旅游信息资源的检索和利用。

3.2 承接地方文献资源建设,深挖地方文献资源多样性

公共图书馆可借助地方文献资源基础,提升旅游信息资源建设起点,开展多种旅游信息服务。首先是承接地方文献资源建设。地方文献资源是旅游信息服务的重要信息来源,旅游信息服务可以加强对地方文献资源的开发利用,二者存在接续发展关系。公共图书馆应当最大化地利用现有地方文献,重视一次文献的整合利用,积极推进地方文献资源二次、三次等深度开发,节省构建旅游信息库的时间、经费、人力等方面的投入,并加强旅游信息资源的标准化和共建共享。其次是深挖地方文献资源潜力。公共图书馆应加强对地方文献的分类开发,进行深加工、整理、分析、评述,根据需要构建不同专题和类型(如自然风光、人工景点、文化风俗、食宿设施、交通工具等)的特色旅游信息库,促进旅游信息服务的丰富性和个性化,提升用户检索旅游信息的效率和体验感。

3.3 开发移动服务新功能,发挥移动服务优势

公共图书馆移动信息服务是对传统业务局限的一种突破,应当利用新平台、新技术,开发新功能,突显移动服务的优势。首先,积极开发移动服务新功能。图书馆可结合旅游服务主题,加强旅游文献阅读推广,开展游客需求调研,增设旅游服务相关的移动服务新功能,避免移动服务和线下服务高度雷同。如设立旅游知识库、游客互动及在线旅游咨询等栏目,加强对公共图书馆文化和旅游休闲功能的宣传和普及。其次,认识和发挥移动服务优势。移动信息服务可以整合图书馆数字资源,扩大图书馆服务辐射范围,使图书馆在作为地区文化信息中心的同时成为该地区对外展示的文化窗口,向外传递当地的人文历史和风景民俗。公共图书馆可以通过移动服务平台,发挥自身信息资源的天然优势,开展旅游信息服务,增加移动信息服务的服务内容,拓宽移动信息服务用户群体范围,实现更高层次和效能的图书馆服务。

3.4 打造线下游客区域,革新特色活动模式

公共图书馆线下空间的改造利用也是提供智慧旅游服务的重要内容,主要可从线下游客区域和旅游特色活动两方面着手。一方面,打造线下游客区域。图书馆可凭借本馆的建筑布局特色,结合读者和游客需求,适当转化馆舍资源,打造线下游客区域,合理制订阅览区和游客区等区域规划,达成读者和游客的和谐共处,实现读者角色和游客角色的自由转换。游客区域还可建设成图书馆特色景点,经营成文化底蕴和游客流量兼备的"网红打卡地",提高图书馆的品牌形象,带动图书馆智慧旅游服务发展。另一方面,革新特色活动模式。各图书馆

应当根据自身的资源和条件,打造自己的系列活动,如讲座、展览、培训、阅读推广等,保障本馆每月活动的稳定性和连续性。在此基础上,图书馆可结合本地特色和资源优势,打造系列旅游讲座、旅游座谈会、旅游摄影展览等活动。此外,图书馆应当积极建设本馆的旅游特色活动,可将旅游指南与小说、游记等书籍结合,设计"书香旅游""沉浸式阅读""文化足迹"等活动,实现阅读和旅游的科学结合。

数智时代公共图书馆面临着更高的标准和要求,也拥有更多的机会和支持。公共图书馆应当把握时代新趋势和用户新需求,加强旅游信息资源建设,将旅游信息服务融于移动信息服务,打造新型线下空间,举办形式多样、内容丰富的特色活动,推广智慧旅游服务,提高智慧旅游服务供给能力,持续促进社会文化发展和旅游经济增长。

参考文献

[1] TOKIĆ K,TOKIĆ I. Tourism potential of libraries[J]. Tourism:an international interdisciplinary journal,2018,66（4）:443-460.

[2] OH H,KIM G. Perception of local residences on multicultural library service:an exploratory study[J]. Journal of the Korean BIBLIA society for library and information science,2014,25（2）:125-145.

[3] 권지은, 권기윤, 박현주. Development direction of public libraries as the complex cultural space for local community activation[J]. 한국공간디자인학회 논문집,2020,15（2）:161-172.

[4] SENAPATI S K. Public library and tourism information:a congenial approach[J]. Library herald,2007,45（2）:153-161.

[5] KUMARASINGHA A P. Role of the public library in promoting tourist information services with a support of formal online information service[C]//International Conference on Library and Information Management（ICLIM）,2017:39.

[6] SEIFI L,KAZEMI R. The role of Iran public libraries in development and promoting of tourism services[J]. Library philosophy and practice（e-journal）,2019（2953）:1-10.

[7] SPENTZA E,KYRIAKAKI A. The role of libraries in the tourism development:the case of Koraes library on Chios Island,Greece[C]//5th International Scientific Conference "Tourism Trends and Advances in the 21st Century":conference proceedings,2013.

[8] 高宏存,张景淇. 文旅产业政策的重点场域与未来趋势——基于2020年度文旅产业政策的整体性分析[J]. 治理现代化研究,2021（4）:58-69.

[9] 高文华,张大尧. 图书馆:支撑文化和旅游公共服务体系融合发展创新实践[J]. 图书馆建设,2020（6）:158-168.

[10] 孙晓清,王晓琳,王弋. 公共图书馆文旅价值引领研究——以浙江省之江文化中心为例[J]. 图书馆研究与工作,2021（7）:47-53.

[11] 胡永辉. 文旅融合背景下公共图书馆总分馆服务创新研究[J]. 图书馆,2021（3）:58-64.

[12] 李悦昌,郭金丽. 靶向与对象:文旅融合背景下公共图书馆旅游服务研究——基于地方感理论的启示[J]. 图书馆理论与实践,2021（2）:34-40.

[13] 丁文娟. 文旅融合下公共图书馆地方特色资源库建设思考[J]. 新世纪图书馆,2021（5）:23-28.

[14] 马玲. 公共图书馆"文创+旅游"服务策略研究[J]. 图书馆工作与研究,2021（10）:100-104,109.

［15］薛群菁. 文旅融合背景下公共图书馆服务路径研究[J]. 图书馆学刊,2020（7）:68-71,80.

［16］吴晋斐. 公共图书馆开展文化旅游服务的实践与思考——以山西省图书馆为例[J]. 图书馆研究与工作,2020（3）:70-73.

［17］王莺. 文旅融合背景下公共图书馆的创新发展研究——以江西吉水县图书馆为例[J]. 兰台内外,2019（29）:49-50.

智能环境下公共图书馆服务创新发展路径研究[*]

——以江苏省图书馆大数据分析为例

曾　茹（南京图书馆）

随着数字化、网络化、智能化的发展，全国各省市区（县）级公共图书馆都在不同程度地开展智能化服务建设，特别是在图书馆"十四五"规划出台后，发展智慧图书馆成为公共图书馆未来5年乃至15年的主要工作目标。同时，伴随着大数据技术的成熟，人类也越来越依赖数据分析开展科学研究、引领新发现以及指导决策行动。大数据深刻地影响着每个行业的发展，给行业带来新的生机和机遇，图书馆的发展也深受其影响。本文通过文献分析与江苏省图书馆大数据实验室业务数据分析相结合的方式，探索智能环境下公共图书馆服务持续创新发展的路径。

1　基本概念界定

1.1　智能环境与智慧图书馆

"智能环境"的定义最早是由欧洲研究团体于1999年提出的，也称"环境智能"，是指搭建一个能够无缝连接各种设备，促使它们相互协作、感知环境变化的平台，实现环境、人、机协调。

"智慧图书馆"的出现源于IBM公司的"智慧星球""智慧城市"概念。自其出现以来，许多专家学者都尝试给出定义，如从"智慧"二字的理解、从技术实践角度等，但目前尚未统一。笔者归纳此前学者观点后认为，"智慧图书馆"可从两个层面来定义，一是技术层面，即智能环境在图书馆的应用；二是人文层面，即可提供智能信息、知识，实现智慧化服务的空间。

智能环境下公共图书馆的服务创新发展依赖的是以环境智能为目的的更多新智能技术与设备在公共图书馆的应用拓展，其终极目标是实现智慧服务。

1.2　智能环境下公共图书馆服务的内容及原则

随着智能技术的发展，图书馆服务对象从模糊的社会大众不断向特定群体、个体用户延伸，服务的效能以及读者的体验感也在不断提升和改善。智能环境背景下公共图书馆服务创新的持续发展将促使公共图书馆对服务对象的研究愈发精准、细化，实施的服务内容也因适应读者不断变化的需求而不断地延伸、细分。《中华人民共和国公共图书馆法》的服务条款是

---

* 本文系2021年度江苏省图书馆大数据研究课题——"基于用户画像的江苏省公共图书馆读者构成及阅读行为研究"（项目编号：2021JSTD040）的研究成果之一。

公共图书馆服务发展的基础,在智能环境背景下,公共图书馆的服务创新无论选择哪种路径来实施,其服务的对象都不会有所改变,服务的主要内容和基本原则也不会改变。

1.3　公共图书馆智慧服务的含义与内容

研究智能环境下公共图书馆服务创新发展路径,需要了解该环境下,服务的最终目标——智慧服务的含义和内容。公共图书馆的智慧服务是在挖掘用户真实、潜在、全方位需求的基础上,利用图书馆的空间、资源为使用者提供具有多种"智慧"特征的服务。智能环境下,公共图书馆的智慧服务内容分类将变得更加精细,所提供的服务也愈加高效、精准、便捷、专业,且能与用户实现感知互动,如智能管理服务、智慧阅读推介服务、需求精准化服务、感知体验服务等,图书馆所具有的智能将更加宽泛。智慧服务是智慧图书馆服务的最终目标,是智能环境下公共图书馆服务创新的发展方向。

2　相关学术研究

2.1　基于智慧、智能的服务创新发展研究热点

以"公共图书馆服务创新""公共图书馆业务创新"为主题,选取时间跨度为2012—2021年,在知网总库检索,可检索到文献1208篇,平均年均发文量在100篇左右,可见服务创新一直是学界同行研究的方向,但非研究热点。再以全文包含"智慧""智能""大数据"作为筛选条件,可检索到文献75篇,经筛选后,本文对其中64篇学术期刊论文进行了研读和可视化分析,发现相关研究始于2013年,且年均发文量呈逐渐上升趋势。用关键词的共现聚类分析方法进行分析研究,发现研究热点集中在"物联网""阅读服务""读者服务""服务模式""信息技术""智慧图书馆""智慧服务"等关键词。

2.2　基于智慧图书馆的服务创新发展研究热点

鉴于前文相关的学术论文较少,为增加研究的样本,笔者又把近期的研究热点"智慧图书馆"纳入研究范围,以"智慧图书馆""智慧化图书馆""智慧型图书馆"为检索词,选取时间跨度为2012—2021年,在知网总库检索,共检索到文献3515篇。通过可视化分析,发现发文量呈逐年增长趋势,且在2019年以后,增幅尤为明显,成为研究热点。笔者通过对关键词的共现聚类分析发现,在智慧图书馆研究中,内容研究和模式研究是关注的重点,如何创新、如何进行技术应用、如何促进图书馆发展是研究的热点。在"创新"热点中,高频关键词是"智慧服务模式""用户画像""个性化""数据驱动""智慧社会"等;"技术应用"主要是指新智能技术的应用,其高频关键词有"人工智能""智能化""大数据""应用场景""人脸识别"等;"图书馆发展"的研究热点中,"智慧化""智慧化服务""创新服务"等成为高频关键词。

2.3　业界具有代表性的论点

信息时代的到来,与大数据应用、智慧相关的理论、技术研究、科研成果在国内图书馆界大量涌现,图书馆服务创新发展研究也出现了多种观点。文庭孝认为,在大数据时代,图书馆的资源、服务、用户、馆员、设施、管理、业务都在发生巨大变化,创新呈涌现态势,图书馆应重视定位自身发展方向,从促进自身发展的角度进行服务创新。曾群等认为,5G环境对用户的

信息获取途径产生了较大影响,图书馆可利用大数据技术深入研究用户,建立场景库、用户特征库、知识信息库,为用户的不同需求提供专属服务。初景利等认为在图书馆发展进程中,智能是初级阶段,智慧是高级阶段,图书馆的服务创新应从智能起步,向智慧方向发展。史丹等提出图书馆进行智慧化服务创新时,要重视图书馆的基础服务发展。柯平认为,进入到后知识服务时代,创新将成为常态,图书馆的服务创新应坚守三个原则,即有科学依据、符合发展规律、具备可持续性,应围绕情景、技术、精细、智慧四个重点开展创新。

3 现阶段公共图书馆服务发展面临的问题

在对相关文献进行深入研究,并结合江苏省图书馆大数据实验室中用户数据、资源数据进行分析后,笔者发现,伴随物联化、互联化、智能化等外环境的变化,公共图书馆的服务发展面临五个方面的问题。

3.1 与外部环境共生问题

在数字化、网络化和智能化被公认为未来社会发展大趋势的背景下,公共图书馆的服务将不得不因外部环境变化而进行改变。从实践层面看,以信用服务为例,在筛选江苏地区的公共图书馆大数据中的用户增长数据后,发现江苏地区公共图书馆该项服务的省内协作、跨行业合作的发展速度、深度和周边上海、浙江地区的信用服务用户增长速度和覆盖面有差异。深入研究、分析后发现,制约发展的最大因素是地区联动、跨行业合作的力度。从学术研究上看,目前有关智慧城市对图书馆发展的相关研究却比较少,甚至与智慧城市研究相隔离,这不利于学界对公共图书馆服务发展进行全面的研究。

3.2 理论研究问题

从古代藏书阁到现代图书馆,再到数字图书馆,图书馆的服务也在发生变化,其服务理念、服务形式、服务内容也在随着图书馆的转型而不断创新、优化。公共图书馆在变革中不断接受和应对挑战,服务的三要素的内涵也在随之发生调整、扩充和重新定义。因此,在智能化背景下,公共图书馆向智慧图书馆的转型过程中,智慧图书馆的概念、判定标准、建设目标不确定以及建设进程重实效的现实状况,造成服务创新发展存在战略思考不够深化、内在机制和经验系统总结不足等问题,理论研究变得缺乏系统性。

3.3 服务效能问题

公共图书馆的用户持证率、覆盖率以及使用率一直是图书馆评估定级中衡量公共图书馆服务水平的重要指标,特别是在近两年来公共图书馆服务人次被当作本地区公共文化服务发展的唯一考核指标后,更是对公共图书馆的服务效能提出了更高要求。如何充分利用智能环境,不断提升用户持证率、覆盖范围、到馆频率已成为公共图书馆服务创新、持续发展的重难点,特别是在前期数字图书馆建设中,一些尚未解决的问题正在成为公共图书馆利用智能环境应用进行服务创新发展的阻碍。如数字资源下载方式不统一、纸电分离、智能设备的"弱智能"等问题。

3.4 智慧馆员培养问题

馆员作为图书馆的管理者,一直是公共图书馆创新发展、转型的执行人,在公共图书馆向智慧图书馆转型的过程中,服务的内容在发生变化,应用的技术在不断更新,用户的需求也在不断提高和变化,这些变化要求公共图书馆馆员的能力也应相应提升。业务能力提升以及智慧服务团队建设已成为公共图书馆实施服务创新亟待解决的问题。

4 服务创新模式的构建与辨析

信息化时代,图书馆在提供服务时,其使用的管理系统也收集了大量数据信息。其中,资源数据包括种类、数量、内容、位置等,空间数据包括形态、时间、状态、位置、功能、设备等,用户数据包括自然属性、个人信息、个人需求、行为记录等诸多特征,这些数据为分析、研究提供了科学依据。

4.1 图书馆服务数据的解构与重构

随着大数据理论的深入发展,具有多维变量的块数据开始展现其强大的优势。解构与重构是块数据具有的重要特征。离散化解构就是打破原来的数据结构,将其分解为不连续的、基本的数据单位,即数据元。全息化重构是对数据元多维度、多方位、多类型的重组。基于块数据的全息化解构与重构思维,图书馆的服务数据可被分解为无数个数据,并呈现出数据化、网格化、平行化的关联(如图1)。基于此理论,图书馆的服务创新将变得有据可查,并产生多种组合可能性。

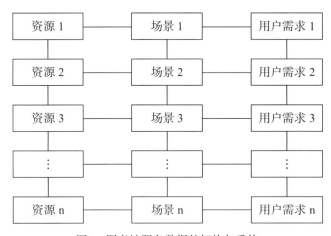

图1　图书馆服务数据的解构与重构

4.2 基于三要素的服务创新模式构建

"要素说"始于1921年刘国钧先生在《儿童图书馆和儿童文学》中提出的设备、管理员和书籍三种要素。随着图书馆事业的发展,现代图书馆服务三要素已成为用户、空间和资源。大数据环境下,资源数据被解构为元数据,空间被解构为一个又一个碎片化的场景,用户被解构为立体、动态的个体,需求也呈现出个性化、碎片化、多样化特征。全息化重构后,图书馆的服务创新可以一个要素为核心,另外两个要素为支撑进行组合,形成三种服务创新模式(如图2所示),即一是以资源为核心,二是以场景为核心,三是以用户为核心。以资源为核心的模式是以用户对资源的需求来确立、分类用户。以场景为核心的模式是以用户所需的场景来确立、分类用户。以用户为中心的模式是以用户的全方位需求来确立和细分用户。

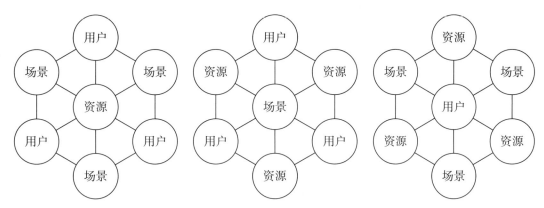

图2 不同核心要素的服务创新模式

4.3 三种服务创新模式辨析

三种不同核心要素的服务创新模式之间有相似之处,也有差异。以资源为核心的服务创新模式的服务对象是群体,是根据群体用户或大众对资源的需求来分类用户群体,再根据不同群体的资源需求实施服务创新,是服务创新发展的初级阶段,也是长久以来图书馆人进行服务创新的惯用模式。以场景为核心的服务创新模式的服务对象也是群体,但服务创新的内容是以场景需求为重点,是服务创新发展的提升阶段,是图书馆创新发展的趋势,也是现阶段图书馆热衷的创新方向。以用户为核心的服务创新模式的服务对象是个体,创新的重点是满足用户的全方位需求,是服务创新发展的高级阶段、追求的理想目标。在以三要素为核心的服务创新模式中,无论是以资源为核心还是以场景为核心,其目的都是进一步提升资源、场景价值,促使三要素之间的关系更加紧密。只有以用户为核心的服务创新模式的用户价值最为凸显,且资源、场景价值也较前两种更高。

5 智能环境下公共图书馆服务创新发展的路径

公共图书馆的服务创新有很多切入点,但归根结底是让用户的需求得到满足。在智能环境下,服务创新不仅要解决已存在的问题,还要考虑其是否具有可持续性、高效能等特征,可以构建智慧生态系统、培养智慧馆员为前提,从服务数据分析入手,分别以用户资源需求、场景需求、用户全方位需求为核心,确立、分类、细化用户,深度挖掘用户真实、潜在的需求,实施创新举措,实现价值持续增值。

5.1 构建智慧生态系统:合作、协作

根据近几年《新型智慧城市评价指标》中有关成效、引导、体验指标的评价结果,可发现新型智慧城市建设正在向智慧社区下沉,更加注重市民参与等趋势。公共图书馆作为公共文

化服务的重要机构,是智慧城市发展中的重要组成部分。无论是从公共图书馆自身发展角度来看,还是外部环境对公共图书馆的影响来看,公共图书馆的服务创新都应在构建智慧生态系统方面寻找创新点。

一方面,可加强与同行的协作,搭建多维平台,实现多平台的互融互通,在行业内形成跨地域共享共生的智慧生态系统。如江苏公共图书馆大数据中的用户增量数据研究表明,南京地区由金陵图书馆联合多家区级图书馆推行的新型服务"书服到家"网借服务是促使南京地区用户增量明显的重要原因之一,也表明这种联动是符合读者需求的,有助于增加图书馆与读者的黏度。长三角、珠三角一体化建设中倡导推动的文化一卡通项目就是希望通过多平台的融合实现共享共生,在行业内构建智慧生态体系。

另一方面,可跨行、跨系统开展合作、协作,与城市智慧化战略同步推进,与社会外环境共同搭建共享互利的智慧生态系统。可借鉴新加坡、澳大利亚、加拿大三国中被纳入智慧城市战略的公共图书馆经验,重视协作,通过新兴技术整合以及引入新服务和新空间两种方式,实现创新。如加拿大温莎图书馆的"图书馆枢纽会议社区需求"项目、加拿大公共图书馆的"连接加拿大人"项目、加拿大政府的"社区获取工程"项目,都是倡导在图书馆系统内创建社区中心,为用户提供教育课程的社会服务。

5.2 培养智慧馆员:实践、总结

智能环境下,图书馆的服务延伸至各种智能设备的使用,馆员的业务能力也在向运用各种智能设备的方向拓展。图书馆馆员不仅要能胜任现有体系、现有服务下的管理工作,还要具备用户需求数据分析与挖掘能力,资源采集与组织能力以及敏锐的洞察力和学习能力。无论用哪一种服务创新发展模式,图书馆馆员都是用户需求的发现者、挖掘者,是串联用户需求、资源、空间的连接线。培养智慧馆员是实施服务创新的前提,图书馆馆员的信息素养、业务素养是影响公共图书馆服务创新发展高低、快慢、成效是否显著的催化因素。

智慧图书馆建设的目标、标准不明确,智慧服务的内容、要求也不统一,导致馆员的"智慧"能力培养只能依赖实践摸索。一方面,馆员可在具体的服务实践中,通过学习掌握各类数据分析应用软件的使用方法,实践融合多种软硬件设施和运用各类数据分析应用软件,在发现真实需求,实施精准、高效服务的过程中提升自身的能力。如江苏地区的公共图书馆馆员可利用江苏图书馆大数据实验室中的各地区的业务数据,通过课题研究提升自身学习能力、数据挖掘分析能力、实践归纳能力、解决问题能力等。另一方面,可以通过组建馆员交流平台,搭建馆员交流社区,方便馆员在实践摸索过程中及时、便捷地开展经验交流;通过营造学习氛围,促使馆员的知识与技能得到不断加强,形成倍增效应,抱团前行。

5.3 以资源需求为核心:使用率、使用价值

一直以来,资源建设都是公共图书馆的一项重点工作。围绕资源建设实施服务创新、促进服务发展是当下图书馆常用的工作模式。以资源为核心进行服务创新,即从用户有效利用图书馆的资源角度出发,达到资源价值升值目的。例如,现阶段推行的自助借还、自动点检、自动盘点等各种智能设备的使用,是从满足大多数人到图书馆找书、借书、还书的需求角度实施的服务新举措。该举措实施至今确实达到了便利用户、管理提高、服务提升的多效合一效果,江苏的苏州地区公共图书馆用户服务增长数据也揭示了这一成果。随着智能设备的广泛

使用、智能环境应用的深入,应从资源使用率、使用价值提升角度来满足用户对资源的需求,进行服务创新。创新的突破点还有很多,如探索总分馆服务效能提升、特色馆建设、新兴群体服务等。只有让资源、场景、用户三者之间的联系更加紧密,才有利于实现价值升值。

在推行智能环境应用过程中,"走弯路"、设备不智能、新旧系统不兼容的情况也时有发生。智能环境下,解决现阶段资源服务已经存在的一些问题也是一种服务创新。如解决实体图书服务与数字资源服务的"互不相干"问题,解决数字资源下载方式不一致问题。公共图书馆一方面可将实体资源与数字资源打通,实现纸质、电子、数字资源一体化管理,以知识为单位,按知识流对服务过程实施再造;另一方面可借鉴国外图书馆的先进做法,与出版业共同开展纸电同步项目,解决纸电不合一的"两张皮"问题。

5.4 以场景需求为核心:填补空白、重视使用体验

学界对图书馆的空间研究始终热度不减,从藏用一体的借阅空间到数字空间,从研讨空间到"第三空间",从实体空间到虚实结合空间,都是基于"以人为本",在空间的使用功能上不断进行延伸。在大数据、智能环境下,图书馆的空间已延伸至场景,包括物理空间、虚拟场景以及虚实结合场景。以场景需求为核心,就是把空间需求分解为一个又一个场景需求,根据用户需要的不同场景进行分类,再根据不同场景实施资源、空间场景建设与优化改造。

以物理空间场景需求为核心进行服务创新,可抓住服务群体的新需求,从使用体验角度创建新的服务以及空间、资源建设与优化改造,实现服务创新价值最大化。如公共图书馆在少儿阅读空间为有亲子阅读需求的用户设立仅可容纳两人的亲子阅读间;为有VR互动需求的用户提供专业设备、空间。

以虚拟场景为核心进行服务创新,可从有虚拟场景服务需求的群体研究入手,通过群体画像,了解他们的喜好、阅读习惯、虚拟场景使用习惯等信息,进行用户分类,再根据群体特点进行平台设计、开发、融合以及服务优化。以微信公众号为例,如今的公共图书馆微信平台已成为集信息资源、服务模块、用户管理于一体的新媒体服务平台。界面美观、功能强大、内容丰富、互动体验好是用户评判优质微信平台的标准,也是公共图书馆平台优化、平台设计开发、多平台融合实现服务创新应重视的关键点。

以虚实结合场景需求为核心进行服务创新,也是从有虚实结合场景需求的群体研究入手,只是研究需要更加深入,不仅需要研究两种场景下的用户体验,还要研究两种场景衔接、转换时用户的使用体验。如搭建多维平台实施服务创新时,首先应对场景进行分解,再通过单个微场景搭建和多个微场景组合,实现高效创新,达到价值融合和增值。

5.5 以用户全方位需求为核心:智慧化

"以用户为中心"是图书馆界长久以来的共识,在智能环境下建设公共图书馆,促进公共图书馆的发展,都需要重识"以用户为中心"的服务理念,重塑"用户在哪服务就在哪"的服务精神。以用户全方位需求为核心进行服务创新,用户不再是一个群体,而是个体,是根据用户的真实、潜在、全方位需求,智慧化组织资源,智慧化识别并选择适合的场景提供服务,通过为用户真实需求、潜在需求提供高满意度、高质量的个性化服务,实现服务价值升值。

用这种服务创新模式为用户服务的前提是对个体用户进行全域化、全时段、场景化识别。要完成这项工作,需要公共图书馆已初步建立智能环境,即智能技术、智能设备已广泛应用于

图书馆管理。有了这个基础，就可以通过精准勾勒个体用户画像，透视用户真实、全面的需求，然后经过深度挖掘、聚合、重组资源，为用户提供智能化、智慧化、个性化、泛在化服务。以满足用户的全方位需求。实施服务创新是一个循序渐进的过程，也是服务创新发展的过程，是服务价值升值从低到高的过程。

实践初期，可以以个体用户的需求进行服务创新，如借鉴"知乎""小红书"等平台，基于数据分析与算法，按照用户利用图书馆的习惯推送用户感兴趣内容，进行简单服务，实现服务创新。发展阶段，可以通过多个单功能的实现，逐步达到多功能的叠加，如集检索、推荐、借阅于一体的智慧借阅服务，实现创新常态化。达成阶段，可以根据用户全方位需求提供较为全面的服务，如读者在家向图书馆提出阅读需求时，公共图书馆的智慧管理系统可以根据用户画像，为用户提供菜单式的知识服务备选方案，再通过交互式沟通，给出个性化的服务方案。这时，为每个个体服务的过程都可以看作一次服务创新，因为每个个体所获得的信息或知识各不相同，所接受的服务方式各不相同，组合出的服务也各不相同，所以每一次服务都是服务价值的最大化。

需求既是出发点，也是落脚点。个体服务过程同时也是共性聚集的过程，通过共性收集，产生新的创新，指导资源、空间建设，并将创新应用于下一次的单体服务，循环往复实现服务持续创新，服务发展不断向更优化推进，服务的效率、效果、效益和用户的满意度不断得到提升，实现价值升值最大化，达到智慧图书馆的智慧服务目标。

智能环境下，公共图书馆服务创新离不开智能环境的应用，有了这个基础，就可以通过构建智慧生态系统培养智慧馆员，以服务三要素中一个要素为核心寻找创新突破点，实施服务新举措。公共图书馆无论选择什么样的服务模式来进行创新，其目的都是让用户的需求得到满足。只有服务价值得到提升，公共图书馆的服务效能才能不断提高，用户的体验感才能不断增强，不断推进公共图书馆的服务向智慧方向发展。

参考文献

[1] 智能环境[EB/OL].[2021-04-06].https://baike.baidu.com/item/AMI/13006218?fr=aladdin.

[2] 智慧星球[EB/OL].[2021-04-06].https://baike.baidu.com/item/%E6%99%BA%E6%83%A7%E6%98%9F%E7%90%83/7920563?fr=aladdin.

[3] 曾群，杨柳青.5G环境下智慧图书馆创新服务模式研究[J].图书馆学研究，2020（22）：2-6.

[4] 中国国家标准化管理委员会.公共图书馆服务规范：GB/T 28220-2011[S].北京：中国标准出版社，2011：5.

[5] 初景利，段美珍.智慧图书馆与智慧服务[J].图书馆建设，2018（4）：85-90,95.

[6] 王春迎，苏超萍，宋宁远.多源数据驱动下的图书馆智慧服务研究[J].图书馆学研究，2021（22）：49-55.

[7] 石婷婷，徐建华.国内智慧图书馆研究与实践进展[J].图书馆学研究，2021（14）：2-11,27.

[8] 杜蕾，左昊明，李亚设.基于C itespace的国内智慧图书馆近十年发文热点及前沿剖析[J].图书理论与实践，2021（6）：42-49.

[9] 文庭孝.大数据时代图书馆创新发展思考[J].图书馆，2019（5）：15-22,27.

[10] 初景利，段美珍.从智能图书馆到智慧图书馆[J].国家图书馆学刊，2019（1）：3-9.

[11] 史丹，杨新涯，涂佳琪."十四五"图书馆基础服务的创新发展研究[J].图书情报工作，2021（1）：64-69.

[12] 柯平.后知识服务时代的图书馆服务创新[J].高校图书馆工作，2020（1）：1-8.

［13］卢文辉.智慧城市建设背景下的智慧图书馆发展[J].图书馆研究,2021（5）:28-35.

［14］肖鹏,莫纯扬,潘颖.我国公共图书馆服务创新的经验、问题与战略对策——以公共图书馆中层管理者的视角为中心[J].国家图书馆学刊,2021（5）:16-27.

［15］吴建中.从数字图书馆到智慧图书馆:机遇、挑战和创新[J].图书馆杂志,2021（12）:4-11.

［16］李玉海,金喆,李佳会,等.我国智慧图书馆建设面临的五大问题[J].中国图书馆学报,2020（3）:17-26.

［17］蒲科.大数据驱动下图书馆服务模式的创新路径与价值增值研究[J].国家图书馆学刊,2020（4）:65-74.

［18］大数据→块数据→块数据2.0（你应该了解）[EB/OL].[2021-04-06].https://www.Sohu.com/a /110302894_ 353595.

［19］林霞.中国近代图书馆学的形成——二十世纪二、三十年代中国图书馆学研究[J].四川图书馆学报,2005（4）:71-75.

［20］王卓,谢呈华.图书馆构成要素异议[J].图书馆建设,1998（1）:12.

［21］晁亚男,胡莹.智慧城市背景下国外公共图书发展现状研究——以新加坡、澳大利亚、加拿大三国为例[J].国家图书馆学刊,2021（4）:86-98.

［22］约翰逊,陈旭炎.智慧城市、智慧图书馆与智慧图书馆员[J].图书馆杂志,2013（1）:6-9.

图书馆空间服务对策研究

祝　坤（枣庄市图书馆）

图书馆作为文字和信息载体实物的收藏机构，在近现代社会中一直实施文献借阅的实体行为，履行信息传递的职能。用户通过借阅活动，能够突破时空限制，实现与同时代人、先人的间接交流，在前人文明成果的基础上继续耕耘和收获。传统模式下，用户到图书馆现实场所查找借阅所需文献，当前的信息化社会则弱化了用户到馆的行为，逐步实现图书馆借阅服务在网上完成。部分人认为，网络化发展使人们获取知识信息的渠道愈发多样，用户无须到图书馆即可实现阅读学习，图书馆已无用武之地。这个观点过于片面，没有从图书馆本质属性出发进行研究。图书馆向用户提供的知识信息是经过严格筛选和科学分类后形成的系统化、体系化的信息，其空间场所服务需要配套相应的硬件设施、环境和人工智力等，并非其他社会机构所能代替的。在信息交互多元化的背景下，空间服务的概念被引入图书馆。图书馆空间服务是指图书馆馆员利用数字化技术和设施设备，充分发挥馆藏信息资源和馆舍建筑空间，为读者提供优质的社会化、公益性服务。其目的是通过空间设置或空间创新来促进图书馆服务方式的改变、服务内涵的延伸，进而达到环境育人[1]。

新技术手段给人们的社会交往提供了便利，各种社交软件和平台层出不穷，用户在网上的交往日趋频繁。部分年轻用户在线上的人际交往时间比现实的面对面交流更长。有一些在网络平台上十分活跃，甚至成为网红或"大V"的人，在现实生活中却可能不善交际，甚至感到焦虑、抑郁、恐惧，这缘于现实中没有一个良好、舒适的社交环境能让用户融入其中。这就需要我们拓展公共交往空间，提高青年的社交效能，重建人际交往生活共同体[2]。阅读能够让用户个体的心境放宽、心灵沉静、心情愉悦，促进全民阅读已经成为图书馆的一项重要任务。图书馆在进行阅读推广时，可以有效地将用户的个人行为与全民阅读活动相结合，为用户提供绿色与健康、合作与共享的现实空间，实现用户群体间的信息交互，这是用户对场所需求的客观反映，也是图书馆空间服务的发展趋势。

1　借阅服务现状

1.1　业务工作社会化，技术手段同质化

1.1.1　传统技术核心业务实现外包

传统图书馆以馆藏文献为中心，分为文献的搜集、整理、保存和利用四个工作流程，其中，整理过程中的信息组织和信息描述是核心业务。在社会分工精细化发展的大背景下，社会资源利用率需实现最大化，分类标引、主题标引和著录编目随同文献采访工作全部外包服务，交

由专业公司完成。公司为降低工作运营成本,满足图书馆提高数据规范程度的要求,基本采用国家图书馆和CALIS的MARC数据完成客户馆的编目任务,从客观上促进了编目数据的标准化和统一化。对于文献借阅岗位,部分公共图书馆采用政府购买服务,高校图书馆采用勤工俭学或志愿服务,由非图书馆专业人士履行岗位职责。除图书馆部分业务流程实现社会化运作外,公共图书馆还组建理事会等,开展图书馆社会支持活动[3],通过建立法人治理结构的方式来吸纳有关方面代表和社会公众参与管理,为公共图书馆各项业务的社会化做好铺垫。

1.1.2　新技术手段普遍应用于图书馆

图书馆学是一门需要汲取其他学科发展成果的学科,比较而言,直接服务于用户并产生经济效益的技术应用学科发展得更加迅猛。和图书馆用户服务较为密切的条形码使用、人脸识别、共享书柜、4D阅读大屏等,其核心技术均在物流、商超、金融等行业成熟使用后被引入图书馆。由于这些产品使用简单、界面友好、操作顺畅,并且可以免费提供给用户体验使用,所以一经投入即引起关注。如24小时自助图书借阅机几年前在大城市亮相时,很多新闻媒体都对其予以深度报道;一长排的朗读亭和图书瀑布流在高校图书馆也深受师生欢迎。只要在图书馆经费充裕的条件下,这些外化可见的信息化设备基本成为标配,其外观形式可能有所差异,但对图书馆专业人员来说,用户服务的内在技术手段在本质上日趋接近。

1.2　用户阅读数字化,借阅服务虚拟化

1.2.1　数字化阅读占比逐年上升

随着平板电脑和手机客户终端的普及,移动终端成为人们必备的检索和信息获取工具[4],网络用户也越来越倾向于数字阅读。尽管这种阅读有碎片化、不系统、不完善的弊端,但由于阅读设备可随身携带、阅读内容可随意选取等便利条件,在大众用户中很有市场。第十七次全国国民阅读调查结果显示:2019年,36.7%的成年国民倾向于“拿一本纸质图书阅读”,较2018年下降1.7个百分点;43.5%倾向于“手机阅读”,较2018年上升3.3个百分点[5]。除了一般用户高频率使用电脑、平板电脑、手机等在线阅读数字化书刊外,科研用户、高校师生和专家学者在进行学术研究时的资料查找、专题咨询和课题服务等,也都是通过查找数据库的方式来完成。

1.2.2　自助借阅基本普及,网上借阅已然兴起

大学生进行课程学习需要借阅参考书时,社会公众为个人休闲娱乐、拓展视野、提升修养时,会到图书馆借阅图书。他们大多会提前通过图书馆官网、微信公众号远程查找所需图书,最终到馆通过自助借还机完成,整个过程比“翻找卡片目录—填写书目清单—馆员到库查找—用户拿到图书”的流程要快捷许多。此外还有“用户填单选书、图书馆埋单采书”和“借阅图书快递到家”的文献服务方式,用户不需要到馆,登录图书销售网站选取图书,或在图书馆网站查找预约所需图书后,只要支付少量快递费,即可由图书馆委托专业公司将所需图书送至用户手中,借阅服务的信息化虚拟化程度不断提高。

2　图书馆服务的发展方向

2.1　提升图书馆空间打造能力,引导用户到馆使用

在寒暑假或各种考试前夕,图书馆大门前用户经常排长队,他们主要是为了利用图书馆

自修室的研学气氛和学习场所。有图书馆馆员认为,这部分用户根本没有借阅图书馆藏书,都是携带自己的学习书籍,和图书馆职能的发挥一点关系也没有。这种传统图书馆服务概念限制了新时代图书馆空间职能的发挥。一个行业的消亡,必然是被时代淘汰或被另一个行业取代,图书馆传统职能只是被弱化,没有被淘汰。同时,随着我国脱贫攻坚战取得了全面胜利,消除了绝对贫困,图书馆在满足人们对美好精神生活的向往方面的任务日趋繁重,非其他行业所能替代。

《文化和旅游部 国家发展改革委 财政部关于推动公共文化服务高质量发展的意见》中指出:"适应城乡居民对高品质文化生活的期待,对公共图书馆、文化馆(站)功能布局进行创意性改造,实现设施空间的美化、舒适化。"[6]《普通高等学校图书馆规程》第三十条要求"优化服务空间,注重用户体验"[7]。图书馆需要根据不同用户群体打造风格各异的服务空间,应着力为老年人、残障人士塑造舒适、无障碍的阅读空间,少年儿童需要安全、靓丽的展示空间,创客需要激发灵感的自由空间,而高校学生则需要学术交流、素质提升的科研空间。对到馆自修的用户,除了提供舒适、安静的空间,图书馆还应发挥自身文献资源优势并顺应迭代更替的潮流,根据用户需求,采购相应内容的辅导视频库、考试数据库等,通过信息化发布方式供本馆用户下载使用。这样既协助用户完成了个人晋升的目标,还能分流部分到馆自修人员,腾退空间为其他用户服务,从而增加图书馆用户数量。

2.2 阅读推广多元化,空间利用大众化

2.2.1 推动全民阅读,向用户精准提供展示平台和空间服务

《中华人民共和国公共图书馆法》规定了公共图书馆应当将推动、引导、服务全民阅读作为重要任务,高等学校图书馆也有"积极采用新媒体,开展阅读推广等文化活动"的要求[8]。阅读推广已经不再局限于书目推荐、图书导读、报刊摘抄、文献述评等提高本馆馆藏利用率的活动,而是更多地转向公益讲座、人文培训、展览展示等空间场地与人文交流活动,带有一定的专题性,能够将某一领域的爱好者和研究人员聚集在一起,大家共同探讨心得。例如,在枣庄市图书馆举办的读书朗诵比赛中,曾有一位选手上台忘词近一分钟,其带队老师说,该选手是一名孤独症患者,之前是让她带稿朗诵,而她敢于脱稿上台就是充满信心地走出自闭的开端,图书馆恰好为她提供了这种平台,有利于其病情的好转。图书馆在为大众提供空间服务的基础上,对使用某一空间场所的用户要提供精准服务。从用户活动策划、执行、完成、总结各个环节深度介入,根据具体需求,突出特色,注重运用信息技术和新媒体手段,让用户在形式上耳目一新,营造与用户需求相适应的环境,利于用户的思维发散和感情投入。

2.2.2 完善文化传播的正确引导,传播积极健康的大众文化产品

图书馆作为一种重要的媒介,能促进人类思想交流[9],文化传播在图书馆将会成为一种常态,但一定要注意凭借图书馆馆员的知识经验进行适当的筛选和导引。网络化新媒体层出不穷,自媒体发展迅速,网络"从众"现象严重,海吃海喝、"炫富"等不良倾向盛行。俗语"近朱者赤,近墨者黑",信息化不发达时,人们的社交途径有限,"朱"和"墨"的影响大多局限于自己的小圈子;现在则有海量"粉丝"或"看客"关注。为创造良好的网络生态环境,一方面需要政府部门的强力监管,另一方面则需要推广绿色的网络产品供用户选择使用,对此,图书馆责无旁贷。图书馆要在向用户推荐网上健康产品的基础上,利用专业知识提供线上、线下的阅读推广活动以及人文交流互动,实现多层次、立体化的正能量文化传播。

3 应对发展策略

3.1 提高资源建设质量，实施供给侧改革

自然科学的高度发达和社会经济的快速发展，使得图书馆用户群体不断分化，类型越来越多，同一类型用户对图书馆的需求类型也越来越广泛，不仅是文献信息需求，还有阅读空间、交流空间、创新空间等方面的需求。面对多层次、多因素、多类型用户需求，图书馆需要提前研判，积极在资源建设方面推进供给侧改革，提高质量，为新时代用户提供紧跟时代发展的服务模式。资源建设包括文献资源建设和空间资源建设。

3.2 拓展文献资源服务与建设

3.2.1 利用信息技术扩大收藏提高利用

在文献资源建设过程中，图书馆在完善资源数字化和信息化数据建设的同时，也要注意各种信息记录的搜集、利用，加强数字化和信息化数据库建设；区分不同载体的文献资料，对纸质类型、直观可视化载体加强搜集保存，完整记录文明的历史进程。知识资源多样化带来服务模式的改变，知识服务已经从原来的纸质文献独占鳌头，逐渐发展为以数字资源为主导[10]。图书馆要对数字化形态的信息资源加强开发利用，完善主动推送方式，根据读者信息和阅读历史，利用大数据、云计算和精确算法，为用户提供其所需要的参考资料和其所关注的文献信息。

3.2.2 实现文献信息资源的原创

高速发展的科学技术裹挟着人类社会向前快速发展。在这种环境下，精神文明的发展成果往往滞后于自然科技的进步。图书馆作为人类文化遗产和文明成就的保存者，职能内容需要不断延展和深入。图书馆需要掌握先进的信息技术来直接保存文明发展的成果，减少中间环节，提高文明成果转化效率，实现从履行保存文献的单一职能到自己制作产生文献进行保存利用的过渡。每个图书馆都有公益讲座形式的大讲堂，社会专家学者和本校知名教师作为主讲人向听众传播知识。为扩大受众面，图书馆在得到授权许可后可将讲座内容制作成声像资料，在一定范围内以慕课等形式传播。例如，在党史学习教育中，图书馆可以整理原始资料，采访建党早期和新中国成立初期的革命前辈及其后人，请他们以口述形式讲述历史，由图书馆人录制保存海量的音频视频素材，再经过专业剪辑和系统整理后，形成数字化影音资料，供党员共同交流和学习使用。

3.3 完善空间资源建设

3.3.1 空间资源建设基本要求

空间资源建设包括图书馆建筑设计、布局规划、展陈装饰等内容，涉及专业领域宽泛，需要各学科的融合运用。主体建筑和内部硬装一旦完成，之后的软装和展陈就会受到限制，因此需要根据社会发展的前瞻性预估用户空间需求。高校图书馆被规划为教学课程和学习环境的一部分，是文化交流和知识获取的机构；而向居民提供情感支持是公共图书馆未来工作的重点[11]。公共图书馆将更加关注有特殊需求的社会人士，其内部场所及外部环境的分配将遵循系统优化的设计思路，为每个群体提供相对完整、独立的空间。

3.3.2 新建图书馆的空间资源建设

在图书馆新建过程中,便于用户使用图书馆空间的理念尤为重要,应力求为当前和未来的数字时代做好准备。图书馆空间服务是通过为用户提供适宜的场所、资源与活动而最终提升用户认知水平与能力的服务[12],空间设计和划分要兼具实用和创新,将新技术运用其中,如无线互联网和局域网覆盖、空间使用自助预订、用户自助服务区域等。《公共图书馆建设标准》中规定,"公共活动与辅助服务区"面积仅占全馆建筑的10%—15%[13],这已不能满足用户对空间服务的要求。新的图书馆应该扩大学习和创造的空间,建设公共学习空间(如自修室、个人研修区)以及协作空间(如讨论交流区)。在协作空间内,用户可以发挥自由想象力和科技创造力,分享和探讨各自的灵感。新馆设计还要让用户在进馆时感受到欢迎的气氛,进入后能有一个与他人交互的和谐空间。

新建馆址能提前划分出工作站、办公室、参考咨询台、用户自助服务、书刊阅览区、专业研究区域、研讨会议场所、讨论交流室和设备齐全的报告厅。图书馆一般不再将其服务区域划分为某一特定用途,而应该将空间设计得更加灵活,根据用户需求合理布局。公共图书馆要专门设置少儿区域,提供儿童馆藏文献供少儿阅读,同时支持儿童和青少年及其家庭共同利用儿童图书馆开展聚会讨论、育儿经验交流等。少儿区域首先要保证少儿用户的安全,使用柔和的曲线和流畅的线条,地面采用天然木材或易于清理的地板,阅读区的书架之间有牢固、可靠的隔断和空间,有柔软的靠垫,儿童可以坐在里面直接阅读,便于文献直接取放。其次,要充满童趣,过道和内外墙面能展示少儿个人成果,同时通过新媒体技术让孩子们与数字阅读机、电脑投影仪实现互动,激发其阅读欲望。最后,应尽量使用亮丽颜色,能根据不同空间活动所需照明,适当调整人工光源亮度,这有助于孩子们保持安静并感到舒适。

3.3.3 原有图书馆的空间资源升级

在图书馆改造过程中,应量化用户统计数据、分析总结用户需求,使改造升级符合未来技术的长期规划和不断变化的图书馆馆藏结构。未来图书馆的服务将融入更多的技术成分和技术支持[14],平衡未来图书馆用户对空间场所要求和现有图书馆设施设备之间的矛盾,既要考虑未来用户扩展、学术研究需求和工作人员管理服务的简洁性,也要照顾现有翻修改造项目的实际情况。公共图书馆的改造,要弥补没有无障碍通道、缺乏专门培训区域、用户交流空间狭小等不足之处,改造后能供各种类型用户使用。高校图书馆则需要根据学校的长远战略规划,为从事教学和科研的用户提供适当的设施和空间。空间规划兼顾系统性和灵活性,是改造、升级的关键要素。新技术手段和研究方法的发展进步,会使研究者的行为过程发生变化。高校图书馆具有促进读者之间的沟通交流以及社会交往的服务功能[15],为满足未来教学和研究方面的需求,图书馆既要有供师生用户信息共享的空间,也要为科研攻关小组和个人提供独立的工作空间,保证用户能在空间内开展交流、研讨和进行阅读学习。

3.4 树立服务品牌意识,增强用户黏性

3.4.1 人文交流的空间服务

在开展空间服务时,图书馆馆员要有争先创优、创新发展的品牌服务意识。传统图书馆职能服务已经有了国家、行业、地方制定的标准和规范,形成了较为完善的体系结构。而图书馆空间服务的研究和实践还未形成一定的数量和规模,尚未制定出相关规范、标准。标准是一个产品、一种服务、一套工作体系在具体运作时必须达到的程度,并非最优或更高的层次。图书

馆的用户服务符合标准规范,并不意味着就能形成服务品牌。在没有标准的环境下,图书馆空间服务反而更容易打破常规,通过建设主题空间、优化场所布局来打造服务品牌。目前较为常见的空间服务主要围绕全民阅读推广活动展开,如在报告厅和培训室举办公益讲座和专题培训、在演播室举行各种比赛、在陈列区和综合活动室举办展览和读者活动、在少儿室(馆)举办少年儿童成长活动等。图书馆也可以活用公共空间,举办研讨会、体会交流等活动,比如利用红色文献资源,打造主题党日活动基地,供附近党支部共享使用。举办这些人文活动,需要提前调研用户需求,实现图书馆与用户的双向交流。对于打造出的服务品牌图书馆要长期坚持,设置固定的工作人员、活动经费和空间场所,活动中要增加趣味性和互动性,增强对用户的吸引力。

3.4.2 创客空间服务

对于利用图书馆空间进行科学研发和创新的用户,典型的服务模式就是为其提供众创空间或创客空间,这在高校图书馆和大型公共图书馆已经普及。创客空间为传统图书馆转型提供了契机,为图书馆注入了新的活力[16],在今后新建图书馆时会成为必备建设内容。创客空间是图书馆为满足用户体验全新技术或活动而提供的新型服务,是学习空间与协作空间的组合,用户能够在此共同创造、创新,可以共享信息资源、参与设计项目、构建网络体系。高等教育产生深刻变革,影响了高校图书馆的发展进程,高校图书馆逐渐转变为利用馆内空间为用户及其活动提供服务。创客空间需要提供一些必备的创新资源,一般包括:录音装置、数字化设计系统、绿幕、3D打印机、扫描仪器、新媒体编辑创作软件、音乐创作工具、VR游戏平台、智能化机器人、纺织工艺机械等。这些设施并非一次性全部配备,而是按照用户需求,根据项目的具体目标,由图书馆、使用者及其合作伙伴、指导人员进行互动交流后,确定必要的资源进行配置。创客精神的实质是将思想上的"创新"转化为行动上的"创造"的过程[17],创客空间目的在于激发创新灵感和创业精神,鼓励用户把图书馆核心服务与科技思维的前沿服务相结合,实现创新。

4　人力资源保障

4.1　具备图书馆忧患意识

一个单位、行业的核心竞争力在于人力资源,只有把本单位、行业专业人士的主观能动性调动起来,才能使这个单位、行业保持活力。借阅服务和空间服务的区别在于图书馆提供服务的物质基础和材料条件不同,最终的优质服务、智能服务等用户体验感,都要靠图书馆人来实现。图书馆人在空间服务的背景下,更要具备责任意识、服务意识和公益意识,保持用户至上、服务第一的理念。如今,图书馆管理工作和内部流程逐渐社会化,业务岗位职责向技术职业化发展。在很多工作岗位被外包出去后,图书馆馆员应当干什么、怎样干? 一是新时代图书馆馆员应有所担当,加强学术研究水平,根据业务发展和工作实际,把图书馆和图书馆学研究范畴延展深化,确保专业图书馆馆员在行业的领导地位。二是深化用户服务,为满足人们日益增长的精神文化需求,图书馆馆员要一直具有弹性和吸纳性,能够适应变化,为用户提供知识、智力方面的支撑和思想、文化的引领。三是秉承对"传承文明、服务社会"初心的坚守,继续发挥"孺子牛"精神,坚持"一切为了用户"的服务理念,不求回报、甘于奉献,以期实现社会和谐发展。

4.2 树立空间服务概念

传统图书馆是"图书"的馆舍，是以文献信息资源为中心向用户提供服务的场所，无论采用多么先进的技术手段，都是通过提高文献利用率来提升用户满意度。知识经济时代，用户对图书馆的知识服务、空间使用有着更高的要求[18]，图书馆将是"图书"和"馆"的组合，作为"第三空间"，其能为用户提供的不仅是文献信息服务，还可以为用户的科技研发、人文学习、情感交流等提供场所支持服务。智慧图书馆也不仅是智能化的文献保存和利用，或为了馆藏结构优化和用户使用文献便捷而进行智能化空间设计和改造，更多的是为用户提供智能化的空间服务，通过物理空间的合理分配、科学叠加、色彩组合、环境优化和智能预订，拓宽空间使用的用途和空间服务的效率。图书馆馆员树立空间服务的概念，将有助于其拓展用户服务途径。

4.3 培育复合型馆员

未来图书馆的服务将会突破文献服务这一框架，全面实现知识服务和智慧服务[19]。图书馆建成了空间场所，配备了设施设备，还需要图书馆馆员的智慧融入和知识再造，才能为用户提供空间服务。第一，图书馆馆员要熟悉空间的概念和结构，能够根据用户活动的需求选择或组合相应的空间，搭配灯光背景营造良好的交流气氛，唤醒用户信息交互的意识。第二，图书馆馆员要了解设施设备的操作方式，特别是在创客空间中的信息化装备、计算机编程软件、开放式源代码，培训用户正确操作，做好正常维护，保证能重复使用，及时更新耗材。第三，图书馆馆员要有策划执行能力和组织发动能力：活动前要制定详细方案，安排好参加人员、任务分工、步骤程序等；活动中加强沟通协调，图书馆馆员尽管不一定是主讲人、领导者，但要扮演好关键枢纽的角色，引导各方用户积极参与体验；活动后能认真总结，及时与参加者联系，征询反馈意见，发现活动的成功之处和不足之处，以便指导今后活动的开展，并且要有一定的心理学基础，能分析用户心理变化。第四，图书馆馆员要掌握新媒体技术，利用微信、微博、抖音、快手等将有相同爱好或需求的用户聚集起来，定向发布活动公告信息吸引用户参加，并撰写新闻材料、拍摄视频资料进行及时报道，扩大活动影响力。第五，图书馆馆员要充分发挥中介的作用：在知识讲座、展览培训等人文活动中，要搭建信息输出者和信息接受者之间的桥梁；在科技灵感暴风会、高校图书馆引入教学实践环节、用户享用创客空间时，要具备学科馆员的基本素质，掌握该领域的学科知识和发展趋势。此外，在和阅读有关的活动中，还应有专业的图书馆学知识，为用户提供必要的阅读指导。

社会信息化进程的加快，促进了图书馆的转型升级，图书馆在自己能力范围内应满足用户的各种合法、合理要求。现代社会工作节奏日趋加快，生活压力不断增加，人们对美好生活的向往和追求更多地转向精神层面。人类一直是社会化群居的，往往需要通过人与人之间的交际往来和信息沟通，提升个人修养和生活品质。图书馆在新时代需要更新理念，不拘泥于经典图书馆学对用户概念和服务范畴的描述，本着"一切为了用户、为了用户的一切"的宗旨，以万众创新的精神开拓更加宽阔的局面，将图书馆公共场所空间的作用发挥到极致，反哺社会公众，在新技术浪潮的业态竞争环境下实现自身生存和发展成长。

参考文献

[1] 李静,乔菊英,江秋菊.现代图书馆管理体系与服务研究[M].长春:吉林人民出版社,2019:169.

[2] 潘泽泉.网络"陌生人社交"行为的心理与本质[J].人民论坛,2020（30）:78-81.

[3] 张铁.公共图书馆社会支持研究[J].图书馆建设,2014（10）:1-3,7.

[4] 邵魁德.区域图书馆大开放服务模式建设探究——以杭州地区图书馆为例[J].图书馆工作与研究,2016（4）:37-40.

[5] 第十七次全国国民阅读调查结果发布[J].国家图书馆学刊,2020（3）:18.

[6] 文化和旅游部　国家发展改革委　财政部关于推动公共文化服务高质量发展的意见[EB/OL].（2021-03-23）[2022-03-17].http://www.gov.cn/zhengce/zhengceku/2021-03/23/content_5595153.htm.

[7] 教育部关于印发《普通高等学校图书馆规程》的通知[EB/OL].（2016-01-20）[2022-02-11].http://www.moe.gov.cn/srcsite/A08/moe_736/s3886/201601/t20160120_228487.html.

[8][9] 吴才唤.从"社会认识论"、"知识交流论"到隐性知识交流——图书馆活动本质的新思考[J].图书馆杂志,2014（9）:40-47.

[10] 李积君,王凤姣,龚蛟腾.知识生态视角下图书馆服务转型研究[J].图书馆,2020（7）:73-78.

[11] 梁秀霞.公共图书馆提供的社会支持对新市民主观幸福感的影响——信息公平的中介作用[J].图书馆理论与实践,2021（1）:52-58.

[12] 刘蕾,陈威莉,刘志国.图书馆空间服务的理论基础研究[J].高校图书馆工作,2021（2）:43-48.

[13] 中华人民共和国文化部.公共图书馆建设标准:建标108-2008[S].北京:中国计划出版社,2008:7.

[14] 王妍,王栋,贾瑞.基于用户需求的高校图书馆空间再造研究[J].图书馆建设,2020（S1）:189-191,202.

[15] 申艺苑,袁曦临.高校图书馆建筑空间布局及其功能定位研究——基于东南大学图书馆与先锋书店的比较[J].新世纪图书馆,2020（4）:23-27.

[16] 陶蕾.图书馆创客空间建设研究[J].图书情报工作,2013（14）:72-76,113.

[17] 王宁.创客精神培育与空间创新发展耦合路径与保障机制研究[J].图书馆工作与研究,2021（3）:5-14.

[18] 孙超,刘咸.基于市场细分原则的图书馆空间再造探析[J].图书馆,2020（5）:87-92.

[19] 苏新宁.新时代图书馆使命与未来图书馆学教育之思考[J].中国图书馆学报,2020（1）:53-62.

美国高校图书馆视频平台运营策略分析及启示[*]

——以YouTube为例

陈芳璇（黎明职业大学图书馆）

5G时代，随着信息网络技术的迅猛发展和移动终端的广泛使用，信息传播呈现碎片化、个性化的趋势。近年来，国内以抖音、快手、哔哩哔哩弹幕视频网站（以下简称"B站"）为代表的新媒体异军突起，用户规模和使用率不断提高。据中国互联网络信息中心第49次《中国互联网络发展状况统计报告》显示，截至2021年12月，我国网络视频（含短视频）用户规模达9.75亿，占网民整体的94.5%[1]。可见，视频传播以其表现形式丰富以及即时性、交流互动性强等特点，满足了受众碎片化时间内高效获取信息的感官需求，自然受到越来越多人的青睐。为了顺应时代的发展，越来越多的高校图书馆开始进驻视频平台，通过视频营销开展服务。

1 相关研究综述

近年来，随着视频网站的兴起，高校图书馆利用视频网站开展服务的实践也吸引了越来越多国内学者的关注。截至2022年3月20日，通过CNKI期刊数据库，以"视频网站/视频平台/视频账号AND高校图书馆/大学图书馆"为关键词进行题名检索，检索的结果为29条，然后通过学科进行二次筛选，最后的检索结果是5条。从这些检索结果中提取信息，笔者发现研究内容主要集中在高校图书馆利用短视频、视频号进行阅读推广，高校图书馆视频平台的运营现状、推广策略、传播影响力研究等方面。对于国内而言，高校图书馆主要以图书馆官方网站和爱奇艺、腾讯、优酷等各大视频网站为主[2]围绕图书馆的服务开展相关的视频运营推广，在抖音、B站进行官方账号认证的高校图书馆并不多。魏小贞等[3]提到，我国图书馆视频平台运营起步较晚，宣传推广的整体效果不佳，导致采取视频运营宣传图书馆的影响力有限，尤其是各大高校图书馆的视频质量参差不齐。李慕君[4]则是结合当下B站最为流行的"弹幕"运营模式，对各大高校图书馆视频运营现状进行调研，发现采用弹幕视频平台运营方式的高校认证账户仅有49个，这也就表明这一宣传方式起步较晚；从视频内容来看，基本以讲座形式发布视频，符合宣传推广要求，但无法得到更高的关注度；从运营效果来看，各个高校参差不齐，并未达到一定的宣传规模，不具备较强的影响力。肖铮等[5]则通过对国内双一流本科高校图书馆的B站运营现状调研后发现，各高校B站运营差异较大、开通B站时间较晚，对B站在大学生群

---

* 本文系2020年度福建省中青年教师教育科研项目（社科类）"地方高校图书馆助力非遗活态传承的创新研究"（课题编号：JAS20679）研究成果之一。

体中的影响力重视不够。对于国外而言，高校图书馆主要通过Facebook、Twitter、Instagram和YouTube等社交媒体进行服务推广和读者交流互动。梁冠萍等[6]阐述了国外高校图书馆通过建立图书馆馆员个人账户、建立图书馆品牌专业、以Facebook应用植入图书馆服务等举措来实现通过社交网站营销图书馆、宣传图书馆服务，促进读者互动，进而建立图书馆的品牌服务形象。

经以上分析，我们不难发现，现有研究主要聚焦国内高校图书馆视频平台运营的现状调研及策略研究，且调研平台多以微信公众平台、微博、图书馆官方网站和爱奇艺、腾讯、优酷等各大视频网站为主，短视频平台较少；调研对象都以特定区域的高校图书馆为主（如"双一流"高校等），尚未有以国外高校图书馆视频平台为调研对象的现状调研，且以YouTube视频平台为调研对象的几乎没有。

本文对20所美国高校图书馆YouTube视频平台运营的基本情况进行调研，分析其视频上传周期、更新频率、互动率以及内容认可度等，从中获得启示，以期为国内高校图书馆视频平台运营提供借鉴和参考。

2 调研方法及内容

为系统反映美国高校图书馆YouTube互动交流栏目的建设现状，本文根据USnews发布的2022年最新的美国大学综合排名情况[7]，选取前20名作为样本，包括普林斯顿大学、哈佛大学、麻省理工学院、哥伦比亚大学、耶鲁大学、斯坦福大学、芝加哥大学、宾夕法尼亚大学、杜克大学、约翰·霍普金斯大学、加州理工学院、西北大学、达特茅斯学院、圣路易斯华盛顿大学、布朗大学、范德堡大学、莱斯大学、康奈尔大学、圣母大学、加州大学洛杉矶分校。

本文采用网络调研法，以上述20所大学作为调查对象，在YouTube平台上分别检索其"图书馆"关键词，调研时间为2007年7月31日到2022年3月20日，共计有芝加哥大学、杜克大学、约翰·霍普金斯大学、西北大学、布朗大学等五所大学认证了图书馆机构账户（详见表1）。

表1 美国5个高校图书馆YouTube账号运营情况一览表

序号	美国高校	开通时间	粉丝数	总稿件数/个	总播放数/次	总获赞数/次	总转发数/次	总评论数/次	视频平均上传周期/天·个	视频平均更新频率/天	互动率	内容认可度
1	芝加哥大学图书馆	2011-12-16	296	60	83403	378	0	0	62	41	0	6
2	杜克大学图书馆	2008-06-10	2120	68	1059801	43757	0	1493	74	71	22	643
3	约翰·霍普金斯大学图书馆	2011-03-14	319	38	19779	166	0	10	106	102	0	4

序号	美国高校	开通时间	粉丝数	总稿件数/个	总播放数/次	总获赞数/次	总转发数/次	总评论数/次	视频平均上传周期/天/个	视频平均更新频率/天	互动率	内容认可度
4	西北大学图书馆	2012-10-26	135	46	27591	122	0	0	75	72	0	3
5	布朗大学图书馆	2007-07-31	519	23	221801	1428	0	363	232	95	16	62

表1统计了美国高校图书馆账号的开通时间、粉丝数、总稿件数、总播放数（所有视频稿件播放量合计）、总获赞数（所有视频获赞量合计）、总转发数（所有视频转发量合计）、总评论数（所有视频评论量合计）等，笔者根据以上基础数据设定四个指标用于分析Youtube账号的运营情况：

（1）视频平均上传周期=账号开通天数/账号视频稿件个数；

（2）视频平均更新频率=最早和最晚上传视频的天数间隔/天数间隔内上传视频的个数；

（3）互动率=（总弹幕数+总评论数）/稿件数；

（4）内容认可度=（总获赞数+总转发数）/稿件数。

我们可以通过视频平均上传周期与视频平均更新频率两个数据的比值来定量衡量账号更新空白期的长短，以上五所美国高校图书馆视频平均上传周期与视频平均更新频率比值分别为芝加哥大学图书馆66.13%、杜克大学图书馆95.95%、约翰·霍普金斯大学图书馆96.23%、西北大学图书馆96.00%、布朗大学图书馆40.95%，其中，杜克大学图书馆、约翰·霍普金斯大学图书馆、西北大学图书馆的比值均超过了90%，更新空白期并不长，与之相比，布朗大学图书馆、芝加哥大学图书馆曾将账号“遗忘”了较长时间。

美国排名前20的大学有5所在YouTube开通了高校图书馆账号，占比为25%。各个高校均在YouTube官网主页下方对高校图书馆账号进行了友情链接。从表2数据可知，已开通YouTube账号的美国高校图书馆的粉丝数量平均约占学校官方YouTube账号的3%，仍有部分潜在的粉丝未关注相应高校图书馆的YouTube账号。

表2　美国5个高校图书馆YouTube账号与高校账号粉丝量对比一览表

序号	图书馆名称	粉丝数	高校名称	粉丝数	占比
1	芝加哥大学图书馆	296	芝加哥大学	204000	0.15%
2	杜克大学图书馆	2120	杜克大学	36500	5.81%
3	约翰·霍普金斯大学图书馆	319	约翰·霍普金斯大学	45700	0.70%
4	西北大学图书馆	135	西北大学	18500	0.73%
5	布朗大学图书馆	519	布朗大学	62500	0.83%
	合计	3389		367200	0.92%

从以上统计数据可看出,美国高校图书馆YouTube账号运营情况存在着一定的差距。最早在YouTube开通账号的是布朗大学图书馆,开通时间为2007年7月31日,最晚开通的是西北大学图书馆,开通时间为2012年10月26日(如图1所示)。

图1 美国5个高校图书馆YouTube账号开通时间轴线图

各馆稿件数量均在几十个的量级,最多的是杜克大学的68个视频,最少的是布朗大学的23个视频,数量方面差别并不大(如图2所示)。在5个已开通的账号中,芝加哥大学图书馆视频平均上传周期最短,为62天/个,布朗大学图书馆视频平均上传周期最长,为232天/个(如图3所示)。从更新频率的角度来看,芝加哥大学图书馆更新最频繁,为41天,约翰·霍普金斯大学图书馆更新最慢,为102天(如图4所示)。从粉丝参与互动的角度来看,杜克大学图书馆互动率为22,布朗大学图书馆互动率为16,是互动率最高的两个大学。从内容认可度的角度来看,杜克大学图书馆内容认可度为643,是最受认可的美国高校图书馆,其次是布朗大学图书馆,其内容认可度为62。

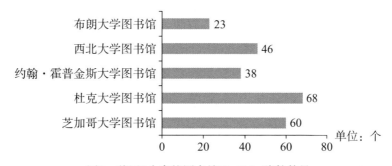

图2 美国5个高校图书馆YouTube稿件数量

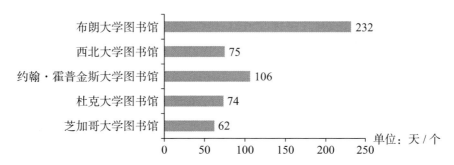

图3 美国5个高校图书馆YouTube视频平均上传周期

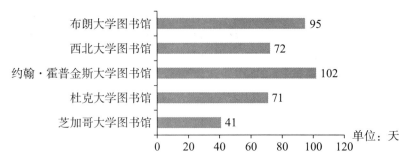

图4　美国5个高校图书馆YouTube更新频率

　　虽然图书馆账号是一个细分、冷门领域，美国排名靠前的高校仍有25%开通了图书馆账号，由此可以看出，美国高校图书馆较为重视YouTube账号在大学生群体中的影响力，在图书馆账号内容运营方面有各自的规划，视频数量和更新频率、投放内容吸引力等基本保持在一个稳定、适中水平上，并获得大学生用户的持续关注。

3　美国高校图书馆YouTube视频内容调研

　　从影响力量化的角度来看，美国高校图书馆YouTube视频账号的"首页"和"关于我们"页面中的粉丝量和播放量数据可以最直观地反映出账号影响力的大小：粉丝量和合计播放量高的账号综合影响力更大，反之则说明影响力有限。视频点赞量反映了观看用户对视频的喜好程度，点赞率为获赞数和播放量的比值，比值越高说明视频有看点、足够优质且有吸引力，有更大比例的人喜欢这个视频。视频账号运营人员可以从视频策划、文案脚本、分镜头设计、拍摄剪辑、背景音乐、后期特效、清晰程度等诸多方面对视频进行优化。YouTube的推送机制的核心算法指标经历了"观看时长"推送机制（2011—2012年）、基于观看习惯的智能推送机制（2014—2015年）、基于机器学习和人工智能的用户接口个人化推送机制（2016—2017年）三个阶段，目前正在结合候选生成模型（Candidate Generation Model）与排名模型（Ranking Model）这两个神经网络的推荐系统。候选生成模型将数百万个视频数据缩小分成数百个与用户相关视频的数据子集，这些资料子集把许多变因都考虑进去，包括浏览历史、搜寻历史以及人口变项信息（如年龄等）；排名模型则会透过提名特征（Nominating Features）来设定评分讯号的权重（Scoring Signals），相关热门推荐视频经过评分结果判断后会被推送给最适合的用户。

　　美国高校图书馆YouTube账号目前的视频内容可分为新生导览、图书馆宣传片、数据库使用介绍、人物访谈与演讲、软件教程、研讨会议、图书推荐、讲座沙龙等几类。统计各账号视频播放量最高的视频（如表3所示）内容可以发现，高质量的图书馆宣传片、图书馆资源和研讨、访谈类视频颇受粉丝喜爱。

表3　美国5个高校图书馆YouTube账号播放量最高视频播放情况

美国高校	视频名称	播放量/次
芝加哥大学图书馆	《Zotero简介——存档网络研讨会》[8]	14406
杜克大学图书馆	《如何从图书馆借书》[9]	925861

美国高校	视频名称	播放量/次
约翰·霍普金斯大学图书馆	《布罗迪学习共享空间:第二家园》[10]	4731
西北大学图书馆	《选择关键字》[11]	4592
布朗大学图书馆	《在布朗大学图书馆与George R. R. Martin和出版商Tom Doherty共度良宵》[12]	218000

芝加哥大学图书馆的视频"Introduction to Zotero（Archived Webinar）"（《Zotero简介——存档网络研讨会》）播放量接近15000次;约翰·霍普金斯大学图书馆的视频"The Brody Learning Commons:A Second Home"（《布罗迪学习共享空间:第二家园》）播放量近5000次,布朗大学图书馆的视频"An Evening with George R. R. Martin and Publisher Tom Doherty at the Brown University Library"（《在布朗大学图书馆与George R. R. Martin和出版商Tom Doherty共度良宵》）播放量近22万次;播放量最大的是杜克大学图书馆的视频"Library Takeout"（《如何从图书馆借书》）,播放量近百万,在YouTube平台上,这个播放量即使和娱乐、时事等主流视频类目相比也是较大的。

作为最早也是全球最成功的视频网站之一,YouTube用户可以在视频观看过程中通过评论、点赞、转发等行为和发布者以及其他用户进行互动交流,直观表达出自己对所观看视频内容的喜爱和认可程度。通过对美国高校图书馆账号发布视频总体的互动情况进行分析可知,高质量的图书馆宣传片、馆藏资源介绍、研究讨论、名人访谈等视频更加受到粉丝喜爱。

表4　美国5个高校图书馆YouTube账号互动量最高视频播放情况

美国高校	视频名称	点赞数/次	转发数/次	评论数/条
芝加哥大学图书馆	《Zotero简介——存档网络研讨会》《在Regenstein图书馆与Daniel Clowes的对话》[13]	128	0	0
杜克大学图书馆	《如何从图书馆借书》	43000	0	1441
约翰·霍普金斯大学图书馆	《乌鸦短版》[14]	21	0	2
西北大学图书馆	《Zotero简介》[15]	32	0	0
布朗大学图书馆	《在布朗大学图书馆与George R. R. Martin和出版商Tom Doherty共度良宵》	1400	0	363

杜克大学图书馆的视频"Library Takeout"（《如何从图书馆借书》）带来了4.3万次的点赞以及将近1500条评论,布朗大学图书馆的视频"An Evening with George R. R. Martin and Publisher Tom Doherty at the Brown University Library"（《在布朗大学图书馆与George R. R. Martin和出版商Tom Doherty共度良宵》）带来了1400次的点赞以及将近400条评论。纵观目前美国高校图书馆在YouTube的视频内容,多数设置了访谈、演讲、研讨、沙龙等种类多样的互动交流栏目,能满足用户多方面的信息需求,激发用户的参与热情。

4 美国高校图书馆YouTube账号运营特点分析

总体而言,新媒体已经渗透到美国高校图书馆服务的诸多方面,充分挖掘、利用新媒体是美国高校图书馆服务的一大利器。美国高校图书馆YouTube账号运营有以下几点值得借鉴。

4.1 创建时间较早

作为目前全球最大的视频平台之一,从2005年推出到现在,YouTube网站在如何消费网络内容方面创造了一场名副其实的革命。作为仅次于谷歌的第二大互联网搜索引擎,YouTube每月拥有超过15亿活跃用户,构成了一个巨大的流量池。美国高校图书馆YouTube账号多在2007—2012年创建,最"年轻"的也已经超过了10年,因占尽先机,享受到了互联网和移动互联网的巨大流量红利,已经拥有相当数量的忠实用户,为高校图书馆的宣传打下了基础。

4.2 账号定位精准

定位决定了账号的未来和发展前景。每一个美国高校图书馆YouTube账号均有着精确的定位,视频内容均紧密围绕高校图书馆历史、技术、人文等方面展开,内容高度垂直化,能够在一定程度上锁定目标用户。在YouTube平台上,用户观看视频的主要流量来源于搜索、观看页推荐、YouTube首页、时下流行、订阅内容等五个方面,高质量的原创内容更容易进入观看页推荐,从而获得更大的曝光。其次,美国高校图书馆YouTube账号视频制作精良,画质清晰,分辨率高,内容原创有亮点,采用大学生喜闻乐见的表现形式,能让粉丝产生共鸣,给粉丝传输价值。与此同时,视频均添加了字幕,不仅提升了排名,受众人群的覆盖范围也会更广,比如失聪人群、其他语系人群以及移动端选择无声观看模式的人群等。

4.3 注重用户行为的研究

美国高校图书馆注重用户行为的研究,勇于尝试新技术,利用新媒体,敏锐察觉到高校大学生是社交网络中最活跃的分子,并将其作为核心的用户群体。因此,美国高校图书馆在社交网络发展的初期,就引入视频平台,既具有时尚感和前瞻性又传播了图书馆的服务和信息。例如杜克大学图书馆视频短片"Library Takeout"(《如何从图书馆借书》)打破了传统的图书馆阅读推广服务形式,紧紧抓住大学生求新求异的心理诉求,通过趣味涂鸦的方式介绍了在疫情防控期间图书馆关闭的情况下如何通过图书馆"外卖服务"获取书籍和其他材料,幽默诙谐的漫画场景构成视觉冲击,配以节奏感强烈的背景音乐和字幕等,极大地提升了图书馆品牌的辨识度。作为社交网络中的最活跃人群,高校大学生对视频的阅读和分享行为一定程度上也提升了账号的活跃度和内容的传播性,起到事半功倍的宣传效果。

与此同时,美国高校图书馆YouTube账号重视与师生读者的互动反馈,满足大学生被尊重、被重视的心理需求。杜克大学图书馆YouTube账号多次在评论区与粉丝进行点赞、回复等互动,并且将一些优质评论进行置顶,引导进一步的互动。这种方式为该视频带来了近百万的播放和超过四万的点赞量,成为经典和大热门,极大地吸引了读者的兴趣,增加了粉丝的数量。

4.4 重视各媒体间的引流

各高校图书馆账号均拥有专业的运营团队,与其高校相关的其他账号建立了友情链接,实现相互的引流。例如,杜克大学图书馆账号在主页的签名栏分别挂载了杜克大学图书馆新闻网(http://library.duke.edu/news/)以及杜克大学图书馆图文网站(http://library.duke.edu/exhibits/),并在"频道"栏与杜克大学、Duke Learning Innovation(杜克大学学习创新)、DukeLibDigitalCol(杜克大学实验室)建立了链接,同时在大热门视频短片"Library Takeout"(《如何从图书馆借书》)的评论区置顶了官方Twitter、Instagram、Facebook等宣传链接。

5 国内高校图书馆视频平台运营的启示

5.1 理念先行:积极入驻视频平台,充分利用多媒体宣传利器

充分挖掘利用新媒体是美国高校图书馆服务的一大特色,并且其在社交网络发展的初期,就将视频平台引入到图书馆,具有一定的超前思维。当前,国内高校图书馆在B站入驻的数量并不多,半数以上的"双一流"高校尚未注册。因此,高校图书馆要充分认识到短视频、视频平台这一宣传利器,积极开展视频平台的建设,运用新技术、新应用、新方式,积极"吸粉引流",不断提高视频平台的整体影响力。在5G时代,更要建立新媒体服务链,构建高校图书馆新媒体服务矩阵,加速新媒体如QQ、微信、微博平台与直播、短视频等形式的融合发展,从而实现各媒体间的多向引流,不断增加读者用户的黏性,形成宣传合力。与此同时,高校图书馆还应针对不同视频平台的定位、特点、功能,"有的放矢"地开展视频服务。制作精良、画质清晰、有亮点的内容原创,有助于粉丝产生共鸣,提升视频的传播影响力。

5.2 团队专业:打造专职的新媒体团队,加强专门人才的培养

随着VR、AR、5G等技术的迅速发展,新媒体在人们的生活中发挥的作用日益凸显,图书馆馆员的新媒体素养会对高校图书馆视频平台的运营产生直接影响。当前,国内高校图书馆的视频服务主要是由"馆员+新媒体团队"或"馆员+学生社团"来负责的。由于图书馆员、学生社团大多是兼职的,在其时间精力有限的情况下,其运营视频平台的时间是无法得到保证的,这也直接导致了各高校图书馆提供视频服务的质量参差不齐。因此,组建一支专职的新媒体团队,形成固定的规范化运作模式,对保障视频平台的稳定运营尤为重要。我国高校图书馆可借鉴美国的经验、做法,设置专门的新媒体运营部门或者岗位,负责指导高校图书馆视频平台的运营和管理,从制度上来保障视频平台的可持续发展。同时,馆员的新媒体素养直接影响视频服务的质量,高校图书馆应加强对新媒体服务人才的培育,可采用"内部遴选+外部招聘"的方式组建新媒体团队,并且制定专门的人才培养计划,使这些人才通过参加专业的业务培训不断提高新媒体服务水平,从而提升其新媒体服务能力。

5.3 内容取胜:创新视频特色内容,打造品牌效应

高质量的内容是作品赖以生存的根本,无论媒体形式如何变化,都要以内容为核心,以内容取胜。视频内容的策划应与图书馆的各项工作紧密结合,并在实践中不断总结、创新,依托本馆的特色和资源优势,进行大胆的创意创作,以满足新一代大学生的学习需求,尽量避免同质性视频出现。例如杜克大学图书馆视频短片"Library Takeout"(《如何从图书馆借书》)通过趣味涂鸦的方式介绍了疫情防控期间图书馆关闭的情况下如何通过图书馆外卖服务获取

书籍和其他材料,幽默诙谐的漫画场景给人耳目一新的感觉,节奏感强烈的背景音乐和字幕等十分吸引人,给人一种视觉、听觉的全方位感受,并且结合了大学生喜欢的轻松幽默诙谐的表达形式,极大地提升了图书馆品牌的辨识度。因此,在视频的制作中,我们可借鉴美国高校图书馆的做法,在视频策划、文案脚本、分镜头设计、拍摄剪辑、背景音乐、后期特效、清晰程度等方面对视频进行优化,尽量采用大学生喜欢的形式来表达,并且在视频标题、标识等细节上下功夫,提高视频制作的水平。同时,视频内容要充分挖掘图书馆的资源和服务。例如,美国高校图书馆YouTube账号的视频内容高度垂直化,紧密围绕高校图书馆历史、技术、人文等全方位展开,图书馆宣传片、图书馆资源和研讨、访谈类视频等颇受粉丝喜爱。有鉴于此,国内高校图书馆可从每年举办的各类型主题活动寻找素材,要将积累图书馆品牌效应的理念贯穿于视频制作的全过程,以"新颖、趣味、寓教于乐"为创作核心,注重视频的连续性和原创性,例如,通过制作同系列原创视频的形式来吸引粉丝关注,从而为图书馆的宣传积累口碑,打造具有鲜明特色的图书馆品牌。

5.4 重视互动:积极参与用户互动,增加用户的黏性

在互联网2.0的时代,新型社交媒体的一大优势就是即时交流和分享,这也是作为"新新人类"的大学生钟情于新媒体的原因所在。每一个人都可以是信息的发布者,并且通过其他用户的关注、转发、评论等方式,形成有效的传播渠道[16]。纵观目前美国高校图书馆在YouTube的视频内容,多数设置了访谈、演讲、研讨、沙龙等种类多样的互动交流栏目,这无疑打破了传统图书馆"接触式"的服务方式,满足用户全方位、跨时空性的信息需求,极大地激发了用户的参与热情。有鉴于此,国内高校图书馆可充分利用各大视频平台的核心功能助力视频传播;同时,要重视忠实粉丝的反馈,参与互动交流的用户往往是图书馆潜在的忠实粉丝。在线上、线下的宣传推广中,馆员要及时、恰当地参与、引导用户评论,让用户更多地参与到图书馆的各项服务和资源推介中,这不仅可以满足他们被尊重、被重视的心理需求,而且在互动交流的过程中,也完成了图书馆的信息宣传和服务推广,形成了一次有效的信息传播。与此同时,图书馆馆员与读者互动交流的活跃程度,读者对视频内容的转发和点赞数等,无形当中又弥补了实体图书馆到馆人气的不足,可谓一举多得。

参考文献

[1] CNNIC第49次《中国互联网络发展状况统计报告》[EB/OL].[2022-05-15].http://www.cnnic.cn/hlwfzyj/hlwxzbg/hlwtjbg/202202t20220225_71727.htm.

[2] 王海燕.图书馆短视频发展现状、问题与对策分析——以抖音平台为例[J].图书馆工作与研究,2020(5):76-80.

[3] 魏小贞,刘丽华.高校图书馆视频服务现状与思考——以哔哩哔哩平台为例[J].图书馆工作与研究,2021(7):58-65.

[4] 李慕君.图书馆弹幕视频平台运营现状及发展策略研究——以哔哩哔哩网站为例[J].河北科技图苑,2021(6):33-38.

[5] 肖铮,陈丽琴,黄国凡.后疫情时期高校图书馆哔哩哔哩网站运营策略研究[J/OL].图书馆杂志:1-8[2022-05-15].http://kns.cnki.net/kcms/detail/31.1108.G2.20210715.1726.006.html.

[6] 梁冠萍,朱育晓,任光凌.基于社交网站Facebook的图书馆服务营销研究[J].内蒙古科技与经济,2014(3):

159-161.

[7] U.S. News. United States university ranking 2022[EB/OL]. [2022-02-24]. https://www.usnews.com/best-colleges/rankings.

[8] University of Chicago Library. Introduction to Zotero（Archived Webinar）[EB/OL]. [2022-05-15]. https://www.YouTube.com/watch?v=rNtF2Ufu-dc&t=16s.

[9] Duke University Library. Library Takeout[EB/OL]. [2022-05-15]. https://www.YouTube.com/watch?v=e1iGEM9NMFM&t=86s.

[10] Johns Hopkins University Library. The Brody Learning Commons：A Second Home[EB/OL]. [2022-05-15]. https://www.YouTube.com/watch?v=dNUxzJwDw_o&t=10s.

[11] Northwestern University Library. Choosing Keywords[EB/OL]. [2022-05-15]. https://www.YouTube.com/watch?v=jiCcOanXy5Q.

[12] Brown University Library. An Evening with George R. R. Martin and Publisher Tom Doherty at the Brown University Library[EB/OL]. [2022-05-15]. https://www.YouTube.com/watch?v=TB5AU_bCZJg&t=36s.

[13] University of Chicago Library. A Conversation with Daniel Clowes at Regenstein Library[EB/OL]. [2022-05-15]. https://www.YouTube.com/watch?v=uueGxpnqTpc&t=18s.

[14] Johns Hopkins University Library. The Raven short version[EB/OL]. [2022-05-15]. https://www.YouTube.com/watch?v=3z74XEHIAzg&t=11s.

[15] Northwestern University Library. Introduction to Zotero[EB/OL]. [2022-05-15]. https://www.YouTube.com/watch?v=ro0tdtrPTYU.

[16] 王丽萍. 美国高校图书馆延伸服务的实践及思考[J]. 图书馆论坛, 2014（11）:115-120.

公共图书馆开展无感借还通道创新服务的理论探索与实践研究

——以江西省图书馆为例

吴玉灵（江西省图书馆）

伴随着5G、物联网、大数据、云计算等新兴技术的不断发展，我国在建设智慧城市、智慧交通、智慧制造业等行业均有显著的成效。图书馆作为公众获取知识、提升自我能力的重要场所，其智慧化建设需求也被日益重视。例如，图书馆为公众提供智慧便捷的公共服务需求被纳入《中华人民共和国国民经济和社会发展第十四个五年规划和2035年远景目标纲要》[1]。又如，2021年8月19日，《文化和旅游部办公厅关于公布首批文化和旅游行业智库建设试点单位的通知》正式发布，国家图书馆被列入首批文化和旅游行业智库建设试点单位，其重点研究方向就包含智慧图书馆研究[2]。图书馆无感通道借还服务是智慧图书馆建设中的一项创新性服务，研究该场景服务将有效提高图书馆流通服务效率，提升图书馆智慧服务水平，增强读者用户体验，最大限度地体现图书馆智慧服务的价值。

1 无感借还通道创新服务的概念及特点

1.1 无感借还通道创新服务的基本概念

无感借还通道创新服务是图书馆人在智慧图书馆实践创新中将人脸识别技术[3]与RFID（Radio Frequency Identification）无线射频识别技术、光幕技术、通道闸机控制等技术相结合的一项具备智能图书馆流通场景服务。该服务无需读者携带实体或电子身份证件，强调在无感体验下即可完成读者识别、图书识别及流通借还操作[4]。

1.2 无感借还通道创新服务的特点

1.2.1 图书流通的便捷性

无感借还通道智慧服务无需读者手动对图书进行流通操作，读者仅需携带图书通过无感借书或无感还书通道即可自动完成图书的借阅与归还，极大地提高了图书流通的便利性。相较于传统人工借阅服务或读者在自助借还机上进行图书借还操作，无感借还通道智慧服务耗费的流通时间更短，在4至5秒内即可快速完成，有效提高了图书流通效率。

1.2.2 读者身份识别的精准性

无感借还通道智慧服务配备人脸识别系统，读者在完善人脸信息后，其人脸信息会与其图书馆本馆读者证账号关联，通过前端人脸识别设备和识别算法即可快速完成读者身份信息的确认。

1.2.3 读者服务的透明性

在无感借还通道智慧服务中,读者携带的图书可以拿在手上或者放进书包里,当其通过无感通道时,通道内部的RFID读写设备会自动检测出图书信息,并与读者身份信息关联起来,自动完成图书流通操作。读者作为无感借阅智慧服务的最终使用者,不用担心自己因为忘带身份证或读者证导致无法借书,整个服务流程完全对读者透明。

1.2.4 服务数据的可统计性

除基本的智慧流通服务功能外,无感借还通道智慧服务还应具备较强的数据统计功能,它能够精确统计从无感通道进馆和出馆的人数、成功借出与归还的图书数量以及流通失败的日志数据等,方便图书馆馆员对无感通道服务进行数据查询与统计管理。

2 无感借还通道创新服务理论探索

2.1 确定无感借还通道服务建设发展总体目标

在开展无感借还通道服务项目前,需要图书馆对无感借还通道服务进行专家论证,并确定总体发展目标,这其中就包含时间目标定位、服务读者群体目标定位、外观目标定位、功能目标定位、服务效能目标定位,确保无感借还通道服务项目科学、合理、高效地按既定目标如期完成。

2.2 科学评估无感借还通道服务地点选址

无感借还通道位置选址的合理性是影响后期无感借还通道服务效果好坏的直接因素。无感通道的选址一般设定在图书馆进出馆处,以实现读者入馆即还书和出馆即借书的无感体验。选址需考虑以下几方面因素:一是出入口读者群体类型及人流量多少。出入口的选择应根据各公共图书馆服务读者群体类别及数量做出综合评估,如图书馆读者服务群体中成人占多数,应将无感通道设定在成人出入口处,若读者服务群体以少儿读者居多,则可将无感通道设定在少儿出入口处。二是出入口所在区域面积大小。出入口所在区域面积越大,越有利于形成较大规模且功能完备的无感借还通道。三是出入口所在区域是否预留强电和弱电点位。出入口区域若预先留有备用的强电和弱电点位可有效避免后期地砖开槽重新布线。四是出入口环境是否存在客观不利因素。例如,强光直射、光线反射、建筑物漏水、雨淋等不利条件,均会影响无感通道借还服务的正常开展。

2.3 因地制宜设计无感借还通道外观

无感借还通道的外部结构由通道和闸机组成,在设计其外观时,需要结合图书馆整体风格,该区域现场环境等对通道材质、颜色、通道闸机类型以及通道结构造型进行设计。例如,就通道闸机类型选择而言,当无感借还通道所处区域较狭窄时,可考虑将固定宽度的翼闸作为通道阻拦体,反之,通道较宽时,可采用自由定制的摆闸作为阻拦体。

2.4 明确无感借还基础设施组成

无感借还通道服务的开展离不开软硬件基础设施。它们主要由通道闸机及其控制系统、光幕设备及控制系统、前端人脸采集设备及后端人脸服务器存储认证系统、RFID无线射频识别及其图书自动化管理系统等组件组成。其中，通道闸机控制技术实现闸机门禁的控制，光幕技术用于判别读者进出通道，人脸识别系统实现图书馆读者账号身份信息的确认；RFID无线射频识别技术实现图书信息的获取。

2.5 合理规划无感借还通道功能

无感借还通道服务的功能需要结合实施区域的现场环境合理规划无感借书通道与还书通道的逻辑功能流程设计，为读者提供一种无感、便捷、高效的图书流通服务体验。

无感借还通道服务是图书馆开展智慧图书馆服务的一种创新思路，通过人脸认证识别读者身份信息，再关联无感通道内RFID读写器识别到的图书信息，最终完成图书流通。然而，在实际无感借阅通道服务开展中，面对少年、青年及中老年不同读者群体，考虑到其对人脸服务借还操作接受程度的不同，以及后期人脸系统可能发生的突发性人脸比对失败现象（如在青少年成长过程中，人脸也会不断发生变化，与早期存储与人脸数据库中的人脸相差较大），图书馆可以牺牲部分无感体验为代价，在通道表面设计安装读者证或身份证刷卡功能模块，用于读者身份信息确认，这一方面可以缓解中老年人操作无感通道借还图书的使用障碍，另一方面能使图书馆从容应对因人脸服务故障引发的图书流通问题，在无感借还体验与读者流通效率之间寻找最佳平衡点，实现通道图书流通的高效服务。

3 江西省图书馆无感借还通道智慧服务实践研究

江西省图书馆以新馆建设为契机，在图书馆建设目标上，着力从智能图书馆向智慧图书馆发展转型。基于人脸识别的无感借阅服务属于智慧图书馆的一种智慧场景服务，是图书馆开展智慧服务的典型代表[5]。

3.1 实践背景

江西省图书馆于2019年底开始实施无感借还通道服务项目，充分利用5G、光幕、人脸识别、RFID无线射频等技术，并利用通道工控主机联动各系统，于2021年底较好实现了读者基于人脸识别的无感借还图书服务。

2019年江西省图书馆新馆建设初期，由于业界尚未有现成的经验可供参考借鉴，江西省图书馆在实施无感借阅服务过程中进行了探索与思考，并就其位置选址、外观设计、软件平台及终端设备采选、无感借还通道功能设计、服务数据统计等方面做出了有益的尝试。

3.2 实践过程与取得成效

3.2.1 位置选址

江西省图书馆在无感借阅智慧服务建设规划初期对无感借还通道地点进行了选址考量。经考察发现，一层出入口读者群体以少儿读者为主，所在区域面积较窄，二层出入口为读者进出馆的主出入口，所在区域面积宽敞，故将无感借还通道位置设定在二层主出入口处。

江西省图书馆无感通道按照功能设计可分为借书通道和还书通道，通道采用"四进四出"服务模式，即中间主入口处的四条通道为无感还书通道，读者从此通道入馆，其携带的图书将被自动归还。在无感还书通道两侧各设有两条无感借书通道,读者从此通道出馆,其携带的图书将被自动借阅。主出入口平面示意图如图1所示。

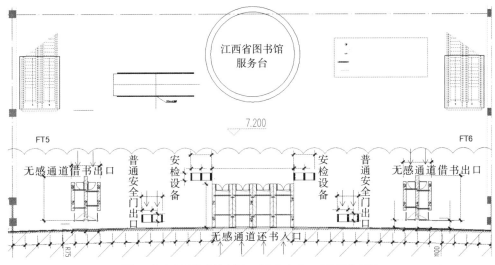

图1　江西省图书馆新馆二层主出入口平面示意图

3.2.2　外观设计

无感借还通道需兼顾功能与美观,其中,无感通道闸机类型的选择对无感通道的外观及其功能交互起着至关重要的作用。目前,常见人行通道闸机的选择按照阻拦方式的不同可分为三辊闸、摆闸和翼闸[6]。结合江西省图书馆二层场馆实际环境,读者成功借阅图书后可直接从无感借阅通道离馆,无感通道出馆的摆闸门宽需与图书馆出馆的玻璃幕墙门宽保持一致,故需定制较大宽度的闸机。综合考虑功能和美观需求,江西省图书馆无感通道闸机采用支持最大宽度、外观可塑性强的圆柱摆闸,且以10mm厚度的有机玻璃作为摆闸阻拦体。无感通道的整体材质采用白色木质环保材料制成,通道两侧均设有检修口,用于日后对通道内部RFID读写器、射频天线、工控机等设备检修维护,检修口装饰挡板材质采用乳白色亚克力板,通过磁吸方式固定和开启,其实际效果图如图2所示。

图2　江西省图书馆无感借阅通道效果图

3.2.3 软件平台及终端设备采选

江西省图书馆无感借还通道智慧服务系统的软硬件基础部署环境如表1所示。其中，无感通道闸机系统配合无感通道闸机工控管理机负责通道闸机的门禁开关管理；人脸识别系统部署终端包含服务器端、摄像头识别端和采集端三个模块。服务器端需部署人脸识别系统服务器和ACS图书自动化管理交互系统服务器，分别用于完成读者人脸信息的储存、认证与管理和与本馆图书业务自动化管理UILAS系统对接，获取读者身份信息及借阅规则数据。

表1 江西省图书馆无感通道软硬件基础部署环境

名　　称	设备类型	数量/个	备　　注
无感通道闸机系统	服务器	1	操作系统：Windows server 2012-64位
无感通道闸机工控管理机	工控机	8	用于通道闸机逻辑交互控制
人脸识别系统	服务器	1	操作系统：Linux Centos7.0
人脸摄像头识别终端	摄像头	4	用于识别读者人脸信息
人脸采集终端	双屏机	1	用于服务台采集读者人脸信息
ACS图书自动化管理交互系统	服务器	1	操作系统：Windows server 2012-64位
无感通道中央监控数据统计系统	服务器	1	操作系统：Windows server 2012-64位
LED电子屏终端	电子屏	4	用于实时显示读者流通服务数据
RFID UHF超高频图书读写器	读写器	8	用于读写超高频图书标签信息

3.2.4 无感借还通道功能设计

江西省图书馆无感借书通道需要思考读者借书成功与失败两种情境。当读者借书成功时，系统允许其携带图书从该通道出口摆闸直接离馆。当读者借书失败时，系统语音播报读者借书失败原因，并打开侧门摆闸引导读者返回。

读者进入无感通道借书的完整流程为：已办理读者证的读者首先需要在人脸录入采集终端注册人脸，当读者进入无感借阅通道触到第一道光幕后，光幕状态被返回到人脸识别中间接口程序，由前端人脸识别设备发起人脸抓拍，并将抓取的读者照片与后端人脸库匹配验证，人脸识别率相似度大于或等于80%的人脸才可认定为该读者，从而获取其读者证号。根据读者账号调用图书馆SIP2接口服务程序获取读者借阅信息，只有在同时满足人脸验证成功和图书馆流通规则的情况下才能正常完成图书借阅，如出现人脸识别失败、图书逾期未归还、超过最大可借数量等违反流通规则的情形，均会导致图书借阅失败。

无感还书通道则相对简单，读者可从无感还书通道入口快速入馆，无需进行人脸认证，待图书信息被识别且触动光幕后，图书即可被自动归还。

江西省图书馆无感通道借阅与归还程序的触发条件均会利用光幕技术，即在无感通道底部开孔，通道开孔的两侧分别安装上红外发射管和红外接收管。当发射管和接收管之间没有障碍物时,红外发射管发出的光信号就能顺利到达红外接收管。红外接收管接收到光信号后,相应的内部电路输出低电平,而在有读者经过的情况下,红外发射管发出的光信号被遮挡,红外接收管接收不到调制信号,相应的内部电路输出为高电平。这样,通过对内部电路状态进行分析就可以判断出是否有读者进入无感通道。基于该功能业务逻辑,笔者分别绘制了无感借阅通道与无感还书通道功能设计流程图,如图3和图4所示。

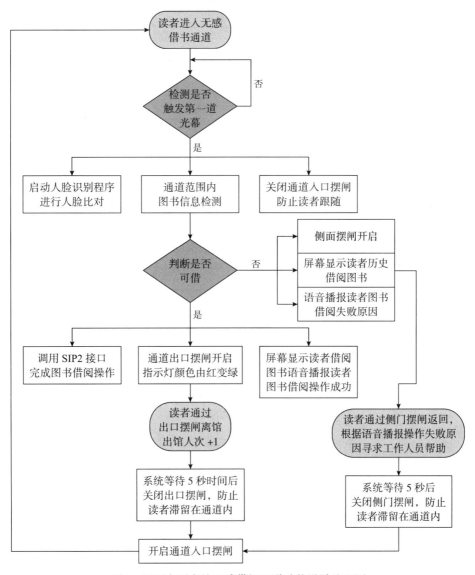

图3 江西省图书馆无感借阅通道功能设计流程图

3.2.5 服务数据统计

服务数据统计是图书馆上报读者服务工作年度报告及图书馆评估的一项重要工作内容。江西省图书馆通过部署无感通道中央监控数据统计系统实现无感通道设备在线状态监控及通道区域每日读者进出馆人流量、图书流通记录等数据的实时统计,该系统的前端网站部署采用Apache tomcat搭建,通过在服务器后端安装心跳测试软件实时保持与无感通道工控设备

235

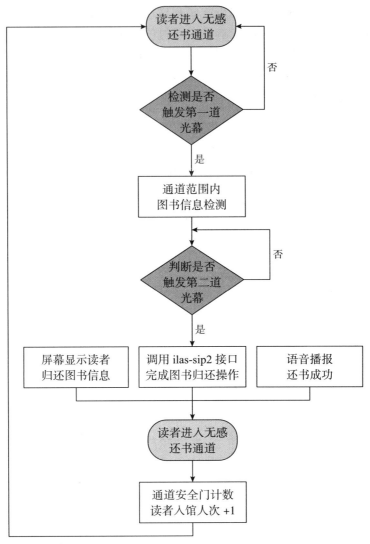

图4　江西省图书馆无感还书通道功能设计流程图

的通信来监测通道在线状态,图书流通数据通过调用ACS中间件SIP2接口服务获取,其设计架构见图5所示。

3.2.6　取得成效

江西省图书馆在实施无感借阅通道系统前,其图书流通主要采用传统人工服务台及自助借还机等方式完成图书流通操作,流通效率和体验感欠佳。例如,当图书流通失败时,读者需咨询前台工作人员协助处理;当多名读者同时从图书防盗安全门出馆时,将难以判断携带异常图书的读者,需逐个筛查,费时费力,极易引发读者纠纷。

无感借还通道服务项目实施完成并投入运行后,江西省图书馆图书流通服务效率及读者服务体验得到显著提升。例如,在图书流通高峰时间段,读者排队时间人均可缩短90%以上(由原来的人均5分钟缩短至30秒),流通效率提升十倍。又如,当读者借阅失败时,无感通道系统从侧面打开闸机引导读者返回图书馆,并语音播报读者借阅失败原因,缓解人工服务台

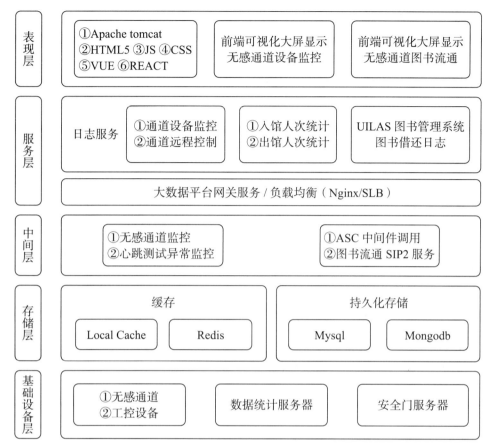

图5　江西省图书馆无感借还通道中央监控数据统计系统框架设计图

馆员的工作压力,与此同时,一人一闸的借阅规则有效减少了读者借阅纠纷,极大地提升了读者智慧化服务体验。

3.3　实践发现的问题及解决对策

江西省图书馆在实施无感借还通道智慧服务项目(以下简称"本项目")中,也发现了许多问题,现将具体问题及解决对策列举如下。

3.3.1　无感通道强弱电点位位置偏差问题

本项目中的强弱电点位由负责新馆主体建设的智能化施工单位负责,由于其与馆方及无感通道供应商缺乏有效沟通,导致施工的强弱电点位与馆方原规划的通道点位有偏差,这将直接影响布局与整体效果。由于发现及时,经馆方协调,强弱电施工单位在馆方及通道供应商三方共同参与下,重新严格按照规划图纸完成点位施工。

3.3.2　外部光线环境影响问题

由于江西省图书馆无感通道出入口外围墙壁均为双层玻璃幕墙,虽然美观新颖,但也存在因光束镜面穿透反射而产生的不良影响。例如,在江西省图书馆无感借阅通道处,外部强光穿透玻璃幕墙照射到人脸识别终端,会导致人脸识别失败。经馆方多次研究讨论,最终决定在玻璃幕墙外侧贴上玻璃贴膜,该贴膜材质为7mil厚度的多层PET夹层吸光材料。经过测试发现,该玻璃幕墙贴膜可成功阻挡光线,有效提高人脸识别率。

3.3.3 "图书错借"问题

本项目在测试期间发现:当两位读者携带图书从相邻无感借阅通道同时进入时,存在"图书错借"问题——进入左侧通道读者的书被借到右侧通道的读者卡上。经过分析与反复测试发现,出现该问题的原因在于相邻无感通道间放置的多个RFID超高频读写器天线辐射场信号干扰。

江西省图书馆无感通道内部均配备RFID超高频读写器,每个读写器有四套射频信号天线,读写器天线产生的辐射场为图书标签提供射频能量,图书标签上的天线和线圈接收到电磁波能量后产生电流,并利用这部分电流发送储存在图书标签芯片中的数据。由于相邻通道之间的读写器及天线距离太近,导致射频信号干扰,出现"图书错借"的问题。由于金属具备导电性能,会影响射频信号的电磁耦合与反射,从而降低RFID标签的识读率[7],因此,可利用金属屏蔽体屏蔽电磁信号,防止相邻电磁场彼此向外扩散干扰。江西省图书馆通过在相邻无感通道两侧中间增加铝箔片屏蔽对侧的天线辐射场信号,从而有效解决了"图书错借"问题,其俯视图如图6所示。

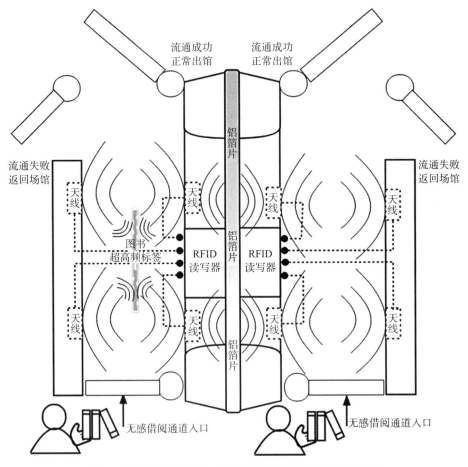

图6　无感借阅通道增加铝箔片屏蔽相邻磁场信号俯视图

238

3.3.4 图书RFID标签芯片读取失败问题

本项目在测试期间发现存在部分书籍无法被通道RFID读写器识别的现象。例如,读者携带四本图书进入无感借阅通道,并从出口摆闸正常离馆,但后台系统显示该读者只有三本图书借阅记录,这表明有一本图书的RFID标签芯片读取失败。

RFID标签芯片读取失败的原因有两种,一种是图书RFID标签及其编码规则不统一。目前图书馆图书标签频率主要采用高频和超高频两种,前者的工作频率范围为30—300kHz,后者的工作频率为860—960MHz[8]。RFID标签的工作频率就是读写器发送射频信号的频率,如果用高频RFID图书电子标签在超高频的读写器环境下操作,高频电子标签是无法被射频信号耦合并完成数据交换的,这将导致电子标签识别失败。RFID标签主要由EPCglobal RFID技术研究与标准化组织管理,其重要技术指标除工作频率外,标签编码规则也至关重要,通过制定编码规则可保证每一类被标识对象的每一个个体具有全球唯一的ID代码[9]。标签存储体中的EPC存储区用于存储唯一标识图书的电子代码,该区域包含馆藏地、条码号、是否流通,版本号及EAS防盗位等图书重要信息,图书条码的解析规则与EPC存储区的编码规则模型一一对应。

江西省图书馆从洪都北大道旧馆迁至赣江北大道新馆后,有多家电子标签供应商为其提供图书标签,由于不同供应商采用的EPC编码规则各异导致图书标签条码解析失败。此外,存在装帧设计包含金箔烫金纸等金属成分的图书,这会对RFID射频信号产生干扰,导致图书标签读取失败。针对以上两种情况,江西省图书馆通过统一RFID图书标签EPC编码模型规则,实现电子标签正常解析。对于携带金箔烫金纸工艺封边图书的读者,可引导其在人工服务台完成图书流通操作。

3.3.5 通道出口闸机响应时间过长问题

本项目在测试期间发现存在读者在无感借阅通道内停留等待闸机开门的时间过长的现象。江西省图书馆无感借阅通道长约3米,若正常人行走步速按1.2米每秒计算,约花费2.5秒即可到达出口闸机区域。分析读者在通道内的时间消耗原因主要有:①人脸识别时间,即人脸验证成功返回读者证号的时间,该部分时间消耗约2.5秒。②图书标签识别时间,即判断是否为超高频电子图书标签并按照EPC解码规则进行图书条码解析的时间,按照四本图书的数量计算,该部分时间消耗约0.2秒。③读者借阅信息查询时间,即系统调用SIP2接口判断是否违法流通规则,并显示图书借阅记录到LED屏设备的时间,该部分时间消耗约2.7秒。④图书借阅操作时间,即系统调用SIP2接口执行借书指令的时间,该部分时间消耗约1.1秒。4个部分合计约6.3秒。

江西省图书馆通过分析通道内的逻辑程序,尽可能缩短流通时间,优化服务体验。例如,将图书RFID标签过滤、条码解析识别任务与人脸识别任务同步执行,并优化SIP2接口返回值参数,不查询读者借阅图书信息,仅返回可借状态位。经测试,读者在通道内消耗的时间可缩短3秒。笔者实测无感借书通道,完成图书借阅操作时间约3.3秒,通道流通日志如图7所示。由此可见,按照3.3秒流通时间和1.2米/秒的步速计算,无感通道的最佳通道长度建议设置为4米为宜。

```
-------ApiServer-------
2022-03-08 17:20:34:5462|
Info|--------------------------------------------------------------
2022-03-08 17:20:34:5462|Info|[有人触动了一号光幕]
2022-03-08 17:20:34:5462|Info|[反馈"进门"光幕信息给人脸服务接口]
2022-03-08 17:20:34:5462|Info|[人脸返回]:{"code":"200", "errmsg":"success"}
2022-03-08 17:20:34:5462|Info|[清空历史EPC数据成功]
2022-03-08 17:20:34:5462|Info|[清空历史标签以及人脸数据]
2022-03-08 17:20:34:5462|Info|[关闭入口闸机]
2022-03-08 17:20:34:5462|Info|[剩余可用空闲线程数1020]
2022-03-08 17:20:34:5462|Info|[等待2200ms,读取标签数据]
2022-03-08 17:20:36:7614|Info|[开始获取标签数据......]
2022-03-08 17:20:36:7614|Info|[开始判断"C2280700200000BFA9400005"是否为读者证]
2022-03-08 17:20:36:7614|Info|["C2280700200000BFA9400005"为图书EPC,不过滤!!!]
2022-03-08 17:20:36:7614|Info|[获取到图书标签数据]:
2022-03-08 17:20:36:7614|Info|[C228 0700 2000 00BF A940 0005]
2022-03-08 17:20:36:7614|Info|[启动:在"255"毫秒后,还未获取到人脸直接超时跳
出,开侧闸门]
2022-03-08 17:20:36:7614|Info|等待人脸信息......
2022-03-08 17:20:36:7770|Info|[获取到推送的人脸消息:UserCard:JX001235]
2022-03-08 17:20:36:7770|Info|[此人人脸比对成功]
2022-03-08 17:20:36:7770|Info|[卡号:JX001235]
2022-03-08 17:20:36:7770|Info|服务器连接中
2022-03-08 17:20:36:7770|Info|与服务器连接成功
2022-03-08 17:20:36:7770|Info|调用sip2接口向服务器发送查询指令
2022-03-08 17:20:37:2294|Info|返回是否可借状态,操作成功
2022-03-08 17:20:37:2294|Info|[开始借书操作]
2022-03-08 17:20:37:2294|Info|[解析前数据:C2280700200000BFA9400005]
2022-03-08 17:20:37:2294|Info|[解析后数据:12560704]
2022-03-08 17:20:37:2294|Info|服务器连接中
2022-03-08 17:20:37:2294|Info|与服务器连接成功
2022-03-08 17:20:37:2294|Info|调用sip2接口向服务器发送借书指令
2022-03-08 17:20:37:6350|Info|数据接收成功:121NNN20220308    170349|AO|
AAJX001235|AD|AB12560704|UI|AJ散步的路口|AH2022/4/7|IS|AF借书成功,应还日期
20220407|AY1AZCB19
-------ApiServer-------
```

图7　江西省图书馆无感借阅通道流通日志图

3.3.6　人脸采集渠道单一问题

人脸采集录入是图书馆向读者开展基于人脸识别无感借阅智慧服务的首要工作,江西省图书馆在该服务试运行期间采用手机扫码方式由读者自助完成人脸信息采集。为解决读者人脸采集渠道单一的问题,江西省图书馆为不同年龄及偏好的读者设计了三种人脸采集方式,分别是手机扫码采集人脸方式、嵌入摄像头的自助办证机采集人脸方式和人工服务台采集人脸方式。读者可根据个人习惯选择不同的人脸采集方式,但在采集信息前,均需核验读者证账号信息,并同意《江西省图书馆人脸识别用户协议》。

3.3.7　通道内读者跟随问题

在无感通道试运行阶段,发现存在部分读者在闸机入口未关闭前跟随前面读者一同进入通道的现象。针对读者跟随问题,江西省图书馆积极加强宣传引导。例如,添加"一人一闸,排队等候进入通道"的引导标语,在出口位置放置"无感借书出口,请勿从此入馆"引导标语,并在无感通道试运行前期由工作人员加强指引。

无感借还通道服务既是公共图书馆开展智慧化建设的一项创新性服务,也是促进公共图书馆高质量发展的一项重要举措,它具备场景服务的智慧性、图书流通的便捷性和读者服务的透明性。图书馆在建设该服务时应注意以下几点:一是需要统筹总体建设目标。二是对无感借阅服务地点选址进行科学评估。三是需要统筹规划设计,保障数据安全和读者无感借阅体验。四是需要创新无感借阅服务管理模式。例如,引入读者积分体系,完善人脸信息可赢取读者积分,兑换文创好礼。五是需要加强宣传引导,提升无感借阅服务效能。

参考文献

[1] 中华人民共和国国民经济和社会发展第十四个五年规划和2035年远景目标纲要[EB/OL]. [2022-02-10]. http://www.gov.cn/xinwen/2021-03/13/content_5592681.htm.

[2] 国家图书馆入选首批文化和旅游行业智库建设试点单位[EB/OL]. [2021-11-10]. https://mct.gov.cn/whzx/zsdw/zggjtsg/202108/t20210829_927391.html.

[3] 秦鸿,李泰峰,郭亨艺,等. 人脸识别技术在图书馆的应用研究[J]. 大学图书馆学报,2018（6）:6.

[4] 刘炜,陈晨,张磊. 5G与智慧图书馆建设[J]. 中国图书馆学报,2019（5）:9.

[5] 曾群,杨柳青. 5G环境下智慧图书馆创新服务模式研究[J]. 图书馆学研究,2020（22）:5.

[6] 范子阳. 智能人行通道闸机系统的研究[D]. 苏州:苏州大学,2015.

[7] 张鋆,张明皓,仝杰,等. 用于电力资产在线感知的eRFID标签设计[J]. 电工技术学报,2020（11）:10.

[8] 李轶. 开启智慧图书馆　从"芯"开始[J]. 高校图书馆工作,2019（2）:80-84.

[9] 王群,钱焕延. 物联网的技术路线及属性形成[J]. 电信科学,2012（7）:86-93.

赓续党脉递国梦　特色育人不负"青"[*]

——以"两奖"资源育人为例探讨高校图书馆育人新模式

石　凌（浙江财经大学图书馆）

1　背景与目标

2021年7月1日，习近平总书记在中国共产党建党百年大会上发表重要讲话，高度评价一百年来中国共产党团结带领中国人民创造的伟大成就，将其精辟概括为"坚持真理、坚守理想，践行初心、担当使命，不怕牺牲、英勇斗争，对党忠诚、不负人民的伟大建党精神"，并提出"我们要继续弘扬光荣传统、赓续红色血脉，永远把伟大建党精神继承下去、发扬光大"[1]。

图书馆作为知识的集成地、情报的汇集中心，是当今时代育人的新阵地。如何"坚守真理、践行初心"、如何传承老一辈无产阶级革命家的英雄精神、如何实现《普通高等学校图书馆规程》中所说的："充分发挥在学校人才培养、科学研究、社会服务和文化传承创新中的作用"，成为当前图书馆界较为热门和棘手的问题[2]，亟待图情学界努力解决。

浙江财经大学图书馆是一个年轻而又充满活力、敢于创新的大学图书馆。在"三全育人""思政育人""财经育人"的改革方向下，看齐前沿科学、汇聚特色资源、辅助学科建设、建设一流知识情报点、创新图情新型育人方式成为图书馆"十三五""十四五"乃至未来中长期规划的重要目标。基于浙江财经大学短、长期目标，并立足于学校财经类优势，浙江财经大学图书馆于2012年和2015年分别建成诺贝尔经济学奖文献馆、孙冶方经济科学奖（以下简称"两奖"）文献馆，背靠两大官方基金会，逐步建立并完善丰富、全面的"两奖"资源。依据"两奖"特色资源平台，由校、馆主要领导带领，图书馆在自主科研、知识传递、科研创新、宣传教育、学科建设、名誉拓展等方面取得了丰硕的效果。经过几年的打磨，图书馆逐步建立起新颖的育人模式和教育内容，为传承"红色精神"、实现图书馆育人新阵地打下良好的基础。

2　基本思路

坚持育人导向，紧扣学校实际，彰显办学特色，以服务学校"培养适应经济社会发展需要的具有国际视野的应用型、复合型、创新型、创业型高素质人才"为目标，以"敢为人先，争创

---

* 本章系浙江省教育厅科研项目成果，项目名称：基于区块链构建高校图书馆资源利用新模型，项目号：Y202145872。

一流"的勇气与锐气,高目标定位、高水平谋划、大手笔运作,内联外合,大力推进以"两奖"文献馆为代表的特藏文化建设,拓展展馆空间,丰富馆藏资源,创新体制机制,争取社会机构与组织的参与支持,不断提升中国经济学家高端论坛、诺贝尔经济学奖工作站等高端平台文化育人金名片的影响力与辐射力,着力构建"大师、大奖、大平台"多维文化育人模式,努力满足具有"大视野、大气魄、大情怀、大格局、大志向"的高层次人才培养精神文化需求,打造名副其实的"可示范、可引领、可辐射、可推广、可持续"的校园文化品牌,为实现学校跨越式发展提供强大的精神动力和文化支撑,为浙江省乃至全国校园文化品牌建设提供"浙财经验"与"浙财方案"。

3 "两奖"资源育人实施举措和成效

"两奖"一方面代表着国内外经济学领域的最高成就,展示出老一辈学者立足现实、刻苦钻研、学海无涯的奋斗精神,另一方面代表着我国经济筚路蓝缕的发展历程,标志着为国无私奉献、肝脑涂地、勇于创新、不忘初心的文化内核。尤其"两奖"对照,更是激励一届届的青年学子和社会各界人士对标国际,不忘更好发展我国经济的初心。为此,"两奖"文献馆实施德育、智育、美育"三育人"培养措施,让更多的师生和各界人士熟悉老一辈革命家的奋斗历程,传承他们的智慧与精神。

3.1 创新文化课程育人模式

孙冶方经济科学奖的精神核心是"敬畏规律,守护真理",这与前文中习近平总书记提出的新时代要求不谋而合。因此,图书馆联合经济学院、马克思学院、管制院、外国语学院等各方力量,获得孙冶方经济科学基金会和若干孙冶方经济科学奖得主的支持,首创"孙冶方经济科学奖与中国经济发展"通识课,开设第二课堂"弘扬'两奖'学术精神 做时代'经济人'——走进诺贝尔经济学奖与孙冶方经济科学奖""诺贝尔经济学奖的历史脉络""孙冶方经济学奖在我们身边",独创微课"孙冶方经济科学奖与红船精神""'红船'的经济发展之桨——孙冶方经济科学奖""中国经济的新常态"等,将老一辈经济学家的"红色基因"吸收、融合在课堂的每个案例中,比如孙冶方"三不改"的不忘初心精神、胡培兆"不沽名钓誉"的清廉等。于生动中见知识,于知识中传真理,于真理中担使命。为此,图书馆动员各方力量,极力邀请孙冶方经济科学奖得主参与课程,用真人的第一手资料,让学子感悟中国经济的顽强生命力和勃勃生机。

中国经济不是封闭的体系,而是在与世界经济不断交流、借鉴中发展壮大的。因此,只有对标世界最高的经济学奖——诺贝尔经济学奖,才能更好地研究我国经济的发展。将其吸收、转化成我们的能源,是我们"扬光荣传统、赓续红色血脉"必不可少的环节。在教学中,在特定时代背景下,将诺贝尔奖嵌入教学内容,将会更好地启迪学子们进行创新性思考,"洋为中用,古为今用"。另外,孙冶方经济科学奖与中国经济发展课程以及诺贝尔经济学奖文献馆的资源,为学校将要开设的诺贝尔经济学奖通识课程奠定基础,如图1所示。

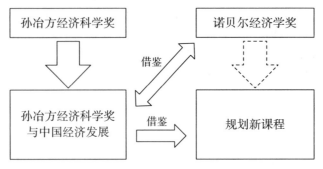

图1　教学育人模型示意图

3.2　多维度实践育人新方法

"两奖"资源并不仅仅是虚拟的数据,图书馆还建设了对应的实体馆——"两奖"文献馆,除收藏展品和展示外,其更为重要的作用是实践育人。"两奖"文献馆每年会进行参观讲解近万人次、组织新生接待参观5000余人次,每年接待社会人员1000—4000人次,每年接待国际友人近百人次;每年千余人次参与诺贝尔经济学奖主题书展,每年组织外出汇报交流10次左右,已举办四届的中国经济学家高端论坛共有4000余学生参加,成功举办2019年中国式扶贫政策与实践经验圆桌会议,共近千人次参与,每年多次组织孙冶方经济科学奖得主进校园,建馆以来国内各级各类评比获奖12次、2次教育基地申报……取得了诸多成果。"两奖"文献馆用真实的物件和历史给来宾访客生动展示我国老一辈经济学家"上下求索"的探寻之路、我国新一辈经济学家"固守初心"的砥砺之路、国际经济学家"世界胸怀,心系人类"的宽广胸襟。在国内外对比中,了解我们的经济优势,树立我们的文化自信,激励各界人士用更大热情为中国经济发展贡献力量,在各自的岗位上为祖国奋斗终身。孙冶方经济科学奖资源实践育人示意图见图2。

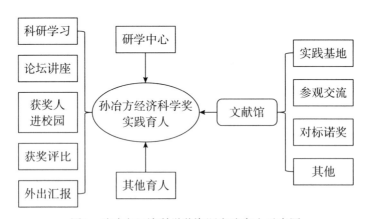

图2　孙冶方经济科学奖资源实践育人示意图

2017年,"两奖"文献馆被列入杭州市拥江发展战略重点文化支持建设项目。2019年,"两奖"文献馆被列为杭州市钱塘新区学生综合实践活动基地。"两奖"育人必将为文化强国的建设添上浓墨重彩的一笔。

2012年以来,图书馆出版了10册《孙冶方文集》、233册《诺贝尔经济学奖颁奖词与获奖演说全集》等系列作品，承担国家、省、厅、校级课题7项，公开发表期刊论文5篇。2019年，"两奖"文献馆被列为杭州市钱塘新区学生综合实践活动基地；2021年，荣获浙江省"图书馆特色藏书建设创新案例"征集活动评选二等奖；2022年，入选浙江财经大学"三全育人"综合改革工作优秀案例。

3.3 搭建团队育人双循环体系

在校、馆领导的支持下，我们于2020年下半年成立图书馆学生志愿团队——"两奖"研学中心，下设各个部门的学生分别对应各自"两奖"板块进行精细化学习，如邀请专家学者讲座、参加非遗活动、外派学习、团建、头脑风暴总结等，对团队自身知识、技能、品德、红色传承、创新意识、团队智慧等进行全方位的提升。中心再将学习成果通过讲座、知识竞赛、讲解等形式扩大化传播给更多的受众，形成"一生二，二生四"的指数传播效果，让团队在自身不断提高的同时，让更多人能了解"两奖"文化、传承时代精神。比如，诺贝尔奖研学中心每年在教师的指导下，针对当年诺贝尔经济学奖获奖理论进行学习，在11月举办学术活动月，通过组织活动将相关知识推广出去，再将相关内容进行工作总结，取优后联合讲解队扩充讲解内容。在此过程中，团队会面对各类社会组织，不同层次人才学者，不同类型政、商界人士，也会遇到新挑战、新机遇，志愿团队在此过程中会因此不断遇到学习、锻炼、实践、整改、完善、再学习的机会，与人才培养相融合，形成"人才培养—机会拓展"相互促进的双循环模式。研学中心与"两奖"关系示意图见图3。

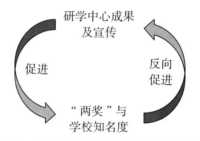

图3　研学中心与"两奖"关系示意图

对于教师团队而言，首先，图书馆设有"两奖"资源建设团队，即图书馆特藏部，负责联络"两奖"得主进行资源建设、定期开展"两奖"成果交流分享会、听取"两奖"得主真人分享会、开展相关科研项目实施等。作为"两奖"建设、科研最核心的团队，创新、实践、拓展成为"两奖"资源建设团队工作的核心，不断促进自身的精进才能起到更好的抛砖引玉的效果，吸引更多的有识之士研究中国经济的发展。其次，图书馆成立有"孙冶方经济科学奖与中国经济发展教研室"，由图书馆的馆员及经济学院、财税学院、管制院、马克思主义学院等的教师组成。教研室一方面负责通识课的申报、授课、评奖等程序；另一方面，教研室成员会进行不定期的思想交流，交换各自领域教学心得和要求，促进教研室成员自身发展，尤其是青年教师自身教学技能和知识储备方面的完善，从而培育出更多跨学科的融合性人才。最后，聘请中国社会科学院学部委员、孙冶方经济科学基金会荣誉理事长张卓元担任孙冶方经济科学奖文献馆特聘教授，聘请孙冶方经济科学基金会秘书长薛小和、副秘书长李昭担任孙冶方经济科学奖馆荣誉馆长，聘请孙冶方经济科学奖得主迟福林、付文林、王俊豪担任孙冶方经济科学奖通识课顾问等，对于育人工作给予高层位指导。

学生和教师的双向育人,带来整体教育环境的可持续发展。2019年"两奖"文献馆讲解队荣获2018年度阅读推广优秀学生团队;2021年入围学术论文和业务案例征集"全国图书馆志愿服务案例"推荐交流名单等多类奖项。"两奖"文献馆每年被全国各类媒体报道近百次(如图4所示),实体馆参观访问人数年均近万人,近三年各类团体组织访问调研一百余个,数据库日均几千点击量,获得社会各类高级人才和官员题词10余本,取得业内广泛好评和借鉴。

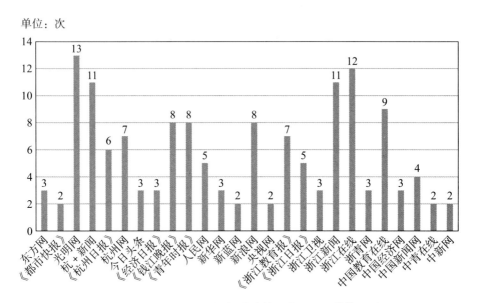

图4 2015—2021"两奖"报道总数两次及以上媒体汇总

4 经验启示

第一,高瞻远瞩,精心谋划,确立一流发展建设规划。由学校主要领导牵头,高起点运筹,高目标定位,高规格谋划,确立打造国内外一流专题文献博物馆的建设目标,制订出台规章制度,充分发挥"两奖"文献馆的学术功能、教育功能、信息功能与文化功能,广泛动员与组织学校及社会办量,积极推进"两奖"文献馆建设(见图5)。

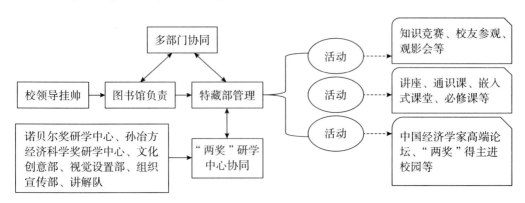

图5 文化育人建设"活动—课堂—论坛"工作机制示意图

第二,广泛寻访,丰富馆藏,拓展规模,完善设施,建设一流实体场馆。多渠道联络,扩大收藏范围，为国内经济学者提供丰富的、高品位的经济经典学术资源，促进诺贝尔经济学奖理论在中国的传播。进一步扩大场馆面积，不断完善场馆设施，提升场馆环境与布展的科学性、艺术性、视觉冲击力与文化感染力。

第三，高端合作，借力发力，建立一流对外合作机制。积极推动学校与国内外高端学术组织与政府机构合作，建立与诺贝尔基金会、诺贝尔经济学奖评委会、诺贝尔奖博物馆等的合作关系。深化与孙冶方经济科学基金会的战略合作关系，与浙江省人民政府等建立战略合作关系，加强与中国发展基金会及国内外高端图情组织如OCLC的密切联系，扩大"两奖"文献馆的国内外影响力与育人广泛度。

第四，关注社会，传播文化，致礼先贤，荟萃学术，打造高端文化学术交流平台。拓展学术功能，促进学术交流，进一步提升"中国经济学家高端论坛""诺贝尔经济学奖工作站"的知名度与影响力，不断丰富与完善论坛与工作站的内涵与运作机制。

第五，突出育人导向，彰显办学特色，深度资源挖掘，构筑"两奖"特色文化育人体系。在新生入学教育阶段带领学生参观"两奖"文献馆，由教务处落实为本科生开设通识课，由研究生院落实为研究生开设经典文献研读课。在学生中树立起对研究前沿的感性认识、对大师的敬畏之情，引导学生形成阅读经典文献的习惯和进行学术研究的精神，培养学生的学者气质。促进师资队伍建设，利用与诺贝尔基金会的合作关系，选派我校教师去国外高校进修访学，从国外高校、科研机构引进优秀人才。

第六，完善工作机制，强化队伍建设，拓展筹措渠道，构建育人支持保障体系。聘请一批有较大影响力和较广人脉的学者或学术组织负责人担任学术顾问，打造一支敬业、专业、有国际视野、国际交流能力的团队，包括文献博物馆建设队伍、学术活动（联系联络）队伍、翻译出版队伍。多渠道筹措建设经费，加强学校常规性建设经费的投入。

目前，"两奖"资源建设育人成效获得了许多全国奖项，其"三全育人"工作"答卷"取得了一个不错的成绩，为许许多多类似的组织提供了参鉴，"赓续党脉递国梦"是我们不变的初心。但百尺竿头仍需更进一步，更好发挥已有新育人模式，并拓展其影响力，形成行业典范，将是未来国际化图书馆育人的发展方向，更是浙江财经大学特色育人不负"青"的目标。所以，"不忘初心，牢记使命，砥砺前行"，"两奖"特色育人建设必将稳步为营，为立德树人竖起新标杆。

参考文献

[1] 习近平. 在庆祝中国共产党成立100周年大会上的讲话[EB/OL]. [2021-07-01]. http://www.gov.cn/xinwen/2021-07/15/content_5625254.htm.

[2] 教育部. 教育部关于印发《普通高等学校图书馆规程》的通知[EB/OL]. [2016-01-04]. http://www.moe.gov.cn/srcsite/A08/moe_736/s3886/201601/t20160120_228487.html.

《马拉喀什条约》实施背景下无障碍格式版的跨境交换研究

张　媛（中国盲文图书馆）

1　背景

《马拉喀什条约》[1]是目前世界上唯一一部版权领域的人权条约，条约旨在通过版权限制与例外，为视力障碍者和其他印刷品阅读障碍者提供无障碍地获得作品的机会，从而保障其平等获取信息和接受教育的权利，以及从事研究的机会。2022年2月5日，中国加入《马拉喀什条约》。三个月后，条约在中国正式生效，盲人、更广义的视力障碍者和其他印刷品阅读障碍者都将从中受益。

《马拉喀什条约》要求缔约方在国家层面实施条约时履行两项主要义务，即版权的限制与例外，以及允许依据《马拉喀什条约》规定的限制与例外或依法制作的无障碍格式版跨境交换。

可以预见，无障碍格式版的跨境交换作为《马拉喀什条约》的主要目标之一，将成为条约在我国落地实施后的重要工作。《版权工作"十四五"规划》中提出，要"大力加强无障碍格式版跨境的交换国际合作，在为国内阅读障碍者丰富作品资源的同时进一步扩大我国优秀作品海外传播覆盖面"[2]。缔约方之间的无障碍格式版作品跨境交换，无疑将成为讲好中国故事，传播好中国声音，向国际社会展现真实、立体、全面的中国的新窗口。

2　《马拉喀什条约》中跨境交换相关条文

在第五条第一款中，《马拉喀什条约》对无障碍格式版的跨境交换有明确阐释："缔约方应规定，如果无障碍格式版系根据限制或例外或者依法制作的，该无障碍格式版可以由一个被授权实体向另一缔约方的受益人或被授权实体发行或提供。"同时，条约也规定了对此条款的议定声明："各方达成共识，本条约的任何内容均不缩小也不扩大任何其他条约规定的专有权的范围。"

第五条第二款明确规定："缔约方为执行第五条第一款的规定，可以在其国内版权法中规定限制或例外，以便：（一）允许被授权实体在未经权利人授权的情况下向另一缔约方的被授权实体发行或提供受益人专用的无障碍格式版；并且（二）允许被授权实体在未经权利人授权的情况下根据第二条第（三）项向另一缔约方的受益人发行或提供无障碍格式版；条件是在发行或提供之前，作为来源方的被授权实体不知道或者没有合理理由知道无障碍格式版将被用于受益人以外的目的。"

第五条第三款规定如下："缔约方为执行第五条第一款的规定，可以根据第五条第四款、

第十条和第十一条在其国内版权法中规定其他限制或例外。"

第五条第四款规定如下:"(一)缔约方的被授权实体依第五条第一款收到无障碍格式版,而且该缔约方不承担《伯尔尼公约》第九条规定的义务的,它将根据其自身的法律制度和做法,确保无障碍格式版仅为该缔约方管辖范围内的受益人复制、发行或提供。(二)被授权实体依第五条第一款发行和提供无障碍格式版,应限于该管辖范围,除非缔约方是《世界知识产权组织版权条约》的缔约方,或者以其他方式将旨在实施本条约的对发行权和向公众提供权的限制与例外限于某些不与作品的正常利用相抵触、也不致不合理地损害权利人合法利益的特殊情况。(三)本条的任何内容均不影响对何种行为构成发行行为或向公众提供行为的认定。"

第五条第五款规定如下:"本条约的任何内容均不得用于处理权利用尽问题。"

此外,第六条明确了无障碍格式版的进口相关规定:"只要缔约方的国内法允许受益人、代表受益人行事的人或被授权实体制作作品的无障碍格式版,该缔约方的国内法也应同样允许其在未经权利人授权的情况下,为受益人的利益进口无障碍格式版。"

3 国际组织对跨境交换的解读

3.1 国际图联

2018年,国际图联与世界盲联等机构联合编写并发布了《现在行动:在〈马拉喀什条约〉实施背景下为印刷品阅读障碍者提供服务——给图书馆员的实用指南》[3]。指南对图书馆领域的无障碍格式版跨境交换给出了意见和建议。

指南认为,图书馆之间的无障碍格式版跨境交换没有一定之规,交换工作主要取决于无障碍作品的格式、作品的接收形式、提供作品交换服务的频率以及图书馆现有的基础设施。这也就意味着,在格式可被接受的情况下,图书馆可以选择现有的图书馆间交换资源的图书馆系统,或者其他安全的数字交换平台进行无障碍格式版的跨境交换。简单直接的交流交换机制将有助于促进跨境交换和国际交流。

目前提供无障碍格式版图书服务的平台或机构有:无障碍图书联盟(Accessible Books Consortium,ABC)、安大略省高校图书馆联盟(Ontario Council of University Libraries,OCUL)、Bookshare、TifloLibros、Hathi Trust、Internet Archive等。

对于想要进行无障碍格式版跨境交换的图书馆来说,可以从各国的国家图书馆及相关机构入手。许多国家的图书馆都为视障者和印刷品阅读障碍者提供服务,它们属于非营利性组织,也是进行无障碍格式版交换的理想对象。国际图联也有印刷品阅读障碍者图书馆服务部(Libraries Serving Persons with Print Disabilities Section,LPD)和特殊需要者图书馆服务部(Library Services to People with Special Needs Section,LSN),这两个部门可以帮助识别和联系可以进行无障碍格式版交换的图书馆。

世界知识产权组织编制了盲人、视力障碍者和印刷品阅读障碍者可用的无障碍格式版来源清单,清单包括来自世界各地的图书馆和图书供应商[4]。其他的信息来源可能包括各图书馆协会、图书馆联盟、大学(部分为残疾人提供服务),以及残疾人组织,如世界盲人联盟(World Blind Union)、国际阅读障碍协会(International Dyslexia Association)及其成员。

3.2 国际出版商协会

2016年，国际出版商协会（International Publishers Association，IPA）编写了《马拉喀什条约指南》[5]，该指南旨在帮助识别、消除、克服或解决导致视力障碍的读者和其他印刷品阅读障碍者无法像视力正常的读者一样轻松获得文学作品的所有或部分障碍。

国际出版商协会所编写的《马拉喀什条约指南》较为独特的一点是指出了可能出现的风险和陷阱。早在《马拉喀什条约》谈判期间，一些非政府组织就试图在《马拉喀什条约》中加入可能破坏版权的条款，而这些条款并未推动受益人平等获得作品。国际出版商协会指出，在条约实施过程中，也可能有类似的组织或个人试图利用《马拉喀什条约》的实施来削弱版权概念，对条约内容做出过于宽泛的解释，或者过分扩大实施例外和限制的范围，这些都可能造成风险。由于《马拉喀什条约》促进了受版权保护作品的跨境交换，实施过程中非预期后果造成损害的可能性特别大。因此，如果某一缔约方错误或有害地实施该计划，其风险并不会被单纯地限制在本国或本地区之内，而是如蝴蝶效应一般，对许多或所有其他实施条约的国家产生影响。同时，指南中也明确，《马拉喀什条约》包含了内置的保障措施，并允许缔约国家启动纠正机制，以应对可能出现的滥用，并保持跨境交易系统的完整性[6]。

指南提到，《马拉喀什条约》第五条第二款和对该条的声明明确指出，被授权实体必须采取措施以确保无障碍格式版的接收者是合法接收者。该声明清楚地表明，被授权实体可能会对跨境交换施加更严格或额外的控制。言外之意，即被授权实体在国内也需要建立适当、有效和相称的措施，如果这些措施足够严格，则被授权实体也可以自由地在跨境供应的情况下不采取其他措施。

《马拉喀什条约》第五条无障碍格式版的跨境交换，必须被视为《马拉喀什条约》的核心。这是除《伯尔尼公约》附件之外，世界知识产权组织的主要条约第一次规定任何缔约方之间都应跨境提供受版权保护的作品。《马拉喀什条约》第五条第一款规定了一项基本义务，即允许被授权实体（不是个人，也不是可能在全国范围内获准从例外中受益但不满足为被授权实体确定的标准的组织）跨境交换无障碍格式版。

版权所有人可能会担心，在资源格式可以选择的情况下，同一格式作品视力正常者和视障人士都可以阅读（例如出版商生产的自始无障碍作品）。同时，一些无障碍格式版作品很容易进行格式转换，供视力正常的读者阅读。这两种情况很可能以意想不到的方式影响主流市场，因此版权持有人希望对在全球范围内的副本传播及跨境交付进行控制。现在，这些问题已在条款中解决，《马拉喀什条约》第五条第三款和第五条第四款讨论了这些问题，指南也进行了进一步的讨论。

第五条第四款规定，被授权实体依第五条第一款发行和提供无障碍格式版，应限于该管辖范围，除非缔约方是《世界知识产权组织版权条约》的缔约方，或者以其他方式将旨在实施本条约的对发行权和向公众提供权的限制与例外限于某些不与作品的正常利用相抵触，也不致不合理地损害权利人合法利益的特殊情况。此条款是马拉喀什外交会议期间谈判最多的条款之一，并提供了达成的基本协议：要成为跨境交换的正式参与者，一个国家要么有义务参加《世界知识产权组织版权条约》或对受版权保护的作品制定广泛保护，要么仅限于内部提供无障碍格式版以及从缔约方接收无障碍格式版，但其本身不能充当交换无障碍格式版的"枢纽"（无论是从他人那里获得的无障碍格式版还是本地制造的无障碍格式版）。

4 国际跨境交换实践

4.1 国际平台的跨境交换

世界知识产权组织的无障碍图书联盟（ABC）与非政府组织合作，设立ABC全球图书服务。该服务的前身为TIGAR服务，它是一个在线目录，允许参与的盲文图书馆和服务于印刷品阅读障碍者的组织（被授权实体）轻松获得它们需要的内容，其目标是成为世界上无障碍书籍的首要存储库[7]。ABC全球图书服务帮助被授权实体便捷地进行跨境交换，而无需与其他被授权实体单独签订合同。ABC及其全球图书服务支持《马拉喀什条约》的目标在实际层面落实[8]。

参与ABC全球图书服务的被授权实体向服务平台提供其跨境交换目录，并可以要求其他组织提供无障碍数字图书，以补充其馆藏，并分发给盲人、视力障碍者或其他印刷品阅读障碍者。在那些已批准和实施《马拉喀什条约》的国家，此类图书可以在参与的被授权实体之间跨境交换，而无需获得版权所有者的授权。对于那些没有批准和实施《马拉喀什条约》的国家，ABC全球图书服务将在跨境交易之前获取版权所有者的授权。

截至2022年4月，共有来自76个国家共100家被授权实体加入ABC全球图书服务[9]。ABC全球图书服务拥有约730000种图书，涵盖了80种语言，有多种无障碍格式，其中还包含8000多条盲文乐谱。ABC全球图书服务的优势是可以在安全、自动化的机制下，跨国界传输无障碍电子书，同时具备在那些尚未批准和实施《马拉喀什条约》的国家获得授权的集中程序。

4.2 美国的跨境交换

美国签订《马拉喀什条约》后，修订了本国的《著作权法》，以满足出口无障碍格式版本的条件。目前，美国通过两种方式进行跨境交换。

第一，美国通过ABC全球图书服务与其他国家和地区进行无障碍格式版的共享。目前，美国有四家被授权实体加入了ABC全球图书服务，包括美国国会图书馆盲人及印刷品阅读障碍者图书服务中心（The Library of Congress, National Library Service for the Blind and Print Disabled）、美国盲文出版社（American Printing House for the Blind）、美国盲文协会（Braille Institute of America）、加州州立图书馆盲文与有声图书图书馆（California State Library, Braille and Talking Book Library）[10]。

第二，美国也与其他被授权实体进行直接合作。例如，美国国会图书馆盲人及印刷品阅读障碍者图书服务中心会与被授权实体直接签订合同，然后进行跨境交换，其跨境交换仅限于数字资源[11]。

4.3 俄罗斯的跨境交换

俄罗斯有包括俄罗斯国家盲文图书馆在内的三家为视障读者服务的盲文图书馆加入ABC全球图书服务[12]。

4.4 加拿大的跨境交换

加拿大于2016年6月22日通过了《版权法修订法案》(*Act to Amend the Copyright Act*)。《版权法修订法案》删除了无障碍格式版的跨境寄送对作者国籍的要求,并减轻了非营利性组织的责任[13]。法案修订前,加拿大允许非营利性组织向境外寄送无障碍格式版,但要求作品的作者是加拿大或出口国的公民或永久居民[14]。法案修订后,作品的范围不再受限,扩大了跨境交换的范围[15]。

目前,加拿大通过两种方式进行无障碍格式版的跨境交换。第一是ABC全球图书服务,加拿大有四家机构和组织加入了ABC全球图书服务[16]。另外,加拿大也根据《马拉喀什条约》与吉尔吉斯斯坦进行了直接的跨境交换[17]。

4.5 英国的跨境交换

截至2022年4月,英国仅有盲人火炬信托(Torch Trust for the Blind)加入了ABC全球图书服务[18]。据英国皇家盲人协会(Royal National Institute of Blind People, RNIB)2020年12月23日给笔者的邮件回复,其将更广泛地和那些与RNIB使用相同数字平台的国家共享内容,并且正在与一些双方都热衷于共享内容的国家签订跨境交换合同。

4.6 日本的跨境交换

日本国立国会图书馆和日本全国视觉障碍者信息提供机构协会加入了ABC全球图书服务,进行无障碍格式版的跨境交换[19]。

5 我国实施跨境交换的重要意义

5.1 丰富国内无障碍格式版资源

我国加入《马拉喀什条约》并进行跨境交换,能够改善目前我国其他语种无障碍格式版资源明显不足的情况,更充分地满足视障者及阅读障碍者的不同阅读需求,提高其受教育程度,提升其文化知识水平,不断丰富其精神文化生活,加快发展残疾人事业,促进共同富裕。

5.2 丰富国际平台中文无障碍资源

跨境交换作为条约的重要义务之一,是拓展全世界盲人和印刷品阅读障碍者获取图书、杂志和其他资源的重要途径。《马拉喀什条约》作为缓解无障碍格式版作品稀缺、帮助解决全球阅读障碍者书荒问题的有力保障,也是我国加强国际交流与合作,推动构建人类命运共同体的关键契机。中国在《马拉喀什条约》正式实施后的无障碍格式版跨境分享,将进一步打通中文无障碍格式版资源向全球盲人和阅读障碍者传播的途径,有助于世界各地的读者获取语种更加丰富的资源。

5.3 促进我国优秀作品优秀文化海外传播

讲好中国故事,传播好中国声音,展示真实、立体、全面的中国,是加强我国国际传播能力建设的重要任务。我国在《马拉喀什条约》框架下进行跨境交换,是促进我国优秀作品和优秀文化海外传播的重要途径。促进无障碍格式版的跨境交换,积极推动中国优秀作品"走出去",对于形成同我国综合国力和国际地位相匹配的国际话语权,提升中华文化国际影响力有着深刻意义。

5.4 深化与无障碍图书联合会等机构组织的国际合作

无障碍格式版的跨境交换,离不开与无障碍图书联合会等机构组织的国际合作。以无障碍格式版的跨境交换为契机,与各国际机构和各国被授权实体加强国际合作,是践行"加强对外文化交流"的重要举措,也是讲好中国故事的关键一环。《马拉喀什条约》是迄今为止世界上唯一一部版权领域的人权条约,《马拉喀什条约》在中国的落地实施,充分彰显了我国在强化人权保障方面的信念和决心。在条约落地实施后,开展跨境交换,深化与无障碍图书联合会等机构组织的国际合作,将成为讲好中国人权故事和版权故事的关键。

5.5 加强对外文化交流

党的十九届五中全会审议通过的《中共中央关于制定国民经济和社会发展第十四个五年规划和二〇三五年远景目标的建议》就"十四五"时期"繁荣发展文化事业和文化产业,提高国家文化软实力"做出了系统阐述,明确要求"以讲好中国故事为着力点,创新推进国际传播,加强对外文化交流和多层次文明对话",并提出到2035年建成文化强国的战略目标[20]。

《马拉喀什条约》实施背景下的无障碍格式版跨境交换是多样文明交流互鉴的良好契机,也是我国建设文化强国的坚实基础。习近平总书记指出:"一切生命有机体都需要新陈代谢,否则生命就会停止。文明也是一样,如果长期自我封闭,必将走向衰落。交流互鉴是文明发展的本质要求。只有同其他文明交流互鉴、取长补短,才能保持旺盛生命活力。"[21]《马拉喀什条约》的落地实施,尤其是无障碍格式版的跨境交换,将进一步促进我国的文化交流。

6 我国跨境交换实践建议

6.1 加入ABC全球图书服务

《马拉喀什条约》正式在中国落地实施后,我国可以借鉴目前大多数国家跨境交换的实践经验,考虑加入ABC全球图书服务,与各国的被授权实体进行跨境的资源共享。目前加入ABC全球图书服务的被授权实体共有100家,主要包含各国盲文图书馆、各国盲人协会及盲文出版社等盲人或残疾人相关机构,国家图书馆和公共图书馆等。

在条约正式实施后,预期中国盲文图书馆(中国视障文化资讯服务中心)将成为我国的被授权实体。中国盲文图书馆负责采集和典藏海内外各类盲人读物和视障相关文献,履行全国盲人总书库职能,有着丰富的实体和数字资源,在进行跨境交换方面有着天然的资源优势。截至2022年4月,ABC全球图书服务都是通过交换无障碍格式版中的数字资源进行的。在"十三五"期间,中国盲文图书馆数字图书馆资源总量就已超过20TB,覆盖中图法20个大类114个子类,包含电子盲文、有声读物、电子图书、视频资源、专业学术论文、大众期刊、法律数据库、工具书、远程数据库等资源类别,具备加入ABC全球图书服务进行跨境交换的基本条件。

对比目前各国被授权实体加入ABC全球图书服务的情况,相当一部分被授权实体都在贡献资源前进行了进一步筛选。对于我国来说,这一步骤同样重要。在对外交换共享无障碍格式版资源之前,被授权实体筛选书目需要严格仔细。被授权实体应以"讲好中国故事,传播好中国声音"为目标,对交换的无障碍格式版作品进行严格把关,保证优先输出我国的优秀文化作品。

6.2 以数字资源形式进行无障碍格式版跨境交换

在跨境交换实践中,无障碍格式版的交换多以数字资源的形式出现,如DAISY文本、有声读物和电子盲文等形式,而这并非偶然。数字资源在跨境交换时,有其天然的优势,即可以在较短时间内以最快的速度进行分享传播。新冠肺炎疫情也迫使图书馆通过远程的方式为用户提供资源,远程向用户提供服务仍旧是一种常态[22]。在这样的背景下,数字资源自然成为无障碍格式版的跨境交换的核心。需要注意的是,如国际出版商协会在指南中所提到的,跨境交换不仅涉及本国或本地区,而是牵一发动全身,会对许多或所有其他实施条约的国家产生影响。这对图书馆等被授权实体也提出了较高要求,从技术层面到对作品内容的把关都将成为不小的挑战。

6.3 进行直接交换与跨境交换总规划

跨境交换所涉及的领域较多,应参考多方意见建议,包括图情、版权、语言学以及国际关系等领域专家意见,整体布局我国无障碍格式版的跨境交换总规划。具体来看,目前国际上开展的跨境交换,除通过ABC全球图书服务等国际平台进行分享和交换之外,还有部分国家已经开展或正在寻求国与国,机构与机构之间的直接交换。在开展直接的跨境交换之前,应充分、全面了解交换所涉及的各方面因素,听取各领域专家学者意见,谨慎选择与之进行直接交换的被授权实体,并预先审读交换的内容。

在与各国被授权实体合作开展跨境交换之前,应明确跨境交换各阶段目标以及总体规划。从不同角度入手进行规划设计,结果可能不同。例如,从地域角度,我国的被授权实体可以首先考虑与亚太地区的国家进行直接交换合作,之后再进一步扩大交换范围。

ABC全球图书服务对于无障碍格式版资源的统计主要以不同语种进行划定,目前已涵盖80个不同语种。从作品的语种角度考虑,我国的被授权实体可以考虑从世界主要语种入手,如英语、法语、俄语、西班牙语等。在直接进行跨境交换的机构选择上,可以选择资源丰富且未加入ABC全球图书服务的被授权实体进行直接交换的协商,以有效丰富视障读者急需的资源,如英国皇家盲人协会(Royal National Institute of the Blind,RNIB)等。

参考文献

[1] 关于为盲人、视力障碍者或其他印刷品阅读障碍者获得已出版作品提供便利的马拉喀什条约[EB/OL].
    [2022-04-15]. https://wipolex.wipo.int/zh/text/303256.

[2] 版权工作"十四五"规划[EB/OL]. [2022-04-15]. https://www.ncac.gov.cn/chinacopyright/upload/files/2021/12/
    891e75d4fb482271.pdf.

[3][18][19] Getting started:implementing the Marrakesh Treaty for persons with print disabilities:a practical guide
    for librarians[EB/OL]. [2022-04-15]. https://repository.ifla.org/bitstream/123456789/443/1/getting_started_faq_
    marrakesh_treaty_a_practical_guide_for_librarians_2018_en.pdf.

[4][6][10][12][16] Websites offering accessible books[EB/OL]. [2022-04-15]. https://www.

accessiblebooksconsortium.org/sources/en/.

[5] IPA guide to the Marrakesh Treaty[EB/OL]. [2022-04-15]. https://www.internationalpublishers.org/images/Accessibility/IPA_Guide_to_the_Marrakesh_Treaty.pdf.

[7][8][9] ABC global book service[EB/OL]. [2022-04-15]. https://www.accessiblebooksconsortium.org/globalbooks/en/.

[11] Marrakesh Treaty implementation[EB/OL]. [2022-04-15]. https://www.loc.gov/nls/about/organization/laws-regulations/marrakesh-treaty/marrakesh-treaty-implementation.

[13][15] Copyright Act（SC 2016,C.32）[EB/OL]. [2022-04-15]. https://laws-lois.justice.gc.ca/eng/acts/C-42/20160622/P1TT3xt3.html.

[14] Copyright Act（SC 2015,C.32）[EB/OL]. [2022-04-15]. https://laws-lois.justice.gc.ca/eng/acts/C-42/20150623/P1TT3xt3.html.

[17] Marrakesh Monitoring Report / January 2022 update[EB/OL]. [2022-04-15]. https://repository.ifla.org/bitstream/123456789/1861/1/Marrakesh%20Monitoring%20Report%20Update%20January%202022.pdf.

[20] 中共中央关于制定国民经济和社会发展第十四个五年规划和二〇三五年远景目标的建议[EB/OL]. [2022-04-15]. http://www.gov.cn/zhengce/2020-11/03/content_5556991.htm.

[21] 习近平在亚洲文明对话大会开幕式上的主旨演讲（全文）[EB/OL]. [2022-04-15]. http://www.xinhuanet.com/politics/leaders/2019-05/15/c_1124497022.htm.

[22] IFLA trend report 2021 update[EB/OL]. [2022-04-15]. https://repository.ifla.org/bitstream/123456789/1830/1/IFLA%20TREND%20REPORT%202021%20UPDATE.pdf.

济南藉书园是中国公共图书馆发祥地考

刘国胜（山东大众创业投资有限公司）

关于我国公共图书馆的发祥，目前多追溯到戊戌变法前后，端方、张之洞、缪荃孙等具有先进思想的晚清官员、先进知识分子学习西方，于20世纪初年创建的一批公共图书馆，如湖南图书馆、湖北省图书馆、京师图书馆、江南图书馆等。但公共图书馆并非西洋独有的产物，我国历史上也出现过公共图书馆的萌芽，如济南藉书园（又作"借书园"）、北京共读楼、绍兴古越藏书楼等，特别是济南藉书园，不但早于共读楼、古越藏书楼100多年，且拥书最多，影响最大。

清朝乾隆年间，一代大儒周永年在《儒藏说》中提出把私家藏书奉献出来，"与天下万世共读之"[1]，并建成了"供人阅览传抄，以广流传"[2]的藉书园，通过采购、抄录、刻印等活动保存、保护书籍十万卷，编订书目惠及士林，推动了《四库全书》的纂修及南三阁（扬州文汇阁、镇江文宗阁、杭州文澜阁）的设置和开放，并系统整理出历代先贤的科学读书法——"先正读书诀"，推广阅读，影响至今，实为中国公共图书馆的本土独特创造。

2018年8月，国际图联（IFLA）发布《全球愿景报告》认为，人人都能自由和公开地获取信息和知识是图书馆的最高价值，支持学习、扫盲和阅读是完成图书馆使命的核心，而致力于保存和保护世界文化遗产依然是图书馆的传统优势和重要职责[3]。考察周永年的生平事迹，从《儒藏说》的写作到藉书园的践行，中国的这位先贤早在250多年前就已开始践行公共图书馆的核心使命和重要职责。

本文基于对周永年生平事迹的研究，从我国本土公共图书馆书籍的保存、理论的创立、实践的开展和阅读的推广四个方面，试论济南藉书园是中国公共图书馆的发祥地这一观点。

1 书籍的保存：从数千卷、五万卷到十万卷

1.1 约乾隆十九年（1754），周永年肄业泺源书院时，水西书屋积书"数千卷"

周永年（1730—1791），字书昌，又字静函、书仓，别号林汲山人，山东历城（今属济南市）人。"有夙慧，方四五岁时，过书肆，辄出荷囊中物，购《庄子》"[4]，"八岁已耽图籍"[5]，周永年"年二十五，入泺源书院，时经学大师太仓沈起元主讲席"[6]，沈起元记录他的爱徒："百无嗜好，独嗜书。……所藏经、史、子、集、二氏、百家之书已数千卷，皆能言其义者。"[7]周永年"年二十五"即乾隆十九年左右在泺源书院读书时，在济南水西书屋聚书"数千卷"，并编有《水西书屋藏书目录》。沈起元为此目录作《题周生永年〈水西书屋藏书目录〉后》，对周永年嗜书、藏书的爱好进行了嘉许。

1.2　约乾隆三十四年（1769），周永年与桂馥在济南合作初创藉书园，积书"五万卷"

清代学者桂馥是周永年的好友，他在《周先生传》中记载："先生于衣服、饮食、声色、玩好一不问，但喜买书。有贾客出入大姓故家，得书辄归先生，凡积五万卷。"[8]

周永年与桂馥在济南合作初创藉书园的时间，应在乾隆三十三年至三十五年（1768—1770）。因为桂馥来济南的时间是乾隆"戊子"年，即1768年（"戊子以优贡成均……教习期满，补长山训导，复与济南周书昌先生振兴文教，出两家所藏书，置借书园，以资来学，并祠汉经师其中，其诱掖后进甚笃"[9]），而具体开始着手创办应是1768年夏天以后的事，因为1768年夏天，即"枣花落地引雄鸡"[10]时，桂馥游蒙山，并在之后给友人写信道："昔登蒙山……时周永年寄书，邀余往青州辟藉书园。"[11]可见当时，两人尚未定下在济南合建藉书园之事。乾隆三十五年（1770）夏天，周永年又赴济宁助济宁直隶州知州胡德琳修《济宁直隶州志》①，同年八月，周永年考中顺天恩科乡试举人②。乾隆三十六年（1771）三月再考中皇太后八十万寿恩科会试③。从以上可得出周永年和桂馥在济南合作初创藉书园的时间，应在乾隆三十四年（1769）左右。

桂馥称"有贾客出入大姓故家，得书辄归先生，凡积五万卷"，周永年购书的资金从哪里来？资金主要来自其父周堂。据《济南府志》记载，周堂"习懋迁业"，即从事贸易，创下了"大裕"家业，连他父系、母系、妻系"三党"都"赖以举火"，儿子周永年嗜好的"经史子集及二氏之书"，更是"无不力购之"④。

除了从当地"大姓故家"中大宗购书，乾隆二十四年至二十五年（1759—1760）周永年在主纂或参纂《泰安府志》⑤、《历城县志》⑥、《济宁直隶州志》等地方史志的过程中，有机会从全省各地广罗书籍。此外，周永年还曾往其他地方淘书。周永年有一好友，名为李文藻（1730—1778），字素伯，一字茝畹，晚号南涧，山东益都（今青州）人。乾隆三十四年（1769）五月，李

---

①　胡德琳、蓝应桂总修《乾隆济宁直隶州志》卷首，蓝应桂序："曩桂林胡公莅州之始，慨然以笔削为己任。延名宿，征书籍，择采访，会集资斧，开馆于庚寅（1770年）之夏。……昔胡公首事时，聘请致仕山东廉使仁和晚芝沈公为之总裁，旧淄川令秀水柚堂盛君、今四库馆纂修内翰历下林汲周君为之副。"见山东省地方史志办公室整理《山东省历代方志集成：府州志》，齐鲁书社2015年出版。

②　汪启淑《陆颐斋传》："八月恩科，充顺天乡试同考官，山左周永年先生出其房，时称衡鉴精确。"见《叶氏存古丛书》之《续印人传》卷二，西泠印社出版，第7页，山东省图书馆馆藏古籍。

③　曹锡宝《曹剑亭先生自撰年谱》中记载乾隆三十六年（1771）辛卯五十三岁春三月："钦点会试同考官，得士周永年等九人……而其中如周永年、唐琦、臧梦元皆老名宿。"见《北京图书馆藏珍本年谱丛刊》第104册，北京图书馆出版社1999年出版，第261页。

④　《周堂》："周堂，字明廷，……既长，习懋迁业，性精敏，……有崔怀三者，善五行书，登莱间人，谓……周寿可五十八，晚岁亨，家应大裕，且有子能振其家声。一时嬉笑未深信。……久之家日饶，三党多赖以举火，而自奉甚俭，尝敝衣履行中衢，独纵子于学，凡经史子集及二氏之书，无不力购之。"见张华松等点校《历城县志正续合编：第5册》，济南出版社2007年出版，第1234页。

⑤　颜希深修、成城等纂《泰安府志》卷之前"分纂"有"庚辰科副贡周永年山东历城人"，见《中国地方志集成·山东府县志辑》第63册，凤凰出版社2008年出版，第176页。

⑥　胡德琳修、李文藻等纂《历城县志》卷首《李序》："延益都李君茝畹、济南周君静函暨诸同志据明季旧本成之。二君皆淹博有闻，又乐操其土风……"见《中国地方志集成·山东府县志辑》第4册，凤凰出版社2008年出版，第9页。

文藻被谒选进京时,在《琉璃厂书肆记》中记下了两人同游北京琉璃厂的情景:"内城隆福诸寺,遇会期多有卖书者,谓之'赶庙'。散帙满地,往往不全而价低……吾友周书昌,遇不全者亦好买之。"[12]遇到好书甚至"典衣买之"。

1.3 周永年在京编修《四库全书》后,最多积书"十万卷"

乾隆三十八年(1773),乾隆下旨开四库全书馆后,特旨诏周永年等"五征君"进京办理四库全书①。周永年移家北京后,"弃产营书"[13],变卖家产,通过三种方式继续聚书,即雇用仆人四处购书,从四库馆借书抄录,在藉书园刻印书籍。

其一,雇用仆人四处购书。周永年曾雇了四名仆人,专门四处收书。王相符是周永年的邻居和好友,他有一个叫田升的家仆,也曾代周永年负责采购书籍。王相符之孙王培荀在《乡园忆旧录》中记周永年"性好书,有仆四人,专为收掌。先王父在都日,寓舍比邻,朝夕过从,家仆田升亦代为经理"[14]。

其二,从四库馆借书抄录。按当时四库馆规定,馆臣可以把在馆内没校完的书,下班后拿回家校理②。周永年于是"佣书工十人,日抄数十纸;盛夏,烧灯校治。"[15]桂馥此时也来到北京,助理周永年校书、抄书,过起了黑白颠倒的生活,并作有"欲眠再起披衣坐,不见清光已数旬"[16]的诗句,自言通宵达旦校书、抄书,已经数旬不见日光了。当时李文藻来京公干,也以诗记下了周永年雇工抄书的繁忙景象:"两月住京华,与君无暂闲。借抄中秘籍,手少俱为艰。"[17]周永年在四库馆编修《四库全书》期间,抄录了很多大内藏书,直到朝廷禁止,方才罢休:"会禁借官书,遂罢。"[18]

其三,在藉书园刻印书籍。周永年曾在北京藉书园刻印书籍,所印书籍也对外出售,王培荀家就是藉书园所营书籍的大经销商,王培荀称周永年"所刻书,多寄余家代为消散"[19]。章学诚还记录周永年刻印了"万本"制举辅导书,因为不符合科举考试的实际需要而滞销:"(周永年)遂评辑制举之文,镌印万本,以为诸生干禄者资。其文多组织经史,沉酣典籍,意在即举业而反之,通经服古,自谓庶几义为利矣。然而应科举者多迁之,印本不售……"[20]

如上所述,周永年通过在北京雇用专人采购书籍、从大内借书抄录并大量刻印的方式,使聚书数量翻倍增长。

章学诚在《周书昌别传》中记载,周永年"尝患学之不明,由于书之不备;书之不备,由于聚之无方。故竭数十年,博采旁搜之力,弃产营书,久而始萃",最终"积卷殆近十万"[21]。《清史稿·周永年》也载周永年"聚古今书籍十万卷"[22]。

2 理论的创立:《儒藏说》包含的公共图书馆思想

章学诚《周书昌别传》记载,周永年"著儒藏之说一十八篇,冠于书首"[23],民国《续修历

---

① 《谕内阁进士邵晋涵举人戴震等如勤勉准其一体散馆殿试酌量录用》(乾隆三十八年七月十一日):"前据办理四库全书总裁奏,请将进士邵晋涵、周永年、余集,举人戴震、杨昌霖调取来京,同司校勘。"见中国第一历史档案馆编《纂修四库全书档案》,上海古籍出版社1997年出版,第137页。

② 杨洪升《四库馆私家抄校书考略》:"尽管《四库》纂修工程巨大,日程紧迫,但在公务之馀,馆臣中的一些嗜古绩学之士乘职务之便,纷纷私下据馆书录副校勘……"见《文献》2013年第1期,第65页。

城县志》也载"林汲山房《儒藏说》原十八篇,今存九篇,艺人朱曾喆手藏"[24]。可惜今天《儒藏说》唯余一篇。周永年另作有《儒藏条约三则》,补充说明儒藏的具体操作办法。他还在写给李文藻、俞思谦、孔继涵、韩锡胙等师友的信中,对《儒藏说》进行了阐释①。

2.1 "与天下万世共读之"的《儒藏说》

桂馥《周先生传》记载:"先生见收藏家易散,有感于曹石仓及释、道藏,作《儒藏说》。"[25]周永年作《儒藏说》,主要有以下三个原因。

其一,"见收藏家易散"。一是明代文学"前七子"之一的边贡,致仕后在济南大明湖畔筑万卷楼,万卷藏书最终毁于火灾②。边贡的万卷楼遗址离周永年家不过数里,此事对周永年应有影响。二是乾隆三十三年(1768)六月,两淮盐引案发,曾主盟东南文坛十余年的原两淮盐运使卢见曾家产被查封,其德州雅雨堂数万藏书遭到厄运③。周永年和卢见曾十分熟悉④,卢见曾还有意延请周永年去卢府做西席⑤,可见二人有相知之谊。此事对于嗜书如命的周永年,肯定有切肤之痛,周永年乾隆三十四年左右创作《儒藏说》、辟建藉书园,很可能受到此案影响。

其二,"有感于曹石仓及释、道藏"。曹石仓即明末藏书家曹学佺,他曾提出佛家、道家"二氏有藏,吾儒何独无?"⑥这一问题,但欲修儒藏而未竟。周永年四五岁"购《庄子》","少长,于书无所不窥,而又笃嗜内典,无远近,物色梵荚贝叶,庋置所居小楼几半焉。任抽一卷试之,朗朗口诵如素习。自谓:'吾于儒书,未敢自信;至于释氏之学,虽得道高僧,未肯让也。'"[26]正因为周永年读了大量佛藏、道藏的书,才作《儒藏说》,"欲仿二氏为'儒藏'"[27]。

此外,周永年还受到好友李文藻借书、印书思想的影响。李文藻青年时期即以搜罗乡邦文献为己任,藏书数万卷,也是清代著名的藏书家。李文藻曾与周永年语:"藏书不借,与藏书之意背矣;刻书不印,其与不刻奚异?"[28]周永年"尝叹息以为名言"[29],可见李文藻的借书、印书思想对周永年产生过影响。

---

① 周永年《与李南涧札》《复俞潜山》《与孔荭谷》《复韩青田师》,分别见《松邻丛书·第3册》,民国吴昌绶辑,仁和吴氏双照楼刊本,民国7年影印本,第136页、第137页、第138页、第139页。

② 王赠芳、王镇修,成瓘、冷烜纂《济南府志》卷四十九·人物五·明·历城·边贡:"归筑万卷楼于湖上,蓄书籍、金石、古文甚富,十一年,火几尽。贡仰天大哭曰:'甚于丧我也!'"见《中国地方志集成·山东府县志辑》第2册,凤凰出版社2008年出版,第509页。

③ 《大清高宗纯皇帝实录》第十六册卷八百十三"乾隆三十三年六月·辛已"一节:"卢见曾久任两淮运使,提引一事皆伊经手承办。似此上下通同舞弊,岂得诿为不知?著传谕富尼汉,即行传旨,将伊革去职衔,派妥员解送两淮,交彰宝并案审讯,仍一面将卢见曾原籍赀财即行查封,无使少有隐匿寄顿。"

④ 王昶《寄卢运使雅雨德州四首》第三首:"犹多问字客,载酒叩钟筵。"原注:"谓周书昌永年、梁鸿翥诸君。"见王昶《春融堂集》(清嘉庆十二年塾捝书舍刻本)卷八,第15页,山东省图书馆馆藏古籍。

⑤ 潘妍艳《李文藻与周永年书札二十八通考释(上)》之《与周林汲书四》:"今雅雨先生特欲奉屈,须至敝寓,俾为作札,且为道景慕之诚。盖吾兄鸿学硕望,渠久闻于贵老师沉光禄矣。束脩一百二十两,学生三人,皆习举业,且云倘能今年十一月到馆,则更妙矣。"见杜泽逊主编《国学季刊》总第五期,山东人民出版社2017年出版,第227-228页。

⑥ 《明史》卷二百八十八·列传第一百七十六·文苑四·曹学佺:"尝谓'二氏有藏,吾儒何独无',欲修儒藏与鼎立。"见张廷玉等撰《明史》,中华书局2000年出版,第4947页。

2.2 《儒藏说》包含了哪些公共图书馆思想?

2.2.1 《儒藏说》主张把私家藏书"广之于天下","与天下万世共读之",含有公共性、公益性思想,符合公共图书馆的最高价值

周永年在《儒藏说》中写道:"盖天下之物,未有私之而可以常据,公之而不能久存者。"主张把私家藏书"广之于天下"[30],"与天下万世共读之"[31],强调了儒藏的公共性。"至于穷乡僻壤,寒门窭士,往往负超群之姿,抱好古之心,欲购书而无从。故虽矻矻穷年,而限于闻见,所学迄不能自广。果使千里之内有'儒藏'数处,而异敏之士,或裹粮而至,或假馆以读,数年之间,可以略窥古人之大全,其才之成也岂不事半而功倍哉!"也体现了免费、平等的公益性。

他在《儒藏条约三则》中细论具体措施,建议朝廷"于数百里内,择胜地名区,建义学,设义田",富商、大户则可捐书、捐款:"凡有志斯事者,或出其家藏,或捐金购买于中,以待四方能读之人","凡四方来读书者,如自能供给,即可不取诸此;寒士则供其食饮。须略立规条,如丛林故事。极寒者并量给束脩,免其内顾之忧。"[32]这与《全球愿景报告》中所述"人人都能自由和公开地获取信息和知识"如出一辙,其对公共性、公益性的强调,有过之而无不及。

周永年儒藏思想的提出,在当时具有划时代的意义。章学诚认为,"或以炫博,或以稽数"的"天一阁、传是楼、述古堂诸家"江南私家藏书楼与周永年"广之于天下"的传书思想相去甚远,"其智虑之深浅,用心之公私,利泽之普狭,与书昌相去当何如也"[33]?

2.2.2 《儒藏说》提出编订图书目录和"读书之法",以支持学习和阅读为核心使命

《儒藏条约三则》指出了编订图书目录的重要性:"立书目,名曰《儒藏未定目录》。由近及远,书目可以互相传抄,因以知古人之书或存或佚。"此目录不同于私家藏书目录,而是"可以互相传抄",强调了在图书采集、传播、应用过程中的作用,具有近代目录学思想。此外,周永年《借书园书目》中,第四类即"西学类"。就目前已见书目,周永年应是"西学类"的初创者,其目录学意义十分重大。"西学部"至今才被目录分类学家们接受,作为一级类目,与经、史、子、集、丛部并列[34]。

《儒藏说》还提出选辑历代先贤的科学读书法,用以推广阅读,包含了现代图书馆支持学习和阅读的核心使命:"儒藏既立,宜取自汉以来先儒所传读书之法,编为一集,列于群书之前,经义治事,各示以不可紊之序,不可缺之功。凡欲读藏者,即以此编为师。"

此外,周永年在《儒藏说》中指出,按书籍的内容进行分类,方便从事各种行业的人士学习:"果取古人之书,条分眉列,天文地理、水利农田,任人所求而咸在。"并强调儒藏"可以变天下无用之学为有用之学"。可见,周永年要建的儒藏,不是为藏而藏,而是为用而藏,这也正是公共图书馆"服务社会"的价值所在。

2.2.3 《儒藏说》要让书籍"久而不散",即保存、保护文化遗产,这是公共图书馆的重要职责

周永年作《儒藏说》的首要目的,就是要保存、保护书籍"久而不散",解决"藏之一地,不能藏于天下;藏之一时,不能藏于万世"的问题。他认为具体方法是"必多置副本,藏于他处"。一是多地藏书,彼此互备:"惟分布于天下学宫、书院、名山古刹,又设为经久之法,即偶有残缺,而彼此可以互备,斯为上策。"二是公益刻印,以广流传:"凡有藏之处,置活板一副,将秘本不甚流传者,彼此可以互补其所未备。如此则数十年之间,奇文秘笈,渐次流通。始也积少而为多,继由半以窥全。"

仅存的《儒藏说》不足1500字，加上《儒藏条约三则》也不到2000字，却已包含了今天国际图联《全球愿景报告》中关于图书馆的最高价值、核心使命和重要职责，让人不得不赞叹250多年前周永年的先进思想。

2.3 《儒藏说》在当时的影响

1771年，周永年考中进士前后，他利用在北京士林圈子交游的机会，"逢人说向（项）"[35]，呼吁设立经、史、子、集四库儒藏是"艺林中第一要事"[36]，得到了北京士林圈子的广泛响应。

同年进士鲁九皋在《与同年周静函书》中说："（周永年）'欲举古今事迹，前贤议论与同志讲切而推行之'，其言又未尝不与鄙衷深相契合也！"[37]同年进士刘音甚至专门写了一篇《广儒藏说》，旗帜鲜明地支持周永年："今欲其聚而不散，令上下千古之书有所依归，则莫善于《儒藏》。"[38]

章学诚曾提及"自己丑庚寅间，京师闻书昌名，未得见。"[39]"己丑庚寅间"即1769年至1770年左右，正是周永年在北京呼吁《儒藏说》之时，章学诚说的"闻书昌名"，应是听到周永年倡修经、史、子、集四库"儒藏"的大名。章学诚随后离京，做了安徽学政朱筠的幕僚。乾隆三十七年（1772）十一月，在章学诚的建议下[40]，朱筠奏请辑佚《永乐大典》，直接推动了四库馆的设立[41]。

周永年以《儒藏说》发出了乾隆诏修《四库全书》的先声，后世有学者认为"《四库全书》之成就，士林以倡导之功，归诸永年"[42]。

乾隆三十八年（1773）四库全书馆开馆后，周永年接诏进京办理《四库全书》①。进京办书虽然打乱了周永年继续在济南开办藉书园的计划，但朝廷主持的校勘《永乐大典》、编修《四库全书》工程，从另一个角度讲，也帮周永年实现了儒藏理想。周永年投身馆中，全力以赴工作，辑佚《永乐大典》时，"书昌固执以争，谓其中多可录。同列无如之何，则尽举而委之书昌。书昌无间风雨寒暑，目尽九千巨册，计卷一万八千有余"[43]，以一人之力，几乎将11095册22877卷的《永乐大典》通校过一遍。四库馆内"除山东周编修外，认真者极少"（见图1）②，周永年"亲在馆中，独为其难"③，这些记载从侧面印证出，周永年已经把办理《四库全书》当成实现自己《儒藏说》梦想的事业。

此外，著名文献学家王绍曾撰文指出，周永年《儒藏说》不仅推动了《四库全书》的纂修，还影响了《四库全书》南三阁的设置和开放："《儒藏说》对纂修《四库全书》的影响，除《四库全书》本身外，《四库全书》南三阁（扬州文汇阁、镇江文宗阁、杭州文澜阁）的设置和开放，使江浙地区的学人，得以登阁借读、借校、借抄；阁本因之得以流传，校书、刻书蔚然成风。"[44]

---

① 《谕内阁进士邵晋涵举人戴震等如勤勉准其一体散馆殿试酌量录用》（乾隆三十八年七月十一日）："前据办理四库全书总裁奏，请将进士邵晋涵、周永年、余集，举人戴震、杨昌霖调取来京，同司校勘。"见中国第一历史档案馆编《纂修四库全书档案》，上海古籍出版社1997年出版，第137页。

② 于敏中手札，见谭泽闿收藏《于文襄手札·致陆耳山》下册第8札，湖南省博物馆馆藏。

③ 叶德辉《武英殿聚珍版之遗漏》："当时历城周书昌编修永年，亲在馆中，独为其难。"见叶德辉著《书林清话》，上海古籍出版社2012年出版，第199页。

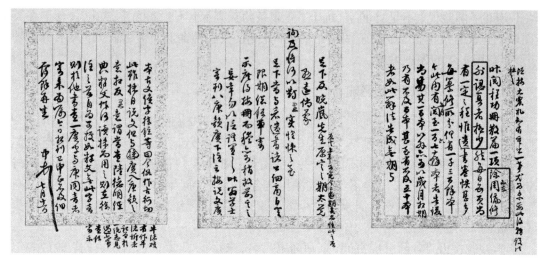

图1　于敏中手札

3　实践的开展：藉书园的创建及变迁

3.1　藉书园不是私人书斋，目的是"供人阅览传抄"

周永年在济南的私人书斋有水西书屋[45]、林汲山房①等。藉书园不是周永年的私人书斋，而是他践行《儒藏说》理论，把私家藏书真正"广之于天下"，探索"与天下万世共读之"的可供借书之园。

《清史稿》指出，周永年开藉书园的目的很明确，就是要向天下读书人开放："（周永年）以为释、道有藏，儒者独无，乃开借书园，聚古今书籍十万卷，供人阅览传抄，以广流传。"[46]

章学诚是周永年挚友，他在《周书昌别传》中记载，周永年去世前，"属与桐寄语，俾余为传"[47]，即周永年委托邵晋涵（字与桐）寄语章学诚为其作传，可见两人十分相知。章学诚在传中明确指出，周永年"积卷殆近十万，不欲自私，故以'藉书'名园。藉者，借也"[48]。特别强调"藉书园"的"藉"，是"借"的意思，即藉书园的书都是用来出借的。道光《济南府志》也沿袭了章学诚的说法："书昌故温饱，积卷殆近十万，不欲自私，以'藉书'名园。藉者，借也。"[49]可见，在周永年的家乡济南，人们也认可藉书园之书供人借阅一事。

3.2　藉书园首先在济南建成，"聚书其中"

考察清代周永年的四种传记，其中三种明确指出周永年建成了具有公共图书馆性质的藉书园。

其一，《清史稿》说得最明白：周永年"又以为释、道有藏，儒者独无，乃开借书园，聚古今书籍十万卷，供人阅览传抄，以广流传。惜永年殁后，渐就散佚，则未定经久之法也"[50]。此

---

①　张庆源《林汲山房记》："周子尝读书寺中，为屋数椽，名之曰林汲山房。"见张华松等点校《历城县志正续合编》第4册，济南出版社2007年出版，第394页。

句十分清楚地指出，周永年生前成功创建了"供人阅览传抄"的藉书园，但周永年死后，因为"未定经久之法"，即没有制定长效经营的规则，藉书园中的书籍逐渐散佚。

其二，章学诚的记载十分详细，不仅记录了两人相识于藉书园，"余因与桐往见书昌于藉书之园"，还用了一个"故"字，说明藉书园在他们相识以前就有了："书昌故温饱，橐馐于书，积卷殆近十万……以'藉书'名园。藉者，借也。"[51]

其三，《济南府志》不仅沿用了章学诚的说法："书昌故温饱，积卷殆近十万，不欲自私，以'藉书'名园。藉者，借也。"然后继续记道："四库馆开，既以宿望被征，与同列者悠游寝食其中。"[52]很明白地告诉世人，周永年"以'藉书'名园"发生在四库馆开馆前，即指周永年移居北京前，即在济南创建了藉书园。

尽管以上三种传记都指明周永年建成了藉书园，但仍有后世学者对此持怀疑态度，多因对桂馥《周先生传》的误读。《周先生传》写道，周永年"约余买田筑借书园，祠汉经师伏生等，聚书其中。招致来学，苦力屈不就，顾余所得书，悉属之矣！"[53]

粗读上文，"苦力屈不就"，似乎是说藉书园没有建成，但仔细研读后才能理解其背后的含义。文中说，周永年约桂馥一起买田，建起藉书园，园中供奉汉代大经学家伏生等，并"聚书其中"；后来又想"招致来学"，可惜"苦力屈不就"，但"顾余所得书，悉属之矣！"既然桂馥所得书都捐给了藉书园，可见藉书园已经建成，至少已经建成过。只是他们又想"招致来学"，继续附加教育的功能，没有实现而已。桂馥在文末遗憾地说道："北方学者，目不见书，又鲜师承，是以无成功。使先生讲授借书园中，当有一二后起者，顾吞志以殁，惜哉！"也是指没有实现教育功能。

如果把藉书园理解为"供人借书"的公共图书馆萌芽，藉书园显然已经在济南建成并惠及了读书人。在乾隆五十五年（1790）进士、翰林院编修蒋祥墀给桂馥写的墓志中，载桂馥"教习期满，补长山训导，复与济南周书昌先生振兴文教，出两家所藏书，置借书园，以资来学，并祠汉经师其中，其诱掖后进甚笃"[54]。蒋祥墀明确指出，藉书园建成了，且用给学子（"后进"）借书的方式提供鼓励，大力引导、扶植年轻人。当然，如前文所论，藉书园只是通过"借书"的功能而非"教育"的功能"以资来学""诱掖后进甚笃"。

据著名学者徐北文考证，周永年和桂馥初创藉书园的地点在济南五龙潭畔①。2021年7月10日，笔者访问周永年第六世孙周逢和，周逢和说他们家族其中一支在济南西关的"周家花园"②，位置与徐北文考证的五龙潭畔大概一致。藉书园后来被周永年儿子周震甲重建为"朗园"③，即周逢和所称的"周家花园"。

藉书园随着周家后人外任做官、致仕还乡而时废时兴，直到道光二十二年（1842），曲阜

---

① 徐北文《林汲山人周永年》："其地址是在五龙潭畔。"见《徐北文文集》，济南出版社1996年出版，第93页。

② 2021年7月10日下午，笔者与山东师范大学历史文化学院讲师尹承在济南市市中区陡沟街道办事处殷家林村，寻访到时年87岁的周永年第六世孙周逢和及家人。周逢和说，周家人丁不旺，家里曾经分过几次家，有东西两支，西支在济南西关的"周家花园"，另一支在东关。家传"藉书园"牌匾新中国成立后尚存。"土改"时觉得木头匾留着没用，就劈了烧火了。

③ 朱晼《重游朗园怀周林汲先生》："先生今已往，留得此园亭。"见张华松等点校《历城县志正续合编》第四册，济南出版社2007年出版，第395页。

县令王大淮之子王鸿"访秘简于藉书园",还借出了《先正读书诀》[55],此时离藉书园初创的1769年已经过去了73年。

后世也有不少诗歌可证实周永年在济南建成了藉书园。如周永年祖侄、济南名士周乐《同王秋桥游朗园有作》中有"径曲杂花护,楼高万卷存"一句,原注:"书昌太史有藉书园,藏十万卷。"① 又如,同治年间,周永年玄孙周兆庆(字少传)任四川新繁县令时,曾邀钱保塘为周永年小像题诗,钱保塘《周少传大令属题其高祖林汲先生小像》七绝之一:"图史纵横傲百城,心香一瓣汉经生。借书园内春风满,如听先生洛诵声。"诗后有小注:"先生筑借书园藏书十许万卷,中祠汉儒伏生等。"[56]

如上所述,济南藉书园大约于1769年建成,由于"招致来学"不理想,周永年还曾在济南周边多处访址并寻求赞助人。例如,周永年被赐进士出身并在铨部候缺不久回到济南,就曾在莱芜、徂徕山等地访址。乾隆三十七年(1772)秋,周永年受莱芜知县周士孝之邀考察肃然山,"曩者壬辰之秋,南川家松崖明府将为余置别业为借书园,余素耳肃然山阳丘壑林麓之美,因往游焉。"[57]周永年前往泰山南的徂徕山寻址,桂馥有诗赠周永年:"徂徕山色好,独往置田庐。石室数万卷,愿为后人储。"[58]

3.3 藉书园随周永年迁北京后,继续"惠及士林"

1773年,周永年进京供职四库馆,便把藉书园也迁到北京,前文所论章学诚与周永年相识于北京藉书园就是明证。

3.3.1 北京藉书园通过《藉书目录》外借书籍"惠及士林"

北京藉书园聚书十万卷,通过《藉书目录》外借书籍惠及士林。章学诚在《周书昌别传》中记载,周永年专门编写了收录"若干万卷"条目的《藉书目录》,这也是他以实际行动建藉书园"聚书籍,订目录"的成果:"书昌尝患学之不明,由于书之不备;书之不备,由于聚之无方。故竭数十年,博采旁搜之力,弃产营书,久而始萃。今编目所录,自经部以下,凡若干万卷,而旧藏古椠、缮抄希观之本,亦略具焉。"[59]

北京藉书园后来又名"贷园",周永年曾印《贷园丛书初集》[60],"贷"和"藉"一样,都是借的意思,他明确告诉北京士林圈子,《藉书目录》中的书是可供外人借阅的。

山东大学历史学博士、山东师范大学历史文化学院讲师尹承等学者在整理周永年年谱过程中②,发现从北京藉书园借过书的知名学者很多,除了与周永年关系亲密的李文藻、桂馥,另有孔继涵、丁杰、周广业、玉栋等人也留下了借书记录:

> 1775年(乾隆四十年)八月,孔继涵借《高丽图经》[61];冬,又借抄《山木居士集》[62]。
>
> 1777年(乾隆四十二年)八月,孔继涵借抄《周官新义》[63];九月,又借王锡阐《晓庵遗书》[64]。

---

① 周乐《同王秋桥游朗园有作》:"园为家东木刺史重购。""东木"是周永年之子周震甲的字。见张华松等点校《历城县志正续合编》第四册,济南出版社2007年出版,第396页。

② 尹承、申斌《周林汲先生年谱》,见《珞珈史苑》2012年卷,第244-300页;尹承《周林汲先生年谱补正》,见《珞珈史苑》2018年卷,第288-295页。

1782年（乾隆四十七年），丁杰借元刻《困学纪闻》①。

1784年（乾隆四十九年）春，周广业借《鲒埼亭集》②。

1790年（乾隆五十五年），周永年离京返乡前，紧急索还外借的书籍。如玉栋曾借《彭城集》，"予因借抄，未几，谢病还济南，亟持去"③。

据载，周永年离京时收回的借书有一车之多，当时在京的任承恩（山西大同人，曾任福建陆路提督）作诗《过周书仓翰林》，其中有"践席语更仆，借书归满车"一句可证[65]。

3.3.2 北京藉书园刻印了大量书籍"以广流传"

周永年在四库馆期间，因为从大内借书的便利，刻印了大量书籍，积书十万卷，前文已作论述。

后来成为周永年亲家的李文藻在南方做官时曾刻下书板，在经济拮据时，便委托北京藉书园印刷成书。乾隆四十二年（1777）八月，李文藻致信周永年："书板仅满两小箱，《九经古义》板百块，《左传补注》板八十一块，并封面、书籤，乞查收。刻下光景不惟不能图'藉书园'，并舍弟积欠不能还，而千金之盘费又无可假处，行期非月底不可。"[66]

李文藻去世后，周永年又把他生前的刻板运到北京，并于次年辑印成《贷园丛书初集》，收录张养浩《三事忠告》三卷、张尔岐《蒿庵闲话》二卷、赵执信《谈龙录》一卷、惠栋《九经古译》十六卷、戴震《声韵考》四卷等，还有李文藻之弟李文渊的《左传评》三卷，共计十二种四十六卷[67]。

周永年在《贷园丛书初集叙》中记道："余交南涧三十年，凡相聚及简尺往来，无不言传抄书籍之事。及其官恩平、潮阳、甫得刻兹十余种，其原本则多得之于余。今君之没已十一年，去年冬，始由济南至青州，慰其诸孤，固携板以来。忆君有言曰：'藏书不借，与藏书之意背矣；刻书不印，其与不刻奚异？'尝叹息以为名言。使果由此多为流布，君之志庶几可以少慰矣！"[68]

藉书园还编订、刊刻过济南名士张元的《绿筠轩诗》④、张养浩的《归田类稿》⑤等先贤遗作，为保存典籍、传承文化做出了重要贡献。

---

① 丁杰《困学纪闻》跋："林汲先生旧藏元板《困学纪闻》一部，每相见必出以共赏。……假先生藏本以归，增补阙画。"中有"林汲山房藏书""藉书园印""周永年印"等印。见《中国历代书目题跋丛书（第四辑）：传书堂藏书志（中）》，上海古籍出版社2005年出版，第587-588页。

② 周广业《循陔纂闻》（清钞本）卷三："甲辰春官报罢……《鲒埼亭集》钞本，云是家太史林汲永年所藏，余即从太史借观。"见《续修四库全书》第1138册，上海古籍出版社2002年出版，第614页。

③ 刘攽《彭城集》卷首"整理说明"载："卷前玉栋的识语记述了这一抄本的来源，其云：'《彭城集》四十卷，抄自周编修书昌林汲山房。……书昌时官京师……一日者携此集示予，予因借抄，未几，谢病还济南，亟持去。'"见《彭城集》，齐鲁书社2018年出版，第13-14页。

④ 张元撰《绿筠轩诗四卷》（山东省图书馆藏清钞本）卷首张廷寀序："明年壬辰，周君书昌复倡前议，索取寀所藏本，倩门人郑秋池楷书，立付梓人。"见《山东文献集成（第二辑）》第33册，山东大学出版社2017年出版，第263页。

⑤ "本书以清周永年刊行的《归田类稿》为底本……"见薛祥生、孔繁信选注《张养浩作品选》，人民文学出版社1987年出版，第18页。

4 阅读推广:辑《先正读书诀》推广读书法

与今天提倡的"爱读书,读好书,善读书"之"善读书"一样,周永年十分看重读书法在阅读推广中的作用,甚至主张读书之前应该先学"读书之法"。他曾在《儒藏说》中指出:"宜取自汉以来先儒所传读书之法,编为一集,列于群书之前,……凡欲读藏者,即以此编为师。"

周永年从历代前贤的五十六种书目中,选辑出三百二十七条读书法[69],编订成《先正读书诀》。这些前贤包括:战国的荀卿,唐代的韩愈,宋代的范仲淹、欧阳修、张载、苏东坡、黄庭坚、郑耕老、朱熹、许衡、王应麟、程端礼,元代的宋濂,明末清初的焦竑、钱谦益、冯班、黄宗羲、顾炎武、陆世仪、魏禧、陆陇其、李光地等。

"《先正读书诀》成书于乾隆年间,此后一直以抄本形式流传。"[70]道光二十二年(1842),由曲阜县令王大淮之子王鸿从济南藉书园访得后首次付梓[71],"同治五年(1866)王大淮之子王鸿重刊,印行前由阎敬铭删节,保留书目四十四种,语录一百九十二条。"[72]两次出版后,《先正读书诀》在山东地区广为流传,"其书山左盛行"[73]。光绪四年(1878),周永年的玄孙周兆庆在四川地区做官期间,再次重刻删节本《先正读书诀》,"先生元孙少传大令重刻于蜀"[74],后又有湖南《灵鹣阁丛书》本、上海商务印书馆等多种刻本①,并流传至今。近年出版了两种影印本,一种是王大淮版全本,2015年中共山东省委党校图书馆整理、中华书局出版发行;一种是阎敬铭删节本,2018年济南出版社出版发行。

《先正读书诀》一书,"尽本孔孟之绪论,而上求之经典,复博采唐宋以来诸儒之说。其所以杜鲁莽灭裂之弊,可云深切著名矣,学者苟循是而求之,庶几学术正而人心亦正,推之治国平天下,罔弗由之。"[75]《先正读书诀》开我国历史上系统搜集、整理前人读书理论的先河,对今人开展科学阅读、提高学习效率仍然很有裨益。我们今天开展全民阅读活动,必须重视读书方法的推广。

综上所述,虽然"公共图书馆"一词是从日本而来,中国在进入半殖民地半封建社会之前并无此词,但对照国际图联《全球愿景报告》中指出的公共图书馆的最高价值、核心使命和重要职责,系统研究周永年"与天下万世共读之"的《儒藏说》理论及创建藉书园保存保护书籍、推广阅读、服务社会的具体实践,我们不难发现,周永年创建的济南藉书园虽无"公共图书馆"之名,却有"公共图书馆"之实。

大约创建于1769年的济南藉书园,不仅比创建于戊戌变法前后的湖南图书馆、湖北省图书馆等早了至少135年,比很多学者公认的所谓"世界最早"的公共图书馆——创建于1852年的英国曼彻斯特公共图书馆②也早了83年。可以说,济南藉书园是中国公共图书馆的本土发祥地,是中华传统文化的独特创造。

---

① 周永年辑《先正读书诀(及其他一种)》卷首:"本馆据灵鹣阁丛书本排印。"

② 吴晞《天下之公器——论公共图书馆精神》:"很多学者将1852年英国曼彻斯特公共图书馆(Manchester Public Library)的创建视为现代公共图书馆产生的标志。"见吴晞《天下之公器》,北京图书馆出版社2010年出版,第8页。

参考资料:

[1][27][31] 周永年.儒藏说[M]//吴昌绶.松邻丛书:第3册.影印本.1918（民国七年）:127.

[2][22][46][50] 赵尔巽,等.清史稿:第43册[M].上海:中华书局,1977:13210-13211.

[3] Global vision report summary[R/OL].[2018-09-06].http://file3.caigou.com.cn/2018/9/2018090119455695474.pdf.

[4][26] 尹鸿保.书周征君逸事[M]//张华松.历城县志正续合编:第5册 续修历城县志.济南:济南出版社,2007:1241.

[5] 李文藻.为宅郎求婚启[M]//丛书集成续编:第130册.上海:上海书店,1994:4.

[6][7] 王绍曾,沙嘉孙.山东藏书家史略[M].济南:山东大学出版社,1992:179.

[8][15][18][25][53] 桂馥.周先生传[M]//周永年.先正读书诀（及其他一种）.上海:中华书局,1985:卷首.

[9][54] 蒋祥墀.桂君未谷传[M]//桂馥.晚学集.刻本.1796（清嘉庆丙辰年）:卷首.

[10] 桂馥.游蒙山归[M]//桂馥.未谷诗集.刻本.1841（清道光二十一年）:2.

[11] 张雷."高密三李"友朋书札七则[M]//周国林.历史文献研究:第21辑.武汉:华中师范大学出版社,2002:395-399.

[12] 李文藻.琉璃厂书肆记[M]//顾廷龙.续修四库全书·1449·集部·别集类.上海:上海古籍出版社,2002:76-78.

[13][20][21][23][30][33][39][43][47][48][51][59] 章学诚.周书昌别传[M]//章学诚.章学诚遗书.北京:文物出版社,1985:181-182.

[14][19] 王培荀.乡园忆旧录[M].济南:齐鲁书社,1993:95.

[16] 桂馥.久雨初晴同林汲夜坐[M]//桂馥.未谷诗集.刻本.1841（清道光二十一年）:16.

[17] 李文藻.六月十五日出都留别钦州冯伯求季求历城周书昌次伯求见赠韵二首[M]//顾廷龙.续修四库全书·1449·集部·别集类.上海:上海古籍出版社,2002:46.

[24] 张华松,等.历城县志正续合编:第5册[M].济南:济南出版社,2007:1240.

[28][29][60][67][68] 周永年.贷园丛书初集[M].刻本.竹西书屋藏版:卷首.

[32] 周永年.儒藏条约三则[M]//吴昌绶.松邻丛书:第3册.影印本.1918（民国七年）:1303.

[34] 李关勇.周永年与借书园书目[J].齐鲁师范学院学报,2018（3）:141-145,156.

[35] 周永年.与李南涧札[M]//吴昌绶.松邻丛书:第3册.影印本.1918（民国七年）:136.

[36] 周永年.与孔荭谷[M]//吴昌绶.松邻丛书:第3册.影印本.1918（民国七年）:138.

[37] 鲁九皋.与同年周静函书[M]//王昶.湖海文传（清道光十七年经训堂刻本）.上海:上海古籍出版社,2013:432-433.

[38] 刘音.广儒藏说[M]//吴昌绶.松邻丛书:第3册.影印本.1918（民国七年）:142-144.

[40] 李成晴.朱筠《与人论访求遗书函》手稿释证[M]//新国学:第十四卷,成都:四川大学出版社,2017:176.

[41] 安徽学政朱筠陈购访遗书及校核《永乐大典》意见折（乾隆三十七年十一月二十五日）[M]//中国第一历史档案馆.纂修四库全书档案.上海:上海古籍出版社,1997:20-21.

[42] 郭伯恭.四库全书纂修考[M].长沙:岳麓书社,2010:2.

[44] 王绍曾.十八世纪我国著名目录学家周永年的生平及其主要成就[J].山东图书馆季刊,1981（2）:16-28.

[45] 沈起元.题周生永年《水西书屋藏书目录》后[M]//孟鸿声.泺源书院志.青岛:青岛出版社,2018:355-356.

[49][52] 中国地方志集成·山东府县志辑:第二册[M].凤凰出版社·上海书店·巴蜀书社,2008:635.

[55][71] 孔宪彝,王大淮.先正读书诀序[M]//周永年.先正读书诀（及其他一种）.上海:中华书局,1985:序.

267

[56] 钱保塘. 周少传大令属题其高祖林汲先生小像[M]//清代诗文集汇编:第724册. 清宣统三年刻本. 上海:上海古籍出版社,2010:632.

[57] 周永年. 王母刘太孺人八十寿序[M]//顾廷龙. 续修四库全书·1449·集部·别集类. 上海:上海古籍出版社,2002:635.

[58] 桂馥. 送周进士永年[M]//桂馥. 未谷诗集. 刻本. 1841（清道光二十一年）:16.

[61] 周越然. 书与回忆[M]. 沈阳:辽宁教育出版社,1996:27.

[62] 黄永年. 记得自忠厚书庄的善本书[G]//藏书家:第8辑,济南:齐鲁书社,2003:146-147.

[63] 程元敏. 三经新义辑考汇评:第三册[M]. 台北:编译馆,1987:802.

[64] 傅增湘. 藏园群书经眼录[M]. 上海:中华书局,1983:1430.

[65] 任承恩. 二羲草堂愚稿[G]//清代诗文集汇编. 上海:上海古籍出版社,2010:315.

[66] 潘妍艳. 李文藻与周永年书札二十八通考释:上[M]//杜泽逊. 国学季刊:第五期,济南:山东人民出版社,2017:241.

[69][70][72] 周永年. 先正读书诀[M]. 上海:中华书局,2015:卷尾.

[73][74][75] 顾复初. 重刻先正读书诀序[M]. 周永年. 先正读书诀（及其他一种）. 上海:中华书局,1985:卷首.

数智时代图书馆空间变革的现实逻辑与重构路径

付　超（阜新市图书馆）

随着数智时代的发展，公众对知识信息获取的方式方法越来越多元化。图书馆在发展中要随之做出相应的变革，深入挖掘服务空间，通过发挥数智时代为图书馆发展提供的各种优势开拓空间，为读者提供深度学习的契机，为大众思维创新提供更多的延伸服务。为此，图书馆需要在基于自身发展特点的基础上，开拓更多的空间属性，满足当前时代大众对图书馆的需求，推进图书馆的持续健康发展。

1　图书馆空间概述

图书馆的发展要在新的服务理念引领下实现空间变革。在数智时代图书馆的发展中更加重视人本理念的融入，趋向于提供更加完善的服务，引导图书馆向知识服务和学习空间进行转变，实现图书馆的空间变革，满足时代发展对图书馆的需求。当前图书馆空间主要包括两个方面：一方面是满足传统图书馆在服务空间方面的需求，如藏书空间、展示空间、办公空间，这些空间都属于实体类型，是当前图书馆发展中形成的固有形式[1]；另一方面要注重将创新服务理念应用到图书馆空间中，如学习空间、创意空间、休闲空间和体验空间。总的来说，图书馆的空间具体包括实体空间和虚拟空间两个部分。换言之，图书馆除了基本的物理空间之外，还应该包括精神空间，为广大读者提供所需要的服务。为了更好地扩展其服务范围，图书馆空间应该包括第三空间，具备精神属性，以此丰富图书馆的服务空间，扩大图书馆的作用。

2　数智时代图书馆空间变革的现实逻辑

2.1　创新空间再造理念

数智时代是开放、合作、共享、创新的时代，在这个背景下，要应用新的范式引领图书馆空间的再造。通过新理念的应用，图书馆构建创新服务空间时要注重塑造用户参与的空间。图书馆要想获得持续健康发展，需要获得用户的支持，满足用户多元化、个性化的需求，引导用户积极主动地参与到图书馆的空间再造中，进一步发展图书馆空间[2]。同时，数智时代下，需要图书馆在发展中转变传统的惯性思维，具备空间价值意识，融入开放、共享的理念，更好地推进图书馆的持续健康发展，构建图书馆持续发展思维模式，对原有的空间进行创新，构建符合自身特色的图书馆空间。

2.2 升级空间技术，再造结构范式

数智时代下，图书馆在发展中要注重空间技术再造升级，通过将新的技术融入其中，可以更好地实现图书馆技术的升级改造，提升图书馆智慧服务的水平，从而实现图书馆技术的进一步转型，引导图书馆向组织重构、信息共享、互动的方向发展。另外，数智时代下图书馆结构模式的发展要注重不断地改造升级，在空间结构中通过嵌入、融合新的理念和技术，促进质的升华。数智时代本身具有较强的兼容性、功能性，要充分发挥时代优势，便于融入图书馆发展，使得图书馆在资源、知识、技术、管理等方面不断地优化，形成资源共享互补，通过协同创新的方式构建空间生态[3]。充分发挥数智时代给图书馆的发展带来的契机，将图书馆空间的构建与云计算、大数据等相互融合起来，构建全新的空间结构。

2.3 促进空间发展与再造

数智时代具有一定的扩散性、规范性以及功能性，为图书馆空间结构的重构提供了一定的契机。在这种背景下，需要推动图书馆体制自身的变革。传统图书馆的固有、单一的制度，会影响到图书馆空间的进一步发展。在数智时代下，图书馆要破除这一壁垒，形成多元、开放的合作机制，加强合作交流与规划，优化相关制度，为图书馆空间的再造提供一定的保障。同时，要进一步丰富图书馆的内涵，优化服务流程，提升图书馆自身的服务效率，进而促进图书馆空间的发展及进一步的再造。

3 数智时代图书馆空间变革的重构路径

为了更好地适应数智时代的发展需求，图书馆在发展中要注重创新自身的思维方式，打破传统的服务模式，在有限的空间中进行改造，融入数智时代的服务模式，不断提升图书馆自身的服务水平。

3.1 融入以人为本的理念，构建多元空间

从概念上来看，空间是为公众聚集、交流提供的一定的场所，其存在的核心价值在于激发公众参与讨论、交流的积极主动性。图书馆空间再造是对空间、话语权进行重塑的过程。对于图书馆发展来说，创新思维理念的应用，首先要明确图书馆空间变革的目的[4]。图书馆空间再造是为了更好地突出以人为主体，强化服务意识，协调各个阶段对图书馆空间的需求。在这种理念指导下，图书馆的空间再造才有了更多的动力。将以人为本理念融入到图书馆空间布局中，依据不同的读者需求提供相应的服务空间。如在图书馆空间构造中为了更好地满足少年儿童的需求，可以设置亲子阅览室、少儿阅览室等，拓宽其阅读空间，为其提供更佳的阅读体验，发挥图书馆空间的作用和价值。另外，在"以人为本"理念的指引下，能够更好地突出人与书之间的互动，强化人对图书资源的有效应用。图书馆本身具有自身的文化属性，在图书馆空间再造时，要能够基于图书馆所具有的人文历史特点，构造具备文化属性的空间。如南京图书馆曾名为江苏省立国学图书馆，图书馆在空间再造中重塑了国学馆，形成了相对完善的资源空间服务体系。将很多图书经典资源呈现在大众面前，活化古籍中的文字，将图书馆的传统空间转变为对优秀文化进行传承的阵地。图书馆在发展中要注重摒弃传统思维

的束缚,立足于具体的空间,将精神理念渗透其中,顺应时代的发展需求,引领空间不断地向深层次发展。在当前数智时代下,要着重发挥图书馆空间的复合功能,进一步促进图书馆空间的持续健康成长。如苏州诚品书店,成立的主要目的是为了构建综合空间,不仅仅提供学习空间,也提供音乐、美术等类似休闲、娱乐的空间,涉及多元化元素。通过构建适宜的空间氛围,能够为更多的读者提供心灵的栖息地,满足不同读者的需求。

3.2 统筹多元空间要素,满足读者需求

数智时代下,图书馆空间变革要考虑到多方面的空间要素,要注重从点、线、面等多个方面进行重构,以此实现实体、虚拟空间之间的互通[5]。点主要是指计算机、各个工作人员;线主要是指各个要素之间的关系,如文献与用户、内涵以及外延等,将服务意识融入到图书馆的空间变革中;面主要是指区域之间的模块,如认知、布局等不同的空间。图书馆空间再造中要将点、线、面相互结合,顺应时代发展需求,突出特色,以此构建相对完善的空间体系。要注重整合多重元素,塑造图书馆的空间结构。图书馆在发展中要以科学发展观作为指导,树立点、线、面的意识,利用系统化的方式方法,对各个要素优化处理,形成有序的空间体系,体现图书馆的生机活力。同时,要打破图书馆存在的区域壁垒,推进各个地区之间的联盟建设,更好地实现区域之间的资源共享,实现空间之间的相互连通,充分彰显图书馆的服务潜能,促进图书馆的空间发展。

3.3 发挥技术驱动力,优化空间结构

数智时代下,图书馆在空间结构上更加注重一体化的发展,注重技术驱动,不断地拓展优化服务功能,以此实现图书馆功能效应的最大化[6]。首先,在空间功能上,要革新传统的学术、教育模式,逐渐转变为开放、多元化的新模式。突出空间具有的特点,充分彰显其内涵。其次,要注重优化其空间结构所具有的功能,主要是解决当前阅读中存在的碎片化、交互性缺失等方面的问题,形成立体化、网络化的空间,在功能上也更加突出个性化以及灵活性,促进空间结构的进一步转型升级。充分发挥空间所具有的优势,图书馆空间除了要发挥主体空间功能,还要发挥其拓展性的功能,以此构建多重功能,更好地满足用户对图书馆的不同需求[7]。如南宁市图书馆采用了将图书馆和网络、咖啡馆相互融合的模式,为读者提供休闲服务、知识学习的空间,以此更好地延伸图书馆空间。

3.4 立足生态视域,促进持续发展

图书馆再造中要注重营造良好的生态空间,更好地促进图书馆的可持续发展。首先,要注重将生态理念融入其中。将生态学视野融入图书馆空间的构造中,确保物质与精神,信息与服务等相互协调统一发展,形成科学和谐的生态发展格局[8]。如上海交通大学图书馆通过室内改造,对图书馆的空间温度、质量检测等进行了改善,在保证空气舒适度的同时,尽可能地降低消耗,构造绿色空间。其次,图书馆也应更加注重资源的优化配置。图书馆资源本身比较多,要加强对不同的类型进行优化配置,进而实现资源的数字化转化,拓展空间需求。此外,还要注重对图书馆的空间进行拓展。如可以借鉴中国数字化图书馆联盟的运作模式,图书馆之间构建跨地区的系统工程,在统一建设目标、标准规范下,多方合作,协同共建,实现图书馆资源的相互整合,加强彼此之间的对话交流,不断开拓新的发展格局。同时,还要做好统

筹规划,做好空间再造。空间再造本身涉及的内容比较多,要做好资源之间的相互协调,进行统筹规划,才能够更好地推进图书馆的持续健康发展。

4 数智时代图书馆空间变革的设计趋势

4.1 生态友好,突出个性

数智时代下,图书馆空间设计要注重将自然因素和社会因素相互融合,构建生态良好的空间,通过发挥图书馆自身作用,对图书馆进行合理布局,将图书馆的发展与周边环境相互协调发展。可以在图书馆建设中融入原生态的元素,在建筑中配置玻璃幕墙,引导用户直接地感知自然元素,关注周边的环境,实现图书馆与自然之间的协调发展。图书馆的空间变革不仅要符合大众的需求,更为重要的是满足功能层面的需求,要能够基于用户的需求对图书馆空间进行个性化的设计。如沈阳师范大学图书馆就是个性化空间定制的代表,该图书馆新功能体验空间以新技术和用户体验为主体,为读者提供移动多媒体课程点播、VR技术等各种最新设备的应用体验服务,空间包含两个主体,一是为了更好地满足自身的物理空间,二是一些虚拟空间,通过发挥不同空间的作用,更好地发挥图书馆空间的作用,满足不同用户需求的同时,彰显图书馆自身的价值。

4.2 设计休闲中心,提升包容性

在图书馆空间的变革过程中要注重发挥各种媒介的作用,更好地实现图书馆功能的变革。一方面,图书馆要充分发挥网络媒介、社会媒介的推送作用;另一方面,要注重引导用户到图书馆获得相关的信息,加强图书馆对用户的吸引力,彰显图书馆的价值,也为用户提供休闲娱乐的场所。这些变革主要表现为以下几个方面:构建文化区域,展示一些文化作品,使得图书馆资源更加丰富[9]。可以将一些艺术品用来装饰图书馆,强化图书馆空间的艺术性,体现休闲特性,在图书馆空间中让用户更多地体会到其舒适性[10]。另外,图书馆空间变革中要做好需求调查工作,只有明确用户对图书馆的需求,在空间变革中才会更加有针对性,给用户带来更好的阅读体验。在图书馆空间变革中还要融入用户相对比较熟悉的生活化的元素,更好地满足用户对图书馆的需求。

综上所述,图书馆在发展中要注重紧跟数智时代的发展,做好图书馆空间变革,根据社会的发展需求引导用户积极主动地参与到图书馆的空间再造中,进而再造和发展图书馆空间。与此同时,数智时代的现代社会拥有全新的思维范式,这需要图书馆在发展中突破传统的惯性思维,形成空间价值意识,融入开放、共享的理念,更好地推进图书馆的持续健康发展。基于图书馆本身所具有的优势,对图书馆进行合理布局,将图书馆的空间变革与周边环境相互协调,构建符合大众需求的图书馆空间格局。

参考文献

[1] 蔡迎春,姜小溪. 数字驱动 技术融合:跨学科视域下图书馆空间变革与构建[J]. 高校图书馆工作,2021 (3):11-14.

[2] 江芸,蒋一平,诸葛晴怡.图书馆空间的变革与发展趋势[J].图书馆杂志,2021（5）:44-50,58.

[3] 蔡迎春,姜小溪.数字内容创作:图书馆空间变革的新态势[J].图书馆学研究,2021（6）:11-17.

[4] 张骏毅,王燕平,田菊宁.高校图书馆空间规划变革的探索与实践[J].大学图书情报学刊,2021（2）:108-112.

[5] 刘妍.高校图书馆空间变革与服务创新研究——以"数字学术"为视角[J].图书馆学刊,2020（11）:43-47.

[6] 贾子文,苏云梅,刘杰.知识服务时代的图书馆空间变革[J].大学图书情报学刊,2020（6）:41-44.

[7] 张青霞.空间变革背景下主题图书馆建设的思考[J].河南图书馆学刊,2020（10）:84-86.

[8] 杨文建,邓李君.人工智能与智慧图书馆空间变革[J].图书馆工作与研究,2020（8）:5-12.

[9] 郑金萍.高校图书馆新馆空间功能设计与服务创新——以太原师范学院新馆为例[J].图书情报工作,2020（13）:74-79.

[10] 朱朝凤.高校图书馆空间再造与服务变革研究[J].图书馆学刊,2020（6）:19-22,60.

公共图书馆空间建设发展趋势与优化策略

彭著君（湖南图书馆）

随着社会的不断进步，我国公共图书馆已迎来了一个崭新的发展时期：公共图书馆法规体系日益完善，服务水平显著提高，社会影响力与国际影响力持续提升。图书馆早已不再是一个单纯的借书还书机构，它承担着公共文化交流平台的功能，是读者获取知识信息、进行学习交流、感受文化魅力的重要场所。如今，空间建设与改造已成为图书馆提升自身服务的重要内容，图书馆所提供的空间服务也越来越受到外界的重视与关注。公共图书馆应主动适应信息时代的新形势、新变化、新要求，与时俱进，积极思考图书馆空间建设的社会需求与发展趋势，最大化地实现图书馆的社会价值。

1 公共图书馆空间建设的发展趋势

图书馆的功能随着时代的变迁而改变，如今的公共图书馆在空间布局、功能与服务上均发生了重大变化。吴建中认为图书馆至今经历了三代发展。第一代图书馆以藏书为主，如我国古代天一阁；第二代图书馆以外借为主；第三代图书馆强调图书馆作为第三空间功能的作用，推进服务转型。未来的图书馆发展主要定位于学习、交流和体验，届时图书馆将成为知识中心、学习中心和交流中心[1]。公共图书馆存在的意义已经从工业时代的教育和文化机构变成了一个开放的非正式学习中心，更加注重读者需求、服务效能、资源融合和生态环境，发挥着城市第三空间的作用。图书馆发展的着力点从馆藏逐渐转向空间，从馆藏图书相关服务逐渐转向空间相关服务，图书馆建筑、馆内空间及空间服务已成为图书馆设计创新、服务创新的主要领域[2]。

1.1 空间构造上，由以书为主变成以人为主

传统图书馆的空间注重书，现代图书馆的空间注重人，图书馆不再仅仅是一座储存图书的建筑，而是一个以书为媒介的知识、情感与信息的交流场所。对图书馆来说，读者不只是知识的获取者，更是知识的产生者和传播者。现代图书馆开始以读者的需求和行为模式入手，颠覆传统图书馆"以书为本"的服务模式，不断拓展图书馆的空间功能，力求从根本上实现"以人为本"的转变。

1.2 功能布局上，由单一空间转向多元空间

传统图书馆布局大多会给读者留下严肃沉闷、千篇一律的印象，现代图书馆正积极寻求改变这种刻板印象，重视凸显自身的特色与个性，将图书馆里较为固定的空间打造成灵活多

变的空间。一个有着多元化功能空间的图书馆,既要能储存大量丰富的文献与新鲜资讯,还要能组织各类会议、讲座、展览、访谈、艺术表演与大型节日庆典等活动,打造集图书借阅、文献收藏、学术研究、学习休闲等多功能于一体的综合性场馆,让不同类型的活动可以同步举行,不同需求的读者可以同时高效地使用图书馆。

1.3 服务理念上,由重增长转化为重体验

近年来,随着文化消费形态向多样化发展,读者对图书馆实体空间功能、服务的要求越来越高,图书馆空间服务为迎合读者文化消费需求面临转型升级[3]。公共图书馆作为读者文化活动空间与服务场所,不断创新服务模式、关注服务细节,从单纯地追求读者数量增长到越来越重视读者的体验感与互动性,并朝着智能化、多元化、个性化的服务目标发展。图书馆空间建设如何更好地与服务功能有机结合,构建立体多元的服务形式,为读者营造全方位、沉浸式的阅读体验与氛围,是图书馆在提升空间价值与服务水平过程中需要面对的一个重要问题。

1.4 资源利用上,由资源分散趋向资源整合

通过合作形成一个图书馆体系,这是图书馆适应现代社会发展的需要[4]。传统的图书馆长期处于"孤军作战"的状态,习惯于生活在自己的"围城"里,而现代图书馆更趋向于"合作共赢"的发展模式。公共图书馆要树立空间跨界融合的新理念,积极探索与其他行业和机构的合作,使图书馆成为连接人与人、人与社会、人与文明、人与知识、人与未来的新型文化空间[5]。现代图书馆正在突破自身的物理围墙,对现有空间、馆藏文献、人力资源储备、硬件设施设备等资源进行有效整合,在提高空间利用率,实现空间功能改造和空间服务创新的同时,进一步扩展公共图书馆空间服务,使资源使用更加高效,服务更加智能。

1.5 发展理念上,更注重环保与可持续发展

2016年,国际图书馆协会与机构联合会(IFLA)发起国际倡导计划,促进和支持图书馆规划和实施联合国《2030年可持续发展议程》可发挥的作用。同年,IFLA环境、可持续发展与图书馆特别兴趣小组成立,关注图书馆在推动可持续发展和提升专业知识方面所扮演的角色,促进图书馆行业发展[6]。2021年发布的《中华人民共和国国民经济和社会发展第十四个五年规划和2035年远景目标纲要》中提出:推动绿色发展,促进人与自然和谐共生[7]。国际与国内的发展政策与规划,都进一步明确了图书馆转型发展的方向应紧跟绿色环保的步伐,坚持生态优先、科学配置、全面节约、循环利用的原则,积极保护生态环境,协同推进图书馆空间建设与服务的高质量发展。

2 公共图书馆空间建设存在的问题与挑战

近年来,虽然公共图书馆的空间建设与改造正如火如荼地进行,但仍面临着诸多问题与挑战。

2.1 信息技术发展对物理空间的抑制

伴随着计算机、互联网与多媒体等技术的发展,读者对信息的需求量逐渐增加,获取知识

和信息资源的方式与途径也逐渐增多,互联网知识信息服务市场开始迅速扩张。手机、电脑、平板电脑等带来的便利快捷,让人们足不出户便可获取最新的知识与资讯,但同时也占用了人们大量的时间和精力,抑制着公共图书馆物理空间的发育与发展。

2.2 成本投入与服务效能不构成正比

近年来,公共图书馆的馆舍条件与硬件设施迈上了新台阶,借助于一体化电子设备的运用,也使图书馆腾出了更多的空间给读者自由使用。当前,有部分图书馆耗费了大量的人力、财力、物力投入至图书馆的新建与改造上,但新设备与新布局不等于服务就是到位的,物理空间的单纯膨胀与扩大,也并不等同于服务效能的提升,如果没有及时找到问题所在,就只会造成资源的浪费。

2.3 后疫情时代对实体空间造成冲击

当前全球正处于后疫情时代,所谓后疫情时代,并不是我们原来想象的疫情完全消失,一切恢复如前的状况,而是疫情时起时伏,随时都有可能小规模暴发,从外国外地回流以及季节性的发作,而且迁延较长时间,对各方面产生深远影响的时代[8]。疫情的蔓延与反复对各行各业造成了巨大冲击,也对图书馆未来的发展产生了深远影响。图书馆属于人群聚集地,一旦疫情形势严峻,为保障广大读者及工作人员的生命安全,控制和降低疫情传播风险,图书馆就不得不采取缩短开放时间、取消线下活动、严格控制进馆人数甚至临时闭馆等一系列防控措施。在这种情况下,图书馆的实体空间就只能暂时闲置,无法有效地开展读者实体空间的服务。

2.4 空间布局与设计仍有不合理现象

图书馆空间布局的不合理或者购置的家具、工具不实用,会影响工作人员的办事效率与读者的体验。比如采光与通风不足,会导致地面潮湿,进而造成书籍易发霉等情况;标识牌摆放位置不显眼或指示不够清晰,容易让读者在图书馆里迷失方向,得不到有效帮助;铺了很厚的隔音地毯,然而书车的轮子较小,导致推车很费劲,对工作人员搬运书籍造成不便;书架排得过于密集,遮挡住了大部分光线,影响读者选书体验;采用的书架不合理,上层书太高够不着,底层书又太低,造成读者拿取书的不便;因阅览空间或摆放的桌椅有限,往往会出现令人头疼的"占座"现象;等等。这些看似无关痛痒的小细节,都是我们在图书馆空间建设布局与设计之初应考虑的问题。

3 公共图书馆空间建设的优化策略

图书馆作为一个文化交流场所,是第三空间很重要的部分之一,应重视对其空间布局进行设计和开发,合理利用,提高整体审美[9]。要重视空间功能的设计能否适应读者的体验和要求、能否激发读者的学习热情和兴趣;空间布局是否灵活、便捷和人性化都将决定图书馆的存在价值和服务价值[10]。因此,图书馆创新空间环境,要向布局更加人性化,绿色生态,具有趣味性、灵活性与可持续发展的方向努力[11]。

3.1 以方便快捷作为图书馆新馆选址的重要原则

对于新建馆来说,公共图书馆若想充分发挥它应有的服务效能,做好选址工作是迈向成功的第一步。随着城市的发展,图书馆选址应以交通便捷为重要原则,全面考虑读者出行是否便利、停车位数量的多少、公共休闲活动空间的大小等问题,建议选择在交通发达的主干道或靠近地铁口与公交站的地点。如果公共交通方式不够便利,或所处路段容易堵车,将无形之中延长读者的出行时间,严重影响读者的心情。新馆选址还可考虑毗邻美术馆、文化馆、博物馆、音乐厅、体育馆等大型城市文体综合设施,打造全新的文体综合活动中心,并实现停车位等资源共享,方便市民的一站式体验。

3.2 以优美的建筑外观环境增强图书馆的吸引力

一个充满建筑美学的馆舍,应与周边的建筑与环境和谐协调。图书馆馆舍建设可融入园林式景观设计,打造假山、池塘、竹林、花卉、雕塑、喷泉等景观,形成一体化的优美环境。从自身建筑来看,图书馆要凸显庄重、严肃及美观特性,既要保证图书馆的适用性,还要注重整体的艺术性,巧妙运用装饰材料,带给读者与众不同的审美体验[12]。极简的线条,极富视觉冲击感的平直立面,充满浪漫幻想的拱形门洞等不同艺术元素的运用,可以起到吸引行人注意力的作用,有助于拓宽读者对于图书馆的想象空间,让人仅看到图书馆的外部建筑,就有想走进去一探究竟的冲动。

3.3 以业务功能变化对图书馆空间进行相应调整

随着图书馆功能的改变,读者的需求日益增加,简单外借和阅览服务已不能满足读者需求。相应地,也要按照业务的功能,对图书馆空间进行相应调整[13]。

3.3.1 空间布局要合理

图书馆应提前做好空间的规划设计,避免相同功能区域的重复建设。科学合理的图书馆空间布局规划,是一个动态的、根据用户需求不断改进完善的变化过程[14],图书馆应综合消防、安全、读者阅览习惯等因素,科学合理规划空间布局,遵循开放、灵活、多元、实用的原则,可将图书馆最重要、最活跃、使用率最高的空间以开放的形式安排在建筑的首层,方便读者出入和获取最新资讯;可依照不同读者群体的需求划分阅读区域,让读者更容易找到自己所需的资源与服务;可以将大厅和阅览室融为一体,让整个空间从视觉上显得更宽敞、更通透;可开设24小时自助图书馆等智能化阅览空间,让图书馆在闭馆期间,仍能为读者提供空间服务。

3.3.2 阅览空间与座位要有保证

在这个网络发达的时代,读者选择来图书馆读书学习,更多的是被图书馆特有的阅读环境与学习氛围所吸引,因此创设一个温馨和谐的人性化阅览与学习空间就很有必要。图书馆要保障读者有充足的阅读空间,设计出动静有序又相对独立的学习空间,让每个读者都能快速找到让自己感到舒适的位置。如果图书馆的馆舍面积与经费有限,就需要更注重内部空间格局的灵活性、适应性和扩展性,提高空间的利用率。如可以给每个阅览空间或走廊过道配备一定数量的桌椅或沙发,分散学习室的“抢座”压力,也可以采用大空间(One Room)设计,尽量减少固定隔间,保持整体空间利用弹性,更好地应对未来馆藏类型和服务方式可能发生的变化[15]。

3.3.3 空间功能要多元化

图书馆在物理空间的功能布局上要多元化,读者在这里阅读不仅有舒适的环境,还能够满足彼此思想交流碰撞的需求,为阅读思考提供有利条件[16];可根据活动的类型,将空间的大小与数量提前规划好,为个人、小组与大型活动提供大小不同、功能不一的空间;要丰富图书馆的空间功能,满足读者个人学习、团体协作、项目研讨、信息分享等多元化的活动,如可细分为学习空间、活动空间、分众阅读空间、共享空间、特色馆藏空间、多媒体空间、会议空间、创客空间、展览空间、体验空间、社交空间等一系列空间。同时,图书馆还要尽力为馆员创造良好的工作与休闲空间,如给办公区域增添绿植,建立职工之家、运动馆、瑜伽馆、健身房等,让馆员感到回家般的归属感,以更加饱满的精神状态工作。

3.4 以简洁规范的标识系统为读者提供空间指引

标识系统是图书馆空间中无声的引导者,是图书馆规范管理服务的重要环节之一,在图书馆的空间设计中占有不可或缺的重要位置。标识内容要易读易懂,同类型标识应保持形状、尺寸、色彩等的一致性[17],这样才能快速引导读者,也便于后期根据需要对标识进行新增与调整。标识应能够准确向读者提示功能属性、传达空间方位、辨别资源类别,减少工作人员的问询压力及读者的无助与焦虑感,为双方节省时间、提高办事效率。如对于自驾到馆的读者,应规划出便捷的路径,特别是停车出入口、停车位、停车收费的标识要清晰显眼,以便读者快速停车、找车,避免出现因指示不清等原因造成道路拥堵。

3.5 以满足读者需求为出发点提高空间服务质量

公共图书馆作为一个公共空间,应该重视用户的体验,从空间的规划到布局,从座椅书架等设备的摆放到图书的展示方式,都应该以用户的需求为导向[18]。尤其是要充分考虑孕妇、哺乳期女性、儿童、老人、残疾人等特殊群体的需求,如可建立母婴室,方便母亲哺乳或给婴儿更换尿布;考虑到儿童个子小及爱跑动等特点,少儿阅览室应以牢固、耐磨、低矮、无棱角的家具为主;对于视力或行动不便的老年人来说,建议在阅览室或服务台配备放大镜与老花镜,并在卫生间增加扶手,方便老人起身;为残疾人设置无障碍通道与专用卫生间、开设盲人阅览室等;考虑读者有打印需求,可在自助服务区内提供自助打印服务,增加打印点位和打印机数量;可在每层楼分散设置多个免费自助饮水机供读者使用;在每个阅读空间或者每层楼设置咨询台,为读者提供专业的参考咨询服务等。

3.6 以精耕家具软装布局设计提升读者的体验感

图书馆的受众群体很大,因此图书馆中的空间设计要时刻营造出美的氛围,潜移默化地影响读者对美好事物的感知能力,从而达成内涵和美感的和谐[19],提升读者的空间体验感,拉近图书馆与读者的距离。图书馆空间体验是通过对空间物质环境和精神环境的营造,增强读者对图书馆空间的美好感知,享受情感愉悦的信息服务[20]。图书馆要顺应当今读者放松休闲的需求,精耕家具软装布局设计,选用舒适耐用、样式多彩的桌椅、沙发,为用户创造适宜的阅读空间与阅读氛围。图书馆室内空间应保持宽敞明亮、视野开阔、空气清新,通过色彩、声音、香味、触感、光线、音乐等建立与读者间的全方位联系,最大化实现图书馆空间内的感观效果。同时,图书馆应牢牢把握文化发展根脉,室内装饰要富有文化特色与艺术气息,如瓷器、书画、工艺品、雕塑、花卉等不同馆内陈设也能很好地丰富图书馆的布局,彰显图书馆文化,可根据位置和区间需要精心布置,营造良好氛围。

3.7 以文化旅游融合促进空间资源与服务的整合

在文旅融合趋势背景下,公共图书馆应顺应时代发展,紧抓机遇,积极探索文化旅游融合发展的可行路径,大力挖掘并充分利用本地特色人文资源,将文化要素更广泛、更深刻地融入旅游领域中[21]。随着体验式旅游的发展,去当地特色图书馆"打卡"已成为时下的一种新潮流,如云南省图书馆利用云南当地传统茶元素,将馆藏资源与普洱茶相关实物结合,打造成在馆内既可以查询借阅、浏览茶文化电子资源,又可以近距离观察茶制品,还可以品茶、体验茶文化活动的特色图书馆[22],受到了读者与游客们的喜爱。

图书馆要积极突破区域与行业界限,加强与景区、民宿、书店、咖啡店等文化旅游机构和社会力量合作,借鉴成熟经验,整合各自优势,以多种途径拓展图书馆空间,建设具有本地特色的图书馆。如杭州图书馆一方面主动融入本地旅游景区,积极拓展旅游公共服务,另一方面联合杭州市文化和旅游推广中心在图书馆内进行"最忆是杭州"旅游资源宣传,如在图书馆服务台放置《杭州旅游指南》,在服务大厅滚动播放杭州旅游宣传片等[23],取得了良好的宣传效果。"图书馆+"的文旅融合方式,有助于拓展服务阵地,提升全民阅读成效,让读者在汲取知识的同时享受到休闲舒适的阅读环境,同时满足游客在工作之余享受静谧时光的精神需求。

3.8 以空间活动品牌提升空间服务效能与影响力

公共图书馆要善于借用外部力量,集多方智慧,通过与馆外机构合作,举办不同类型的阅读活动,积极弘扬优秀传统文化,使以传播知识与信息为宗旨的图书馆,通过举办各种阅读推广活动兼具社交活动中心的功能,推动空间建设与阅读推广融合发展,培养读者前来参与公共空间活动的习惯。一位名叫乔伊斯·卫科夫的读者表达出了对21世纪图书馆的向往:"我去图书馆不是为了看书,而是为了获得信息、知识、智慧和教育。因此,我想见到的不是一排排书架,而是人。他们在谈论书,在传授某种知识,在研究某一主题,在创立新的思想。"[24]可见读者对在图书馆进行交流与学习的强烈渴望。"空间+活动"的形式,对满足读者阅读需求、培养读者阅读兴趣、促进读者交流、提升读者阅读品质、推动全民阅读深入开展将起到积极效果。如广西壮族自治区文旅厅全新打造的公共服务活动品牌——"走读广西",依托公共图书馆,通过推荐相关文献、举办阅读推广活动等,结合自驾游、研学游、户外讲座直播等多种旅游形式,充分发挥公共图书馆等文化场馆的服务效益和社会影响力,使大众更加关注各个城市里免费开放的公共文化场馆[25],大幅度提升了空间服务效能。

3.9 以绿色环保理念推动空间建设的可持续发展

随着环保理念的不断深化,未来图书馆的空间设计必然趋向生态化,将自然环境与空间设计相结合,能有效推动生态自然与图书馆协调发展[26]。因此,图书馆要注重对生态环境的保护,积极探索绿色发展之路,达到图书馆空间布局与生态环境的和谐统一。如在馆舍外的公共活动空间,可充分进行绿化,融合树木、花卉、池塘、草地等自然元素进行空间设计;馆舍中可采用最新的节能减排技术,并根据当地一年四季变化的气候特点,利用天窗、玻璃幕墙、遮阳挡板等,充分调整自然光线与自然风等。在2021年世界图书馆与信息大会上荣获"绿色图书馆奖"的深圳市坪山区图书馆,无论是绿色建筑材料、自然通风技术、自动化节水洁具、雨水回收系统、绿色照明技术等设备与运营模式带来的日常节能,还是绿色夏令营、自然博物主题讲座以及绿色书籍推荐等绿色环保主题活动传播的绿色理念[27],坪山图书馆始终贯穿绿色发展理念,实现了空间建设与服务的可持续发展。

当前,我国已经迎来崭新的"十四五"发展时期,公共图书馆应基于公共文化空间的传承与创新,深化对图书馆责任与使命的认识,积极探索和准确把握公共图书馆未来的发展方向。未来,公共图书馆要做资源的整合者、效益的行动者、文明的传播者,把满足读者需求作为出发点和落脚点,结合自身实际,通过一体化、多样化、精细化、人性化设计,进一步优化空间布局、完善设施设备、创新服务模式,开创高水平的图书馆空间服务,将公共图书馆打造成既富有特色又能满足读者需求的文化教育、信息交流、休闲娱乐中心,助推我国图书馆事业实现高质量发展。

参考文献

[1] "创客空间:图书馆里的创造力——人人参与的创客空间" 国际学术研讨会在广州图书馆成功举办[EB/OL].[2022-04-07]. http://www.gzlib.org.cn/ckkjhydt/144114.jhtml.

[2] 王跃虎.图书馆中的空间服务及其创新研究[J].图书馆,2021(4):60-67.

[3] 张菲.跨界合作与阅读休闲空间再造策略研究[J].图书馆研究与工作,2021(4):39-42.

[4] 吴建中.从"书的图书馆"到"人的图书馆"——赫尔辛基中央图书馆给予我们的启示[J].国家图书馆学刊,2019(5):93-97.

[5] 饶权.回顾与前瞻:图书馆转型发展面临的问题与思考[J].中国图书馆学报,2020(1):4-15.

[6] 杭州图书馆受邀参加第86届国际图联大会并做小组发言[EB/OL].[2022-04-07]. https://www.hzlib.net/htzcdywh/5580.htm.

[7](两会授权发布)中华人民共和国国民经济和社会发展第十四个五年规划和2035年远景目标纲要[EB/OL].[2022-04-07]. http://www.xinhuanet.com/2021-03/13/c_1127205564_12.htm.

[8] 王竹立.后疫情时代,教育应如何转型?[J].电化教育研究,2020(4):13-20.

[9] 张彬.图书馆空间的审美化与阅读环境设计[J].大学图书馆学报,2012(5):28-38.

[10] 赵丹僖.泛在信息环境下图书馆空间设计及研究[J].科技情报开发与经济,2015(8):77-78.

[11] 徐红玉.图书馆空间创新的理论依据与服务实践对策[J].图书馆,2021(4):52-59.

[12] 谷鹏.图书馆空间设计中美的呈现与实现[J].艺术教育,2018(22):88-89.

[13] 罗雪文.文旅融合背景下图书馆空间改造[J].传媒论坛,2021(11):136-137.

[14] 黄燕.网络环境下图书馆空间布局——以重庆图书馆为例[J].河南图书馆学刊,2018(5):108-109.

[15][20] 郎杰斌.空间体验——图书馆的核心价值之一[J].大学图书馆学报,2013(2):42-48.

[16] 项姝珍.空间再造与深度阅读:图书馆阅读推广空间研究[J].图书馆理论与实践,2021(4):108-112.

[17] 肖小勃,乔亚铭.图书馆空间:布局及利用[J].大学图书馆学报,2014(4):103-107.

[18] 陈露.我国公共图书馆空间再造现状探究[J].大众标准化,2021(6):22-24.

[19] 谷鹏.图书馆空间设计中美的呈现与实现[J].艺术教育,2018(22):88-89.

[21] 杨白柳.文旅融合时代公共图书馆服务创新实践及启示[J].河南图书馆学刊,2020(10):14-16.

[22] 唐先辉. 图书馆空间服务研究综述[J]. 图书馆学刊,2019（2）:133-136.

[23] 最忆是杭州" 与 "最美是书香" 的优化融合——杭州图书馆积极探索公共文化场馆服务功能拓展[EB/OL]. [2022-04-07]. https://www.hzlib.net/htzcgjj/5425.htm.

[24] 吴建中. 21世纪图书馆新论[M]. 上海:上海科学文献出版社,2003:序言.

[25] 南宁新闻网. 全区公共图书馆开启 "走读广西" 之旅[EB/OL]. [2022-04-07]. http://www.nnnews.net/p/3042354.html.

[26] 黄思敏, 王颖, 刘伟. 数字时代学术图书馆物理空间的智慧型功能[J]. 中华医学图书情报杂志,2014（7）:64-66,70.

[27] 深圳坪山图书馆扬威世界级评选,摘得榜眼荣获 "绿色图书奖" [EB/OL]. [2022-04-07]. http://duchuang.sznews.com/content/2021-08/20/content_24500585.html.

文旅融合背景下的公共阅读空间创新路径

——以苏州工业园区为例

甄雨杨（苏州工业园区公共文化中心）

融合发展是当今世界公共图书馆的发展潮流。促进文旅深度融合发展是"十四五"时期公共文化服务领域的重要内容，也是公共图书馆高质量发展的重点任务。2020年4月，苏州工业园区入选国家级文化和旅游公共服务机构功能融合试点单位，主要任务是促进公共文化服务和旅游公共服务的融合发展。在此背景下，公共图书馆的服务边界进一步拓宽，以人的需求为"端"，空间为"锚"，资源为"本"，促使城市公共空间、旅游景区空间、文化休闲空间的功能叠加，打造面向未来的新型公共阅读空间。

1 新型公共阅读空间的研究综述

在概念定义方面，王子舟将"公共阅读空间"定义为由政府或企业、社会组织、个人在社区独办或合办，主要通过文献资源为公众提供知识服务的公益性开放场所，并认为它正在演变成为城市公共文化服务体系中的一种基本形式[1]。金武刚将"城市书房"作为当前新型公共阅读空间的一种通行称法，他指出品质化环境、嵌入式空间、长时间服务、专业化支撑共同构成了它的基本特征[2]。LAWSON则将图书馆视作一个传统和虚拟连接的"第三场所"，强调需要在互联网扩大其"空间领域"和"公众形象"[3]。这些理论对公共阅读空间的发展方向提供了借鉴。

在政策理念方面，《关于推动公共文化服务高质量发展的意见》《"十四五"文化和旅游发展规划》鼓励"将符合条件的新型公共文化空间作为公共图书馆、文化馆分馆"[4]"创新打造一批'小而美'的城市书房"[5]，有效推动了新型阅读空间的发展。陈慰、巫志南指出图书馆、文化馆、美术馆等部分公共文化服务设施具有潜在的旅游服务价值和功能[6]，李超平、杨剑着重提到公共文化服务与旅游产业的融合不可丢失公平原则[7]。

在发展形态方面，"图书馆+模式"最为多见，芬兰赫尔辛基的Oodi颂歌图书馆既是芬兰的公共图书馆，也是社区活动中心，更是吸引游客的旅游景点[8]。文琴指出国外学界的研究侧重图书馆的空间和服务如何为社区创造多样化的价值[9]。根据皮尤研究中心的研究报告，人们不希望图书馆是一个单一功能的场所[10]。程焕文也认为公共图书馆空间资源的拓展和空间功能的多样化必将成为其发展方向[11]。以上学者的观点与本文所探讨的公共阅读空间发展趋势是相一致的。

在实践探索方面，广东"粤书吧"以"文旅融合"为主题定位，建立了完整的视觉识别形象[12]，但在品牌推广、标识度等方面仍显不足；大鹏新区"书香民俗"寻找文化和旅游的融合点，将公益阅读活动向旅游景点和旅游人群倾斜[13]，但在融合模式上未见有深层次创新；安徽省铜陵市在公园、景区打造了10个特色全民阅读示范点，采用政府购买服务的方式促进社会力量参与公共文化服务[14]，但其持续运营能力和服务成效还有待观察。

综上所述，当前研究尚欠缺公共阅读空间建设与城市发展基础、文化资源的融合研究，同时对公共阅读空间整体性"质"的精准提升路径研究仍显不足。本文将以"在地性"和"精准性"为根本遵循，力求探索在新型公共阅读空间建设和运营方面的经验样板，进一步深化和扩展在当前优质精准服务导向下的公共阅读空间创新路径。同时，本文采用苏州工业园区相关政府机构和事业单位真实资料信息进行实证分析，在研究方法上避免较为单一的理论分析法，对现实工作的开展具有更强的实践指导性。

2 苏州工业园区的基础环境

2.1 远景目标：构筑与园区经济地位相匹配的文化建设高地

苏州工业园区是国家级经济开发区，在全国国家级经开区综合考评中已实现六连冠。在新的发展时期，文化创新动能对经济社会发展的作用不断扩大，构筑与园区经济地位相匹配的文化建设高地，是园区未来持续保持竞争优势的关键。苏州工业园区提出"打造面向未来的苏州城市新中心，塑造具有国际特色、时代特征和园区风格的城市文化品牌"这一远景目标[15]，对公共文化建设和城市文化品牌塑造提出了更高的要求。

2.2 核心思路：公共服务由"普惠均衡"向"优质精准"提升

围绕打造面向未来的苏州城市新中心，苏州工业园区构建东、西、南、北及兆佳巷五个片区市民中心，推动公共服务由"普惠均衡"向"优质精准"提升，力求打造一批群众参与度高、有影响力的特色文化空间，广泛开展高品质、有特色、群众喜闻乐见的文化活动，建设人民群众的精神家园、文化家园，这一具体任务进一步明确了公共服务"优质精准"的发展思路。

2.3 机制体制："政府指导、专业运营"管理模式

苏州工业园区文化事业、文化产业、全域旅游等职能均扎口在宣传和统战部，下设公共文化中心（内设文化馆、图书馆、美术馆）和新闻中心2个事业单位，指导苏州新时代文体会展集团（内设苏州国际博览中心、苏州文化艺术中心、苏州奥体中心等地标级文化载体，拥有苏州交响乐团、苏州芭蕾舞团等具有国际演出水准的艺术团体），同时设有园区文联、园区志愿者协会等社会组织，资源协调畅通，聚合能力显著。重要文化项目一般由政府主导，委托国企或文化事业单位承担建设任务和运营管理，同时充分发动阅读联盟、美术馆联盟、智库公司等社会力量参与决策，已形成"统一管理、资源共享"的"苏州工业园区模式"，为打造具有园区特色的新型阅读空间提供了基础条件。

2.4 文旅资源："城文旅一体化耦合发展"特色基因

苏州工业园区一直以来以"园区即景区　城市即旅游"为发展理念，先后获评"国家商务旅游示范区""江苏省文化和旅游消费试点单位""国家级夜间文旅消费集聚区"，是其"城文旅一体化耦合发展"的特色基因。"金鸡湖边艺术荟、独墅湖畔好读书、阳澄湖畔度假游"，大剧院、音乐厅、美术馆、图书馆、邻里中心一应俱全；第一高楼国金中心，诚品书店、苏州中心、奥体中心、文化艺术中心商旅氛围浓厚。公共阅读空间有充足的施展平台，与城市空间、文化

街区、旅游景区、自然环境、艺术文化等元素结合，积极融入城市发展。

文旅融合背景下，苏州工业园区政府主管部门、各文化场馆和各类文旅社会机构及主体，树立了统一的发展目标和全局意识，加之在机制体制、文旅资源、运营平台等方面已具备高度融合的优势，进一步拓宽了新型公共阅读空间的建设视野和创新路径。

3 基于"人""资源""空间"的内在联系探索融合路径

3.1 运用以需求为导向的D-CVS分析工具，确定融合资源和提供主体

人、资源和空间是图书馆的核心要素，让三者处于高度融合与互动的状态，是图书馆追求的目标[16]。而旅游目的地将所有的旅游要素，包括游客的需求、旅游资源的供给等都集中于一个实体空间内，可以被看作是满足旅游者需求的服务和设施中心[17]。本文建立了一个以"人"的需求为导向的D-CVS分析工具，通过分析市民和游客两类主体对新型阅读空间的使用需求，并将需求划分为核心（Core）、增值（Value）、支撑（Support）三个层面，以便于匹配可供融合的城市文旅资源以及提供主体。其中核心需求（D-Core）指空间必不可少需要实现的使用功能，对于市民而言，读者的需求可以被总结为休闲、交互、求知[18]；对于游客而言，在苏州工业园区这样一个非历史或自然景点集聚、以城市散客旅游为特点的区域中，其阅读空间中是否有让其感到休闲、放松、愉悦、有趣的内容以及该空间本身是否自带旅游属性，将成为吸引其前来的核心要素。增值需求（D-Value）是有别于传统阅读空间"新"的部分，也是文旅融合施展其魅力的场域，多元的空间如果同时能够带来高品质的文化艺术展演、便利的公共配套服务、独具特色的创意体验、对特殊人群（儿童、青少、老龄）细致的关注等，不仅会收获市民的赞誉，也会带来意想不到的游客增量。最后，支撑性的需求（D-Support）来自空间建设者的内源动力，充足的资金保障、专业的策划运营团队、可持续发展的管理机制，将决定性地影响空间的落成和使用实效。分析思路详见表1。

表1 以需求为导向的D-CVS分析

需求（Demand）	人（People）		资源（Resources）	
	市民	游客	可融合资源	资源主体
核心（Core）	休闲	休闲娱乐	城市特色文旅资源	新时代文体会展集团、金鸡湖景区、阳澄湖半岛旅游度假区
	交互	旅游吸引物		
	求知	文化氛围	诚品书店、钟书阁等	苏州工业园区阅读联盟
增值（Value）	全民阅读		文化艺术展览和演出文化遗产	苏州文化艺术中心苏州交响乐团苏州芭蕾舞团赖声川戏剧表演工作坊苏州工业园区公共文化中心草鞋山遗址公园
	全民艺术		艺术展览/艺术大师课	苏州工业园区公共文化中心
	全民美育			金鸡湖美术馆
				苏州工业园区美术馆联盟

需求（Demand）	人（People）		资源（Resources）	
	市民	游客	可融合资源	资源主体
	信息咨询	信息推介和在地咨询	苏州市旅游大数据	苏周到/君到苏州信息平台
			苏州工业园区文旅大数据	苏州工业园区文化云平台
			景区舒适度	金鸡湖景区/阳澄湖景区
			酒店住宿	
			实时路况	交管部门、外事部门平台数据
			iSuZhou外籍人士服务	
	公共便利	有吸引力的目的地	自助充电宝/急救箱/母婴室/残障人士友好设施	社会力量
	餐饮休憩		咖啡简餐等	社会力量
	24h自助		融入新时代文明实践中心	新时代文明实践中心
	数字体验		与苏州市、景区相关平台资源联通	苏周到/君到苏州信息平台等
			你选书我买单/有声图书馆等	专业机构合作（如喜马拉雅）
	特殊人群的创意体验（儿童、青少、老龄等）		"小小图书馆员一日体验"	社会力量
			"艺术巴士游"乐龄路线	
支撑（Support）	资金保障		省、市、区三级文旅融合专项资金	江苏省文旅厅、苏州市文广旅局、苏州工业园区文体旅局
	专业团队		文化和旅游从业者、志愿者	苏州工业园区公共文化中心苏州工业园区阅读联盟苏州工业园区美术馆联盟志愿者协会等
	管理机制		政府主导、专业运营	苏州工业园区文体旅局社会力量

3.2 运用以效能为导向的P-CVS分析工具，确定三类空间建设类型

从空间最终呈现的效能（Performance）角度出发，以核心需要（Core）、增值需要（Value）和支撑条件（Support）为分析基础，结合苏州工业园区在公共文化服务体系建设和全域旅游工作方面的实际需要，本文将新型阅读空间划分为三种类型：第一种是切合苏州工业园区当前构建区域级市民中心重大民生工程的需要，打造标志性的文旅新地标，能够充分满足市民、游客的共同需要，使自身成为旅游吸引物的"复合型文旅目的地"；第二种是充分利用现有文化载体软硬件基础，重点拓展旅游服务功能、凸显城市品牌形象的公共设施，以改造提升为主，部分满足市民和游客增值需求的"嵌入式城市文化窗口"；第三种是投入较小、群众可达性高、利用面广、又极具特点的"特色文旅融合空间"。分析结果详见表2。

表2 以效能为导向的P-CVS分析

效能（Performance）	人（People）		空间（Space）		
	市民	游客	复合型 文旅目的地	嵌入式 城市文化窗口	特色化 文旅融合空间
核心（Core）	休闲	休闲娱乐	均满足	均满足	均满足
	交互	旅游吸引物	均满足	均满足	均满足
	求知				
增值（Value）	全民阅读	文化氛围	均满足	部分满足	部分满足
	全民艺术				
	全民美育				
	信息咨询	信息推介和在地咨询	均满足	均满足	部分满足
	公共便利	有吸引力的目的地	均满足	部分满足	部分满足
	餐饮休憩				
	24h自助				
	数字体验				
	创意体验	有吸引力的目的地	均满足	部分满足	部分满足
	特殊人群（儿童、青少、老龄等）				
支撑（Support）	资金保障		高	中	低
	专业团队		高	高	高
	管理机制		政府主导	政府主导	政府主导/ 社会力量

利用D-CVS和P-CVS分析工具，苏州工业园区确立了以苏州市文化广电和旅游局为指导单位、苏州工业园区宣传和统战部为牵头单位，联合苏州工业园区管委会相关部门、街道社区、景区度假区、旅游业，以新时代文体会展集团、图书馆所属的苏州工业园区公共文化中心为融合的资源主体，同时聘请专业智库机构辅助决策，启动新型阅读空间建设运营专项工作。

4 D-CVS和P-CVS应用下的三类新型阅读空间建设运营实例

4.1 复合型文旅目的地——以"北。图书馆"为例

4.1.1 "图书馆+书店+咖吧+景点"的创意空间营造

"北。图书馆"依托苏州工业园区北部市民中心区域级便民公共服务载体优势，毗邻阳澄湖畔，以苏州籍唐代诗人陆龟蒙笔下"向水而生，择善而渡"的江南水乡生活图景为发端，"。"又恰与"读"相谐音，由此以"北。"为起点，开启"北。图书馆"的创想之旅。

286

在项目定位上，北° 图书馆是基于苏州工业园区十六年来全民阅读成果的探索与突破，与"中国最美书店"之一钟书阁合作，引入了"图书馆+书店+咖吧+景点"的全新模式，建筑面积约1000平方米，以服务北部30万居民，辐射全区市民文化服务功能、吸引长三角乃至全国游客为目标，打造为苏州工业园区标志性的文旅新地标，全面带动"北部一公里文化圈"形成聚集效应。

在空间设计上，北° 图书馆充分发挥钟书阁书店的经验优势，同时借鉴了茑屋书店和诚品书店的空间氛围设计、展陈元素、功能布局等经验，视觉上采取木纹暖色调，将海洋鱼群艺术装置引入展厅作为空间动线引导，儿童区的大树让读者仿若进入了自然的森林，中岛展柜恰似"岛屿景行"，高级灰、现代白、生态绿与木纹色相得益彰，给予游客和读者温馨静谧的视觉享受。展陈美学上，北° 图书馆更富"生活提案"的潮流感，运用"Package式书单"工作法①，打破常规的图书馆馆藏布局，采用主题式的图书分类和推荐方法，为读者提供在某一知识领域快速入门的阅读体验，将馆藏陈列划分为"流动的盛宴""字字珠玑""不孤独的星球""吴侬软语"等主题分类，分别对应新书推荐、文学名著、文旅专题、吴文化专题等内容，为读者带来耳目一新的阅读感受，让北° 图书馆得以成为一个"网红打卡地"。

在动线设计上，考虑场馆结构狭长型，北° 图书馆以"引阳澄水之律动"为灵感，布局逻辑采取"渐入佳境"的递进方式，自入口服务台向内延伸，依次为钟书阁负责运营的休闲区（咖啡吧、茶吧、文创商店）、儿童区、阅读区、沙龙区以及24小时智能图书馆。这样一来，场馆功能覆盖全年龄段，并使用可拆卸的隔板进行有效区隔，利于管理维护。该设计重点考虑了游客对休闲和文化衍生品的需求，构建出融书籍阅览、亲子互动、文化交流、休闲娱乐、文创周边、24小时图书室等功能于一体的多元人文生活空间。动线布局示意图见图1。

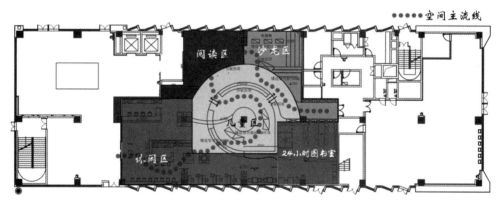

图1　北° 图书馆动线布局示意图

4.1.2　北° 品牌矩阵牵动服务创新

北° 图书馆紧邻苏州工业园区北部区域的青剑湖与阳澄湖自然湖泊，是阳澄湖半岛旅游度假区内第一座"向水而生"的人文空间，天然具有旅游属性。以"不止于书"为理念，充分融合全民艺术、全民阅读、全民美育资源，创立了"北° ——北° 生活、北° 书房、北° 公益"品牌矩阵，并基于"产品（Product）、终端（Place）、营销（Promotion）"3P品牌推广路径[19]，将

---

① "Package式书单"是园区图书馆采用的一种主题式图书分类和推荐方法，即打破传统的图书分类，以特定主题编辑在一起的"打包式"书单，目的是为读者提供在某一知识领域快速入门的阅读体验。

图书馆提供的文旅服务作为自身的核心产品、空间作为触发用户感知的终端场所、北°品牌的推广作为营销策略,策划了北°商标、年度品牌文化项目菜单、北°图书馆独有的"金字塔咖啡"和"文创周边",通过持续开展表演展示、讲座沙龙、手工体验、艺术集市等活动,鼓励各类社会力量主体走进公共空间,展示特色文化项目,促进文旅共融发展,打造一个全新的城市阅读空间和市民美育平台。

4.1.3 服务成效

北°图书馆开业以来人气持续爆棚,场馆高效率运转,既有实体书、有声书、云端阅读、现场体验串联的实体阅读空间,还有歌曲演艺舞台、本土非遗"传统铜器、四经绞罗、姜思序堂、核雕、原木堆画"等构成的江南雅集、传统"六艺"(礼、乐、射、御、书、数)竞技区等线上线下相结合的文化活动,同时发挥名人效应,与赖声川表演工作坊联合举办"暗恋桃花源"剧本创作分享会等一系列特色品牌活动,仅半年即推出300场种类不同、各具特色的文旅品牌活动,吸引近30万人次参与,参考者满意率超过90%,入选苏州市"最江南·公共文化特色空间"。

4.2 嵌入式城市文化窗口——以"非凡园区 文旅客厅"为例

4.2.1 "动态+静态"的创意空间营造

"非凡园区 文旅客厅"作为苏州工业园区入选"国家级文化和旅游公共服务机构功能融合试点单位"的重点项目,依托现有的社会空间设施,对金鸡湖景区的苏州文化艺术中心主入口进行升级改造,提供"嵌入式"的阅读服务,在实现城市公共阅读空间拓展和延伸的同时,打造形态更丰富、设计有品位、服务具特色的"城市文化窗口",让城市可阅读,空间可休憩,文化更具温度。

在空间定位上,"非凡园区 文旅客厅"位于苏州工业园区最受欢迎的旅游目的地之一文化艺术中心,毗邻文化馆、美术馆、音乐厅、苏艺影城、鸟巢文旅演艺集聚区等文化地标,同时也是苏州交响乐团、苏州芭蕾舞团驻地,艺术中心每年接待游客、市民达300万人次以上。按照"资源共享、优势互补、打造特色、形成示范"的建设运营思路,文化艺术中心对公共阅读空间进行"微更新"和"微升级",以较少的投入促使功能更多元、人气更集聚、利用更高效的建设思路,促成了"人气十足"的文化艺术中心,与整合了"三个全民"资源的公共文化中心形成优势互补和广泛联动。

在设计理念上,考虑展厅建筑面积仅约100平方米,同时紧挨苏州文化艺术中心总服务台,采取"动静相宜"的规划思路,"动态"的部分以"智慧文旅数字化"为重点提升方向,便民服务极具"显示度";"静态"的部分以"喜马拉雅特色阅读体验"为核心组成,文化浸润彰显"高品位"。

在空间规划上,展厅包含"遇·见传承"传统文化展示区、"数·见文旅"智慧交互体验区、"听·见园区"喜马拉雅有声图书区和"看·见温度"便民服务区四大功能板块,分别提供传统文化展示、智慧文旅交互、特色有声图书、便民文旅咨询等服务。同时利用金鸡湖景区和文化艺术中心区位优势,邀请国内外著名文化艺术大家,举办国内外前沿文化艺术活动,充分发挥吸流、导流、集流作用,促进文旅休闲消费,打造成为兼具公共文化服务和商文旅一体化的融合创新业态。

4.2.2 数字化平台牵动服务创新

智慧图书馆通过智能化的连接和增值方式,建立惠及全民的互联互通、开放共享的图书馆知识服务体系[20]。展厅"数·见文旅"智慧交互体验平台整合了苏州工业园区文化云网站及小程序、君到苏州（文化旅游总入口）App、惠游园区App、金鸡湖景区网站、阳澄湖半岛旅游度假区网站、苏州工业园区一网通办App等8个市区两级平台的文旅数字资源，共设有8个互动板块，分别是"游苏州·旅游热力图""玩景点·景区大观园""读城市·书香汇园区""爱暖城·志愿同路行""看苏州·城市形象片""约活动·园区文化云""有便利·公共服务通""晓热点·文旅热搜榜"。比如"游苏州·旅游热力图"可以查询到全市百余个景点、文化场馆的信息，同时链接"君到苏州"小程序，可以在线预约园林、古镇、文化活动、特色剧场演出；"读城市·书香汇园区"接入苏州工业园区图书馆总分馆互联大数据信息，向市民和游客展示近300个服务网点的实时借阅情况、馆藏总量等信息，同时"电子图书"小程序功能提供了在线阅读服务；"有便利·公共服务通"向游客和市民展示当日天气情况、苏州热门景区舒适度、酒店住宿、实时路况等便民信息，同时为外籍人士提供英语、日语、韩语的自助查询。依托喜马拉雅流量和平台优势，"非凡园区　文旅客厅"还打造了园区文旅特色数字图书馆，展示"情调苏州""情定金鸡湖""苏交古典online线上音乐会""苏州·金鸡湖双年展大师导览"等约500件原创有声资源，配有数字资源触控设备和耳机，供市民游客现场聆听。

4.2.3　服务成效

以空间融合为载体、服务融合为基础、数字融合为特色，"非凡园区　文旅客厅"力求文化和旅游公共服务的"可读""可听""可看""可游"，营造融入市民游客日常生活空间的数字文化旅游场景。同时充分体现园区"国际化"特色，将苏州交响乐团、苏州芭蕾舞团、iSuZhou外籍人士服务平台等资源融入城市公共空间，高品质达成了让游客享受市民的文化福利、让市民享受游客的文化礼遇的融合效果。2021年，"非凡园区　文旅客厅"获得由文化和旅游部牵头发起的全国最美公共文化空间大赛"优秀跨界艺术空间"奖，充分展现了苏州工业园区的数字治理和便捷惠民能力。

4.3　特色化文旅融合空间——以"美术馆里的图书馆——青梅SPACE"为例

4.3.1　"阅读+美育"的创意空间营造

"青梅SPACE"特色阅读空间是苏州工业园区当前打造的又一形态"文旅产品"，其空间设置在金鸡湖美术馆内，约80平方米，最初的发端是为了解决美术馆缺少公共教育场地以及观众休息场所的问题。在充分考量了金鸡湖美术馆聚焦"当代艺术"的办馆定位、深受年轻人喜爱、自身为"网红打卡地"、具有"美术教育"优势资源等条件后，决定打造一个在"美术馆里的图书馆"。从图书馆专业规划的角度，梳理并集中展示金鸡湖美术馆历年来的当代展览、特色馆藏、艺术文创品等；从美术馆品牌推广的角度，将该空间命名为"青梅SPACE"，寓意亲近美术，同时延续了金鸡湖美术馆当前主打推广的公教品牌"青梅小课堂"，旨在打造一个"阅读空间+美育课堂+网红打卡"相融合的特色文旅空间，吸引长三角区域"爱逛展、爱拍照、爱展示"的年轻人前来打卡，让阅读"跨界"和"破圈"，让知识与受众产生连接。

"青梅SPACE"空间设计巧妙灵活，馆藏展示区与阅读活动区通过阶梯式书架得以充分融合连接，多功能交流区顶部采用磁吸滑轨处理，方便升降投影幕布教学使用，平时则可成为一面"当代艺术"绝佳的展示墙。在馆藏设计上延续了"Package式书单"工作法，划分为"艺术Master书单""人人都有代表作""小青梅艺术课堂""一切皆可艺术"等展示空间，兼顾成人与儿童、专业与普及的需要，构建出一个"精准、精致、精妙"的"关于美"的空间。

289

4.3.2 "名家"资源牵动服务创新

"青梅SPACE"特色阅读空间已于2022年5月投入使用,充分利用金鸡湖美术馆国内外前沿艺术大展和地域(传统)特色当代艺术展资源,融合金鸡湖双年展、赖声川戏剧表演工作坊、艺术进社区·美术走近你等品牌活动,汇集策展人、艺术家、美术教师,邀请当代艺术界的名家、大咖前来开展讲座活动、现场教学,将"高大上"的艺术诠释为"接地气"的美育,使城市公共空间更具文化底蕴和人文气息。

5 苏州工业园区的经验总结

5.1 平台造就舞台,协同发展是融合创新的基础

新型公共阅读空间有一根本性的遵循,即其"公共"性质,这一性质确立了以政府为主导的运作模式,以保证公共图书馆与旅游相互融合时所持有的平等、均衡、公益的属性。苏州工业园区确立以"政府引导 协同发展"推动文旅融合工作的核心思路,超越单一主体形式,联合图书馆、美术馆、阳澄湖半岛度假区、金鸡湖景区、高端品牌酒店、多元社会团体、主导旅游企业、文化艺术名人等多元主体参与融合工作,建立了覆盖更全面、推进更有效的文旅融合统筹协调机制,政府提供政策支撑的"大平台",为专业机构、社会力量造就发展的"大舞台",将文旅公共服务的触角深度延伸至新型阅读空间领域,营造了全民参与的融合氛围。

5.2 知彼方能知己,需求导向是高效融合的牵引

苏州工业园区通过运用以"人"的需求为导向的分析工具,清点盘活了园区一众文旅资源,同时借鉴国内类似项目成功案例,形成"分级建设 精准供给 品质服务"的整体建设思路。在文旅"一盘棋"的主导思路下,融合不是僵化的"两张皮",各方资源主体深挖内涵、串联整合,促使适应不同需要的新型阅读空间不断开放。在建设规模方面,以"服务半径、服务人口"为主要依据,划分为"普适级、分众级""覆盖级、提升级""地标级、现象级"三种阅读空间类型,影响力逐级递增;在运营模式方面,以公益性、基础性服务为主,结合市场化运营,让尽可能多的居民享受到普惠性的公共文化服务;在功能打造方面,根据居民和游客的双重需求,进一步拓展阅读空间的旅游服务功能,重点提升生活、娱乐、亲子、艺术类资源比重,促使公共空间转化为新型的文旅空间,自然而然促进融合,能效倍增。

5.3 入口即是窗口,在地特色是主客共享的关键

"千城一面"在旅游业屡见不鲜,近年来兴起的新型阅读空间也存在相同的问题。"在地性"是打开城市特色的一扇窗口,苏州工业园区建设各种形态的阅读空间乃至文旅载体有同一个初心诉求,即打造有"国际范、时尚感、潮流化"的"园区品位"。一方面体现在设计的品位上,比如"北° 图书馆"的人文内涵"向水而生,择善而渡",既摹写了阳澄湖畔、姑苏诗人的传统风范,又不失现代简约、雅致格调;另一方面是基于对服务人群的充分考量,苏州工业园区外籍人士众多,高层次人才集聚,"非凡园区 文旅客厅"作为文旅窗口,便设计了iSuZhou外籍人士信息平台、"苏州交响乐团Online音乐会"等服务产品。此外从服务的层面,打造本土特色文旅产品,比如与诚品书店、苏州中心联合推出世界读书日"阅读寻宝"图书漂流活动;

培育形象佳、业务精、有激情的运营管理团队等都是让居民和游客备感"礼遇"的有效方法，无不展现世界眼光、国际标准、苏州特色、园区品质的"人文之城　精神家园"。

5.4　空间转换时间，品牌塑造是城市形象的输出

一个具有魅力的公共空间必然能够留住用户的时间，"养眼"的设计、出众的陈列、新奇的体验、丰富的功能、便捷的使用、美好的感知让用户愿意给出足够的时间用来"消费"文化。作为空间的"设计者"和"建造师"，将空间视为一个"产品"精心打造，运用营销的手法将其有效地进行推广，是一个"品牌塑造"的过程。文化品牌是一座城市最闪亮、最有魅力的金字招牌，承载着城市精神品格和理想追求。苏州工业园区在积极探索新型公共阅读空间建设运营的过程中，强调构建"人文之城　精神家园"的美好图景，让图书馆"跨界"书店，让美术馆"跨界"阅读，多个具有园区特色的IP联名项目不断塑造着文旅金字招牌。培育设计团队，开办文创大赛，接连打造园区独有的文旅品牌"2021行走文化季　邂逅园区韵""2022城市可阅读　全民享艺术"，以统一的界面、统一的标识形象、统一的风格调性、统一的"园小文"虚拟文旅代言人形象，描摹"创意驱动　品牌先行"的全新蓝图。

5.5　口袋传播口碑，数字平台是新常态下的趋势

对于一座城市而言，让市民随时随地享受文化生活是基础需求，更是必要活动，尤其在新冠肺炎疫情的影响下，如何释放更多的"文化"力量成为不可回避的课题。苏州工业园区在聚焦"空间"和"品质"的基础上，提出"云上"的维度，力求让线上线下无处不在地充盈着"恰逢所需"的公共文化服务。借助当前最新的数字科技，放在口袋里面的手机甚至可以带来几何倍增的口碑传播，比如北° 图书馆的"蹿红"是通过小红书App的达人打卡获得的，上百位小红书博主打卡北° 图书馆的开馆展览"宫西达也"绘本展，从而产生了数以万计的点赞流量和更多前来打卡的观众。从"网络之上"到"网络的一部分"，图书馆应扮演更主动、更积极的角色[20]。全媒体时代已经到来，充分运用移动互联网、云计算、大数据、人工智能、物联网、区块链等新一代的信息通信技术，已成为新常态下的必然趋势。

综上所述，当前，城市的公共阅读空间已不再是单向型的仅为阅读而存在的实体空间，而是以小见大勾勒出"未来图书馆"的具象图景——反映城市人文精神的地标性建筑物、自身成长为旅游目的地和吸引物、智慧和持续在线的虚拟孪生空间、润物细无声地融入城市公共空间的有机组成体。在基于"人""资源""空间"的内在联系中不断探索、更新、拓宽融合路径，以"平台""需求""窗口""品牌""数字"相关的多样化思维为延伸，必将为新时代、高品质公共阅读空间的建设与服务提供更强大的创新动能，实现更高层次的发展。

参考文献

[1] 王子舟. 我国公共阅读空间的兴起与发展[J]. 图书情报知识，2017（2）：4-12.

[2] 金武刚，王瑞芸，穆安琦. 城市书房：2013—2020年——基层图书馆建设的突破与跨越[J]. 图书馆理论与实践，2021（3）：1-9.

[3] LAWSON K. Libraries in the USA as traditional and virtual "third places"[J]. New library world，2004，105（3/4）：125-130.

［4］关于推动公共文化服务高质量发展的意见[EB/OL].［2021-11-28］. http://zwgk.mct.gov.cn/zfxxgkml/ggfw/
202103/t20210323_923230.html.

［5］"十四五"文化和旅游发展规划[EB/OL].［2021-11-28］. http://zwgk.mct.gov.cn/zfxxgkml/ghjh/202106/t20210602_
924956.html.

［6］陈慰,巫志南.文化和旅游公共服务深度融合问题、战略及机制研究[J].文化艺术研究,2020（2）:1-12.

［7］李超平,杨剑.文旅融合之"融合点"及公共文化服务的原则[J].图书与情报,2020（4）:74-78.

［8］吴建中,程焕文,戴安娜.开放　包容　共享:新时代图书馆空间再造的榜样——芬兰赫尔辛基中央图书
馆开馆专家访谈[J].图书馆杂志,2019（1）:9.

［9］文琴.国内外城市公共阅读空间研究综述[J/OL].图书馆建设:1-22[2022-04-19]. http://kns.cnki.net/kcms/
detail/23.1331.G2.20220216.1240.002.html.

［10］李琼艳.数字时代美国公共图书馆的社会服务——解读皮尤研究中心调查报告《处于十字路口的图书
馆》[J].图书馆杂志,2017（9）:7.

［11］程焕文,刘佳亲.新时代公共图书馆服务与建设创新的重点和难点[J].图书情报知识,2020（1）:9-14.

［12］付婷,周旖.公共文化空间品牌建设研究——以广东省"粤书吧"为例[J].图书馆论坛,2021（11）:136-145.

［13］王金花,朱淑华.先行示范区背景下城市公共阅读空间建设与服务创新[J].四川图书馆学报,2021（6）:
1-5.

［14］黄佩芳.我国城市公共阅读空间建设特点与模式选择[J].图书馆,2019（3）:90-94.

［15］苏州工业园区管理委员会.创意融合非凡园区创意无限[EB/OL].［2022-07-15］. http://www.sipac.gov.cn/
szgyyq/jsdt/202207/67d975aa7d5241a389c01e72b1fc6127.shtml.

［16］吴建中.转型与超越:无所不在的图书馆[M].上海:上海大学出版社,2012:19-23.

［17］徐菊凤,任心慧.旅游资源与旅游吸引物:含义、关系及适用性分析[J].旅游学刊,2014（7）:115-125.

［18］宫平.城市图书馆的追求与梦想——东莞图书馆馆长李东来访谈[J].图书馆建设,2020（5）:7.

［19］Roland Berger Strategy Consultants. How to capture sustainable and profitable growth[EB/OL].［2022-04-06］.
https://www.rolandberger.com/en/Insights/Publications/Unlocking-Marketplaces.html.

［20］吴建中.从数字图书馆到智慧图书馆:机遇、挑战和创新[J].图书馆杂志,2021（12）:8.

高校图书馆利用短视频平台开展民族文化资源创新推广研究[*]

刘梦婷（吉首大学旅游与管理工程学院）

短视频指在互联网等新媒体平台上播放、适合移动或短时休闲状态下观看、时长在几秒或几分钟不等的视频内容。因内容较短，短视频既可单独成片，也能制成系列栏目。互联网的飞速发展和智能通信设备的日益普及，为短视频平台萌芽与发展创造了良好的历史机遇，并吸引了大量互联网用户将短视频迅速融入人们的日常生活。国内目前主流的短视频平台有抖音、快手、美拍等。据《中国互联网络发展状况统计报告》（第48次）显示，截至2021年6月，我国短视频用户规模达8.88亿，较2020年12月增长1440万，占网民整体的87.8%[1]。短视频以其制作流程简单、参与性强、传播渠道广等特点，已逐渐成为信息资源推广的一把利器。

而短视频平台个性化视频推送、平台互动等主要功能恰好与高校图书馆"发挥资源优势，积极采用新媒体，开展阅读推广"的理念相契合。因此，近年来部分高校图书馆相继开通了短视频账号。为了解国内高校图书馆开通短视频情况，笔者对抖音、快手等短视频平台进行了相关检索。由于短视频平台与高校众多，笔者于2022年2月10日，在抖音平台以"985工程"高校图书馆为例进行搜索发现：39所985高校中有6所图书馆开通了抖音账号，占总数的15.4%。为继续了解我国高校图书馆利用短视频平台进行信息资源推广的相关研究，笔者利用中国知网学术文献总库以"高校图书馆"和"短视频"为"主题"字段检索词，将学科限定于"图书情报与数字图书馆"学科领域，得检索结果33条，其中2018年1篇，2019年4篇，2020年8篇，2021年18篇，2022年2篇，呈逐年增长趋势。通过对这些论文进行仔细研读后发现：高校图书馆对短视频的运用主要集中于图书资源推荐、主题内容推送等方面，如华东师范大学图书馆在哔哩哔哩弹幕视频网站推出的"以书会友"以及"微书展"等短视频专栏为学生读者推荐新书、好书。但利用短视频开展民族文化资源推广的较少，相关工作尚未展开。为保护与传承民族文化，推广图书馆馆藏特色资源，本文将对高校图书馆利用短视频平台开展民族文化资源创新推广进行深入探究。

1 高校图书馆开展民族文化资源推广概述

1.1 高校图书馆开展民族文化资源推广理论研究

2015年教育部印发的《普通高等学校图书馆规程》中指出，高等学校图书馆是学校的文

---

* 本文系2020年度国家社会科学基金一般项目"武陵民族地区濒危传统技艺口述史料采辑与保护利用研究"（项目编号：20BTQ037）阶段性研究成果。

献信息资源中心,应顺应时代发展充分发挥在文化传承创新中的作用,积极参与各种资源共建共享[2]。民族文化是中华文化的瑰宝,民族地区高校图书馆作为民族文化资源集藏重地,在民族文化资源推广上有着不可推卸的责任。如笔者所在的吉首大学图书馆(以下简称"我馆")是武陵山片区办馆规模最大的图书馆,自1959年成立以来十分注重该区土家族、苗族、白族等民族文化资源的搜集与整理工作,现珍藏有大量形式多样、内容丰富的民族文化资源。

近年来,部分学者对高校图书馆资源推广展开了诸多有益探究。如林莉认为图书馆是弘扬民族文化的重要场所,应利用各类媒介,举办文化体验活动,传播优秀民族文化[3]。金春梅提出高校图书馆应注重对民族文化资源的宣传推广,使各种优秀文化资源为人所知,以增进人们对地方文化资源全方位的了解与认识[4]。张丽娜以"茶文化"为例,分析高校图书馆在茶文化传播中存在缺乏创新性与文化理念缺失等问题,认为文化传播离不开与新媒体的结合[5]。王诗涵通过梳理日本部分高校图书馆对戏剧文化的推广经验,提出高校图书馆可利用空间再造等方式设立专门的文化体验空间,通过机构间资源共建共享提高传播速度,以满足读者需求,弘扬中华传统文化等[6]。由此可见,目前我国高校图书馆民族文化资源推广多停留在推广的重要性、现状与实施策略等方面,对利用短视频平台推广民族文化资源的关注则不够。

1.2 高校图书馆开展民族文化资源推广的实践

高校图书馆在民族文化资源推广方面做出了诸多实践,如:我馆建立的"武陵山区少数民族口述历史"与"土家族口述史料"等特色资源库,对馆藏丰富的民族文化资源进行了长久保存与共享。为打造书香校园、传承民族文化,在我校2018年阅读推广活动中,一部书写土家族记忆与历史的文化之书——《毕兹卡族谱》被列为精读图书,并面向全校师生推荐阅读等。沈阳航空航天大学图书馆十分注重馆内传统文化的内涵与空间建设,除举办丰富多彩的文化资源推广活动外,还建设出不同类型的传统文化空间,使读者切身感受到传统文化的魅力所在[7]。佳木斯大学图书馆积极采取措施促进民族文化资源推广,其策略是:①构建微博、微信等现代化宣传体系。②利用校报、宣传手册等方式帮助读者了解最新馆藏。③全方位完善特藏资源,搭建共享平台等,进一步扩大优秀民族文化的影响力。广州城市职业学院图书馆举办的汉服文化推广活动为民族文化资源推广提供了新思路,如该馆组织学生身穿传统汉服参加汉服快闪、汉服文化推广等活动。该活动不仅使学生切身感受汉服文化,而且还兼顾了趣味性和时尚性,该馆以其新颖的文化资源推广方式让民族传统文化"活"了起来[8]。上述各高校图书馆在文化资源推广方面的成功经验未涉及短视频,但为短视频时代高校图书馆民族文化资源推广提供了很好的启发与参考。

2 利用短视频平台推广高校图书馆民族文化资源条件已成熟

2.1 短视频及短视频平台自身的特征

首先是庞大的互联网用户。短视频因时长短、互动性强、制作门槛低等优势,已广泛融入人们的日常生活,深受大众喜爱。随着短视频在各年龄层的进一步渗透,中青年已成为短视频用户的主力军,而老年人群的用户规模也在不断上升。其次是传播速度快。短视频具有多样化传播渠道,容易实现裂变传播与熟人传播。用户不仅可在短视频平台上发布自己的作品,还可以点赞、评论、收藏与分享视频,既拓宽与丰富了短视频的传播渠道,也扩大了作品的传播力度。再次是短视频制作流程简单,用户只需通过移动终端(如手机、平板电脑)拍摄时长较短的视频,进行编辑和美化即可生成自己的作品。如目前国内最受欢迎的抖音短视频平台,以人工智能为技术基础,内含多种短视频制作方案(如流行音乐、各种特效、主题等),用户只需进行简单拍摄、剪辑与发布,就能形成自己的创意作品,不仅深受大众喜爱,还有助于高校图书馆民族文化资源的推广。

2.2 开展短视频平台推广是顺应时代趋势

首先,短视频已成为当代人获取信息的日常所需。移动网络的高度覆盖为短视频营造了良好的发展环境,再加上快节奏的生活使人们更加倾向于在碎片化的时间里获得更多的、有趣的、丰富的信息。各种短视频平台集合碎片化、移动化的特点为用户提供各种内容丰富的文化短视频,更符合当代人碎片化娱乐的需求。《2021年中国网络视听发展研究报告》显示2020年短视频人均单日使用时长超两小时[9]。其次,在信息化时代,人们更愿意通过短视频进行文化摄取和输出。短视频为用户带来极佳的体验,网络的普及以及网速的提升使视频流畅度大幅度提升,完善的技术和精准的内容推送,为用户提供了更好的服务内容。在此背景下,高校图书馆要改变传统的民族文化资源推广方式,创新文化资源推广的模式与理念,使更多的优秀民族文化资源进入大众视野。短视频作为当下我国最具影响力的信息传播利器,已融入人们生活的方方面面,理应成为高校图书馆民族文化资源推广的重要工具。

3 高校图书馆民族文化资源推广短视频平台的构建

笔者根据短视频平台和民族文化资源推广特点分析,认为高校图书馆民族文化资源推广短视频平台应由以下几部分构成(如图1所示)。

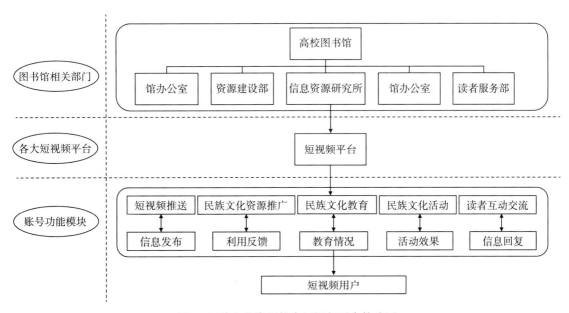

图1 民族文化资源推广短视频平台构成图

3.1 短视频推送

短视频推送包括以下两方面内容：①图书馆民族文化资源信息发布。高校图书馆利用短视频平台带动读者线上参观并讲解与民族文化资源相关的信息，如入馆指南、民族文化书籍分布区域、资源建设状况、数据库的种类与检索方法等。②民族文化活动宣传与推广。利用短视频平台对高校图书馆组织的民族文化资源推广活动进行线上宣传，扩大影响力，带动读者积极参与。我馆在短视频平台不仅开设了官方账号进行民族文化资源推广，还协助非遗传承人创建账号进行非遗文化传播，如我馆在抖音App开通民族口述历史研究中心短视频账号以及协助土家族非遗传承人李有为、余爱群、田茂菊等创建短视频账号，其中土家族非遗文化三棒鼓传承人李有为，已获抖音粉丝17万，点赞量高达120多万，对土家族三棒鼓文化进行了很好的宣传与推广。

3.2 民族文化资源推广

（1）针对图书馆特色资源的推广

高校图书馆可利用短视频平台，依据馆藏特色资源，通过短视频平台开展图书推荐、经典阅读、民族文化资源宣传与推广等活动，为广大用户选取优秀民族文化资源，让更多用户了解各族优秀文化，增强各族人民的文化自觉与文化自信。如我馆于2021年10月，针对馆藏丰富的土家族、苗族等文化资源，开展了以"寻找民族记忆"为主题的短视频荐书大赛，其中描述土家族风情文化书籍——《巴人河》图书推荐短视频，以土家族文化纪录片为背景素材，向用户简要介绍了土家族以及不同时期的历史文化，不仅激起了广大用户的阅读兴趣，还使部分读者因此走进土家山寨，感受土家族历史文化的魅力。

（2）民族濒危文化与地方特色文化的推广

高校图书馆可将民族优秀濒危文化资源、地方特色文化等内容融入短视频中，针对濒危且可塑性强的优秀民族文化资源，结合MG动画等技术，制作出兼具趣味性、民族性与文化性的科普短视频，使用户获得不同视角的文化体验，进一步促进优秀濒危民族文化的传承与发展。如西南民族大学图书馆通过微视频记录70周年校庆活动中的各民族风俗、民族服饰、民族体育等内容，并制作成短视频合集，实现民族文化资源的推广。我馆可利用馆藏丰富的土家族濒危口述史料[10]，围绕土家族音乐舞蹈（梯玛神歌、茅古斯等）、传统技艺（西兰卡普、吊脚楼等）等优秀濒危文化，利用MG动画等技术制作相关科普短视频，用多媒体展现土家族绚烂多彩的民族文化。

3.3 民族文化教育

高校图书馆凭借丰富的民族文化资源优势，可联合当地文化部门，汇集校园人才，通过短视频平台，针对不同年龄阶层开展民族文化教育讲座。如对于青少年群体，图书馆可以推出少数民族舞蹈教学、少数民族工艺美术教学等系列视频；针对中年人群可推出民族历史讲解、民族旅游推荐、民族饮食等视频合集；对于老年群体可以制作民族戏曲专题、民族宗教解说、民族医药知识科普等专题视频。针对不同年龄层的需求，制作内容丰富、类型多样的文化视频，使民族文化逐渐融入人们的日常生活，促进民族文化资源推广。

3.4 民族文化活动

（1）民俗文化活动

高校图书馆通过短视频平台创建"民族文化""少数民族文化""民族文化传承"等话题，吸引广大用户参与话题交流。如我馆利用馆藏丰富的土家族文化资源，在抖音短视频平台创建"倾听土家的声音"话题互动，不仅能对土家族的舍巴节、摆手舞、茅古斯、哭嫁、西兰卡普等民俗文化进行宣传推广，更能让广大用户积极讨论交流并参与话题互动，促进土家文化的保护与传播。

（2）"云游"多彩民族

联合各民族地区文旅局，创建旅游推荐短视频专栏，使短视频用户透过小屏幕走进多彩民族的日常生活，感受不一样的风土民情。我馆位于武陵山区，区内有土家族、苗族、侗族等三十多个民族，有凤凰、芙蓉镇、张家界等核心风景区，如利用短视频将馆藏丰富的民族文化资源与地方旅游资源相结合进行推送，不仅会宣传民族文化与推广馆藏资源，更能带动区域经济发展与增强民族文化自信。

（3）民族传统体育趣味运动会

高校图书馆可以不定期举办线下"民族传统体育趣味运动会"，通过短视频平台宣传，邀请附近居民积极参与。如我馆与体育科学学院共同举办的"体育文化节"，其中有苗族鼓舞、苗族武术、高脚马等民族体育项目比赛，让广大用户在丰富业余文化生活的同时全方位感受民族文化的魅力，增加了民族文化的吸引力。

3.5 用户咨询服务

为使用户更深入地了解民族文化，促进民族文化资源推广，高校图书馆可在短视频平台提供用户咨询等服务。一是对常见或热门问题的咨询。图书馆短视频号可开启自动回复功能，通过设置关键词来链接相关信息，做到及时响应用户并为其提供所需信息。如我馆民族口述历史研究中心在抖音账号开启了"用户发送指定关键词"功能，在"回复规则"栏设置了已发布信息内容的关键词，如"踏虎凿花""三棒鼓""土家织锦"等。当用户私信内容中包含所设置的关键词时，系统会自动回复与之相关的信息。二是对于专业性较强问题的咨询。图书馆可联合校内专家、学者或其他咨询合作单位共同为用户答疑解惑，如有用户对土家织锦制作技艺与开发利用现状等问题进行咨询，平台管理员可通过发送文本、视频、链接等为用户进行较为精准的解答。

4 利用短视频平台开展民族文化资源创新推广策略

4.1 打好"图书馆+短视频"组合拳

随着微博、微信等平台开通率和发布率的逐年减低，图书馆利用"微平台"推送信息相对减少。目前，短视频已成为移动互联网流量的洼地，它作为一种信息承载方式，将信息资源以视频方式推送给大众，让信息资源重回形成与传播场景之中，将其变成看得到摸得着的内容[11]。如抖音、快手、西瓜等短视频平台因创作门槛低、传播速度快等特征，非常适合高校图书馆开展民族文化资源推广工作。我馆民族口述历史研究中心开通的抖音短视频账号，通过定期发布土家族、苗族等民族口述历史资源短视频,不仅使馆藏丰富的民族文化资源得到广泛推广与利用,还促进了地方民族优秀口传文化的传承与弘扬。因此,高校图书馆应强化新媒体意识,充分认识短视频的重要作用,动员相关部门积极开通短视频账号,共同促进民族文化资源的推广与利用[12]。

4.2 坚持高品质内容原创

内容是短视频的灵魂,优质的原创内容是短视频账号得以长期发展的核心[13]。高校图书馆利用短视频进行民族文化资源推广,离不开高品质原创视频内容的支撑。一方面,高校图书馆拥有得天独厚的资源优势,可依托高校专业的科研团队、丰富的民族文化资源,制作出具有较高文化价值和符合大众需求的短视频,为作品内容提供"质"的保障;另一方面,优良精湛的民族文化原创视频是吸引大众眼球的"秘密武器"。不同地区的民族文化资源是各地区图书馆独有的特色,高校图书馆可以本馆及当地特有的民族文化资源为基础,呼应热门话题和社交媒体热点,创作出具有创意的短视频。如我馆通过抖音短视频平台,将我校2021年民族文化艺术节中的民族歌舞会演、民族风情展示、民族闯关知识竞答等活动制作成"多彩民族"系列短视频,充分演绎了各民族的文化风情,增强了各民族同学的文化自信。

4.3 构建"线上+线下"推广模式

高校图书馆除了关注视频的内容和质量,还要注重构建线上与线下相结合的推广模式,不断增强与短视频用户的互动。线上将短视频平台(如抖音、快手等)与各类社交媒体(如QQ、微博)相结合,发挥各自的传播优势及受众范围,结合不同平台用户的需求和喜好,进行内容制定,实现最佳的传播效果。庞大的粉丝数量是高校图书馆利用短视频平台开展民族文化资源推广的生命之源,通过举办线下活动,吸引更多的用户了解、参与和关注高校图书馆民族文化资源推广视频号。如我馆基于馆藏丰富的土家挑花口述史料[14],通过抖音平台与湘西永顺县非遗办联合发起的"抢救土家濒危文化"主题研学活动,邀请土家族挑花省级代表性传承人余爱群到永顺县牛郎寨为研学旅游的学生团上传统挑花课。该活动获得了当地文化机构的广泛关注,还吸引了众多挑花爱好者前来位于芙蓉镇的土家挑花演习所拍照打卡,使之成为去芙蓉镇的网红打卡地。

4.4 建构"人才+资金"保障基石

人才和资金保障是高校图书馆短视频平台建设的关键,但大多数图书馆因重视力度不够和经费等问题,尚未建立起专业的制作团队,以保证高质量的短视频推送。因此高校图书馆应坚固"人才+资金"保障基石。一方面,民族文化资源的推广不是倾高校图书馆一家之力就可以做好,一定要争取各级政府与相关单位及民间机构的重视和参与,并给予一定的资金支持。短视频的创作需要很多专业设备,如照相机、三脚架等,这些设备能为短视频的持续稳定提供保障,但价格不菲。另一方面,高校图书馆应积极招募包括视频制作、新媒体运维、后期剪辑等方面的人才,组建一支高质量的短视频制作团队。通过开展培训、进修、物质奖励、精神鼓励等方式,激励广大师生积极参与,打造全员媒体化队伍,丰富视频来源,以弥补人才和经费的不足[15]。

高校图书馆在短视频平台开展民族文化资源推广，是促进民族文化传播共享、搭建文化交流桥梁的重要举措。它不仅迎合了自媒体时代下人们获取信息的方式，更提高了馆藏资源的利用率和服务效率。基于相关研究与应用尚处于起步阶段，作为文献信息资源中心的高校图书馆，应充分发挥在人才培养、科学研究、社会服务和文化传承创新中的作用，不断拓展和深化民族文化资源推广的新理念与新方法。随着短视频行业的快速发展，短视频平台对人们的影响力越来越强，高校图书馆运用短视频平台开展民族文化资源创新推广的途径也一定会越来越多。

参考文献

[1] 第48次《中国互联网络发展状况统计报告》[EB/OL].[2021-02-10].http://www.cnnic.cn/gywm/xwzx/rdxw/20172017_7084/202109/t20210923_71551.htm.

[2] 教育部关于印发《普通高等学校图书馆规程》的通知[EB/OL].[2021-02-11].http://www.moe.gov.cn/srcsite/A08/moe_736/s3886/201601/t20160120_228487.html.

[3] 林莉.图书馆的使命——弘扬优秀民族文化铸造中华民族共同体意识[J].中国民族博览,2021（1）:211-213.

[4] 金春梅.高校图书馆区域特色馆藏资源推广策略——以佳木斯大学图书馆为例[J].兰台世界,2017（18）:76-77.

[5] 张丽娜,张广科.探讨高校图书馆在传播中国传统文化中的作用研究——以茶文化为例[J].福建茶叶,2017（11）:222-223.

[6] 王诗涵.浅议日本高校图书馆对戏剧文化的保护与推广[J].戏剧学,2018（12）:120-123.

[7] 薛红秀,张岩,于利宏.高校图书馆传承和推广传统文化的创新性研究[J].河南图书馆学刊,2021（11）:66-68.

[8] 周莉娜.高校图书馆中华传统文化阅读推广创新实践探索——以广州城市职业学院汉服文化推广活动为例[J].河北科技图苑,2021（2）:65-68.

[9] 中国网络视听节目服务协会.2021中国网络视听发展研究报告[EB/OL].[2021-02-21].http://www.cnsa.cn/attach/0/2112271351275360.pdf.

[10] 彭燕.土家族口述史料征编研究[M].北京:社会科学文献出版社,2020.

[11] 隋鑫,颜雨钦.我国省级公共图书馆短视频服务运营探析——基于抖音App的数据分析[J].图书馆学研究,2021（1）:65-71.

[12] 王海燕.图书馆短视频发展现状、问题与对策分析——以抖音平台为例[J].图书馆工作与研究,2020（5）:76-80.

[13] 孙雨,陈凤娟.公共图书馆"抖音"短视频服务现状及发展策略研究[J].图书馆工作与研究,2021（1）:85-94.

[14] 彭燕.文化传承视角下土家族口述史料编目研究[J].图书馆学研究,2019（3）:68-77.

[15] 官凤婷."使用与满足"理论视角下高校图书馆移动短视频服务机制构建[J].新世纪图书馆,2020（7）:58-64.

蒙医药灰色文献资源建设研究[*]

楠　丁　程　鸿（内蒙古医科大学图书馆）

灰色文献由英文"grey literature"直译而来，又称非正式出版文献（Non-Publication Literature）[1]。灰色文献定义性的解释很少，大多是对其描述性的解释。英国在1978年首次提出灰色文献这个概念，直到1997年国际灰色文献会议才对灰色文献的定义有了一个相对统一的描述，也就是：不为营利出版者所控制，而由政府、学术机构、产业界等所产出的各种电子形式和印刷方式的资料[2]。总之，灰色文献是不正式出版，无定价，但在一定范围内流通的内部文献资料。随着科技的发展和信息传播渠道的多样化，灰色文献大量增加，是继期刊、图书之后的第三种重要文献信息资源。据不完全统计，世界上95%以上的产品技术的情报来源于灰色文献。

1　蒙医药灰色文献研究现状及研究意义

民族地区的各项事业都得到了党和国家的高度重视，很多少数民族地区在传承与保护少数民族的传统文化方面做了许多努力，并有意识地开展了保护与传承工作。这其中主要记录、记载少数民族传统文化遗产的文献资源也得到了足够的重视。很多少数民族特色数据库纷纷建成并有条不紊地开展了少数民族传统文化的数字化工作。

在蒙医药灰色文献研究方面，内蒙古医科大学图书馆已经开始了尝试，尝试在图书馆学科服务平台和蒙医药信息服务平台，为读者提供部分蒙医药灰色文献的资源服务。

蒙医药学是蒙古族世代相传的传统医学。五十年代后期起，内蒙古自治区开始了对蒙医药历史文献的保护工作，并对大量的相关研究着手进行翻译、整理工作。到今天，已经形成了具有一定规模数量的且载体形式、文种形式多样的蒙医药文献体系。

内蒙古医科大学图书馆作为内蒙古自治区医学文献信息中心，有着相对丰富的馆藏资源、先进的设备条件和结构合理的专业研究与信息服务人才队伍，设立了蒙医药文献信息中心，配备专业人员开展蒙医药文献信息服务的研究，具有很强的专业技能和科研能力。图书馆经过多年的打造，现已形成一支由蒙医药专业、蒙古族文献学专业、蒙文信息化处理专业、计算机专业以及多名图书情报专业馆员组成的蒙医药文献研发专业团队，老中青相结合，团结协作、勤奋敬业，具有较强的蒙医药文献信息服务研发能力和工作水平，并不断推动民族医

---

　*　本文系2021年内蒙古高等学校科学研究项目（项目编号：NJSY21586）"蒙医药灰色文献收集与整理平台的构建"阶段研究成果之一。

药的现代化建设。但蒙医药学灰色文献资源的研究才刚刚开始。收集整理和开发利用蒙医药灰色文献有很重要的研究意义。

（1）开发与利用蒙医药灰色文献有利于少数民族文献资源的保护和传承

少数民族文献资源中灰色文献占据很重要的位置。不仅在数量上有一定的规模，且具有非常高的情报价值与研究价值。通过计算机数字化技术，对蒙医药灰色文献进行收集、整理、保存、整合，并通过科学管理能够为读者提供服务。蒙语、汉语双语平行灰色文献的研究，能有效克服蒙医药传播交流中民族性、地域性等局限，有利于更好地保护和传承民族文化。

（2）开发与利用蒙医药灰色文献促进科研与教学的创新

图书馆要收集蒙医药灰色文献，整理蒙医药灰色文献并进行数字化加工，有效揭示蒙医药灰色文献并提供利用。这样才能促进内蒙古医科大学蒙医药教学、科研水平的创新。

（3）开发与利用蒙医药灰色文献有助于丰富蒙医药文献资源

图书馆特色馆藏文献主要是根据特色文献资源建设政策收集的有针对性的图书、期刊等文献以及各种相关资料。正式出版的文献资料很难满足专业读者的所有需求。而灰色文献却能填补这一空缺，为专业的读者提供具有学术价值高、时效性强、内容丰富的专业文献资源。

（4）开发与利用蒙医药灰色文献为智库服务提供更全面、有价值的文献保障与资源支撑服务

开展智库研究，资源的质量非常关键。为智库服务提供专门的文献资源服务是图书馆自身的优势所在，文献资源类型的丰富且全面直接影响智库服务结果的好坏。图书馆在文献资源建设方面要特别注意面向智库服务需求的信息库的建设。如此看来，在蒙医药学领域的智库研究中内蒙古医科大学图书馆对蒙医药灰色文献的开发与利用尤为重要。

2 蒙医药灰色文献的特点及分类

2.1 蒙医药灰色文献的特点

蒙医药灰色文献与其他灰色文献一样，具有某些共性，包括时效性、科学严谨性、流通局限性。

（1）时效性

蒙医药灰色文献能反映当前最新动向与研究成果，随着网络信息技术的迅猛发展，蒙医药灰色文献不受发布媒介等因素的限制，网上发布更快更新更具有时效性。

（2）科学严谨性

蒙医药灰色文献大都源于实际工作的第一线，如蒙医药教学院校、蒙医药专科门诊医院，以及蒙医药学学术研究活动的直接参与者——教师、医生，是他们经过无数次临床、实验研究等过程获得的，因此学术性较强，具有很高的实用价值和借鉴价值，并有很强的继承性和持续研究性。

（3）流通局限性

蒙医药灰色文献因为其专业特点以及收录文本、语言等限制，一般不易于广泛流通、发

行,其他人难以收集、获取。蒙医药灰色文献一般是以蒙古文编写,由于蒙古文数据化建设的局限性,蒙古文信息处理技术的发展不均衡以及网络流通普及程序有限等因素,蒙古文编写的蒙医药灰色文献不能大批量地从网络上抓取并获得。蒙医药灰色文献的传播与流通受到一定的影响。

2.2 蒙医药灰色文献的分类

蒙医药灰色文献,按体裁可分为会议资料、内部报告与资料、教学科研资料、学位论文、口述及非物质文化遗产。

（1）会议资料

主要包括"国际蒙医药协同创新论坛"、中国民族医药协会等诸多相关蒙医药学术会议中的文献资料以及会议组编印的资料、会上宣读报告等文献资料。这些会议灰色文献的含金量很高。

（2）内部报告与资料

内部报告包括从事蒙医药相关单位或医院等机构内部报告与内部专刊及内部交流资料,从事蒙医药学科研单位的调研报告,蒙医药专科医院或蒙医药门诊病案资料、误诊文献,蒙医药对常见病、多发病、疑难病的诊断、新的蒙医药医疗手段、新的技术方法、蒙医药药品信息、蒙医药专科医院管理、医院文化等相关文献资料。还包含各级政府及所属部门的有关蒙医药的公开文件,这些文件可能是职能部门的政策、方针、实施措施等。

（3）教学科研资料

蒙医药学教学单位实验室实验数据,蒙医药研究中的各种学术报告,蒙医药自编教材、讲义、辅导材料、音像资料、教学软件,蒙医药研究中的课题立项结项报告、科研成果鉴定、汇编,蒙医药学医学教育活动中的各类教学资料等。

（4）学位论文

培养蒙医药专业研究生院校的硕士、博士学位论文。

（5）口述、非物质文化遗产

蒙医药历史悠久,诊疗方式方法形式多样,在发展过程中,其传播与传承形式也有独特的特点。蒙医药是第二批国家级非物质文化遗产,蒙医临床诊断和治疗强调对不同的疾病须遵循不同的治疗原则。临床诊断等常见言传口述等形式。

3 蒙医药灰色文献建设

3.1 蒙医药灰色文献建设思路

在蒙医药灰色文献理论研究的基础上,我们分析出蒙医药灰色文献的特点及分类情况,安排收集及整理工作。收集工作分三个方面同时进行,即收集来自机构的蒙医药灰色文献、收集个人的蒙医药灰色文献、收集网络的蒙医药灰色文献。对收集到的蒙医药灰色文献进行分类整理,搭建管理平台,录入蒙医药灰色文献,实现导航及检索功能,实现蒙医药灰色文献的有效开发和利用（见图1）。

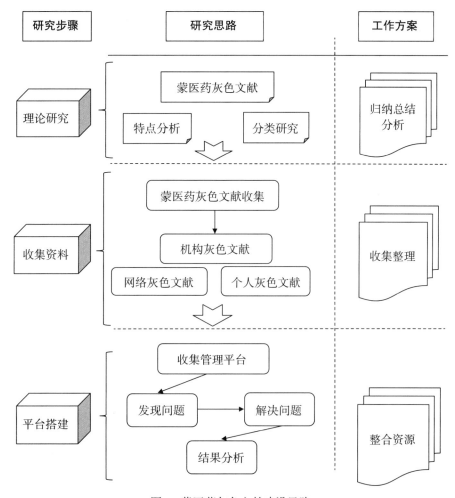

图1 蒙医药灰色文献建设思路

3.2 蒙医药灰色文献的采集

3.2.1 蒙医药灰色文献的收集整理

蒙医药灰色文献一般以各种载体的形式保存在机构、个人以及网络资源库中。本项目组通过收集三种保存形式的蒙医药灰色文献,即机构保存、个人保存、网络资源库保存,对收集到的蒙医药灰色文献按照不同载体形式进行整理。

(1)收集机构保存的蒙医药灰色文献

保存蒙医药灰色文献的机构包括:各种蒙医药学研究机构,蒙医药研究学会、协会、研究会等非营利性组织,博物馆,档案馆,从事蒙医药学特色产业的企业等。另一个来源机构是高校,图书馆和相关蒙医药学科、专业资料室都收藏有一定数量的蒙医药灰色文献,包括学位论文、研究报告等。其次,跟踪国内外蒙医药学术相关会议动态,与主办部门建立联系,收集会议灰色文献。

(2)收集个人保存的蒙医药灰色文献

蒙医药灰色文献的另一来源就是个人,因分散各地而较难获取。从事蒙医药研究的专家学者经年积累的文献资源数量可观。社会各界对蒙医药灰色传统文献资源的重视度不高,挖掘、继承、保护等工作更是没有得到系统的部署,有些老蒙医大夫和蒙医药老专家学者的特色方剂、秘方、疗术等面临无人收集整理、无人领授的危险局面。项目组采用实地调研方法，走访知名老蒙医大夫、蒙医学者，向他们宣传蒙医药灰色文献收集的重要意义，并得到他们的支持与信任，从而有效地开发蒙医药个人灰色文献。

（3）收集网络蒙医药灰色文献

网络蒙医药灰色文献主要来自从事蒙医药相关的机构门户网站，包括企业、院校、医院等，也有以蒙医药特色数据库、蒙医药电子文献等不同形式展示的蒙医药灰色文献。项目组用计算机爬虫软件等工具进行网络蒙医药灰色文献的收集，再对其进行整理。

3.2.2 蒙汉双语蒙医药灰色文献收集与管理平台的构建

经调查，项目组发现蒙医药灰色文献的组织形式各异，缺乏统一的管理平台，于是在图书馆主页上开辟灰色文献专栏，建立一个专业的蒙医药灰色文献管理平台，平台分为两个不同模块：收集蒙医药灰色文献模块和整理蒙医药灰色文献模块，集中整合蒙医药灰色文献，按照蒙医药灰色文献类型进行分类，有蒙语和汉语两种语言版本。平台实现蒙医药灰色文献的分类、导航功能以及后台管理人员的上传、更新文献服务等基本功能。

3.3 蒙医药灰色文献建设实施

3.3.1 基于学科服务的蒙医药灰色文献建设

内蒙古医科大学在"双一流"背景下，建立二位一体的学科服务体系，针对在校师生及信息用户需求的变化，通过学科资源导航、重点学科精准学科服务等途径，提供高质量的蒙医药灰色文献资源服务。

内蒙古医科大学图书馆学科服务工作的重点从三个方面体现，即学科人文精神培养、学科服务体系的建立以及多维度学科服务模式。学科人文精神培养，是指在学科服务工作中培养积极上进、具有学科特长的学科馆员，并在学科服务过程中注重其人文素养的培养与提升，人文情怀能使其更加热爱从事的学科服务工作，打造一种学科服务人文精神。学科服务体系的建立，是指内蒙古医科大学图书馆二位一体的服务体系建设和学科服务平台的建设。多维度学科服务，是指学科服务的内容是多方面、多角度的。可以把学科服务融入图书馆传统服务工作当中，例如："学科服务+人文情怀"可以有效提升学科馆员人文素养，提高学科服务质量；"学科服务+阅读推广"能有效提高图书馆借阅率；"学科服务+知识产权中心的建设"对深化学术评价服务有积极的作用。

内蒙古医科大学图书馆学科知识服务平台，通过课程教学参考文献中心、蒙医药学科服务中心、机构知识成果库等模块建设，为广大在校师生及蒙医药研究者提供蒙医药灰色文献的挖掘、整合、利用服务。

通过学科服务平台，蒙医药学科服务平台逐步建成，蒙医药学大量具有高学术价值的灰色文献资源，通过学科服务平台为广大在校师生提供服务（见表1）。

表1　内蒙古医科大学图书馆学科服务平台中的蒙医药灰色文献

学科服务平台模块	模块内容	蒙医药灰色文献相关资源服务
课程教学参考中心	各专业课程的设置与精品课程推荐	蒙医药各学科专业的介绍与精品课程推荐
	课程教学中参考文献的整合	对相关蒙医药精品课程的教学、科研参考文献的挖掘与整合

学科服务平台模块	模块内容	蒙医药灰色文献相关资源服务
蒙医药学科服务中心	对收集的蒙医药学文献资源进行资源加工整理	管理平台针对蒙医药相关灰色文献提供蒙汉对照资源服务
机构知识成果库	收集各学科带头人、中级以上职称的教师信息以及主要成果	蒙医药各学科主要的学科带头人、中级以上职称的教师信息以及主要成果
知识产权中心	建设知识产权中心,深化学术评价服务	提供蒙医药灰色文献资源传承的保护服务

3.3.2 基于数字化的蒙医药灰色文献建设

内蒙古医科大学图书馆设有独立的传统医学文献信息部,收藏蒙医药资源,实现采、编、阅一体化开放管理。收藏《甘珠尔》(103卷)、《丹珠尔》(213卷)和乾隆《大藏经》(109卷)等包含蒙医药内容的珍贵文献近3万册。对蒙医药及相关文献进行数字化加工,建立蒙汉双语蒙医药文献信息服务平台。

蒙医药灰色文献包括纸质文献、网络资源和视频资源三种形式。

(1)纸质文献

包括蒙医药论文数字化加工,对搜集整理的蒙医学院蒙医药专业硕博毕业论文进行数字化加工,包括论文资源搜集、整理、归类、标引、转换、著录等加工;蒙医药文献及两种蒙医药期刊数字化加工,严格按照《数字资源加工标准与操作指南》对蒙医药相关文献资源进行搜集、整理、归类、扫描、图处、标引、全文识别、目次制作、转换、著录等。

(2)网络资源

包括蒙医药相关文献的网络资源采集。包括图书馆商业数据库(蒙医药研究)、自建数据库(蒙医药图书全文数据库、蒙医药期刊全文数据库、蒙医药图书书目数据库、民族医药期刊书目数据库、蒙医药视频数据库、蒙医药图片数据库)和网络上关于蒙医药文献资源的采集、整合、录入,包括期刊、论文、图书、图片、音视频等。

(3)视频资源

内蒙古医科大学图书馆开展相关蒙医药文化特色视频库建设,内容包括宣传片、蒙医药学各学科公开课、微课等,共计120学时等。

表2　十个蒙医药特色数据库中的蒙医药灰色文献

十个特色数据库	数据库内容	蒙医药灰色文献
蒙医药图书全文数据库	蒙医药相关图书全文收录	
蒙医药期刊全文数据库	两种蒙医药期刊	
蒙医药硕博论文数据库	蒙医药学相关15大子类硕士博士学位论文	蒙医药各学科硕士博士学位论文
蒙古文工具书全文数据库	蒙古文各学科工具书全文收录	
蒙医药图书书目数据库	蒙医药图书书目	相关蒙医药书目
藏医药图书全文数据库	藏医药51种、藏文古籍《甘珠尔》103卷《丹珠尔》213卷	
民族医药期刊书目数据库	2010—2018年传统文献信息部期刊	

续表

十个特色数据库	数据库内容	蒙医药灰色文献
蒙医药图片库	蒙医名师图片、蒙医药器具图片、蒙药图片等	蒙医药相关图片形式灰色文献
蒙医药视频库	公开课、微课、访谈、精品课	蒙医药相关视频灰色文献
蒙医药研究	蒙医学介绍（蒙医学的历史、发展现状、成果、展望等）、蒙医学基础理论研究、蒙药研究、蒙药方剂研究、蒙医临床各科研究	相关蒙医药科研灰色文献（图书、期刊、论文、图片、音视频等）

蒙汉双语蒙医药文献信息服务平台建设实现蒙医药灰色文献资源的发布、展示、检索、管理及个性化服务，通过蒙医药文化遗产保护和传承的综合性平台，蒙医药灰色文献资源实现搜集、整理、归类、加工和著录，助力蒙医药学专家学者研究，推动蒙医药灰色文献的开发利用。

4 蒙医药灰色文献建设的关键问题

我校图书馆通过学科服务平台和蒙汉双语蒙医药信息服务平台，开展了多项蒙医药灰色文献的资源服务，在一定程度上为读者提供了一部分蒙医药灰色文献资源服务。但是这些蒙医药灰色文献服务是在不同平台上展示，目前还没有形成专门的蒙医药灰色文献导航，蒙医药灰色文献精准服务还需要做多方面的努力。

蒙医药灰色文献建设的关键问题，一是蒙医药灰色文献分类问题。蒙医药灰色文献载体形式、体裁多样化，在采集和整合过程中准确分类对有效利用蒙医药灰色文献起决定性作用。二是蒙医药灰色文献语言多样化。蒙医药灰色文献涉及语言有蒙古文、汉文、藏文。在收集、整理过程中要结合多语种进行检索收集、信息处理和资源数据整合。其中多语种信息处理技术的应用非常重要，是资源数字化建设的基础。三是蒙医药灰色文献管理人员专业能力的要求。根据蒙医药灰色文献的特殊性，图书馆从事蒙医药灰色文献采集、整合人员在语种方面应具备蒙汉兼通，在业务技能方面具备蒙医药学和文献管理（图书及情报学）专业交叉学科背景，在语言信息处理方面要具备计算机网络技术以及文字处理技术背景。

蒙医药灰色文献挖掘、整合、利用意义深远。精确分析蒙医药灰色文献特点，在实践中总结经验，积极分析、解决、发现问题，尝试建立蒙医药灰色文献导航系统，系统开发利用蒙医药灰色文献，科学地对蒙医药文献信息资源进行挖掘、整理和保护利用，对传承发展蒙医药、弘扬民族文化、振奋民族精神具有重要意义。

参考文献

[1] 林泽明,刘锦山,刘锦秀.图书馆灰色文献资源开发与利用[M].北京:国家图书馆出版社,2014:2-4.

[2] 孙迪.我国灰色文献资源建设与服务探索研究[J].图书馆工作与研究,2018（9）:74-79.

对公共图书馆利用抖音号开展家庭阅读推广的研究

黄晓娟（湖南省衡阳县图书馆）

1 背景

我国"家庭阅读推广"理念源于2006年兴起的全民阅读推广，笔者认为"家庭阅读"就是以未成年人为主、以家庭为单位进行的阅读活动。经过十多年的发展，家庭阅读得到我国政府的大力支持，政府发布了一系列的政策文件。2022年1月1日正式施行的《中华人民共和国家庭教育促进法》规定，图书馆每年应当定期开展公益性的家庭教育服务[1]。家庭阅读推广已成为公共图书馆倡导全民阅读的一个新的流行趋势，同时公共图书馆在服务上也不断创新，以适应时代变化，如今越来越多的公共图书馆开始尝试利用短视频平台来创新图书馆服务。

根据艾媒咨询数据，2020年中国短视频用户最常使用短视频应用排名中，抖音以45.2%的占比排名第一，37.2%的用户表示每天使用抖音的时间越来越多，国内众多政府单位、媒体机构、高等院校、企事业单位等也纷纷入驻抖音平台，抖音是我国目前最受欢迎的短视频应用平台[2]。笔者据此分别对抖音App、快手App、哔哩哔哩App、小红书App进行图书馆用户搜索，发现在抖音平台入驻的、经过企业认证的公共图书馆最多，有93家，快手16家，哔哩哔哩34家，小红书2家。本文以已在抖音平台入驻的公共图书馆作为研究对象，调研公共图书馆抖音号开展家庭阅读推广现状，并探讨今后如何利用抖音号开展家庭阅读推广服务。

2 公共图书馆利用抖音号开展家庭阅读推广的现状

2.1 调查方法

本文采用网络调查法（数据截至2022年3月21日）。在研究对象上，本文主要研究已进行企业认证的公共图书馆；在检索方法上，以"图书馆"为关键词，再点击"用户"进行检索；在研究类目上，对官方账号的"粉丝量"、"作品"、"获赞"、是否开通作品合集、是否开通直播、是否建有粉丝群、是否有家庭阅读推广作品等指标进行数据统计；在研究方法上，使用内容分析法浏览所有公共图书馆抖音号发布的作品，对公共图书馆利用抖音号开展家庭阅读推广进行分析。

2.2 检索情况

通过对检索结果进行人工筛选与甄别（数据截至2022年3月21日），共有93家公共图书馆注册有官方抖音账号，共发表18181条短视频作品。通过对各抖音账号数据进行整理，制成粉丝量排名前10的公共图书馆抖音账号统计表（见表1）；开通作品合集、直播专栏、粉丝群、有家庭阅读推广作品的公共图书馆抖音账号统计表（见表2）；剔除掉粉丝量低于1000个、作品发布低于70个两个指标的公共图书馆，发布家庭阅读推广活动短视频作品占总作品比排名前6的公共图书馆抖音账号统计表（见表3）。

表1　粉丝量排名前10的公共图书馆抖音账号统计

排名	图书馆官方账号名称	粉丝量/个	作品数/个	获赞数/个	作品合集/个	直播专栏	粉丝群
1	江西省图书馆	42.3万	132	895.5万	6	有	有
2	浙江图书馆	27.9万	168	334.2万	3	无	无
3	广东省立中山图书馆	21.3万	548	231.8万	7	无	有
4	国家图书馆	9.1万	135	6.3万	5	无	无
5	临沂市图书馆	8.9万	600	126.9万	3	无	无
6	上海图书馆	3.5万	782	8.7万	无	有	无
7	重庆图书馆	2.2万	274	14.7万	3	无	无
8	湖北省图书馆	1.7万	342	6.9万	无	无	无
9	陕西省图书馆	1.5万	588	32.9万	19	有	无
10	六安市图书馆	1.3万	177	20.7万	无	无	无

表2　开通作品合集、直播专栏、粉丝群，有家庭阅读推广作品的公共图书馆抖音账号统计

开通作品合集/个	开通直播专栏/个	开通粉丝群/个	家庭阅读推广作品/个
34	14	5	61

表3　发布家庭阅读推广活动短视频作品占总作品比排名前6的公共图书馆抖音账号统计

排名	图书馆官方账号名称	粉丝量/个	获赞数/个	总作品数量/个	家庭阅读推广作品数量/个	占比/%	家庭阅读推广作品具体内容/个
1	上海图书馆青少年服务	120000	127000	186	182	97.85	读绘本（4）、科普小知识（178）
2	郑州少年儿童图书馆	4686	4500	276	258	93.48	读绘本（20）、科普小知识（64）、读红色经典读物（25）、微课堂（52）、古诗手势舞（8）、阅读活动宣传（15）、艺术表演活动现场节选视频（71）、诗人人物解读（3）
3	洛阳市少年儿童图书馆	1381	2966	217	174	80.18	绘本推荐（17）、小剧场（9）、手工（7）、阅读指导（2）、阅读活动宣传（116）、馆员荐书（15）、阅读活动现场节选视频（8）
4	筠连县图书馆·四川省筠连县少儿图书馆	1507	6117	383	261	68.15	读绘本（32）、家庭朗诵展播活动（27）、阅读活动宣传（202）

排名	图书馆官方账号名称	粉丝量/个	获赞数/个	总作品数量/个	家庭阅读推广作品数量/个	占比/%	家庭阅读推广作品具体内容/个
5	京山市图书馆	7216	22000	92	31	33.70	小知识（8）、讲故事（16）、阅读活动宣传（7）
6	台州市图书馆	1097	9571	120	34	28.33	百科知识（11）、绘本推荐（15）、阅读指导（1）、手工（3）、阅读活动宣传（4）

2.3 样本数据分析

2.3.1 账号开通率及开展家庭阅读情况分析

根据文化和旅游部的统计,截至2020年底,全国共有公共图书馆3212个[3],而目前开通官方抖音账号并企业认证的公共图书馆只有93家,仅占公共图书馆总数的2.89%,可见其账号开通率低。目前,利用抖音号开展家庭阅读的公共图书馆有61家,占比65.59%,但是除少儿馆外,各家公共图书馆的家庭阅读推广内容占作品比例非常低,根据表3可知,排名第6的台州市图书馆其作品占比也只有28.33%。

2.3.2 粉丝、获赞、作品、作品合集、直播、粉丝群功能指标情况分析

粉丝是指被别人关注;获赞是指别人对你作品或观点的认可;作品就是以视频形式配以音乐的一个短视频;作品合集可用来将我们之前发布的短视频按照主题归类合并;直播是一种强互动的内容形式,可以很好地维系粉丝与主播的关系;粉丝群可以和粉丝进行互动、分享各种消息,是一个良好的沟通平台。

笔者通过对93家已开通抖音号的公共图书馆的粉丝、获赞、合集、直播、粉丝群和开展家庭阅读情况分别进行统计,见图1、表2。

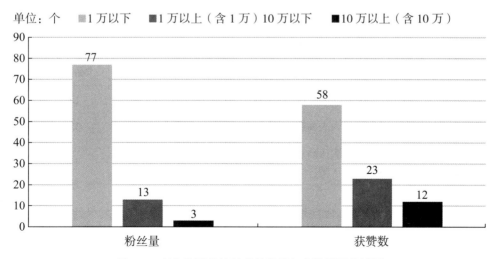

图1　93家公共图书馆抖音号粉丝与获赞情况统计图

粉丝总数在1万以下的账号有77个,占比约为82.79%,可见公共图书馆抖音账号的粉丝

数大部分偏低,用户喜欢度不高,而且粉丝量低的账号很多功能也会受限制,进一步影响图书馆利用抖音号开展阅读推广工作的能力。

获赞总数在1万以下的有58个,占比约为62.36%,但是10万以上的也有12个,占比约为12.90%,其中获赞突破100万的有4家公共图书馆,特别是"江西省图书馆"获赞895.5万个,说明公共图书馆也可借助抖音平台达到良好的宣传效果,得到用户的认同。

通过对表1的统计数据结果可发现:发布作品数最低的"江西省图书馆"虽然发布作品132个,但粉丝量达42.3万个,获赞895.5万个,是公共图书馆抖音中最高的;"上海图书馆"发布作品最多,有782个,但粉丝量只有3.5万,获赞8.7万。这说明发布作品数和粉丝数、获赞数不是正相关,各公共图书馆在发布作品时要注重作品质量,只有优质的作品才是公共图书馆抖音号生存的根本。

作品合集能让用户快速查找、播放、收藏视频,增强用户的体验感,目前开通作品合集的账号有34个,占比约为36.56%,可见有越来越多的公共图书馆开始重视用户的体验感。但开通直播和粉丝群的较少,有的虽然开通了直播专栏却未开展过一期直播,有的开通了粉丝群却存在无人管理现象,粉丝群成了打广告的天下。可见在与用户互动、沟通方面还存在不足。

2.3.3 家庭阅读推广作品内容分析

对表3中家庭阅读推广作品具体内容进行分析,归纳出作品涉及5个主题(主题分类见表4),其主题分布不均,活动宣传类占比47.87%,主要是图片展示类短视频和现场录制类短视频,存在着视频质量不佳、清晰度低、技术单一的问题,而且同一主题的活动宣传过多。阅读指导类占比1.17%,占比太低,说明公共图书馆在阅读指导方面存在短缺。在浏览短视频内容时发现,"上海图书馆青少年服务"的作品全是原创,作品设有多个合集,合集名称清楚明了,不但众多馆员参与了视频的录制,还加入机器人元素,使视频更增添趣味性。"京山市图书馆"在讲故事系列短视频中采取动画片形式,深受小朋友喜欢,其作品《猴子捞月亮》获1.1万个赞。"台州市图书馆"在绘本推荐短视频中利用字幕详细展示了该绘本的简单介绍和索书号,以及台州市图书馆的基本信息,让用户通过字幕就可一目了然地获取重要信息,整体上增加了与用户的互动。

表4 公共图书馆抖音账号家庭阅读推广作品短视频主题分类

主 题	内 容	作品数/个	占比/%
图书推荐	读绘本、读红色经典读物、绘本推荐、小剧场、馆员荐书	137	14.57
知识分享	科普小知识、微课堂、诗人人物解读、小知识、讲故事、百科知识	332	35.32
活动宣传	阅读活动宣传、艺术表演活动现场节选视频、阅读活动现场节选视频、家庭朗诵展播活动	450	47.87
阅读指导	阅读指导、古诗手势舞	11	1.17
其他	手工	10	1.06
小计		940	

注:本表只对发布家庭阅读推广活动短视频作品占总作品比排名前6的公共图书馆进行主题分析。

2.4 公共图书馆抖音号在家庭阅读推广方面存在的主要问题

通过调研分析，笔者发现，公共图书馆抖音号在家庭阅读推广方面主要存在着以下问题：①对利用抖音号推进家庭阅读的意识不强，大部分图书馆尽管有所涉及，但占比较低。②家庭阅读推广作品内容缺乏深度，只是将阅读推广简化成为信息发布，多以活动宣传或才艺活动节选视频为主，创新性作品少。③视频质量不高，清晰度不够，大多只是用短视频简单记录，缺少镜头语言的运用。④互动力度欠佳，大部分公共图书馆基本上不与用户互动，对用户在评论区的提问也没有回复，建有粉丝群的更是少之又少，忽视了短视频平台的社交属性，造成粉丝数、获赞数指标数据普遍不理想的局面。⑤缺乏专业管理运营团队，公共图书馆工作人员大多数是图书馆传统业务工作人员，缺少视频拍摄、剪辑、设计等新媒体运营相关专业人员，特别是县级图书馆更是人才缺乏。

3 公共图书馆利用抖音号开展家庭阅读推广的建议

3.1 加强思想意识

第十八次全国国民阅读调查结果显示，2020年我国0—17周岁未成年人图书阅读率为83.4%，较2019年提高了0.5个百分点[4]，可见未成年人阅读受到重视。公共图书馆作为保存人类文化遗产、开展社会教育、传递科学情报、开发智力资源、提供文化娱乐的重要阵地，是青少年接受素质教育的重要机构，各级公共图书馆的领导和运营管理人员要加强新媒体服务意识，充分认识抖音的巨大传播价值，开通抖音账号，将家庭阅读推广作为图书馆阅读推广工作的重要组成部分，建立相关管理制度和激励机制，激发运营管理人员的积极性，生产优质原创作品，不断吸引粉丝关注，增强用户黏性，扩大图书馆影响力，发挥图书馆在家庭阅读中的指导、教育、引领作用。

3.2 精心策划短视频内容

有高质量的视频作品才是公共图书馆抖音号生存的根本，因此图书馆在精心策划短视频内容时要推陈出新，从本馆实际情况出发，根据少儿群体年龄跨度大的问题，针对其喜好，进行内容创新，同时选题内容要多元化，以满足孩子们的好奇天性。好的内容也需要好的包装，要注重视频质量，注意画面、声音质量，文字要简短清晰，对关键信息要进行标注，做到"短而精"，为图书馆不断积累口碑，获得更多的流量，从而吸引更多的家庭参与到家庭阅读中来。

3.3 创建家庭阅读短视频品牌

近年来，公共图书馆在阅读推广方面不断打造各种阅读推广品牌，已取得较好的社会效果，但对利用新媒体创建阅读推广品牌意识薄弱，如获四川省文旅公共服务高质量发展"四个一批"优秀案例奖的筠连县图书馆"阅读·从娃娃开始"筠州幼儿绘本阅读活动，尽管该馆在线下有着"一座难求"的状况，但在线上其粉丝量只有1507个，未能把线下的品牌意识移植到线上，未能形成自己独特的风格，没有提升用户的认同感和忠诚度，没有形成家庭阅读短视频品牌。一个阅读推广品牌应具有稳定性和持续性，能够吸引固定的读者群体，公共图书馆应借鉴线下阅读品牌经验，深入挖掘本馆自身的特色和优势，根据当地家庭阅读现状,打造特定主题的线上家庭阅读品牌系列活动,通过品牌活动引领家庭阅读,促进良好家风的形成。

3.4 构建社会合作体系

2019年世界读书日,国家图书馆为号召全民参与阅读,联手抖音平台推出了"#抖音图书馆系列"活动,在营造浓厚的阅读学习氛围的同时,获得了超高人气。公共图书馆可利用抖音平台突破线下的地域、时空、行政等因素限制,充分整合社会资源、各图书馆资源,实现跨机构、跨行业、跨地区的合作体系,如通过"图书馆+学校""图书馆+网红""图书馆+图书馆""图书馆+家庭"等开展"英语老师带你读绘本""网红与你一起演剧本""家庭阅读接力,今天你读了吗"等活动,通过借用其他资源为公共图书馆扩大活动宣传效果和吸粉,通过这种互助合作体系有效推动家庭阅读得到更深层的推广。

3.5 增强交流与互动

3.5.1 开通作品合集,方便用户查找

公共图书馆抖音号发布的作品应定义明确,将同一主题的作品纳入同一个作品合集,作品合集名称要简洁明了,方便用户直接进入感兴趣的合集页面,系统性、连续查看所有内容或收藏该合集,以便后续快速查找和观看。同时,公共图书馆还可围绕青少年感兴趣的话题开辟不同的作品合集,以达到增粉、扩大宣传的效果。

3.5.2 开通直播聚集人气

抖音直播逐步成为人们获取知识的"第二课堂",是引流和吸粉最强劲的渠道之一,能带给人一种现场感。公共图书馆可开展亲子阅读、亲子手工、亲子绘本共读、绘本剧场等直播活动,使用户通过直播获得良好的阅读体验后,引导用户积极参与到活动中来,使家庭阅读推广呈一种正向传播效应。首先图书馆要通过抖音号做好直播前公告通知,吸引用户参与其中。其次,图书馆要做好直播活动的文案,包括选题、镜头取景、主持人怎样与场内场外观众进行互动交流等。最后,图书馆可以把直播以回放的方式挂在抖音号上,以便没有到场的用户可以收看,为后续直播活动聚集人气。

3.5.3 创建粉丝群,促进沟通

抖音的重要特征就是拥有强大的社交属性,账号运营人员应加强与用户的互动,做到有问必答,做好粉丝群的日常管理和信息发布,保持用户黏性。

3.6 加强专业人才队伍的培养

优质的作品才能吸引粉丝,公共图书馆应重视短视频专业人才队伍的培养。一方面可通过招聘招纳有文案编辑、视频拍摄、剪辑发布、运营管理等技能的人员;另一方面要加大对专业人员的培训工作,采取多走走、多学习、多交流的方式跟行业媒体学习,同时还可建立相关管理制度和激励机制,将抖音的运营纳入日常工作考核,以此调动工作人员的积极性,保障健康有效发展。

短视频平台的出现,为公共图书馆家庭阅读推广提供了新的渠道,各级公共图书馆要适应新的形势变化,积极利用抖音平台打破传统服务思维,创建新的家庭阅读模式,引导更多的

家庭乐于参加，促进家庭阅读的持续化和普遍化。

参考文献

[1]《中华人民共和国家庭教育促进法》公布（附全文）[EB/OL].[2021-10-24]. https://baijiahao.baidu.com/s?Id=1714499315532319096.

[2] 艾媒咨询：2020—2021年中国短视频头部市场竞争状况专题研究报告[EB/OL].[2021-01-23]. https://www.iimedia.cn/c400/76654.html.

[3] 文化和旅游部：截至2020年底，全国共有公共图书馆3212个[EB/OL].[2021-08-27]. https://www.sohu.com/a/486097418_116237.

[4] 第十八次全国国民阅读调查报告权威发布[EB/OL].[2021-04-27]. https://new.qq.com/omn/2021.427/2021.427AO2ENB00.html.

我国省级公共图书馆家庭教育类服务现状研究

邓　辉（陕西省图书馆）

　　家庭教育在儿童成长过程中扮演着重要角色。全国人民代表大会常务委员会于2021年10月23日审议通过了《中华人民共和国家庭教育促进法》（以下简称"《家庭教育促进法》"），该法自2022年1月1日起施行。该法明确规定了家庭教育的概念、目标和责任，并指出国家和社会在促进家庭教育中应当扮演的协同角色。针对公共图书馆，《家庭教育促进法》第46条规定公共图书馆等公共文化服务机构，应当定期开展公益性家庭教育宣传、指导和实践活动，并开发家庭教育类公共文化服务产品。同时，《中华人民共和国公共图书馆法》规定公共图书馆是开展社会教育的重要公共文化设施，有着保障公民基本文化权益、提高公民科学文化素质的重要责任。因此，公共图书馆有义务围绕家庭教育主题，开展丰富多彩的阅读推广、教育培训、信息咨询等服务，满足人民群众对优质育儿观念的文化需求。

　　本文统计了30个省级公共图书馆家庭教育类文献资源建设现状，并以"亲子、育儿、孩子、小孩、儿童、婴儿、成长、教养、青春期、家庭教育"等10个主题词检索全国省级公共图书馆微信公众号2021年发布的服务信息，总结了我国省级公共图书馆家庭教育类服务现状，进而管窥我国省级公共图书馆家庭教育类服务存在的问题，据此对我国公共图书馆家庭教育类服务提出政策建议。

1　公共图书馆与家庭教育

1.1　家庭教育的概念、内容及其重要性

　　《家庭教育促进法》规定，家庭教育是指父母或者其他监护人为促进未成年人全面健康成长，对其实施的道德品质、身体素质、生活技能、文化修养、行为习惯等方面的培育、引导和影响。同时，《家庭教育促进法》第14条指出，未成年人父母或者其他监护人为实施家庭教育主体，第16条规定，未成年人的父母或者其他监护人应当针对不同年龄段未成年人身心发展特点，从培养家国情怀、塑造良好品德和法治意识、树立科学探索精神、保障人身心健康、增强自我保护意识和能力、养成吃苦耐劳优秀品格等六个方面开展家庭教育。

　　发展心理学认为未成年人成长包含生理发展、认知发展、人格与社会性发展三个方面[1]，而合理的家庭教育会促进未成年人相关方面成长。首先，家长掌握丰富的儿童生理和心理发展知识，有利于未成年人成长发育。比如，中国儿童肥胖问题日益突出[2]，而何勤英等人根据2004—2011年"中国营养与健康调查数据"研究发现，母亲了解"多吃水果及蔬菜对儿童身体健康有益"等健康饮食知识有助于减少儿童肥胖[3]。其次，父母期望、学业支持、学业指导策

略会显著影响儿童认知发展[4]。比如，流动儿童父母的教养方式更加消极，这导致流动儿童的工作记忆、元认知能力显著低于非流动儿童[5]。最后，家庭教育的亲子关系、互动方式会深刻影响儿童人格和社会性发展[6]。比如，相对于采用权威型教养方式的父母来说，采用专制型和放任型教养方式，父母所教养的孩子社会适应能力较差[7]。

1.2 公共图书馆开展家庭教育类服务的必要性

第一，公共图书馆积极开展家庭教育类服务响应国家号召。2018年，习近平总书记在全国教育大会上指出家庭是人生的第一所学校，家长是孩子的第一任老师，要给孩子讲好"人生第一课"，帮助扣好人生第一粒扣子。教育、妇联等部门要统筹协调社会资源，支持服务家庭教育。同时，《家庭教育促进法》第6条、第46条分别对公共文化主管部门和公共图书馆开展公益性家庭教育活动提出了要求。此外，全国妇联、教育部等多部委印发的《关于指导推进家庭教育的五年规划（2016—2020年）》要求，建立健全家庭教育公共服务网络，公共图书馆、博物馆、文化馆等公共文化服务阵地每年至少开展两次公益性的家庭教育讲座或家庭教育亲子活动。

第二，公共图书馆积极开展家庭教育类服务可以有效彰显自身社会价值。首先，"儿童优先"是指导公共图书馆工作的一项基本原则[8]，而公共图书馆积极开展家庭教育服务则是"儿童优先"的具体表现。其次，家庭教育类图书频繁入选各大电商平台热销榜，《好妈妈胜过好老师2：自由的孩子最自觉》等家教类图书24小时预售甚至超过1万册[9]，这些现象表明，社会各界对家庭教育知识有着强烈的文化需求，公共图书馆作为开展社会教育的公共文化设施，应该积极满足社会相关文化需求。最后，由于家庭间财富收入[10]、父母受教育水平[11]、信息资本[12]、户籍[13]等差距，儿童成长环境存在巨大鸿沟[14]，而公共图书馆积极向社会各阶层平等地提供家庭教育服务，可以有效彰显公共图书馆对保障全社会信息、教育和文化平等的价值[15]。

第三，公共图书馆积极开展家庭教育类服务顺应行业发展趋势。多年来持证率、覆盖率和阅读率不足，始终是困扰我国公共图书馆提升社会影响力和服务效能的关键问题[16]，而近期国家厉行"双减"政策，为少年儿童争取了更多课余时光，因此公共图书馆应该抓住时代机遇，培养家长和儿童前往公共图书馆阅读的良好习惯。同时，家庭教育成为美国等发达公共图书馆重要的延伸服务[17]，相关国家公共图书馆的服务路径开始从"关注儿童"变为"聚焦家庭"[18]。比如，1996年美国公共图书馆界就发起了"未来图书馆"（Libraries for the Future）项目，旨在让公共图书馆成为幼儿发展、父母教育、家庭支持的中心[19]。

1.3 公共图书馆家庭教育类服务对象、内容及目标

《家庭教育促进法》明确要求公共图书馆"应当定期开展公益性家庭教育宣传、家庭教育指导服务和实践活动"，而这些活动的受众显然以未成年人父母、其他监护人、备孕及待产夫妻等家长群体为主。虽然公共图书馆历来重视开展未成年人教育服务[20-21]，但家庭教育、学校教育和社会教育的差别在于实施主体不同[22]。公共图书馆家庭教育类服务的主要对象应当以家长群体为主。

郝天晓等人[23-24]基于发展心理学理论提出，公共图书馆应该根据未成年人不同年龄段发展特点，构建多样化的阅读资源、阅读环境和阅读引导分级服务，而公共图书馆家庭教育类服务同样也需要尽量满足内容系统性要求。原因有三：（1）良好的家庭教育，不仅要求未成年人

的父母或其他监护人系统性了解不同年龄段未成年人生理发展、认知发展、人格与社会性发展特点,还要求他们掌握科学的亲子沟通、养育技巧;(2)《家庭教育促进法》第16条规定,家庭教育不仅要注重各年龄段未成年人身心发展特点,而且教育内容还要涉及良好品德、法治意识、科学探索精神等多个方面;(3)《家庭教育促进法》第17条还规定,未成年人父母或其他监护人实施家庭教育,应当尊重未成年人参与家庭事务和发表意见的权利,并合理运用亲自养育、共同参与、相机而教、尊重差异、平等交流等教育方法。因此,根据家庭教育的实际需求和《家庭教育促进法》的要求,公共图书馆家庭教育类服务内容应既涉及未成年人各成长阶段,又包含较全面系统的家教知识。

公共图书馆家庭教育类服务,包括但不限于通过文献借阅、阅读推广、讲座培训、亲子阅读、信息咨询、图书推荐等形式。这些公共图书馆家庭教育类服务的目标,应当是通过向未成年人父母、其他监护人、备孕及待产夫妻等家人群体传播不同年龄段未成年人生长发育知识和家庭教养知识,引导全社会注重家庭、家教、家风,增进家庭幸福、社会和谐,从而间接保障未成年人健康成长。

2 我国省级公共图书馆家庭教育服务现状

2.1 文献借阅服务情况

文献借阅是公共图书馆最传统、最基础的服务,而丰富的馆藏是公共图书馆开展借阅服务的基础。根据《中国图书馆分类法》(第五版),可将家庭教育类文献分为狭义和广义两类。其中,狭义家庭教育类文献为家庭教育(G78)及其下位类,而广义家庭教育类文献还涉及发展心理学(B844)、家庭道德(B823)、儿童少年营养(R153.2)、儿童少年卫生(R179)、家庭管理(TS976)等多个主题和类目。本文以"家庭教育"为检索词,分别通过任意词(字段)检索和主题词检索,统计了30个省、自治区、直辖市的省级图书馆家庭教育类普通中文图书馆藏情况(见表1)。根据统计,截至2022年3月,30个省级图书馆共有广义家庭教育类普通中文图书16.9万种,狭义家庭教育类普通中文图书13.9万种,其中平均馆藏广义家庭教育类普通中文图书0.56万种,平均馆藏狭义家庭教育类普通中文图书0.46万种。同时,上海市图书馆家庭教育类文献资源馆藏量最多,超过14000种,而内蒙古、吉林、青海和新疆等地省级图书馆馆藏量甚至低于1000种,前者至少是后者馆藏量的14倍。

表1 省级图书馆家庭教育类普通中文图书馆藏情况

单位:种

省 份	任意字段	主题词	省 份	任意字段	主题词
北京	10342	9380	河南	9235	2319
天津	10057	9571	湖北	7987	7051
河北	3093	2639	湖南	6097	5492
山西	4169	3826	广东	12802	12615
内蒙古	294	—	广西	8876	8827
辽宁	9378	8767	海南	5303	4908

省 份	任意字段	主题词	省 份	任意字段	主题词
吉林	231	168	重庆	7254	7199
黑龙江	4275	2514	四川	2576	2545
上海	14252	13122	贵州	2236	1922
江苏	6473	6365	云南	2746	2666
浙江	9557	8543	陕西	7091	—
安徽	8474	7548	甘肃	4683	3892
福建	3377	2876	青海	670	670
江西	2429	2085	宁夏	1854	1835
山东	2845	—	新疆	192	171

注:本次统计不包括西藏、台湾、香港、澳门的数据。"—"表示相关图书馆网站没有提供相关馆藏检索功能。

2.2 亲子阅读服务

亲子阅读是早期家庭教育重要的一环。保持良好的亲子阅读习惯,既可以帮助儿童熟悉语言文字、掌握阅读技巧[25],还可以有效提升家长文化素质、培养儿童阅读兴趣、密切亲子关系[26]。目前,我国省级图书馆亲子阅读服务主要有图书分享、亲子阅读培训、亲子阅读活动等多种形式。2021年我国省级公共图书馆大多都开展了各种形式的亲子阅读服务,青海等地省级图书馆甚至开辟了亲子阅读专区。现阶段,我国省级公共图书馆亲子阅读服务表现出两种趋势。其一,如表2所示,一些省级图书馆开始积极尝试提供品牌化、特色化亲子阅读服务。比如,福建省图书馆、山东省图书馆相继以二十四节气为主题,在每年的不同节气举办相关时令传统文化的亲子阅读活动;上海图书馆、湖北省图书馆则利用外文馆藏和数据库,长期举办"英语伴读周计划""亲子阅读·英语绘本"等双语亲子阅读服务。其二,在新冠疫情背景下,大量省级公共图书馆开始开展线上亲子阅读服务,并将图书推荐、有声领读和有奖互动等内容相结合。比如,首都图书馆已经举办470余期"亲子共读"品牌线上活动,内蒙古图书馆"哈尼之声"也举办了160余期。

表2 我国部分地区省级图书馆亲子阅读服务名称

省 份	品牌活动	省 份	品牌活动
北京	亲子共读(线上)	江苏	南图姐姐线上故事汇
天津	阅享好书,共同成长(线上)	福建	亲子共读·二十四节气
河北	省图上绘本故事会	山东	二十四节气
内蒙古	哈尼之声	湖北	亲子阅读·英语绘本
黑龙江	小手拉大手,亲子阅读季	四川	阅想未来(线上)
上海	英语伴读周计划(线上)	贵州	亲子工作坊
河南	七色花故事会(线上)		

注:线上活动均加括号注明。

2.3 讲座、培训及其他活动

按照《家庭教育促进法》要求,公共图书馆应该积极举办家庭教育类讲座、培训及其他活动,传播家庭教育类知识。首先,根据2021年我国各地区省级图书馆微信公众号发布的信息,共有17个省级图书馆举办了家庭教育主题活动,活动形式以讲座为主,其他活动具体形式包括新书发布会(暨作者思想分享会)、以家风、家教为主题的书画展,儿童阅读培训指导等。其次,在我国省级图书馆总体层面,家庭教育类主题活动内容广泛,既涉及未成年人生理健康、阅读习惯、情绪管理等方面知识,也包括如何处理亲子关系、学业支持、青少年心理干预、家训家风等方面知识,但在单独省级图书馆个体层面,绝大部分省级图书馆教育类主题活动内容缺乏系统性。再次,我国省级图书馆家庭教育类活动的讲师(或者说阅读推广人),主要由心理咨询师、大学教师、中小学老师、医生、图书作者等个体构成。最后,我国吉林、黑龙江、山东、湖北、海南、新疆等地区省级图书馆尝试创立家庭教育主题品牌活动,比如吉林省图书馆举办的"青青草大讲堂之智慧家长课堂"已有近30期。

表3　我国部分地区省级图书馆家庭教育类活动名称

吉林	青青草大讲堂之智慧家长课堂
黑龙江	青春心电图:心理辅导家长篇
山东	智慧父母课堂
湖北	成长导师
海南	父母课堂
新疆	家长公益课堂

2.4 图书推荐、知识分享及信息咨询等服务

第一,公共图书馆向读者推荐优质家庭教育类图书,有助于读者通过书本了解和掌握科学育儿知识。目前,我国省级图书馆微信公众号都有定时、定期的图书推荐栏目,家庭教育类图书也是推荐书目中的常客。例如:《正面管教心理学》《爱,金钱和孩子:育儿经济学》《卢勤谈如何爱孩子》等经典图书出现在多家图书馆微信公众号推荐书目中;首都图书馆、上海图书馆、浙江图书馆等省级图书馆公众号还筛选推出了"焦虑的父母VS压力山大的孩子""聊聊小升初那些事儿""《小舍得》式育儿焦虑,从书里找到解压吧"等以家庭教育为主题的书单。第二,我国部分省级公共图书馆微信公众号经常自主撰写或转载分享科学育儿知识。例如:山东省图书馆公众号"育儿有'树'"栏目利用自身流量,长期转载、分享"树辉心理驿站"等微信公众号育儿知识;浙江图书馆"暖心阅读TALK秀"栏目邀请众多志愿者,通过视频加文字的形式分享自身培养儿童阅读习惯等方面的经验和知识。最后,我国还有部分省级公共图书馆尝试和中小学、心理咨询工作室等机构合作,通过平台优势,向读者提供育儿辅导。例如:吉林省图书馆联合东北师范大学附属中学党委开展的教育指导类品牌活动"约会优秀教师,助力春城学子",通过在线问答的形式帮助家长掌握育儿知识;黑龙江省图书馆"青春心电图"栏目和多位心理咨询师合作,通过微信群、腾讯会议及面对面交流等方式,解答家长在育儿时遇到的实际困难。

3 我国省级公共图书馆家庭教育服务存在的问题

3.1 家庭教育类文献馆藏资源不足、区域分配不均

我国省级图书馆家庭教育类文献馆藏现状,暴露出我国公共图书馆相关馆藏总体资源不足、地区分配不均等问题。首先,根据2021年《中国统计年鉴》,我国0—14岁未成年人口数超2.52亿,按未成年人与其监护人比例为1∶2计算,我国有近5亿未成年监护人。同时,我国读者持证率长期为0.05%左右[27],按此比例,我国公共图书馆应有2800万左右持证读者存在家庭教育类文献阅读需求。此外,我国省级图书馆馆藏量约占整个公共图书馆体系总馆藏量的1/5[28],按此比例及馆藏副本量3本计算,那么我国公共图书馆广义家庭教育类普通中文书藏量应该在260万册左右,只有目标持证读者数量的1/10左右。因此,我国公共图书馆家庭教育类文献馆藏资源建设水平显然不足。其次,我国15个省级图书馆家庭教育类文献馆藏低于0.5万种,其中内蒙古、吉林、青海和新疆等地区省级图书馆相关文献馆藏量不足1000种,上海图书馆馆藏种数是新疆自治区图书馆的70余倍。同样,2019年上海市县(区)级图书馆平均馆藏量108万册,为全国最高,而青海省县(区)级图书馆平均馆藏量4.6万册,为全国最低,前者是后者的23.5倍[29]。因此,这是我国公共图书馆整体馆藏资源不平衡的一个侧面缩影。

3.2 家庭教育类活动举办次数过少,内容系统性不足

公共图书馆只有举办充足数量的家庭教育类活动,才能够系统性宣传科学育儿知识,满足家长相关文化需求。省级公共图书馆平均有5000余种家庭教育类图书,涉及儿童成长的方方面面,读者要在其中觅得好书,无异于大海捞针,因此省级图书馆开设丰富而系统性的家庭教育类活动,指导和帮助读者了解家庭教育知识,有助于读者利用馆藏文献。但是,我国家庭教育类活动举办次数过少,内容系统性不足:一方面,2021年我国有近一半省级公共图书馆没有举办培训、讲座、展览等家庭教育类活动(非亲子阅读类活动),而除吉林、黑龙江、新疆等地少数省级图书馆,大部分地区省级图书馆活动举办次数又只有1—2次;另一方面,目前我国省级公共图书馆家庭教育类活动内容没有深层次策划,没有考虑各未成年人年龄阶段家庭教育知识的系统性要求,实际中的家庭教育类活动内容往往只是临时策划——在世界读书日、六一儿童节、寒暑假等特殊时期,邀请社会知名人士或志愿者讲授1—2堂儿童阅读、亲子沟通、视力保护等方面的讲座。

3.3 专业人才过少、社会力量参与不足,服务吸引力欠佳

我国公共图书馆家庭教育类服务面临专业人才过少、社会力量参与不足等问题,这导致相关服务对读者缺乏吸引力。首先,我国公共图书馆家庭教育类服务专业人才过少。长期以来,我国阅读服务专业人才在实际需求和大学课程设置间存在供需矛盾[30]:公共图书馆开展家庭教育类服务需要图书馆馆员具备幼师、教育学、心理学等教育背景或经验,但与过往相比,目前我国图书馆学开设相关课程较少[31],这造成我国公共图书馆馆员结构和受教育背景很难满足相关要求。其次,我国省级公共图书馆家庭教育类服务总体存在社会力量参与不足。我国省会城市往往聚集了教育、医疗、心理咨询等方面全省社会资源,省级公共图书馆可以在机构、组织层面积极开展与多种社会力量合作,但实践中省级图书馆家庭教育往往是邀

请个人开展公益讲座。这导致志愿者由于个人原因退出合作后,公共图书馆的相关活动难以为继。例如,山东省图书馆举办的"智慧父母课堂"主题活动,从2016年开始至2019年已举办80余期,持续近4年,但后来活动不再更新。最后,公共图书馆家庭教育服务对读者缺乏吸引力,典型现象便是公众号文章和信息内容单薄、浏览人数过少[32]。以2021年微信公众号发布家庭教育类服务信息较多的黑龙江省图书馆为例:2019年黑龙江省图书馆网站年访问量就达到1244万[33],日均3.4万浏览人次,但2021年黑龙江省图书馆微信公众号共发布"家庭教育"相关信息18条,只有3350浏览人次,平均每条信息浏览186人次,其中6条信息的浏览人次甚至不足100。

4 政策建议

4.1 紧跟政策导向,积极争取政府专项经费

由于近些年人口增速放缓,并开始对经济、社会发展显现负面影响,因此各级政府纷纷出台鼓励生育政策文件,努力打造生育友好型社会。其中,部分发达地区地方政府开始尝试将家庭教育类服务列入政府购买服务目录,并增加相关财政预算。例如,《江苏省家庭教育促进条例》第19条规定:"县级以上地方人民政府将家庭教育指导服务列入政府购买服务目录,通过政府采购的方式,选择相关社会组织提供家庭教育指导服务。鼓励和支持企业事业单位和个人参与家庭教育指导服务"[34]。因此,公共图书馆应该紧跟政策导向[35],围绕家庭教育类活动和文献资源建设,积极向各级政府和主管部门争取专项财政经费。

4.2 提升服务效率,增加家庭教育类文献采购比重

一方面,近些年由于受到新冠疫情、人口老龄化、中美贸易战等多重因素影响,我国中央和地方政府面临的财政压力与日俱增[36],许多地区公共图书馆经费甚至负增长[37],在此背景下公共图书馆争取政府大量经费并不现实。另一方面,目前我国部分公共图书馆经费使用效率并不高[38]。比如,公共图书馆普遍采购的文献内容同质化现象比较严重或不符合读者需求,导致相关文献借阅率偏低[39]。因此,为满足广大读者对家庭教育类图书的借阅需求,各级公共图书馆应提升自身文献资源建设水平,增加优质家庭教育类采购量,减少零借率、同质化图书采购量,通过提升自身效率,弥补经费紧张的趋势。

4.3 着力打造体系化、常态化、精品化服务活动

首先,按照儿童发展心理学,未成年人发育可分为胎儿、婴幼儿、学龄前期、儿童中期、青春期五个阶段[40]。在这五个成长阶段,家长要关注未成年人的生理、认知、社会性和人格发展重点有所不同,同时家长和未成年人沟通、教养方式也会有所差异。因此,公共图书馆可以按照未成年人成长五个阶段和未成年人生理、认知、社会性和人格发展以及家长教养方式四方面知识,构建系统性的家庭教育类活动,需要5—20场次活动才能满足不同家庭家长们的知识需求。其次,随着儿童成长,家长们对家庭教育类知识的需求也会更迭,因此不同阶段家庭教育类活动每年都应该常态化重复举办。最后,公共图书馆举办体系化、常态化的家庭教育类活动,就有必要不断打磨和补充讲座、培训、展览等活动内容,努力打造精品化的服务活动。

4.4 组织、鼓励馆员参与相关培训和资格考试

公共图书馆开展家庭教育类服务,需要高素质馆员支撑,而提升馆员素养需要从增加培训、资格考试和提高馆员学习积极性三方面入手。首先,公共图书馆应当组织员工参加高校、行业协会组织的教育学、心理学、新闻与传播学、语言学、阅读推广等方面的培训,让馆员充分了解家庭教育相关知识。其次,资格考试是检测个人是否掌握行业基础知识的重要检测手段,因此公共图书馆应该鼓励馆员参与家庭教育指导师、心理咨询师、教师资格证等行业资格考试。最后,公共图书馆可以通过报销部分学费(考试报名费)、发放奖金、换休假等形式,鼓励馆员参与相关培训、通过相关资格考试,提高馆员在职学习的积极性。

4.5 积极引入社会力量,努力推动跨部门合作

公共图书馆开展家庭教育类服务,需要与社会力量及其他部门密切合作。当前,家长对儿童教育需求呈现多样化趋势,类似于0—3岁低幼儿童教育、学龄前儿童编程、儿童心理咨询等新兴教培产业不断涌现。公共图书馆为满足读者个性化、特色化、多样化文化需求,帮助家长了解相关教育知识,需要充分与市场力量展开合作。公共图书馆与市场化教育机构合作的形式,既可以尝试由政府购买、提供免费服务,也可以尝试向读者适当收费与企业合作共赢。同时,《家庭教育促进法》第三章和第四章分别对教育、民政、卫生健康等行政部门以及中小学校、幼儿园、医疗保健机构、广播电视等企事业单位,提出了支持和协同家庭教育的要求。因此,公共图书馆可以利用自身平台和服务网络优势,通过跨部门合作的形式,整合彼此设施、经费、人员多方面资源,共同为家长提供优质的家庭教育类服务。

随着社会发展和《中华人民共和国家庭教育促进法》的颁布,社会各界对家庭教育愈发重视。公共图书馆作为开展社会教育的公益性公共文化设施,应该紧跟政策导向,向读者提供多样化、系统性、特色化的家庭教育类服务。同时,公共图书馆服务筹备和开展过程中,要正视自身不足和平台优势,在制度设计、人员培训等方面努力求新求变,不断满足读者日益增长的文化需求。

参考文献

[1] 费尔德曼. 发展心理学:探索人生发展的轨迹[M]. 北京:机械工业出版社,2017:3-4.

[2] 翟屹,李伟荣,沈冲,等. 家庭社会经济地位与儿童超重肥胖的关系[J]. 中华预防医学杂志,2013(10):945-948.

[3] 何勤英,冯群娣,吕玉红. 中国12—18岁青少年膳食知识水平与超重肥胖关系[J]. 中国公共卫生,2017(9):1378-1381.

[4] 俞国良,张登印,林崇德. 学习不良儿童的家庭资源对其认知发展、学习动机的影响[J]. 心理学报,1998(2):174-181.

[5] 张茜洋,冷露,陈红君,等. 家庭社会经济地位对流动儿童认知能力的影响:父母教养方式的中介作用[J]. 心理发展与教育,2017(2):153-162.

[6] 陈会昌. 儿童社会性发展的特点、影响因素及其测量——《中国3—9岁儿童的社会性发展》课题总报告[J]. 心理发展与教育,1994(4):1-17.

[7] 张光珍,梁淼,梁宗保.父母教养方式影响学前儿童社会适应的追踪研究:自我控制的中介作用[J].心理发展与教育,2021(6):800-807.

[8] 柯平,张瑜祯,邹金汇,等.基于"儿童优先"原则的公共图书馆未成年人服务评估标准研究[J].国家图书馆学刊,2021(5):37-46.

[9] 韩天炜.家教类畅销图书市场现状和营销策略[J].中国出版,2018(19):47-50.

[10] 刘保中."扩大中的鸿沟":中国家庭子女教育投资状况与群体差异比较[J].北京工业大学学报(社会科学版),2020(2):16-24.

[11] 苏余芬,刘丽薇.学前儿童教育支出与家庭背景——基于中国家庭追踪调查的证据[J].北京大学教育评论,2020(3):86-103.

[12] 杨钋,徐颖.信息资本与家庭教育选择:来自中国的证据[J].华东师范大学学报(教育科学版),2020(11):39-55.

[13] 刘保中.我国城乡家庭教育投入状况的比较研究——基于CFPS(2014)数据的实证分析[J].中国青年研究,2017(12):45-52.

[14] 罗世兰,张大均,刘云艳.家庭社会经济地位对幼儿良好行为习惯的影响:父母教养方式与幼儿心理素质的中介作用[J].心理发展与教育,2021(1):26-33.

[15] 范晓鹏.平等——公共图书馆的社会价值与追求[J].图书馆建设,2008(12):78-81.

[16][27] 程焕文,刘佳亲.新时代公共图书馆服务与建设创新的重点和难点[J].图书情报知识,2020(1):9-14.

[17] 张大鹏.公共图书馆馆外延伸服务的策略与实践——美国儿童图书馆服务协会《儿童和家庭延伸服务模式白皮书》解读[J].图书与情报,2020(3):113-120.

[18] 张丽.从"关注儿童"到"聚焦家庭"——美国公共图书馆低幼儿童服务发展路径转变探究[J].国家图书馆学刊,2021(4):106-113.

[19] What is a Family Place Library?[EB/OL].[2020-08-06].https://www.familyplacelibraries.org/what-family-place-library#core-components.

[20] 华礼娴,姚乐野.1898—1937年儿童社会教育与儿童图书馆的互动[J].图书馆建设,2017(3):96-101.

[21] 李德胜.我国省级公共图书馆学龄前儿童服务与活动调查分析[J].图书馆工作与研究,2018(8):123-128.

[22] 龚超,尚鹤睿.社会教育概念探微[J].浙江社会科学,2010(3):80-85.

[23] 郝天晓,胡莹.从发展心理学角度探析未成年人分级阅读推广[J].图书馆研究,2018(5):61-66.

[24] 郝天晓,胡莹.基于发展心理学理论基础的未成年人分级阅读推广研究[C]//中国图书馆学会.中国图书馆学会年会论文集(2017年卷).北京:国家图书馆出版社,2018:455-460.

[25] 张文芳.促进幼儿早期阅读能力发展的策略[J].学前教育研究,2016(2):67-69.

[26] 林凤姐.促进亲子阅读的指导策略[J].学前教育研究,2014(3):70-72.

[28][29] 国家图书馆研究院.2019中国公共图书馆事业发展基础数据概览[R].北京:国家图书馆研究院,2021:1-6.

[30] 周玉琴,吴建华.我国阅读服务专业人才供需矛盾与破解之策[J].图书馆论坛,2020(5):123-131.

[31] 吴建华,周玉琴.美国阅读服务专业人才培养的经验与启示[J].图书情报知识,2019(5):90-100.

[32] 程聪,巴殿君.公共图书馆微服务现状调查及启示——以22所省级公共图书馆为例[J].图书馆学研究,2019(21):65-73.

[33] 蔡昉.打破"生育率悖论"[J].经济学动态,2022(1):3-13.

[34] 江苏省家庭教育促进条例[EB/OL].[2019-04-11]. http://www.jiangsu.gov.cn/art/2019/4/11/art_59202_8302547.html.

[35] 邓辉,边皎.优化生育背景下公共图书馆开展托幼服务可行性探析[J].图书馆研究,2022（1）:82-89.

[36] 史明霞,李雅洁.我国财政压力指数的构建与应用场景分析[J].中央财经大学学报,2022（4）:15-24.

[37] 邓辉.西部地区县级公共图书馆发展现状研究[J].图书馆理论与实践,2021（5）:117-122.

[38] 傅才武,岳楠.公共文化服务体系建设中财政增量投入的约束条件——以县级公共图书馆为中心的考察[J].中国图书馆学报,2018（4）:81-89.

[39] 邓辉,杨镜台.公共图书馆同质化图书质量控制研究[J].图书馆理论与实践,2021（4）:52-55.

[40] 费尔德曼.儿童发展心理学[M].北京:机械工业出版社,2021:1-20.

高校图书馆家庭阅读推广策略研究

——基于贵阳市中小学家庭的调查数据

王　著（贵阳学院图书馆）　史会荣（中共毕节市委党校图书馆）

十八大以来，习近平总书记在不同场合多次谈到"注重家庭、注重家教、注重家风"，强调"家庭的前途命运同国家和民族的前途命运紧密相连"。2022年1月1日，《家庭教育促进法》正式实施，指出"图书馆……等公共文化服务机构……每年应当定期开展公益性家庭教育宣传、家庭教育指导服务和实践活动，开发家庭教育类公共文化服务产品，"延续几千年的家训、家学由传统"家事"上升到新时期法治建设的重要"国事"。家庭是社会的细胞，家庭阅读与人才培养、国家富强、民族振兴、文明赓续密切关联，阅读能力和阅读水平在很大程度上决定一个民族的基本素质、创新能力和发展潜力。自2014年国家"倡导全民阅读"，到2017年"大力推进全民阅读"，再到2022年"深入推进全民阅读"，全民阅读已经连续九次被写入政府工作报告，其受重视的程度逐步加深。

家庭阅读是全民阅读的重要内容，图书馆作为阅读推广的重要阵地，加强对家庭阅读推广的研究无疑具有重要意义。近年来，家庭阅读推广的理论研究和实践推进持续深入开展，取得了显著的成绩，但主要聚焦在公共图书馆领域，而高校图书馆在家庭阅读社会化服务支持方面则相当薄弱。笔者2021年曾主持贵阳市妇联资助项目"阅读在家庭教育中的应用研究"（GYUKYZ—2021），对贵阳市中小学家庭阅读情况进行了充分调研，借此通过前期调研数据，尝试从高校图书馆的角度来探讨开展家庭阅读推广的可行性，并提出相应的解决策略。

1　家庭阅读推广研究与实践

阅读是家庭教育的重要内容，家庭阅读推广历来受到国家、公共文化服务机构、民间社会组织的重视。根据国外的研究，家庭中儿童阅读能力受父母阅读行为的影响[1]，亲子阅读互动和儿童阅读兴趣与儿童早期读写能力显著相关[2]。全球最大的儿童图书出版商和分销商Scholastict自2006年每两年发布《儿童与家庭阅读报告》，主要调查美国0—17岁儿童与家庭阅读的情况，2015年开始发布国际版，扩展到英国、印度、加拿大、澳大利亚等国家，2020年Scholastic首次对我国开展调查并发布了中国版《儿童与家庭阅读报告》[3]。美国家长教师协会主席莱斯利·博格斯（Leslie Boggs）认为"家庭在帮助儿童发展识字能力、激发对阅读的热爱、为儿童提供反映世界多样性的书籍方面发挥着至关重要的作用，这有助于儿童在学校内外取得更好的成绩，并在培养知情、包容的儿童方面发挥关键作用。"[4]1992年，英国公益组织图书信托基金（BookTrust）发起"Bookstart"项目，每年为数百万儿童提供书籍、资源和支持，旨在激励从婴儿到青少年的儿童开启阅读之旅，鼓励父母从一开始就和孩子一起阅读[5]。1996年，美国"未来图书馆"（LFF）发起家庭图书馆倡议，已有来自29个州450多个图书馆的1200多名馆员参加了培训，并加入家庭图书馆网络[6]。2002年，加拿大新斯科舍省推出"Read to Me"早期阅读推广项目，为医院出生的每个婴儿提供免费书籍和阅读资源[7]。除此之外，德国"Buchstart"项目、马耳他"A Book is a Treasure"活动、荷兰"Boekenpret"计划、比利时"Bookbabies"项目[8]等，都为家庭阅读推广实践提供了丰富的案例。

相较于国外，"我国家庭阅读教育尚处于觉醒阶段，远没有形成体系"[9]。虽然中国文化孕育了"耕读传家"的悠久阅读传统，但家庭阅读在现代社会逐渐失落，王玮[10]、徐雁[11]等学者均论述了重建家庭阅读传统、构建家庭书香氛围的必要性和重要意义。针对家庭阅读"理念陈旧、方法缺乏、资源匮乏"[12]、"规模化程度低、常态化程度低、差异化程度低"[13]等问题，理论界提出"图书馆+"[14]服务体系、"公共图书馆—家庭—幼儿园"[15]早期阅读推广模式、"学习型家庭、书香校园、图书馆阅读推广"[16]三位一体发展战略等，为家庭阅读推广提供了良好的思想引领、创新路径和行动指南。具体到实践领域，上海青浦区图书馆于2012年最早推出"家庭图书馆种子计划"[17]，重庆渝北、深圳罗湖、浙江温岭、广东佛山、安徽黄山、河北邢台等全国多地创建"家庭图书馆""邻里图书馆"，开展家庭阅读竞赛、书香家庭评选、亲子阅读互动、手绘童创体验、多媒融合展演等多种形式的活动，提供家庭阅读环境、家庭藏书管理、分级书目推荐、阅读时间规划、阅读方法培养等方面的指导，充分利用新载体、新媒体组织"云上故事会""云端阅读""线上诵读"等亲子阅读主题，实现"云交流""云分享""云互动"，创新家庭阅读服务方式，开展"家庭阅读推广人"志愿者招募和业务培训，传播阅读理念，引领阅读风尚，推动书香家庭阅读能力建设。贵阳市自2015年成立首个亲子阅读会，开启家庭阅读的实践探索。多年来，开展了一系列"我爱我家·同悦书香""书香飘万家·阅读驻我家""小桔灯亲子阅读故事"等家庭阅读活动，虽然取得了一定的社会关注度，但在活动持续性、家庭影响力、阅读品牌塑造等方面都还有所欠缺。

2 贵阳市中小学家庭阅读调查分析

2.1 研究设计与样本结构

本次调查自2021年3月开始，分为实地调查和网络调查。实地调查在3月初发放问卷，于6月30日前完成所有问卷回收工作，网络调查时间为3月5日至6月30日。问卷设计借鉴国内有关阅读调查的研究成果，并通过图情界业内专家进行了两轮次会审，提高了调查问卷的科学性。问卷共分学生卷和家长卷两部分，学生卷以实地调查为主，共发放问卷3350份，回收3283份，回收率98%，录入数据库有效数据3126份，有效率95%；家长卷以网络调查为主，共有2270名家长参与。抽样方案按照分层抽样的原则，采用不等概率进行抽样，一级抽样单元覆盖贵阳市行政区划，二级抽样单元覆盖九年制义务教育中小学，三级抽样覆盖城镇公、民办中小学校和乡村公、民办中小学校，四级抽样以个人为最终样本。样本覆盖了贵阳市10个行政区域，涉及小学和初中、城镇和乡村、公办和民办等不同类型的29所学校。样本结构如表1、表2所示。

表1 实地调查样本结构表

单位:个

行政区划	样本选取							
	城镇				乡村			
	小学		中学		小学		中学	
	公办	民办	公办	民办	公办	民办	公办	民办
南明区	96	96	97	98	—	—	—	—
云岩区	92	99	100	98	—	—	—	—
花溪区	96	99	98	97	—	—	—	—
白云区	—	—	—	—	97	99	—	—
乌当区	—	—	—	—	230		—	—
观山湖区	97	97	98	99	—	—	—	—
清镇市	95	94	88	100	—	—	—	—
开阳县	—	—	—	—	99	—	100	—
息烽县	140	—	—	—	—	—	137	—
修文县	—	—	—	—	143	—	147	—
小计	616	485	481	492	569	99	384	0
总计	3126							

表2 网络调查样本结构表

项　　目	分　　类	样本量/个	百分比/%
性别	男性	720	31.72
	女性	1550	68.28
年龄	20—30岁	110	4.85
	31—40岁	1090	48.02
	41—50岁	990	43.61
	50岁以上	80	3.52
学历层次	初中及以下	340	14.98
	高中或中专	500	22.03
	大专	460	20.26
	本科	700	30.84
	研究生	270	11.89
职业	国家机关、党群组织、企业、事业单位负责人	280	12.33
	专业技术人员	620	27.31
	办事人员和有关人员	130	5.73
	商业、服务业人员	480	21.15
	生产、运输设备操作及有关人员	40	1.76
	不便分类的其他从业人员	720	31.72

项　目	分　类	样本量/个	百分比/%
家庭月收入	3000元以下	290	12.78
	3000—5000元	640	28.19
	5001—10000元	790	34.8
	10001—20000元	420	18.5
	20000元以上	130	5.73

2.2　数据分析与调研结论

2.2.1　家庭阅读量普遍偏低

调查结果显示,四成多的学生每月课外阅读量集中在1—3本。按教育部制定的2018版《语文课程标准》,小学学段的课外阅读量(145万字)加上中学学段的课外阅读量(260万字),义务教育阶段的课外阅读总量应在400万字以上。以此为参照标准,94.9%的中小学生的课外阅读量均达不到这一标准。

中小学生阅读来源的主要方式是通过购买(47.1%)、图书馆借阅(20.8%)和家庭藏书(11.4%)(见表3),通过购买的方式所获得的图书资料本质上也属于自有的家庭藏书,将两类合并计算,则中小学生的阅读来源最主要的是家庭藏书,但调查样本中47.8%的家庭藏书在50本以下(见表4),家庭藏书量严重不足,这是导致家庭阅读量普遍不足的重要原因。考虑到公共文化服务资源和市场资源可以作为家庭阅读的补充,但调查结果也表明,除图书馆得到阅读资源稍为明显以外(20.8%),其他社会途径能够获得阅读资源的也十分有限。

表3　阅读来源调查统计表

	样本量/个	百分比/%	有效百分比/%	累积百分比/%
自己购买	1477	47.1	47.1	47.1
向他人借阅	187	6.0	6.0	53.1
图书馆借阅	649	20.8	20.8	73.9
在书店看	180	5.8	5.8	79.7
家中藏书	356	11.4	11.4	91.1
上网阅读	277	8.9	8.9	100.0
总计	3126	100.0	100.0	

表4　家庭藏书量统计表

藏书量					
		样本量/个	百分比/%	有效百分比/%	累积百分比/%
有效	50本及以下	1492	47.7	47.8	47.8
	51—100本	853	27.3	27.3	75.1
	101—200本	384	12.3	12.3	87.4

续表

藏书量				
	样本量/个	百分比/%	有效百分比/%	累积百分比/%
201—500本	209	6.7	6.7	94.1
500本以上	183	5.9	5.9	100.0
总计	3121	99.8	100.0	
缺失	5	0.2		
总计	3126	100.0		

2.2.2 家庭阅读问题较为突出

中小学生不同程度存在不良阅读习惯。指读和阅读姿势不规范这两种阅读行为习惯是最主要的问题。从学段来看,小学阶段正是阅读习惯的形塑阶段,一些不良阅读习惯恰恰在这个时期表现出来,通过家庭教育以及学校教育,进入初中阶段一些不良的阅读习惯会得到矫正。因此,不良阅读习惯表现出层次性。从调研结果可以看到(见表5),小学生的不良阅读习惯(43.28%)要远高于中学生的不良阅读习惯(27.06%)。值得注意的是,指读行为一般应存在于阅读启蒙阶段,或者小学低年级阶段,虽然调研资料中未对小学阶段的高中低年级进行细分,但初中阶段仍然有9.15%的孩子有指读行为是一件让人担忧的事情,这也从侧面表明不管是家庭教育还是学校教育,对孩子或学生的不良阅读习惯的矫正还未引起足够的重视。

表5 阅读习惯统计表

内容	学段	个案数/个	占样本量百分比/%
用手指着逐字阅读	小学	527	16.86
	中学	286	9.15
手沾着口水翻页	小学	116	3.71
	中学	76	2.43
趴着或躺着看书	小学	562	17.98
	中学	379	12.12
阅读时伴有其他动作(如啃指甲、抠鼻子等)	小学	148	4.73
	中学	105	3.36
没有这些习惯	小学	838	26.81
	中学	771	24.66

不同个体对阅读理解存在不同差异。中小学生在阅读过程中最主要的问题是对阅读材料的某些字、词、句不理解,这与不同层次的中小学生的知识水平和对事物的认知能力有直接的关系,小学生的理解能力普遍要弱于中学生的理解能力。习惯性漏字或加字以及容易读错形近、音近的字也是中小学生在阅读过程中比较常见的问题,这反映了部分孩子在阅读文字材料时存在视觉追踪能力不足。视觉跟踪是对视觉目标进行检测、提取、识别,以获得位置、

速度、轨迹等运动参数,从而进行下一步的处理与分析,实现对视觉目标的行为理解,以完成更高一级的检测任务。需要长期的视觉训练才能提高良好的视觉追踪能力和视觉追踪效果。部分中小学生会出现反复重读和逐字阅读的问题,主要反映了中小学生对阅读材料的信息反馈能力弱,阅读理解存在困难。这与孩子平时阅读的方法有很大的关系,随着学段的升高,一般要求高年级学生应该掌握快速阅读的方法,并能够迅速捕捉到其中的关键信息。还有一些中小学生存在注意力不集中问题,这主要反映了在阅读过程中容易受到外界因素的干扰,导致专注度不够,影响阅读效率。

2.2.3　家庭阅读支持力度不够

阅读支持力度主要是家长在对孩子进行阅读训练的过程中所给予的全方位帮助程度。超一半的家长只是偶尔指导孩子阅读,平均每学期陪孩子阅读的数量只有1—3本,不到两成的家长会和孩子共同交流或带孩子参加阅读活动,不到两成的家长对孩子有阅读计划的要求或指导孩子实行阅读计划,不到四成的家长会带孩子到书店或图书馆进行阅读。这些调查结果都充分表明了家长对家庭阅读的支持力度明显不够。

阅读活动不仅仅是个人行为,家长的示范效应和榜样作用会对孩子产生极大的影响。从对家长的调查看,接近一半的家长对阅读的态度表现一般,平均每周阅读的频率仅1—3本,每次阅读时长为20—40分钟,这说明家长在营造家庭阅读氛围方面做得不够。因此,孩子在家长这里难以得到令人满意的阅读支持。从亲子共读的调研结果可以得到佐证,亲子共读是通过图书资料作为媒介,以家长和孩子共同阅读为桥梁,彼此分享阅读体会,相互享受阅读乐趣,利用阅读方式来激发孩子思维,培养阅读习惯和兴趣,掌握阅读方法和技巧,促进父母与孩子的情感交流。但即使家长意识到亲子共读的重要性,能够陪伴孩子共同阅读的家庭也不到三成。而形成连锁效应的是由于缺少亲子共读,在阅读的指导方面父母也就不能给予孩子更多的支持。

2.2.4　家长对数字阅读保持谨慎态度

信息网络和数字化技术促进阅读资源的多元化,深刻改变了阅读载体和读者阅读的行为方式,传统纸媒阅读受到严重挑战,新兴数字阅读正日益流行。从调研结果看,支持和反对的声音所占比例均等,支持数字阅读的家长仅比反对数字阅读的家长高2.64个百分点,四成多的家长保持中立的态度,这也体现了当前家长对数字阅读方式保持着谨慎的态度。一方面,信息化时代难以规避中小学生使用数字设备,特别是手机的使用频率是所有电子设备中孩子接触率最高的,容易给孩子的阅读带来负面影响。家长认为网络上其他内容(如游戏、视频等)易分散孩子注意力,难以控制,数字化阅读本身对身体伤害很大,有辐射、伤害视力,容易视觉疲劳,一些数字阅读平台广告太多,内容存在商业目的,主要吸引关注,获得点击率,内容资源太多太杂,作品参差不齐,存在不良信息。另一方面,数字阅读确实存在一些比纸媒阅读更好的优势,比如阅读携带方便,信息量大,获取便捷,内容丰富,能够拓宽孩子视野,形式多而有趣,增加孩子的阅读兴趣,界面生动漂亮,有吸引力,而且能够充分利用碎片时间,并可以在阅读中进行交流、评论,交互性更强。因此,大多数家长对数字阅读一直处于矛盾的心态当中,不知道应该如何选择,这其中存在着较强的可变性。

科学技术在日常生活中的应用不可逆转,阅读行为方式的转向是时代必然。数字阅读正以海量的信息资源和快捷的时效优势,对知识生产方式、社会阅读行为、读者阅读习惯等产生深远影响。在相当长一段时期内,阅读方式将形成以传统纸媒阅读为主导、新媒体数字阅读为主流的复合阅读图景,这种基于复合维度的融合阅读情境不可避免地会有阅读危机和阅读鸿沟的存在。作为承担家庭阅读责任的家长,并不是要作出非此即彼的选择,而是如何科学介入中小学生阅读行为的良性转向,既不放弃传统的纸媒阅读方式,也要适应新兴的数字阅读方式,通过多种媒介渠道、多种服务平台正确引导孩子的阅读行为,充分满足孩子阅读活动需求和阅读价值体验,将阅读当成一种愉悦的生活方式来对待。

3　高校图书馆家庭阅读推广可行性

通过对贵阳市中小学生家庭阅读的调研和分析可以发现,家庭阅读问题主要在于家庭社会教育、家庭阅读教育的缺位。虽然公共图书馆在家庭阅读推广方面成效显著,但在家庭教育促进方面则相对薄弱。高校图书馆不仅担负着社会教育职能,而且在资源、人才、技术等方面都具有相当的优势。

3.1　高校图书馆社会教育职能

高等学校是科学研究、人才培养、服务社会的重要教育机构,高校图书馆具有履行社会服务的教育职能。《普通高等学校图书馆规程》(教高〔2015〕14号)明确提出"图书馆的主要职能是教育职能和信息服务职能""在保证校内服务和正常工作秩序的前提下,发挥资源和专业服务的优势,开展面向社会用户的服务"。《中华人民共和国公共图书馆法》也提出"国家支持学校图书馆、科研机构图书馆以及其他类型图书馆向社会公众开放"。对于高校图书馆履行教育职能,向社会开放提供专业服务,国内已有诸多学者进行了充分研究,并付诸实践且取得了良好的社会效果[18]。当前国家倡导全民阅读,高校图书馆有责任加强对家庭阅读推广和指导,为构建新时期学习型家庭贡献力量。

3.2　高校图书馆资源优势

优质资源是家庭阅读推广的基本保证。从调研可知,家庭藏书普遍不足,阅读来源渠道有限,阅读资源难以满足家庭成员的多样化、多层次阅读需求。而高校图书馆资源主要是为教学和科研服务,根据学科范围、专业方向、科研需求而有针对性地购置,其馆藏资源学科门类齐全,纸质文献和电子文献丰富,专业性和学术性较强,能够获得较深层次的知识服务。同时,虽然高校图书馆馆藏文献较多,但一个普遍的现象是藏书综合利用率低,随着数字阅读的日益盛行,图书借阅率整体呈逐年下降趋势。将这些文献资源向社会家庭推广,满足不同家庭成员的阅读需求,恰好能够扩大服务对象,提高文献利用率,发挥出资源优势。而且,高校图书馆拥有海量的数字资源,适合大众的音视频、教学案例、各类型数据库等,能够满足不同层次的个性化需求。

3.3　高校图书馆人才优势

家庭阅读推广需要专业的人才队伍。阅读推广活动的开展离不开阅读推广人的策划、组织和实施,而阅读推广人的专业性是决定阅读推广活动质量的重要考量。经过多年的实践,高校图书馆已经拥有一批较高学历层次、较高阅读素养、较高专业水准的阅读推广队伍,在校内积累了丰富的阅读推广经验,这些经验能够为家庭阅读推广提供良好的思路。从教育的角度讲,高校图书馆深植于教育领域,阅读推广人具有不同的学科背景,专业化水平较高,在家庭阅读方面能够提供专业指导,帮助儿童矫正不良阅读习惯,解决阅读障碍问题,掌握科学的阅读方法。此外,在某些专业领域学科馆员也能够针对家长开展专题培训和辅导,让家长熟悉一些心理学、教育学等方面的知识,鼓励家长深度阅读、亲子共读,引导家长正确对待儿童阅读行为,构建良好的家庭阅读氛围,促进家长与孩子的情感交流。

3.4 高校图书馆技术优势

家庭阅读推广离不开技术赋能。随着新兴技术的应用和融媒体态势的发展,融媒体阅读已经形成了不可逆的时代趋势,从阅读载体到阅读方式,从介质选择到路径依赖,从粗放式浏览到精细化推送,人们的阅读行为已经发生了变化。高校图书馆与时俱进的时代感和技术迭代应用一直走在中国图书馆事业发展的前列,这得益于高校图书馆拥有"高精专"的研发团队和充足的经费保障。当前家庭阅读推广方式多以传统阅读推广为主,往往受到时间、空间的限制,难以应对家庭阅读环境多元化、阅读载体数字化、阅读内容精细化等需求。高校图书馆能够聚集技术优势,开发家庭数字阅读推广平台,整合知识资源,输出优质内容,实现精准阅读推送,通过知识生产、资源传播、信息消费、人机交互等,形成集万千家庭智慧于一体的阅读生态。

4 高校图书馆家庭阅读推广策略

高校图书馆大力开展面向家庭的阅读服务,有助于更好地服务社会,实现社会价值,其资源、人才、技术优势为家庭阅读推广提供了良好的基础。但如何与追求个性化体验、满足多层次阅读的家庭进行有效衔接,需要从发挥社会教育职能、优化资源供给侧、培育阅读推广人、建设智慧化平台等方面下功夫。

4.1 成立家庭阅读指导委员会,发挥社会教育职能

高校图书馆要充分利用校内专家优势,组织成立家庭阅读指导委员会,发挥好社会教育职能。一是建立家庭教育专家智库,开设家庭教育社会课程,加快培养家庭教育专业人才,健全高校、社会、家庭育人机制,为家庭教育相关法规、政策、标准、规范等提供智力支持。二是畅通家庭阅读推广机制,统筹做好有关机构、单位、部门、社团组织以及其他社会力量的协调工作,科学制订家庭阅读推广方案,组织和实施家庭阅读推广活动。三是开展家庭阅读理论研究和实践应用,加强对家庭阅读问题治理、家庭阅读方法指导、家庭阅读书目编制等方面的调查和研究,强化大数据、新设施、融媒体等技术手段的实践应用。四是发挥家庭阅读专家指导功能,开展线上线下家庭阅读专题教育讲座,传播家庭阅读理念,普及阅读相关知识,激发家庭阅读热情,营造良好的家庭阅读社会氛围。

4.2 优化家庭阅读资源供给侧,完善多元服务体系

高校图书馆应淡化静态资产"藏量",强化动态资源"利用",打通公共阅读提供单位的思想围墙和家庭与阅读资源获取的服务围墙,优化家庭阅读资源供给方式,加快完善多元服务体系,让家庭成员无门槛、无限制、方便、快捷地获取服务保障。一是整合馆内阅读资源,研制

家庭阅读书目清单,创建适宜家庭阅读的专题数据库,将低利用率优质资源用活、用好、用到最有价值的地方。二是引入"图书馆+"推广机制,由"单兵作战"转向"联合作战",与资源供应商、新闻出版机构、民间社会团体、实体书店、中小学校、志愿者等开展广泛合作,形成多方联动的家庭阅读推广机制。三是满足家庭多层次、个性化阅读需求,资源推送由"大水漫灌"转向"精准滴灌",实现"因人而异,分众阅读""因龄而定,分级阅读""因趣而推,分类阅读""因境而阅,分地阅读"的家庭阅读推广服务策略。

4.3　加强阅读推广人培育,深化家庭阅读服务

阅读推广是图书馆服务的行动自觉,阅读推广人是使得服务行动得以开展的核心要素。当前国内阅读推广人培育主要由行业协会引领,中国图书馆学会系统推出了一系列阅读推广教材,初步构建起阅读推广理论体系,积累了较为丰富的实践经验,促进了阅读推广人才队伍的建设和发展。高校图书馆具有得天独厚的教育优势,应成为阅读推广专业人才培养的重要力量。一是建立专业培养和业务培训的育人机制,开发阅读推广教学课程,广泛吸纳社会相关业内人士,多层次培养阅读推广专门人才。二是加强阅读推广理论研究,推进职业资格认证标准体系建设,探索阅读推广人资质考核方式,全面系统考查阅读推广人的专业素养、实操能力、服务水平等。三是注重阅读推广人才管理,建立专业人才档案,完善阅读推广人激励机制和聘任机制,深耕阅读推广实践,用新知识、新理念、新方法积极开展家庭阅读推广,促进培育成果转化,探索和创新家庭阅读服务。

4.4　推进智慧化平台建设,创新智慧阅读新模式

家庭阅读推广智慧平台是融合馆藏实体资源、挖掘网络虚拟资源、集成第三方优质资源于一体的知识发现系统,是家庭阅读推广智慧化服务的发展方向。一是要依托大数据、云计算、物联网等新一代信息技术,聚合家庭、资源、服务等基础数据,智能分析家庭阅读行为轨迹、资源利用动态分布、阅读推广交互体验。二是根据家庭成员阅读行为特征,挖掘隐性知识关联,掌握阅读需求和兴趣偏好,精准定位阅读推广内容,智能推送家庭阅读资源,响应和满足不同家庭、不同成员的个性化阅读需求。三是创新家庭阅读推广场景应用,通过现实虚拟技术实现同步云课堂、全景互动直播、AI人机对话交互、AR关联知识巡航、VR阅读沉浸体验等,增强推广家庭、推广活动、推广平台之间的黏性,建构技术赋能环境下的智慧阅读新模式。

家庭是承载生活的物理空间,家庭阅读赋予了它特别的文化韵味,家庭阅读教育让家庭更和谐,让孩子更睿智,家庭阅读推广对于每一个家庭的重要价值在于"习得"。高校图书馆在家庭阅读推广和教育方面还处于探索阶段,理论研究成果不多,相关实践活动较少,家庭阅读推广任务任重而道远。高校图书馆应携手公共图书馆以及其他公共文化服务和教育机构,广泛开展合作,构建家庭阅读服务体系,创新家庭阅读推广形式,丰富家庭阅读推广活动,激发公民阅读兴趣,增强家庭阅读意愿,进而提升全民科学文化素质,为"书香家庭""学习型社会"建设提供支持,贡献力量。

参考文献

[1] TAMÁŠOVÁ V, ŠULGANOVÁ Z. Promotion of family reading in the context of children's early reading literacy

development[J]. Acta technologica dubnicae,2016,6（2）.

[2] FLOOD C,MURPHY A,HAMMERSCHMIDT P. A family bookbag program reaches parents with messages about healthful eating and physical activity and improves family reading time[J]. Journal of nutrition education and behavior,2008,40（5）.

[3] Scholastic[EB/OL]. [2022−03−15]. https://www.scholastic.com/readingreport/home.html.

[4] National Parent Teacher Association. National PTA relaunches family reading experience program[EB/OL]. [2022−03−15]. https://www.prnewswire.com/news-releases/national-pta-relaunches-family-reading-experience-program-301286273.html.

[5] Bookstart[EB/OL]. [2022−03−15]. https://www.booktrust.org.uk/.

[6] Family place libraries[EB/OL]. [2022−03−15]. https://www.familyplacelibraries.org/.

[7] Read to me[EB/OL]. [2022−03−15]. https://www.readtome.ca/.

[8] VANOBBERGEN B,DAEMS M,VAN TILBURG S. Bookbabies,their parents and the library:an evaluation of a flemish reading programme in families with young children[J]. Educational review,2009,61（3）.

[9] 张岩. 推广家庭阅读　传承家庭文化[J]. 图书与情报,2017（2）:1−5.

[10] 王玮. 试论家庭阅读的重建[J]. 图书情报知识,2004（5）:13−16.

[11] 徐雁. 耕读传家久　诗书继世长——全民阅读推广背景上的家庭书香氛围的重建[J]. 图书情报研究,2012（04）:1−15,31.

[12] 唐红. 公共图书馆家庭阅读推广的问题及对策[J]. 图书馆学刊,2015（9）:108−110.

[13] 吴仲平,刘冬,凌佳,等. 少儿图书馆家庭阅读推广中的家长阅读探讨[J]. 图书馆研究与工作,2021（12）:32−36.

[14] 孙燕纯. 浅析公共图书馆家庭阅读推广服务策略——基于佛山市民家庭阅读现状调查[J]. 图书馆学研究,2021（1）:72−79,101.

[15] 陈素园,赵敏,张娟娟,等."互联网+"时代公共图书馆—家庭—幼儿园三位一体的早期阅读推广模式构建[J]. 图书馆建设,2022（4）:110−117.

[16] 徐雁."爱书"、"读书"和"懂得书"——"学习型家庭"、"书香校园"与图书馆阅读推广[J]. 图书馆研究与工作,2020（11）:60−68.

[17] 肖容梅. 创新开展图书馆家庭阅读推广[J]. 图书馆建设,2017（12）:11−15.

[18] 孙秀菊,牛宝印. 我国高校图书馆社会服务发展历程回顾[J]. 图书馆理论与实践,2018（9）:60−65.

增强权能理论视角下阅读疗法在家庭教育指导中的应用研究

周　雄（贵州省图书馆）

家庭教育，是指父母或者其他监护人为促进未成年人全面健康成长，对其实施的道德品质、身体素质、生活技能、文化修养、行为习惯等方面的培育、引导和影响[1]。

在中国历史上，无论官方还是民间，对于家庭教育都非常重视。《大学》有言，"身修而后家齐，家齐而后国治，国治而后天下平"，暗含有家庭教育的重要道理。诸葛亮的《诫子书》、颜之推的《颜氏家训》、司马光的《家范》、朱熹的《朱子家训》、朱柏庐的《治家格言》，以及《曾国藩家书》，都或多或少地涉及家庭教育方面的内容。这些著作，大多是儒家齐家治国平天下思想的传承，同时也提出了自己新的见解。中国现代幼儿教育的奠基人陈鹤琴有著作《家庭教育》问世，这是中国第一本对家庭教育进行系统研究的著作。自1988年赵忠心的《家庭教育学》开始，一系列以家庭教育为主题的专著就相继出版，如吕建国的《家庭生态与教育》，黄恩远的《现代家庭教育》，骆风的《现代儿童家庭教育艺术》，陈佑兰的《当代家庭教育学》，邓佐君的《家庭教育学》，李天燕的《家庭教育学》，陈善卿、陈宗国共同编著的《家庭教育指导读本》，朱闻哲的《家庭教育学》等。1995年通过的《中华人民共和国教育法》明确提出，学校、教师有权利与义务为学生家长提供家庭教育指导[2]。1992年创刊的《中华家教》等家庭教育类杂志办得如火如荼，以"家庭教育"为题和以"家庭教育"为主题的论文及相关文献更是数不胜数。

家庭承载着生活照顾与保障、情感支持、教育与教化、修复与整合的功能。家庭教育的缺失或不当，会导致家庭的社会功能衰弱，从而产生严重的社会问题，如青少年违法犯罪问题、人格缺陷与反社会问题、人际冲突与社会关系紧张问题[3]。轰动一时的马加爵案，有马加爵在接受学校教育期间与生态系统发生碰撞撕裂且无法排解的因素，但追本溯源，不当的家庭教育是悲剧发生的重大原因。由于家庭教育缺失或不当导致的社会问题层出不穷，社会亟须从法律法规的层面来加强家庭教育的指引。

2010年2月，全国妇联、教育部等部门颁布了《全国家庭教育指导大纲》（以下简称《大纲》），2019年对《大纲》进行了修订。《大纲》确立了家庭教育家长主体、儿童为本、思想性和科学性的指导原则，提出了家庭教育指导的8个核心理念，并分阶段对家庭教育指导提出要求。同时，《大纲》从组织领导、职责分工、资源整合、理论研究、队伍建设、社会组织培育、社会宣传等方面对家庭教育指导的实施提出明确的保障措施[4]。《大纲》的出台，对相关责任主体开展家庭教育指导工作，提升全国家庭教育水平起到了良好的促进作用。

《中华人民共和国家庭教育促进法》于2021年10月23日经第十三届全国人民代表大会常务委员会第三十一次会议通过，自2022年1月1日起施行，标志着我国专门从法律层面上来规范引导家庭教育的开始，为提升未成年人道德品质，增强未成年人身体素质，提高未成年人生活技能和文化修养，养成良好行为习惯提供了法治保障，党和国家对家庭教育的重视达到空前的高度。《中华人民共和国家庭教育促进法》明确规定了家庭、国家、社会的责任,鼓励和支持在家庭教育工作中作出贡献的组织和个人,同时规定了违反该法的责任主体的法律责任。其中,第十条规定,国家鼓励和支持企事业单位、社会组织及个人依法开展公益性家庭教育服务活动;第三十七条规定,国家机关、企事业单位、群团组织、社会组织应当将家风建设纳入单位文化建设,支持职工参加相关的家庭教育服务活动;第四十六条规定,图书馆、博物馆、文化馆、纪念馆、美术馆、科技馆、体育场馆、青少年宫、儿童活动中心等公共文化服务机构和爱国主义教育基地每年应当定期开展公益性家庭教育宣传、家庭教育指导服务和实践活动,开发家庭教育类公共文化服务产品[5]。《中华人民共和国家庭教育促进法》的出台,为图书馆投身于家庭教育指导工作提供了坚实的法律依据,同时也为探索图书馆家庭教育指导实践以及相关方面的研究指明了道路。

南京图书馆王改清认为,图书馆应该以"努力扩大自我宣传,开办家长学校,设立家庭教育咨询处"三个方面作为图书馆开展家庭教育的方向[6]。天津市少年儿童图书馆刘晓英认为可通过"公益讲座"学习掌握正确的教育理念,解决家长共性教育问题,通过"小活动"实践科学的教育方法,解决家长个性教育问题,共性教育问题注重家庭教育问题中的普遍性,个性教育问题注重家庭教育问题中的特殊性[7]。通过中国知网和万方数据等期刊数据库搜索发现,利用阅读疗法促进家庭教育指导的论文及案例不多。广州市越秀区图书馆范合生认为公共图书馆可尝试运用家庭阅读疗法开展对家长和孩子的阅读指导,做好家庭亲子关系教育工作[8]。唐山市丰南区图书馆胡大翠等人的文章《公共图书馆儿童阅读疗法服务实践研究》指出,推广教师通过给家长作阅读疗法指导讲座,可以有效引领婴幼儿及学龄前儿童亲子阅读与家庭教育的开展[9]。天津外国语大学图书馆的刘红菊、天津师范大学初等教育学院梁飞的文章《试析图书馆对家庭教育的支持作用》认为,图书馆可以为家庭教育提供空间支持、资源支持、网络支持以及活动支持。文章还认为,家长通过阅读教育学、心理学等相关书刊,可以了解青少年的成长特点及规律,掌握科学的教育孩子方法,不断提高自身的家教能力。图书馆不但能够帮助家长和孩子解决资源利用过程中遇到的各种问题,也可以为家庭教育提供一定的指导与服务[10]。一直以来,许多图书馆采用培训、沙龙、公益讲座、亲子共读等方式做了大量与家庭教育直接或间接相关的工作。这些活动的服务对象大多是特定的未成年人群体,几乎没有以家长为服务对象的家庭教育指导活动。家庭教育的责任主体是家长,对家长进行家庭教育指导,一方面可解决图书馆人力资源匮乏的问题,另外从长久来看,家庭教育指导能保证家庭教育的持续有效。图书馆馆员在利用阅读疗法指导家庭教育,广义上来讲也属阅读推广的范畴,将潜移默化地提升孩子的阅读兴趣,提升未成年人的知识水平和文化素质。

本文试着在增强权能理论视角下,主要以家庭教育的责任主体——父母或其他监护人为对象,采用理论思辨的方法,讨论阅读疗法在家庭教育指导中的实施原则和要求、应用中的问题及解决办法,以供业界同人参考与讨论。

1 相关理论

1.1 增强权能理论

增强权能理论是一种社会工作的理论。1976年,美国学者巴巴拉·索罗门在其著作《黑人的增强权能:被压迫社区里的社会工作》一书中首先提出增强权能的概念。1980年前后,增强权能的观点在理论上得到了快速发展,在社会工作实务中也得到了越来越多的应用。增强权能理论中的增强权能是指增强人的权利和能力,这套理论强调社会工作者要帮助处于弱势地位的个人和群体增强他们的权能。增强权能理论的基本假设包括:一、个人的无力感(即没有权能)是由于环境的压迫而产生的;二、社会环境中存在着直接或间接的障碍,使个人无法实现他们的权能,但这种障碍是可以改变的;三、每个人都不缺少权能,但是,在现实生活中,许多人却表现为缺乏权能;四、受助人是有能力、有价值的;五、社会工作者与服务对象的关系是一种合作的伙伴关系[11]。增强权能理论强调推动社会正义和社会协同、尊重与信任服务对象。

1.2 阅读疗法

阅读疗法是舶来品,国内以北京大学图书馆研究馆员王波为代表的专家学者结合中国国情,对阅读疗法进行了深度的理论探索。王波博士指出:阅读疗法是以文献为媒介,将阅读作为保健、养生以及辅助治疗疾病的手段,使自己或指导他人通过对文献内容的学习、讨论和领悟,养护或恢复身心健康的一种方法[12]。

2 增强权能理论视角的阅读疗法在家庭教育指导中的原则

2.1 整体和宏观原则

对服务对象的全面客观的案前评价,是增强权能理论视角下的阅读疗法在家庭教育指导中的重要原则。图书馆馆员应该全面研究探索导致家庭教育出现问题的深层原因,是生理因素、经济因素、文化因素、政治因素还是其他因素。只有对这些因素了然于心,通过科学合理的分类,才能推动具有共同家庭教育问题的对象形成共同体,这个共同体成员之间因为共同的家庭教育问题,会产生同病相怜之感,从而形成互帮互助,相互支持,共同成长的氛围。共同体成员通过共同阅读和相互推荐,解决家庭教育中出现的问题,进而在阅读中达到增强权能的效果。通过分类,图书馆馆员可根据不同的现实需求,为不同类型的家庭和团体匹配相应的阅读资源和阅读疗法的形式。

2.2 尊重与信任原则

根据增强权能理论,图书馆馆员应充分尊重阅读疗法对象,明确自身在开展家庭教育指导中所扮演的组织者、引导者、教育者、使能者、资源咨询或提供者、意识提升者的角色。

充分尊重阅读疗法对象,不仅是基于增强权能理论的专业要求,从社会心理学的角度,这也是服务对象的需要。人们在生产生活中,容易因为一时的失败而产生自卑感和无力感,且许多家庭教育失败的原因是由于心理问题造成的,更会使阅读疗法对象特别敏感。图书馆馆员应充分尊重和信任服务对象,一方面表明自己专业图书馆馆员的身份,向服务对象暗示自己不是高高在上的施恩者,而是一个可以提供协助的阅读推广人,从而打消服务对象的顾虑,快速接受和配合图书馆馆员的工作。另一方面,图书馆馆员应该在内心深植一个观念,即服务对象在有效的帮助下,通过学习和匹配资源,有能力改变当前现状。在图书馆馆员的努力下,服务对象在意愿改变、动力增强、资源联系等方面会逐渐取得成功,服务对象与环境之间能形成有效的互动,达到助人自助的目的。

2.3 互惠互助,双向合作

图书馆馆员可与阅读疗法对象建立互惠互助和双向合作的关系。图书馆馆员应该知道,阅读疗法对象的权能不是他人授予的,而是人们在积极互动过程中不断生长出来的。通过阅读疗法项目的开展,图书馆馆员与服务对象之间形成一种互利合作的关系,服务对象即家庭通过阅读疗法解决实际生活中遇到的问题,进而增强自身权能,而图书馆馆员通过组织服务对象参与到阅读疗法活动,引导服务对象接受阅读疗法理念并深入实践,帮助服务对象学习处理自身问题,寻找、整合匹配阅读疗法资源,对阅读疗法效果进行评估,为将来更好地开展类似活动或重新形成专业关系积累丰富的经验,从而提升图书馆馆员开展阅读疗法活动的专业能力。在这里我们应该明白,群体是由个体组成的,个体权能的增强成为群体权能增强的基础,群体权能的提升反过来会强化个体的权能,群体和个体权能的增强是可以相互促进的[13]。

2.4 家长主体,儿童为本

图书馆馆员实施家庭教育指导,特别要明确一点,家长才是家庭教育的责任主体,家庭教育指导服务的对象是家长,其核心是增强家长的权能,目标是儿童的全面健康发展。在增强权能理论的视角下,利用阅读疗法实施家庭教育指导的核心是引导家庭教育缺失或不当,社会功能失调或衰弱的家庭的家长进行阅读。通过共鸣、净化、平衡、暗示、领悟和情志相胜等心理机制作用,使这类家庭的家长跨越障碍,充分认识自身及家庭的能力和价值,在实施家庭教育的过程中慢慢改变,增强其权能,从而促进未成年人的全面健康成长。图书馆馆员在引导家长进行阅读,恢复家庭社会功能过程中也贯彻了助人自助的社会工作理念。毕竟,图书馆资源有限,代替家长进行家庭教育偶尔为之实为一种社会倡导,难以长期有效地解决困境家庭的家庭教育问题,授人以渔才是根本。

2.5 真诚耐心,合理期待

图书馆馆员在采用阅读疗法进行家庭教育指导过程中,对服务对象要用真诚的态度。在开展服务过程中,部分服务对象可能不配合,或持排斥态度,或转移视线,或失去信心等。此时图书馆馆员切忌烦躁,更不能将怨气撒在服务对象身上。图书馆馆员要保持充分的耐心,综合运用支持性、引导性和影响性技巧,让服务对象摆脱非理性、错误的认知和信念。在与服务对象建立服务关系的过程中,双方要对服务效果有一个合理的期待,这需要图书馆馆员对服务对象加以澄清。理论界已经达成共识,阅读疗法不可能包治百病,只能作为一种辅助性的治疗手段。在利用阅读疗法进行家庭教育指导的过程中,图书馆馆员一定要把握好度,对于严重危及少年儿童身心健康的情况,要及时有效地寻求其他手段的介入,比如,针对家庭暴力问题、遗弃儿童问题等,要及时向相关部门反馈。

3 难点和问题的解决办法

在利用阅读疗法指导家庭教育的过程中,可能会出现一系列诸如服务对象阅读能力不足甚至没有阅读能力,缺少针对性强的家庭教育指导阅读疗法书目,聚焦个体努力而忽视社会整体对利用阅读疗法指导家庭教育的推动,忽视图书馆馆员专业性等问题。图书馆馆员应具备全局的眼光,坚定而富有创造性地解决面临的问题。

3.1 拓展思路、不拘泥于传统形式

中国目前正处于新旧交替的过渡时期,受社会大环境的影响,大部分人家庭教育意识依旧淡薄,社会还没有普遍形成较为浓厚的家庭教育氛围。进城农民工家庭,留守儿童家庭,城市低收入家庭等依然是亟须家庭教育指导的对象,而这些家庭中的家长及监护人可能处于阅读能力不足甚至没有阅读能力的境地。在开展阅读推广活动及阅读能力调查中我们发现,受服务对象文化水平的影响,部分家长及监护人的阅读能力不足以支撑阅读疗法在家庭教育中的实践,阅读疗法的开展可能面临重重障碍。这意味着图书馆馆员在利用阅读疗法开展家庭教育的过程中,对阅读概念的理解不应停留在传统的固有形式上。笔者认为,图书馆馆员可采用阅读剧场、角色扮演、朗诵、团体讲座等,并适当选择运用音乐疗法的相关理论及做法。

其中贵图阅读剧场能够给阅读疗法助力家庭教育指导带来一些重要启示。贵图阅读剧场是贵州省图书馆创立的一个品牌,笔者曾有幸参与其中。在中国图书馆学会主办的"创新引领未来——第一届公共图书馆创新创意作品征集推广活动"中,"贵图阅读剧场"阅读推广活动获"最佳青年创新奖"。本来,团队的初衷是创立一个阅读推广品牌,通过将书本搬上舞台,利用灯光、音乐、背景、现场演员的演绎等,将书中人物及剧情进行现场活化呈现,再通过阅读推广人甚至书的作者现场进行讲解推荐,吸引和引导读者对推荐书目进行深度的阅读。贵图阅读剧场改编的第一本书是大冰的《阿弥陀佛 么么哒》中《一个孩子的心愿》,曾在监狱、高校、公共图书馆多次展演。《讴歌新中国 谱写新时代——仰望苍穹·中国天眼·南仁东传》改编自王宏甲先生的《中国天眼——南仁东传》以及王华老师的《仰望苍穹》,在贵州省图书馆展演获得广泛好评。这些活动的对象有服刑人员、高校大学生、公共图书馆读者。惊喜的是,从贵图阅读剧场活动开展后的反馈来看,竟出奇地起到疗愈的作用。反馈的结果是,通过展演,缓解了部分服刑人员的无力感;滋润了大学生心灵,部分大学生空虚状态得到缓解;许多读者从《中国天眼——南仁东传》《仰望苍穹》的改编作品中找到了奋进的力量。更巧的是,部分家长在活动结束后向我们工作人员反馈,通过观看《一个孩子的心愿》的剧场演绎,他们开始反思他们紧张的亲子关系以及家庭教育中的不当之处。通过调查与思考,我们可以得出结论,这是阅读疗法心理学中的共鸣、净化、平衡、暗示、领悟等一系列原理在起作用。在充分尊重和信任家长的前提下,图书馆馆员可以通过邀请家长进行角色扮演,开展阅读剧场活动,达到家庭教育指导的目的。

在服务对象阅读能力不足甚至没有阅读能力的情况下,阅读剧场、角色扮演、朗诵、团体讲座、音乐等对阅读能力无特殊要求的方式方法,也可达到家庭教育指导的目的。

3.2 整合生态系统资源,打造书目编制团队

在增强权能理论视角下,阅读疗法要在家庭教育指导中发挥重要作用,需要针对性强的书籍作为支撑。家庭教育指导的对象是家长和监护人,这是一个特殊的群体。目前直接或间接针对少年儿童的阅读疗法书目不少,但是针对家长或监护人的家庭教育指导阅读疗法书目却几乎没有。这种情况下,编制家庭教育指导阅读疗法书目显得非常迫切。笔者建议,打造集家长代表、教育工作者、图书馆馆员、心理咨询师、普通民众等为一体的家庭教育指导阅读

疗法书目编制团队。团队组建过程中,要注意选取不同类型家庭教育问题的家长代表。编制过程中要充分尊重和听取这些代表及普通民众的意见,了解他们的阅读体验,关心他们的诉求。每一个问题孩子背后,都有一对问题家长,针对每一种类型的家庭教育问题,选出若干书籍编制成家庭教育指导阅读疗法书目,为阅读疗法助力家庭教育指导打好基础。

3.3 放眼全局,实现社会协同

图书馆馆员应具备全面的整体的眼光,不能局限于某一个馆的阅读疗法活动。图书馆要努力推动图书馆行业组织与家庭教育行业组织的联动,实现行业融合和区域协同。随着中国化的阅读疗法理论研究的不断进步,阅读疗法实践的不断开展,以及国家和社会对图书馆支持家庭教育指导的肯定,图书馆界应进一步发挥行业组织在阅读疗法方面的指导作用。中国图书馆学会阅读推广委员会设立了阅读与心理健康专业组,参考此做法,还可推动省、市级图书馆行业组织成立相关的专业委员会(专业组)。图书馆行业组织应充分利用阅读疗法相关专业委员会或专业组这样的平台,在深入研究阅读疗法理论和推动阅读疗法实践的同时,与家庭教育行业组织进行联合,承担家庭教育指导的社会责任。

图书馆馆员应该充当阅读疗法传播者和督导者的角色,成立阅读疗法团队,发展和培育专业的阅读疗法师和有一定水平的志愿者,并积极开展针对家庭教育的长期的全民阅读活动。在这些活动中,应确立各种主题单元,如留守儿童家庭教育、父母失能儿童家庭教育、网瘾青少年家庭教育、病态家庭的家庭教育等,从而在社会上形成重视阅读疗法服务家庭教育的浓厚氛围,推动国家在家庭教育上的投入,强化家庭教育责任主体的责任意识,让他们接受阅读疗法的理念,指导有志于提供家庭教育指导服务的组织和个人利用阅读疗法,实现社会协同。

3.4 尊重与信任,坚持专业性

增强权能理论在伦理价值上强调尊重和信任受助人,这可能会给某些没有深入了解这一理论的人以口实,认为增强权能理论与社会工作的专业性及专业价值相悖。具体到图书馆馆员开展家庭教育指导上,图书馆馆员可能会觉得事事都必须依从家长的意见,从而在开展服务中失掉自身的专业性。恰恰相反,这里的尊重是指尊重服务对象的想法,并理解服务对象非理性、错误的认知和信念产生的根源;信任指图书馆馆员相信通过专业的阅读疗法服务,有针对性地引导服务对象进行靶向阅读,服务对象将会有改变的意愿且有改变的潜力。在开展家庭教育指导的过程中,图书馆馆员不但不能放弃专业性,而且要特别强调自身专业性,专业性越高,专业形象越好,越能在推动服务对象改变中取得成功。

4 对图书馆馆员的基本要求

在增强权能理论视角下,利用阅读疗法开展家庭教育指导对图书馆馆员有着很高要求。首先,图书馆馆员需要有广博的知识,有较广的阅读面,能链接资源开展有效的阅读推广活动,成为一个优秀的阅读推广人,这样才能在开展活动前和提供阅读疗法书籍时做到心中有数;其次,图书馆馆员需要对家庭教育规律有一定的了解;再次,图书馆馆员需要合理运用心理学、社会工作等相关学科知识,熟练掌握接案、预估、计划、介入、评估、结案等流程;最后,图书馆馆员需要有持之以恒的毅力和决心。阅读疗法介入家庭教育指导,不是一朝一夕立竿见影的事,需要坚强的毅力和持之以恒的决心才能实现从量到质的飞跃。

在阅读疗法研究如火如荼,以及国家和社会对家庭教育越来越重视的大背景下,本文采用阅读疗法的相关原理,结合家庭教育指导的特点及法律法规要求,以家长或监护人为服务对象,在增强权能理论视角下对阅读疗法助力家庭教育指导的原则和要求、问题及解决问题的办法进行了研究讨论。目前,结合阅读疗法开展家庭教育指导的理论非常缺乏,阅读疗法的实践也处于摸索之中,以山东第一医科大学图书馆的宫梅玲"书疗小屋"等为代表的阅读疗法实践在国内取得了开创性成果,但阅读疗法应用要达到社会层面的推广应用还有很长的路要走。欣慰的是,2022年中国图书馆学会学术论文和案例征集中,"《家庭教育促进法》与图书馆家庭阅读推广"和"健康中国体系下的大众心理建设与阅读疗愈"两个主题赫然在列,在国家和社会对家庭教育愈加重视和大健康产业不断发展的背景下,相信将掀起一波研究与实践的热潮,对阅读疗法助力家庭教育指导大有助益。要将阅读疗法有效用于家庭教育指导,需靠理论的指导,更要靠实践的探索及经验的积累,有赖于图书馆馆员、教育工作者、社会工作者、心理咨询师及相关人士的研究和努力。

参考文献

[1][5] 中华人民共和国家庭教育促进法[J]. 中华人民共和国全国人民代表大会常务委员会公报,2021(7):1274-1279.

[2] 中华人民共和国教育法[J]. 新法规月刊,1995(5):39-44.

[3] 吕新萍. 家庭社会功能的重建与家庭综合服务的推进——从《家庭教育促进法》的制定与实施谈起[J]. 少年儿童研究,2022(2):37-39.

[4] 全国家庭教育指导大纲(修订)[EB/OL]. [2019-05-14]. https://www.zgggw.gov.cn/zhengcefagui/gzzd/zgggw/13792.html.

[6] 王改清. 公共图书馆支持现代家庭教育构思[J]. 四川图书馆学报,2017(1):18-19.

[7] 刘晓英. 为家长开启一扇智慧教育之窗——少年儿童图书馆开展家庭教育的优势及设想[J]. 山西青年,2016(24):63-64.

[8] 范合生. 公共图书馆促进家庭良好亲子关系的思考[J]. 科技风,2016(20):177.

[9] 胡大翠,杨双琪,胡海燕,等. 公共图书馆儿童阅读疗法服务实践研究[J]. 河南图书馆学刊,2018(4):138-140.

[10] 刘红菊,梁飞. 试析图书馆对家庭教育的支持作用[J]. 图书馆工作与研究,2012(10):118-120.

[11] 全国社会工作者职业水平考试教材编写组. 社会工作综合能力(中级)[M]. 北京:中国社会出版社,2019:106-107.

[12] 王波. 阅读疗法[M]. 北京:海洋出版社,2014:15-16.

[13] 陈树强. 增权:社会工作理论与实践的新视角[J]. 社会学研究,2003(5):70.

高校文博图书馆建设实践

——以浙江大学方闻图书馆为例

范晨晓　韩松涛(浙江大学图书馆)

文博图书馆，顾名思义，天然带有博物馆和图书馆的双重属性。浙江大学建有艺术与考古博物馆(以下简称"浙大艺博馆")，并为之配套建设了位于艺博馆内的方闻图书馆①(以下简称"方闻馆")，其建设目的是扩展浙江大学教学与研究的视野，并为浙大艺博馆的收藏与教育项目的开展提供学术支持。方闻馆隶属于浙江大学图书馆，由古籍特藏部管理，服务于浙大艺博馆。方闻馆作为国内重要的高校文博图书馆，总结其资源建设和服务模式，可以为国内高校文博图书馆建设提供参考借鉴作用。

1　高校文博图书馆建设与研究综述

文博图书馆既是我国文博事业的重要组成部分，是为文物藏品的收集、研究和宣传教育提供服务的专业性学术性机构，同时，也是专业图书馆的重要组成之一。像故宫博物院、上海博物馆、山西博物院等公共博物馆都设有图书馆，用来庋藏相关图书资料。有些公共博物馆像南京博物院、吉林省博物院则设有图书信息部、信息技术中心等，也承担图书馆功能。

高校博物馆作为博物馆体系中的重要一员，图书资料同样是不可或缺的。在国外，高校博物馆中设立图书馆十分普遍，尤其是世界一流大学中，例如哈佛大学皮博迪博物馆的托泽图书馆、哈佛大学佛格博物馆的艺术图书馆、普林斯顿大学的马尔昆德艺术与考古图书馆、耶鲁大学英国艺术中心图书馆等。聚焦国内，北京大学建有塞克勒考古与艺术博物馆，隶属于考古文博学院，而文博学院则建有一个图书馆，根据其官网介绍，其图书收藏类别以历史学为主，兼及人类学、社会学、艺术学、地质学、建筑学等相关方面[1]。南京大学博物馆也建有博物馆图书馆，隶属于南京大学图书馆[2]。复旦大学博物馆隶属于文物与博物馆系，该系同样建有系图书资料室[3]。这说明国内高校其实对于文博图书馆是持肯定态度的，只是往往以一个院系资料室的形式存在。

从研究论文来看，高校文博图书馆的热度和高校博物馆如火如荼的建设现状也是严重背离的。根据《当代中国高校博物馆发展历程研究》一文统计，从改革开放至21世纪初就成立

　　① 方闻先生是著名中国艺术史学家、普林斯顿大学荣休教授，致力于在西方世界构建中国艺术史的话语体系、推广中国艺术与文化史的独立价值。为感谢其对中国艺术史研究和浙江大学艺术与考古博物馆建设做出的重要贡献，浙江大学在征得方闻教授及其夫人方唐志明女士的同意后，决定将建设中的艺术与考古图书馆永久命名为"方闻图书馆"，英文名The Wen and Constance Fong Library。

了215座,从21世纪初至今的高校博物馆则达137座。其发展速度之迅猛,平均每年约新增13座[4]。关于高校博物馆研究的论文,也迎来了新的高峰。刘明骞在《我国高校博物馆研究的评述与展望》一文中,以"高校博物馆"或含"大学博物馆"为主题词,在中国知网数据库中进行检索,时间截止到2021年3月,相关文章已达到1514篇[5]。

笔者以"文博""图书馆""文博图书馆""文博专业图书馆"为主题词,在中国知网进行组合检索,时间截止到2022年3月。通过人工筛选去除与文博图书馆研究明显无关的公告、报道等,剩余文章仅17篇。其中近5年,相关文章仅4篇。这些相关文章主要可以分为三类:一是侧重馆藏建设方面,有学者认为文博图书馆应该"及时提供对陈列展览、科学研究、收藏保管、宣传教育和知识普及的有价值的资料"[6],也有学者认为文博图书馆馆藏有三方面的任务,即"一是收藏;二是供本馆专业人员研究参考;三是供陈列使用。收藏的任务重于后两者"[7]。第二类主要是关注社会公众服务能力建设方面,认为文博图书馆除了服务"本系统内的专家学者,同时也服务于整个城市的专业人员。向社会各领域及时准确提供所需要的文献,使图书馆丰富的藏书资源得以充分利用,使文博系统图书馆与社会融为一个有机整体"[8]。第三类是强调数字化与共享方面,如张毅《文博图书馆文献资料数字化与共享》[9]和李鸿恩《文博图书馆的专业性及其数字化建设思路》[10]等。但这些文章都是从公共博物馆的角度去研究的,针对高校文博图书馆的研究则鲜有所见。

2 方闻图书馆的建设背景

高校与博物馆的关系源远流长,世界上最早的博物馆——阿什莫林博物馆就是由牛津大学于1683年建立的。中国人自己创办的第一个博物馆即1905年张謇先生创办的南通博物苑,也在江苏省通州师范学校内成立。张謇还在《上学部请设博物馆议》奏议中提出筹建以博物馆与图书馆合二为一的博物馆[11]。这个提议不仅是因为当时的时代背景,更多的是张謇看到了博物馆和图书馆之间的血脉联系。1948年2月,北京大学开始筹建博物馆,在征集文物的同时,也对文献资源十分重视,"考古与美术之研究,首重实物;实物不足,每利用照相,为之补充。吾国夙重摹拓,亦此意也。今本馆所收集者,为数约有二千,规模虽小,已奠初基。其他图录报告,亦极重要,能力所及,无不访求"[12]。

英国的剑桥大学于1816年建立了菲兹威廉博物馆(The Fitzwilliam Museum)。这是一座艺术与考古博物馆,馆内建有参考图书馆(The Reference Library),拥有与博物馆收藏有关的资料(美术、应用艺术、古董、珍本书籍和手稿),支持博物馆通过追求国际最高水平的教育、学习和研究,为社会作出贡献的使命[13]。美国的普林斯顿大学建有艺术博物馆(Princeton University Art Museum),馆内配套建有马尔昆德艺术与考古图书馆(Marquand Library of Art and Archaeology)。作为美国最古老的艺术图书馆之一,马尔昆德艺术与考古图书馆藏书50多万册,涵盖了从古代到现在的世界艺术和考古相关书籍,包括许多珍本藏书[14]。

著名中国艺术史学家方闻先生在普林斯顿大学任教多年,先后担任普林斯顿大学教授、讲座教授、艺术考古系主任、普林斯顿艺术博物馆主席(主任)、纽约大都会博物馆中国绘画部的特别顾问等职务,并与普林斯顿大学汉学家牟复礼教授创建了美国历史上第一个中国艺术和考古学博士计划。进入21世纪之后,方闻教授更是为推进中国艺术史在中国的发展而努力。在他的指导和帮助下,浙江大学于2009年开始筹建艺术与考古博物馆,并根据方先生的意见,配套建设了相关图书馆即方闻馆。浙大艺博馆以普林斯顿大学艺术博物馆为参照,方闻馆则比照马尔昆德艺术与考古图书馆建设。方闻馆面积达2100平方米,计划藏书25万册,拟收藏人类不同文明、不同时代的,和艺术与考古有关的图书、考古报告、纸本图片、电子图片、档案及拓本等。目前已经收藏图书文献约10万册。

3　方闻图书馆的资源建设过程

笔者曾在《逆向思维看哈佛图书馆的重组——兼论国内高校图书馆分馆制建设中的核心问题》[15]一文详细探讨专业分馆的建设路径。笔者以为建立一支强有力的采访团队,在独立采访政策的指导下去完成学术资源的收集、组织与服务是专业分馆建设的必需条件。而方闻馆作为浙江大学图书馆体系中重要的学术专业图书馆,其资源建设过程可以为高校文博图书馆建设提供借鉴。

3.1　独立采访政策的确定

哈佛图书馆作为世界一流高校图书馆,十分重视采访政策。重组前后,哈佛图书馆都赋予了各分馆制定独立采访政策的权利。浙大图书馆则在方闻馆筹建之初,就与博物馆老师讨论确立了《艺术与考古大型特藏前瞻性建设规划》,明确今后要有计划地收集涵盖人类不同文明、不同时代的艺术与考古范畴的图书、考古报告、图录、手稿、拓本、档案等。2015年浙大图书馆又制定了《浙江大学西文基础学术典籍建设规划》,规划再次强调了要进一步加强艺术与考古外文专题特藏建设。2020年则重新修订了《艺术与考古特藏建设规划》,"拟结合(艺术与考古学院)建设架构及学科发展需求,对标国内外相关高校学科馆藏,重点对学科核心书目进行补缺采购"[16],以此进一步完善了方闻馆的采访政策。

3.2　艺术与考古资源的购藏

在方闻馆资源建设中,相关专业老师是其中的主力。"在专家的指导下,图书馆委托国外专业书商有计划地从海外寻访相关资源,并在对拟采藏书做综合评估的基础上,10年来共引进了16套艺术与考古私人藏书,逐步构建完整的学科研究藏书体系"[17]。这些私人藏书内容涵盖中国、东亚、中西亚、近东与西方等全球重要区域,包括文艺复兴与巴洛克时代建筑与艺术史专题:佛南岱兹藏书(The Fernandez Collection);法老时代埃及艺术与考古专题:德莱耶藏书(The Dreyer Collection);希腊—罗马艺术与考古专题:格林藏书(The Grimm Collection);古代中西亚艺术与考古专题:卡尔劳夫斯基藏书(The Karlovsky Collection);远东文化史研究专题:基伯斯藏书(The Kyburz Collection)等。"专家们还积极向图书馆提供学科领域海内外知名学者、研究机构、出版机构名录以供图书馆日常采购及回溯订购相关图书,图书馆在常规采购中注重对这类图书的收集及对学科领域大型文献的收集工作,系统强化艺术与考古特藏"[18]。

通过拼图式的私人藏书与学科大型文献的收集,方闻馆馆藏资源的专业性得到了较好的保障。

3.3　艺术与考古资源的重组

建立以专业文献为核心的藏书体系,是学术专业图书馆最显著的标志之一。"目前,国内大多数图书馆是将所有资源根据《中图法》统一排列的方式进行排列。以学科为导向可以对大集合资源进行重组，这种重组也将成为图书馆从群体服务转为面向学科与学术团队进行的个性化服务的一种表现形式"[19]。除了资源新购，方闻馆还对艺博馆资料室的1.5万册艺术与考古图书进行了分类、重组。并且在此基础上，计划对浙大图书馆相关馆藏进行重组调整，考虑将中图法下G大类中的博物馆学、J大类中美术学和K大类中与考古等相关的浙大图书馆藏书进行专题整合。

资源建设非朝夕之功，新购不能满足高校文博图书馆的建设需要。只有通过整合旧藏、采购新藏，两者合二为一，才能将高校文博图书馆建设成为一个学术性强、特色鲜明、资源类型丰富的研究型学术特色馆藏。

4 方闻图书馆的服务实践

《国家文物局、教育部关于加强高校博物馆建设与发展的通知》（文物博发〔2011〕10号）明确指出，高校博物馆是为了教育、研究、欣赏的目的，由高等学校利用所收藏的文物、标本、资料等文化财产设立并向公众开放，致力于服务高等教育发展和社会文化发展的社会公益性组织[20]。教育、研究、欣赏是高校博物馆的首要职责。

浙大艺博馆的定位是文明史、艺术史教学博物馆，是与收藏文字文献的图书馆相平行的实物史料库，也是大学的文科实验室，其最大的特点是服务实物教学。因此，作为其重要组成部分的方闻馆天然被赋予了三种职能：支持展陈，支持教学科研、支持文物数字化实践。

4.1 支持展陈

复旦大学文物与博物馆学系主任陆建松教授在接受《文汇报》采访时曾这样说道："现代博物馆的首要功能是教育——为观众提供丰富多彩、高质量的文化产品和服务。"[21]浙大艺博馆的最大特点是实物教学，通过接触实物来理解文明的本质，而展陈是其中最主要的方式之一。

就方闻馆而言，以展促教，支持展陈可以分为两个层次。一是借助现代研究图书支撑展览，如2019年艺博馆开馆展"中国与世界：浙江大学艺术与考古博物馆新获展品展"和"国之光——从《神州国光集》到《中国历代绘画大系》"，这两个展览涉及相关研究图书13种83册。再如中国丝绸博物馆于2020年6月举办"众望同归：丝绸之路的前世今生"。展览以丝绸之路学术史为主题，梳理了德国地理学家李希霍芬将"丝绸之路"概念提出前后一直到世界文化遗产"丝绸之路：长安—天山廊道路网"申报成功前后的各个历史阶段的丝绸之路学术研究。学术研究离不开书籍，学术成果也往往以书籍形式呈现。而方闻馆38种图书就承担了"解读"展览第二篇章"丝路命名：李希霍芬和他的时代"这一重要任务。这些书籍经过策展人的精心编排，可以使社会大众更好地了解丝绸之路曾经悠久的历史，从而加深理解"一带一路"厚重的文化基础。

支持展陈的另一方面是积极挖掘藏书中的珍本，以图书为主题举办展览。如2015年，浙大图书馆与艺博馆共同举办了"从敦煌到犁轩——浙江大学新获丝绸之路研究外文文献展（一）"，选择与丝路文明相关的发掘报告与研究文献，以丝路重镇中国敦煌为始，终于埃及重要港口亚历山大里亚城（《史记》所称犁轩），让师生得以深入了解"一带一路"文明。再如2016年，图书馆与艺博馆又合作举办了"我来自东：东亚艺术收藏在西方的建立（1842—1930）"，展览反映了这一时期东亚艺术收藏在西方建立的过程。展品始于1842年伦敦《万唐人物》展览图录（Ten Thousand Chinese Things），结束于喜龙仁（Osvald Sirén, 1879-1966）于

20世纪20年代开始的全部著作，横跨约一个世纪。

2021年，以馆藏古籍和外文珍本为主题的"册府千华：中国与亚洲——浙江大学藏中外善本珍本图书"展览，展出的外国珍本均来自方闻馆，根据内容所涉及的地域之别，分为"中国-a耶稣会士与早期汉学文献""中国-b马戛尔尼访华文献""东亚""东南亚""中西亚"五单元。该展览展品，笔者亦曾陪同策展人艺术与考古学院缪哲教授数至书库，精心挑选。

4.2　支持教学科研

方闻馆身处高校内，其首要职责是为大学的人才培养和教学发挥应有的助力作用。此作用体现一为嵌入课堂：艺术与考古学院薛龙春教授将《中国书法史》课堂直接设置在了方闻馆，利用馆藏《容庚藏帖》为学生传道授业、答疑解惑。美国杜兰大学访问学者邓洛安教授（Professor Anne Dunlop）在浙大开设"文艺复兴艺术史导论"通识课程及"全球化文艺复兴：早期现代艺术史与跨文化交流高级研讨班"时，就利用了上文提及的佛南岱兹藏书，该藏书中包含了数位十八世纪欧洲艺术家的版画。同时，还为此举办了"想象之境：十八世纪欧洲壮游的视觉文化"版画展，使得课程以外的师生也能一睹欧洲版画风采。

高校博物馆是开展原创科研的重要基地。方闻馆积极打造师生沉浸式科研的优良环境，主要可以分以下三方面。一是理清相关特藏，通过系统地整合、重组全馆资源，让艺术与考古相关师生在方闻馆足不出户，就可以掌握校内外相关图书资源。同时方闻馆还开辟了24小时学习空间供师生研学。二是将特藏珍本积极推介给师生，供师生进行学术研究。笔者曾参与筹办"金石不朽：书写、复制与衍生"展览。在该展览前后，浙江大学艺术与考古学院院长白谦慎教授与艺术史系主任薛龙春教授就多次带领学生就展览用书进行研讨。白谦慎教授还就此撰写《吴大澂及其友人金石研究三题》一文。三是方闻馆还设置了数间访问学者研究室，拟邀请国内外艺术与考古专业的老师来此研学，更好地利用馆藏。

4.3　支持文物数字化实践

甲骨珍贵，众所周知。然而因其珍贵，流散亦多。据孙亚冰在《百年甲骨文材料统计》一文中统计，我国共有2万余片甲骨散落于日本、加拿大、英国、美国等14个国家[22]。目前来看，实体回归的难度非常大，数字化回归可能是其最可行的办法。

基于此，浙大图书馆在方闻馆建设了一个文物数字化实验室，主要基于RTI（Reflectance Transformation Imaging）技术。RTI扫描技术是针对甲骨、墓志等浅刻实物的较佳扫描方案。目前，该文物数字化实验室已经使用该技术对哥伦比亚大学东亚图书馆、普林斯顿大学图书馆藏甲骨进行扫描，并对扫描图像进行了技术合成。RTI技术在中央电视台纪录片频道制作的纪录片《甲骨王朝》也得到了再一次的展示。目前这两批甲骨已经全部在大学数字图书馆国际合作计划（China Academic Digital Associative Library）网站上进行展示，将文物"带出深闺"，公之于众，使得"夫学术者，天下之公器也"[23]成为现实。

其实，文博图书馆所藏图书很多是研究报告、图录之类，这些也可以通过OCR字符识别扫描技术或光学扫描压缩存储等图像处理方法，将珍贵图书、报告数字化，并对其进行有效清理、组织，形成具有专业特色的数据知识包。同时也可以利用数字人文等相关技术对地图集等资源进行进一步的开放。

相较国外高校文博图书馆，国内高校文博图书馆建设相对低调。高校文博图书馆建设应得到高校的重视，可以将现存的院系资料室与图书馆馆藏资源进行融合重组，使文博图书馆成为专业程度高的学术图书馆。同时，在服务师生的基础上，高校文博图书馆也可以围绕或配合展览、收藏和研究等，开展一系列的延伸教育和拓展服务，如真人图书馆、视听欣赏、研习活动等。总而言之，要使高校文博图书馆成为一个支持科学研究的生态空间，一个支持专业教学的平台，一个开展公众教育的场所。

参考文献

[1] 北京大学考古文博学院. 北京大学图书馆考古文博学院分馆简介[EB/OL].[2022-03-23]. https://archaeology. pku.edu.cn/xxzl1/zls.htm.

[2] 南京大学图书馆. 院系分馆—博物馆[EB/OL].[2022-03-23]. http://lib.nju.edu.cn/yxfg/bwg.htm.

[3] 复旦大学文物与博物馆学系. 系图书资料室[EB/OL].[2022-03-23]. http://www.chm.fudan.edu.cn/wbxzls/list.htm.

[4] 张翼飞. 当代中国高校博物馆发展历程研究[D]. 长春:吉林大学,2021.

[5] 刘明骞. 我国高校博物馆研究的评述与展望[J]. 自然科学博物馆研究,2021（6）:10-18,91.

[6] 张秋红. 浅谈文博专业图书馆的资料搜集[J]. 吉林省教育学院学报（上旬）,2012（4）:138-139.

[7] 花实. 重视典藏纸本资源,开发利用数字资源——浅谈文博系统专业图书馆的馆藏资源[C]//中国图书馆学会专业图书馆分会2009年学术年会论文集.[出版者不详],2009:260-264.

[8] 李萍. 当代中国文博系统图书馆社会化服务模式与方略探索[J]. 艺术百家,2012（S2）:451-453.

[9] 张毅. 文博图书馆文献资料数字化与共享[J]. 文物春秋,2018（S1）:84-88.

[10] 李鸿恩. 文博图书馆的专业性及其数字化建设思路[J]. 图书馆论坛,2006（4）:12-15.

[11] 张謇. 上学部请设博览馆议[M]//张謇全集:1. 上海:上海辞书出版社,2012:113.

[12] 韩寿萱. 北京大学五十周年纪念博物馆展览概略[M]. 北京:国立北京大学出版部,1948:2-3.

[13] The Fitzwilliam Museum. Reference Library[EB/OL].[2022-03-23]. https://fitzmuseum.cam.ac.uk/research/reference-library.

[14] Princeton University Library. Marquand Library of Art and Archaeology[EB/OL].[2022-03-23]. https://library.princeton.edu/marquand/resources/collections.

[15][19] 范晨晓,杜远东,韩松涛. 逆向思维看哈佛图书馆的重组——兼论国内高校图书馆分馆制建设中的核心问题[J]. 大学图书馆学报,2021（6）:87-92,112.

[16][17][18] 韩子静,孔令芳,孟琼. 高校图书馆文科特藏建设与服务实践探索——以浙江大学图书馆艺术与考古特藏为例[J]. 图书馆研究与工作,2021（10）:70-76.

[20] 国家文物局、教育部关于加强高校博物馆建设与发展的通知[EB/OL].[2022-03-23]. http://www.moe.gov.cn/jyb_xxgk/moe_1777/moe_1779/201106/t20110601_120370.html.

[21] 文汇. 留不住观众的博物馆是不合格的[EB/OL].[2022-03-23]. https://www.whb.cn/zhuzhan/yishu/20170518/92231.html.

[22] 孙亚冰. 百年来甲骨文材料统计[J]. 故宫博物院院刊,2006（1）:24-47,157.

[23] 李贽. 焚书·续焚书校释[M]. 陈仁仁,校释. 长沙:岳麓书社,2011:432.

省级公共图书馆智库型专报服务的成效、困境与启示

——基于福建省图书馆服务案例的探析

陈　茜（福建省图书馆）

在知识经济时代，公共图书馆的基础服务越来越完善，但高层次的知识服务却仍是薄弱环节[1]。随着信息资源爆炸性地增长、用户信息素养的不断提升、政府对决策信息质量要求的提高，图书馆亟须发挥自身文献典藏、文献组织与知识揭示的专业优势[2]，进一步深化决策咨询服务，参与到中国特色新型智库建设的浪潮中。

近年来，业界不少学者开始关注公共图书馆智库建设问题。如王世伟认为公共图书馆新型智库建设的定位为"发挥其知识信息支撑的重要作用，体现出不可替代的文献情报功能"，并指出智库建设认识不足、质量待提升、机制不完善、科研与智库两张皮等短板[3]。杨琳从概念内涵、功能研究、平台建设、服务、可持续发展等方面，对2010—2018年间图书馆智库服务的研究文献进行梳理分析，认为对图书馆智库功能的研究忽视了国内图书馆在智库研究方面的贡献、缺少具有中国特色新型图书馆智库研究内容等[4]。王婵则聚焦实践，对国家图书馆、省级公共图书馆智库型信息服务产品进行了调研，将其归结为信息专报、政务舆情等多种类型[5-6]。国家图书馆廖迅、湖南图书馆许莉与李明月、南京图书馆黄静等人则分别从智库型专报服务、舆情分析研判服务、图书馆智库联盟的实践经验出发，对服务建设提出建议[7-9]。

由于区域政治经济等多方面因素的差异，在实际工作中，各省市公共图书馆智库服务能力并不均衡。大多数公共图书馆创新转型面临人才不足、经费不足、工作支持不足等掣肘[10]，这些问题将在一段时期内伴随图书馆事业的转型与发展。如何处理客观条件与用户需求的矛盾，将智库建设理论更好地转化为实践力量，是省市公共图书馆智库服务起步需要解决的重点问题。

1　公共图书馆智库服务与智库型专报服务

智库（Think Tank）即智囊团、决策库、思想库[11]。《关于加强中国特色新型智库建设的意见》将中国特色新型智库定义为"以战略问题和公共政策为主要研究对象、以服务党和政府科学民主依法决策为宗旨的非营利性研究咨询机构"，并强调要"形成定位明晰、特色鲜明、规模适度、布局合理的中国特色新型智库体系"[12]。在此语境下，公共图书馆智库服务定位也应是具有鲜明图书馆特色的。

与其他类型的中国特色新型智库相比，公共图书馆的优势在于拥有文献资源丰富、时间跨度大且涵盖面广，并拥有管理文献而衍生的信息检索、组织、计量、内容评价等能力。图书馆咨政职能古已有之。决策咨询服务亦是现代公共图书馆的一项重要职能，2018年施行的

《中华人民共和国公共图书馆法》明确要求公共图书馆"为国家机关制定法律、法规、政策和开展有关问题研究，提供文献信息和相关咨询服务"[13]，而《"十四五"公共文化服务体系建设规划》进一步提出"推进公共图书馆功能转型升级……围绕当地经济社会发展战略任务……充分发挥文献保障和智库作用"[14]。

综上，笔者认为具有图书馆特色的智库服务，首先应是基于文献的服务，其中更多体现的不是知识与主观见解的创造，而是通过信息组织、文献计量分析、内容综述与研究等，对文献进行新的价值创造；其次应是传统决策咨询服务的深化与延伸，以辅助用户决策为目标导向，以解决方案与对策建议为落脚点，对文献信息进行深度加工，以三次文献为主。

智库型专报是公共图书馆智库服务的一种形式。它是以问题为导向、以事实分析为基础、以政策建议为重点的咨政报告[15]。通常选题切入口小，理论性相对较弱而针对性与实用性较强，观点突出，文字简练，篇幅较短小。智库型专报服务符合参考馆员文献检索、文献汇编、文献摘编到文献综述的能力发展路径，并且避开了现阶段参考馆员理论研究的短板，因此，福建省图书馆以智库型专报为抓手，探索智库服务转型之路。

2 福建省图书馆服务案例概述

2.1 背景

福建省图书馆参考咨询部（以下简称"参考咨询部"）常年为党政机关提供专题咨询服务，编印信息刊物《福建决策信息参考》等，开发、更新决策信息服务平台，其决策咨询服务经过多年的积累，引起了一些党政机关用户的关注[16]。省政协、省商务厅等多个部门主动联系，委托福建省图书馆编制咨政专报。其中，福建省图书馆为福建省A机关（以下简称"用户"）提供的内参专报服务，较为稳定持续，有良好的沟通反馈模式，图书馆亦投入了较大的人力，积累了相当数量的服务成果，获得了一定的成效，是福建省图书馆探索智库型专报服务的典型代表。

该专报产品是围绕一个主题，通过文献调研、实证调研等方式，对存在的问题和潜在的风险进行调查，研究可行对策方案的三次文献产品。产品的终端用户为高层领导干部。用户委托多家研究机构为其供稿，福建省图书馆是其中之一。

承接这项委托，图书馆方面主要有几点考虑：首先，该服务特点符合福建省图书馆由传统决策咨询服务向基于文献的图书馆智库服务转型的发展定位；其次，该服务在图书馆的能力范畴之内，图书馆现有资源能够保障服务开展；第三，该服务构建了与委托方的有效沟通反馈模式，能够帮助参考馆员在工作中成长。

2.2 服务缘起与发展

用户最初通过《福建决策信息参考》相关文章关注到参考咨询部的信息服务。2019年下半年，用户委托参考咨询部就该主题编制研究专报，该专报提交后获得了用户认可，被用户整篇采用，报送福建省相关领导参阅。而后用户的专报委托接踵而至，2020年后逐渐形成了常态化的合作关系。

据统计，2020年提交专报24篇，用户采用、报送6篇，其中3篇又被中央相关部门采用；2021年提交27篇，用户采用、报送9篇，其中7篇被中央相关部门采用。2020年至2021年，用户采用率由25%提升到33.3%，中央相关部门采用率由12.5%提升到25.9%。虽然专报的采用率与专报的质量还有很大的进步空间，但与服务初期相比有显著的进步，参考馆员对服务的认识和智库服务信心也不断提高，服务向规范化、流程化发展。

3 用户需求分析

3.1 外显需求

外显需求是服务进行过程中，用户主动向参考咨询部反馈的意见与要求。

根据用户的工作性质，用户所委托的专报产品主要为风险研判专报，选题包含但不限于社会热点、国际焦点、高层关注点，不要求理论研究深入系统全面，但要求所述问题要点突出。每份专报完成的时间约为半个月。

在选题方面，最初的服务均由用户指定确切的选题，有时会附带一段简短的解题文字，随着服务的推进，用户希望由参考咨询部来提供选题，由用户审核通过后撰写。

在内容方面，用户对一二次文献产品没有需求，明确需要信息真实可靠、语言精练、内容丰富、逻辑清晰的三次文献，具体标准为：提供明确的参考文献、专报字数不超过5000字、重复率在30%以内、文章框架大体为"背景—问题—（原因）—对策"、忌案例堆砌、不要求结语等。在服务后续的沟通中，又逐渐明确要点突出、结构整齐、数据时效性强等要求，具体的标准为：每个大标题下均须设分点小标题且各分点阐述字数应大体相同、需要最新数据等。

3.2 内隐需求

内隐需求是通过对自主选题被用户采纳情况，以及专报成果被用户整篇采用的情况的分析显现出来的。

首先，选题是最重要的影响因素，好的选题可能被反复退修，而不好的选题直接被弃用。具体而言：①选题应围绕新领域、新问题、新思路，或是易被忽视、悬而未决的老问题，对于当前或不远未来的中国社会有重要的现实意义和研究价值；②必须是图书馆馆员能力与可获取资源所能保障的，能够在时效性范围内及时处理的选题；③选题要有一定的高度，但角度不宜太大、太宽泛，即使是用户给定的选题也需要自行拟定适宜的视角；④用户对某些主题偏好明显。

其次是内容上，要求材料充实、务实致用。具体而言：①参考源丰富可靠，站位高，目光远，多角度揭示问题，尽可能挖掘出潜在重大影响的问题与风险；②重在务实，众所周知的事实与深入的机理剖析可略写，重点放在问题与对策，切中时弊，对策切实可操作，尤其要以站在当前国情视角下，有条件、有能力、有价值实现的方法方案为重；③对案例类的材料的使用，需要归纳总结经验的普适性，忌对材料直接采取"拿来主义"；④组织材料不仅要求逻辑自洽，还要符合终端用户的阅读习惯。

4 服务机制与方式

4.1 图书馆供给

在人力资源方面，参与该服务的参考馆员人数为5人（非专事该专报服务），占参考咨询部门总人数的62.5%,主要为福建省图书馆决策咨询服务人员,均有编辑《福建决策信息参考》《海丝资讯》等信息产品或编撰二三次文献的经验。职称构成上,初、中、高级兼有,学历以本科为主。人员投入时间精力相对有限、学历层次不够理想,研究经验欠缺,是人员的客观现状。通常情况下,一个选题由一个参考馆员负责,结合参考馆员的能力与意愿进行选题分配。

在文献信息资源方面,通常为公开资源,主要依托知网、万方、维普、读秀等商业数据库,以及包括新闻媒体报道、自媒体信息、各类机构公开数据、简报、OA资源等在内的各类型互联网资源。

4.2 需求对接与反馈

参与该服务的参考馆员均参与选题工作,由服务负责人统一报送选题、沟通需求、接受委托,再将适宜的选题分配给相应的参考馆员。而后续的文本修改建议,有些由用户通过微信、电话直接与参考馆员沟通,保证了需求沟通的高效准确性。

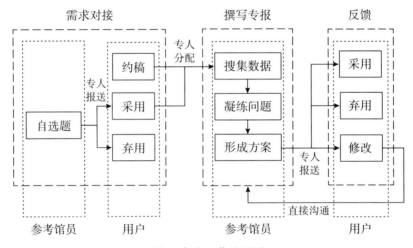

图1　任务工作流程图

此外,在日常工作中,深化参考馆员对用户需求的总体认识还有几种方式:①需求对接座谈会。用户单位工作人员与参考馆员面对面,就专报服务的总体要求、一段时期内专报服务中产生的困惑进行针对性交流。②参与用户单位培训。用户单位每年邀请参考馆员参与用户单位开展的相关工作培训,在帮助参考馆员提高业务能力的同时,更好地了解用户单位的工作逻辑。③成果反馈。用户单位每年年终通过感谢函的方式通报专报的采用情况,在此基础上,参考咨询部进行服务数据的统计分析、服务经验交流讨论等。

4.3 服务数据统计分析

可持续的服务,供需是互相匹配的。但供需情况也会随着服务发展发生相应变化。定期对服务数据进行统计分析,可以帮助参考馆员更好地了解供需双方情况。

服务数据分析主要基于以下几点展开,如图2所示:

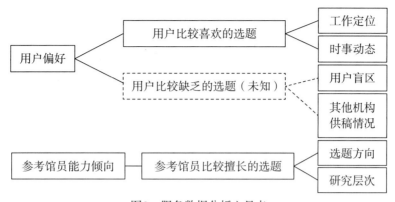

图2 服务数据分析立足点

用户偏好主要考虑用户工作定位与时事动态,前者基本不变,但时事动态却是发展变化的。而参考馆员能力倾向主要依据参考馆员个人工作体会,分析发现参考馆员擅长的选题存在个体差异,也与以往的服务经验相关,但普遍而言,对于尤其是需要全局观、存在复杂系统性风险的政治、经济、军事、外交等方面选题,难以把握。实际上,参考馆员能力倾向与用户偏好并不完全重合,所以出现自选题通过用户审核比率与专报最终采用率的起伏波动大的情况。

将用户偏好和参考馆员能力倾向分别作为横纵轴,以主题内容的采用情况作为分析维度,建立坐标系,如图3所示。可以将选题归入四个象限:①处于第一象限的选题,用户需要且参考馆员撰文难度较低,采用率较高,比较容易出成果。此类选题是今后服务优先保障的部分。②处于第二象限的选题,是用户急需,但是参考馆员不擅长的选题,较多被返修或换角度重写。这类选题看似成效较差,但其实获得用户指导最多,存在巨大的能力成长空间,值得投入精力进行适当的储备性研究。③处于第三象限的选题,既非参考馆员擅长又非用户需要,不是该服务的关注点,实际上此类选题大多数在选题阶段就被放弃了,如伦理研究、技术研究等。④处于第四象限的选题,是参考馆员擅长但用户不感兴趣的选题,采用率一般。但因为用户的偏好非一成不变,而且有些用户未关注到的"冷门"选题存在报送价值,因此可以适当概述解题思路再报送用户审核。

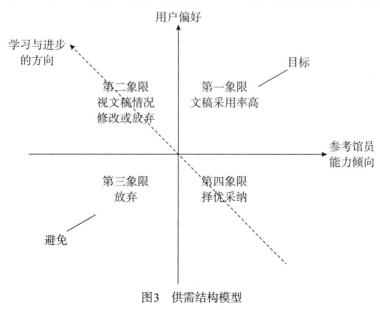

图3 供需结构模型

关于研究方法的分析，参考馆员服务能力是从提供原始文献、文献汇编、文献摘编、文献综述渐进发展而来，因而更善于通过对大量文献内容的梳理分析来切入研究问题，但某些选题仅通过此法并不适宜。如在所有选题中，有两个选题案例较不同。其一是针对某特殊群体的分析，由用户单位带领参考馆员进行实地访谈调研，搜集整理材料；其二是基于某类网站信息文本的计量分析开展的研究，信息采集阶段，由用户单位提供的模板，由参考馆员手工采集、标引数据。这两个选题案例，都是在用户的帮助下，综合其他的研究方法完成的，也取得了理想的成果。不过参考馆员目前所接触的研究方法仍较为单一，加强智库研究方法的学习与模仿，也是未来智库馆员培养的重要方向。

5 服务难点与存在问题

5.1 服务难点分析

福建省图书馆的智库服务缺乏更高层面的制度保障，带有很大或然性，如该专报服务便始于偶然，参考咨询部缺乏相应的研究储备与服务支持。具体而言，该专报服务非持续性、系统性研究，选题包罗万象，政治、经济、军事、文化、外交、科技、生态、民生等均有涉及，虽然对研究深度要求不高，但仍存在一定的专业壁垒。参考馆员通常非对口专业出身，没有丰富的研究经验，亦没有相关的知识积累，在撰写专报之前，需要做大量的文献阅读调查事件背景、学习相关领域知识，面临很强的工作压力，而且仍可能存在认知水平与任务主题不协调的情况，从而导致概念混淆、逻辑谬误、观点空洞等问题出现在专报中。而且限于客观条件，福建省图书馆目前未建立专家咨询机制，以致在对专报的整体质量的把关上存在缺失。目前而言，从保障服务质量的角度出发，专报的选题范围较为有限。

5.2 存在的问题与思考

5.2.1 选题策略失当

（1）选题同质化

自主选题的思路存在局限性，有时为了迎合"用户偏好"，会造成一个时期内相似选题扎堆。但参考馆员受个人认知局限，难以跳出固有的条框写出新意，导致核心内容大同小异。对于相关选题，要注重思想的可持续性发展，宜挖掘新的角度，或是间隔一段时间对问题有了新的认识再动笔。此外还应该积累对用户需求的认识，拓宽选题思路，形成稳定的选题来源（定期关注的信息来源列表），避免同时期出现过多同质化选题。

（2）选题视角陈旧

主要是由于外行对领域内问题的新颖性缺乏认识，容易"老生常谈"。例如从中央到地方都已经出台相应的政策，此时从现状问题与政策建议入手已不适宜，适合调整思路为决策后的政策实施评估与政策完善建议。但图书馆更适合在前决策阶段发挥作用[17]。因此最好在选题阶段就对背景与现状进行一定的调查，尽量选择前决策阶段的选题。

（3）视角太大或格局太小

宏观的选题限于参考馆员的眼界较难把控，格局太小的选题不符合用户工作定位和终端用户的层次。中观问题可能更适合参考馆员目前的能力水平。但也要尝试破解宏观、微观选题,如学会通过聚焦重要的点去突破宏观选题,将微观问题上升至战略层面,思考其对全局的影响等[18]。政治意识则是未来人才培养的重点。

5.2.2 材料不充实

（1）外文资源受限

某些选题,尤其是涉及新技术的选题与国际关系的选题,已有的中文资源（包括翻译文献）可能时效性较弱或视角较为片面,如果缺乏全球视角对结论影响较大。但使用外文资源对参考馆员的英语阅读理解能力,以及图书馆外文资源储备,都提出了较高的要求。目前对于这类选题更应做好背景调查与预检索工作,选择可以把控、中文材料充实的切入点。未来应关注参考馆员外语素养的培养。

（2）数据支持不足

专报的统计数据来源通常为公开披露信息,存在数据滞后、数据粒度较粗、基础数据难获取的问题。一种可行的方法是从相关学术论文中寻找研究所需的数据类型与数据来源的线索,对于非权威来源或时间较久远的数据必须根据文献线索去查实、更新;如果涉及非公开数据,最好能借助用户关系,取得相关单位的协助。另外,参考馆员对于爬虫软件、统计分析软件、可视化软件的接纳度较差,也导致所能自主处理的数据量级有限,效率较低。因此数据意识也是未来参考成员培养的一个方面。

5.2.3 信息可靠性难辨

首先由于纸本文献（专业期刊、书籍、年鉴等）本身存在一定的滞后性,有些关于现状、问题的表述是过时的、偏颇的。较为明显的例子,如相关法律政策的评议材料,会涉及一些负面的评议,但参考馆员对于其客观性与时效性的查证较为困难。其次是网络文献,尤其是非权威的自媒体资源,鱼龙混杂,存在主观臆断、编造事实、断章取义、张冠李戴等现象,但是这类材料有时会提供一些非常规的新思路,且对于一些新技术领域必不可少,需要去伪存真、去粗取精,对参考馆员也是一个考验。对于存疑材料的使用要慎之又慎,尽可能发挥检索优势,多角度寻找立论和驳论。在此方面若有专家进行把关,能减少信息误判的风险。

5.2.4 行文逻辑不合理

专报行文需要遵从合理的逻辑。其中最常见的问题有:语言不够凝练,文章体量大但实际核心内容少;没有准确提炼要点,要点匿于正文中不突出;逻辑混乱,同质的论述前后反复出现,或逻辑不通顺、不符合阅读习惯。这首先要求参考馆员的语言功底要扎实;其次面对陌生领域,学习应渗透在撰写报告的全过程;最后可先从模仿起步,可参考内参型智库报告在长期实践中总结出几种相对固定的结构框架[19],或是以搜集过程中发现的结构清晰的材料为框架蓝本,重新组织文字。

5.2.5 形成对策方案缺乏"决策智慧"

对策方案是对应所研究的问题提出的相关建议,应是产品附加值最高的部分。由于缺少专家研判的过程,参考馆员在形成方案阶段的立足点是既有研究文献与专家公开发表的观点,但材料选取主要依赖于个人经验的判断,因此还会带有主观成见。建议的预见性、创造性、有效性、实用性存在随机性,难以达成"决策智慧"。周湘智列举了4个方面的常见问题,包括观点不新、对策不实、措施不准、主意不多[20]。这亦是很多图书馆智库类产品难登大雅之堂的重要原因。目前福建省图书馆缺少专家资源,参考馆员研究经验较为有限,还需要积极寻求外部合作与专家指导。同时在某些场景中需要考虑如何利用团队智慧来突破个人思维定式的局限性。

6　对智库建设的启示

该智库型专报服务缘起与发展虽然存在偶然因素,但从其取得成效、遇到问题与解决问题的思考中,可以总结出一些有益的经验,对公共图书馆智库型专报服务的发展乃至智库建设都有一定的启示意义。

6.1　明确发展定位,优化管理模式

公共图书馆决策咨询智库化转型是大势所趋。首先,顶层设计是智库建设的最有力保障。在国家层面,《公共图书馆法》明确"为国家机关制定法律、法规、政策和开展有关问题研究,提供文献信息和相关咨询服务"是公共图书馆的职责之一[21],但在地方,政府部门对图书馆决策咨询服务的重视与支持情况却存在很大的地域差异,这是很多公共图书馆转型必须面临的客观现实。需要图书馆服务先行,自下而上地推动智库建设。然而在图书馆层面,王世伟注意到,一些公共图书馆对智库建设的发展定位没有清晰的认识,也没有健全的组织章程[22]。笔者认为,除了参考中办、国办发布的《关于加强中国特色新型智库建设的意见》中的八项基本标准外,公共图书馆智库发展还必须立足于公共图书馆的机构性质、自身的文献优势以及区位特色,在竞争激烈的信息服务行业中实行差异化的发展战略。这种差异化的发展战略,在公共图书馆界也有迹可循,如云南省图书馆在舆情分析研判服务上发力,多次荣膺云南省宣传部"舆情信息工作优秀单位"[23];苏州独墅湖图书馆则利用区位优势,聚焦产业发展,打造"金鸡湖智库"品牌[24];福建省图书馆亦是利用决策咨询服务所累积的用户资源,以智库型专报为转型抓手。在确定发展方向后,宜选择循序渐进的、有利于参考馆员能力培养的发展路径。这首先需要对当前图书馆的能力结构有清晰的认识,可以借用企业竞争态势SWOT分析方法,主动把握对外服务机会,在积累一定经验之后,宜早制定服务规范,完善组织章程,并进行一些储备性研究。

6.2　智库型专报服务团队构建与人才培养

人才是智库的核心竞争力。智库馆员需要具备参考咨询基础业务的能力,在此基础上发展智库服务能力、科研能力[25],这是一个需要不断积累的过程;同时服务团队内部中应能充分沟通交流,以利于发挥各自所能,利用集体智慧解决问题。因此构建稳定、和谐的服务团队应为题中之义。理论上来说,高水平的服务团队构建应根据需要吸纳各个专业研究人才、外语人才、计算机人才,但这并非开展服务的必要条件,也不符合大多数省市公共图书馆的客观实际。

服务起步阶段,首要工作是支持现有参考馆员向智库馆员成长。一方面,应注重基础素养的培养,主要为语言组织能力、信息咨询专业知识、智库研究方法、外语阅读能力、数据意识、政治意识等方面,可通过有针对性的继续教育培训、馆员沙龙等方式进行;另一方面,要在实践中培养人才,应有试错的勇气,尝试接受对能力提升有帮助的委托,注重在服务的过程与服务的沟通反馈中学习,即使做得不到位,成果未被认可,也有意义。最后,在客观条件允许的情况下,外聘各系统专家为顾问团,对于提高成果质量有极大帮助[26]。

6.3　注重用户开拓与关系维护

首先是借助信息产品进入用户视野。瑞·达利欧在《原则》一书中提到,低谷期公司没

有做任何营销,业务主要来源于口碑以及阅读其《每日观察》的人。图书馆信息产品也有异曲同工之处,任何面向党政机关用户的信息产品包括线上平台,都是成果展示与服务宣传平台。国家图书馆2020年6月推出的"国图参考"微信服务号针对目标用户的特点,推送科学评价服务案例展示等内容,便是一个范例。福建省图书馆也利用决策信息平台展示自编信息产品,2019年起还加入了综述与分析报告的内容。提高产品质量、提高曝光率是破解决策咨询服务机会困境的有效途径。

二是以用户需求为导向,追求实际效用。以需求为导向的智库产品与学术研究论文不同,不追求追根溯源,而是以解决用户实际所需为中心,以提高用户时间效率为出发点,因此在服务初始就应做好需求沟通,仔细分析用户的主、客观需求,以便妥当选择切入口、处理详略。此外还可利用首因效应,对于初次委托服务的用户,即便没有足够能力提交高质量的成果,也应认真对待用户的需求,而非自行其是。

三是主动寻求用户反馈。缺少反馈会导致参考馆员与用户需求"脱节",服务缺乏生命力[27]。然而实际情况中,很多用户并不会主动给予评价反馈,即使有反馈也可能只是信息寥寥的感谢函。图书馆应采取更主动态度,通过直接互动的沟通方式获取反馈信息。既要总结成功经验,亦要从那些不再继续委托给图书馆的服务中分析失利原因。

6.4　寻求智库服务战略合作关系

在很多情况下,限于人力资源、数据资源、经济条件等多方面的原因,单个图书馆保障智库服务的能力很有限。而且目前而言,大多数公共图书馆智库服务还处于起步阶段,能力水平不足,凭借自身经验往往难以应付服务过程中遇到的难题。寻求智库服务战略合作关系,互通资源,互相学习,取长补短,成为可行的选择。国内已有不少公共图书馆先行先试,如江苏省公共图书馆智库服务联盟通过与南京大学、江苏省社科联、紫金文创研究院等机构合作,建设高层次专家团队[28];湖南图书馆加入了由湖南省参事室、湖南省委党校、中南大学、湖南省社会科学院等多家单位成立的湖南智库联盟[29];较早开始产业信息服务的苏州独墅湖图书馆,也是金鸡湖智库联盟的成员单位之一,与来自政府、高校、社会、企业等领域的27家单位共同致力于为地区高质量发展提供智力支撑[30]。

参考文献

[1][26] 柯平,张颖,张瑜祯. 公共图书馆高质量发展的十个新主题[J]. 图书与情报,2021(1):1–10.

[2] 饶权. 中国图书馆事业的历史经验与转型发展[J]. 中国图书馆学报,2019(5):15–26.

[3][22] 王世伟. 论中国特色公共图书馆新型智库建设的定位与发展[J]. 情报资料工作,2020(5):14–22.

[4] 杨琳. 图书馆智库研究现状与展望[J]. 图书馆工作与研究,2019(6):41–47.

[5] 王婵. 国家图书馆智库型服务产品现状及建议[J]. 传播与版权,2021(4):68–71.

[6] 王婵. 省级公共图书馆智库型信息服务产品调研[J]. 图书馆理论与实践,2021(4):72–78.

[7][17] 廖迅. 图书馆的智库型专报服务——以国家图书馆《食药决策参考》为例[J]. 图书馆论坛,2019(6):152–159.

[8] 许莉,李月明. 公共图书馆媒体监测与舆情分析研究——以湖南图书馆党政机关舆情服务为例[J]. 图书馆,2019(4):100–105,111.

[9][28] 黄静,徐路,程煜. 江苏省公共图书馆智库服务联盟发展研究[J]. 图书馆学研究,2021(3):81–86.

[10] 张帆. 公共图书馆参考咨询服务现状及发展趋势探究[J]. 图书馆学刊, 2021（7）:64-70.

[11] DICKSON. Think-tanks[M]. New York: Atheneum, 1970.

[12] 《关于加强中国特色新型智库建设的意见》全文[EB/OL]. [2015-01-20]. http://www.gov.cn/xinwen/2015-01/20/content_2807126.htm?from=androidqq.

[13][21] 中华人民共和国公共图书馆法[EB/OL]. [2018-11-05]. http://www.npc.gov.cn/npc/c12435/201811/3885276ceafc4ed788695e8c45c55dcc.shtml.

[14] "十四五"公共文化服务体系建设规划[EB/OL]. [2021-06-24]. http://www.gov.cn/zhengce/zhengceku/2021-06/23/5620456/files/d8b05fe78e7442b8b5ee94133417b984.pdf.

[15] 温冰. 研究专报写作经验谈[EB/OL]. [2018-09-05]. https://www.pishu.cn/psyc/psyj/524349.shtml.

[16] 陈茜. 公共图书馆为党政机关提供立法决策服务的思考——以福建省图书馆为例[J]. 福建图书馆学刊, 2021（1）:42-45.

[18] 王世伟. 智库专报五大要素探析[J]. 情报资料工作, 2017（4）:96-102.

[19][20] 周湘智. 论内参型智库报告的撰写策略[J]. 图书情报工作, 2019（18）:70-77.

[23] 云南省图书馆连续第六次荣膺"舆情信息工作优秀单位"[EB/OL]. [2022-01-20]. http://www.ynlib.cn/Item/80623.aspx.

[24] 金鸡湖智库[EB/OL]. [2022-01-20]. https://pcc.sipac.gov.cn/library/searchdetail/9ae3da0eb11eafe29161def594adda5f?typeCode=news.

[25] 梁宵萌. 美国高校图书馆智库馆员服务调查与启示[J]. 图书馆论坛, 2019（9）:165-171.

[27] 李月明. 基于新型智库理念的公共图书馆决策咨询服务研究——以湖南图书馆工作实践为例[J]. 图书馆工作与研究, 2018（6）:91-94.

[29] 湖南图书馆正式加入湖南智库联盟[EB/OL]. [2022-01-22]. https://www.chnlib.com/wenhuadongtai/2016-03-23/57338.html.

[30] 金鸡湖智库联盟揭牌成立　为创新发展提供高质量智力支撑[EB/OL]. [2022-01-22]. http://news.2500sz.com/doc/2019/05/28/446356.shtml.

高职图书馆研究的演进与发展（1999—2021年）

张泽华（杭州科技职业技术学院图书馆）　杨秀丹（河北大学管理学院）
任红民（杭州科技职业技术学院图书馆）

高等职业教育历经二十多年来的建设与发展，已成为培养多样化人才的重要保障。图书馆作为职能部门之一，却鲜有文献能全面、客观地展示出高职图书馆的发展历程。在已有研究中，综述类文献或展现的是馆藏体系[1-2]、绩效管理[3]等部分业务，或通过文献计量方法量化核心作者[4]，不仅研究数量较少，而且时间相对遥远。这一现状不仅很难帮助我们了解高职图书馆的发展历程，更重要的是，在"双高计划"发展目标下，图书馆应具备的职能与现有服务水平间的差距会被进一步拉大，不利于高职图书馆整体事业甚至是高等职业教育的发展。

"知来路方知去处"，只有梳理出高职图书馆的研究历程，图书馆人的思考与实践、图书馆业务更新迭代才能被展现出来。因而，本文从研究者和业务两个维度，利用Citespace、词云等可视化软件，梳理出二十多年来的高职图书馆研究演变，为后期研究奠定基础。

1　数据来源与研究方法

近几年，把核心期刊论文作为数据源进行文献内容分析，是文献综述的常态。诚然，根据布拉德福文献分散定律，研究核心期刊论文是了解某一领域和主题的最佳文献来源，但是，对于高职图书馆而言，仅研究核心期刊论文明显不足。高职馆论文主要是由馆员结合业务撰写而成，核心期刊通常会将很多业务排除在外，所以仅以核心期刊为来源会导致对高职馆总体发展把握不全面。

但质量不佳、管控不严的期刊确实存在。2018年，中办、国办印发《关于进一步加强科研诚信建设的若干意见》，提出要"将罔顾学术质量、管理混乱、商业利益至上，造成恶劣影响的学术期刊，列入黑名单"[5]。近年来，各校陆续出台了管理办法。因而，本文将去除无关资讯及预警期刊之外的论文定义为有效论文，包括核心期刊论文和一般期刊论文，其中，核心期刊包括了北大核心和CSSCI目录。由于预警期刊名录尚无统一标准，本文选取杭州科技职业技术学院科技处的目录（2020年6月版）作为参考依据。

本文以中国知网为数据来源，检索时段为1999—2021年，检索式为主题＝"高职图书馆" or "高职院校图书馆" or "高职院校" and "图书馆"，有效文献6777篇，其中，核心期刊论文621篇。

2 数据分析及文献综述

2.1 发文情况总览

有关高职图书馆的最早研究是1999年孟昭仪发表于《图书馆工作与研究》的文章，探讨了高职图书馆如何深入做好参考咨询工作，服务于教学与科研。因而，本文以1999年作为研究的起始年，梳理二十多年来高职图书馆研究的演变历程。笔者分析这些年中高职图书馆研究的发文情况发现，发文量总体呈倒U型分布状态，在2013年达到峰值，为574篇，其中，核心期刊文章为52篇。历年发文量大致可分为三个阶段：一是1999年至2007年，高职图书馆研究的总体发文量增长较快，但核心期刊论文增长较慢；二是2008年至2015年，高职图书馆的研究进入相对稳定期，年发文量近500篇，这一阶段核心期刊发文量也相对稳定，年增量维持在51篇左右；三是2016年至2021年，这一时间段发文量开始下降，需深入探讨影响因素。

高职图书馆兼顾高校图书馆和高等职业教育两方面属性，因而，本文分别以"高校图书馆""高职教育"为主题词，在中国知网上检索1999—2021年的历年总体发文量和核心期刊论文量，其总体态势和发展阶段与高职图书馆研究情况基本相近。由于科研诚信建设、学术不端处罚、期刊管理评价等不断完善，期刊论文总量有所下降。本文在知网上检索同时段的总体发文量和核心期刊发文量发现，2014年是拐点，之后发文量也逐渐降低，说明科研管理规范化对高职图书馆的研究有所影响。

此外，本文还统计了高职图书馆研究主题的历年核心期刊占比情况。结果发现，1999—2003年，核心期刊论文占比起伏波动大，2000年突然下降，2001年又有所回升，这是由一般期刊论文数量增长较快而导致的，这也说明了研究者开始重视高职图书馆的研究；2004—2012年，核心期刊论文占比相对稳定，平均占比12.14%，论文年增量百余篇，研究形势较为良好；2013年以后，核心期刊占比呈下降趋势，平均占比仅为5.61%，核心期刊论文数与总论文数均有不同程度降低。

2.2 期刊发文量分析

本文分析了核心期刊刊发的高职图书馆相关的论文后发现，图书情报学科占比近41%，发文量为255篇，核心期刊发文情况如表1所示，其次是计算机软件及应用、职业教育及高等教育等学科。

从表1可以看出，《图书馆论坛》《图书情报工作》《大学图书馆学报》是收录高职图书馆主题的重点期刊，《情报科学》《情报资料工作》等以技术应用为主的期刊论文收录相对较少。这从侧面说明，高职图书馆主体以业务内容为主，技术开发与应用涉及较少，后文内容分析的结果也呼应了这一点。

表1 图书情报学科核心期刊刊发高职图书馆相关论文数量统计表

期刊名称	发文量/篇	期刊名称	发文量/篇
图书馆论坛	59	图书与情报	9
图书情报工作	37	情报杂志	4
大学图书馆学报	36	中国图书馆学报	3
图书馆学研究	33	情报科学	3
现代情报	25	情报资料工作	3

期刊名称	发文量/篇	期刊名称	发文量/篇
图书馆建设	18	情报理论与实践	2
图书馆杂志	14	图书情报知识	2

注:选取发文量在2篇以上的刊物。

2.3 发文机构分析

图1是高职图书馆研究文献的机构共现知识图谱,图中共显示节点45个,发文量超过10篇的有8所院校,结果如表2所示,深圳职业技术学院、天津职业大学、广东省外语艺术职业学院三所院校图书馆发文量位居前三。

从共被引情况来看,广东轻工职业技术学院、深圳职业技术学院、吉林工业职业技术学院、宁夏职业技术学院等图书馆的文章被引量较高。从合作关系来看,有两处合作密切的机构群,一是天津职业大学图书馆、设备与实验管理处与天津工程师范学院图书馆联系紧密,主要从数字资源和馆员素质两方面探讨服务能力提升的途径与方法,合作期为2008—2009年,合作周期与频率相对较低;二是广东省外语艺术职业学院图书馆与顺德职业技术学院图书馆联系紧密,主要讨论的是构建激励型岗位绩效评估考核体系的可行性,合作期在2014年。此外,其余院校之间的联系相对较少,机构之间缺乏合作。

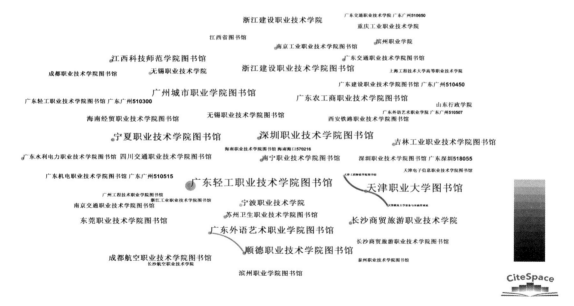

图1 高职图书馆研究文献产生机构共现图谱

表2 高职图书馆机构论文发表统计表

发文机构	核心期刊论文数/篇	总发文量/篇
深圳职业技术学院	18	51
天津职业大学	17	66
广东省外语艺术职业学院	15	45

发文机构	核心期刊论文数/篇	总发文量/篇
长沙商贸旅游职业技术学院	11	30
广东轻工职业技术学院	13	61
顺德职业技术学院	13	53
广州城市职业学院	11	33
浙江建设职业技术学院	11	32
广东机电职业技术学院	9	25
宁夏职业技术学院	9	52
成都航空职业技术学院	9	30
广东交通职业技术学院	9	53

3 高职图书馆核心作者及研究内容分析

众多核心研究者的研究方向和研究主题汇聚成了高职图书馆研究主题的演进历程。本节从微观角度探析核心作者的研究内容,先通过Citespace软件分析核心期刊论文,获取核心作者信息;再通过核心作者的研究历程探析高职图书馆的发展演变。图2是作者共现图谱,代表了高职图书馆研究领域的高被引作者和高产者,其中有凌征强(11)、唐晓应(9)、金声(7)、郭向勇(7)、汪斌(6)、邵莉娟(6)、王东亮(5)、时雪峰(5)、任玉林(5)、施蓓(5)、陆丹晨(5),这些高产者形成了6个合作团队和若干个独立作者。

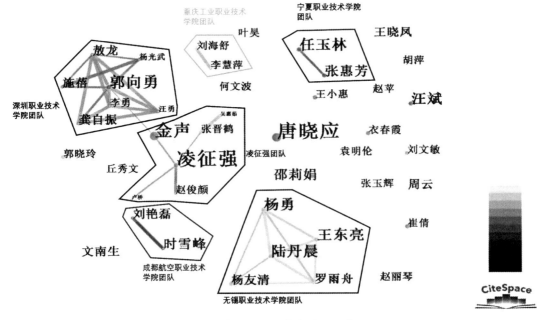

图2　高职图书馆作者共现图谱

3.1 团队研究作者分析

3.1.1 深圳职业技术学院图书馆团队

以郭向勇为中心的深圳职业技术学院图书馆团队，2006—2015年是合作高峰期，研究重点有学科/专业馆员、服务创新、评价体系等，核心作者研究方向如下：

郭向勇的研究从高职教育中网络系统、数据库建设向知识服务、绩效评估方向转变，主要从技术层面谈及平台构建与技术应用；在2010年左右，他由信息共享空间理念延展开来，提出打造集学习、交流、宣传、活动为一体的多功能中心[6]。

数字图书馆、馆员能力、信息素养是施蓓的研究重心，如，作者通过模糊综合评价法构建业务和能力的二维评价指标体系，客观分析馆员学科服务能力高低[7]；通过实证研究提升高职生信息素养能力，优化课程内容；作者还提出通过业务项目提高服务技能，不断内化能力，提高馆员核心竞争力。

龚自振的研究大致可分为三个阶段：2001—2007年，技术开发与应用是他的主要研究内容，如优化搜索引擎、Web 2.0网站对图书馆官网的启示等；2008—2014年，他的研究转向构建指标体系提升服务效能；2015年以后，图书馆联盟是他的研究焦点，从服务模式、服务效能、资源类型等角度探索区域协同建设的情况。

3.1.2 成都航空职业技术学院图书馆团队

该图书馆的核心作者有2位，即时雪峰与刘艳磊，2004—2008年是其合作密集期。时雪峰、刘艳磊全面调查、分析了四川省高职院校图书馆自动化水平、网络与数据安全现状及未来发展方向；综述类文章也是该团队关注的重点，他们从文献计量学角度描述了高职图书馆文献资源及核心论文发表情况。

分析该学院图书馆作者发布情况后，我们发现，荣翠琴和张勇也是论文高产者，图书馆的文化传播职能是他们的研究亮点。但其核心期刊文章中，题目、关键字等信息对高职图书馆体现不明显，故而，二次梳理文献时才被发现。

荣翠琴的研究主题有两方面：一是采编业务，如编目数据规范化、纸质馆藏呈缴制度建设等；二是文化教育，如图书馆应塑造文化品牌，加强对学生的思政教育，构建健康积极的校园文化。

张勇的文化建设研究侧重于馆内队伍建设，探索了实行以儒家人文思想为主的文化型组织管理方式的可行性。

3.1.3 宁夏职业技术学院图书馆团队

宁夏职业技术学院图书馆核心作者是任玉林和张惠芳，2009年是他们的合作高峰期，主要调研宁夏高职院校馆员、馆舍、馆藏、服务等情况，对比同地区本科院校配置现状，旨在优化读者服务等[8]；针对高职教育注重实践这一特点，图书馆应构建以专业技能为主的纸电兼顾的馆藏体系[9]。

技术保障与人员管理是任玉林的主要研究方向，如：他阐述了建设共享度高、持续发展的资源网络体系的软硬件技术要求；结合宁夏职业教育独特性，探讨了学院老师做兼职馆员、专业馆员联络学院的双向流动模式的运行机制与实践经验。

数字图书馆与社会服务是张惠芳的主要研究方向。2004年左右，她就从技术、馆藏、馆员能力等方面探讨了图书馆在现代远程教育背景下开展服务的可行性；到2016年，她对数字资源的共建共享等提出了建设构思。在图书馆服务延伸方面，她从校企合作的办学方针出发，从技术保障、文献体系、服务方式、馆员能力等方面探讨了面向企业、农村未成年人、城市社区等不同人群服务经验。

3.1.4　无锡职业技术学院图书馆团队

无锡职业技术学院图书馆在2016—2021年为合作高峰期，以陆丹晨为代表的团队聚焦于科研服务、读者信息行为等。

2016年是陆丹晨研究的分水岭，之前，校园文化（2002）、学习型馆员队伍（2008）、开架阅览空间（2008）、协同动态图书馆系统（2014）都是她的研究内容，研究主题较为零散；2016年后，她将研究重心放于科研服务上，提出基于协同理论、SWOT理论等构建"师生—图书馆—科研处"的联动式科研服务模式、联盟式评价反馈机制，并从制度、执行力、激励机制三个维度提升服务效能[10]。

技术应用与系统开发是王东亮的研究重点，早期的存储系统、教师科研资源网站，到科研服务平台、图书馆用户系统……其研究路径体现着技术服务于人的思想。此外，信息获取能力、个人数据使用边界、基于用户画像的精准服务等用户信息资源管理也是其研究内容。

杨勇的研究重点有三方面，一是用户信息素养现状、在线平台与课程体系设置，二是RFID的应用场景。图书馆建筑文化内涵、社会化媒体时代信息甄别能力是其近两年的研究方向。

杨友清梳理国外实践经验，对国内数字人文项目的服务内容、团队建设、产学研合理对接等提出优化建议；此外，阅读推广效能也是其研究重点，尤其是将布尔迪厄社会实践理论嵌入读者活动中，并通过实证方法分析阅读场域、文化资本与阅读行为、态度等的关系[11]。

罗雨舟早期研究重心在信息素养课程与用户能力提升，2019年以来的研究重点在图书馆服务效能。

3.1.5　重庆工业职业技术学院图书馆团队

刘海舒、李慧萍是该馆的核心研究力量，2人合作紧密但成果较少，主要研究图书馆发展现状、虚拟学习环境的构建。

3.1.6　凌征强团队

这个团队比较特殊，作者间联系很难看出同校关系属性，由于凌征强发文数量最多且一直保持高水准写作状态，故命名为凌征强团队。

凌征强自2003年出任广东省外语艺术职业学院图书馆馆长以来，致力于图书馆管理与绩效评估、数字图书馆等方面的研究。2011年之前，数字图书馆建设是他的主要研究方向，研究脉络可以概括为从联合采购、虚拟馆藏建设（2005），到根据学校专业建设精品课程导航库、专题特色库（2007、2013），到远程访问技术实现与实践经验（2009—2011），再到数字资源的存储及利用现状（2008—2011）。2011—2014年，绩效管理是其研究重心，通过构建六维自评他评指标体系、激励型考评体系等探讨对馆员的科学管理。之后两年，读书会及发展策略是他在阅读推广方向中的研究重点。2016—2018年，空间规划与再造成为其研究重心，如运用智能家居打造智慧图书馆，基于用户需求合理重构复合内部空间。最近2年，专业馆员能力提升与图书馆发展现状成为其研究重点，基于业务情景，从服务意识、资源内容、服务形式等方面提出发展对策，旨在提升服务质量。

与他研究较为紧密的是赵俊颜，虽然赵俊颜的核心期刊总发文量仅有3篇，但从2007年至今，她的研究持续不断，呈现出"人—资源—服务"的研究路径。有关"人"的研究集中在专业/勤工助学馆员队伍建设、人员绩效管理、用户需求及满意度等，"资源"的研究集中在数字资源模式及服务效能，"服务"方面则研究重点在学科服务及阅读推广。

顺德职业技术学院图书馆的金声也是该团队的核心作者之一，2010年是他的研究转折点，2005—2010年他的研究重点在特色馆藏建设上，之后，为企业开展社会服务、图书馆联盟是他的研究重心（2014）。

3.2 独立作者分析

3.2.1 长沙商贸旅游职业技术学院图书馆

唐晓应是长沙商贸旅游职业技术学院图书馆的核心研究者，自1998年以来，高职图书馆方向的总发文量为29篇，其中，核心期刊文章为12篇，她的研究聚焦于以下几个方向。一是图书馆服务，她根据学校办学方针，从中职图书馆馆员队伍建设研究到高职图书馆服务，分析被动、浅显、意识不足等服务缺陷，提出构建学习型组织、打造多样化服务模式、开展满意度测评等。在信息素养教育方面，她关注馆员应发挥的引导作用，并用参赛数据实证分析，提出从授课方法等方面提高教育成效。在社会服务方面，她结合馆内的人才、资源、平台等优势，提出为企业开展竞争情报、为社区开展信息云的服务模式。从文献中也能看出，融合发展也是她的理念之一，如联合办馆（2006）、馆际互借（2009）、区域联盟（2016）。

3.2.2 南宁职业技术学院图书馆

汪斌是南宁职业技术学院图书馆的核心研究力量，总发文量为23篇，其中，核心期刊发文6篇。他的研究主要集中在服务模式与管理创新上，如他提出在职教集团办学模式下，图书馆从资源、服务及体制机制上构建共建共享模式，为学校、企业、社会开展服务。

3.2.3 江西科技师范大学图书馆

该校融合了专、本、研三种不同学历层次，其图书馆馆员衣春霞多年来聚焦于高职图书馆发展的适应性与业务创新，总发文量为22篇，核心期刊发表文章6篇。她的研究内容主要有：一是构建以核心价值观为主的和谐校园文化，从物质、制度、精神三层面，发挥图书馆文化传播职能。二是注重馆员素质的培育与提升，她分析了岗位需求与馆员能力之间的差距，提出可从馆际交流、业务轮岗等方面提升业务能力。三是阅读现状与对策，实证分析学生纸本阅读与数字阅读现状，结合创新型人才的培养模式，提出将阅读嵌入校企合作的场景、专业中。四是高职图书馆在网络舆情中发挥的作用，从信息公开、舆情引导两方面入手，构建相应的管理机制和工作流程。五是从职业教育承担着新农村建设的重要职责出发，探讨城乡间信息共享的方式和途径，从资源重组、服务的长期可持续性等方面提出具体可执行的措施。

3.2.4 苏州卫生职业技术学院图书馆

崔倩是苏州卫生职业技术学院图书馆的馆员，科研成果共18篇，核心期刊刊登6篇。她的研究方向主要有三方面，一是馆藏质量与评价体系，她研究了纸电等不同资源类型的馆藏评价方法、质量评价体系、数字资源储存技术，如构建共享、利用、效益等五维指标体系，探讨基于读者决策文献采购模式的可行性。二是学科服务的服务内容及深度，她根据本校的医学专业特色，构建初中高三级馆员，实现从基本的文献查找到介入课题的深层信息服务，并将参考咨询的结果与需求，渗透到采访工作中，以此优化馆藏体系。三是长尾理论与信息服务相结合，提出从用户满意度、揭示馆藏量方面，提高服务质量并盘活馆藏。

3.2.5 嘉应学院图书馆

嘉应学院有专本两种办学层次，王小惠是该校图书馆在高职馆方向上的研究主力，共发表文章19篇,其中,4篇刊登于核心期刊。她的研究方向有两方面,一是围绕升格后的高职馆服务能力的提升,尤其是在信息检索课程、教材编制上的研究;二是围绕该校医学专业的及所在地区的客家文化的资源开发利用,对论文管理系统、资源共享进行了探讨。

3.2.6 广东水利电力职业技术学院图书馆

刘文敏是广东水利电力职业技术学院图书馆的研究力量,总发文量15篇,其中,核心期刊发文量为2篇,她的研究涉及数字图书馆与社会服务。在数字图书馆方面,数字资源的平台开发与功能实现是她研究的主要方向,如构建毕业论文数据库、手机图书馆、终身学习平台、职业教育数字平台、基于数据的用户行为画像等。在社会服务方面,她从大学生科普志愿团队、终身学习社区的文献资源体系、社会服务模式等方面进行了探究。

3.2.7 宁波职业技术学院图书馆

郭晓玲是宁波职业技术学院图书馆馆员,总发文量7篇,其中核心期刊刊登2篇,产教融合背景下的图书馆服务模式是她的研究核心。如,构建以图书馆为平台,"校—企—政"一体的产业文化育人实践模式;打造泛在协作服务体系,从智慧学习空间、嵌入式学习服务模式、智能化管理系统、引领型馆员队伍等方面提供了实践经验。

3.3 小结

笔者利用Excel绘制了核心作者历年发文状态图(图略),以求全面了解高职馆的微观研究历程,根据笔者所绘图与前文论述的内容,我们可以总结出高职图书馆研究的如下特征。

从地域上来看,南方地区高职院校普遍比北方地区活跃。南方地区以广东、江苏、四川、海南、湖南五个省份为代表;北方地区以宁夏、天津为主力。

从机构维度来看,高职图书馆的研究总体上呈现出"单打独斗"的特点,校级之间的合作较少,也很少存在师生共同合作的情况。校内合作的持续性欠缺,独立作者的现象相对普遍,研究力量单一在一定程度上导致了总体研究层次不高。

从时间维度来看,持续高产作者不多,研究阶段性表现明显。除了无锡职业技术学院"异军突起"核心期刊发文数量突增,以及像凌征强馆长持续高水准写作外,多数研究者在2016年之后,发文量有所下降。6777篇论文表现出写作主题与实际业务的强正相关性,研究者几乎都是馆员或馆长。因此,转岗、退休、职称评定完成等就成了影响研究进展的重要原因。虽然,我们难以了解具体情况,但是,历年发文情况呈现的结果反映了2016年后总体研究力量有所衰减,新生力量增加不足的事实。这也是2016年后总体论文数量下降的原因之一。

从研究内容看,研究主题跟随业务转变,从中可以看出三点特征。一是研究主要从服务效能、资源利用、技术应用角度开展,技术开发与场景设计等技术方面的研究相对欠缺,这从期刊分布情况可见一二,这与高职图书馆在经费投入及人才配置上有所欠缺有一定关系。二是研究内容分散的情况较多,多数研究者很难从中梳理出清晰的研究脉络。三是研究者的研究历程也基本代表了高职馆各项业务及服务职能的演变进程。

4 高职图书馆研究阶段分析与主题演进

根据发文量分布情况,结合23年来高职教育发展阶段,本文将高职图书馆研究粗略地划分为3个阶段,即1999—2007年的探索发展期、2008—2015年的快速激增期、2016年之后的融合发展期。本节利用Citespace读取核心期刊论文数据，制作了以2年为周期的高频关键词时区图，得出23年来高职图书馆主题演进路径，如图3所示。

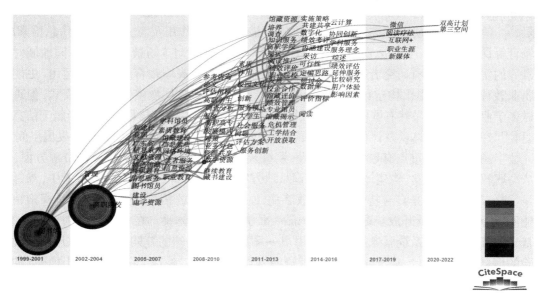

图3　高职图书馆高频关键词时区图

4.1　探索发展期

1998—2005年，随着职业院校法律法规及相关政策的陆续出台，高职教育成为独立的高等教育类型，到2005年底，高职教育的招生数、教师数等统计指标已占整个高等教育总体的一半[12]，标志着高职教育进入规模发展阶段。与之对应的1999—2007年也是高职图书馆的摸索探索期，总发文量1031篇，核心期刊发文124篇。

馆藏建设是任何类型图书馆开展服务时最先考虑的内容，研究者从纸电同步[13]、馆员队伍素质[14]、资源共享[15]、专业性与职业性兼顾的特色资源馆藏体系[16]等角度探讨建设高职图书馆的馆藏体系。世纪之初，数字图书馆的建设主要围绕硬件设施及管理系统[17]、资源库建设与馆际资源共享[18]、数字资源的种类及平台搭建[19]等方面展开实践探索。读者服务中信息素养课程设计[20]、学科馆员制度及服务模式[21]、参考咨询服务[22]、扭转学生阅读现状[23]是这一时期重点关注内容。

4.2　快速增长期

2006—2012年是职业教育内涵不断发展的时期，也是对高职图书馆发展影响深远的时期，不仅2008—2015年的总体发文量激增，而且研究内容更注重与相关理论的结合、运用数理统计分析方法，总发文量为3987篇，其中，核心期刊论文413篇。读者服务、信息服务、数字图书馆、馆藏体系、图书馆管理、信息素养、校园文化、阅读推广等是重点。

这一时期的读者服务结合了高职教育发展要求及读者需求，如从工学结合、校企合作、产学研融合[24]等政策背景探索高职图书馆的各项服务内容与实践路径，探索构建示范性院校、骨干型院校图书馆的发展模式[25]。

信息服务在这一时期的涵盖面相对较广，参考咨询、信息素养、学科服务等都在其内。在参考咨询方向上，基于对用户需求的分析是研究重点，为学生阅读推广活动、教师参考咨询提供服务，但在教师教学、行业最新咨询、学校决策支持、学生就业信息等方面的业务开展有所局限[26]。信息素养的研究内容大致有三种，一是描述性分析作用及意义；二是对信息检索/通识教育等课程的改革，如嵌入课程教学、应用到毕业论文（设计）场景中；三是不同地域对信息素养的实证研究。有研究者提出，专业服务是学科服务在高职教育体系中的运用，更能体现职业教育特性[27]，提出构建数字化专业数据库、学科馆员、多层次渗透的服务模式，但理论探讨多于业务实践。虽然有国内外相关数据与案例对比参考，但整体研究主要聚焦于信息整合、利用与推送，用户体验及评价相关的研究还较少，服务深度及延伸面还有更大发展空间。

数字图书馆研究重点有数字资源建设、系统及平台搭建以及实证调研。在资源方面，一是从高职教育特色出发，构建体现专业、行业、地方特色的资源库，融入教学资源库中，渗透到教学、科研工作中；二是自身特色馆藏的数字化，加快地区间的信息共建共享；三是探索馆内自建库、购买资源以及开放获取数据融合统一的方法与使用体验。在信息技术利用方面，一是基于业务而开发的系统服务平台，如"用户—采编"双向反馈的荐购系统、注重用户个性化体验的信息服务云平台、基于Scrum的文献资源管理项目等；二是基于图书馆管理而设计的平台，如构建部省校三级高职馆绩效系统平台等。调研区域间高职馆数字化进程也是这一时期常采用的研究方法之一，研究发现，省内各高职馆发展水平参差不一，省域间的差距更大，东部地区相较北方及西部地区发展良好，但如四川省等西部地区这一时期发展迅猛。

馆藏体系的研究重点已从上一时期的纸质图书向纸电同步建设趋势发展。在研究内容上，一是从业务角度优化馆藏体系，如基于用户阅读偏好的馆藏体系的优化；二是根据工学结合的办学特色，馆藏结构重视职业性、实践性的主干专业学科，兼顾基本学科；三是引入成本收益、质量评价等理论，通过构建指标体系优化馆内纸电资源的馆藏体系，提高文献利用率。这一时期也是中职升格为高专的高频期，因而，馆藏体系也从升格后的教学任务、培养模式、馆舍情况等方面，探索构建专业、实用复合型馆藏体系。

这一阶段的阅读推广研究有两类，一是以个案形式阐述服务模式，如"强制—自愿—派生"阅读活动模式、依据借阅数据升级读者身份的激励机制；二是从阅读指导、阅读关怀、阅读危机等角度切入，分析学生阅读行为、阅读需求，提出构建妈妈型/导读馆员的阅读推广人、打造集专业文献专属空间的"一体化课室"[28]。

这一时期的文化建设表现出对内和对外两个特点。对内主要指组织文化，旨在以文化激发馆员向心力，形成团结、进取、开拓的队伍；对外主要指参与校园文化建设，图书馆发挥第二课堂与文化传播的职能，兼顾办学特色的职业性与社会性，发挥思政教育和素质教育的作用，全面培养学生[29]。

社会服务主要有服务对象和服务方式两方面。在服务对象方面，受校企合作办学模式的影响，企业是重点受众人群，开展企业竞争情报和科技查新服务、整合行业信息资源和文献库、在学生就业和企业人才需求间的信息匹配等是面向企业开展的主要服务。此外，高职图书馆还向社区、农村、监狱开展知识和信息咨询服务。在服务方式上，除了传统的整合馆内资源外，图书馆积极与企业、公共图书馆合作，利用信息技术构建综合服务平台，以满足更多社会人群的知识需求。

信息共享空间、共建共享等是图书馆联盟所研究的内容，主要从运作模式机制、实证调研两方面展开。根据各省市的调研数据能看出,图书馆资源共享已成为业界共识,但是也普遍存在管理机制不完善、成员馆规模不一、资金难保障、服务能力及意识相对不足等问题,为此,研究者从联盟内外部利益均衡机制、松散型联盟的契约协调与组织运作、融入社会信息资源共享体系的开放式服务模式等方面,提出切实提升服务效能的措施。

队伍建设的研究趋于专业化,早期常以"图书馆人力资源""人才队伍"等词汇出现,之后,逐渐根据馆员人事性质、业务内容来分别深入研究。一是研究不同类型馆员,如勤工助学的学生馆员、学科/专业馆员等,尤以后者研究为重,足见高职图书馆希望能满足服务于科研与行业的目标。高职馆虽然普遍面临人才结构不合理、专业素养不高等困难[30],但是研究者还是从部门间信息互动、专业馆员晋级制度等方面提出切实可行的解决方案,缓解科研服务中的困难。此外,队伍素质与社会印象也是研究重点,如从"阿姨"称呼谈论刻板印象[31],从组织机构文化、职业能力培养、职业形象塑造与宣传、激励与考评机制等方面,围绕专业技能、服务意识、服务意愿三方面提高馆员能力。

服务、对策、服务创新、建设、管理、图书馆建设、作用等属于图书馆管理与服务的研究内容,大致分为五类。一是从具体业务角度讨论提升服务能力,如从阅读现状讨论改进阅读推广效果、从创新创业教育需求讨论提升信息素养课程及服务内容、构建适应工学结合的特色馆藏体系等。二是结合校企合作、工学结合办学模式,突出高职教育特色,引入ISO 9000质量管理体系,图书馆建构主动迎合需求、师生共同参与的动态更新管理体系[32];依据专业与实用性需求,构建馆藏体系,以此为基础向师生、企业提供信息服务[33]。三是探索有效管理方式与模式,如从高技能人才培养目标出发,把图书馆定位为行业知识库,认为馆内空间是集资源与空间于一体的创新车间,馆员是企业的信息管理咨询师[34]。四是绩效管理与研究,通过绩效指标考核、激励型管理等途径,提高队伍整体核心竞争力。五是实证对比分析,调研示范校、骨干校、同地区院校的管理水平,分析图书馆发展情况。

4.3 融合发展期

2016年以来,高职教育面临着改革,尤其"双高计划"的提出,高职院校向高水平建设方向发展。与此同时,图书馆学界逐渐意识到学术研究与业务结合的紧迫和重要性,职业教育改革也给高职图书馆带来了新的发展契机。这一时期的有效发文量为1759篇,其中,核心期刊论文为84篇,核心期刊发文量最低。阅读推广占据了绝对核心地位,此外,空间、资源共建共享、信息技术应用等也是这一时期的研究重点。

总体而言,这一时期的阅读推广更注重用户体验感和满意度,无论是组织策划活动,还是微信等新媒体运用,图书馆作为阅读推广及校园文化建设的主力军地位越发体现。研究者从高职生常见心理困惑和阅读能力出发,编制书目、组织阅读社团/协会、开设阅读指导公选课、进行用户满意度调查、利用微博等新媒体宣传、组织丰富的活动……通过多元方式旨在打磨活动品牌成熟度,提升用户黏度。但从实证调研数据中也能看出,高职学生总体阅读意愿与阅读能力相对较低,还有较大进步空间。

这一时期,图书馆对德育与素质教育愈发重视,人文素质、思政教育、服务育人、立德树人、文化建设等都是文化育人的研究范畴。从文献调研结果可以看出,虽然很多高职馆已经注意到思政教育的职能,但普遍存在着推广力度弱、软环境建设不足、效果评估机制不完善等问题。

不少研究者在上一时期就已重视图书馆空间的作用,如搭建开架阅览空间等,但更多是作为服务提升的方式之一,尚未将空间看做是图书馆资源之一加以研究,对上一时期行业内尤为关注的创客空间等关注度也不高。这一时期,研究者从第三空间、读者多元精神需求出发,重构对图书馆的认知体系,将传统空间再造成功能与人文精神相融合的复合共享空间,注重校园文化的创意运用及用户体验。

图书馆联盟在这一阶段仍是重要研究内容,资源共建共享、协同创新、信息/知识共享、区域联盟、跨界服务等都是属于这一范围。该时期的资源共享主要有跨地域和专注行业/专业信息两个特色,如构建粤港澳大湾区信息资源共享平台、建设经管类/新能源材料类等产业导向型的教育信息资源馆际联建平台与服务机制。

技术应用主要有两方面,一是为实现图书馆信息化、数字化和智慧化建设而利用的各种信息技术,如云计算、互联网+、人工智能等技术开发文献集成系统、业务管理体系等。二是各种新媒体在业务上的深度运用。

馆员队伍、图书馆服务能力提升、数字资源建设等依然是热点研究话题,但与上期相比,变化不大,此处不再赘述。

4.4 小结

通过梳理三个阶段的研究重点,本文发现:

一是高职图书馆的服务内容呈现出复合化与深度化双重特点。如信息服务在快速增长期涵盖内容很广,到融合发展期逐渐分成独立的信息素养、参考咨询、知识服务等研究内容。数字图书馆在第二时期,部分论文会将数字资源与技术应用放在一起进行研究,在融合发展期则以分开论述的形式较多。文化育人也呈现出类似特点,快速发展期文化育人常常与阅读推广主题相融合,在融合发展期分开讨论的趋势更为明显。而如馆藏建设则从对纸质图书的思考扩展到多文献类型。这样说明了高职馆因业务发展的需要,不断加深对服务内涵的理解,研究内容向精细化发展。

二是高职图书馆服务具有相当的高职教育特性。无论是社会服务的开展,还是工学结合、校企合作等在服务中的影响和渗透,从研究对象、业务内容到服务边界,高职图书馆都表现出明显的职业教育特色。

三是研究方法的运用越来越规范。如用比较法分析国内外职业院校图书馆在人才培养服务上的同异,探索本科与高职院校间的同异;案例法梳理出业务实践的推广经验;实证调研地域间、同类型院校间高职图书馆业务、管理及服务水平的差异情况。

本文通过文献计量法和内容分析法梳理了二十多年来高职图书馆的研究演变,除了上述量化分析出的核心作者、机构等信息外,我们还能从文献中梳理出如下结论:

从文献分布图、核心作者论文发布图可以看出,核心研究力量逐渐衰减而新生研究力量尚未崛起,专业力量总体缺失严重。从内部环境来看,馆长及馆员的去职业化是造成研究力量薄弱的关键原因,而多数院校实行的轮岗机制更将图书馆变成"福利之地",留不住人才,甚至留给专业人才的"位子"屈指可数,进而导致服务效能不高。

从服务内容来看,高职图书馆有别于本科高校馆,这说明了,长期以来认为"高职馆是高校馆的复制品"的观念难以成立。虽然高职馆的服务深度与水平未必得到用户满意与认可,但至少高职馆在努力向院校办学特色靠近,这样的努力不能也不应被掩盖。

参考文献

[1] 张勇,时雪峰.我国高职院校图书馆文献资源研究综述[J].四川图书馆学报,2010(3):66-69.

[2] 王军.高职院校图书馆特色资源研究进展分析(2005—2013)[J].图书馆,2014(5):72-74.

[3] 凌征强,卢桥.近20年国内图书馆绩效管理研究综述[J].图书馆,2014(1):59-63.

[4] 李志涛.我国高职院校图书馆论文产出的文献计量学研究[J].图书馆工作与研究,2011(1):122-125.

[5] 中办、国办对学术期刊提出的办刊要求[J].编辑学报,2018(3):221.

[6] 郭向勇,施蓓,敖龙,等.高职院校图书馆多功能中心的建设与服务创新——以深圳职业技术学院图书馆为例[J].大学图书馆学报,2011(4):122-126.

[7] 郭向勇,施蓓,唐艳,等.学科馆员制度在高职院校图书馆的创新与实践[J].大学图书馆学报,2010(5):121-125.

[8] 任玉林,张惠芳.宁夏高职院校图书馆建设研究[J].图书馆理论与实践,2009(9):90-92.

[9] 张惠芳,任玉林.浅谈宁夏高职院校图书馆特色馆藏建设[J].图书馆理论与实践,2009(12):64-65.

[10] 陆丹晨,王东亮,杨勇.联动式高职院校图书馆科研服务体系构建研究[J].新世纪图书馆,2019(4):25-28.

[11] 杨友清,王利君,陈玉平.布迪厄社会实践理论视域下大学生阅读推广实证研究[J].图书馆学研究,2019(13):71-77.

[12] 中国教育统计年鉴(2005—2010)[M].北京:人民教育出版社,1981.

[13] 陈维佳.高职院校图书馆文献信息资源建设的问题与对策[J].图书馆工作与研究,2005(1):54-55.

[14] 孙林山.高职院校图书馆馆藏资源建设刍议[J].图书馆论坛,2003(2):69-71,145.

[15] 柴一葵.论高等职业技术教育学院图书馆文献资源建设[J].图书馆建设,2001(3):44-45.

[16] 金声.高职院校图书馆发展特色馆藏之必要与优势[J].图书馆论坛,2006(2):156-157,211.

[17] 陈小衡,胡振宁.试析高职院校数字图书馆的建设——以广州城市职业学院数字图书馆建设为例[J].图书馆论坛,2007(4):64-66.

[18] 许燕.高等职业技术学院数字图书馆建设的现状与举措[J].图书馆论坛,2006(1):85-87.

[19] 潘秀琴.高职高专图书馆网络信息资源数据库建设探讨[J].现代情报,2006(12):118-120.

[20] 郭志敏.高职院校文献检索课教学探究[J].图书馆论坛,2006(4):235-237.

[21] 郭向勇,唐艳,陈建红.高职院校图书馆专业服务馆员制度的建构与人员素质[J].图书馆,2006(6):78-81.

[22] 杨阳.数字参考咨询服务是加快高职院校图书馆发展的途径[J].图书馆论坛,2006(2):189-190,172.

[23] 曾文军.从统计数据分析高职院校学生的阅读特点[J].图书馆论坛,2007(3):52-54.

[24] 王晓麟.产教融合和校企合作背景下高职院校图书馆服务转型[J].图书情报工作,2014(10):128-133.

[25] 袁豪杰,周萍英.示范性高职图书馆现状与发展模式探索[J].大学图书馆学报,2008(4):97-100.

[26] 包祖军,蔡小红,崔倩.高职院校图书馆多元化延伸服务探索与实践——以苏州卫生职业技术学院为例[J].大学图书馆学报,2014(1):119-122.

[27] 黄燕.高职院校图书馆学科服务的特点与建设[J].图书情报工作,2013(12):110-113,55.

[28] 吴赛娥.因势利导:高职院校学生阅读现状与对策[J].图书馆杂志,2014(4):48-51.

[29] 马艳波.高职院校校园文化与图书馆[J].高校图书馆工作,2009(1):90-92.

[30] 郭向勇,施蓓,唐艳,等.学科馆员制度在高职院校图书馆的创新与实践[J].大学图书馆学报,2010(5):121-125.

［31］张晴,杨海燕.浅析高职院校图书馆馆员的"四个意识"——从"阿姨"现象谈起[J].图书馆杂志,2010（8）:
　　　50-51.

［32］沈苏林,陈春英.基于ISO 9000原则下高职院校图书馆质量管理体系架构研究[J].图书馆工作与研究,
　　　2014（11）:55-59.

［33］黄幼菲.高职院校图书馆"工学结合"人才培养模式构建研究——基于高职院校图书馆核心理念与发展
　　　策略的思考[J].图书馆建设,2014（8）:76-79.

［34］王晓麟.产教融合和校企合作背景下高职院校图书馆服务转型[J].图书情报工作,2014（10）:128-133.

基于$iw_{EM'CA}$指数的学者评价指标研究

刘雪梅（兰州大学图书馆）

学者影响力客观评价是保障科研环境健康发展的前提，也是促进科研创新发展的动力[1]。2005年，Hirsch提出了h指数[2]，h指数一经提出就在学术界引起较大反响，并广泛应用于学者评价、期刊评价、机构评价中。尽管h指数有其明显的优点，例如计算简单且易于理解，但也存在一些缺点，比如：h指数将"论文被引频次"等同于"作者被引频次"，没有考虑多位作者合作的论文贡献大小分配问题[3]；h指数随着时间只增不减，且没有考虑论文的额外被引频次。针对上述缺点，一些学者在h指数基础上发展了多种扩展指数，如，Abbas提出了positional-weight算法，该算法考虑论文的作者贡献度，排名越靠前的作者贡献越大[4]；乔家昌等[5]利用A.M.Abbas算法从作者合作的维度提出了YC-EM$'_C$指数。再如，2009年，张春霆提出了e指数[6]，它利用h核内的额外被引频次对科研人员进行评价，并没有考虑h核外的文章。针对上述问题，同年，García-Pérez提出了mh（multi-dimensional h-index）指数[7]，评价过程中考虑了每一篇被引文章，mh指数的结果是一个向量值，为了得到一个全局的变量值，2016年，Todeschini和Baccini[8]将mh指数的向量组件值进行加权求和得到iw（h）指数；2017年，Bihari等将h指数、e指数和mh指数进行整合得到EM指数和EM′指数[9]。再如，2020年，Shaibu Mohammed等考虑了未被引论文数量的影响提出了h_A指数[10]，与h指数相反，h_A指数可以根据学者未来绩效的产出情况增加或降低，克服了h指数只增不减的缺点。

2021年，Bihari等将EM类指数和iw（h）指数进行整合得到iw_{EM}类指数[11]（Bihari等提出iw_{EM}指数和$iw_{EM'}$指数，本文合称为iw_{EM}类指数），EM类指数所有的组件值权重相等并不合理，应用iw（h）指数的思想，将EM类指数的组件值进行迭代加权求和得到iw_{EM}类指数，其区分了EM类指数各个组件值的重要性，是一个全面、客观的评价指标。尽管iw_{EM}类指数充分考虑了作者的额外被引频次，但未区分合作者对论文的贡献大小，以论文的被引频次代表作者的被引频次，这对学者来说有失公平；其次，iw_{EM}类指数随着时间的推移而增加，即使作者没有发表任何新增论文，之前发表的论文仍在被继续引用，这会导致iw_{EM}指数的增加。本文继承$iw_{EM'}$指数、h_A指数的优点，融合A.M.Abbas算法，构造一个新的评价指标——$iw_{EM'CA}$指数。本文从以下两个方面对$iw_{EM'}$指数进行优化：①$iw_{EM'}$指数评估影响力时，忽略作者贡献度对引用次数的影响，不能反映学者的客观被引用情况，本文应用A.M.Abbas算法，对被引频次进行修正；②$iw_{EM'}$指数随着时间只增不减，本文提出的$iw_{EM'CA}$指数考虑了未被引论文数量的影响，可以根据学者未来绩效的产出情况增加或降低。

1 iw$_{EM'CA}$指数构造

1.1 EM类指数

2017年,Bihari等提出了EM指数。它的定义如下:假定N是学者发表的论文总数,E是m大小的一维向量,其中E向量的元素满足$E_k \geq E_{k+1}$,$1 \leq k < m$,E向量中,E_1是学者的h指数,E_2是h核论文被引频次减去E_1值后得到的新h值,依次类推,直到所有的被引次数为1或剩余单个被引次数[12]。因此,EM指数为E向量中各个组件值之和的平方根,其计算方法如公式(1)所示:

$$EM = \sqrt{\sum_{e=1}^{k} E_e}$$
公式(1)

由上述可知,EM指数考虑了h核内论文的被引频次,但h核外论文的被引频次对学者来说仍至关重要,Bihari在此基础上提出了EM'指数,EM'指数将计算范围扩展到了所有论文的被引频次,且E'向量的组件值E_1'是学者的h指数,E_2'是h核内论文的被引频次减去h指数后,将h核内论文和h核外论文的被引频次重新降序排列后计算出的h指数,依次类推,直到所有的被引次数为1或剩余单个被引次数。因此,EM'指数为E'向量中各个组件值之和的平方根,如公式(2)所示:

$$EM' = \sqrt{\sum_{e=1}^{k} E_e'}$$
公式(2)

1.2 iw$_{EM}$类指数

2021年,Bihari等将EM指数和iw(h)指数进行整合得到iw$_{EM}$指数,iw$_{EM}$指数和EM指数的计算方法类似,区别仅在于EM指数为各组件值之和的平方根,而iw$_{EM}$指数为各组件值进行迭代加权求和,其计算方法如公式(3)所示:

$$iw_{EM} = \sum_{C=1}^{m} \frac{EM_C}{C}$$
公式(3)

其中,m是EM指数所有组件值总数,EM_C是EM指数的第C个组件值。同理,iw$_{EM'}$指数和EM'指数的计算方法类似,区别仅在于EM'指数为各组件值之和的平方根,而iw$_{EM'}$指数为各组件值进行迭代加权求和,计算方法如公式(4)所示:

$$iw_{EM'} = \sum_{C=1}^{m} \frac{EM_C'}{C}$$
公式(4)

m是EM'指数所有组件值总数,EM_C'是EM'指数的第C个组件值。由于iw$_{EM'}$指数充分利用了论文的被引频次,因此本文重点分析iw$_{EM'}$指数。

1.3 h$_A$指数

h指数只针对学者的被引频次论文,而忽略了未被引用的那部分论文,2020年,Shaibu

Mohammed等考虑了未被引论文数量的影响提出了h_A指数,其定义如下:假定学者发表了N_p篇论文,将所有论文按照被引频次降序排列,当且仅当第h篇论文的被引频次大于等于h,第h+1篇论文的被引频次小于h,且N_p—N_{cp}篇论文未被引用,指数h_A的计算方法如公式(5)所示:

$$h_A = h\frac{N_{cp}}{N_p} = h\left(1 - \frac{N_{up}}{N_p}\right)$$

公式(5)

其中,h代表h指数,N_p为发表的论文总数,N_{cp}为被引用的论文总数,N_{up}为未被引用的论文总数。与h指数相反,h_A指数可以根据学者未来绩效产出情况增加或减少,若学者发表的所有论文都被引用,则h_A指数等同于h指数,若学者至少有一篇论文未被引用,则h_A指数低于h指数,学者未被引用的论文数量越多,h_A指数越低,h_A指数的主要思想是鼓励研究人员发表高质量的论文。

1.4 A.M.Abbas算法

在当今大科学时代,科研人员之间的科研协作是突破科研瓶颈、促进科技进步的重要手段。假定学者发表的单篇论文包含多位作者,每位作者对论文的贡献度不同。本文采用A.M.Abbas算法计算作者贡献度。A.M.Abbas算法的特点如下:①署名第一位作者的贡献率最大,署名第i位作者的贡献率大于署名第i+1位作者;②单篇论文的荣誉由多位作者共同享用,且多位作者的贡献率之和为1;③相同排名顺序作者的贡献率随着作者数量的变化而变化。假定单篇论文包括n位作者,论文的被引频次为Cit,第j位作者的贡献率为w_j,论文的实际被引频次为Cit_c,其计算方法如公式(6)所示:

$$\begin{cases} w_j = \dfrac{2 \times (n - j + 1)}{n \times (n + 1)} \\ Cit_c = Cit \times w_j \end{cases}$$

公式(6)

1.5 $iw_{EM'CA}$指数

本文继承$iw_{EM'}$指数、h_A指数的优点,融合A.M.Abbas算法,构造一个新的评价指标——$iw_{EM'CA}$指数,其计算方法如公式(7)所示:

$$iw_{EM'CA} = \left(\sum_{C=1}^{m} \frac{EM'_C}{C}\right) \times \frac{N_{cp}}{N_p}$$

公式(7)

本文以兰州大学生命科学学院邱全胜学者为例,直观阐述$iw_{EM'CA}$指数的计算步骤:①以兰州大学机构知识库为数据源,检索该学者1990年至2021年发表的单篇论文的被引频次、作者数量、署名顺序;②应用A.M.Abbs算法计算该学者在每篇论文中的贡献率及实际被引频次;③将论文按照实际被引频次降序排列,计算h指数,得出E_1'=7;④将h核内排名前7的实际被引频次减去E_1'后,再将h核内论文和h核外论文实际被引频次降序排列,得到E_2'=4,依次类推,求出E'向量中各个组件值;⑤学者发表的论文总数为29,其中被引用的论文数量为13,根据公式(7),计算得出$iw_{EM'CA}$指数为5.85(计算过程见表1)。

表1 邱全胜学者的iw_EM'CA指数

表1 邱全胜学者的$iw_{EM'CA}$指数

编 号	1	2	3	4	5	6	7	8	9	10
1	31.00	24.00	20.00	16.00	13.00	10.00	7.00	5.00	3.00	1.67
2	22.67	15.67	11.67	7.67	4.67	3.50	3.00	2.57	2.00	1.44
3	22.44	15.44	11.44	7.44	4.44	3.13	2.57	2.00	1.67	1.00
4	11.60	4.60	4.40	3.50	3.50	3.00	2.00	1.67	1.44	1.00
5	10.13	4.40	3.50	3.13	3.13	2.57	1.67	1.44	1.00	0.60
6	10.00	3.50	3.13	3.00	3.00	2.00	1.44	1.00	0.60	0.57
7	9.00	3.13	3.00	2.57	2.57	1.67	0.60	0.60	0.57	0.50
8	4.40	3.00	2.57	2.00	2.00	1.44	0.50	0.50	0.50	0.40
9	3.50	2.57	2.00	0.60	0.60	0.60	0.40	0.40	0.40	0.13
10	2.57	2.00	0.60	0.40	0.40	0.40	0.13	0.13	0.13	0
11	0	0	0	0	0	0	0	0	0	0
Ek'	7	4	4	3	3	3	2	2	2	1

2 案例分析

2.1 案例数据描述

本文以兰州大学机构知识库作为数据源,将化学化工学院和生命科学学院SCI引用TOP100中的各30位研究人员作为评价对象进行分析研究。兰州大学机构知识库被引频次数据通过WOS(Web of Science)接口实时获得。笔者从机构知识库后台导出60位学者的发文总量,被引用的论文总量,总被引频次,单篇论文的被引频次、作者数量、署名顺序等,计算学者的h指数、iw_{EM}指数、$iw_{EM'CA}$指数,并对结果按照h指数、iw_{EM}指数、$iw_{EM'CA}$指数排名,分别记为名次1、名次2、名次3。Δ1为h指数名次与$iw_{EM'CA}$指数名次之差,Δ1为正,h指数排名较$iw_{EM'CA}$指数排名靠后,Δ1为负,h指数排名较$iw_{EM'CA}$指数排名靠前;Δ2为iw_{EM}指数与$iw_{EM'CA}$指数名次之差,Δ2为正,iw_{EM}指数排名较$iw_{EM'CA}$指数排名靠后,Δ2为负,iw_{EM}指数排名较$iw_{EM'CA}$指数排名靠前。化学化工学院和生命科学学院的统计结果分别如表2、表3所示。

表2 化学化工学院学者的统计结果

姓 名	Cit	N_p	N_{cp}	h	$iw_{EM'}$	$iw_{EM'CA}$	名次1	名次2	名次3	Δ1	Δ2
力虎林	15065	443	330	66	141.41	57.17	1	1	2	−1	−1
梁永民	11937	413	362	60	126.62	48.35	2	2	3	−1	−1
陈兴国	13136	543	403	55	125.81	39.20	3	3	5	−2	−2
刘伟生	12982	701	527	54	123.8	35.48	4	4	8	−4	−4
姚小军	10173	465	409	49	111.19	31.08	5	6	15	−10	−9

姓　名	Cit	N$_p$	N$_{cp}$	h	iw$_{EM'}$	iw$_{EM'CA}$	名次1	名次2	名次3	Δ1	Δ2
柳明珠	6892	284	213	48	98.22	39.20	6	11	5	1	6
张浩力	9537	329	256	48	104.73	31.80	6	7	12	−6	−5
胡之德	10481	650	383	48	111.95	25.63	6	5	19	−13	−14
马建泰	7240	311	226	47	98.89	22.05	9	10	26	−17	−16
王春明	8028	257	190	46	100.03	34.05	10	9	9	1	0
刘雪原	4956	123	121	46	86.4	27.61	10	16	17	−7	−1
李彦锋	5725	306	177	46	90.67	25.10	10	15	20	−10	−5
刘　鹏	9192	426	367	44	104.39	58.82	13	8	1	12	7
杨正银	6684	252	195	43	94.11	41.20	14	12	4	10	8
席聘贤	5941	114	98	43	90.76	25.98	14	14	18	−4	−4
涂永强	6689	278	211	42	92.46	36.70	16	13	7	9	6
徐彩玲	5194	118	95	42	84.6	31.86	16	17	11	5	6
常希俊	5370	175	133	40	84.55	32.31	18	18	10	8	8
许鹏飞	5146	259	208	40	83.54	31.20	18	20	14	4	6
王　为	8288	93	69	39	84.49	28.28	20	19	16	4	3
刘中立	4602	263	172	39	80.46	22.82	20	22	24	−4	−2
汪宝堆	5073	151	131	38	82.59	31.74	22	21	13	9	8
董正平	3815	140	110	38	73.06	24.05	22	25	23	−1	2
张海霞	4387	277	164	38	78.17	21.85	22	23	27	−5	−4
李　瀛	4199	288	218	35	72.73	24.64	25	26	21	4	5
唐晓亮	3630	106	82	35	70.9	19.59	25	28	28	−3	0
唐　瑜	3814	253	179	34	71.76	17.46	27	27	29	−2	−2
窦　伟	3825	148	100	33	69.71	17.34	28	29	30	−2	−1
贾忠建	4917	450	315	32	73.76	24.34	29	24	22	7	2
丁三元	4787	25	24	17	41.81	22.78	30	30	25	5	5

表3　生命科学学院学者的统计结果

姓　名	Cit	N$_p$	N$_{cp}$	h	iw$_{EM'}$	iw$_{EM'CA}$	名次1	名次2	名次3	Δ1	Δ2
刘建全	6706	211	170	43	94.34	34.54	1	1	1	0	0
李凤民	6682	386	214	43	93.96	24.93	1	2	3	−2	−1
安黎哲	4739	462	214	39	80.25	13.32	3	3	7	−4	−4
杜国祯	3721	311	140	33	68.87	13.46	4	4	6	−2	−2
郑荣梁	2878	252	108	32	62.32	14.19	5	6	4	1	2

续表

姓　名	Cit	N_p	N_{cp}	h	$iw_{EM'}$	$iw_{EM'CA}$	名次1	名次2	名次3	Δ1	Δ2
王　刚	2987	296	97	30	62.46	10.38	6	5	12	−6	−7
冯虎元	2178	237	80	28	55.52	7.18	7	8	24	−17	−16
龙瑞军	2708	283	109	27	57.72	8.30	8	7	21	−13	−14
洪　亮	2528	32	29	26	54.01	28.02	9	9	2	7	7
张迎梅	1768	173	75	23	45.91	8.94	10	11	17	−7	−6
黎　家	1727	76	53	22	48.28	13.79	11	10	5	6	5
李小刚	1687	66	36	22	45.15	11.42	11	13	11	0	2
陈　强	1314	127	70	22	43.84	9.25	11	16	14	−3	2
李红玉	1704	274	85	22	45.39	6.72	11	12	25	−14	−13
毕玉蓉	1549	99	54	21	44.06	11.83	15	15	10	5	5
熊友才	1602	166	73	21	44.95	7.64	15	14	23	−8	−9
达朝山	1346	62	43	20	43.08	12.82	17	17	8	9	9
王勋陵	980	224	33	19	37.89	2.56	18	19	29	−11	−10
尚占环	1083	169	56	18	38.33	5.49	19	18	27	−8	−9
马晓军	940	66	33	17	34.96	5.87	20	22	26	−6	−4
武　一	1281	37	24	16	35.71	9.16	21	20	15	6	6
肖　洒	1016	52	37	16	35.08	9.16	21	21	15	6	6
黄德军	926	43	24	16	33.87	8.89	21	24	18	3	6
刘迺发	852	219	68	16	34.23	4.91	21	23	28	−7	−5
贾　宇	744	30	19	14	28.50	8.52	25	29	19	6	10
邱　强	1069	38	29	14	30.29	8.17	25	25	22	3	3
郑国常	613	158	36	13	28.67	2.44	27	28	30	−3	−2
王玉金	930	35	28	12	28.71	12.60	28	27	9	19	18
杨金波	933	41	30	12	29.05	10.02	28	26	13	15	13
刘　恒	714	45	30	12	27.05	8.49	28	30	20	8	10

2.2 h指数、$iw_{EM'}$指数、$iw_{EM'CA}$指数区分性分析

由表2可以看出，化学化工学院30位学者中有8组19名学者的h指数相同，区分率为36.7%，$iw_{EM'CA}$指数仅有1组2名学者的相同，区分率为93.3%。由表3可以看出，生命科学学院30位学者中有6组17名学者的h指数相同，区分率为43.3%，$iw_{EM'CA}$指数仅有1组2名学者的相同，区分率为93.3%，而这两所学院学者的$iw_{EM'}$指数完全不同，区分率为100%。绘制化学化工学院和生命科学学院的h指数、$iw_{EM'}$指数、$iw_{EM'CA}$指数的散点图，如图1和图2所示。由图中可以看出，两所学院的30名学者的h指数所占据的纵坐标分布范围较小，各个散点相距较近，重合

点较多,区分不明显,而$iw_{EM'}$指数的分布范围最广,$iw_{EM'CA}$指数的分布范围居中,三者的变化情况同步,由此可见,$iw_{EM'}$指数和$iw_{EM'CA}$指数的区分能力要强于h指数,$iw_{EM'CA}$指数考虑了作者的贡献度,计算出的实际被引频次较小,且考虑了非被引论文数量的影响,其分布范围小于$iw_{EM'}$指数。

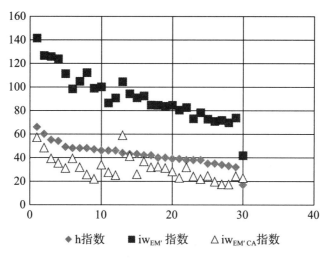

图1　化学化工学院指数散点图

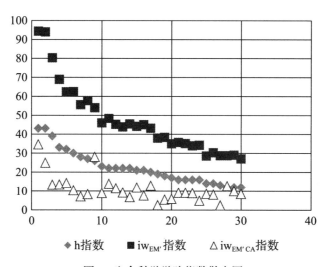

图2　生命科学学院指数散点图

2.3　h指数、$iw_{EM'}$指数、$iw_{EM'CA}$指数稳定性分析

化学化工学院和生命科学学院30位学者的h指数、$iw_{EM'}$指数、$iw_{EM'CA}$指数排名折线图如图3、图4所示,排名情况按照h指数升序。由图中可以看出,h指数、$iw_{EM'}$指数、$iw_{EM'CA}$指数三者排名总体情况大体一致,$iw_{EM'}$指数围绕h指数波动较小,$iw_{EM'CA}$指数围绕h指数波动较大。这是由于$iw_{EM'}$指数结果包含h指数,EM组件值随着各阶h指数数量的增加其权重下降,故波动较小;$iw_{EM'CA}$指数考虑了论文的作者数量及署名位次,按照作者贡献度计算出的实际被引频次变化

较大,且iw$_{EM'CA}$指数考虑了未被引论文数量的影响,故波动较大。结合图3和图4可以看出,两所学院的iw$_{EM'}$指数名次和iw$_{EM'CA}$指数名次围绕h指数名次的波动趋势大体一致,说明本文在iw$_{EM'}$指数基础上改进得到的iw$_{EM'CA}$指数在不同学科领域呈现一致分布的特性,iw$_{EM'CA}$指数对同一学科内的学者评价具有一定的适用性。

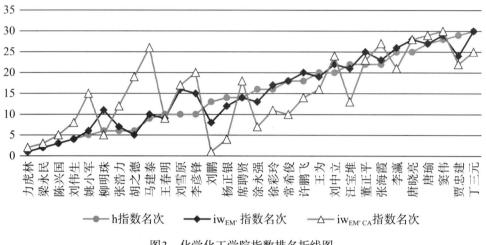

图3　化学化工学院指数排名折线图

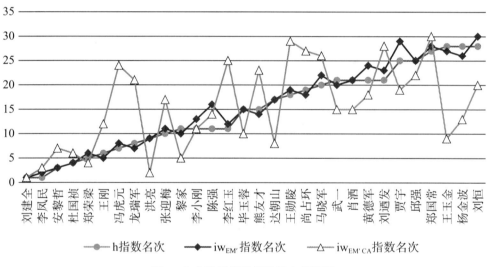

图4　生命科学学院指数排名折线图

根据表2,化学化工学院的30位学者中,与h指数相比,iw$_{EM'CA}$指数名次变化在5位以内的学者有18位,占总数的60%,名次变化在10位以上的学者有5位,占总数的16.7%。iw$_{EM'}$指数名次变化在5位以内的学者有29位,占总数的96.7%,仅有一位学者名次变化6位,由此可见,考虑了作者合作和被引论文数量的影响,iw$_{EM'CA}$指数的名次变化波动情况较为明显,对学者的个人影响还是比较大的。为进一步验证iw$_{EM'CA}$指数评价结果的有效性,笔者对30位学者的名次变动情况进行描述统计,结果见表4所示。30位学者iw$_{EM'CA}$指数名次较h指数名次平均下降了0.43位,标准差(7.079)和方差(50.116)较大,说明学者的名次波动幅度较大。其中,1—10

位学者的名次平均下降了5.2位,标准差(6.215)和方差(38.622)最小,说明高影响力的学者名次波动幅度最小,在学术领域仍保持较高的活跃度。

表4 化学化工学院名次波动描述性统计

	名次变化均值	最大值	最小值	标准差	方差
1—30位作者	−0.43	12	−17	7.079	50.116
1—10位作者	−5.2	1	−17	6.215	38.622
11—30位作者	1.95	12	−10	6.345	40.261

根据表3,生命科学学院的30位学者中,与h指数相比,$iw_{EM'CA}$指数名次变化在5位以内的学者有11位,占总数的36.6%,名次变化在10位以上的学者有6位,占总数的20%。而30位学者的$iw_{EM'}$指数名次变化都在5位以内。笔者对30位学者的名次变动情况进行描述统计,结果如表5所示。30位学者$iw_{EM'CA}$指数名次较h指数名次平均下降了0.57位,标准差(8.455)和方差(71.495)较大,说明学者的名次波动明显。其中,1—10位学者的名次平均下降了4.3位,标准差(6.929)和方差(48.011)最小,同化学化工学院类似,生命科学学院的高影响力的学者名次波动幅度最小,在学术领域活跃度较高。

表5 生命科学学院名次波动描述性统计

	名次变化均值	最大值	最小值	标准差	方差
1—30位作者	−0.57	19	−17	8.455	71.495
1—10位作者	−4.3	7	−17	6.929	48.011
11—30位作者	1.3	19	−14	8.682	75.379

2.4 $iw_{EM'CA}$指数的公平性分析

$iw_{EM'CA}$指数体现了学者贡献率对论文的影响,更能体现其真实被引用情况,且$iw_{EM'CA}$指数考虑了未被引论文数量的影响,提升了$iw_{EM'}$指数对学者评价的客观性和公平性,本文将从以下两个方面具体讨论$iw_{EM'CA}$指数的公平性。

2.4.1 $iw_{EM'CA}$指数能够反映作者对文章的贡献度

由表2可以看出,化学化工学院的学者姚小军和刘鹏,两者的总被引频次分别为10173和9192,被引论文数量占论文总数的比例分别为87.9%和86.2%,$iw_{EM'}$指数分别为111.19和104.39,对应排名分别为6和8,但$iw_{EM'CA}$指数分别为31.08和58.82,排名调整为15和1。纵观刘鹏的所有论文,署名第一的论文比率达到63.8%,在所有学者中排名第二,考虑学者合作因素后计算出的实际被引频次排在前两位的分别为301次和235次,计算$iw_{EM'CA}$指数时,该学者的各阶h指数较平稳地逐渐降低,故获得较高的$iw_{EM'CA}$指数,导致学者刘鹏的$iw_{EM'CA}$指数排名急剧上升。而纵观姚小军的所有论文,署名第一的论文比率达到21.7%,在所有学者中排名28,考虑学者合作因素后计算出的实际被引频次最高为41.3,远远低于其他学者,故导致其$iw_{EM'CA}$指数较低。

$iw_{EM'CA}$ 指数涵盖了学者产出的更多维度，反映了一个更公平的排名

由表3可以看出，生命科学学院的学者肖洒和刘逦发，两者的总被引频次分别为1016和852，$iw_{EM'}$ 指数分别为35.08和34.23，排名为21和23，署名第一的论文比率分别为44.2%和36.5%，但是 $iw_{EM'CA}$ 指数分别为9.16和4.91，排名调整为15和28，相差13个位次。纵观肖洒和刘逦发的论文发现，两者的未被引论文数量占论文总数的比率分别为28.8%和68.9%，故两者的 $iw_{EM'CA}$ 指数相差较大。由此可见，$iw_{EM'CA}$ 指数考虑了未被引用的论文对 $iw_{EM'}$ 指数的影响，比 $iw_{EM'}$ 指数具有更大的区分力；$iw_{EM'CA}$ 指数包含 $iw_{EM'}$ 指数和未被引论文的比率，比 $iw_{EM'}$ 指数更全面。因此，用 $iw_{EM'CA}$ 指数评价学者影响力更加公平和客观。此外，学者在科学研究的过程中，有责任让其科研成果广泛传播，一旦学者成功地在期刊上发表论文后，不再关注后续论文的传播和被引用，然而论文是否被引用不仅是由于论文本身质量的原因，而且是由于科研人员是否对论文的传播力和可见性方面做出了努力。因此，本文的 $iw_{EM'CA}$ 指数将鼓励科研人员不仅要发表高影响力、高质量的论文，而且要努力使其具有更好的传播性和可见性。

2.5 各指标相关性分析

为了探讨h指数、发文量、总被引频次、署名第一论文比率、$iw_{EM'}$ 指数、$iw_{EM'CA}$ 指数之间的相关关系，本文采用Spearman相关系数进行相关性分析，化学化工学院和生命科学学院各指标相关性结果见表6和表7。

从h指数的相关性来看，两所学院学者的 $iw_{EM'}$ 指数和 $iw_{EM'CA}$ 指数与h指数在0.01水平下显著正相关。这是因为 $iw_{EM'}$ 指数和 $iw_{EM'CA}$ 指数都是在h指数的概念上衍生而来，二者都是以论文引用次数作为计算对象。此外，两所学院学者的 $iw_{EM'}$ 指数与 $iw_{EM'CA}$ 指数显著正相关，表明由 $iw_{EM'}$ 指数改进得来的 $iw_{EM'CA}$ 指数是可行的，适用于学者评价研究。

从总被引频次来看，两所学院学者的h指数、$iw_{EM'}$ 指数和 $iw_{EM'CA}$ 指数与总被引频次显著相关。这是由于h指数基于论文的被引频次计算得出，而 $iw_{EM'}$ 指数和 $iw_{EM'CA}$ 指数考虑了所有被引频次，总被引频次越多，出现高影响力论文的概率就越大。

署名顺序方面，两所学院学者的 $iw_{EM'CA}$ 指数与署名第一作者论文比率的相关性强于h指数和 $iw_{EM'}$ 指数，表明 $iw_{EM'CA}$ 指数对署名顺序更敏感，署名靠前论文数越多，作者的影响力越大。

表6 化学化工学院不同指标之间的相关系数

	被引频次	发文量	署名第一论文比率	h指数	$iw_{EM'}$ 指数	$iw_{EM'CA}$ 指数
被引频次						
发文量	0.628**					
署名第一论文比率	0.363*	0.269				
h指数	0.885**	0.616**	0.310			
$iw_{EM'}$ 指数	0.950**	0.675**	0.381*	0.965**		
$iw_{EM'CA}$ 指数	0.751**	0.372*	0.592**	0.679**	0.758**	

注：**表示在0.01水平（双侧）显著相关，*表示在0.05水平（双侧）显著相关。

表7 生命科学学院不同指标之间的相关系数

	被引频次	发文量	署名第一论文比率	h指数	$iw_{EM'}$指数	$iw_{EM'CA}$指数
被引频次						
发文量	0.640**					
署名第一论文比率	−0.022	−0.445*				
h指数	0.955**	0.735**	−0.069			
$iw_{EM'}$指数	0.982**	0.723**	−0.063	0.984**		
$iw_{EM'CA}$指数	0.615**	0.011	0.356	0.516**	0.552**	

注:**表示在0.01水平(双侧)显著相关,*表示在0.05水平(双侧)显著相关。

2.6 主成分分析

本文对化学化工学院和生命科学学院60位学者的h指数(x_1)、EM指数(x_2)、EM′指数(x_3)、iw_{EM}指数(x_4)、$iw_{EM'}$指数(x_5)、$iw_{EM'CA}$指数(x_6)进行主成分分析,综合评价学者的学术影响力。利用SPSS软件将原始数据进行标准化处理,得到新的数据,然后通过KMO检验法和Bartlett球体检验法进行主成分分析的适用性检验[13]。化学化工学院的KMO值为0.542,显著性为0.000,生命科学学院的KMO值为0.699,显著性为0.000。从以上结果可以看出,两所学院的数据适用主成分分析方法。

通过相关矩阵出发求解主成分,化学化工学院提取出两个主成分,代表原来6个指数信息的90.079%,生命科学学院提取出一个主成分,代表原来6个指数信息的83.188%,据此,提取出的主成分评价学者的学术影响力已有一定的把握。化学化工学院提取两个主成分分别为y_1和y_2,根据两个主成分系数,得到y_1和y_2的线性组合:

$y_1 = 0.50175 \times x_1 + 0.04804 \times x_2 + 0.16151 \times x_3 + 0.51308 \times x_4 + 0.51722 \times x_5 + 0.43492 \times x_6$

$y_2 = −0.18219 \times x_1 + 0.70918 \times x_2 + 0.67432 \times x_3 − 0.00654 \times x_4 − 0.09416 \times x_5 + 0.00112 \times x_6$

由上式可知,主成分y_1是h指数、iw_{EM}指数、$iw_{EM'}$指数、$iw_{EM'CA}$指数的综合反映,它代表学者考虑论文数量和质量的学术影响力评价,同时兼顾作者贡献率、额外被引频次和未被引论文数量的影响。主成分y_2是EM指数和EM′指数的综合反映,它代表对高被引文章敏感的学者影响力评价。生命科学学院提取一个主成分为k_1,根据主成分系数,得到k_1的线性组合:

$k_1 = 0.41778 \times x_1 + 0.36411 \times x_2 + 0.42498 \times x_3 + 0.43538 \times x_4 + 0.42766 \times x_5 + 0.37401 \times x_6$

由上式可知,主成分k_1是h指数、EM指数、EM′指数、iw_{EM}指数、$iw_{EM'}$指数、$iw_{EM'CA}$指数的综合反映,它代表学者学术影响力的综合评价。

表8是化学化工学院和生命科学学院根据主成分方程计算的主成分得分和以各个主成分方差百分比为权重计算的综合得分,从化学化工学院的得分来看:主成分得分y_1大于1排在前7位的学者分别是力虎林、梁永民、陈兴国、刘伟生、刘鹏、张浩力、姚小军,其中,学者刘鹏的$iw_{EM'CA}$指数最高;主成分得分y_2比较突出的两位学者是王为和丁三元,纵观王为和丁三元的论文发现,两者合著的两篇文章的被引频次很高,分别为1767和1193,说明EM指数和EM′指数对论文的高被引频次敏感。从化学化工学院的综合得分来看,排在前7位的学者分别是力虎林、陈兴国、梁永民、刘伟生、王为、张浩力、刘鹏,综合多方面的因素,说明这7位学者的学术综合影响力最强。从生命科学学院的综合得分来看,综合得分大于1的排在前7位

的学者分别为刘建全、李凤民、安黎哲、杜国祯、洪亮、王刚和郑荣梁，说明这7位学者的学术综合影响力最强。

表8　两所学院的主成分得分和综合得分

化学化工学院				生命科学学院		
姓名	主成分得分y_1	主成分得分y_2	综合得分	姓名	主成分得分k_1	综合得分
力虎林	5.2	0.45	3.19	刘建全	6.27	5.21
梁永民	3.21	−0.5	1.73	李凤民	5.37	4.46
陈兴国	2.8	0.34	1.75	安黎哲	3.31	2.76
刘伟生	2.38	0.54	1.56	杜国祯	2.69	2.24
姚小军	1.18	0.01	0.69	郑荣梁	1.62	1.35
柳明珠	0.81	−0.81	0.22	王　刚	1.72	1.43
张浩力	1.27	1.91	1.34	冯虎元	0.41	0.34
胡之德	0.92	0.36	0.66	龙瑞军	1.18	0.98
马建泰	0.01	−0.3	−0.09	洪　亮	2.16	1.8
王春明	0.89	−0.13	0.48	张迎梅	−0.47	−0.39
刘雪原	−0.5	−1.48	−0.76	黎　家	0.35	0.29
李彦锋	−0.3	−1.08	−0.52	李小刚	0.91	0.76
刘　鹏	1.74	−0.01	1.01	陈　强	−1.45	−1.21
杨正银	0.46	−0.55	0.1	李红玉	−0.65	−0.54
席聘贤	−0.03	−0.39	−0.14	毕玉蓉	−0.66	−0.55
涂永强	0.3	−0.06	0.16	熊友才	−0.23	−0.19
徐彩玲	−0.22	−0.45	−0.27	达朝山	−0.34	−0.28
常希俊	−0.51	−0.83	−0.56	王勋陵	−1.85	−1.54
许鹏飞	−0.89	−0.96	−0.83	尚占环	−1.81	−1.51
王　为	0.3	4.13	1.47	马晓军	−2.08	−1.73
刘中立	−1.26	−1.02	−1.06	武　一	−1.07	−0.89
汪宝堆	−0.7	−0.4	−0.54	肖　洒	−1.3	−1.08
董正平	−1.58	−0.3	−1.02	黄德军	−1.67	−1.39
张海霞	−1.53	−0.97	−1.2	刘迺发	−2.28	−1.89
李　瀛	−1.81	−0.2	−1.13	贾　宇	−1.88	−1.57
唐晓亮	−1.95	−0.75	−1.38	邱　强	−1.3	−1.08
唐　瑜	−2.29	−0.93	−1.64	郑国常	−2.93	−2.43
窦　伟	−2.1	0.21	−1.16	王玉金	−0.83	−0.69
贾忠建	−2.29	−0.55	−1.51	杨金波	−0.93	−0.77
丁三元	−3.5	4.74	−0.57	刘　恒	−2.28	−1.9

本文继承$iw_{EM'}$指数、h_A指数的优点,将作者合作融入其中,提出了一个新的评价指标——$iw_{EM'CA}$指数。$iw_{EM'CA}$指数的合理性主要体现在:①充分继承$iw_{EM'}$指数的优点,利用了作者的额外被引频次,不仅考虑了h核内论文的被引频次,而且考虑了h核外论文的被引频次;②继承h_A指数的优点,涵盖学者产出的更多维度,考虑未被引论文数量的影响,可以根据学者未来绩效的产出情况增加或降低,克服了$iw_{EM'}$指数只增不降的缺点;③通过计算作者贡献度,学者影响力评价更加公平和客观。本文选取兰州大学化学化工学院和生命科学学院的60位研究人员作为评价对象,对$iw_{EM'CA}$指数的区分性、稳定性、公平性和相关性进行分析研究,采用主成分分析方法从60位学者的6项评价指标中提取主成分,计算综合得分,结果表明利用$iw_{EM'CA}$指数评价学者学术影响力更加全面、客观和精细。在今后的研究中,笔者将尝试将$iw_{EM'CA}$指数应用于期刊、科研机构等其他领域,验证其适用性。

参考文献

[1] 张燕,赵婉忻,董凯. 基于他引频次和贡献率的学者影响力评价[J]. 情报理论与实践,2021（10）:65–71.

[2] HIRSCH,J E. An index to quantify an individual's scientific research output[J]. Proceedings of the national academy of sciences of the United States of America,2005,102（46）:16569–16572.

[3] 刘雪梅. 作者合作与期刊影响因素视角下的学者评价研究[J]. 情报理论与实践,2018（11）:113–116.

[4] ABBAS A M. Weighted indices for evaluating the quality of research with multiple authorship[J]. Scientometrics,2011,88（1）:107–131.

[5] 乔家昌,傅雷鸣. YC-EM′$_C$指数:时间与合作视角下的作者影响力评价研究[J]. 情报杂志,2019（1）:200–207.

[6] ZHANG,C T. The e-index,complementing the h-index for excess citations[J]. PLoS One,2009,4（5）:e5429.

[7] GARCÍA-PÉREZ M. A multidimensional extension to Hirsch's h-index[J]. Scientometrics,2009,81（3）:779–785.

[8] TODESCHINI R,BACCINI A. Handbook of bibliometric indicators:quantitative tools for studying and evaluating research[M]. London:Blackwell,2016:12326.

[9] BIHARI A,TRIPATHI S. EM-index:a new measure to evaluate the scientific impact of scientists[J]. Scientometrics,2017,112（1）:659–677.

[10] MOHAMMED S,MORGAN A,NYANTAKYL E. On the influence of uncited publications on a researcher's h-index[J]. Scientometrics,2020,122（3）:1791–1799.

[11] BIHARI A,TRIPATHI S,DEEPAK A. Iterative weighted EM and iterative weighted EM'—index for scientific assessment of scholars[J]. Scientometrics,2021,126（7）:5551–5568.

[12] 刘雪梅,陈宏东,王海花. 基于Ypc_EMM指数和Ypc_EMM′指数的学者评价指标研究[J]. 情报探索,2020（1）:23–30.

[13] 曹晓俊. 对我国上市银行经营业绩的分析——基于主成分分析、因子分析和聚类分析的方法[J]. 宿州学院学报,2016（7）:25–28.

我国省级公共图书馆短视频矩阵运营优化策略研究

宋　嵩（绍兴图书馆）

1　引言

近几年，随着互联网及新媒体技术的发展，我国短视频得到快速发展。据中国互联网信息中心发布的第47次《中国互联网络发展状况统计报告》，截至2020年12月，我国有短视频用户8.73亿人，与2020年3月相比增长1亿人，短视频已成为我国新增数量最大的互联网产品之一，而短视频网民使用率达88.3%[1]。据研究，截至2020年12月，我国有49.3%的未成年人观看短视频，排在网上学习、玩游戏、听音乐等之后[2]。从活跃用户数来看，国内影响较大的短视频应用有"抖音短视频"App（以下简称"抖音"）、"快手"App（以下简称"快手"）、"微信视频号"（以下简称"视频号"）以及哔哩哔哩弹幕视频网站（以下简称"B站"）。抖音是目前国内最受欢迎的短视频制作与分享平台，其活跃用户数在2020年8月超过6亿人[3]。快手的活跃用户数在2021年第一季度超过2.95亿人[4]。视频号依托微信资源其活跃用户数也在快速增长，目前已经超过3亿人[5]。B站发布的财务报告显示，截至2021年3月底，其活跃用户数2.23亿人，付费用户也有2000万人[6]。这几个短视频制作与发布平台代表着我国短视频发展现状，短视频已经融入我国各年龄段人群的日常生活与学习中。

我国各个领域的传统机构纷纷入驻抖音、快手、视频号、B站等平台，制作与发布短视频作品。特别是以资讯发布为主的传统机构在抖音上的影响较大，如《人民日报》于2021年9月在抖音拥有13662.6万粉丝，获得73.0亿点赞量，在短视频平台获得了巨大成功。目前国内不少图书馆也加入短视频运营，据有关统计：截至2020年5月，有79个图书馆在抖音开通了账号[7]；截至2021年9月，有49个图书馆在B站开通了账号，有102个图书馆在视频号开通了账号，有12个图书馆在快手开通了账号。可见我国不少图书馆已加入短视频的运营，特别是在视频号平台上开通账号的图书馆的数量增长较快。宋嵩在2020年6月调研时仅有14个图书馆开通视频号[8]，到2021年9月已经增加到了102个图书馆。短视频在图书馆业务介绍、活动推广、阅读推广、知识普及等方面发挥着重要作用。

国内知名的短视频制作与发布平台较多，虽然抖音影响最大，但快手、视频号、B站等不仅拥有数量庞大的用户，而且活跃用户数也在快速增长。也正因为如此，我国不少图书馆陆续加入了短视频矩阵运营的行列。目前有关短视频矩阵的概念在学术界尚未有人进行深入研究。短视频矩阵是由自媒体矩阵概念发展而来。最开始，自媒体矩阵是指在多个媒体平台搭建的账号集合，之后随着抖音等单个媒体的快速发展，自媒体矩阵更多的是指单个平台多账号集合。在B站上有个名为"桃哥笔记"的博主认为，短视频矩阵是指在短视频平台上运营不同账号，实现账号之间互通、互推导流、多平台展示，提升粉丝数量[9]。结合前期自媒体矩阵的概念以及B站博主对短视频矩阵的理解,笔者认为短视频矩阵包括两种:一是分别在不同短视频平台进行账号运营;二是在同一短视频平台进行多个账号运营。笔者认为这两种形式都属于短视频矩阵。第一种短视频矩阵较为常见,如上海图书馆在抖音、视频号和B站都有开通账号并进行运营。第二种短视频矩阵在图书馆领域相对少见,但在文化领域却有成功案例,如樊登在抖音平台推出了樊登读书(647.5万粉丝)、樊登读书VIP精选(809.5万粉丝)、樊登读书课堂(454.5万粉丝)、樊登读书听书课堂(514.1万粉丝)、樊登读书职场(344.8万粉丝)、樊登读书亲子(233.0万粉丝)等多个账号。短视频矩阵运营有利于增强图书馆作品影响力、降低账号风险、进行多元品牌打造,以及细化不同的读者群等。本文对我国省级公共图书馆的短视频矩阵运营现状进行调研,并提出有针对性的运营优化策略,对提升我国图书馆短视频运营具有一定的参考价值。

2 我国省级公共图书馆短视频矩阵运营情况调研

与市级、县区级公共图书馆相比,省级公共图书馆在人力、物力、财力及技术等方面均具有一定优势,因此在短视频矩阵运营方面往往更具代表性。本次研究以我国31个省级公共图书馆为例(未包含港澳台地区的公共图书馆)进行调研,调研时间为2021年9月10日。

2.1 调研方法

本次调研采用网络信息收集与研究的方式进行,逐个将31个省级公共图书馆名称在抖音等平台进行检索,笔者发现除海南省图书馆、南京图书馆、河南省图书馆、天津图书馆外,其他省级公共图书馆均已在抖音、快手、视频号、B站等单个或多个短视频平台注册账号。我国省级公共图书馆中只有首都图书馆、吉林省图书馆、四川省图书馆、湖北省图书馆在快手开通账号并运营,仅首都图书馆在快手平台具有一定的作品和粉丝量,其余3个图书馆在快手平台运营效果不佳。

2.2 调研内容

笔者对省级公共图书馆在各平台的作品数、获赞数、粉丝数等基础数据进行调查,详情如表1所示。在B站中较难统计各作品的点赞量,而在视频号中粉丝数无法查询,故未能展示。虽然快手拥有高达2.95亿的活跃用户,然而在该平台注册了账号的省级图书馆为数不多,已注册账号的省级图书馆运营效果也不太理想,故在本次调查表中也不进行展示。

表1 省级公共图书馆短视频矩阵调查情况表

单位:个

图书馆	B站		抖音			视频号	
	作品数	粉丝数	作品数	获赞数	粉丝数	作品数	获赞数
上海图书馆	169	28000	762	87000	34000	15	628
首都图书馆	45	1546	22	43000	9400	—	—
陕西省图书馆	209	2969	577	328000	15000	15	161

图书馆	B站		抖音			视频号	
	作品数	粉丝数	作品数	获赞数	粉丝数	作品数	获赞数
湖北省图书馆	105	2870	337	69000	16000	32	841
辽宁省图书馆	—	—	160	2846	1286	—	—
浙江图书馆	1	1810	162	3370000	280000	15	158
吉林省图书馆	—	—	419	237000	6917	7	—
山西省图书馆	—	—	23	470	707	0	0
安徽省图书馆	—	—	79	2413	3277	—	—
广西图书馆	19	598	—	—	—	—	—
福建省图书馆	—	—	31	1104	444	—	—
广东省立中山图书馆	—	—	334	837000	106000	15	69
四川省图书馆	—	—	170	35000	3361	—	—
云南省图书馆	—	—	146	4290	1506	15	429
贵州省图书馆	—	—	8	963	701	5	1023
青海省图书馆	—	—	65	2440	861	—	—
甘肃省图书馆	—	—	29	452	453	—	—
江西省图书馆	—	—	128	8957000	426000	—	—
湖南图书馆	37	120	150	7763	1721	15	405
重庆图书馆	2	103	226	132000	2000	15	705
内蒙古自治区图书馆	—	—	4	109	131	—	—
宁夏回族自治区图书馆	—	—	13	162	289	—	—
新疆图书馆	—	—	59	1546	783	—	—
河北省图书馆	—	—	87	3322	2358	15	205
黑龙江省图书馆	—	—	50	911	486	—	—
山东省图书馆	—	—	306	21000	3246	15	47
西藏自治区图书馆	—	—	8	265	172	12	499

3 省级公共图书馆短视频矩阵运营分析

3.1 单平台短视频矩阵运营

在单个自媒体矩阵运营方面，浙江图书馆较为优秀，其在微信公众号上同时运营了浙江图书馆zhejianglib、浙江图书馆zjlib1900和浙里阁gh_1f451b1bd437三个账号，并取得了不错的影响力。但在单平台短视频矩阵运营方面，我国尚未有省级公共图书馆在单个平台注册多个账号进行同时运营。湖北省图书馆在快手开通有"长江论坛"的账号，发布相关的讲座视频，但未在该平台开通湖北省图书馆账号。单平台短视频矩阵运营是我国省级公共图书馆亟须改进的业务短板。

3.2 多平台短视频矩阵运营

3.2.1 账号开通情况分析

多平台短视频矩阵运营是在2个以上短视频平台进行账户注册和运营，是我国省级公共图书馆最为常见的短视频矩阵运营模式。从表1可知，近一半的省级公共图书馆已实现了多平台短视频矩阵运营，上海图书馆、首都图书馆、陕西省图书馆、湖北省图书馆、浙江图书馆、湖南图书馆、重庆图书馆等实现了3个以上短视频平台运营。可见这些图书馆非常重视在多个短视频平台的账号运营，希望能够通过多平台账号运营吸引不同读者群的关注。

3.2.2 不同平台运营对比分析

（1）账户开通率对比分析

由表中数据可知，在27个图书馆中有26个开通了抖音号，开通率达到96.30%。抖音成为我国省级公共图书馆最受欢迎的短视频平台。有14个省级公共图书馆开通了视频号，占比51.85%。有8个省级公共图书馆开通了B站账户，占比29.63%。由开通率可知，我国省级公共图书馆对短视频平台的喜欢程度从高到低的排序为抖音、视频号、B站及快手。抖音由于拥有最多的活跃用户，且其内容相对轻松娱乐，容易受到图书馆及读者的关注。视频号背靠微信的大量用户，且与微信公众号能实现内容对接，因此也受到不少图书馆的关注。B站是我国青少年网上学习的重要平台之一，故受到不少图书馆的关注。快手虽然拥有大量的活跃用户，但其作品推送机制与抖音有所不同，较少受到图书馆的关注。

（2）运营效果对比分析

从表1可知，抖音是我国省级公共图书馆发布作品数、获赞数和粉丝数最多的短视频平台。首都图书馆在快手平台虽然拥有7.6万粉丝，并发布了49个作品，但仅获得6011个点赞。但在抖音平台，首都图书馆虽然仅有9400个粉丝，发布22个作品，却获得了4.3万个赞。可见抖音平台的图书馆短视频传播效果较好。我国不少图书馆虽然在多个平台发布了作品，但仍以抖音作为其短视频运营的重点。如浙江图书馆在抖音拥有28万个粉丝，发布了162个作品，获得了337万个点赞，取得非常不错的成绩。浙江图书馆在B站仅发布了1个作品，在视频号发布了15个作品，获得的点赞量均非常少，与抖音平台相比相形见绌。

（3）作品内容发布对比分析

笔者本次调查发现，我国省级公共图书馆在不同短视频平台发布的作品有所不同。

在抖音平台发布的视频一般时长较短，内容涵盖阅读推广、活动推广、新业务展示、图书馆通知以及讲座内容介绍等，表现形式多样、轻松诙谐。如江西省图书馆在抖音发布了120多个作品，获得了895.7万点赞，其点赞量绝大部分集中在其新馆机器人的短视频。江西省图书馆新馆机器人为抢粉丝吵架的系列视频非常诙谐、可爱，深受短视频用户的欢迎，获得了400多万的点赞，成为江西省图书馆的爆款作品，带来了大量的粉丝。

视频号的模式与抖音类似，主要以阅读推广为主。如湖南图书馆以爱阅读的冯青作为主持人进行亲子阅读的作品获得了94个点赞和52次转发，贵州省图书馆拍摄的以馆里年轻靓丽的馆员对图书《一个西方传教士的长征亲历记》的阅读推广的视频获得了219个点赞和74次转发。

B站是我国年轻人网上在线学习的重要平台，基于此，我国省级公共图书馆在B站的作品基本上以讲座为主,极少有关于资讯类、娱乐类的作品。上海图书馆是在B站运营得最为成功的图书馆,拥有2.8万粉丝,发布了169个作品,视频内容主要是各类讲座。上海图书馆在B站中设置了北欧神话、《汉穆拉比法典》:常识与误解、语文阅读与写作、非遗大课堂、遇见未来、馆员荐书等多个专栏。其中2020年7月发布的"包弼德《斯文:唐宋思想的转型》"获得了1.9万次观看和549个点赞,是影响最大的作品。

4 我国省级公共图书馆短视频矩阵运营存在的问题

通过调研发现,我国省级公共图书馆虽然已开始短视频矩阵运营,也取得了一定的成绩,但也存在不少问题,如推广不足、运营平台少、定位不明确等。

4.1 短视频矩阵推广严重不足

笔者通过对27个省级公共图书馆的官网进行调研发现,仅有江西省图书馆和湖北省图书馆在官网有短视频访问的二维码,且仅提供了抖音二维码。湖北省图书馆开通了抖音、快手、视频号和B站等多个平台的账号,但在官网也仅提供了抖音二维码。笔者在其余25个省级图书馆官网未能找到任何有关短视频的访问链接。可见我国省级公共图书馆在短视频矩阵上的推广力度非常不足,亟须改进。

4.2 多平台短视频矩阵模式运营平台少,单平台短视频矩阵运营空白

我国尚有4个省级公共图书馆未进行短视频运营服务,广西壮族自治区图书馆仅在B站提供短视频服务。其他图书馆虽然提供2个以上平台的短视频服务,但真正做到覆盖3个平台的图书馆仅有7个。可见我国省级公共图书馆在多平台的短视频运营上还存在一定的问题。多平台运营并不会增加图书馆多少精力,只是多了个平台展示作品而已,我国图书馆完全可以进行多平台短视频运营。

我国单平台短视频矩阵运营完全处于空白状态。我国公共图书馆已在微信公众号上实现多账号运营,在短视频方面也可以多账号运营。此外,樊登读书在抖音多个账号同时运营,并取得非常理想的效果就足以证明图书馆单平台多账号运营是可行的。

4.3 多个图书馆账号形象不统一

我国有些省级图书馆在各短视频平台中的账号形象不统一。图书馆的短视频平台账号形象一般是以"书+图书馆名称+英文名"或以"图书馆建筑+图书馆名称+英文名"等两种形式构成,对外起到品牌宣传的作用。上海图书馆、浙江图书馆在各短视频平台上均能够保持统一的账号形象。但湖南图书馆在抖音、视频号平台以"书+图书馆名称+英文名"的头像出现,在B站则以单纯的建筑物作为头像;湖北省图书馆在抖音、B站以"书+图书馆名称+英文名"的头像出现,但在视频号中以"长江讲座"为头像;陕西省图书馆在抖音、视频号的头像为一个思考者加上"保持阅读与思考"的文字,但在B站中以"书+图书馆名称+英文名"为头像。图书馆的不同账号用不同的头像,容易让读者混淆,不知道该账号的真实性,同时也会让读者认为该图书馆不够专业与权威。

4.4 作品不够诙谐可爱，获得点赞数少

我国省级公共图书馆的短视频作品整体处于获得点赞数少的困境。即使是在抖音平台，我国省级公共图书馆的作品点赞量过万的很少。点赞量最多的是江西省图书馆在抖音平台发布的与机器人相关的作品，获得了相当多的点赞量。但除了与机器人相关的作品，江西省图书馆的其他作品的点赞量均未过万。浙江图书馆在抖音平台上发布的点赞量过万的作品分别与施一公、钟睒睒、余秋雨、莫言、钱钟书、刘慈欣等社会影响大的人物的讲话或作品有关。但除了这些作品，浙江图书馆的其他作品的点赞量并不理想。除了江西省图书馆和浙江图书馆外，其他图书馆在抖音平台的作品点赞量非常少，点赞数10以内的作品占了80%以上。除了抖音平台，各省级公共图书馆在视频号、B站上的作品的点赞量情况更为惨淡。我国14个公共图书馆在视频号发布了191个作品，共获得5170个点赞，平均每个作品仅获得27.1个点赞。

笔者认为，我国省级公共图书馆的短视频点赞量少的原因有：一是作品主题不受读者欢迎。二是作品不够诙谐可爱，我国图书馆短视频作品绝大部分以较为严肃认真的画风来推广阅读，反而效果不理想。

4.5 不同平台短视频定位不清，未形成品牌作品

我国省级公共图书馆在多个短视频平台运营定位不清。快手虽然有4亿的活跃用户，但不是采取根据兴趣爱好推送作品的方式，所以该平台账号的粉丝相对固定，比较适合做直播。首都图书馆在该平台进行了多场直播，其虽然拥有7.6万粉丝但作品的点赞量却比抖音平台少得多。这是由于快手平台的粉丝更为喜欢看直播，但对发布的作品不感兴趣。抖音平台是依据用户的搜索、观看记录等进行相似作品推荐的，将发布的作品推给有相似需求的用户观看，所以我国省级公共图书馆在该平台发布的作品容易获得较多的点赞量。因此，首都图书馆在直播时可选择快手，作品发布可选择抖音、视频号等平台。抖音与视频号在功能定位上相似，诙谐可爱的短视频在此平台接受度高，对于讲座等较为严肃认真的作品可上传至B站。湖北省图书馆在视频号发布了大量讲座作品，但效果不佳，这也是定位不明的表现。

我国省级公共图书馆也由于对短视频的定位不清，没有形成系列品牌产品。上海图书馆在B站上开通不同内容的专栏，这是一个较好的尝试。江西省图书馆在抖音也将作品分为"人文江右　山水赣鄱"短视频创意秀、"爱读书的青春"、"旺宝与图图的日常"系列。这种将作品进行合集在一定程度上能够起到树立品牌的作用，也能够帮助用户快速找到感兴趣的视频，而不会让用户有凌乱、毫无头绪的感觉。江西省图书馆在抖音记录机器人的视频合集"旺宝与图图的日常"推出了32个作品，得到了2.7亿次播放，这在我国整个图书馆短视频领域都处于巅峰状态。此外，浙江图书馆在抖音推出"大咖有话说""有话说大咖""嘿！看书不"等系列，陕西省图书馆在抖音推出"万物发明指南""夏天只是西瓜的一个梦""像唐人一样生活"等系列，广东省立中山图书馆在抖音推出"主播带你读经典""主播带你涨知识""告诉你不一样的省图""热点荐读"等系列。短视频系列化制作与发布是品牌化建设的重要环节。但除了这些图书馆，我国其他省级公共图书馆的短视频作品显得更为杂乱，定位不清，没有形成品牌，亟须改进。

5 省级公共图书馆短视频矩阵运营优化策略

5.1 加大短视频矩阵宣传推广力度

截至2021年9月，我国已经有27个省级公共图书馆推出了短视频服务，且其中绝大多数都在2个以上平台运营账号。国际图联（IFLA）警告称，未来几年图书馆可能会陷入低谷[10-11]。在新冠肺炎疫情常态化下的今天，我国公共图书馆更应顺应短视频快速发展的时代潮流，做好短视频服务。我国绝大多数的省级公共图书馆都在官网发布微信公众号的二维码方便读者访问。为了加速短视频矩阵的发展，我国省级公共图书馆也应在其官网、微信公众号和微博等多个网络渠道推广其所运营的所有短视频平台账号，方便读者获取。同时，我国省级公共图书馆也可在图书馆人流量较大的区域通过海报呈现出视频账号二维码。这是成本较低，效果较好的短视频矩阵宣传推广的方式。

除了以上方式，我国省级公共图书馆也可通过所在平台的机制进行推广。如经济能力尚可的图书馆可通过抖音的"DOU+"的方式进行付费投放，通过付费的方式增加作品的曝光度，吸引更多潜在粉丝关注。如浙江图书馆有部分作品进行了"DOU+"投放，读者在观看相关视频时能够看到"DOU+"的相关表示。

5.2 推出多种形式的短视频矩阵服务

目前我国省级公共图书馆在单平台视频矩阵服务上还处于空白状态。但樊登读书在文化领域推出的单平台视频矩阵获得了巨大成功，每个账号分工明确，且拥有大量的粉丝。我国省级公共图书馆也可借鉴樊登读书的运营模式，在单个平台推出基于阅读推广、活动推广、事务性通知等多个不同主题的账号，从而实现以大带小的发展模式。

对于不同短视频矩阵运营，我国省级公共图书馆也应在多个平台同时提供服务。如辽宁省图书馆、吉林省图书馆、山西省图书馆、安徽省图书馆、江西省图书馆等图书馆应促进其短视频在B站、视频号等平台的发展。视频号正处于快速发展阶段，我国省级公共图书馆应抓住机会。至于快手，笔者并不是很建议在该平台进行账号运营，一是入驻该平台的图书馆及其他文化机构较少，二是该平台现有的图书馆账号运营并不理想。B站主要是受到爱学习读者的欢迎，非常适合图书馆上传视频，故笔者也建议我国省级图书馆在该平台发力。

5.3 图书馆确保在所有短视频平台的头像统一

我国省级公共图书馆可根据不同的短视频平台定位不同提供不同类型的视频，但其头像必须保持一致。目前我国上海图书馆、浙江图书馆、江西省图书馆在开通服务的多个短视频平台的头像一致，同时也与微信公众号的头像保持一致，这样有助于读者快速地辨认出具体图书馆，且会给读者心目中留下专业、权威的印象。与之相反，我国不少图书馆在其开通账号的多个短视频平台上头像使用混乱，未保持统一，这样容易混淆读者的认知，破坏读者对图书馆的印象。笔者建议我国省级公共图书馆在短视频矩阵服务时保持统一的头像，且最好与微信公众号的头像保持一致。

5.4 加强作品策划，提升作品的认可度

笔者认为我国省级公共图书馆短视频作品不宜过于严肃认真，而应在作品中加入诙谐轻

松及美的元素,或许能起到较好的效果。

在作品中嵌入诙谐元素能起到非常好的效果。如江西省图书馆的机器人旺宝获得了1.9亿次观看。图书馆使用机器人并不是稀奇的事情,不会引起多大的关注,但为了抢粉丝而吵架,内容非常可爱,从而收到了非常好的效果。浙江图书馆在儿童节前一天推出的名人趣事,也是加入了名人效应和有趣的元素,从而获得了几十万的点赞。

所以笔者认为我国省级公共图书馆在短视频制作时,应做好策划,考虑在作品中加入有趣故事等元素作为亮点来增加作品的可读性,运用名人效应,从而提升作品的认可度。

5.5 对各平台进行正确定位,努力打造品牌

我国省级公共图书馆可根据自身资源特色及各短视频平台的规则,对各平台进行正确定位。如抖音、视频号等平台能发布的作品时长较短,普遍在2分钟以下,并不支持长视频。同时,抖音、视频号等短视频平台以轻松娱乐、资讯获取为主。B站主打青少年在线学习,上传作品的时长不受限。因此,笔者认为我国省级公共图书馆可在抖音、视频号等平台主打轻松娱乐及资讯类作品,同时也可作为讲座等长视频的导流。我国省级公共图书馆可将B站作为讲座宣传的绝佳场所,既可以发布长视频,又符合B站年轻人重要学习场所的定位。

对各个平台进行精准定位之后,我国省级公共图书馆可努力打造各种主题的品牌。对短视频平台作品进行系列化处理,是品牌化建设的第一步。如上海图书馆在B站将讲座进行分栏化处理,以及江西省图书馆、浙江图书馆等在抖音平台将作品整合为合集,都有助于短视频作品的品牌化发展。在对这些作品进行系列化处理后,后续更应持续跟进,不断打造爆款产品,才能形成品牌。

参考文献

[1] 第47次《中国互联网络发展状况统计报告》[EB/OL]. [2021-09-10]. http://www.cnnic.net.cn/n4/2022/0401/c88-1125.html.

[2]《2020年全国未成年人互联网使用情况研究报告》在京发布[EB/OL]. [2021-09-10]. http://www.cnnic.net.cn/hlwfzyj/n4/2022/0401/c116-1126.html.

[3] 抖音最新数据:日活跃用户破6亿[EB/OL]. [2020-09-15]. http://www.capwhale.com/newsfile/details/20200915/27eb03fe4411492 aaa84cce00b0c09b7.shtml.

[4] 快手一季度日活用户达2.95亿:日均使用时长99.3分钟[EB/OL]. [2021-05-24]. https://baijiahao.baidu.com/s?id=1700649586341005421&wfr=spider&for=pc.

[5] 从"不被看好"到"日活用户3亿":视频号的逆袭之路[EB/OL]. [2021-07-15]. https://www.sohu.com/a/477342473_120413729.

[6] 两年4亿月活跃用户的目标,B站要如何实现?[EB/OL]. [2021-05-15]. https://www.bilibili.com/read/cv11296893.

[7] 陈维. 图书馆抖音号运营优化策略探究[J]. 图书馆工作与研究,2021(8):96-101.

[8] 宋嵩. 我国图书馆微信视频号运营分析[J]. 图书馆研究与工作,2021(8):69-73,96.

[9] 什么是短视频矩阵　好处是什么[EB/OL]. [2021-04-28]. https://www.bilibili.com/read/cv11071596.

[10] 崔薇,郑聪. 后疫情时期公共图书馆网络直播创新服务研究[J]. 图书馆工作与研究,2021(8):14-21.

[11] 刘炜."后疫情时代"图书馆加速转型的人才需求[J]. 图书馆建设,2020(6):8-14.

新冠肺炎疫情严峻期图书馆非人际接触式服务的开展与思考[*]

1 疫情初发及严峻期全国性应战式防疫背景

国内在新冠肺炎疫情初发和蔓延的时期,由于疫情来势汹汹,治疗方法不明了,社会上弥漫着紧张、恐慌的情绪。面对突发的疫情危机,全国相继有31个省区均快速发布了重大突发公共卫生事件一级响应[1]。

抗击疫情是一场没有硝烟的战争。由于意识到疫情传播的严峻性,全国还在开放服务的图书馆迅速响应国家号召,紧急闭馆,取消所有线下服务与人际接触服务。然而,为读者提供优质公共服务是图书馆的初心和使命。图书馆界普遍贯彻国家"停课不停学""闭馆不闭网"的政策指示,实行"馆舍关闭,服务不停""闭馆不停服务"的线上服务模式[2],提高网络服务意识。国内除了学校图书馆由于放寒假及临近春节早已闭馆外,不少原本还在开放的公共图书馆紧急宣布从2020年1月24日(除夕)当天开始闭馆,谢绝一切读者来馆,取消所有线下活动(如广州图书馆[3]和广东省立中山图书馆[4]),推翻了几天前发布的关于春节期间开放的安排,突显了突发状态下的应急反应。

2 闭馆图书馆非人际接触式工作与服务的开展

本文选取全国疫情初发及严峻期国内图书馆有代表性的行动和举措,并进行归纳总结,重点阐述全国应战式防疫阶段闭馆图书馆开展和提供服务的经验。

尽管在疫情初发及严峻期,为抑制人员流动引发新冠病毒传播,应国家号召,图书馆馆舍关闭,同时取消所有线下活动。馆员主要是居家办公,但服务不停。不少图书馆实行"云"上见面和远程相聚,利用"腾讯会议"等音视频通信软件召开馆内会议,商谈工作和服务举措。图书馆聚智聚力,拓宽工作思路,创新服务模式,深度挖掘现有资源,不断推出特色业务,延伸线上服务,支持教学科研,持续服务读者。如实行7×24的全天候不间断数字图书馆网络服务[5];围绕服务需求,制订疫情防控期间的服务应对方案,贯彻"非人际接触式"线上服务策略,推出丰富多彩又各具特色的信息资源保障与在线支持服务[6],满足读者足不出户就能获取信息的需求。最典型的是信息咨询服务、电子资源服务、图书馆数字化服务、查收查引及科技

---

① 本文系CALIS全国农学文献信息中心2020年研究项目"新冠肺炎疫情形势下的图书馆防控及读者服务工作对策研究"(项目编号:2020053)论文之一。

查新等"非人际接触式"服务方式,这些服务方式保障了疫情防控期间服务对象教学科研工作的正常进行,也有效避免了接触引起的交叉感染风险[7]。一些图书馆在疫情初发及广泛传播时期,基于自身的职业功能和行业角色,做了系列知识普及、思想引导、宣传教育及心理安抚的工作,起到安定社会的作用。在这一形势下,全国图书馆界的服务举措主要有以下几点。

2.1 对相关人员进行精神、思想、心理上的干预或激励

疫情初发阶段,由于民众对新冠肺炎的了解有限,疫情的杀伤力和传染性又很强,一些图书馆注重对民众或用户进行宣传公告、知识普及或思想引导,达到宣传教育或心理安抚目的。图书馆通过向民众传达政府政令,开展宣传公告,张贴海报或在网上(如图书馆网站、官方微信、官方微博等)开展系列宣传教育,进行新冠肺炎疫病知识普及,以达到心理安慰、精神支持、心理疏导的作用,降低读者紧张、恐慌、悲观的情绪。有的图书馆还通过通信或网络形式开展了向疫区同行表达关怀、致敬抗疫医护行动、歌颂奋战抗疫的无私高尚行动等举措。系列举措和作用效果如表1。

表1 图书馆在疫情严峻期的系列举措及其作用效果[8-9]

序号	类型	图书馆举措、作为	作用、效果或意义
1	宣传、公告	发布政府或权威机构的政令、防疫公告或权威信息,宣传、传达上级防疫精神和防控知识	及时传达上级会议精神和工作部署,传达疫情信息和防控知识
		悬挂或张贴防疫宣传标语。如"科学有效防控,确保安全健康""不串班、不扎堆、不打闹""生命重于泰山、疫情就是命令、防控就是责任"等标语	加大宣传引导,普及防疫正确做法
2	举办知识答题或竞赛	举办微信知识答题或线上知识竞赛。如利用微信小程序平台开启"全民答题"或知识竞赛	传播、普及科普百科知识,使读者足不出户也能智慧阅读
3	专题信息服务	专栏推介(通过网站或微信),如线上发布"新冠肺炎应急文献信息专栏"。发送主题推文,开展战"疫"主题阅读等	方便市民读者查询有关疫情防控的动态信息、政策公告及卫生指引等相关信息,了解查阅专业资料和权威信息;宣传推广防控疫情知识
		上线"专题数字馆藏",包括有关疫情防控的动态信息、政策公告、卫生指引等相关信息	
		建立专题信息门户,开设与防疫主题有关的"健康专栏"	丰富读者疫情防控期间的生活,凝聚力量,鼓舞士气
4	开放阅读权限	在网上开放系列图书阅读、下载权限,开展阅读疗法,抚慰病患读者心理	引导读者通过阅读安抚心理,调整心态、增强信心、积极应对疫情,做好社会公众心理维稳工作;开展救心心理防护;开展阅读疗法
5	向特定同行送爱心或为读者提供心理服务	向疫区同行表达关心和祝福,送去爱心	暖人心;抚慰心理
		发布特定信息内容,开展面向读者的心理服务,为读者做心理防护指导	积极引导读者克服恐慌,回归理性,辨识真相,尊重自然,面对危机,加强心理防护和自我保护,不信谣不传谣,积极传递正能量,理性应对疫情

续表

序　号	类　　型	图书馆举措、作为	作用、效果或意义
6	致敬抗疫医护，普及正确防疫操作	制作支持抗疫视频；发布（抗疫正确操作）公益歌曲，如通过歌曲引导小朋友正确佩戴口罩。创作抗疫视频或歌曲等	向抗疫一线医护人员及其他战"疫"力量致敬，歌颂奋战抗疫无私精神力量；普及防疫正确做法
		举办各种战"疫"活动；宣传、颂扬抗疫力量和人员事迹	

2.2　线上阅读推广，满足读者抗疫居家生活

抗疫闭馆期间，一些图书馆举办和开展多样化的读书和阅读推广主题活动，丰富读者居家期间的文化生活并满足其精神文化需求，倡议和引导广大师生读书抗疫，共克时艰。如举办线上阅读推广活动，以读书、听书、朗读等为主题，包括品味经典、阅读观影、读书沙龙、微博读书打卡、图书论坛、线上文字作品征集、最美声音征集、网上文化展厅等内容。图书馆通过开展"怡"情阅读活动、"好书推荐"短视频活动、宅家知识竞答活动、"秀出你的居家读书照"摄影作品征集、致敬战疫人士或志愿者主题活动等[10]，丰富读者居家生活。另外，不少高校图书馆联合数据库商、图书商免费开放海量图书资源、学术资源，使读者宅家读书、品读经典，开展全民战"疫"的阅读活动[11]。一些图书馆还通过数字阅读平台微信小程序，整合看书、听书、视频精读等模块，涵盖多种门类数字图书，满足读者在防疫居家期间的精神文化需求。

2.3　拓展电子资源局域网外访问服务，强化数字化文献信息资源保障

在因疫情防控需要的闭馆期间，图书馆通过提供远程访问获取图书馆电子资源的服务成为满足服务对象科研需求的主要方式。保障图书馆主页、OPAC业务系统、电子资源数据库等正常运行，拓展文献信息数字化索取渠道显得尤为重要。以高校为例，高校图书馆需调整服务方式，以线上服务为主打，多途径开展在线服务，从而使师生在任意时间、任意地点使用校园网账号能够访问学校图书馆已经获得授权的中外学术资源，全程网页操作，无需下载插件或App，无需使用局域网IP地址，无需烦琐设置[12]。为用户提供远程访问局域网内图书馆电子资源的方式，打破了数据库使用的壁垒，提升了电子资源获取的便捷程度。这些方式主要有：

2.3.1　VPN方式

虚拟专用网络（Virtual Private Network，VPN）是最为常用的一种访问方式。国内几乎所有高校图书馆都在使用VPN[13]。在疫情防控期间，图书馆需要确保服务器安全稳定，强化网络安全管理，保障图书馆主页、OPAC业务系统、电子资源数据库等正常运行。为全力保障师生居家期间资源访问畅通无阻，不少图书馆开通和升级了VPN访问方式，VPN接入授权数量扩容到设备允许上限，使数字文献资源校外访问VPN服务得到优化和提升。

相对于扩容传统VPN方式，一些图书馆开通WebVPN访问方式，全力保障网络和各类电子资源正常使用。WebVPN提供基于Web的内网应用访问控制，允许授权用户访问只对内网开放的web应用，实现类似VPN的功能。WebVPN是一种纯网页型VPN，用户无需安装客户端软件及浏览器插件，可通过电脑和手机的浏览器直接访问，身份验证后即可进入内网应用，大大降低使用门槛，提升用户体验[14]，如华南理工大学图书馆，其系统登录的账号密码为学

校统一认证账号密码,按照系统默认设置,可以直接进行账号查询,进行身份验证[15]。一些图书馆将VPN访问、密码更改等服务搬上企业微信号,读者全部线上自助服务[16],如厦门大学图书馆[17]。企业微信可针对机构的不同职能部门配置不同的"员工服务"账号,当企业内部人员有相关问题咨询时,可通过通讯录搜索到相关部门的"员工服务"账号进行咨询。"员工服务"账号由企业的超级管理员管理和新建[18],使职能部门实现面向企业内部人员交流沟通、发送文档等功能。

2.3.2 CARSI方式

CERNET统一认证与资源共享基础设施(CERNET Authentication and Resource Sharing Infrastructure,CARSI),是VPN之外的另一种非校园网环境下访问途径,可以支持读者在公网下通过机构统一身份认证访问机构部分购买的数字资源,并能全程通过浏览器实现在线资源的不间断访问。CARSI是基于高校身份认证的用户漫游,是一个面向教育系统的、有访问控制需求的应用系统,可实现跨越校园网边界的资源共享,使用可突破地理位置限制和应用限制[19]。

CARSI IDP(学校)用户可以使用校园网身份访问国内外已经接入CARSI的应用系统。通过统一身份认证确认校外访问权限,为机构学术科研活动的顺畅开展提供便利,同时也避免因大量用户同时接入机构VPN造成机构服务器过载的情况。不少学校图书馆申请开通中国知网、WOS等近30个常用数据库的CARSI Shibboleth服务,或者进入CARSI联盟。读者可通过个人账号、密码访问数据库。CARSI联盟的技术支持使机构读者局域外能更便捷地使用中国知网、重庆维普数据库、Web of Science、爱思唯尔、施普林格等国内外文献数据库,享受到更加便利、顺畅的数字资源服务[20]。

2.3.3 学术资源站点其他免费访问方式

图书馆还运用以下几种方式来拓宽读者数字资源访问途径。第一,一些图书馆积极与知网、万方、维普、超星、网上报告厅等多家数据库协商,直接开通免IP登录访问权限,避免了VPN使用问题的集中反映[21]。第二,推出限时免费学术资源[22]。图书馆联合出版社和数据库商,为读者开放学术资源使用。第三,广泛征集限时免费资源,优化本馆数字资源建设[23]。第四,广泛搜集网上OA学术资源,并将这些资源提供给读者使用[24]。

总体而言,高校图书馆提供给读者免费使用的电子资源访问方式,主要包括:图书馆电子资源统一访问系统、Shibboleth认证、Remote Access远程访问、SSL VPN、临时账号、短期校外漫游、数据库商直通方式、ScienceDirect、Scopus平台的远程访问、MYLOFT等[25]。

2.4 线上开展各项数字参考咨询服务,满足用户科研需求

数字参考咨询服务包括线上开展咨询、互动、查收查引、科技查新、文献传递、馆际互借等业务。图书馆采用"非人际接触式"服务用户,助力科研。如将文献传递和馆际互借服务的阵地转移到网上,通过本馆员工与用户的QQ群、微信群,开展文献传递活动。一些图书馆还通过中国高等教育文献保障系统(CALIS)、中国高校人文社会科学文献中心(CASHL)、大学数字图书馆国际合作计划(CADAL)等全国高校文献资源共享平台,向高校图书馆、国家图书馆、上海图书馆、国家科技图书文献中心(NSTL)、中国社会科学院图书馆等机构开展馆际互借与文献传递活动,弥补图书馆馆藏文献资源的不足,为读者或师生开辟多途径获取文献的渠道。此外,图书馆还依托盈科千信公司提供的电子文献,建立教师文献服务QQ群和微信群,

传递教工所需求的文献信息。通过网络开展咨询解答和人际互动；以各类QQ群、微信群作为咨询工作阵地，开展咨询解答、远程服务。通过网络提供检索报告扫描版线上服务，为用户开展查收查引、科技查新等工作。有些图书馆还在网上开展了知识产权和情报分析等工作，完成各项学科服务与学科分析等任务[26]。

2.5　线上开展信息素养教育

2.5.1　线上教学工作

按照"停课不停教，停课不停学"的要求，部分高校图书馆在网上开设"信息素养"课，例如通过雨课堂、腾讯会议、企业微信、Welink、中国大学MOOC等多种平台，组织进行课程教学[27]。同时借助QQ和微信群，用于教务沟通、课件分享和资料推介，确保信息素养在线教学工作的高质量开展。一些高校图书馆采用"在线授课+个人上机实习+网络答疑"的形式进行信息检索课教学，或开设"信息检索"网络公选课。此外，充分利用线上教学优势，使用超星、钉钉等网络教学平台进行在线视频教学[28]。

2.5.2　线上培训辅导

为了让读者更好地了解图书馆的馆藏资源，特别是数字资源，帮助读者掌握资源利用的方法和技巧，有的图书馆不定期举办馆藏数字资源系列讲座，助力图书馆数字资源建设与服务。如兰州大学图书馆特邀请爱思唯尔、施普林格自然、牛津大学、EBSCO等多个顶尖学术期刊社和出版社，开展数据库在线培训系列讲座，培训方式以线上为主，内容覆盖人文社科、自然科学、医学等众多学科[29]。一些图书馆适时推出以"新冠病毒"为课题的检索案例，帮助师生提升信息检索和利用能力。图书馆改变培训形式，全力保障信息素养工作顺利开展，保障广大读者在足不出户的情况下全面了解、充分利用学校的数字文献资源，有效提升师生信息素养，提高数字文献的使用率。另外，有的图书馆建立了"图书馆虚拟课堂交流"QQ群，用于辅导互动[30]。

2.6　支持电子教材教参资料便捷获取，保障线上教学顺利进行

疫情严峻期间，在线教学盛行。由于师生获取纸质教学参考资料和书籍不方便，一些图书馆通过网络，为线上教学提供支持服务。举措主要有：第一，提供课程所需的教材和课程信息。第二，为缓解教材短缺造成教学质量不高的问题，图书馆开通了包括Itextbook（爱教材）电子书库、方正Apabi高校教参库、科学文库、超星电子图书、京东读书电子书等教材参考书类电子图书数据库，校外读者可以通过VPN方式访问，从中检索相关教材或教辅资料，从而帮助教师弥补因网络授课所造成的不足[31]。第三，收集电子教材和相关课程的在线视频；推出免费电子图书、教材、精品课程等资源，供师生阅读和学习。第四，发布电子教材下载点，供教师参考；收集课程、教材和教参信息，供教师获取。第五，开发教参资源保障平台。此外，一些图书馆建立"文献资源建设交流群"，为读者提供荐购图书路径，推动在线荐书[32]；建立在线学习小组，便于学习者在线沟通和学习。总之，高校图书馆全力配合授课教师，提供授课教学所需的教材和参考资料获取服务，开展教材传递，助力停课不停学。

3 疫情防控期间图书馆非人际接触式服务的问题和思考

新冠肺炎疫情现在仍在全国各地此起彼伏。疫情紧张时，不少服务场所（如图书馆）需要采取暂停线下营业、工作人员居家办公的应对策略。转换服务模式、更多地开展非人际接触（线上）式服务，是图书馆在本区域疫情严峻时期的用户服务之举，也是避免人际接触、疫情防控的需要。通过总结国内图书馆开展的非人际接触式服务，可以发现存在系列问题，笔者也对解决方案进行了若干思考。

3.1 针对服务人力和服务条件难保障的问题，图书馆应注重平时对馆员线上服务能力的业务培训

图书馆非人际接触式服务主要包括图书馆馆员为读者提供的线上服务。馆员较强的线上服务能力和知识技能，是保证图书馆线上服务工作顺利开展的前提。在本地（本区域）疫情严峻时，图书馆也许面临闭馆、工作人员居家办公的问题，这时服务人力和条件难以得到保障。因此，图书馆在平时要注重团队建设，完善图书馆人员的结构，多开展增强线上服务能力的业务培训，提高馆员服务能力，全面提升馆员技能以应对日益变化的服务形势。均衡馆内人员线上服务活动的能力，储备足够的线上服务人力资源，以适应特殊时期的服务需求。同时，各图书馆机构可通过合作平台推动各种资源、服务的互助共享。

3.2 针对服务平台和服务形式较分散的问题，图书馆应着力打造智能优化的网络服务平台

当前，图书馆缺少一个可以支持多项非人际接触式服务形式的统一线上服务平台。目前馆员开展服务的平台主要有微信公众平台、QQ群、微博、微信、电子邮件等，各线上服务平台完全依靠馆员的人工操作，需要全时段响应，各平台间又缺少关联性，因此需要馆员付出大量重复劳动。如何打造一体化服务平台，减少重复劳动，集中服务窗口，提高服务效率，简化线上人力劳动，又提高线上服务的覆盖面与精准度，需要深入思考。如果能打造一个智能优化的网络服务平台，糅合系列平台于一体，将能方便馆员开展服务，改善读者在获取资源、享受服务过程中的体验，营造和谐的网络服务环境。

3.3 针对电子教材和教参系统建设薄弱的问题，图书馆应着力加强并提高数字资源保障能力

补充紧缺的数字资源，是高校图书馆资源保障特别是线上服务的基础，也是做好学科资源配置的体现。高校图书馆若能以区域性联盟的形式加强电子教材教参系统的建设，既可以提高电子教材保障率，改善当前电子教材资源在资源保障能力上的不足，又可以增强教材资源与学校课程的关联性，最终实现共建共享。目前，图书馆电子教材和教参系统的建设处于初级阶段，需要着力加强，图书馆要大力提高数字资源保障能力。

疫情紧张时期，"闭馆不停服务"是图书馆的一项阶段性服务，可以展现图书馆专业的服务能力和快速的应对能力，拓展线上服务内容。今后，疫情可能会使图书馆服务模式从原来的线下主打转变到以线上为主。面向未来，在应对疫情防控期间的用户服务方面，图书馆界

在非人际接触式（线上）服务的共建共享、软件建设、资源保障和个性化精准服务等方面仍有待更多的探讨和研究。

参考文献

[1] 全国31个省份启动重大突发公共卫生事件Ⅰ级响应[EB/OL].[2022-01-29]. https://baijiahao.baidu.com/s?id= 1657067207064093724&wfr=spider&for=pc.

[2] 共克时艰,浙里图书馆与您在一起——浙江省高校图书馆抗击新冠肺炎疫情服务情况调研报告[EB/OL]. [2022-03-06]. http://gxtgw.zju.edu.cn/2020/0306/c29188a1966798/page.htm.

[3] 广州图书馆2020年闭馆通告[EB/OL].[2022-01-24]. http://gz.bendibao.com/tour/2020123/ly258547.shtml.

[4] 广东省立中山图书馆临时闭馆通知[EB/OL].[2022-01-24]. https://www.zslib.com.cn/TempletPage_Detail/ Detail_Notice_3467.html.

[5] [11]福大要闻:图书馆提供众多服务共同抗击疫情[EB/OL].[2022-03-06]. http://news.fzu.edu.cn/html/ fdyw/2020/02/12/068711b9-1a0b-4315-82a3-a3ba5e5d33fd.html.

[6][7][9][10][27][32] 山东省高校图书馆抗击新冠肺炎疫情服务情况调研报告[EB/OL].[2022-03-11]. http:// www.tgw.lib.sdu.edu.cn/info/1602/1375.

[8] 广东省高校图书馆抗击新冠肺炎疫情服务情况报告[EB/OL].[2022-03-01]. http://library.sysu.edu.cn/gdtgw/ dtxw/hdjl/1371648.html.

[12][28][29][31] 郭玮,王睿,王勇. 新冠肺炎疫情防控期间大学图书馆开展线上服务的思考——以兰州大学 图书馆为例[J]. 高校图书馆工作,2020（3）:71-74.

[13][20][25] 谭欢. 双一流大学图书馆抗疫期间开展资源服务工作探析[J]. 高校图书馆工作,2020（3）:52-56.

[14] webvpn解析[EB/OL].[2022-12-20]. https://baike.baidu.com/item/webvpn/9217673?fr=aladdin.

[15] 华南理工大学VPN[EB/OL].[2022-12-20]. http://www.scut.edu.cn/vpn/.

[16][21] 图书馆助力"教""学""研",全力保障师生文献资源利用[EB/OL].[2022-03-05]. https://lib.jnxy.edu. cn/info/1043/5273.

[17] 厦门大学校外访问说明[EB/OL].[2022-12-20]. https://vpn.xmu.edu.cn/.

[18] 企业微信"员工服务"功能使用说明[EB/OL].[2022-03-15]. https://doc.weixin.qq.com/doc/w3_AIgAigb_AC ktE2q1p3jTOGIieZlEW?scode=AJEAIQdfAAoKkH0ZWfAIgAigb_ACk.

[19] CERNET统一认证与资源共享基础设施CARSI[EB/OL].[2022-03-01]. https://www.carsi.edu.cn/index_ zh.htm.

[22] 广西大学图书馆:疫情防控期间网络免费学术资源汇总[EB/OL].[2022-03-28]. http://www.lib.gxu.edu.cn/ info/5662/10303.

[23] 山西省高校图书馆在新冠肺炎疫情防控中的服务调研报告[EB/OL].[2022-03-02]. http://www.scal.edu.cn/ node/1046.

[24][30] 战"疫",我们在行动! ——一份调研报告带你了解四川省高校图书馆抗击疫情硬核服务[EB/OL]. [2022-03-06]. http://lib.scu.edu.cn/node/95619.

[26] 马佳,李雪琴,贾子文,等. 新冠肺炎疫情下高校图书馆应急服务策略探讨[J]. 大学图书情报学刊,2020 （5）:26-29.

图书馆工作视角下的应对突发公共卫生事件研究综述

徐立宁　韩　波（南京图书馆）

突发公共卫生事件，是指突然发生，造成或者可能造成社会公众健康严重损害的重大传染病疫情、群体性不明原因疾病、重大食物和职业中毒以及其他严重影响公众健康的事件。突发公共卫生事件具有突发性强、控制难度大、影响周期长的特点，对全社会和人类生活造成长期且巨大的影响。但长期以来，图书馆在突发公共事件相关研究中，一直是被忽视的领域。图书馆界的惯性思维是重业务轻管理，图书馆业绩指标是以业务为中心，而非应急管理。现行的高校图书馆评价体系从未将突发事件的应急管理纳入考核，相关研究也从无涉及。1949年以后，国内曾经出现若干次疫情，1986年，天津中医学院最先报道在调查本校学生中乙肝传染原因时，发现该疫情与图书馆的图书污染有直接关系，并报告了防疫和处置效果。1988年甲肝流行，2002年底，非典型性肺炎（SARS，以下简称"非典"）暴发等。几十年来，图书馆公共防疫研究虽未受到重视，但也从未离开过，形成了一定的文献积累。2019年底，新型冠状病毒肺炎（COVID-19，以下简称"新冠肺炎"）疫情突发，蔓延到全球，长期不受重视的突发事件应急管理领域迅速成为图书馆界的研究热点，触发了图书馆界研究突发公共卫生事件应急管理的高潮。笔者汇总20世纪80年代起，直至新冠肺炎疫情发生后，国内图书馆与公共卫生事件的文献，采用文献研究法，梳理本领域研究的发展脉络。

1 研究历史的演变

笔者通过中国知网（CNKI）数据库，用"防疫""COVID-19""危机管理""突发公共卫生事件""新冠肺炎""疫情防控""公共卫生"等关键词进行检索，与图书馆和情报进行组合查询，共获得文献千余篇。经过查重，剔除一般新闻等，获得讨论图书馆卫生管理的中文文献共970篇（时间分布见图1）。再抽取题名、刊名、发文时间、关键词、被引次数、作者、作者机构等，补充来源省区市信息，进行比对抽取索引。

1.1 文献研究概况

1986年至2021年，现有文献可以追溯的研究进程可以分为3个阶段：1986年至2002年非典疫情发生前、2003年至2019年新冠肺炎疫情发生、2020年至2021年。从发文期刊数量及类型、高频关键词和作者来源3个指标观察研究的演变。

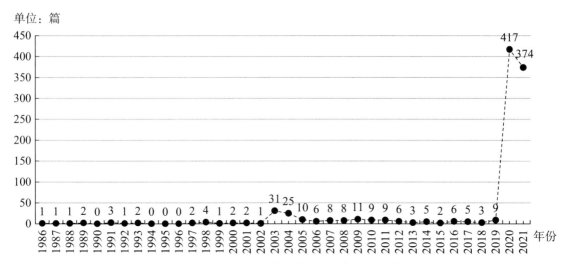

图1　1986—2021年图书馆界有关疫情与公共卫生事件的发文数量与时间分布统计

表1　1986—2022年图书馆界有关疫情与公共卫生事件的发文的期刊和引用统计

阶　段	发文期刊总数/种	核心期刊①数/种	总发文篇数/篇	引用次数/次	核心期刊发文篇数/篇	核心期刊发文比例
1986—2002年	18	8②	23	67	13	56.5%
2003—2019年	82	17③	156	795	32	20.5%
2020—2021年	195	35④	791	104	270	34.1%

注：①核心期刊，是指三大数据库"中文社会科学引文索引"（CSSCI来源刊及含扩展版）、"中文核心期刊要目总览"（PKU）、"中国科学引文数据库"（CSCD）收录的来源刊，下同。
②含"中国科学引文数据库"刊1种：《中华预防医学杂志》。
③含"中国科学引文数据库"刊1种：《中华医院感染学杂志》。
④含"中国科学引文数据库"刊2种：《灾害学》《中国科学院院刊》。

表1显示，在3个阶段中，发文期刊种数呈递增的趋势。2020年新冠肺炎疫情暴发后，发文期刊的数量剧增，达195种刊，包含全部图书情报学科的核心刊物，以及"中国科学引文数据库"的部分来源刊。

表2　1986—2022年图书馆界有关疫情与公共卫生事件的文献关键词及频次分布统计

阶　段	高频关键词（按频次排序）
1986—2002年	卫生防疫（4）、清洁卫生（3）、细菌感染（2）、条件致病菌（2）、公共场所卫生管理条例（2）、卫生消毒（2）、细菌污染（2）、环境卫生（2）
2003—2019年	公共卫生突发事件（40）、非典疫情（21）、信息服务（18）、应急管理体系（17）、传染病防治（30）、卫生防疫（16）、环境卫生（17）、医学信息服务（6）
2020—2021年	新冠疫情（301）、突发公共卫生事件（172）、应急服务（127）、疫情防控（70）、应急管理（60）、读者服务（58）、健康信息服务（52）、后疫情时代（48）、阅读推广（44）

表2的关键词分析，显示了3个阶段研究的倾向变化。非典疫情以前，图书馆界所关注的

是一般环境卫生问题;非典疫情以后,公共卫生事件的应急管理、医学信息服务议题进入了研究视野,研究的外延呈扩展的趋势。

表3 1986—2022年图书馆界有关疫情与公共卫生事件的文献作者区域前三位分布统计

阶 段	省 份	发文篇数/篇	省 份	发文篇数/篇	省 份	发文篇数/篇
1986—2002年	北京市	6	山东省	3	广东省	3
2003—2019年	北京市	42	广东省	15	河南省	11
2020—2021年	北京市	148	江苏省	115	上海市	65

表3显示,北京市一直是相关文献的主要来源地,北京市是高校和科研机构集中的地区,也是非典疫情发生的主要区域之一。第二阶段中,非典疫情的另一个高发地区广东省,也是文献的集中来源区域。

表4 1986—2022年图书馆界有关疫情与公共卫生事件的文献作者来源单位分布统计

序 号	作者单位类型	作者数量/个	所占比例/%
1	高校图书馆	551	48.6
2	省市区(县)公共图书馆	222	19.6
3	高校的院系、所属科研院所	187	16.5
4	医院、医院图书馆和医学科研机构	95	8.4
5	其他系统的科研机构	29	2.6
6	国外研究机构、大学和大学图书馆	17	1.5
7	少儿图书馆	15	1.3
8	中国科学院系统图书馆和研究机构	12	1.1
9	中小学图书馆	6	0.5

表4梳理了所收集文献作者的单位来源,显示在近40年中,高校图书馆始终是该领域研究文献的主要贡献单位,占比近一半,公共图书馆居第二位。高校的院系和研究机构位列第三,前三位之和的占比达84.7%。2020年以后,国外研究机构、大学图书馆的学者开始与国内的研究者合作开展工作。

表5 1986—2022年图书馆界有关公共卫生事件研究文献被引用次数最高的前10种期刊

序 号	发文期刊	期刊类型	发文篇数/篇	被引次数/次	篇被引次数/次
1	图书馆工作与研究	核心期刊	43	137	3.19
2	政治学研究	核心期刊	1	131	131.00
3	中国图书馆学报	核心期刊	5	107	21.40
4	图书馆建设	核心期刊	26	68	2.62
5	图书情报工作	核心期刊	28	59	2.11

序 号	发文期刊	期刊类型	发文篇数/篇	被引次数/次	篇被引次数/次
6	图书馆论坛	核心期刊	12	56	4.67
7	情报理论与实践	核心期刊	1	30	30.00
8	现代情报	核心期刊	6	29	4.83
9	预防医学情报杂志		3	24	8.00
10	中华医学图书情报杂志		30	22	0.73

1.2 1986年至2002年的文献研究

2003以前,有关文献约23篇(见图1),涉及发文期刊有18种(见表1),作者分布在13个省市(见表3)。作者主要来自国内非一流高校图书馆和卫生机构。1987年4月国务院颁布《公共场所卫生管理条例》(以下简称《条例》),规定《条例》适用的公共场所有博物馆、美术馆和图书馆等。当时的公共卫生威胁主要是肺结核、乙肝、红眼病等传染病,但均未出现大的区域风险。研究的关注点是馆内环境感染,如馆内不同藏书空间的空气质量控制,读者自身疾病的传染,印刷资料、复印机产生的臭氧等污染源的控制。当时的措施重在通过消杀以减少和控制馆内污染源,降低馆内传染污染的风险。1998年,何晓兵在国内较早发文讨论图书馆的"突发事件"与"应急管理",但所论述的"突发事件"并不涉及公共卫生事件。

1.3 2003年至2019年的文献研究

2002年11月起,非典在广东地区暴发,波及香港、北京等地区。触发了1949年以来中国图书馆界第一次卫生防疫工作研究的高潮。从2003年至2019年底,共发表156篇文献(见表1),作者分布在29个省市。这个阶段的文献研究仍以高校图书馆的作者为主,占比达66%。但从发文数、期刊的总数和比例来看,仍处于图书情报学研究的边缘地带。直至2019年,新冠肺炎疫情暴发前,每年均有一定数量的文献产出,连续10余年从未间断(见图1)。

非典疫情和2003年国务院颁布的《突发公共卫生事件应急条例》,使得图书馆开始重视公共卫生事件与应急管理,基础性研究文献开始出现,研究的深度也在提升:①防疫研究上升到了"突发公共卫生事件"的层面,2003年,王桂枝等最先将公共卫生事件与图书馆的情报职能结合在一起,提出加强基础建设,建立应对突发公共卫生事件的医学信息保障系统,在突发公共卫生事件中,提供应急信息服务,为政府决策、医务人员和公众提供准确的卫生信息;②关注突发卫生事件的应急管理;③关注图书馆及同类公共服务建筑设计的防疫需求。郑实认为现有的建筑设计规范,对公共服务建筑设计缺乏卫生防疫的考虑,应从建筑设计规范入手补齐防疫的短板;④国内图书馆界最早的抗疫历史研究启动,2003年,国家图书馆启动"建立非典知识数字资源库"项目,把全社会的"抗疫精神"作为国民遗产,用资源库的形式记录下来,把历史片段固化成史料保存下来。除此之外,传统的卫生防疫、环境消杀的文献仍占有一定比例,图书馆的环境卫生管理消毒以及污染防控的方法和程序依然受到关注,这些文献更进一步地提出卫生习惯的养成,营造现代高校的健康文化。

表6　2003—2019年发文数量最多的10种期刊

序　号	发文期刊	期刊类型	发文篇数/篇	引用次数/次
1	中华医学图书情报杂志		13	22
2	科技情报开发与经济		7	20
3	河南图书馆学刊		6	3
4	医学信息		5	9
5	医学信息学杂志		5	2
6	图书馆工作与研究	核心期刊	4	120
7	图书情报工作	核心期刊	4	55
8	山东图书馆季刊		4	13
9	大学图书馆学报	核心期刊	3	7
10	医学情报工作		3	2

2003年之前,我国尚未建立完善的应急管理体系。2007年,《中华人民共和国突发事件应对法》(以下简称《应对法》)颁布,《应对法》规定了以"一案三制"(应急预案,应急管理体制、管理机制、管理法制)核心框架,建立国家至地方的应急管理体系。2008年,国务院宣布"全国应急管理体系基本建立"。国内各地区、各行业也启动应急管理体系建设,图书馆也开始建立自己的应急预案。2019年,杨敏等对42家"双一流"大学图书馆的突发事件应急管理预案进行调查,此为这一时期仅见的依据"一案三制"框架研究高校图书馆应急管理的文献,而作者并非来自图书馆。

1.4　2020—2021年的文献研究

2020年3月11日,世界卫生组织(WHO)宣布新冠肺炎为大流行病,新冠肺炎以前所未有的速度蔓延,发展成全球性的疫情。中国图书馆界在艰苦抗疫的同时,迅速形成了第二次卫生防疫工作研究的高潮。"面向疫情防控的信息管理与数据治理"成为2020年度中国图书情报档案学界十大学术热点之一。2020—2021年内,共有791篇相关文献发表,是1986—2019年发文总数的4.4倍,其中270篇发表在35种核心刊物上。作者覆盖全国各省、市、区,以来自高校、公共图书馆的作者为主。来自高校图书馆、相关院系作者655位,占总数的70%。来自公共图书馆的作者有190位,占23%。来自其他科研机构、医院的作者仅占7%。与前两个阶段比较,关于传统的图书馆卫生防疫、环境消毒工作的文献数量大幅降低。

表7　2020—2021年发文数量最多的10种期刊

序　号	发文期刊	期刊类型	发文篇数/篇	引用次数/次
1	内蒙古科技与经济		66	
2	图书馆工作与研究	核心期刊	36	
3	新世纪图书馆		31	
4	高校图书馆工作	核心期刊	28	

序　号	发文期刊	期刊类型	发文篇数/篇	引用次数/次
5	图书情报工作	核心期刊	24	4
6	图书馆建设	核心期刊	24	
7	江苏科技信息		22	
8	图书馆学刊		20	1
9	大学图书情报学刊		18	2
10	图书与情报	核心期刊	17	

文献分析表明,公共、高校和科研3类图书馆在疫情期间,以各自方式参与防疫,产出文献的研究方向各有侧重,横向交流并不密切。公共图书馆是《公共文化服务保障法》(2017年)规定的公共文化设施之一,面向社会公众,提供公益性、基本性、均等性服务是其法定责任。在公共安全突发事件发生时,公共图书馆应承担应急决策支持,提供信息服务与社会救助。公共图书馆在疫情下应提供补偿性服务,对疫情对社会的伤害进行弥补。教育与情报服务是高校图书馆的两大职能,工作重心是与教学科研环境的深度嵌入,保证教学秩序与科研进展,纯公益性的公共服务不是高校图书馆的工作重点。疫情迫使高校馆舍和教室关闭,"停课不停学,停课不停研",图书馆馆员返岗不返校,由现场服务转向通过电子馆藏提供便利化、专业化的线上服务,开展电子教材和教参服务。专业图书馆则以服务科研为导向,利用馆藏健康信息资源、有医学背景的馆员和整合医学资源的服务能力,直接为临床和科研提供医学信息,同时承担公益性健康信息服务。

2　新冠肺炎疫情以来的研究文献主题分析

图书馆在突发公共卫生事件中的角色,决定了其行为模式。全球图书馆界对其在突发事件中的角色认知正在改变,认为图书馆应在突发公共卫生事件中扮演更多的角色,承担更多职责。现在图书馆的角色已从单纯强调保护和恢复馆藏,转变为面向社会、社区服务。公共图书馆应承担的8种角色为:安全避风港、日常图书馆服务、协调灾难恢复、文化组织中心、信息枢纽、疏散场所、历史事件收集保存者、其他临时角色等。2006版《国际图联灾害预防手册》规定灾难预防计划的基本原则是,当灾难发生时,尽可能使灾难损害最小化,应对反应效益最大化。

2.1　国外图书馆界疫情防控期间工作的比较研究

疫情推动了全球的跨界合作,防疫"一盘棋"成为大趋势。2020年3月,从傅平首次报道美国各类型图书馆在疫情防控期间所做的工作开始,陆续有多位作者发表了30余篇文献,分别从立法、制度、政策、行业组织、服务案例等不同角度,报道和比较俄罗斯、澳大利亚及日本等国的情况:①立法、政策和有执行力的机构是抗疫的基本保证。突发公共事件发生期间,各国都在法律、制度、服务保障等方面予以支持。美国在疫情发生后,国会连续推出两个救援法案,包含针对图书馆的专门条款。俄罗斯通过《紧急状态法》、联邦总统令和政府政令的形式,为应对疫情提供法律支持。②图书馆界学协会领导行业参与抗疫,美国图书馆根据1969年美国图书馆协会(ALA)"社会责任"会议精神,将主动参与重大公共事件视为社会责任之一。疫情初期,美国图书馆协会等13个组织就发布行业指导,指导成员保障员工和读者安全。提供各类信息服务,协助其他部门开展疫情防控。开放线上服务,保证用户持续使用文献。③行业组织收集并推荐优秀抗疫案例,在全球范围内共享。国际图联(IFLA)、联机计算机图书馆中心(OCLC)、美国图书馆协会(ALA)等都在全球范围内分享资源保障、远程服务、文献资源再分配等方面的案例。④高校图书馆的用户服务转型升级。在场所关闭时,取消馆际互借或影印限制,取消收费,延长数据库试用期,开放所有与新冠研究有关的数据库。⑤迅速启动健康信息服务,对抗"信息疫情",教育公众正确认识疫情,缓解恐慌情绪,强化信息素养教育,提升应对水平。⑥高校图书馆深度嵌入教学场景,并进入数据管理领域,参与支持科研。2007年以后,欧美高校图书馆开始设置科研数据管理岗,在疫情中发挥了作用。⑦抗疫的同时保存抗疫的记忆。图书馆以自己的方式,征集疫情时期的故事,并将其作为史料永久保存。

2.2 国内图书馆疫情防控期间应急研究主题分析

2020年以后的文献,多采用个案分析法,以来自省市、地区的公共、高校和专业图书馆以及地区联盟为单位对象的个案为主的文献,占近50%。根据文献标题与关键词分析,2020年以后,应急、信息素养、危机管理三大关键词出现的频率最高:①应急,包括应急防疫体系的建设、评价,在社会防疫系统中的位置;履行义务的方法、技术、切入点和关注的技术应用。应急服务、应急预案、应急决策、应急信息服务、应急机制等关键词。②信息素养,包含疫情下的信息素养创新、对信息素养的影响、公共卫生信息素养、公众健康信息素养、信息素养与虚假信息甄别等。③危机管理,图书馆与图书馆联盟的危机管理、危机管理的策略、保障系统、机制、能力评估、对于疫情以来危机管理的反思与总结。

2.2.1 图书馆应急保障机制与制度的研究

图书馆在公共卫生突发事件中,如何在政府主导的应急管理机制指导下明确自身定位,充当社会的安全避风港、协调灾难恢复的文化组织中心、信息枢纽、历史事件收集保存者的角色。图书馆应面向基层社区、教学科研一线,建立行业的应急合作机制,履行社会责任。研究者对图书馆应急保障机制与制度的研究分为三个方向。第一个方向是,2011年开始,研究者基于《应对法》的"一案三制"框架,开展应急管理体系宏观层面研究,研究者有高小平、刘霞、洪凯、范炜等人,这些研究者大多来自非图书馆界。在这一框架下研究政府应急管理部门从各自职能角度,建立的各类应急平台、突发事件基础信息架构以及服务于应急管理的思路与方法。而此时疫情的场景和需求尚未真正出现,研究大多停留在理论层面。2019年,杨敏等对42家"双一流"大学图书馆的突发事件应急管理预案进行调查,调查表明,绝大部分图书馆都备有应急预案,但仅有5个图书馆在其官网正式发布,仅占11.9%,说明了应急体系建立工作并未得到落实。第二个方向是,2020年新冠肺炎疫情暴发以后,研究者基于微观视角的基层图书馆应急机制与制度的研究。蔡甜恬、巫芯宇等人,重新提起在"一案三制"的框架下,构建图书馆应急管理体系的议题。与此同时,同类型图书馆的横向应急服务保障体系建设、与图书馆相关的公共卫生治理与服务体系的运作、医学情报体系建设在疫情中的作用分析等,都迅速进入研究视域,余丰民等引入危机管理的"4R"理论,提出应急保障体系的建设思路。现有的研究分别聚焦在制度和机构两个层面：在制度层面，提出制定行业的风险管理指南，完善灾害应急对策设计；在机构层面，主张建立行业协会参与的应急指导体系，落实应急措施，缩小线下业务范围，以应对疫情变化。第三个方向是，图书馆在社会防疫体系中相关法律问题的研究，主要是图书馆在履职过程中的法律边界和法律支撑，涉及图书馆、读者和服务提供方之间的多重法律关系。图书馆在履职过程中，要满足应急管理属地化的要求，地方应急法规也需要进一步完善。研究指出了当前图书馆自身的不足：图书馆应急管理的法律制度缺失、应急服务意识淡薄、应急服务渠道单一。

2.2.2 图书馆行业组织应对疫情表现研究

新冠肺炎疫情暴发，行业组织迅速走上前台，承担了协调组织恢复灾难的指导责任。刘敬仪对美国图书馆协会在内的不同国家的13个行业组织进行调查，这些组织都在疫情之初就发表声明，为成员馆提出应对疫情的指导方针，并随疫情的变化，不断修订指导方针。这些指导方针主要内容包括在疫情防控期间关闭图书馆，闭馆后如何为民众提供可靠的疫情和医疗信息，避免民众被虚假信息误导，支持大中小学的网络教学，保证民众顺利使用图书馆的电子资源。行业组织的行动充分体现人文关怀，为保障用户资源获取、确保信息真实可靠做出努力，并为同行寻求优秀案例。研究比较国内图书馆组织，必须"主动出击"，坚持以人为中心，以服务为主要驱动力，及时发布应对措施声明，指导成员馆提升保障能力，加强泛信息素养教育和优秀案例的学习意识，完善应对策略，形成符合本地实际的最佳路径，从容面对所有考验。

2.2.3 通过提升信息素养抵制信息疫情的研究

世界卫生组织对"信息疫情"（Infodemic，又称"信息瘟疫"）的定义，是指在传染病疫情背景下，包括谣言、小道消息在内的大量信息通过社交媒体、互联网，以及其他通信媒介快速传播的现象。政府通过社交网络发布抗击疫情信息，同时，大量错误信息也通过社交网络迅速扩散，指数级地放大民众的恐慌，分裂社会共识并危害政府和国际组织声誉。信息疫情会增加公众的疫情心理压力，带来恐惧和焦虑，引发社会问题。信息疫情治理引起高度关注，值得图书馆界反思。林菲菲调研了国内93所高校图书馆网站及公众号中新冠肺炎疫情的主题指南，对主题专栏设置情况进行量化分析，指出图书馆应以需求发现和完善机制为抓手，持续拓展信息素养教育，并将此作为图书馆应急保障力的组成部分。高校图书馆应发挥开展信息素养教育的传统优势，主动承担信息素养教育的责任。美国大学和研究图书馆协会（ACRL）在历年《高校图书馆环境扫描报告》中，一直倡导高校图书馆馆员开展信息素养教学服务，在2021年版《高校图书馆环境扫描报告》中，又特别强调疫情中的信息疫情带来的危害。

2.2.4 高校图书馆服务模式的研究

高校图书馆服务模式的研究主要包括三个方面。其一，高校图书馆在突发公共卫生事件中服务模式的研究，侧重从宏观角度探究重大公共卫生危机对高校图书馆读者服务的影响和促进作用，分析影响服务模式演变的因素。同时，发现公共卫生危机对高校图书馆服务模式演变的正面促进作用，以及在特殊背景下服务模式的演变趋势。王乐等人指出在疫情防控期间，自身发展应与对外服务并重，高校图书馆借助外在的政治、经济、技术以及社会环境因素，进行服务的改造与升级，这也是高校图书馆长远布局、提升读者服务专业性的契机。余子佳利用SWOT方法从应急制度、资源、服务和基础设施等方面，分析疫情防控期间高校图书馆应急服务体系的优势与劣势、机遇与威胁。其二，面向"教""学""科研"等场景服务的个案研究。此类研究从服务场景视角出发，侧重案例分析对比和发现问题，以及图书馆应急服务的推进和对策的研究。马鲁伟等人以厦门大学SPOC平台为样本,分析在线教学平台应急管理及应对策略,李荣对主要的"双一流"大学图书馆的线上教学模式的电子教参配套服务进行调查,喻梦倩等对36所"双一流"高校图书馆微信公众平台进行调研对比,分析平台在突发公共卫生事件中,远程服务的现状与策略设计的优劣。研究表明,保障不足、方式单一、协同创新不够、线上参考咨询能力弱等问题普遍存在,服务工作仍有较大改进空间。同时,研究也表明,图书馆在非常时期对"教"与"学"的支持,明显优于对"科研"的支撑,而对科研数据管理领域的支持存在缺失,这也是与国外高校图书馆相比,国内高校馆最大的差距,不仅支持科研协同的馆员数量不足,线上服务也未深入科研领域。其三,关于区域图书馆联盟和后疫情时代的应急服务的研究,这是近30年文献保障体系建设的最大成果。云珊、戴晓翔等人以京津冀、福建和上海等地区为样本的联盟应急服务研究表明,图书馆联盟的制度与服务准备不足,联盟协作的优势未能得到凸显。张靖等人建议建立联盟层次的公共事件应急机制和合作措施,将应急服务项目列入联盟的日常管理规划。研究也表明,区域图书馆联盟持续创新能力不足,手段和理念仍停留在传统层面,未能持续提升联盟的数字化服务能力,当前的发展水平远未达到联盟应成为创新性学术交流的平台、数字技能和服务的枢纽、研究领域基础设施建设的合作伙伴的要求,这也是国内图书馆联盟建设中普遍存在的问题,也是与当今主流联盟发展理念存在的差距。

2.2.5 专业图书馆服务模式的研究

美国国家医学图书馆和中国科学院文献情报中心等机构在疫情中,体现了专业馆的较高服务水准,依托其庞大的馆藏资源和专业优势,或建立灾害信息管理研究中心,或建立媒体服务平台,收集突发公共卫生事件各阶段的信息,形成汇集过往学术文献、各种灰色文献、即时信息、普及信息等各种信息的服务平台,并主动地参与各类突发灾害事件的应急援助和培训指导,为图书馆参与突发事件应急管理赢得话语权。专业馆通过电子邮箱或社交软件开展虚拟参考咨询服务,检索文献,回答有关资源利用等问题。医学图书馆的专业应急服务和教研保障应急服务机制,其作用符合医学图书馆作为专业信息枢纽的定位。

2.2.6 公共图书馆服务模式的研究

学者对公共图书馆作为突发事件中的安全避风港、协调灾难恢复的文化组织中心和信息枢纽的案例以及行业组织发展方向的研究,主要集中在三个方面:首先,研究并指导公共图书馆在突发卫生事件中快速转变服务方式,在传统线下服务停滞的情况下,拓展和优化线上服务。用服务平复公众的恐慌心理,以正面的服务形象带给社会公众安全感。其次,针对最容易受到伤害的少年儿童、身心残障人士或老年人等社会弱势群体,公共图书馆与政府及其他社会力量协作,区分不同人群的特点,给予专门关注。相关研究有:程延宏、曾媛、朱静等人依据儿童心理危机的干预框架,开展以少年儿童为对象的服务实例研究;吴兆文等对劳工阶层、残障人群的针对性服务的研究;张鑫、王博等人通过阅读疗法,平复特定人群的灾难不良影响研究;傅宝珍提出通过云阅读的推广创新,借助互联网推广数字阅读,从而提高阅读服务的社会效益。其三,侧重公共图书馆在疫情中和后疫情时代,持续履行社会信息枢纽职责的研究,如何整合政府与社会资源,完成社会公共文化提供者的任务,以消除信息疫情带给民众的不安全感和后遗症。蔡晓玲提出针对信息疫情,图书馆除了主动引导读者获取科学的健康信息,同时保障可靠信息的供给。郭紫瑜等对特定人群的信息素养提升的研究,指出公共图书馆作为直接面向公众的社会机构,必须坚持对老年人等特定社会人群的信息素养教育,并将其作为公共图书馆的普遍服务,消除"年龄数字鸿沟",使其免受信息疫情之害。

2.2.7 相关新技术应用的研究

笔者对所有抽取的文献关键词归类,获得的与技术相关的研究主题可分为10个主题社区(见表8),文献近300余篇。将主题社区的族首词出现的时间,与研究进程比较,除"云服务""数据库"等少数主题词外,绝大部分主题词是在2020年以后进入的本研究领域。所有主题涉及的技术与服务虽早已在图书馆落地,但没有与防疫相关的应用场景出现。疫情为图书馆提供了前所未有的极端环境:完全闭馆,图书馆服务全面迁移至线上,图书馆馆员返岗不返馆。现存的技术应用都成为图书馆提供服务的保障。疫情防控期间,图书馆不得不快速转型,所有的技术型应用迅速聚焦线上服务,实现了2020年以后技术应用研究的爆炸性增长。由于长期坚持数字化优先的战略,技术积累丰厚,图书馆在疫情中迅速形成新的服务生产力,并受到公众认可。技术的演进研究仍没有结束,欧洲研究型图书馆协会提出,进入后疫情时代,空间改造、数字技术设施重组、数字资源建设、开放获取服务都将面临重新定义。

表8　与技术相关的研究文献10大主题词社区及文献数量统计

主题词	主题社区内容	最早出现本领域的时间
线上/在线服务	线上阅读、线上读者培训与咨询、针对少儿的线上服务、线上营销服务、在线课程、在线学习、线上数字文献服务、数字文献与开放获取	2020年
微信服务	微信应急服务、微信与移动技术、微信公众号、微信平台、微信阅读推广、微信健康服务	2020年
教学与教参	在线教学、网络教学、电子教材教参服务	2020年
融媒体	融媒体、自媒体、全媒体、新媒体	2020年
直播	内容生产与网络传播、疫情下的视音频传播服务	2020年
学科服务	疫情下的场景化学科服务、图书馆学科服务	2020年
大数据	基于大数据的应急服务、舆情研判体系、图书馆文献体系优化	2019年
云服务	云服务、云馆配、云阅读、云平台	2017年
可视化研究	应急管理研究、疫情对教学影响、后疫情时代服务的可视化研究	2016年
数据库	抗疫文献数据库、数据库采购、数据库商谈判、数据库访问服务	2003年

2.2.8 后疫情时代图书馆服务的研究

截至2022年初,有关"后疫情时代"主题的文献70余篇。所谓"后疫情时代",是与疫情防控期间或疫情之前相比较的新常态,意味着人类要与新冠病毒疫情长期共存,观念、技术、方法等要素将重组,但仍存在许多不确定因素。2020年3月,黄百川发表《后疫情时期图书馆健康信息服务研究》,这是较早发表的后疫情主题的文献,作者指出健康信息服务已成为图书馆新的责任,同时给出图书馆在后疫情时期健康信息服务的4S(满意、标准、支撑、共享)框架。已发表的文献聚焦以下几方面内容:①关于后疫情时代的服务创新和模式转型;②未来图书馆资源建设和出版业的转型、国际出版业今后的新形态、内容产业未来发展与创新。馆配和技术支持的云服务研究;③阅读服务在后疫情时代的常态化服务、阅读服务与应急服务、治疗和推广研究;④疫情带来的新的人才需求,业务环境的改变,人员结构将面临重新洗牌;⑤信息素养教育再次被提高到战略高度,成为后疫情时代打击虚假信息的核心手段。

2.2.9　图书馆抗疫历史的保存与研究

历史事件保存者是图书馆在突发事件中的角色之一,这已成为全球图书馆界的共识。早在非典时期,国家图书馆就启动"国家图书馆建立非典知识数字资源库"。2020年4月,国际图联就与联合国教科文组织(UNESCO)等联合发布《转危为机——利用新型冠状病毒疫情为开展文献遗产工作争取更多支持》的声明,该声明指出随着信息疫情的加重,记忆机构应收集事实和文档信息,为后人了解新冠的严重程度及对社会的影响提供资料帮助。同月,国家图书馆启动中国战"疫"记忆库建设项目,以"全面采集、科学组织、生动展示、系统保存"为原则,全方位收集和保存全国防疫具有历史价值或特殊意义的各类型资料。部分省市也启动抗疫文献的征集活动。美国的图书馆与地方历史协会合作,收集保存疫情防控期间的故事。这些行动既体现图书馆界历史意识的觉醒,也体现了图书馆勇于承担社会责任。应峻等人在此领域引入"集体记忆"的研究范式,指出美术馆、图书馆、档案馆、博物馆等文化记忆机构,在突发公共卫生事件中,应承担保存集体记忆的义务。

3　趋势分析

文献研究说明,我国图书情报界对突发公共卫生事件的研究,已延续近40年,有待进一步扩宽广度,推动与更多主题的交叉融合,加强与其他领域的跨学科合作,促进公共卫生事件理论与应用的结合,加强实证研究,处理好技术与管理的关系,注重方法学和开创性的工作。深化后疫情时期的相关研究,挖掘主题内涵价值,将领域研究框架体系化。

未来图书情报界对突发公共卫生事件的研究将有以下研究方向:

方向之一:面向区域、行业或图书馆联盟的防疫体制与机制的研究。现有的分散个案研究对区域或联盟层面有所忽视,并未给出针对需求的路线图。防疫是全社会的统一行动,需要各类图书馆协调一致,才能体现行业的社会价值。但基于《应对法》的"一案三制"框架,开展类似研究的研究者大多来自图书馆界以外,图书馆界并未贡献太多类似的成果。

方向之二:图书馆应对疫情防控的方法论研究与实践。全球化的趋势下,人流、物流和信息流更为迅捷,容易发生大规模疫情传播。图书馆界需要承担起社会责任,找准角色定位,聚焦后疫情时代的防疫能力提升,把研究成果与现实需求结合起来,使成熟的经验上升为理论,并固化为制度,转化为现实的服务生产力,更新观念和方法,提高应急反应和危机管控能力。

方向之三:深层次嵌入式服务研究。深层次嵌入式服务已经成为趋势,深度参与跨学科科研工作,才是深层次的学科服务。而国内高校教师对于数据管理的了解尚未真正起步,实施科研数据管理服务机制,必须做好顶层设计,全面布局,给予政策支持。

方向之四:培养与提升公众信息素养的方法研究。联合国教科文组织在2020年全球媒介和信息素养周主题会议上发表的《首尔宣言》,指出信息素养是消除信息疫情的核心能力,信息素养教育被提高到战略高度,被视为打击虚假信息的核心手段,在这次疫情之前,人们从未如此深刻地认识到信息疫情的危害和信息素养的重要性,面对不断变化的时代,研究者如何从战略高度对这个长期受到关注的议题,创新手段和理念,全面规划和推广面向社会、面向民众的信息素养教育体系,将成为未来长久的研究课题。

方向之五:抗疫历史与经验的研究。人类之所以可以创造社会、改造自然,正是历史意识的积累与反思。根据以往生存状况的批判性总结,可以做出前瞻性的预判。其成果将成为遗产留给后人,也是事业史不可偏废的研究方向。

《新媒体联盟地平线报告:2017图书馆版》指出:图书馆依然是丰富信息和知识的守门人,这一职责在任何时候都不会改变和动摇。疫情使图书馆与人们以虚拟形式相连接,数字化服务的空前发展促使社会更加紧密。图书馆大楼虽然关闭,但是图书馆却从未关门。图书馆虽不是社会防疫的一线责任单位,但在疫情中体现了自身的价值,也使图书馆重新认识自己在社会防疫体系中的新定位:社区防疫的执行者、健康信息的传播者、弱势群体的保护者、科研战"疫"的坚强后盾。此次疫情终会过去,但疫情再次出现的风险仍然存在,人类用伤痛得出的共识,将成为图书馆宝贵的知识,抗疫之路任重道远。

参考文献

[1] 突发公共卫生事件应急条例[J]. 中华人民共和国卫生部公报,2003(1):1-4.

[2] 黄国彬,黄恋. 美国公共图书馆应对重大突发事件的案例剖析及启示[J]. 图书情报工作,2021(9):117-126.

[3] 刘素清,陈建龙. 高校图书馆面对突发公共事件的应急管理与服务研究[J]. 图书馆理论与实践,2020(6):23-28.

[4] 应当重视图书消毒问题[J]. 图书馆工作与研究,1986(4):20.

[5] 公共场所卫生管理条例[J]. 中华人民共和国国务院公报,1987(10):343-346.

[6] 黄民主,关岚,周楚湘,等. 某大学图书馆室内空气真菌粒子沉降量的调查[J]. 湖南医科大学学报,1997(6):27-29.

[7] 何维义. 图书馆卫生防疫工作中一个不容忽视的环节[J]. 图书馆论坛,1998(5):65.

[8] 张秀岚. 图书馆应重视卫生防疫工作[J]. 淮海医药,1999(2):71.

[9] 何晓兵. 图书馆如何应"急"——从北图春节期间闭馆风波想到的[J]. 图书馆论坛,1998(5):63-64.

[10] 王德敏. 图书馆卫生防疫研究论文分析(1987—2011)[J]. 黑龙江科技信息,2012(26):129.

[11] 王桂枝,柴玉环. 医学情报服务单位应建立突发公共卫生事件的信息保障系统[J]. 预防医学情报杂志,2004(6):661-662.

[12] 王晓娟,吴珞华. 预防医学图书馆在突发公共卫生事件中的应急医学信息服务探讨[J]. 医学信息学杂志,2011(11):70-72.

[13] 宿静茹,杜厚德. 防治"非典"对图书馆的启示[J]. 山东图书馆季刊,2003(3):64-66.

[14] 马竹英,王川军. 图书馆应对公共卫生突发事件的对策[J]. 河南图书馆学刊,2010(2):74-76.

[15] 史惠媛. 高校图书馆传染病突发公共卫生事件危机管理研究[J]. 图书馆建设,2010(5):71-73.

[16] 郑实. 民用建筑的公共卫生评估——SARS后的建筑设计思考[C]//中国建筑学会2003年学术年会论文集,[出版者不详]2003:83-91.

[17] 国家图书馆建立非典知识数字资源库[N]. 科技日报,2003-05-16(01).

[18] 欧阳小英. 图书馆及其公共卫生问题初探[J]. 中华医学图书情报杂志,2003(5):15-26.

[19] 陈丽. SARS病毒引发的图书馆环境卫生探讨[J]. 图书馆学刊,2004(S1):29.

[20] 王德敏. 高校图书馆卫生防疫工作策略浅析[J]. 咸宁学院学报,2012(7):126-127.

[21] 中华人民共和国突发事件应对法[J]. 中华人民共和国全国人民代表大会常务委员会公报,2007(6):

535-543.

[22] "一案三制":我国应急管理体系建设的核心框架[C]//中国灾害防御协会,第三届（2009）中国突发事件防范与快速处置大会组委会.中国突发事件防范与快速处置优秀成果选编.[出版者不详],2009:152-153.

[23] 中国人民大学书报资料中心.2020年度中国图情档学界十大学术热点[J].大学图书馆学报,2021（1）:62.

[24] 杨敏,刘咏梅,谢笑.大学图书馆突发事件应急预防管理研究——基于WSR方法论[J].图书馆工作与研究,2019（10）:11-17,48.

[25] 阮芳.高校图书馆环境卫生现状及应对措施[J].企业科技与发展,2020（10）:222-223.

[26] 龚凯,杨美媛."新冠肺炎"疫情防控下图书馆空调环境卫生现状调查及预防对策[J].华北理工大学学报（自然科学版）,2021（4）:119-126.

[27] 刘丽君.高校图书馆应做好公共环境卫生预防及消毒工作[J].办公室业务,2022（2）:81-82.

[28] 全国人民代表大会.中华人民共和国公共文化服务保障法[J].中华人民共和国全国人民代表大会常务委员会公报,2017（1）:20-25.

[29] 柯平,包鑫.公共图书馆在应对公共安全突发事件中的地位和作用[J].图书馆论坛,2020（4）:109-112.

[30] 教育部.普通高等学校图书馆规程[J].图书馆学通讯,1987（2）:19-27.

[31] 袁玉红,王乐.应急网络教学背景下高校图书馆运行实践与思考——以复旦大学图书馆为例[J].大学图书情报学刊,2021（4）:10-13.

[32] 彭迪,常红.突发公共卫生事件下医学图书馆公众健康服务研究——基于天津市的实证调研[J].图书馆工作与研究,2021（11）:90-96.

[33] 柴荣,葛红梅.突发公共卫生事件时医学图书馆应急服务资源建设初探[J].中国中医药图书情报杂志,2022（1）:37-40.

[34] MABE M,ASHLEY E A. The developing role of public libraries in emergency management:emerging research and opportunities[M]. PA:IGI Global,2017:22.

[35] 国际图联保存保护中心.国际图联灾害预防手册[EB/OL].[2022-04-01]. http://www.nlc.cn/newtsgj/iflaygt/gjtlbcbhzxzgzx/zywx/201011/P020101130628738873600.pdf.

[36] 张立频.近百年北美图书馆应对重大突发公共卫生事件典型案例研究[J].图书情报工作,2020（15）:221-230.

[37] 傅平.美国图书馆是如何应对新冠疫情暴发的?[J].图书馆杂志,2020（3）:24-31.

[38] 李蔚.图书馆在疫情状态下的防疫策略研究——以"西班牙大流感"和"新冠肺炎"为例[J].图书馆建设,2020（S1）:230-233.

[39] 郑聪,张兴旺.国外公共图书馆突发公共事件应对机制及其对我国的启示——以英、澳、美公共图书馆为例[J].图书馆工作与研究,2020（8）:13-19.

[40] 刘玉红.美国图书馆救援法案研究及启示[J].数字图书馆论坛,2021（7）:68-72.

[41] 金龙.俄罗斯公共图书馆线上服务研究——新冠病毒肺炎疫情下读者服务缩影[J].图书馆建设,2021（3）:162-172.

[42] 刘冰,晁世育,王晋明.面向突发公共卫生事件的专业图书馆应急信息服务体系——美国国家医学图书馆的案例研究[J].国家图书馆学刊,2020（5）:77-90.

[43] 杨焕昌.新冠疫情期间美国公共图书馆科技服务调查[J].科技传播,2021（2）:72-76.

[44] 刘敬仪.国外图书馆组织应对新冠肺炎疫情的措施与思考[J].图书情报工作,2020（15）:212-220.

[45] 牛晓菲,李书宁.日本图书馆界新冠疫情应对举措与特点分析[J].图书馆研究与工作,2020（8）:75-79.

[46] 赵蕊菡,王晓静.中美公共图书馆健康信息服务比较研究[J].图书馆工作与研究,2021(9):3-10.

[47] 郭亚军,杨志顺.美国大学图书馆在突发公共卫生事件中的应急服务实践研究——对美国排名前100所大学图书馆的调查[J].图书馆学研究,2021(1):89-95.

[48] 刘敬仪.国外图书馆组织应对新冠肺炎疫情的措施与思考[J].图书情报工作,2020(15):212-220.

[49] 朱慧,董欣华,张立,等.中外高校图书馆远程信息资源服务对比研究——以疫情期间中美英高校图书馆远程信息资源服务为例[J].图书馆工作与研究,2021(3):32-40.

[50] 俞德凤.突发公共卫生事件下美国大学图书馆教学服务的思考与启示——以COVID-19疫情事件为例[J].新世纪图书馆,2021(8):64-71.

[51] 罗丽丽.美国图书馆应对疫情的点滴[J].高校图书馆工作,2020(3):93-94.

[52] 王星星,李博昕,许沁怡,等.国外图书馆界应对突发公共卫生事件的反应机制及其启示——以新冠肺炎疫情应对为例[J].新世纪图书馆,2021(3):75-80.

[53] 刘霞,严晓.我国应急管理"一案三制"建设:挑战与重构[J].政治学研究,2011(1):94-100.

[54] 洪凯.中美应急管理教育的比较与启示[J].高等农业教育,2011(7):81-84.

[55] 范炜,胡康林.面向突发事件应急决策的情报支撑作用研究[J].图书情报工作,2014(23):19-25.

[56] 杨敏,刘咏梅,谢笑,等.大学图书馆突发事件应急预防管理研究——基于WSR方法论[J].图书馆工作与研究,2019(10):11-17.

[57] 蔡甜恬.公共图书馆"一案三制"应急管理体系建设研究[J].四川图书馆学报,2020(6):6-9.

[58] 巫芯宇.基于"一案三制"的高校图书馆突发事件应急机制研究[J].大学图书情报学刊,2022(1):23-29.

[59] 余望枝,刘芳.新冠肺炎疫情下图书馆应急服务保障体系建设研究[J].图书馆学研究,2020(15):65-70.

[60] 梁益铭,谢小燕.高校图书馆公共卫生治理与服务体系研究——以新冠肺炎疫情防控为例[J].高校图书馆工作,2020(3):29-36.

[61] 徐璐璐,叶鹰.从新冠肺炎疫情反思国家医学情报体系建设[J].信息资源管理学报,2020(6):38-46.

[62] 陈锐,冯占英,张妍,等.面向突发事件全过程的图书馆应急信息服务研究[J].中华医学图书情报杂志,2021(4):1-7.

[63] 余丰民,周卫华,汤江明,等.基于4R模型的高校图书馆文献服务应急保障策略探讨[J].图书馆工作与研究,2020(11):25-31.

[64] 高昊,郭迪帆.日本公共图书馆应对新冠疫情的策略及启示[J].图书馆学研究,2021(4):83-89.

[65] 欧阳爱辉,花梓豪.图书馆应急服务的法律保障机制研究[J].四川图书馆学报,2020(6):10-13.

[66] 欧阳爱辉,李东梅.图书馆应急性公共文化服务中的法律问题研究——以重大突发公共事件为背景[J].新世纪图书馆,2020(9):10-14.

[67] 徐剑,钱烨夫."信息疫情"的定义、传播及治理[J].上海交通大学学报(哲学社会科学版),2020(5):121-134.

[68] 向君,姚凯波,于媛.2021年ACRL《高校图书馆环境扫描报告》的解读与启示[J].图书馆建设[EB/OL].[2022-03-16].https://kns.cnki.net/kcms/detail/23.1331.G2.20211129.1148.004.html.

[69] 林菲菲."信息疫情"背景下高校图书馆应急知识服务研究——基于93所国内高校图书馆新型冠状病毒肺炎主题指南调研[J].图书馆界,2021(4):67-72.

[70] 王雪峰,郝晓攀,杨书彬."信息疫情"下公共图书馆应加强公众信息素养教育[J].内蒙古科技与经济,2021(13):154-155.

[71] 谭密."信息疫情"之下的大学生信息素养提升研究[J].内蒙古科技与经济,2021(6):37-38.

[72] 刘爱敏. 疫情期间关于公共图书馆信息素养教育的思考[J]. 就业与保障,2021（2）:186-187.

[73] 柏艺莹. 重大公共卫生危机背景下高校图书馆读者服务模式的演变分析[J]. 兰台内外,2021（25）:55-57.

[74] 王乐,袁玉红,张春梅,等. 重大公共卫生事件背景下高校图书馆特色服务与管理实践——以复旦大学图书馆为例[J]. 高校图书馆工作,2020（3）:57-61.

[75] 余子佳. 高校图书馆应急管理服务的SWOT分析——以新冠肺炎疫情期间为例[J]. 闽南师范大学学报(哲学社会科学版),2020（3）:155-160.

[76] 陈亚珊. 新冠肺炎疫情下我国高校图书馆的应急服务举措与反思[J]. 图书馆界,2020（5）:84-89.

[77] 马鲁伟,陈晓亮,郑海山,等. 在线教学平台应急管理及图书馆应对策略——以厦门大学SPOC平台为例[J]. 图书情报工作,2020（15）:144-150.

[78] 李荣. 线上教学模式下电子教参服务现状——以"双一流"大学为例[J]. 办公自动化,2021（1）:41-43.

[79] 喻梦倩,高晓晶,张毓晗,等. 突发公共卫生事件中高校图书馆微信公众平台远程服务现状与策略——以36所"双一流"A类高校图书馆为例[J]. 图书情报工作,2020（15）:157-164.

[80] 云珊. 后疫情时代中学图书馆区域联盟的发展研究——以京津冀地区图书馆联盟为例[J]. 教育与装备研究,2021（5）:16-21.

[81] 戴晓翔,刘敏榕. 图书馆联盟开展跨界疫情应急服务的探索与思考——以福建省高校数字图书馆联盟（FULink）为例[J]. 图书情报工作,2020（15）:12-16.

[82] 张靖,陈朝晖. 图书馆参与应急科学传播服务的现状与思考[J]. 图书馆建设,2014（6）:58-62.

[83] 卫萌萌. 后疫情时代研究型图书馆发展思考——基于欧洲研究型图书馆协会《新冠疫情调研报告》[J]. 四川图书馆学报,2021（4）:70-73.

[84] 钟德强,马爽. 北美图书馆应对突发公共卫生事件的启示[J]. 大学图书馆学报,2020（6）:37-42.

[85] 李楠,张超,路璐,等. 新冠肺炎疫情下专业图书馆科研新媒体服务探究——以中国科学院文献情报中心"中国科讯"为例[J]. 图书情报工作,2020（15）:151-156.

[86] 程延宏. 灾难中少儿图书馆开展儿童心理危机干预框架下的读者服务——以武汉市少年儿童图书馆在新冠肺炎疫情中的阅读工作为例[C]//中国图书馆学会. 中国图书馆学会年会论文集（2020卷）. 北京:国家图书馆出版社,2020:179-184.

[87] 曾媛. 公共安全突发事件中公共图书馆特殊儿童群体应急服务研究——以新冠肺炎疫情为例[J]. 晋图学刊,2021（2）:42-48.

[88] 朱静. 疫情时期公共图书馆少儿绘本阅读推广[J]. 传媒论坛,2020（24）:129-130.

[89] 吴兆文. 新冠肺炎疫情期间面向特殊人群的公共图书馆服务——以劳务工和残障人群为例[J]. 江苏科技信息,2020（25）:15-18.

[90] 张鑫. 融入社会心理服务体系建设的高校图书馆阅读疗法服务探析[J]. 图书馆研究与工作,2020（7）:32-35.

[91] 王博,吴飞. "后疫情时代"高校传统经典阅读推广研究[J]. 新阅读,2021（5）:71-73.

[92] 傅宝珍. 后疫情时代公共图书馆网络阅读疗法探讨[J]. 图书馆研究与工作,2021（1）:58-62.

[93] 朱海英. 国外公共图书馆应对新型冠状病毒肺炎疫情的方式[J]. 内蒙古科技与经济,2021（8）:156-158.

[94] 蔡晓玲. 中外公共图书馆应急信息服务比较与启示[J]. 图书馆研究,2021（3）:77-84.

[95] 郭紫瑜. 后疫情时期图书馆老年人信息素养服务研究[J]. 新世纪图书馆,2022（1）:18-22.

[96] 莉森德国公共图书馆:现实挑战与未来发展——国际图联当选主席、德国不莱梅市立图书馆馆长芭芭拉·莉森访谈[J]. 苏丹,译. 图书馆研究与工作,2021（4）:5-12.

[97] 刘炜.“后疫情时代”图书馆加速转型的人才需求[J].图书馆建设,2020（6）:8-14.

[98] 黄百川.后疫情时期图书馆健康信息服务研究[J].图书与情报,2020（2）:120-123.

[99] 曹艳红.后疫情时代的公共图书馆创新服务模式探析[J].文化创新比较研究,2021（6）:158-160.

[100] 陈莉,王利萍.后疫情时代高校图书馆服务方式创新研究[J].兰台内外,2021（16）:60-62.

[101] 姚荔.后疫情时代公共图书馆馆藏资源构建模式变革初探[J].图书馆学刊,2021（12）:63-66.

[102] 黄肇隽.后疫情时期医学院校图书馆文献采购规范化管理研究[J].医学教育管理,2021（5）:586-590.

[103] 章红雨,尹琨.后疫情时代国际合作出版呈现新形态[N].中国新闻出版广电报,2021-09-28（1）.

[104] 赵慧真.后疫情时期“云馆配”模式的多维比较与优化研究[J].图书馆工作与研究,2020（12）:77-84.

[105] 任翔.重构内容产业:2020年欧美科技图书出版发展与创新评述[J].科技与出版,2021（3）:6-12.

[106] 袁俊.后疫情时代高校图书馆技术支持服务探析——以天津市18所高校图书馆技术支持服务调查为例[J].图书馆工作与研究,2021（7）:41-48.

[107] 王妍,谢正侠.后疫情时代高校图书馆知识产权线上服务品牌建设思考[J].晋图学刊,2021（3）:38-42.

[108] 王忠良,陈哲彦.后疫情时代图书馆读者工作的常态服务与创新探索——“2020书香江苏行动”论坛综述[J].新世纪图书馆,2020（12）:93-97.

[109] 王景文.突发公共卫生事件下的图书馆阅读疗法应急服务研究——基于后疫情时期大学生心理问题的阅读疗法需求与应用调查[J].大学图书馆学报,2020（6）:28-36.

[110] 国家图书馆研究院.国家图书馆启动中国战“疫”记忆库项目[J].国家图书馆学刊,2020（3）:52.

[111] 李景康.曲江征集抗疫文献资料,让英雄事迹永存[J].源流,2020（4）:16.

[112] 应峻,赵宇翔,吴大伟,等.面向突发公共卫生事件的GLAM集体记忆建构——以复旦大学医学图书馆信息实践为例[J].中国图书馆学报,2021（6）:76-95.

[113] 田沛霖,杨思洛.中外图书情报领域的新冠疫情研究对比[J].图书馆论坛,2022（1）:21-31.

[114] 张艳红.基于公共卫生突发事件约翰·霍普金斯大学及其图书馆给我们的启示[J].内蒙古科技与经济,2021（22）:159-161.

[115] 梁栋.关于“历史意识”内在本质的重新思考[J].文化学刊,2019（10）:85-87.

[116] BECKER S A,CUMMIS M,DADIS A,等.新媒体联盟地平线报告:2017图书馆版[J].赵艳,魏蕊,高春岭,等,译.图书情报工作,2018（3）:114-152.

[117] 美国图书馆协会.2021美国图书馆协会白皮书:新冠肺炎专题报告[J].程铄,译.图书情报研究,2021（3）:3-13.

论公共图书馆"社会安全阀"功能及其运行机制

肖　潇（广西壮族自治区图书馆）

公共图书馆是重要的公共场所,开放包容的环境也容易成为一些突发事件的爆发之地。特别是近年新冠病毒的全球暴发,不断促使公共图书馆提升应对安全危急的能力,同时也对公共图书馆履行社会职能提出了更高的要求。2021年7月河南突发暴雨灾害,在此重大危机关头,郑州图书馆不仅展现了公共文化机构应有的人文关怀,树立了图书馆界的榜样,更创新和拓展了公共图书馆"社会安全阀"功能,此主题值得深入分析与探讨。

1　社会安全阀理论与相关研究

美国社会学家科赛在《社会冲突的功能》一书中提出,社会安全阀是通过一种合法的、社会所认可和允许的社会冲突形式,阻止或者缓解冲突所带来的破坏性作用[1]。这种作用就类似于高压锅的安全阀,持续为锅内散热解压,使得高压锅压力达到平衡,不至于因为压力过大而爆炸。

"社会安全阀"主要具有四个正向功能[2]:①社会报警功能:社会管理者或统治阶级通过"安全阀"可以观察明晰民情,估摸社会群体冲突的程度。②社会减压功能:减轻或缓解社会冲突下群体之间的敌对情绪。③促进社会整合:冲突促使社会群体发生分化,分化的群体之间走在一起,固化成群。④社会创新功能:冲突强化了社会群体之间的碰撞,激发了维护社会群体秩序的新规范、新制度,发挥了激发器的作用。

笔者在CNKI数据库用主题搜索"社会安全阀"可得264篇相关文章。由于对和谐社会构建具有积极的意义,"社会安全阀"相关研究文章集中于社会学、行政学、国际政治、新闻与传媒等领域,主要围绕社会安全阀理论(机制)、群体性事件、社会冲突、社会冲突理论等主题进行研究与实践,但未见将"社会安全阀"理论引入图书馆界研究的相关文章。借鉴"社会安全阀"的理论和实践,深入探讨当前公共图书馆面对的安全危机,可以拓展公共图书馆社会职能,充分挖掘和提升公共图书馆社会价值。

2　"社会安全阀"功能在公共图书馆的适用性

长久以来,图书馆的社会职能主要包括:社会文献整序的职能;传递文献信息的职能;开发智力资源,进行社会教育的职能;丰富群众文化生活的职能;搜集和保存人类文化遗产的职能。虽然在学术研究中,社会安全相关职能并未被正式列入图书馆社会职能中,但是公共图书馆早已具备作为"社会安全阀"的条件。

公共图书馆的社会责任决定了"社会安全阀"功能的必然性。现代图书馆学认为图书馆不仅必须完整地承担其法定职能，也需要承担法定职能之外的有益于社会的其他职能，如赈灾、救灾、灾难庇护[3]。公共图书馆长期致力于建立绿色图书馆、开展文化扶贫，作为灾难时期的紧急庇护所，甚至疫情防控期间作为社区疫苗接种场所等[4]，这些都是履行社会责任的体现。从微观上来说，公共图书馆有义务保护每一位读者，为读者提供安全稳定的阅读空间。从宏观上来说，特别是当重大公共事件发生时，公共图书馆更是有义务积极利用场所、设施、资源，帮助社会化解社会风险与矛盾。

公共图书馆的服务体现了"社会安全阀"功能的基本原理。公众的社会需求随着社会环境的变化也在不停转变。社会需求是公共图书馆服务内容的来源，也是图书馆创新升级的动力。针对一些新形势新特点下出现的新需求，图书馆都会给予更多的关注，例如针对智能手机开展的老年读者培训，针对中小企业提供的行业情报分析，针对公共卫生事件提供的线上健康信息服务等。这也在潜移默化中成为图书馆化解公共服务与新需求之间不平衡矛盾的"安全阀"。

图书馆的文化精神符合"社会安全阀"功能的最终目标。公共图书馆的发展一直与社会民生、人民福祉联系在一起，公共图书馆随着时代的发展承载了越来越丰富和厚重的内容[5]。公共图书馆界坚持以人民为中心的指导思想，不断开展工作，为创造和谐、公平、友好的社会环境持续做出贡献。"社会安全阀"功能的最终目标是化解社会风险、推动构建"以人为本"的和谐社会，将其应用在公共图书馆运行与服务中，符合公共图书馆的文化精神。

3 近年突发事件中公共图书馆发挥"社会安全阀"功能相关案例

3.1 主动转变角色，开启图书馆"庇护所"功能

2021年7月20日晚，受强降雨影响，郑州市区严重内涝，郑州图书馆于当晚18时决定不闭馆，陆续接待了150多位避雨的、被困地铁站的、高铁滞留的民众，引导几十辆涉水车辆安全停放在图书馆广场，甚至21日凌晨还继续接待了某救援队送来的120名受困群众[6]。网友评价："感觉图书馆平日里是庇护灵魂的场所，这种时候还能庇护人的身体，让我们感到安全。"[7]在推进全民新冠肺炎疫苗接种中，广州图书馆在2021年7—9月成为临时疫苗接种点[8]。在2021年成为周家桥街道疫苗接种点后，上海市长宁区图书馆开始开展"书香进留观"行动，在接种点留观区放置了大量期刊，让接种者在留观期间享受书香，受到了广泛好评[9]。为让更多儿童、青少年和老年人尽快接种新冠疫苗，2022年2月23日起香港中央图书馆增设社区疫苗接种中心，专为3岁至17岁人士和60岁或以上人士提供疫苗接种服务[10]。公共图书馆通过及时转变角色，拓展服务功能，为社会抗疫抗灾提供了力所能及的场地和物资等帮助。

3.2 线上服务不停，"阅读疗愈"安抚读者心理

2020年初，湖北省图书馆为洪山体育馆、黄家湖中医药大学体育馆和石牌岭高级职业中学等13家方舱医院配送书刊、书架及书桌，建立方舱书屋，主导开发"方舱数字文化之窗"，半个月使用人数就突破30万人[11]。为保障留观人员阅读需求，天津市各级公共图书馆认真落实"书"送温暖图书配送工作，精心挑选卫生健康、科普读物、文学艺术等优质图书配送到

医学隔离观察点,其中东丽区、津南区、静海区还积极提供数字图书馆阅读服务[12]。2020年4月,湖南图书馆、975摩登音乐台联合推出《愈读片刻》系列书推音频节目,邀请读者一起"愈"读,点亮疫情中的精神生活[13]。在近年新冠肺炎疫情防控中,各级公共图书馆主动作为,积极发挥阅读的疗愈功效,安抚读者心理,调整患者心态,从精神文化层面为广大读者提供人文关怀。

3.3 及时发布信息,提供科学信息参考

2020年初,云南省图书馆就利用作为云南省委宣传部"舆情信息直报点"的资源优势,每日制作发布《云南省图书馆抗击疫情舆情资讯简报》,着重加强舆情监测报告,专门增设"谣言捕快"版块,及时揭穿谣言以正视听,通过网站等渠道发布各类舆情资讯达百余期,为做好疫情防控工作部署提供有力的信息支持和参考服务[14]。针对激增的抗疫信息需求,广东省立中山图书馆组织馆内十几名参考咨询员接力24小时在线传递专业文献[15],并倡议发动了全国图书馆参考咨询联盟成员馆的50多名参考咨询馆员投身加入,为读者提供与新冠肺炎疫情相关的各类专业文献近3万篇,满意率达99.8%[16]。公共图书馆整合并传递信息、畅通渠道反馈、预警舆情,帮助决策机构制定针对性政策,及时化解社会矛盾和危机。

4 公共图书馆"社会安全阀"运行机制的构建

为了应对可能出现的安全危机,美国诺曼·R.奥古斯丁提出将危机管理划分为6个阶段,危机避免阶段、危机管理准备阶段、危机确认阶段、危机控制阶段、危机解决阶段以及从危机中获利的阶段[17]。基于此,综合前述公共图书馆实践,本文提出公共图书馆"社会安全阀"运行机制,发挥"社会安全阀"的正向功能(见图1)。

4.1 危机预防阶段

在这一阶段,公共图书馆主要是通过多种手段预防各类危机的发生,达到社会减压的功能。公共图书馆须主要从三个方面做好危机预防工作:一是建立应急预案,明确危机管理的组织机构、运行模式,危机发生时不同文献资源的救援方式,不同部门应对安全危机的权利与义务等内容。二是对馆员以及读者做好安全危机培训,通过讲座、滚动视频、发放宣传册、互动交流、定期巡查等多种方式,提升馆员和读者的危机意识,使其具备危机处理能力,成为危机处理专业人员。三是做好图书馆内软硬件设备的维修与维护,定期进行全馆安全大排查,排查馆内可能存在的危机隐患,降低危机发生率。

4.2 危机预警阶段

在该阶段,公共图书馆通过危机预警实现社会预警功能。主要体现在:针对可能出现的危机以及异常情况,判断异常情况是否为安全危机,如否,则排除危机,图书馆恢复正常运行;如是,图书馆则需要启动相应的危机预警程序,从而达到社会预警的功能。图书馆首先需要对出现的危机进行分类(见表1),以便针对不同的危机采取不同的应对措施,再根据危机程度,有针对性地发布弱、中、强、最强不同层级的预警,最快速度提示馆员和读者目前发生的危机的基本情况,尽可能为危机处理争取宝贵的时间。

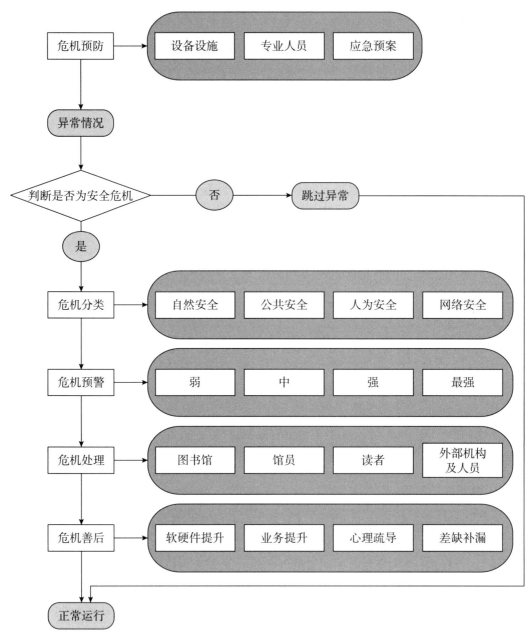

图1　公共图书馆"社会安全阀"机制运行示意图

表1　公共图书馆安全危机分类

安全危机类型	具体成因
自然安全	水灾、火灾、风灾、雷灾、虫鼠灾、地质灾、沙尘暴等
公共安全	资源供断、环境污染、公共卫生、食品安全、经济安全、恐怖袭击、战争等
人为安全	民事纠纷（读者纠纷、馆读矛盾）、刑事案件、舆论危机等
网络安全	软硬件故障、病毒感染、黑客入侵、人员操作失误等

4.3 危机处理阶段

该阶段主要是针对不同的危机,启用不同的应急预案,从图书馆、馆员、读者、外部机构及人员四个方面开展危机处理,从而达到社会减压功能。从公共图书馆角度来说,需要做好危机处理的组织协调,发挥应急避难场所的庇护与缓冲功能;从馆员角度来说,需要根据应急方案做好危机处理与读者疏散工作,同时及时发布科学有效信息防止危机进一步扩散;从读者角度来说,需要根据图书馆与馆员的指示,配合做好危机处理工作;从外部机构及人员(例如消防、应急、卫生等部门)的角度来说,需要运用相关专业技术知识帮助公共图书馆处理危机。公共图书馆在危机处理过程中多管齐下,实现"排气减压"。

4.4 危机善后阶段

公共图书馆在危机善后阶段,需全面反思与总结,检查存在的安全危机漏洞,完善应急预案,升级相关软硬件设备,提升图书馆业务水平与危机应对能力。若是针对重大的安全危机事件,还需要特别关注馆员和读者的心理疏导,注意避免由他们的心理创伤引发的二次危机。科塞认为,冲突为成员提供了一个契约,能把在其他方面毫无联系或对立的个人或团体联合起来[15]。针对这种因"社会安全阀"产生的社会整合与创新功能,社会群体的分化和整合,甚至激发社会新规范、新制度,公共图书馆应充分利用这种特点,加强图书馆与读者的联系,巩固读者群体,不断激发读者黏性,创新服务,创新图书馆与读者互动模式。

5 公共图书馆加强"社会安全阀"功能的建议

5.1 坚守"以人为中心"的核心理念

《"十四五"公共文化服务体系建设规划》提出推动公共图书馆向"以人为中心"转型,建设开放、智慧、包容、共享的现代图书馆,将公共图书馆建设成为滋养民族心灵、培育文化自信的重要场所[18]。"以人为中心"是公共图书馆的初心。公共图书馆应将该理念贯穿服务全程,通过建立人性化管理制度,提供共性服务与个性化服务相结合的服务内容,提升读者满意度[19]。基于此,公共图书馆在处理安全危机时,才能从读者的角度制定完善应急预防措施,在处理危机时充分考虑读者的身心需求,成为"以人为中心"的"社会安全阀"。

5.2 注重有形的安全阀与无形的安全阀

厉以宁认为人们心理上的、精神上的"安全阀"也许是一种比有形社会"安全阀"更为有效的"安全阀",这种心理精神上的"安全阀"是指人们对社会这个大群体的认同,对社会发展前景和生活前景的信心[20]。公共图书馆可以利用现有文献信息资源建设心理疏导数据库,针对不同的社会安全危机可能带来的影响、不同的读者群体的心理特点提供不同的心理疏导方式。同时,注重和专业心理咨询机构合作,为馆员和读者提供常态化的培训,提升馆员"无形的安全阀"意识。在安全危机发生初期,图书馆能利用自身服务及时对读者进行心理干预,通过"阅读疗愈"消除读者的负面情绪,像湖北省图书馆、湖南省图书馆等公共图书馆一样,帮助读者尽快恢复对社会的信心,为后续危机善后创造有利条件。

5.3 完善"社会安全阀"的法理基础

公共图书馆的"社会安全阀"功能在相关法律、行业标准中并没有明确规定。如《联合国教科文组织公共图书馆宣言》的12条使命陈述，国际标准化组织的《ISO 2789信息与文献——国际图书馆统计》《ISO 11620信息与文献——图书馆绩效指标》及其他标准，《中华人民共和国公共图书馆法》《GB/T 28220-2011公共图书馆服务规范》等均未提及图书馆灾难救助或庇护职能[21]。但是在美国图书馆协会出版的《图书馆作为避风港：灾难规划、响应和恢复——图书馆员操作指南》中，就明确了图书馆在灾难发生时的庇护职能，并提出了指导意见。可见我国也需要促进公共图书馆相关立法、规范、标准、指南等文件制定与修订，增加"社会安全阀"制度相关规定，为公共图书馆"社会安全阀"功能提供法理基础和制度保障。

5.4 借助合力打造"社会安全阀"

公共图书馆的主要业务是文献保存与资源建设，在消防安全、应急处突、心理疏导等方面均存在专业性不足的问题。为了保证正确、有效地发挥"社会安全阀"功能，公共图书馆有必要与外部机构合作，不断提升公共图书馆危机处理的能力。一是加强与主管部门的沟通，争取上级的政策支持，从资金人力等方面确保公共图书馆有充足的应急资源。二是与消防部门、应急部门、高校等机构合作，建立有专人联系的联席会议制度，定期召开会议研判近期的安全形势，达成合作共识，确保安全危机出现时第一时间能快速联动反应。三是制订适合图书馆和馆员特色的培训方案，加强馆员的应急处突专业培训与演练。公共图书馆应从三个方面形成合力，充分发挥公共图书馆"社会安全阀"功能。

虽然面临突发安全危机事件时，公共图书馆能主动践行社会责任，充分发挥"社会安全阀"的作用，但是与专业应急救援机构相比，救助能力仍有许多不足，目前只能作为专业救援的补充力量。公共图书馆应该反思总结过往的实践经验，在社会大环境中找准自己的定位，利用文化专业优势，不断为社会"排压减压"创造有利条件，为建设社会主义和谐社会做出应有的贡献。

参考文献

[1] 科赛.社会冲突的功能[M].孙立平，等，译.北京：华夏出版社，1989：24-34.

[2] 焦娅敏.社会冲突理论对正确处理我国社会矛盾的启示[J].湖南大学学报（社会科学版），2012（1）：133-136.

[3][21] 范并思.图书馆灾难庇护：一个值得关注的理论问题[J].图书馆论坛，2021（9）：7.

[4] 方家忠.社会责任、公共服务与文化传承[J].图书馆论坛，2021（9）：14.

[5] 褚树青.此心安处是吾乡[J].图书馆论坛，2021（9）：13.

[6] 王海英，王艳贞.郑图今夜不闭馆　风雨中温情守候——郑州图书馆"7·20"故事回望[J].图书馆论坛，2021（9）：1-3.

[7] 一声感谢，几多感动[EB/OL].[2022-03-08].https://mp.weixin.qq.com/s/0qblTG0DPk3jFGyTMJ2HMQ.

[8] 广州图书馆关于开设新冠疫苗临时接种点的通告[EB/OL].[2022-04-20].http://www.gzlib.org.cn/bunotice/188997.jhtml.

［9］长宁这些疫苗接种点，留观期间还为你提供这项服务［EB/OL］.［2022-04-02］. https://m.thepaper.cn/baijiahao_16502989.

［10］香港增社区疫苗接种中心　专为儿童和长者接种科兴疫苗［EB/OL］.［2022-04-17］. http://www.chinanews.com.cn/ga/2022/02-17/9679141.shtml.

［11］有一种战"疫"方式叫"图书馆式"［EB/OL］.［2022-04-17］. https://www.chinaxwcb.com/info/560928.

［12］刘桂芳. 为隔离观察点"书"送温暖［N/OL］.［2022-04-17］. 今晚报，2020-02-10（6）. http://epaper.jwb.com.cn/jwb/html/2020-02/10/content_15358_2288446.htm.

［13］在阅读中疗愈：湖南图书馆、摩登音乐台联合推出系列荐书节目［EB/OL］.［2022-04-11］. http://whhlyt.hunan.gov.cn/news/gzdt/202204/t20220407_22730797.html.

［14］闭馆不停服务　云南图书馆界积极行动共抗疫情［EB/OL］.［2022-04-05］. http://www.ynlib.cn/Item.aspx?id=81170.

［15］以专业传递爱心：广东省立中山图书馆专业文献服务战"疫"忙［EB/OL］.［2022-03-21］. http://whly.gd.gov.cn/special_newzt/yq/wlxd/content/post_2892446.html.

［16］文献传递助力抗"疫"谱新章——全国图书馆参考咨询联盟服务先进单位、优秀参考咨询员近日受表彰［EB/OL］.［2022-03-21］. http://whly.gd.gov.cn/news_newzwhd/content/post_3272669.html.

［17］奥古斯丁，夏尔马，克斯纳，等. 危机管理［M］. 北京新华信商业风险管理有限责任公司，译. 北京：中国人民大学出版社，2001：1-33.

［18］文化和旅游部关于印发《"十四五"公共文化服务体系建设规划》的通知［EB/OL］.［2022-03-02］. http://www.gov.cn/zhengce/zhengceku/2021-06/23/content_5620456.htm.

［19］康洁. "以人为中心"的安全空间服务［J］. 图书馆论坛，2021（9）：6.

［20］厉以宁. 文化经济学［M］. 北京：商务印书馆，2018：389.

湖南师范大学图书馆馆藏国立师范学院毕业论文研究[*]

熊婷婷　杜晴雯　黄思敏　宫晋婷　殷　榕
（湖南师范大学图书馆　湖南师范大学古籍整理与研究保护中心）

1　引言

1.1　民国时期毕业论文研究现状

民国时期是中国新旧更替、西学东渐的重要时期,近年来,以《民国文献资料丛编》《中华民国史档案资料汇编》《国民政府公报》《民国丛书》《中华民国重要史料初编》等为代表的大批民国文献整理性书籍陆续出版,民国毕业论文的整理成果也日渐丰硕,如2014年国家图书馆出版社出版的《中国人民大学图书馆藏燕京大学新闻系毕业论文汇编》、2015年中华书局出版的《辽宁省图书馆藏民国时期东北大学毕业论文全集》。基于此类文献的发掘,关于民国时期毕业论文的研究论文也逐步增多,大致分为六类。

第一类为综述类,主要对论文进行概述性整理分析,概述基本特点,揭示其史料与学术价值,这一类研究占大多数。例如《清华大学图书馆收藏的民国毕业论文的整理与研究》详细介绍了清华大学图书馆的民国毕业论文的收藏情况,说明了这批论文"时间跨度大,院系覆盖全""关心国计民生,紧跟学术前沿""善于就地取材,注重实地调查""注重外语能力,利用外语文献"[1]等特点,这些基本概括了大多数民国毕业论文的特点。但是,国立师范学院作为民国时期首所部属师范类院校,其毕业论文还具有教育相关性、师范性强等特点。

第二类是对民国时期毕业论文的价值分析。例如《浅谈民国时期大学生毕业论文的史料价值——从吉林省图书馆馆藏"上海私立沪江大学毕业生论文"谈起》详细说明了民国时期毕业论文的史料价值[2]。一是皆为手稿,具有收藏价值;研究深入,具有学术价值。二是集中反映当时的教育、政治、经济等情况,内容广泛。三是是对当时历史史实的反映,具有历史价值。四是作为学校的毕业论文,是当时学校教学水平的体现。

第三类是基于民国毕业论文对近现代教育制度、教育管理等方面的研究。例如党亭军的《中国近代大学的本科毕业论文考试制度研究》一文,通过对近代大学毕业论文的分析,得出以下结论:"论文题目确定的慎重性""论文导师的监考责任""考试中学生主体地位凸显""较为充分的论文考试时间""严格的考试成绩管理"[3]。并且,在每个结论之后,文章对现今本科教育中存在的问题都进行了反思,最后提出加强管理、严格审查、导师负责等建设性意见。

第四类则是对留学生博士论文的分析与研究。如《民国时期留美生的中国哲学问题研究

---

*　本文系2021年湖南省普通高等学校教学改革研究立项项目成果,编号:HNJG-2021-1383。

及其海外影响——基于留美生博士论文的考察》从选题范围、写作规范、研究视角、学术质量等方面分析了留美生博士论文的特点。同时，又指出其内容具有"着眼现实需要""光大中国文化""致用性、学术性"[4]等特点。

第五类是对个别民国时期的名人的博士论文的研究。如范劲的《鲁迅形象在德国的最初建构——以两部早期的鲁迅博士论文为例》介绍了1939年的王澄如的论文——《鲁迅的生平和作品：一篇探讨中国革命的论文》和1959年出版的荷兰人拉斯特（JefLast）的《鲁迅——诗人和偶像：一篇探讨新中国思想史的论文》，探讨了鲁迅研究在德国的发展，指出"鲁迅初进入西方公众视野，就是这样一个激进的革命者形象，这构成了鲁迅早期接受的一个重要特征"[5]。

第六类则是研究者在对民国文献研究过程中对民国时期的毕业论文的简略阐述。例如《福建师范大学图书馆民国文献特色研究与分析》这篇硕士论文，在其第二章对所研究的毕业论文进行了分析，包括藏量、学科、历史价值及文献价值等[6]。

1.2　民国毕业论文的研究空间

民国时期毕业论文的研究还有较大的发展空间，主要表现在以下几个方面：

第一，以上研究往往倾向于资料的整理而非内容的探究。近几年的研究大多是对论文进行整理性研究，对民国时期毕业论文进行深入探究的并不多，其中比较有代表性的是党亭军的研究。

第二，由于此类资料存量少，研究范围并不广泛。一是民国时期很多毕业论文由于战乱纷飞或资料更迭，无法保存。二是对民国资料的整理是近几年才掀起的热潮，研究者大多都注重名家手迹手稿日记等相关资料的整理，对民国时期的毕业论文进行的研究并不多。

第三，注重探究其史料价值而忽视其现实意义。大多数对民国时期毕业论文研究的，落脚点一般是在其历史价值，对于现实或现今的影响提到的却并不多。深入发掘材料，探究其现实意义，才更能体现材料的价值。

2　整理与统计分析

2.1　整理方法

笔者经访湖南师范大学档案馆、湖南师范大学校史馆、湖南省档案馆、湖南省图书馆、湖南大学图书馆，均未发现新的国立师范学院时期的毕业论文。根据湖南师范大学图书馆馆史交接档案中的记录，国立师范学院并入湖南大学时，转接国立师范学院时期的毕业论文共182本。国立师范学院由蓝田立校，西迁溆浦，复员衡阳，后战火平息，1949年院系调整与湖南大学合并，1954又因院系调整而分出，几经辗转，资料遗失严重，最终保存在湖南师范大学图书馆的国立师范学院毕业论文仅为82本，甚为珍贵。

本文在统计过程中，除了对此批论文的写作时间、作者、指导老师、论文选题、分数、体例、评语进行记录外，还对师生的人生轨迹、学术研究发展进行了尽可能细致的追溯。

2.2　统计分析

2.2.1　时间跨度完整

湖南师范大学图书馆馆藏最早的论文为1938年入校生撰写，1943年交稿；最迟的论文为1945年入校生撰写，1949年交稿。国立师范学院于1938年建立，1949年并入湖南大学，毕业论文的交稿时间是这一历史的重要印证(见图1)。

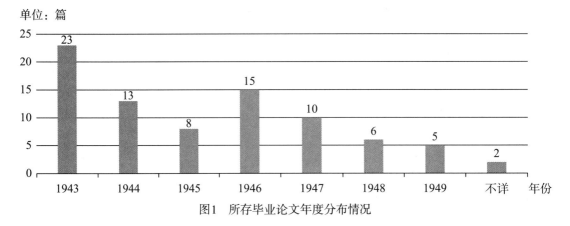

单位:篇

图1 所存毕业论文年度分布情况

值得注意的是,由于最初的学制为5年,此批毕业论文最早交稿时间为1943年,这一点在《辉煌苦难11年——中国第一所独立师范学院史》"国立师范学院学制5年(后为4年制)"[7]可作旁证。按毕业论文签署时间的变化情况来看,除1938年为5年制,其余年份入学的应为4年制。

2.2.2 学科较为完备

湖南师范大学图书馆所存国立师范学院毕业论文主要包括:国文系、教育系、史地系、英文系、理化系、公民训育系六大系别,其所包含的中国语言文学、教育学、历史学、地理学、外国语言文学、物理学、化学等基础学科,体现了师范特色。根据《辉煌苦难11年——中国第一所独立师范学院史》可知,"国立师范学院先后设置了7系4科3班"[8],此批论文缺少了数学系,4科3班也无毕业论文。国立师范学院所设7系所包含的学科,是湖南师范大学至今仍然一脉相承且在全国仍具影响力的基础学科。由此也可见,作为一所师范类大学,基础性学科的继承与发展尤为重要。82篇论文涉及院系分布情况如图2。

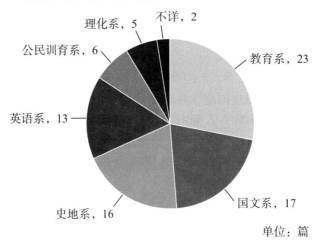

单位:篇

图2 论文的学科分布情况

由图2可知,教育系、国文系、史地系、英语系占比较大,也一直是湖南师范大学的优势学科所在院系。教育学、外国语言文学、中国语言文学等学科,仍入围"双一流"学科名单,其中,外国语言文学入选教育部"双一流"学科名单。在学科的继承与发展上,国立师范学院为现今的湖南师范大学"双一流"的创建打下了良好的基础。

2.3 外观形制

2.3.1 装帧风格统一

国立师范学院毕业论文开本大小为16K，除2本理化系采用铆钉装外，其他都是线装。装订线大部分都是在右侧，有2本英语系全英文论文是在上方。封面统一为黄色软皮，书写论文题目与姓名。稿纸大部分为25×24红格国立师范学院论文用纸，极少部分为蓝格，极个别英语系论文和理化系论文用白纸。

论文稿纸大致有两个来源：一种是国立师范学院员生供应社和国立师范学院青年服务社，第二种是蓝田公益印刷公司代印、西南印务馆代印的稿纸，第二种稿纸与第一种稿纸稍有不同。由上可以看出，稿纸大部分都是学校自主出品，同时也体现出了学校校址的更替变化。论文用纸大部分为手工纸，也有少数机制纸。

导师评语用纸各不相同，一部分评语是直接写在论文用稿纸上的，但很多是夹的便条。便条大致可以分为：白色便签、红栏A4纸、国立师范学院专用信笺、其他信笺。部分论文还保存了国立师范学院毕业论文纲要（审核表）（见图3）、学期积分簿等原始材料，详细反映了当时论文写作与上交的程序。

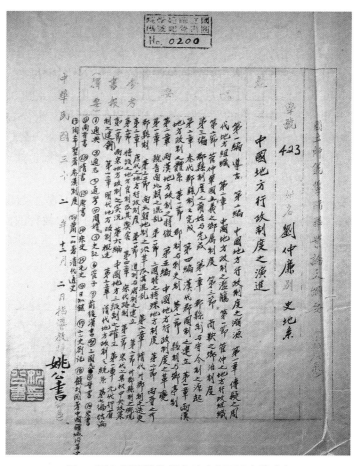

图3　国立师范学院毕业论文纲要（审核表）

2.3.2　格式统一，篇幅适中

国立师范学院的大部分毕业论文都可以分为标题、目录、正文、参考书报这几部分，与现行的论文要求大体类似。极个别论文缺少目录和参考书报，导师也会在评语中指出此种问题。例如史地系刘砥的《宋金外交史》，熊德基所给评语为"此文篇首虽列有参考书目，然文中各段落绝未注明出处。章末附注亦多未言见何书。间有列举书名处，如结论引洪迈《容斋笔记》，书名即误，或未见原书，以转引歧误耳。亦未载明卷数，凡此均与专题论文之体例微有不合"，可见民国时期的毕业论文，对于参考资料的引用也有严格的要求。古代的文章对于资料的使用、文献的转引是完全没有要求的，民国时期对参考资料的标引要求可以看作是现代论文书写格式的起源。

正文一般会分为三到六个章节，每一章下面还有小的分支。导师评阅论文，会有评语、分数、署名及日期，并且在署名上盖上自己的印章，印章风格各异。除了指导老师的印章，还有院长的印章，比如多篇非皮名举指导的论文上，也有皮名举的印章。由于当时学校变动频繁，老师也有所更替。李剑农原在国立师范学院教书，后调往武汉，则会有李剑农及后来代阅老师的印章，代阅老师一般也会注明"代"。从评语"原由唐长孺先生指导。后以唐先生避敌西行，无由寓目，皮名举先生因嘱为代阅"可见，当时由于战乱，代阅情况可能比较常见，这也从侧面反映了在战乱年代的办学艰辛。

国立师范学院对于论文的标点符号有一定的要求。国立师范学院毕业论文中，标点符号使用格式基本一致，只有极个别有所不同。大部分比较标准的是：所引人名用直线作标注，译名下用括号标记原名，书名用波浪线标注。引号用「　」、『　』；个别论文的标点符号使用也比较随意，如省略号的使用，有的是五个点，也有七个或者八个点；在引用外国人名译名后，有的附原名，有的不附；国文系、史地系论文有一部分则是无标点，仅用句读点断，具有浓厚的传统国学特色。另外，有一部分论文为标准的新式标点，与现行标点使用方法很为接近。由此可见，毕业论文的写作也是比较与时俱进的。同年度的论文相对规范完整，格式较为统一，反映了当时国立师范学院对教学和治学管理的重视。标点符号的不同使用，也体现了民国时期西学东渐的影响，标点符号的使用也是一个逐步完善、逐步统一的过程。

国立师范学院毕业论文页数平均数量为118页（约3万余字），基本与现今硕士毕业论文的字数相当。毕业论文中页数最多的是由龙学美撰写的《我国中学教育的回顾与前瞻》，多达384页，11万余字，已足可媲美博士论文，最少的是王廷芳撰写的《儿童对事物的定义之研究》，共28页，8000字左右，这种较为单薄的也比较少见。

2.3.3　风格多样，形式丰富

从文风上来说，国文系和史地系有一部分论文意在仿古，使用文言文来书写，极具功力；英文系、理化系则大部分是使用当时流行的白话文来写作。从版式上来看，竖排排版、毛笔小楷书写的方式居多，即使是英文系的翻译性论文，也是竖排，采用从右往左的阅读方式。而理化系的文章和英语系的纯英文论文，全部都是横排书写，使用的是横栏纸，从左至右阅读。另外，除了毛笔小楷，还有硬笔小楷、英文打印、手写花体英文等字体，形式丰富多样。还有一些论文有精美的封面（见图4）。

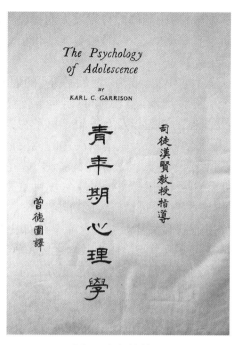

图4　论文的封面

3　选题内容及写作特点

国立师范学院毕业论文的选题大多是与教育相关的,其他基础学科的论文,有的是围绕教材,有的则是对学科进行整体研究。由于大部分老师都有留学背景,因此对于西方理论的吸收较多,论文的英语水平普遍较高;国文系大家云集,对于传统文学的发展与继承比较突出;名师大家手批的评语,是珍贵的文献资料和研究材料。整体来说,毕业论文体现出"中西荟萃,博采众长"的特点。现从以下几个方面分别说明。

3.1　基础学科强劲,极具师范特色

作为首所部属独立性师范院校,国立师范学院极其重视基础学科教育,建校之初的7系4科3班,基本覆盖了民国时期所有的基础教育;同时,教育学、心理学等师范类学科也是学校重点关注和培养的方向。这说明民国时期,教育不仅仅停留在知识的传输上,更重要的是要关注学生的心理健康与人格健全,教育学、心理学也更大程度地参与到教学活动当中。

以教育系论文为例,其中既有对西方教育理论的研究分析,如《卢骚对发展心理学之贡献的研究》《训育上惩罚问题之研究》《儿童对事物的定义之研究》《动机学说之研究》,也有对中国传统教育思想的探讨,如《孟子教育思想体系之探讨》《墨派之学说与教育思想》《蔡子民先生之教育思想》,更有许多论文是结合当时的历史事实,深入调查,运用先进的教育学知识,对中国教育体制的思考,如《我国中学课程史的研究》《我国中学教育的回顾与前瞻》《乡镇中心国民学校如何办理辅导工作与社会教育事业》《民主社会与女子教育》《清朝教育行政组织述略》《国民教育与文化中心》,还有一部分是对英文原著的翻译,如《青年期心理学》。这说明当时的师生并不是单纯接受西方理论,更多的是关注本土的教育状况,深入调查,利用先进理

论,结合传统教育思想与教学方法,对中国的教育发展方向提出了良好建议。对于本科论文,他们的研究并非浮于表面,而是有深刻的思考,且极具实践价值。而回到现如今的本科教育,论文质量与研究水平都值得反思。

特别是《民主社会与女子教育》一文,或为"两性平等"的倡导与研究的开端。论文从社会、女子本身和教育目的三个层面详细阐述了民国时期女子教育失败的原因,包括宗法社会的束缚、职业机会的封锁、托儿机制的缺乏以及女子较于男子在人格性情等方面的差异,从而指出社会中两性之间差异是由是否掌握教育机会所决定的,并强调了女性在民主社会建设中的价值。该论文所提供的推进性别平等教育最原初的依据,放在现今时代背景下,既可以为推进两性在工作机会、教育机会、社会分工等方面的平等提供重要的借鉴,也能对比体现出现今社会两性在教育与就业上的基本平等,可谓巨大的进步。

至于其他非教育类学科,也有很多关注教育的文章。例如史地系的《现行高中本国史教科书之评述》、国文系的《中学文言文教学与语体文教学之比较研究》《改良中学国文教学法之研究》、公民训育系的《中学导师制度研究》《新县制下地方教育之研究》等。这说明其他学科也十分重视师范教育,教学目的明确,极具师范特色。

3.2 学习西方教育理论,实施教育救国

国立师范学院的办校时期,正值日寇发动全面侵华战争,山河破碎,满目疮痍,首任院长廖世承在学院第一次纪念周与学生讲话中提到,如果师范教育能够培养坚强信念、高尚人格、实用知能、陶养才艺、亲民精神五种素质,那么就能"粉碎敌人的迷梦,重新建设起一个锦绣的河山"[9],他认为"教育方面最重要的,当然是师范教育。没有良好的师资,各级教育就不会走上正轨。"[10]国立师范学院作为民国政府教育部批准设立的,其师范教育是最重要的办学内容和特色。这些毕业论文积极介绍西方先进的教育理念和教学思想,关注教育制度和教育实践,试图通过教育改良以实现民族复兴。

3.2.1 积极传播西方先进的教育思想与观念

国立师范学院的毕业论文积极传播西方先进的教育思想与观念,十分重视实用主义教育学和西方现代的心理学,揭示了当时的青年学生对西方先进理论的接受过程。比如刘峰坤的《杜威教育思想评述》一文,详细介绍了杜威教育思想的背景和哲学观念,阐释了杜威对教育的定义和教育目的论,也论述了杜威对理想中的教材与教法的见解,以及当时学者对杜威教学思想的接受。在《动机学说之研究》这篇论文中,作者梳理了国外各种心理学派关于动机的研究,如以弗洛伊德为代表的心理分析学派、以托尔曼为代表的行为学派、巴甫洛夫的无制约反射说、桑代克的苦乐说等,他认为这些学说各有优劣,并且形成了自己的观点。在他看来,人类的行为动机是一个包含各种内在情志和外在环境因素的综合复杂体。李玛利的《卢骚对发展心理学之贡献的研究》对卢梭的教育思想做了系统阐释,根据现代发展心理学上的分期,将从婴儿到青年时期的教育分为三个时期,分别讨论卢梭的教育思想,认为卢梭在儿童教育方面能带来的积极启示,同时也存在一些缺点和偏见。这些毕业论文反映了当时学生对西方教育学和心理学的理解与解读,面对强势的西方文明,他们并不是全盘接受,而是保持清醒的头脑和理性的态度,取其精华、去其糟粕。

3.2.2 总结以往教育历史和制度的经验

国立师范学院的毕业论文对教育历史的研究,客观上形成了对以往教育历史和制度的总

结,为现今研究提供文献参考。如《清朝教育行政组织述略》,作者将清朝的教育分为两个时期:第一个时期是清朝建立初至光绪末年,在这一时期,教育的目的是为封建专制制度笼络人才,巩固清朝统治;第二个时期是光绪末年到清朝灭亡,统治者为了应变图强,开始学习西方现代教育,建立较为完备的教育组织结构,然而由于实施的时间过于短暂,没有取得相应的成效。因此,只有改革相应的教育组织制度,才能实现真正的教育目的。龙学美的《我国中学教育的回顾与前瞻》回顾了民国时期中学教育数十年来的历史,教育改革虽然频繁,但仍然存在很多问题,比如重抄袭模仿而忽略本国背景,注重形式而忽略实际的内容,注重细节而忽略全盘改造,作者认为根深蒂固的科举思想是重要的诱因,废了"老八股"又产生了"新八股",中学教育沦为点缀和工具,为此,中学教育应该充分吸取历史教训,慎用外国人的经验,内容与形式相符合,政策须有连环性。这篇论文分析透彻,对当时的中学教育问题可谓切中肯綮,很多论述在现在看来仍然具有启发意义,比如职业教育应该与产业发展相适应、教育改革应注重制度的连续性等,可以说其中探讨的部分问题及作者的结论对当前中学教育改革也有一定的参考意义。

3.2.3 积极进行教学理论实践

学习先进的教育理论的最终目的是解决现实的困境。如《乡镇中心国民学校如何办理辅导工作与社会教育事业》一文的作者认为,实现全体国民接受基础教育即国民教育,国民教育主要分为辅导工作和社会教育事业,虽然政府提出了很多政策,但一直都没有实现,作者提出可以通过乡镇中心学校来开展国民教育,完善的乡镇中心中学不能局限于儿童教育,应该扩展至成人教育、社会教育和教育辅导,承担起社会教育的责任,推动教育普及。又比如《改良中学国文教学法之研讨》,作者认为研究学习方法最重要的是要研究学习心理,从心理学的角度来看,中学生是身体发育速度最快的阶段,生理和心理都会发生急速的变化,因此教师应该关注学生的个别差异,因材施教。此外,一些论文的作者着眼于中学导师、训育惩戒、教科书等教育现实问题,提出了自己的观点和解决方法,不失为一种有益的探索。

3.3 教学互动频繁,师承关系鲜明

按照毕业论文的体制,每篇文章应该都有评分评语,但在文献中保留下来的并不算多。评语是教学过程的生动体现,也生动体现了名师大家的教学风采与教育水平。

可以确定的是,每个学生都有导师指导完成论文。国立师范学院建学期间名师云集,从毕业论文的指导老师可直接得到印证。比如语言文字学家杨树达、骆鸿凯,古文学家和教育家钱基博,还有雷敢、皮名举、王硕如、汪梧封、杨同芳、张文昌、谢扶雅、王越、孙邦正、程宗潮、郭一岑、胡昭圣、李剑农、刘熊祥、陆静孙、罗荣宗、马宗霍、阮乐真、阮雁鸣、司徒汉贤、唐长孺、汪西林、王士略、熊德基、姚师公、章元石、郑觉民、周骏章、朱有璕、朱有光等30位教师,都留下了珍贵的评语手稿。经过整理和辨别,湖南师范大学图书馆所藏国立师范毕业论文中有导师评分的有69篇,占总数的84%,有评语的有29篇,占总数的35%,这些评分和评语既凝聚了学生的学业成果也体现了导师的学术思想。

论文评分主要有四个特点,其一是百分制和等级制两种评分体制并行。等级制主要集中在民三三级(1943年毕业)的学生论文中,民三四级的论文中有两篇为等级制,其余为百分制。这就造成同一导师时而百分制时而用等级制,如史地系皮名举老师给学生杨忆慈(民三三级)和文元珏(民三四级)评分是及格,给学生贺恒信(民三六级)和李荣福(民三六级)

评分是70分。馆藏共有9篇论文使用等级制评分，评分为"及格"或者"合格"，比较特殊的还有英语系的周骏章老师给学生李文（民三三级）《想象之神秘研究》评为乙等，其余的馆藏论文评分都是百分制。百分制评分区分度合理，60分到70分的有13人，70分到80分的有27人，80分到90分的有20人，90分以上的有2人，分数主要集中在70分到80分，总体分数偏低，说明当时的国立师范学院的教师对学生要求严格，只有极少数人才能获得高分。

其二是论文点评用心，诚挚中肯。对于其中优秀的论文，导师也不乏溢美之词。如教育系龙学美同学的论文《我国中学教育的回顾与前瞻》获得了90分的高分，这篇论文根据大量的实证考察对当时的中学教育进行了详细分析，导师张文昌在评语中盛赞"为普通大学本科毕业论文中不可多得者"。对于学生论文中不足的地方，教师一般也是直言不讳，直指要害，程宗潮对张奎的《清朝教育行政组织述略》点评为："本片所述，尚未能将此时代之特点完全显示，不无遗憾耳。"从理化系刘俊枢《油脂之研究》的评语中可以窥见动荡时局中理化系教育培养设备的缺乏，导师陆静孙语"按化学论文最好以实验为根据，但此时设备艰难，只得以阅书替代，而书籍又复不多，故论文缺乏精彩，此篇不过表示研究之方法而已"。一部分评语也寄托了教师对学生的殷殷期待，如熊德基对史地系刘砥《宋金外交史》的评语为："至于修改补葺，俾竞前工，是所厚望于刘君此也"，姚公书评史地系周惠连《西汉重农抑商政策之探讨》："周君斯篇，颇能得其要旨。倘此后能再补充，加以阐发，则必有可观者焉！姚公书谨识。"

其三是互动频繁，师承关系鲜明。大多数学生的选题都与导师的研究方向相关。如钱基博评点杨自强《韩柳异同》："韩柳异同多据鄙说，而旁搜证佐，识议尚欠融贯，董理差有条目。"从一些评语中也可以看到论文写作的过程，王硕如评余世文《新县制下地方教育之研究》"本论文在硕如指导之下稿经数易"，可见学生推敲修改论文之过程与教师悉心指导之苦心。

其四是对学生认真负责。虽然存在代阅代评现象，但代阅认真，评述详细。由于战乱或其他因素，一些老师无法正常指导学生毕业，如史地系马志琳的论文《隋唐人口的分布与汉宋的比较》，论文封面指导教师一栏写的是唐长孺，内页标题旁有手书黑色小楷评语，评语旁边钤有熊德基朱印，印章下方有黑色"代"字样，说明是熊德基代替唐长孺评点；又如李剑农原在国立师范学院教书，后转武汉大学，原为李剑农指导的柳荣熙被分给了梁希杰。尽管属于代阅，导师仍然对毕业论文进行了非常详细的评述，条分缕析，逻辑谨严，例如柳荣熙的《青苗法》一文，梁希杰的评语相当详细认真，"'青苗法'论文评述：一、读史宜对于整个社会发展阶段与各时代的社会经济背景，先有认识，而后写论文，能从大处着眼，从小处落笔。何况本题与宋代社会经济的时代性更有密切关系，此点更为重要。但作者似只断章取义，殊有只见树木不见森林之偏。故全文有如策问体的论说式文字，殊乏精彩之见解。二、因此之故，其结论申述青苗法的症结，未对当时社会经济结构予以解剖，故虽历举传说思想与地域私见等等，皆似隔靴搔痒，未说出其所以然。三、在行文上因为系着意作文言文，许多造句遣词，殊为生硬。四、但作者用功甚勤，全文对于史料之编排整理，尚系谨严，楷书亦端正。五、本文评分陆拾伍分。梁希杰签注，卅五、四、四。"该评语对学生的论文进行了非常精准的指导，既指出论文的优点，也提出缺点。反思现今的本科论文，几乎没有写评语的制度，大多是按照框架给分，过程程序化，一个导师常常需要同时指导本科生、研究生、博士生，对于本科生的关注自然不多，更不用说这种长篇的评语了。

评语作为教学活动的直观反映，是对教学过程的生动再现，体现出国立师范学院时期导师对学生的认真负责，教学互动频繁，为今后教学人才的培养奠定了深厚基础。

3.4 留学教师居多，注重英文水平

国立师范学院时期的论文，十分注重英文水平，这一点其实在其他的相关民国毕业论文中也得到了印证，可算是民国时期毕业论文的一大共同特色。例如清华大学馆藏的民国时期毕业论文，"注重外语能力，利用外语文献"[11]；辽宁省图书馆所藏民国毕业论文的特点则有"西学东渐之风，论文亦有体现"[12]；四川大学图书馆所藏民国毕业论文也是"少部分以英文撰写的"[13]；福建师范大学图书馆所藏的民国毕业论文研究中也提到了"注重外语教学且要求严格"[14]。究其原因，应是清末民初的留学风气甚浓，当时的许多教师都是有留学背景的。而在饱受侵略的抗日战争时期，外国的先进文化与思想自然对中国的社会体制及教学产生了深远的影响。这里仅仅就国立师范学院的毕业论文的特点来进行讨论。

国立师范学院英文系大师云集，如钱钟书、沈同洽、徐燕谋、罗暟岚、刘重德、赵甄陶、张文庭、周定之、沙安之等。而其他院系之中，导师的英语水平也非常高，例如史地系研究世界史的皮名举，教育系研究心理学的司徒汉贤，基本都有海外留学的经历。

经笔者整理，此批保存的论文，可查导师共32位，其中3位为英文系教师，2位不详，1位确定有海外经历。非英文系的29位导师中，1位不详，14位有海外留学经历，留学率高达近50%。这说明，即使是非英文系，史地系、教育系等也有很多教师都是留学归来的。首先，留学美国的占了大多数。例如：皮名举（史地系）1927年去美国留学，专攻世界史，先进耶鲁大学，后进哈佛大学，获博士学位；汪西林（公民训育系）1931年赴美国留学，先后在美国纽约哥伦比亚大学攻读训育原理及教育哲学，并获美国麻省宾斯大学教育学的硕士学位；罗荣宗（公民训育系）为南加州大学1936年毕业的历史学博士；司徒汉贤（教育系）1937年毕业于美国密歇根大学教育研究院，获硕士学位；谢扶雅（公民训育系）青年时期先后留学于日本的高等师范学校、立教大学和美国的芝加哥大学、哈佛大学；张文昌（教育系）、朱有光（教育系）亦有留美经历[15]。其次，是留学英国、法国、德国的教师。例如：汪梧封（英文系）1929年毕业后考入法国巴黎索尔邦大学继续攻读西洋文学与戏剧；郭一岑（教育系）1922年赴德国留学，先后在柏林大学、蒂宾根大学攻读心理学，1928年获哲学博士学位；章元石（理化系）1927年到法国巴黎大学学习两年；朱有瓛（教育系）1937年到1939年，先后在英国伦敦大学研究院、法国巴黎大学文学院留学。最后，留学日本的也不少。例如：梁希杰（史地系）1937年从日本京都帝国大学毕业；雷敢（史地系）、李剑农（史地系）等曾留学日本早稻田大学。

这些名人教师的留学经历，对教学的影响是不言而喻的。同时，也对国立师范学院毕业论文的写作方式产生了很大的影响。

第一，全英文写作水平相当之高。湖南师范大学图书馆所藏全英文写作的论文共两篇，一为英文系何大基的"Wordsworth And Nature"，一为胡克勤与朱国桢合著的"A Study of English Gramma"，皆为汪梧封指导。何大基的"Wordsworth And Nature"，获得了所见英文系论文的最高分84分，可见水平之高。何大基毕业后担任印度驻华使馆外交文书笔译两年，先后在外交部驻印度、巴基斯坦使馆工作，从事外交翻译，编译撰写各种内部报道和调研报告。他在国立师范学院接受的高质量的英文教育，为他之后所取得的成绩奠定了坚实的基础。

第二，在多个专业，都出现将译著作为毕业论文的现象。例如，湖南师范大学图书馆藏英文系论文共13篇，其中全英文书写论文2篇，译著11篇，分数为65—84分不等。其他院系之中，也出现了不少译著，例如：教育系曾德围的《青年期心理学》为译著，司徒汉贤给其的评语

为:"原著文字艰深,不易移译,译者苦心节取,尚能存其精华,再事练习,不难达到坊间一般译作之水平。译卷之制图编目,尤见精细,至堪嘉许。成绩八十分。司徒汉贤,卅七年六月。"可见其翻译水平之高。再如文元珏的《诺尔曼征服前的英格兰》,为皮名举指导,其评语为"译笔尚佳,准予及格"。

第三,学生都有一定的英文文献阅读能力。在参考文献的引用中,大部分人都引用了外文文献,史地系的论文引用的外文文献中比较多的是日文文献,如桑原骘藏的《东洋史要》、木宫泰彦的《中日交通史》等,教育系、英文系、理化系的论文则引用英文文献比较多,例如:Merriam(麦理安)的专著 *The Making of Citizens*(《公民教育》)、Legouis(勒古伊)的专著 *History of English Literature*(《英国文学史》)、Woodman(伍德曼)的专著 *Food analysis*(《食品分析》)等,这不仅说明了当时的图书馆所藏英文文献丰富,更体现了当时学生的英文文献阅读能力之高。现湖南师范大学图书馆所藏的英文文献,有很大一部分为国立师范学院时期所购所藏,版本珍贵,文学价值高,极具收藏价值,阅读英文文献当然也是国立师范学院时期教学风格的体现。现在的湖南师范大学外国语学院仍为强院,"外国语言文学"学科为国家级重点学科,可以说是源远流长,文脉未断。

4 民国时期论文研究的价值与启示

1938年10月,国立师范学院成立,成为民国时期第一所部属独立师范性学院。曾在国立师范学院任教的廖世承、钱基博、钱钟书、皮名举、唐长孺、马宗霍、阮乐真、骆鸿凯、汪梧封、谢扶雅、陈传璋等,都是当时国内一流的人才,此批论文是他们教学思想、教育活动的印证。在国立师范学院毕业的学生,先后在全国各地从事教育工作,对湖南教育以及全国教育都产生了重要影响。国立师范学院的毕业论文,是这批毕业生教学思想及学术研究的发端,是民国时期师范类教育成果的直接体现,最具有代表性。

湖南师范大学图书馆所藏民国时期(1938—1949)毕业论文共82篇,时间跨度完整,基本为手稿。其中,既有对毕业论文规范的体现,如国立师范学院毕业论文纲要审核表,也有知名学生的著作及老师评语。如外交部工作者何大基、知名学者马宗霍等。因此,整理和研究国立师范学院时期的毕业论文,具有学术价值和现实意义。

4.1 学术价值

4.1.1 文献史料价值

第一,这批国立师范学院毕业论文是研究校史的重要材料,能还原国立师范学院教学风貌,订正校史档案。

毕业论文是师生学术交流的生动展现。前文所述"师承关系鲜明"正是这一特点的体现,这里不再赘述。而各个学科的各自特色,则是教学风貌的精彩再现。就其研究内容而言,国文系论文大多是承古,教育系、史地系则是承古纳新,英文系、理化系则吸收西学思想较为浓重。而各科论文都不离当时最新的研究成果,这些融合当时最新研究成果的部分才是其价值所在。国文系的论文大量吸收了清末民初时期的学者如王国维、顾炎武、章太炎等人的研究成果,融会贯通,以抒己见;教育系结合西方理论重新阐释老子、庄子、孔子、孟子、墨子等人的教育学思想,中西结合,给人带来新的学术体验,开启新的学术研究角度;史地系不仅关注中国古代史,也关注世界史,是开眼看世界的最好例证;英文系的论文,也并非全盘西化,部分翻译著作,采用文言文,典雅古朴……而史地、理化的跨学科研究,则又是现今跨学科研究的早期开端。

毕业论文是学生在读情况的有力证明,可以以此追溯学生师承;论文包含了学生姓名、专业、年级、导师、论文写作时间等详细信息,为订正校史档案的错讹提供依据,例如"曾德围"在校史档案中写作"曾德国","邓合珠"写作"郑合珠","龙学美"作"龙美学","周庆祎"作"周庆伟","宾石麟"作"杨石麟",许多形近讹误的字,在整理过程中,都根据毕业论文原件得到了更正。

湖南师范大学图书馆现存的国立师范学院论文多为手稿本,字迹工整,保存良好。许多论文图文并茂,形象生动,学科涵盖较为完整,且多为基础学科,如史地、教育、文学、英语、理化等,内容包括学术考证、田野调查、中国史研究、外文译作等,具有鲜明的时代特征,是珍贵的历史文献,具有一定的史料价值。其中对教育的研究反思以及论文本身所体现的教学特色,对现代学术研究及教育实践都具有一定的借鉴与启示作用。另外,在办学过程中,诸如国立师范学院公民训育系并入教育系这一类改革,在毕业论文的选题与历年论文所存系别中也有所体现。

第二,毕业论文是抗战中艰难办学的历史现实反映,毕业生去向反映当时的师范教育现实。

首先,毕业论文反映抗战中艰难办学的时代特色。如熊德基先生在1944年代阅《宋金外交史》时写道"宋金外交史一文,原由唐长孺先生指导。后以唐先生避敌西行,无由寓目,皮名举先生因嘱为代阅"可见局势之巨大变动,以及国立师范学院师生在动乱中仍然顽强治学之学术坚守;陆静孙先生评理化系论文云"按化学论文最好以实验为根据,但此时设备困难,只得以阅书替代,而书籍又复不多,故论文缺乏精彩"可见国立师范学院在1943年前后境况之艰辛。而数百毕业生的论文,仅存82篇毕业论文可做研究,战乱频繁无疑也是资料流失的重要原因之一。

其次,通过对国立师范学院毕业生的毕业去向及从业方向的调查,可以发现当时的师范类毕业生对湖南省及其他区域教育的影响。同时,也可以从中分析出师范教育从民国到现当代的发展脉络。

国立师范学院十分重视教育实习。1940年,为研究中等教育的问题、供给师范生参观与实习,院长廖世承呈请国民政府教育部,要求创立国立师范学院附属中学[16]。国立师范学院的附中、附小,对毕业生来说是重要的实习场所,新中国成立后也成为优秀的中学、小学,继续为湖南的教育事业做贡献,例如:国立师范学院初设地址,成为现今的娄底市涟源市第一中学;国立师范学院附属中学,则是衡东县第一中学的前身之一。这两所学校现今仍为湖南省级重点中学、湖南省示范性普通高级中学,涟源市第一中学更是在2012年被确定为湖南师范大学附属蓝田中学,实现了历史与现实的交汇。

在学生的毕业方向方面,大部分毕业生都是从事教育事业。如李荣福去云南大学任教,赵聚俊在衡山四中任教,黄忠钰毕业后就职广益中学,蒋绍诩毕业后就职于洞庭湖中学,陈代纬任道南中学党公政义民治教员,萧兰贞执教于湖南克强学院,曾宪荣为长沙市二十二中教导主任、特级教师,熊大瑛任湖南省立九中、女中、酉阳师范教员,萧兰瑞、文元珏、曹典礼等留国立师范学院史地系任教。在可查的人物资料中,从事教育行业的学生高达85%。他们中的大部分人,在新中国成立后依旧为祖国的教育事业发光发热,甚至成为行业先驱。由此可见,国立师范学院为当时的中国提供了诸多教育人才,为中国的百年教育事业奠定了稳固的根基,是民国时期师范教育的珍贵缩影。

第三,毕业论文留存民国时期实地调研的教育现实。

国立师范学院当时毕业的学生对全国或者湖南本地所做的教育调查与研究,为研究中国近现代的教育史提供了宝贵的原始材料。例如:在龙学美的《我国中学教育的回顾与前瞻》中,有"现行学校系统""六年制中学教学科目及每周各科教学实数总表""江苏省镇江师范学校实施教训合一制之组织系统图"等,在《青年期心理学》这篇论文中,更是有图表12张。教育类相关的论文中,很多都是对当时教育现实的描述,例如《民主社会与女子教育》《新县制下地方教育之研究》《中学导师制度研究》《改良中学国文教学法之研究》《乡镇中心国民学校如何办理辅导工作与社会教育事业》《我国中学课程史的研究》《现行高中本国史教科书之评述》等论文在对当时的教育体系、教学材料进行研究时,留下了宝贵的原始材料。现今对于民国时期教育的研究,大多停留于现存的法律法规、教材等,对于民国时期毕业论文的引用与研究非常之少,对民国时期毕业论文的发掘与研究还有更大的空间。

4.1.2 学术研究价值

第一,毕业论文反映了当时的教学水平与教学质量。毕业论文作为教学成果的直接呈现,反映了当时国立师范学院的教育特色与教学水平,也能反映民国时期师范类院校的办学宗旨、办学特点以及当时的学术发展状况。

在这些论文中,有多篇论文分数达到了90分及以上。如龙学美的论文《我国中学教育的回顾与前瞻》,就得到了张文昌先生的高度评价。张先生认为此篇论文"详考博引、分析详尽、眼光锐利、态度公正……为普通大学本科毕业论文中不可多得者"。此论文后发表在《中华教育界》1947年第1卷第10期,被多次引用,成为教育科研的重要参考文献;又如曾宪镕的论文《历史上所见西北诸宗族与中华民族》,得益于罗荣宗先生,论文最终得到"足称上选"的评价。罗先生不仅肯定了学生的论文,还详细说明了指导学生写作的过程:"为训练著者把握书着论文之技术与方法,每章稿成,详加批评,细心指导。无论材料之取舍与组织,少有不合,辄使重写",充分体现出当时学者严谨、踏实的治学态度。正是因为具有"各章之稿皆经数易,少则二三次,多有至四五次者"的精神,才最终形成经得起历史考验的佳作。

这些论文是国立师范学院学生学术兴趣的佐证,也是其学术思想的源头。论文作者中,不乏后来国内外知名学者,挖掘他们的早期论文,对研究其学术起点具有重要意义。

对于考察学科发展水平,国立师范学院的这些论文也具有独特的文献价值。就国立师范学院教育类学科而言,学生论文论述的内容包括:中等教育与建设配合问题、中学导师制度、民主社会与女子教育、中学生的心理卫生、英国中学训育等,充分体现出民国时期所推崇的教育与现实生产配合、提倡西方文教、重视民主平等重要思想。对于一直传承不息的国文系,现存国立师范学院民国时期毕业论文中也有许多珍贵的材料。例如萧治中的《孙毓毛诗异同评平义》,保留了珍贵的经学研究案例。孙毓作为著名经学家,其留存至今的材料非常少,民国时期对其所进行的研究则更难以查找。萧治中这篇文章,不仅是对经学研究的有力补充,更具有学科史价值。近几年来,对于孙毓的研究逐渐转热,对民国时期毕业论文中同类型研究的回溯,能够给现今的研究提供更多思考的空间。

第二,对国立师范学院论文的研究可以丰富对名家的研究内容。论文指导教师中,许多都是民族脊梁、学术巨擘,如历史学家熊德基、唐长孺等,教育家王越、章昭煌等,文学家钱基博、谢扶雅等。他们对学生论文的指导，反映出其研究方向与研究领域，导师评语中提到的这些治学方法，亦皆具有较高的学术借鉴意义。再次，论文评语中，多有名家未刊稿。如钱基博的文集中，并未收录他对学生论文的点评。这些未刊的指导论文与评语，是其学术生涯不可或缺的部分。

4.2 现实意义

4.2.1 完成对师范教育的溯源与传承

国立师范学院是民国时期第一所部属独立性师范学院，名师云集，成果丰硕，对近现代师范教育具有开创性的示范作用。湖南师范大学承其衣钵，不改师范教育本色。这批论文是国立师范学院时期教学风貌的重要体现，也是湖南师范大学师范教育的历史印证。

国立师范学院第一任院长廖世承是著名的教育家和心理学家，其独特而深刻的教育理念贯彻国立师范学院存续期间。以他为中心，国立师范学院的专家名师各自发挥专业所长，教授学生、指导论文。学生精心完成的论文以及老师的认真点评，是民国时期中国高等教育的重要史料。这不仅体现出当时国立师范学院师生的整体学术水平，也体现出许多先进的教育理念。这些教育理念贯穿湖南师范大学百年校史，至今仍具有借鉴意义。

张文昌先生师承廖世承，为湖南师范大学深厚的教育传统之奠基人之一。他终身践行其教育思想，在担任国立师范学院代理校长及湖南师范大学附中校长期间，全面促进青年身心发展，重视教育理论与实践。他给学生论文的点评亲切中肯，评价学生柳之棠的论文时提道："尤其在最后结论一章，检讨说明我国中学课程之不合教育目标、与社会生活脱节、不顾个别差异等点，更属合理。"评价学生龙学美说"慎用外人经验（一章二节）；形式之外须重内容与精神（第三章第四章）；重视教育问题的连环性与国家政策之配合等等，均为有组织之机体性创见，为普通大学本科毕业论文中不可多得者"，强调应重视精神教育、重视教育之历史连贯性与时代现实性。

诸如此类的论文，是对当时教育的深刻思考，体现出民国教育家关怀青年、注重因材施教、重视国内外教育史等核心思想。这些教育理念至今适用于当代青年教育，成为湖南师范大学以及湖南师范大学附中培养人才的重要思想依托。

4.2.2 指导当代大学生毕业论文写作

民国时期正是教育改革风起云涌的时期，师范教育作为当时一种新兴的教育，其管理模式具有重要借鉴意义。纵观民国时期的毕业论文，大多是手写稿本，装订精良，质量较高。字数较多的甚至有十万余字，不亚于现在的硕士甚至是博士毕业论文。民国时期的本科毕业论文，写作周期长，导师精心指导，有的甚至数易其稿。这既体现了当时学生的水平，另一方面也说明，当时的毕业论文管理制度对现今的本科毕业论文质量的提升、本科教育教学改革起着示范性作用。因此，对国立师范学院毕业论文进行相关研究，对当今本科教育具有指导意义。

第一，提升本科毕业论文质量。对这些毕业论文的选题方向、写作方法、研究方法以及评分标准的深入研究，可以总结出民国时期毕业论文的管理模式，发掘出民国时期名师的教学之道以及学生的研究之道，取其精华，反思当今大学生培养方式和论文写作问题，为今后发展提供借鉴。管理模式的研究对于本科毕业论文的水平的提升，特别是在本科毕业论文质量的提升方面，具有指导意义。

第二，提高教学管理水平。毕业论文反映了教学管理、教学水平以及教学质量。对国立师范学院毕业论文的整理,能够发现民国时期师范类院校的办学宗旨、办学特点以及当时的学术发展状况。结合现实状况分析其管理制度、总结其经验,可以给当今的师范教育提出可资借鉴的意见与建议。同时,这批国立师范学院毕业论文也是研究校史的重要材料。

第三,改善导师指导模式,探讨导师的指导模式对本科毕业论文质量的影响。国立师范学院论文中大多都附有导师手写评语,这些导师多为名家,通过研究他们的评语,也可以明晰导师的指导方式对学生论文水平及写作方向的影响。

第四,反思师范生的教育管理。通过对国立师范学院毕业生的毕业去向及从业方向的调查,可以发现当时的师范类毕业生对湖南省及其他区域教育的影响。同时,也可以从中分析出师范教育从民国到现当代的发展脉络,对于当今的师范生的实习也具有指导意义。

4.2.3 促进民国文献开发利用

国立师范学院所留存的这批民国论文全为手写,极少公开发表,入藏湖南师范大学图书馆后,由于历史原因,百年间鲜有借阅。对这些论文的开发利用,有助于各位后学一窥民国论文的风貌,也有利于与湖南师范大学图书馆其他档案与馆藏形成互补。

目前,除湖南师范大学图书馆外,清华大学图书馆、四川大学图书馆、国家图书馆等皆已着手开展相关民国文献的整理与研究。根据已公开的数据,民国论文库藏最多的是北京大学图书馆所藏燕京大学毕业论文,有2700册。另外厦门大学图书馆藏厦门大学民国论文1153篇,辽宁省图书馆藏东北大学图书馆民国论文512篇,皆具相当规模。

国立师范学院作为民国时期大学中不可忽视的重要组成部分,珍藏其中的民国时期论文文献无疑将成为全省乃至全国文献库的重要组成部分。随着微缩影印技术的发展和电子资源库的发展,学者们不仅能直观感受手稿本的魅力,还能挖掘印章等其他珍贵的文献资源,可进一步促进民国文献的开发,形成研究专题,推动图书馆事业、中国文化事业的发展。

参考文献

[1][11] 尹昕,蒋耘中,袁欣. 清华大学图书馆收藏的民国毕业论文的整理与研究[J]. 大学图书馆学报,2015(6):93-100.

[2] 李俊恒,苏程. 浅谈民国时期大学生毕业论文的史料价值——从吉林省图书馆馆藏"上海私立沪江大学毕业生论文"谈起[J]. 山东图书馆季刊,2008(1):78-79,88.

[3] 党亭军. 中国近代大学的本科毕业论文考试制度研究[J]. 考试研究,2015(2):19-24.

[4] 元青,戴磊. 民国时期留美生的中国哲学问题研究及其海外影响——基于留美生博士论文的考察[J]. 长白学刊,2017(3):148-156.

[5] 范劲. 鲁迅形象在德国的最初建构——以两部早期的鲁迅博士论文为例[J]. 社会科学,2013(5):176-184.

[6] 潘举涛. 福建师范大学图书馆民国文献特色研究与分析[D]. 福州:福建师范大学,2017.

[7] 吴勇前. 辉煌苦难11年——中国第一所独立师范学院史[M]. 长沙:湖南师范大学出版社,2017:66.

[8] 吴勇前. 辉煌苦难11年——中国第一所独立师范学院史[M]. 长沙:湖南师范大学出版社,2017:64.

[9][10] 廖世承. 师范教育与抗战建国:第一次纪念周与学生讲话[J]. 国立师范学院季刊,1939(1):51.

[12] 孙晶. 民国时期大学生毕业论文的整理与研究——以辽宁省图书馆为例[J]. 图书馆学刊,2014(6):38-41.

[13] 李咏梅,王飞朋,金彩虹. 民国时期毕业论文的整理及开发利用——以四川大学图书馆为例[J]. 四川图书馆学报,2020(3):7-12.

[14] 龙丹. 福建师范大学图书馆馆藏民国时期本科毕业论文英文手稿的统计分析[J]. 内蒙古科技与经济, 2017（23）:118-120,123.

[15] 元青. 民国时期留美生的中国文问题研究——以留美生博士论文为中心的考察[M]. 天津:南开大学出版社,2017（11）:320.

[16] 国立师范学院[EB/OL].[2022-03-16]. https://baike.baidu.com/item/国立师范学院/1540625?fr=aladdin.

中国年鉴发展的历史与现状

张丽丽　　张　　峰（国家图书馆典藏阅览部）

年鉴又名年刊、年报，是传播知识、提供情报和资料的工具书[1]。它是按年度出版的连续性出版物，主要汇辑的内容包括：国家重要决议和文件；政治、经济、文化、教育各方面的发展情况；统计资料；政府部门、人民团体、学术机构等的组织和工作进展以及国内外大事记等。年鉴是一种集数据、情报、资料为一体的高密度、多元化的信息载体，也是一种参考价值极高，能够满足读者多方面需求的全面而权威的文献形式，具有"资料权威、反映及时、连续出版、功能齐全"等特点[2]。年鉴可以提供时事动态信息、重要的法规文献及其线索、逐年可比的统计数据资料、实用的指南及便览性资料、综述及回溯性资料等[3]。年鉴可以帮助人们了解国内外发生的重大事件和时事动态，查找政策法规、行业动态、学科研究进展、人物生平、论文索引等资料信息，获取各部门、各行业、各学科发展中最为翔实准确的数据信息。

1　现代年鉴在中国发展的历史阶段

年鉴的编纂始于欧洲。我国现代形式的年鉴是伴随着近代帝国主义列强对中国的侵略、"西学东渐"而从外国传入的。参考牟国义先生的观点[4]，笔者把年鉴在中国的发展历史大致分为三个阶段。

1.1　第一阶段（19世纪40年代至1911年）：现代年鉴传入与萌发时期

目前所知，中国第一种年鉴是1846年在香港出版的《香港年鉴（1846）》（*Hongkong Almanack and Directory for 1846*）。香港租借给英国后，大量英国人来到香港，出于经商需要，出版此书。此书登载内容不但反映香港的概貌，还包括鸦片战争后，中国沿海通商各口岸的商行、华侨的简况。

据记载，《香港年鉴》自1846年至1849年曾连续出版了4年[5]，这也是真正意义上最早在中国出版的年鉴。

在清末时期，还没有出现中国人自编的年鉴，在中国出版的年鉴主要有两类：第一类是外国人与外国出版机构在中国出版的年鉴；第二类是中国人翻译出版的国外年鉴。

1.1.1　外国人与外国出版机构在中国出版的年鉴

除了出版于1846年的《香港年鉴》外，早期外国人与外国出版机构在中国出版的年鉴中，最重要的还包括《上海年鉴与商务指南（1852）》（*Shanghai Almanac for 1852, and Commercial Guide*）。它是由北华捷报社（1850年英国商人在上海创办）出版的第一本英文年鉴，也是上海历史上的第一本年鉴[6]。该系列年鉴现存1852年至1863年共10种（其中1859

年与1862年两年未见）[7]，对于开埠以后上海城市风貌的连续记载极具史料价值。上海书店出版社于2019年6月出版影印本《上海年鉴（1852）》。

此外，1864年《海关中外贸易统计年刊》是1949年前中国海关出版物七大系列中最重要的统计系列的主体部分[8]。1864年（清同治三年），时任海关总税务司的英国人罗伯特·赫德命海关总税务司署通令各关：将1863年贸易统计寄交江海关，由该关奉命承办出版事宜[9]。《海关中外贸易统计年刊》一直延续出版至1948年[10]，此"年刊系列"的出版持续了近84年，被称为中国现代年鉴的先驱之一[11]。在1912年以前，绝大部分海关出版物都用英文书名，民国建立以后开始采用"华英合璧"的形式，同时使用中文和英文双语出版[12]。

此外，创刊于1910年的英文年鉴《中国传教使团年鉴》（China Mission Yearbook）也是出版时间较长的年鉴，是每一年度中国基督教各地教会动态及各项事务的汇编，至1939年共出版21卷。国家图书馆出版社2013年影印出版的《中国基督教年鉴》（共24册）收录了该年鉴[13]。

1.1.2　中国人翻译出版的国外年鉴

1871年，由贾步纬翻译、江南制造局翻译馆刊印的《航海通书》，是最早中国人翻译出版的外国年鉴。该书编译自英国航海日历，主要包括经纬度列表，为航海者提供了天文导航的工具指南[14]。作为连续出版的年刊，《航海通书》自1871年起创刊，直至1913年停刊，共刊行43册。

1875年，以佛雷德里克·马丁编辑的1874年英国《政治家年鉴》（The Statesman's Yearbook）为底本，由美国传教士林乐知口译、郑昌棪笔述、江南制造局刊印的《列国岁计政要》，是我国近代编译出版的第一部综合性年鉴，并由此开启了近代西方综合性年鉴译介的先河[15]。

1909年，奉天提学司使卢靖命人编译了《新译世界统计年鉴》（译自日本统计局局长伊东佑毅明治1906年所编《世界统计年鉴》一书的"世界之部"）。《新译世界统计年鉴》由奉天图书馆发行，是我国翻译编辑出版的具有现代性质的第一部年鉴，在中国年鉴发展史上占有十分重要的地位。之后，卢靖又先后组织编译出版《最新世界统计年鉴》《世界教育统计年鉴》等，并为这些年鉴撰写序言，为中国年鉴事业早期的发展做出了突出的贡献。

1.2　第二阶段（1912年至1949年）：中国自编年鉴的始创期

民国时期是中国自编年鉴的始创期。随着中国出版业的繁荣和发展，在20世纪30年代，一大批热衷年鉴的编纂者推动了我国早期年鉴事业的发展，年鉴的编纂与出版也达到了一个小的高潮。相继有世界性年鉴、全国性年鉴、地方专科年鉴、统计性年鉴、地方综合性年鉴、学校年鉴等各类型年鉴创刊。据笔者统计，我国这一阶段创刊了191种年鉴，出版365次。另有以年刊为名出版的年鉴294种，717册。其中各类学校出版的年刊106种，370期，政府及专业团体出版的各类专业、部门年刊188种，346期。

目前所知第一部由中国人自己编纂的年鉴，是1912年左右由陈光甫编纂的《江苏年鉴》，但这部年鉴并未完稿出版。而国人编纂并出版的第一部年鉴，是出版于1913年和1914年的《世界年鉴》，这两本年鉴"十分之七的资料由编译而成，十分之三由直接调查而来"[16]。正如1913年的《世界年鉴》的绪言指出："国人囿于方内乏世界常识，而国体初更，法度未备，统计亦阙如也，是书经纬万端为吾国空前之作。"[17]

1916年，由江苏省教育会主办的《江苏省教育会年鉴》创刊，每年1卷，至1926年共出版了11卷,这是我国早期编辑出版而且连续性较长的一部地方专科年鉴。

1924年,由阮湘等编辑,商务印书馆出版的《中国年鉴》(第1回,32开本,2123页,300万字),是中国人自己编纂的第一部全国性的综合年鉴。该年鉴介绍了清末以来中国各方面的情况,由土地人口、政治军事、财政金融、交通水利、农工商业、教育宗教等六大类目及20年来中国大事记、附录(世界之部)组成。

20世纪30年代,随着中国出版事业的繁荣,出现了短暂的"年鉴热"。这一时期大约创刊了90种年鉴,约160次。其中:全国性年鉴36种,约79次,包括《中国电影年鉴》《中国文艺年鉴》《中国外交年鉴》《中国名人年鉴》《盐务年鉴》《铁道年鉴》《交通年鉴》《航业年鉴》《内政年鉴》等;世界性年鉴6种,包括《世界知识年鉴》《世界摄影年鉴》等。另外,这一时期还大量出版了地方性综合年鉴、专科年鉴、统计年鉴。

为了适应广大英文读者的需求,1935年商务印书馆在上海出版 *The Chinese Year Book* 1935—1936,该年鉴由桂中枢主编,蔡元培作序。这也是首次由中国人自己编纂出版的英文版《中国年鉴》,特约国内权威专家五十余人通力合作而成。标志着中国年鉴界在学习、借鉴西方年鉴的同时,开始走向世界。

抗日战争的全面爆发,造成大多数年鉴停刊。但年鉴事业并未完全停滞,仍有一部分年鉴人在极其艰苦的条件下编纂出版年鉴。这一时期共28种年鉴创刊(出版36次),如《国民政府年鉴》《中国金融年鉴》《戏剧年鉴》等。值得一提的是,1941年,成都启明电器公司编印的《启明年鉴(1940)》,是第一本企业性质的年鉴。

抗战胜利后,年鉴事业也逐渐走出低谷。抗战结束至1949年前,国内新创刊44种年鉴,约50次,续刊11次。

民国时期是中国自编年鉴的始创期。在这一时期,年鉴的出版主要有以下几个特点:第一,数量可观,类型基本齐全。第二,昙花一现,寿命普遍不长。据统计,这一时期,60%的年鉴只出版了一期,15.5%的年鉴出版了2次。第三,质量参差不齐。既有上乘佳作,也有滥竽充数者,有的虽冠名"年鉴",但体例和内容与年鉴相去甚远。第四,资料性强。以统计表格为中心的统计年鉴占有很大比例,尤其是西方统计理论和方法的引进、借鉴和运用。1932年民国各级政府纷纷成立了统计处室,陆续有一大批地方统计年鉴诞生,统计资料在国民经济发展过程中也是不可或缺的宝贵资料[18]。第五,年鉴编纂者多样化。既有政府部门,也有报社、报馆、学会、协会、学校等机构团体,个人主编的年鉴也不在少数,约占20%。

纵观民国时期国人自编的年鉴,虽然主观意愿各不相同,其服务对象和目的也千差万别,但都在客观上忠实记录了中国不同时期的社会经济特色和政治文化状况,具有丰富的史料价值和重要的学术价值。尽管受战争影响,时局多变,但这一时期,我国的年鉴事业已经在华夏大地落地生根。

1.3 第三阶段(1949年至今):新中国年鉴事业恢复、发展与繁荣时期

1949年,中华人民共和国成立。新中国成立之初,百废待兴,中国的年鉴事业也进入漫长的恢复时期。改革开放以后,随着中国出版业的繁荣,各地区、各行业建设发展的需要,中国的年鉴事业进入了快速发展时期。2006年,国务院正式颁布《地方志工作条例》,从行政法规的角度明确了地方综合年鉴是地方志事业的重要组成部分,从而推动了年鉴出版进入繁

荣时期。

1.3.1 新中国年鉴事业的恢复期（1949年至1978年）

1949年至"文化大革命"之前，新中国创刊了27种年鉴，1966年至1978年创刊的年鉴有33种。在这些年鉴中，多数种类是地方统计局内部编印的统计年鉴，少数专业年鉴基本上只出版一两期。虽然品种极少，但却诞生了几种重要的专业年鉴，如《中华人民共和国水文年鉴》《台风年鉴》等。

《中华人民共和国水文年鉴》于1958年创刊并出版1957年首卷，逐年编纂，1964年做过一次调整，调整后按照全国地域划分为10卷74册，直至20世纪80年代后期，由于受到信息技术和数据库技术的冲击，各卷册《中华人民共和国水文年鉴》相继停刊。鉴于该年鉴资料的重要性和用户需求的迫切性以及重要文献存档的必要性，2002年水利部决定逐步恢复全国各卷册《中华人民共和国水文年鉴》的刊印工作；2007年全面复刊，每年出版75分册。

《台风年鉴》创刊于1960年。在这一年，上海中心气象台和广州中心气象台联合编制出版了新中国成立后第一本热带气旋年鉴——《1957年台风年鉴》，此后断断续续出版了几年，1967年出版1962年卷后，此项工作暂停[19]。到了1972年，中央气象局又重新创刊了《台风年鉴》，同年补编出版了17卷，从1973年起每年编印1卷，从1989年卷起更名为《热带气旋年鉴》，至2019年卷共出版65卷。

除此之外，在20世纪70年代中后期，还有一系列气象专业年鉴出版，如《台风海浪与增水年鉴》《内蒙古自治区灾害性天气年鉴（寒潮）》《贵州省地面气象年鉴》《云南省地面气象年鉴》《湖北省地面气象年鉴》等。

总体而言，1949年中华人民共和国成立至1978年的30年间，我国出版的年鉴种类很少。"文化大革命"期间，除了《中华人民共和国水文年鉴》《台风年鉴》等几种专业年鉴和翻译年鉴出版外，其余年鉴基本处于停滞阶段，甚至大多数统计局系统的统计资料（年鉴）也中断编印，直至20世纪70年代末期一些统计局系统的统计资料（年鉴）才逐渐恢复编印。地方综合性年鉴和大多数专业年鉴还基本处于空白期。

1.3.2 新中国年鉴事业发展期（1979年至2005年）

党的十一届三中全会揭开了党和国家历史的新篇章。1979年11月26日，邓小平同志在接见美国不列颠百科全书出版公司编委会副主席时，对陪同接见的中国大百科全书出版社第一任总编辑姜椿芳说，编辑出版年鉴，很有必要，这是国家的需要，"四化"建设的需要[20]。国务院和中共中央宣传部对年鉴的出版，给予充分的支持并提供了方便条件。1980年，中国大百科全书出版社出版了我国第一部百科年鉴[21]。从此，我国年鉴事业开始步入正轨，各种年鉴如雨后春笋般不断涌现。

1980年至1989年10年间新创刊的各类年鉴及各地统计局复刊的统计年鉴达1100种，创刊种类逐年增加，最多的一年是1987年，创刊年鉴超过了200种。其中：1980年，《世界经济年鉴》《中国历史学年鉴》《自然杂志年鉴》《中国百科年鉴》《中国出版年鉴》等31种专业年鉴、统计年鉴率先创刊；1981年《中华人民共和国年鉴》《中国哲学年鉴》《中国经济年鉴》《中国农业年鉴》《中国戏剧年鉴》等28种年鉴相继创刊；1982年《中国包装年鉴》《中国建筑材料工业年鉴》《中国新闻年鉴》《中国文学年鉴》《中国文艺年鉴》《中国电影年鉴》《中国印刷年鉴》等31种年鉴创刊；1983年首次有地方综合性年鉴创刊，比如《苏州年鉴》《台州年鉴》《广州经济年鉴》《黑龙江省经济年鉴》《辽宁经济统计年鉴》等。一度中断的《中国体育年鉴》《世界知识年鉴》分别于1981年、1982年复刊。

20世纪90年代,随着我国改革开放和经济的飞速发展,年鉴事业呈现了持续稳定健康的发展态势。1990年至1999年10年间新创刊的年鉴达2400余种,在即将跨世纪的1999年,322种年鉴新创刊,其中地方综合性年鉴创刊145种,达到这一时期的最高峰。至20世纪末,年鉴出版种类达到3600余种。而2000年至2005年新创刊的年鉴也达到了1778种。

这一时期我国年鉴事业的发展离不开中国年鉴研究会的引领。它对提高年鉴编校质量,促进年鉴事业健康发展发挥了积极的作用。

中国年鉴研究会的前身是年鉴研究中心,最早成立于1985年9月。1989年,经中华人民共和国文化部认证批准,正式成立"全国年鉴研究中心"。1991年经新闻出版署批准,该中心更名为"中国年鉴研究会"。中国年鉴研究会陆续设立地方年鉴工作委员会、中央级年鉴工作委员会、全国铁路年鉴工作委员会、全国地方年鉴协作会、企业年鉴工作部等,各省相继成立省级年鉴学会,下设市地年鉴、县级年鉴、企业、专业年鉴委员会。

中国年鉴研究会具体的工作包括以下几点:

(1)创办年鉴研究的专业性期刊。1986年,中国年鉴研究会将原《中国百科年鉴》编辑部编印的内部刊物《年鉴通讯》作为会刊,1991年更名为《年鉴工作与研究》,1995年1月经新闻出版署批准,《年鉴工作与研究》更名为《年鉴信息与研究》,由新闻出版署主管、中国年鉴研究会主办,是我国年鉴界当时唯一公开发行的正式期刊。

(2)建立系统的年鉴学研究体系。在中国年鉴研究会的努力下,年鉴学的研究工作逐渐繁荣,初步形成了以年鉴学基本理论、年鉴发展史、比较年鉴学、年鉴编纂工艺学、专门年鉴学、应用年鉴学为基本框架的年鉴学研究体系。一些研究方向如比较年鉴学,是这一时期提出的。年鉴学是研究世界不同地区、不同年代、不同类型的年鉴发展的共同规律和个别特点的学问。学习和借鉴国外年鉴成功的经验,弃短扬长,有助于提升我国年鉴的编纂质量和社会效益,促进我国年鉴事业的繁荣发展。

(3)组织年鉴编纂年会与学术研讨会。1990年,中国年鉴研究会和地方年鉴协作会在黑龙江哈尔滨召开首届全国年鉴学术研讨会,之后每年组织一次。从建会到2005年的20年间,中国年鉴研究会共组织了10次全国年鉴学术年会,7次全国省、市、州、县(区)年鉴研讨会,15次全国城市年鉴研讨会,13次华东地区年鉴研讨会,8次全国省级年鉴研讨会,6期年鉴编校质量专题研讨班等。而各级年鉴学会组织的年鉴编纂研讨、交流、培训班不计其数。

(4)举办专业年鉴展览。1993年,中国年鉴研究会和北京图书馆(今中国国家图书馆)在北京联合举办"全国首届年鉴展览",这是我国第一次举办大规模面向全社会的年鉴宣传活动。时任人大常委会副委员长雷洁琼、全国政协副主席钱伟长等出席了开幕式。年鉴展览1个月期间,共接待社会各界读者和部分外国观众2000多人,向读者散发各类年鉴宣传材料几千份,扩大了年鉴的影响力。

(5)开展年鉴评奖活动。截至2005年,中国年鉴研究会举办3次全国年鉴编纂出版质量评奖、3次全国年鉴学术论著评奖、3次中央级年鉴编纂出版质量评奖活动、3次全国地方年鉴评奖。中国年鉴研究会还协助各省进行了省内优秀年鉴评奖。

(6)建立中国年鉴网。2002年2月,由中国年鉴研究会主办的中国年鉴网正式全面开通。这是中国年鉴界的基本信息平台和门户网站。该网设9个栏目,负责发布中国年鉴研究会所主办的活动及与年鉴有关的信息,中国年鉴网还能链接到大部分已建立的地方和专科年鉴网站[22]。

1.3.3 新中国年鉴事业繁荣期(2006年至今)

进入21世纪,年鉴的出版热情依然高涨,除了各级政府部门的综合性年鉴、统计年鉴外,全国和地方的各个专业、行业、部门、企业、学校相继出版年鉴。

2006年5月,国务院正式颁布《地方志工作条例》,把地方志事业纳入法制化轨道。同时,明确提出地方志"包括地方志书、地方综合年鉴"[23],从行政法规的角度明确了地方综合年鉴是地方志事业的重要组成部分,这是国家高度重视地方综合年鉴工作的具体体现。

这一时期,各地年鉴事业进入快速发展阶段,很多地方综合性年鉴在20世纪80年代末期、90年代初期只出版了几期后,就由于经费、编修第一轮地方志造成人力不足等诸多原因而停刊,在2006年之后陆续复刊。其中,2006年新创刊的年鉴达到五百余种。2010年至2019年,新创刊的年鉴达3612种,其中地方综合性年鉴创刊1344种,尤其是很多专业年鉴填补了本学科的空白。同时,很多省市的县(区)一级年鉴实现全覆盖。西部偏远地区经济发展落后于东部地区,年鉴编纂起步较晚。随着我国地方志和年鉴事业的发展,近几年我国在人力物力等方面加大投入力度,新的地方综合性年鉴不断创刊,逐步填补本地区年鉴的出版空白。

2 新中国年鉴出版的主要特点

2.1 出版数量庞大,类目齐全

据笔者统计,截至2020年底,我国年鉴出版种类已达11563种。按照创刊年代分类参见表1。

表1 新中国年鉴创刊时间分布

时间	创刊种数/种	时间	创刊种数/种
1950—1959年	19	1990—1999年	2386
1960—1969年	8	2000—2009年	3810
1970—1979年	48	2010—2019年	3569
1980—1989年	1102	2020年	246

注:此表统计的年鉴种类共11188种,有375种创刊年不详的年鉴未被列入。

按照《中国图书馆分类法》分类,可以直观地看到年鉴在各学科的分布情况,参见表2。其中,综合性图书3318种(其中以地方综合年鉴为主),占总数的28.7%;经济类年鉴2895种,占总数的25.0%;社会科学总论(以地方统计年鉴为主)2113种,其中地方统计年鉴1964种,占总数的17.0%;文化、科学、教育、体育方面的年鉴1220种,占总量的10.6%;艺术类237种,占总数的2.1%;医药、卫生292种,占总数2.5%。

表2 按照《中国图书馆分类法》分类的年鉴分布情况

五大部类	22个基本大类		种数/种	五大部类	22个基本大类		种数/种
马列主义、毛泽东思想	A	马克思主义、列宁主义、毛泽东思想、邓小平理论	2	自然科学	N	自然科学总论	5
哲学	B	哲学、宗教	20		O	数理科学和化学	4
社会科学	C	社会科学总论	2113		P	天文学、地球科学	89
	D	政治、法律	771		Q	生物科学	9
	E	军事	20		R	医药、卫生	292
	F	经济	2895		S	农业科学	30
	G	文化、科学、教育、体育	1220		T	工业技术	264
	H	语言、文字	5		U	交通运输	33
	I	文学	82		V	航空、航天	4
	J	艺术	237		X	环境科学、劳动保护科学（安全科学）	64
	K	历史、地理	86	综合性图书	Z	综合性图书	3318

按照年鉴学分类体系的划分，参见表3。目前地方综合性年鉴出版量居首位，基本实现全国省、市、县年鉴全覆盖，镇、街道一级年鉴出版了74种，以广东省居多。95%的地方综合性年鉴已经采用国家标准书刊号由正规出版社出版，89%的中央一级的年鉴由出版社出版；地方专科年鉴（包括专业、行业、部门等年鉴）出版量达2574种，只有44%为正式出版物；地方统计年鉴、地方专科统计年鉴、学校、一些企事业部门出版的年鉴中，内部刊物占比较大。目前采用连续出版物刊号（ISSN、CN）出版的年鉴仅有144种。

表3 按编纂形式、内容划分的年鉴分布情况

年鉴分类	正式出版物/种	非正式出版物/种	合计/种	正式出版物所占比例/%
全国性综合年鉴	6	0	6	100.0
全国性专科年鉴	1017	226	1243	81.8
全国性专科统计年鉴	79	17	96	82.3
地方综合性年鉴	3180	162	3342	95.15
地方统计年鉴	212	1752	1964	10.8
地方专科统计年鉴	160	607	767	20.9
地方专科年鉴	1135	1439	2574	44.1
企业年鉴	287	544	831	34.5
学校年鉴	204	409	613	33.3
国际性年鉴	104	23	127	81.9
合计	6384	5179	11563	55.2

2.2 学术年鉴、行业年鉴的出版逐渐系列化

由中国机械工业联合会主管、机械工业信息研究院主办、机械工业出版社出版的《中国机械工业年鉴》创刊于1984年，这是一部反映中国机械工业及其各行业、各地区的发展情况和所取得的成绩的大型资料性工具书。从1998年开始，"中国机械工业年鉴"系列逐步形成，目前已达16种。除《中国机械工业年鉴》外，机械工业出版社还出版了《中国工程机械工业年鉴》《中国机床工具工业年鉴》《中国通用机械工业年鉴》《中国机械通用零部件工业年鉴》《中国重型机械工业年鉴》等。

2008年创刊的《中国基础教育年鉴》，设置了语文、数学、英语、政治、历史、地理、物理、化学、生物、音乐、美术、体育与健康、信息技术、通用技术和学前教育分卷。主要内容包含专家视野、摘要、政策文件、概况与摘要、学科动态、研究机构、学术团体、名校名师、大事记、著作及论文索引等。该年鉴弥补了中国基础教育各学科一直以来没有年鉴的空白。

在中国社会科学院创新工程的支持下，中国社会科学院创办了"中国社会科学年鉴系列"。从2013年起，相关学科年鉴逐步被纳入"中国社会科学年鉴系列"，由中国社会科学出版社统一出版，封面左上方标注"中国社会科学年鉴"。截至2020年，该系列年鉴已出版30种，包括《东西方哲学年鉴》《全国社会科学院年鉴》《世界经济年鉴》《中国边疆学年鉴》《中国地方志年鉴》《中国非洲研究年鉴》《中国管理学年鉴》《中国经济学年鉴》《中国产业经济学年鉴》等。这些年鉴的创刊，填补了一些领域没有年鉴的空白。例如：2021年出版的《中国产业经济学年鉴》，系统地反映学科发展动态以及国内产业经济学研究进展，填补了该领域的空白。从当今世界出版业来看，我国是第一个出版系列哲学社会科学学术年鉴的国家，中国社会科学出版社也是出版学术年鉴品种最多的出版社[24]。

2.3 年鉴学的创立与年鉴研究的繁荣，对年鉴编纂产生了积极的指导作用

年鉴学是以年鉴和年鉴事业为对象进行全面系统研究的学问。关于年鉴及年鉴学理论的研究是伴随着年鉴事业的发展而出现的。新中国的年鉴理论研究起始于20世纪80年代，随着理论研究的不断深入，年鉴学将逐步走向成熟。从某种意义上说，年鉴的繁荣是社会繁荣的标志，年鉴编纂和出版的种类、质量和速度，是一个国家出版水平的标志之一[25]。

笔者利用中国期刊全文数据库（清华同方知网），用"年鉴"篇名检索到最早的一篇是1957年的。虽然1949年至1979年的相关文章只有11篇，但在20世纪80年代以后，年鉴研究迅速繁荣了起来。其中，1980年至1990年，检索出395篇；1991年至2000年，检索出1681篇；2001年至2010年，检索出2899篇；2011年至2018年，检索出1976篇。这些文章可以归纳为如下几方面：年鉴创刊及出版信息、年鉴体系完善、年鉴编纂理论研究、年鉴编纂创新、年鉴的收藏与利用、年鉴书评、年鉴的发展趋势、国外年鉴研究等。

中国年鉴研究会前会长尚丁提出"从实际出发，解放思想，在探索中走出一条具有中国特色、有时代特征的中国年鉴之路"。前会长许家康提出"要举整个年鉴界之力，联合有志于年鉴学研究的专家学者，通过科研攻关和协作，陆续推出一批年鉴新著，逐渐形成年鉴学的学科体系"。20世纪80年代初至20世纪末最后20年是年鉴界铸造的第一次辉煌，经过年鉴界的努力，铸造出具有中国特色的年鉴及年鉴学，标志着中国年鉴在21世纪铸造第二次辉煌[26]。

3 目前我国年鉴编辑出版工作中存在的一些问题

我国年鉴的出版事业经历了一百多年的历史。新中国成立以来,我国年鉴发展经历了恢复、发展与繁荣时期。总的来说,目前年鉴的出版处在一个百花齐放的繁荣阶段,但仍然存在一些制约年鉴出版与发展的问题。正如孙关龙先生在第十一次中国年鉴学术年会上的主题报告中指出的那样:中国年鉴当前的研究状况不容乐观。笔者认为,目前我国年鉴编辑出版工作主要存在以下三个问题:

3.1 内部刊物占比较大,有些年鉴的连续性不强

随着我国社会、经济、文化各方面的发展,我国年鉴出版种类和数量激增。但是,年鉴的出版发行形式多样化,很多由编辑部、统计局等内部出版发行的年鉴印数较少,从50册至500册不等,而且内部刊物不受呈缴制度的约束,也不容易获得出版信息,有些年鉴仅限于内部交流,不方便使用。还有很多年鉴虽然是正式出版物,每一年卷的出版社不固定,经常变换出版社,或者在正式出版物和非正式出版物之间反复变化。还有一些年鉴创刊卷为正式出版物,之后改为内部出版。行政区划的调整以及机构的合并与重组,使年鉴的题名相应发生更改等,这些情况给全国各个图书馆采访工作带来很大困难,容易造成采访链断裂,年鉴入藏的连续性和完整性难以保证,造成卷(期)断档现象,读者也无法获取到完整、连续性的年鉴资料。

3.2 编纂质量参差不齐

从具体内容而言,我国年鉴的编纂工作仍然存在质量参差不齐的情况。有些编辑部门对年鉴的性质、特点、栏目设置、编纂规范等认识不清,编纂质量较差。

其中,最突出的问题是年鉴索引的编制。在出版的11558种年鉴中,只有1908种编制了索引,占总数的16.5%。其中地方综合性年鉴约1460种有索引,但索引质量堪忧,索引率不高。有的仅仅把目录用汉语拼音排序充作索引,并没有做到对年鉴内容做主题分析索引。地方专科年鉴有161种编制了索引,企业年鉴有105种编制了索引。

3.3 年鉴学研究有待进一步加强

目前,年鉴研究在国内仍然属于小众研究。虽然年鉴学研究的初步框架已经形成,但整体研究依然比较薄弱,研究的内容主要偏重于年鉴的编撰体例、栏目框架设置等,深入的理论研究较少。以年鉴学中的重要分支"年鉴比较学"为例,目前国内尚无年鉴比较学的专门著作,而专门研究的论文也仅有20余篇,相关研究仍需进一步加强。与此同时,中国年鉴研究会主办的《年鉴信息与研究》于2009年停刊,这对于年鉴研究也是不小的损失。总的来说,年鉴学的研究还任重道远。

参考文献

[1] 戚志芬.参考工作与参考工具书[M].北京:书目文献出版社,1988:254.

[2] 肖东发,邵荣霞.实用年鉴学[M].北京:中央文献出版社,2000:9,242-243.

[3] 肖东发.年鉴学[M].北京:方志出版社,2014:79-83.

[4] 牟国义. 中国年鉴事业发展的回顾与总结[R]//中国年鉴发展报告2017. 北京:方志出版社,2017:6-7.

[5][7] 周振鹤.《上海年鉴(1854)》解题[J]. 上海地方志,2016(2):33-39.

[6] 周育民.《1852年上海年鉴》编译说明[J]. 上海地方志,2019(1):49-52.

[8][9] 孙修福. 中国近代海关史大事记[M]. 北京:中国海关出版社,2005:29.

[10] 茅家琦,黄胜强,马振犊. 中国旧海关史料:1859—1948[M]. 北京:京华出版社,2001:Ⅳ.

[11] 肖东发. 年鉴学[M]. 北京:方志出版社,2014:47-48.

[12] 吴松弟,方书生. 中国旧海关出版物的书名、内容和流变考证:统计丛书之年刊系统[J]. 上海海关学院学报,2013(1):1-17.

[13] 沈弘. 中国基督教年鉴[M]. 北京:国家图书馆出版社,2012.

[14] 赵莉. 江南制造局翻译馆与西方航海书籍的译介[J]. 航海,2017(4):31-32.

[15] 牟国义,沈萌澈.《列国岁计政要》与近代西方年鉴译介[J]. 中国年鉴研究,2019(3):29-42.

[16][17] 神州编译社编辑部. 民国二年世界年鉴[M]. 上海:神州编译社,1913:绪言.

[18] 肖东发. 年鉴学[M]. 北京:方志出版社,2014:52-53.

[19] 中国热带气旋资料工作简史[EB/OL]. [2022-04-14]. http://tcdata.typhoon.org.cn.

[20][21][22] 中国年鉴网. 中国年鉴事业发展大事记(1979—2010)[EB/OL]. [2022-04-14]. http://www.yearbook.cn/?p=12.

[23] 中国年鉴出版条例[EB/OL]. [2022-04-14]. http://www.gov.cn/zhengce/2020-12/27/content5573527.htm.

[24] 学术年鉴助力"三大体系"建设[EB/OL]. [2022-04-14]. http://www.cssn.cn/zx/201911/t20191122_5046765.shtml.

[25] 戚志芬. 参考工作与参考工具书[M]. 北京:书目文献出版社,1988:258.

[26] 孙关龙. 铸造具有中国特色的年鉴及其年鉴学——在第十一次中国年鉴学术年会上的主题报告[J]. 年鉴信息与研究,2009(5):49-53.

我国公共图书馆健康信息服务高质量发展探索*

廖花林（湖南图书馆）

　　"健康中国"战略是一项旨在全面提高全民健康水平的国家战略[1]，从"健康中国2020"到"健康中国2030"，"健康中国"战略从卫生系统重要举措上升为国家战略，健康在我国受到高度重视，国家出台了一系列的方针政策及实施方案，以促进我国健康事业的发展和人民健康水平的提高。随着国家的重视，人民生活条件的日益改善，小康生活的逐步实现，公众的健康意识及健康素养逐步提升，健康信息需求日益增强，对健康信息服务的要求日趋提高。

　　调查显示，除医疗机构、政府部门外，公众期望公共图书馆提供健康信息服务[2]。专家学者也希望公共图书馆将健康信息服务作为新的业务增长点，柯平提出公共图书馆应当将健康服务作为未来工作重点[3]，周晓英分析了公共图书馆开展健康信息服务的必要性和合理性[4]，崔庆林认为公共图书馆在健康信息素养教育方面大有可为[5]。但研究发现，公众虽然认为公共图书馆是可信任的健康信息来源，但并不是他们获取健康信息的优先选择[6]，且他们对公共图书馆的健康信息服务知之甚少[7]。在当前的大健康趋势下，公共图书馆要提供令用户满意和认可的健康信息服务，从理论层面看，健康信息服务相关理论、公共图书馆与健康信息服务的关系、公共图书馆健康信息服务发展现状值得理清，公共图书馆如何提供高质量健康信息服务值得探索。

1　健康信息服务概述

1.1　健康信息服务概念

　　健康泛指身体没有疾病或虚弱，心理积极完好，且具有适应社会改变的能力[8]。它是一种重要的社会资源，是民族昌盛、国家富强、人民幸福安康的基础。健康服务是指以维护和促进患者、亚健康群体、健康群体身心健康为目标的服务，包括健康诊疗服务、健康管理服务、健康支撑服务和健康信息服务，前三者偏向商业行为，而健康信息服务则更多的与社会事业相关。健康信息服务是指主体利用现代技术，通过一定的方式向公众提供有关健康状况和卫生保健服务的信息，以满足用户健康信息需求并辅助用户做出健康决策。

---

　　* 本文为湖南图书馆馆内项目"公共图书馆健康信息服务高质量发展研究"（项目编号：XTX202101）的成果。

1.2 健康信息服务方式

健康信息服务方式类型多样,形式丰富。从服务内容上来说,健康信息服务包括信息查询与获取、信息咨询、信息素养教育、信息宣传推荐、信息技术支持等。按照信息服务主体是否与用户面对面接触,可以分为线上服务和线下服务,随着移动互联网的飞速发展,线上服务越来越普遍,公众也越来越习惯和依赖线上健康信息服务。根据信息主体是否为服务的主导方,可以分为主动服务与被动服务,比如健康信息宣传与推荐、健康信息培训一般属于前者,而健康信息咨询则属于后者。目前,我国公众的健康信息需求从单一的治病型刚性需求,向保健、预防等非刚性需求转变,信息机构提供的健康信息服务内容与方式也应相应进行调整,为公众提供多元、多样、多方式的健康信息服务。

1.3 健康信息服务主体

随着健康重要性的凸显,健康信息服务主体呈现多元化的趋势,包括三甲医院、社区医院、药店、医学图书馆、国家卫健委、公共图书馆、医学图书馆、高校图书馆等。有学者将其概括为医疗机构、政府部门、图书馆和商业机构四大类[9]。邱金平等将健康信息服务主体归纳为图书馆、政府机构、医学与公共卫生研究机构、企业和其他一些非营利组织、个人五大类[10],不同类型的健康信息服务主体由于目标人群、业务职能、信息资源特点的不同,健康信息服务的重点也各不相同,服务的广度和深度也存在差异。我国目前常见的健康信息服务主体如表1所示。公共图书馆相较其他信息服务主体,具有辐射范围广、信息资源全、服务内容丰富等特点,可以弥补其他主体在健康信息服务方面的不足。

表1 常见的健康信息服务主体对比

健康信息服务主体	目标人群	主要职能	提供信息资源特点	服务方式
医院	病人	治病救人	专深、权威,存在信息壁垒	信息咨询、交流
药店	顾客	药品销售	与药品相关,浅显	广告媒体宣传、POP信息宣传等
医学图书馆	医学生或教职工	提供信息服务	专深、权威,适合专业人士	健康信息查询与获取
国家卫健委	公众	监督指导、公开信息	权威,具有时效性	健康信息公开报告、宣传
公共图书馆	公众	提供信息服务	全面,权威,有效,通俗易懂	信息查询与获取、信息咨询、信息素养教育、信息宣传推荐等
个人	家人朋友	非正式沟通	片面、不专业,以亲身经历或道听途说信息为主	信息交流、咨询

2 公共图书馆提供健康信息服务的优势与重要性

2.1 公共图书馆开展健康信息服务的优势

公共图书馆是促进公众健康的可信任信息源，是提升健康素养的重要参与者[11]，是健康信息的传播者和服务者[12]。我国不少专家学者一致认为公共图书馆开展健康信息服务与医院、高校图书馆或医学图书馆相比，具有天然的优势，包括具有专业的信息素养知识、良好的社会号召力和完备的技术基础设施等[13]，周晓英将其总结为信任优势、信息优势、空间优势、服务优势和群体优势[14]。

从公共图书馆软件和硬件方面来说，其开展健康信息服务的优势首先在于它是公益性文化服务机构，面向公众免费开放，覆盖人群广，已培养具有信息查询和利用习惯的忠实读者。其次，健康信息服务离不开健康信息资源，公共图书馆作为文献保存与保管机构，具有资源基础，且具备信息收集、整理、分析、管理、保存的专业技能，有利于健康资源的传播与分享。再次，公共图书馆配备有独立的馆舍、专业的馆员以及相应的信息基础设施，专为公众提供信息服务，有利于健康信息服务的开展及实施。最后，公共图书馆具有丰富的信息服务经验，信息查询、信息咨询、信息推荐、信息素养教育等是每个公共图书馆必备的信息服务项目，健康信息服务与这些服务一脉相承，相互促进。

2.2 公共图书馆提供健康信息服务的重要性

公共图书馆健康信息服务的信息主体为公共图书馆和读者，从这两者出发，可以发现公共图书馆提供健康信息服务的重要性。

2.2.1 从读者角度看公共图书馆提供健康信息服务的重要性

（1）满足当代图书馆读者用户不断变化的需求

读者是图书馆服务的核心，公共图书馆不仅需要满足读者阅读的需求，而且要关注并适应他们对学习、工作、健康和休闲的需求。我国15岁及以上居民慢性病患病率从2013年的24.5%提升到了2018年的34.3%[15]，18岁以上居民超重肥胖率超过50%，6—17岁的儿童青少年超重肥胖率接近20%，6岁以下儿童则达到10%[16]。再加上非典、甲流、新冠病毒肺炎等疾病的肆虐，促使公众化被动为主动，健康信息搜寻意愿不断增强[17]，调查显示，87%的读者表示存在健康信息需求[18]。公共图书馆若要满足读者不断增强、不断变化的健康信息需求，必须提供更高质量的健康信息服务。

（2）为信息贫困群体提供获取健康信息的平台

身体健康始终是人生中最重要的事情，人们会关注健康知识或健康相关的信息。由于受到居住位置、文化程度、职业、信息素养等地理因素、社会因素及个人因素的影响，我国存在着信息分化和信息贫富差距，信息富人可以通过医生、官方网站、医学公众号等多种优质渠道获取健康信息，满足自己的健康信息需求，而信息贫困群体则只能通过亲朋邻居、电视、广告栏等有限的方式获取健康信息。国外公共图书馆是信息贫困群体获取健康信息的重要来源，我国公共图书馆自2012年起面向公众平等、免费、开放地提供信息服务，但健康信息服务尚未普及，公共图书馆提供高质量健康信息服务有助于老年人、农民、进城务工人群等信息贫困群体通过这一平台自由获取健康信息，保障他们的健康信息权益。

（3）为公众提供可信任的健康信息服务

公众最信任的健康信息来源是医生[19]，我国目前每千人口达到2.59个医生，其中城市是4.01个，农村是1.82个[20]，虽然相较以前数据有所增加，但医生仍有大量患者，与病人的沟通时间有限，且医生与患者之间存在信息差，有限的沟通可能并不有效。家人朋友也是获取健康信息的来源之一，但他们知晓受限，以亲身经历或道听途说为主，更多为未经证实的消息。互联网是人们首选的健康信息获取渠道，因为它简单、方便、快捷，但是网上健康信息来源不明、纷繁复杂、真假难辨，再加上魏则西事件、上海复大医院利用百度排名冒充复旦大学附属医院等事件的发生，让公众对网络健康信息的信任度不断下降。公共图书馆作为国家财政支持的公益性信息服务机构，拥有经费来源、技术设备和专业馆藏资源，馆员具备读者服务意识、专业资源组织及分析利用能力，可以使读者在公共图书馆获得免费、可靠又可信的健康信息。

2.2.2 从公共图书馆角度看提供健康信息服务的重要性

（1）公共图书馆可持续发展的需要

图书馆是一个生长着的有机体，新环境、新技术、新需求、新理念为图书馆的发展注入新的活力。我国的社会环境和公众需求发生了改变，从国家层面来说，全社会参与是健康中国战略建设的要求，公共图书馆是我国的公共服务机构，有义务加入建设健康中国的队伍；从用户需求层面来说，我国广大人民群众的健康信息需求亟须得到满足，公共图书馆是我国的信息保障机构，有义务提供健康信息服务。只有与时俱进，才能实现可持续发展，公共图书馆提供健康信息服务符合自身发展的需要。

（2）公共图书馆承担自身职责的需要

公共图书馆作为数量最多、读者跨度最大、辐射范围最广、藏书量最为丰富的图书馆，承担着开展社会教育、传递科学信息等五大职责，不但免费为公众提供各类信息，而且通过讲座、课堂、展览等方式帮助公民提升信息素养，以提高公民信息的搜索、鉴别及分析利用能力。公共图书馆提供健康信息服务，为公众开办健康讲坛、组织线下健康活动、传递健康信息知识、宣传健康生活方式、开展健康信息咨询、提供健康信息指导、管理健康信息资源等是公共图书馆承担自身职责的需要，也是图书馆创新服务的支点。

（3）公共图书馆提高自身话语权和影响力的需要

图书馆与社会之间的关联度一直较小[21]，虽然随着社会的发展和技术的进步，我国公共图书馆丰富了自身的信息资源，引入了新的信息技术，扩展了服务内容，创新了服务模式，但大部分公众仍然对公共图书馆保留借还图书的刻板印象，这严重干扰公共图书馆价值的实现和社会影响力的提高。健康是促进人全面发展的必然要求，是国家和广大人民群众的共同追求，公共图书馆提供健康信息服务，方便公众获取高质量的健康信息，满足公众的刚性健康信息需求，解决公众的实际健康信息难题，积极参与健康中国建设，与国家接轨，与社会接轨，与公众的现实需求接轨，有利于进一步提高公共图书馆的自身话语权和影响力。

3 我国公共图书馆健康信息服务的现状与问题

3.1 我国公共图书馆健康信息服务发展现状

我国传统的公共图书馆健康信息服务以资源为中心，隐性提供健康信息相关馆藏服务，以用户主动获取为主,馆员推荐为辅。当前的公共图书馆结合用户的兴趣及需求,常规提供图书、视频、音频等健康信息资源和讲座、咨询等健康信息服务,特别是新冠肺炎疫情发生之后,大部分公共图书馆逐步开展各种形式的健康信息服务,形成常态化趋势,15家省级公共图书馆设立了新冠肺炎疫情专题资源栏目,29家在微信公众号设置了新冠肺炎专题资源栏目[22]。

笔者通过网络调查和文献阅读,发现我国公共图书馆健康信息服务大部分采用线上线下多面展开的方式,线下以健康讲座为主,线上则以图书馆门户网站的数字健康信息资源搜索与获取为主,包括资源获取服务、健康信息推送服务、健康信息培训服务、健康信息网络服务,以及少量的多机构协作服务、健康信息参考咨询服务和弱势群体服务。随着社交媒体的兴起,公共图书馆拓宽了服务渠道,微信、微博、抖音等新媒体成为提供健康信息服务的重要平台,疫情防控期间湖北省12所地级市公共图书馆通过微信公众号提供阅读、讲座直播、健康信息科普、检索、咨询等健康信息服务。此外,公共图书馆还针对特定人群和特殊公共卫生事件提供专题型健康信息服务。

3.2 我国公共图书馆健康信息服务存在的问题

我国公共图书馆健康信息服务目前存在不少问题,这些问题相互联系、相互影响,共同制约着公共图书馆健康信息服务的发展。

3.2.1 缺乏政策支持与引导

我国公共图书馆健康信息服务缺乏官方的政策支持与引导,一方面,《中华人民共和国公共文化服务保障法》和《中华人民共和国公共图书馆法》并未提及健康信息服务相关的内容,有关机构也没有发布相关的计划或意见。另一方面,信息素养提升是公共图书馆的主要职责之一,2017年居民健康素养水平为14.18%,《健康中国行动(2019—2030年)》要求健康素养水平在2030年要超过30.00%,但其并未将公共图书馆纳入健康知识普及行动。政策的缺失使公共图书馆健康信息服务缺少规划性和指导性,导致健康信息服务只是部分公共图书馆的常规服务,造成机构、学会、公众、馆员等主体对公共图书馆健康信息服务的忽视和漠视。

3.2.2 外界认可度不高,缺乏参与度

公共图书馆是现代公共文化服务体系的重要组成部分,是保障人民群众基本文化权益的重要阵地,是全民阅读阵地,这是外界对公共图书馆的认可。但在公共图书馆健康信息服务方面,除少数群体对其认可、抱有期待之外,大部分公众对公共图书馆提供健康信息服务持怀疑、不认可的态度,认为健康信息服务应该由更专业的机构来开展,国家也未重视公共图书馆在健康中国战略实施过程中的作用,甚至公共图书馆自身也未意识到健康信息服务的重要性。认可度不高造成公共图书馆健康信息服务发展得不到外界的支持和肯定,导致公众、图书馆、馆员的参与度不高。

3.2.3 以常规服务为主,缺乏吸引力

我国公共图书馆开展的文献借阅、健康宣传、健康信息查询、健康讲座等健康信息服务实践[23],可以被归纳为传统、合作、自助、专题和新媒体五种类型[24]。这些服务以常规服务为主,服务内容较为单一,信息服务质量较低[25],大多是普及型的保健与健康知识[26],对于用户来说无异于隔靴搔痒,无法直击健康信息需求痛点。健康讲座是公共图书馆主要的特色服务方式,但数量不多且时间不固定、场次不固定,此外,图书馆官网的健康信息组织层次不清晰、重点不突出[27],健康信息网络服务不够简单和快捷。可见,我国公共图书馆目前提供的健康信

息服务内容、层次与公众的健康信息需求期待存在差距,对公众来说缺乏吸引力,这也造成了公共图书馆健康信息服务得不到公众的认可、肯定和正向传播。

4 我国公共图书馆健康信息服务高质量发展探索

我国公共图书馆健康信息服务已具备初步的实践经验,在当前的大健康趋势下,公共图书馆探索开展更加全面、优质、高效的健康信息服务,需要更为妥善的应对措施。

4.1 储存资源丰富、类型多样的健康信息资源

健康信息资源服务是公共图书馆提供的最基本服务,资源的数与质直接影响着健康信息服务的质量以及公众的用户满意度。公共图书馆储藏着与健康相关的图书、期刊、杂志、报纸或音视频,但这些资源可能数量不多且分散在图书馆的各个厅室或书架。公共图书馆可将健康主题资源纳入本馆的馆藏发展政策,有计划、有安排、有节奏地尽可能完善并组织管理更多的相关资源。

此外,健康信息资源包括纸质和数字两种形式,图书馆除购买数字资源外,还可以充分利用各种免费资源。互联网络散落着不少优质的健康信息资源,包括科普文章、健康讲坛、图书分享、健康音视频等,只是由于信息孤岛、信息爆炸、信息茧房、数字鸿沟等的限制,没有发挥应有的信息价值。公共图书馆可从互联网收集、整理相关资源,通过图书馆网站、微信公众号或抖音提供给公众,既让被埋没的健康资源的信息价值得到实现,也为公众提供更丰富的资源,同时提升公共图书馆的健康信息服务质量。

4.2 提供全人群、全生命周期健康信息服务

公共图书馆健康信息服务对象按照年龄可分为未成年人、青年人、中年人和老年人,覆盖全生命周期。公共图书馆应提供全人群、全生命周期的健康信息服务,且针对生命周期不同,提供不同特点的健康信息服务,特别是未成年人和老年人。未成年人具有求知欲强,接受新知识快,但信息认知程度较低的特点[28],他们的健康信息需求内容与自身健康状况、营养、健身减肥等相关[29],公共图书馆在面向未成年人提供健康信息服务时,要做好阅读指导,注重对资源的筛选和内容的编辑,且在信息咨询时注意保护未成年人隐私,提供较为隐蔽的咨询空间,细心交流与沟通。我国60岁以上人口为26402万人,占总人口的18.7%,近1.8亿人患有慢性病,他们获取健康信息的主要目的是预防疾病和维护健康,最为关注养生保健类、疾病治疗类、医院就诊类健康信息[30],但自身因素和社会因素阻碍了老年人的健康信息获取[31],公共图书馆可通过讲座、课堂等学习培训活动提高老年人的健康素养及信息搜寻能力,并提供语音助手等工具方便老年人获取信息。

4.3 提供多层次、个性化健康信息服务

高质量发展意味着提供特色化、个性化和多样化服务[32]。我国公共图书馆目前提供的健康信息服务停留在提供粗浅的信息主题阶段,将信息无差别地提供给健康信息需求用户,最终用户需要依靠自身的信息获取能力和信息利用能力进行知识转化。有的用户健康信息素养高,只需要公共图书馆提供可靠的信息源;有的用户处于信息贫困状态,需要公共图书馆提供深入知识内容的专题信息服务,以通俗易懂的方式传递健康信息。公共图书馆要考虑到

用户信息素养水平的不同,提供不同层次的健康信息和健康信息服务,提高公众的信息获取效率,减轻信息焦虑。公共图书馆要提供多层次且个性化的健康信息服务,健康信息需求虽然普遍存在,但健康信息用户具有个体差异,情境不一样、需求动机不一样、信息诉求不一样。公共图书馆可以借助于大数据、用户画像、物联网等技术,识别用户的个性化健康信息需求,实现健康信息精准供给。

4.4 建立线下、线上健康空间

公共图书馆作为居民文化生活和精神文化建设的重要空间[33],针对不同用户需求创建特色功能空间,以适应新时代社会发展和公众信息需求的改变。公共图书馆建立健康空间,为公众提供嵌入式健康信息服务,有助于营造健康信息获取氛围,促进公共图书馆健康信息服务的发展。省级公共图书馆可以建立健康分馆,市县级公共图书馆建议进行健康空间重构,充分发掘健康实体空间的场所价值,建立分享空间、交流空间、阅读空间和咨询空间等。国家支持社会力量参与公共图书馆的建设,公共图书馆可与其他机构合作共建健康空间,丰富健康空间功能,完善健康信息服务。此外,公共图书馆可以利用QQ群、微信群等建立健康信息服务的线上空间,以更好地开展健康信息服务及促进用户群体间的信息分享与交流。公共图书馆可以借助于健康空间实现线下线上联动,为用户提供全方位的健康信息服务。

4.5 联合多方社会资源开展健康信息服务

我国公共图书馆开展健康信息服务已有一定的成效,与政府机构、医疗机构、企业或非营利组织、健康信息专业人士等都开展了一定的合作[34],但合作内容和方式都较为简单和直接,没有形成良好、有效、长期的合作模式,也没有充分发挥合作方的优势。公共图书馆健康信息服务的开展离不开社会资源的支持:一方面,要继续充分联合医院、民间团体、协会等社会力量,合作共建健康空间或健康咨询平台,联合开展健康讲座和健康交流会,深入且长期开展合作,形成合作品牌。另一方面,要取长避短,充分利用他方资源。术业有专攻,涉及健康信息发布或推送,内容的组织、整理和编辑由图书馆馆员完成,但审核可以邀请医院的医生或学校的专家负责,保证内容的准确性和权威性。此外,要不断拓展其他社会资源,开展多方合作。《健康中国行动(2019—2030年)》要求政府建立并完善国家和省级健康科普专家库,组织专家开展健康科普活动,公共图书馆可抓住时机承办健康专家科普活动,提高公共图书馆健康活动质量和影响力。

公共图书馆具备提供健康信息服务的优势,它提供健康信息服务对于读者和自身都非常重要,能够满足当代图书馆读者用户不断变化的需求,为信息贫困群体保障健康信息获取,为公众提供可信任的健康信息,它是公共图书馆可持续发展、承担自身职责、提高话语权和影响力的需要。我国公共图书馆经历了从隐性到常规提供健康信息服务的过程,虽然目前存在着缺乏政策支持与引导、外界认可度不高、对公众缺少吸引力等问题,但是可以通过完善资源,提供覆盖全生命周期、多层次、个性化的健康信息服务,建立线上线下健康空间,联合多方社会资源等方式探索推动健康信息服务高质量发展。

参考文献

[1] 中华人民共和国国家卫生健康委员会.《"健康中国2020"战略研究报告》解读[EB/OL].[2022-03-15].

http://www.nhc.gov.cn/wjw/zcjd/201304/f70f8fc52d6a422494789f65c7ad134d.shtml.

[2][30] 彭骏,惠朝阳,万辉.老年人健康信息服务主体研究[J].中华医学图书情报杂志,2018(11):60-63.

[3] 柯平,张颖,张瑜祯.公共图书馆高质量发展的十个新主题[J].图书与情报,2021(1):1-10.

[4][14] 周晓英.健康服务:开启公共图书馆服务的新领域[J].中国图书馆学报,2019(4):61-71.

[5] 崔庆林.面向全民的健康信息素养教育:公共图书馆大有可为[J].图书馆杂志,2021(5):104-109.

[6][19] 魏银珍,宋秀芬,邓仲华,等.公共图书馆用户健康信息获取意愿影响因素研究[J].图书馆理论与实践,2021(3):109-116.

[7] 王培林.健康信息服务驱动公共图书馆未来发展——基于《英国NHS图书馆质量评估标准》的分析与启示[J].图书情报知识,2018(2):32-39.

[8] WHO. Ottawa charter for health promotion[M]. Geneva:WHO,1986:1-2.

[9] XIE B. Older adults' health information wants in the internet age:implications for patient-provider relationships[J]. Journal of Health Communication,2009,14(6):510-524.

[10] 邸金平,向菲.美国网络健康信息服务的主体、业务与启示[J].医学与社会,2012(10):38-41.

[11] 谈大军.公共图书馆在国家健康战略中的角色定位[J].图书馆论坛,2020(11):146-154.

[12] 周向华.公共图书馆在健康中国战略实施中的角色与行动[J].图书馆,2020(7):33-37.

[13] 贺华.美国图书馆提供健康信息服务的实践与启示[J].图书馆学研究,2018(22):70-76.

[15][20] 国家卫生健康委员会.2019年中国卫生健康统计年鉴[M].北京:中国协和医科大学出版社,2019:240.

[16] 中国居民营养与慢性病状况报告(2020年)[EB/OL].[2021-08-30]. http://www.scio.gov.cn/xwfbh/xwbfbh/wqfbh/42311/44583/index.htm.

[17] 邓胜利,付少雄.健康信息服务的供给侧结构性改革研究[J].情报科学,2019(4):144-149,177.

[18] 曹锦丹,宋艳,曹刚.公共图书馆消费者健康信息需求调查[J].医学与社会,2010(11):20-22.

[21][23] 吴建中.再议图书馆发展的十个热门话题[J].中国图书馆学报,2017(4):4-17.

[22] 李金涛.我国省级以上公共图书馆新冠肺炎专题资源建设调查研究[J].图书馆研究,2021(1):39-46.

[24] 李建礼,薛志坤,张震,等.国内公共图书馆健康信息服务的调查与分析[J].情报探索,2021(6):117-126.

[25] 袁梦群,严贝妮.我国省级公共图书馆健康信息服务调查与启示[J].图书馆理论与实践,2019(2):10-14.

[26] 韩春艳,张建荣.健康中国战略背景下公共图书馆健康信息服务研究[J].中国中医药图书情报杂志,2020(4):19-23.

[27] 李爱明.我国省级公共图书馆门户网站健康信息资源组织与服务研究[J].图书馆学刊,2020(10):25-29,35.

[28] 苗地,洪伟达,王政.图书馆保障弱势群体信息权益的对策研究——以用户信息需求和信息行为为视角[J].图书馆建设,2014(2):54-57.

[29] GRAY N J,KLEIN J D,NOYCE P R,et al. Health information seeking behavior in adolescence:the place of the Internet[J]. Social science and medicine. 2005,60(7):1467-1478.

[31] 赵栋祥,马费成,张奇萍.老年人健康信息搜寻行为的现象学研究[J].情报学报,2019(12):1320-1328.

[32] 李国新.公共文化服务高质量发展的总体蓝图和行动指南[N].中国文化报,2021-03-24(2).

[33] 臧航达,寇垠.文化场景理论视域下公共图书馆空间建设研究[J].图书馆学研究,2021(2):24-29.

[34] 卫劭杰.我国社区健康信息服务研究[D].太原:山西财经大学,2021.

打造"指尖"上的报告厅

——长江讲坛线上服务新实践

李　茜　余嫚雪　谢　宁　胡　盼　杨　思　李　蓉（湖北省图书馆）

1　案例背景

根据《中华人民共和国公共图书馆法》第三十三条的规定,公共图书馆应当按照平等、开放、共享的要求向社会公众提供公益性讲座服务。长江讲坛作为湖北省图书馆的公益性讲座品牌,每周举办讲座、对话、音乐会等活动,自2013年创办以来已开展讲座活动600多场,有超过28万的读者参与线下活动。但自2020年新冠肺炎疫情暴发后,疫情防控逐渐常态化,公共图书馆以线下活动为主的讲座服务方式遭遇挑战,聚集性活动规模受限,读者出行意愿降低,因此,借助社会化媒体提供线上讲座服务成为讲座工作的新趋势。

据统计,截至2021年4月15日,全国31个省、自治区、直辖市（不含港澳台地区）公共图书馆及15家副省级城市公共图书馆中,已有39家图书馆利用直播开展相关服务,其中开展直播讲座沙龙活动的有35家,直播平台广泛涉及快手、哔哩哔哩弹幕视频网站、西瓜视频、微博、知网、超星、腾讯会议、人民直播等各类平台。但是,"许多图书馆在开展了一到两次直播后,便再未开展直播",直播明显"缺乏整体的长期规划与目标"。与之类似,讲座的视频资源在移动互联网平台的投放也是昙花一现,线上服务并未成为常态。

作为湖北省图书馆的公益讲座品牌,长江讲坛在2020年之前已把目光投向互联网,进入后疫情时代更是加速了从线下活动向线上品牌转型、兼容的进程,着重从精选传播渠道、创新打造资源与服务两个方面综合施力,在移动互联网平台开辟出新的服务场所,与传统媒体合作搭建起传播矩阵,形成了融媒体背景下的常态化线上服务,取得了讲座参与人次倍增、受众遍布全国的成绩,逐渐打造出一个"指尖"上的报告厅。

2　主要内容及实施要点

2.1　开设自媒体账号,建立主要传播渠道

在2020年之前,长江讲坛就已开展线上服务,先后开辟同名微博、App和微信公众号,是公共图书馆中唯一一个实现"两微一端"全覆盖的讲座品牌;2020年以后,长江讲坛新增微信视频号,在B站和喜马拉雅提供讲座视频和音频资源,建立起讲座传播主渠道。

2.1.1　微博渠道
长江讲坛微博自2013年12月18日起运营,截至2022年3月22日,共发布微博992条,平均

每个月发布博文10条以上,提供讲座预告、现场报道等服务,并开展互动留言,年年不间断、期期有更新,建立了讲座的线上服务窗口。经统计,在全国46个省级、副省级公共图书馆中,以该馆讲座品牌注册微博账号的只有6个,且其中3个账号已停止更新微博内容,截至2022年3月底,仅有湖北省图书馆的长江讲坛、上海图书馆的上图讲座和武汉市图书馆的武图讲座3个微博账号尚在运营。

2.1.2 手机App渠道

长江讲坛手机App开发于2014年,时值4G元年,长江讲坛紧跟移动互联新趋势开发同名App,把过去只有在PC端才能看到的完整视频、讲座报道、讲座预告等内容放到手机端,为用户提供更便利的服务。但手机App普遍存在开发和更新周期长、成本高、安装率呈下降趋势等问题,性价比逐年降低。因此,长江讲坛在保留App的同时,转而寻找视频用户更多、运营成本更低的平台,借助新技术提供更多的线上服务。

2.1.3 微信公众号渠道

长江讲坛微信公众号自2018年6月15日起正式运营,发布讲座预告、推荐相关书籍、链接网上预约通道,一方面解决了部分读者排队领票不便的困难,另一方面把讲座服务与馆藏资源联系起来,开展阅读推广。截至2022年3月22日,长江讲坛已群发推文397条,累计推荐书籍约500本,其中大多数是由主讲嘉宾推荐,形成珍贵的"名家荐书"书目资源,揭示书籍出版详情、省图索书号、书籍文摘及简介等内容。长江讲坛微信订阅号逐渐成为讲座服务的主要平台。经统计,在全国46个省级、副省级公共图书馆中,以讲座品牌注册微信账号的也只有6个,截至2022年3月,山西省图书馆文源讲坛、上海图书馆上图讲座(微信名:讲座图书馆)、湖北省图书馆长江讲坛、广州图书馆羊城学堂仍在积极运营中。

2.1.4 微信视频号渠道

2021年初,长江讲坛在微信视频号注册同名账号,与已有的微信公众号建立联动,上线时长5分钟左右的讲座短视频,同时开辟直播间,推广讲座,现已成为讲座直播、播放讲座短视频的主渠道。截至2022年3月,46个省级、副省级公共图书馆中,仅有长江讲坛在视频号注册账号,在微信平台的短视频渠道提供线上服务。

2.1.5 哔哩哔哩渠道

为在线上传播讲座长视频,长江讲坛把目光投向哔哩哔哩弹幕视频网站(以下简称"B站")。不同于其他平台娱乐属性突出,B站的知识属性更加显著,而且B站日活跃用户已突破6500万,用户使用时上也在80分钟以上,是图书馆不可忽视的文化宣传阵地之一。长江讲坛在2020年9月注册B站账号,开启讲座直播,并陆续上传讲座视频年度合集、经典回顾等数百个视频资源,单个视频时长在60分钟左右。目前,B站账号已成为长江讲坛视频传播主阵地,持续保持更新。

2.1.6 喜马拉雅渠道

为建立讲座音频的线上传播渠道,长江讲坛选择了国内发展最快、规模最大的在线移动音频分享平台——喜马拉雅。从2020年11月至2022年3月,长江讲坛在喜马拉雅开设专栏,陆续上传百余个讲座音频,音频时长均在50分钟左右。一项截至2021年4月7日的调查显示,我国有62家公共图书馆在喜马拉雅开通了账号,其中仅3家是省级图书馆。除上海、陕西、湖北这3家省级馆外,图书馆账号中上传讲座音频的仍不多见。湖北省图书馆喜马拉雅账号成为长江讲坛音频传播的主阵地。

至此,长江讲坛以微信公众号为服务主阵地,通过自定义菜单栏、添加外部链接的方式,一键链接微博、B站、喜马拉雅、视频号,使用户得以通过公众号这一个入口,便捷地观看讲座直播、讲座视频,收听讲座音频内容,以快速、低成本的方式实现了对长江讲坛App功能的替代和升级,建立了长江讲坛线上传播的主要渠道,保持常态化运营。

湖北省图书馆长江讲坛工作部专门负责讲座相关工作,这是实现线上运营常态化的前提。长江讲坛线上直播一直由部门工作人员自行完成,在增购一台小型直播设备的基础上,工作人员经过简单的技术指导和自学很快掌握了推流技术,解决了直播所需的人员问题。同时,长江讲坛工作部有专人负责微博、微信、视频号的运营,并负责在B站和喜马拉雅上编辑、上传讲座资源,具体工作包括但并不限于撰写文案、剪辑视频、根据平台属性重新拟定音视频标题、创意设计封面图、定期上传讲座资源,保持常态更新。

2.2 联合本地媒体,拓展融媒体服务

为进一步扩充传播覆盖面,长江讲坛相继携手本地电视台、广播、报纸等传统媒体及其融媒体渠道传播讲座内容。《湖北日报》和《楚天都市报》刊发长江讲坛讲座预告、讲座报道,文章不仅上线荆楚网、《湖北日报》App、极目新闻App,还在其头条号、百家号等账号传播,再陆续被腾讯、搜狐等网络媒体转载。

湖北广播电视台教育频道与长江讲坛联合摄制讲座视频,每周六定期播出,周日重播,时长一小时。截至2022年3月,共摄制讲座视频411期,收视率远高于同台其他专题节目,每年可服务观众近240万人次。这些讲座长视频在播出后,还会上线长江云App、湖北教育抖音号,甚至有部分视频被选送至学习强国学习平台,进一步扩大了讲座视频的传播面。

楚天交通广播将长江讲坛音频剪辑至50分钟左右,每周六准时播出。根据湖北广播电视台的《湖北广播收听市场调研报告》,近半年来长江讲坛节目在湖北地区同时段广播中的平均收听率为0.35%,市场占有率为7.22%,在同时段节目中排名稳居前三,听众过百万。此外,楚天交通广播还在其微信订阅号定期转发长江讲坛微信预告,将讲座音频节目上传至九头鸟App。借助本地媒体的融媒体传播,长江讲坛的预告、报道、视频节目、音频节目得以被更多用户看见。

3 案例主要创新点

3.1 创新视觉形象,吸引转发关注

为适应融媒体传播的新形势,长江讲坛在视觉形象方面进行创新,重点从海报、封面图两方面开展设计,吸引了众多网络用户。

传统的讲座海报往往给人以严肃感,"现代感"不强。在移动互联网时代,讲座海报需以更接地气、更具创意感的画面来吸引读者。长江讲坛结合当下平面设计趋势,将海报画面调整为扁平化插画风格,使用简洁的图形符号、清晰的信息表达、明亮大胆的色彩抓住读者目光。海报设计与讲座信息相融合,并根据不同场合的使用要求调整排版、尺寸,再有针对性地投放到各个平台。由于长江讲坛海报颇具美感、传播性好,不少媒体主动转载其讲座海报,例如,澎湃新闻常选取长江讲坛海报与国内其他优质讲座信息一起集中宣传,北大、清华的讲座公众号也曾引用长江讲坛海报作为微信推文头条封面,极目新闻、武汉市文化与旅游局微博、

湖北卫视微博、腾讯网、《湖北日报》客户端等平台也主动转发海报,积极宣传讲座,极大地推动了长江讲坛的传播。

在封面图方面,微信公众号推文封面是吸引用户关注的重要因素。长江讲坛以当场讲座海报为基础设计封面图,用视觉画面诠释讲座信息,吸引用户关注。长江讲坛在B站上传的视频封面也是设计的重点之一,由于B站游客流量大,自主选择性高,视频封面改为用主讲人照片和讲座亮点语句组合的方式进行排版,能够更加吸引那些对主讲人或其观点感兴趣的游客点击观看,从而提升讲座视频的点击量。

3.2 自制精彩短视频,吸引更多用户

与长视频相比,短视频的传播速度往往更快,长江讲坛抓住这一趋势,自制讲座短视频。这些短视频主要分为三个类别:"长江讲坛会客厅""长江讲坛精华片段""长江讲坛年终集锦"。

"长江讲坛会客厅",主要以问答形式与主讲嘉宾展开对话,内容聚焦人物本身或时下热点,以更有亲和力的视角和轻松活泼的基调呈现视频节目,挖掘讲座之外更多有趣、有价值的内容,视频时长约3—6分钟。以第一期"长江讲坛会客厅"为例,第一期以当期讲座"中国民法典的价值和功能"为背景,内容围绕《中华人民共和国民法典》热议话题进行,如"Q币、游戏皮肤、网盘数据等虚拟财产的继承""居住权的颁布:谨防买房不能住""物业收入属于业主共有"等,最终推出两期各5分钟的短视频:"管天管地的民法典来了"和"学法律我真的可以吗?"收获了较高阅览量,受到嘉宾和读者的一致认可。

"长江讲坛精华片段",摘自讲座长视频,以话题为导向,选取3分钟左右的内容,重新编配模板、字幕、视觉特效、背景音乐、旁白,完成包装后投放到长江讲坛视频号,借助朋友圈、社群分享等私域流量扩散传播。

"长江讲坛年终集锦",选取当年12场讲座,提炼演讲中最有思想性、感染力的片段,制作成6分钟左右的短视频,在公众号、视频号、微博、B站进行投放,并在讲座直播前轮播。现已制作出《回望与记录,2020这些人间值得的发声》《2021年的12个关键词》两期短视频节目,从直播间留言和现场观众表现来看,这两期节目赢得不少共鸣,有的现场读者还会拿出笔记本抄句子、做笔记。

3.3 简化预约方式,提升参与度

过去,长江讲坛的读者需要排队领票后方可听讲座,疫情防控常态化后,长江讲坛定制了线上票务预约平台,读者动动手指就可完成实名预约,并通过短信收到座位号,65岁以上老人则可通过电话预约讲座,长江讲坛实现讲座门票全预约。简便的操作方式大大缩短了听众排队领票的时间,提升了听众的参与意愿,在吸引更多受众的同时,满足了精准防疫的要求。另一方面,网上预约报名链接出自长江讲坛微信公众号,有利于为公众号吸粉,进一步提升讲座宣传力度。此外,长江讲坛视频号自带直播预约功能,通过简单的设置即可将预约按钮嵌入微信推文中,用户在看到推文或短视频后,只需点击预约,就能在讲座直播开始时收到开播提醒的弹窗通知,提升了用户收看直播的可能性。

经过一年多的运行,我们发现无论是线上票务预约平台,还是视频号预约功能,预约数据都能为讲座的融媒体推广提供监测参考。例如,长江讲坛预约平台可实时查看讲座报名人数,如果报名人数偏少,则需要加大力度宣传推广讲座;如果讲座门票短时间内预约完毕,人

数超出预期或防控要求,则需增设直播,引导听众线上观看。长江讲坛已把预约平台数据作为改善推广工作的重要参考,可以利用预约平台及时调整预告投放策略,有的放矢地做好线上宣传。

3.4 直播平台互补,满足多重需求

公共图书馆常用的直播平台可以分为五大类:自建平台、互联网社交平台、长视频平台、短视频平台、会议视频直播平台。为了精准、高效地推出直播服务,长江讲坛出于低成本、见效快、讲座时间普遍较长的考虑,精选了B站、微博、视频号三个平台开展同步直播。B站是知识类直播的重要阵地,求知者众,主播也容易获得直播权限;微博支持直播回放,可以弥补B站直播难以回放的不足;视频号与微信联动,易转发、扩散,适合图书馆既有读者群体使用和传播。2020年9月起,长江讲坛线上直播逐步迈向常态化。三个直播平台各有所长,彼此互补,既实现了熟人圈的转发、扩散传播,又实现了陌生人群体的无边界传播。此外,长江讲坛讲座也不定期在长江云、武汉广播电视台见微直播、青春湖北斗鱼号、湖北教育发布抖音号等平台直播,通过合作方在《解放日报》、共青团中央读书会进行直播,使讲座触达更多受众。

4 成效与影响

4.1 运营社会化媒体,吸引省内外用户

得益于移动互联网多平台运营,长江讲坛用户不再局限于本地或本省。长江讲坛微博的粉丝覆盖全国所有省级行政区,主要来自武汉、北京、上海、广州和深圳等地。在长江讲坛微信公众号上,关注用户同样覆盖全国,本省用户占比77.43%,其余主要来自广东、北京、河南、山东、湖南等地。长江讲坛微信视频号的粉丝主要来自29个省级行政区(含港澳台地区),除本省外,来自上海、北京、广东、江苏和山东等地的粉丝最多。

在B站、喜马拉雅上,长江讲坛的用户更是遍及全国。以B站上长江讲坛点击量最高的单场讲座视频为例,观看者中96.3%是游客,大多来自湖北、广东、山东、北京、江苏、浙江等地,省外用户合计占比达到90.2%。在喜马拉雅上,长江讲坛专辑播放量占湖北省图书馆喜马拉雅账号下全部音频播放量的97.0%以上,该账号的用户中有85.0%来自省外,这些用户主要分布在山东、河北、广东、北京、江苏等地。借助微博、B站、喜马拉雅以及微信公众号、视频号,湖北省图书馆的公益讲座走进了更多省外用户的生活。

4.2 直播和音视频上线,受众人次倍增

自长江讲坛在网络平台进行直播后,讲座参与人次大幅增长。2020年9月,长江讲坛尝试在B站和微博双平台直播,2021年4月增加视频号直播,随着直播常态化,直播间参与人次逐渐增加。据统计,通过B站、微博、视频号等自媒体渠道观看线上直播的人次往往是线下活动参与人数的数倍,且倍数差持续扩大。如表1所示:线上直播间观看人次与线下现场参与人数相比,最小倍数从1.49逐步增至4.35,最大倍数从19.13逐步增至27.99,平均倍数从7.59增至11.77。

表1　线上直播与线下讲座参与人次倍数比

时间段	直播账号数/个	线上线下同步直播场次/场次	线上/线下人次最小倍数	线上/线下人次最大倍数	线上/线下人次平均倍数
2020年9月—2021年4月	2	18	1.49	19.13	7.59
2021年4月—2022年2月	4	35	4.35	27.99	11.77

线上直播使长江讲坛的服务人数显著增加,还带来了意想不到的外地用户。在视频号直播留言里,有香港读者发出了自己的定位;在微博上,有上海读者称自己有空就会收看长江讲坛直播;在偶尔开展的直播间抽奖中,中奖读者有的在江苏、有的在山东。

由于有移动互联网平台的公域流量助推,长江讲坛的音视频内容得以被更多用户看见。在微博,"长江讲坛会客厅"短视频点击量最高达到6.8万次。在B站,长江讲坛单场讲座视频点击量最高达到1.7万次(截至2022年3月初)。如果把B站上的21个长江讲坛经典回顾长视频与过去在长江讲坛App上的相同视频对比,可以发现,从21个视频的总播放数看,B站数据是App数据的320倍,显而易见,B站讲座视频的传播率远高于自建App。在喜马拉雅,长江讲坛专栏已上传182期讲座音频,专辑评分达9.8分,高于同类型账号,播放量总计达18.8万次,且播放量还在快速增加。借助移动互联网平台传播,长江讲坛的视频直播、视频播放、音频播放被越来越多网络用户看见,流量显著增加。

4.3　融媒体合作,流量增加

由于与本地传统媒体开展深度合作,长江讲坛借助其融媒体渠道使讲座信息和内容覆盖更多人群和地区。从长江讲坛直播情况来看,武汉电视台见微直播观看人次是长江讲坛自媒体直播人次总和的7—20倍;长江云直播观看人次是长江讲坛自媒体直播人次总和的3.7—61.3倍,平均达到24.5倍。显然,借助传统媒体的融媒体传播,讲座直播收看人次得到了大幅增加。

在讲座的预告、报道传播方面,本地传统媒体刊发的图文报道具有更强的传播能力。在极目新闻长江讲坛专版,讲座报道浏览量均在3万次以上;由合作媒体在其微信公众号上转发的预告消息的浏览量也是长江讲坛公众号浏览量的4—11倍左右。

与此同时,传统媒体刊发内容的转载率更高,覆盖范围更广。据不完全统计,长江讲坛的预告、报道得到了从中央到地方众多媒体的转载,包括:中央媒体网站人民网、新华网、央视网、光明网、中国日报网、中国新闻网、中国青年网、中国妇女网等,地方媒体网站新民网、长城网、东北网、华龙网、新华报业网、解放网、安徽广播网、半岛新闻网、北方网、扬子晚报网、看看新闻网、澎湃网、川观新闻等,网络媒体如搜狐、新浪、网易、腾讯、百度、今日头条、21世纪新闻、凤凰网、财经网等。借助传统媒体的力量,长江讲坛内容的传播面显著扩大。

5　问题及经验

5.1　了解融媒体属性,有的放矢

融媒体背景下,不同平台都有各自的权重计算方式、算法推荐机制,因此,了解平台属性非常重要,需要有针对性地开展运营。以B站运营为例,该平台重视UP主的"专业性、影响力、

461

创新性",在算法推荐机制方面,播放量不是最重要的,权重更高的因素包括硬币、收藏、分享、点赞等。经过一段时间的摸索,长江讲坛在B站的推广取得了一定成效,几点有益经验如下:①结合平台用户偏好,重拟标题,设计封面,有助于提升点击量;②关注热点事件或人物,及时推送相关讲座资源,有助于形成爆款;③加强单集内容与合集内容的链接,有助于增加关注量,把游客转变为粉丝。

由于平台属性不同,同一短视频内容在各平台的数据表现也有差异,这提示我们需要根据平台属性有针对性地投放。例如积极心理学专家喻丰教授的会客厅短视频《喻丰:获得幸福感其实很简单》在B站上的播放量是微博播放量的1.66倍;又如,武汉大学赵林教授的《柏拉图还是摔跤冠军》短视频,在视频号上的播放量是公众号的2.84倍。此外,从视频内容上来看,讲座精彩片段比讲座长视频的播放量更高。例如,《唐宋明时期的汉服之美》短视频截取自讲座《中国传统服饰文化与时尚话语表达》中的汉服展示环节,视频号上短视频的播放量是B站上长视频播放量的3.7倍。观察发现,B站上同一账号下,讲座精彩片段短视频往往也比讲座完整视频的播放情况好,权重更高。

总之,如果公共图书馆账号运营者能对入驻平台的推荐机制、用户习惯等有更深入的了解,开展有针对性的工作,将使线上讲座视频得到更多推广。

5.2 重视品牌曝光,培养设计人才

融媒体环境给品牌形象传播提供了一个广阔的空间,也对品牌的视觉形象、展现方式提出了新的要求。长江讲坛通过系统的原创视觉设计将品牌形象由传统风格向现代风格转变,统一了对外传播的第一视觉形象,并成功应用于舞台立牌、话筒标牌、讲座直播角标等位置。从各类报道、视频传播画面来看,品牌曝光量显著提高。

与此同时,讲座视觉形象设计是一项长期工作,各类图片、海报、封面图的设计都需要不断创新,需要有专门的设计人才来完成。目前,长江讲坛有专人负责与设计师对接,工作内容涉及传达设计理念、确定海报画面、细节修改返稿等,沟通磨合的过程往往耗费大量时间,影响出稿效率。为应对融媒体传播需要,应做好视觉设计方面的人才储备工作,设计师既要具备一定的文化素养,了解讲座内涵,又要具备扎实的设计功底,准确把握审美趋势,做好画面表达。

5.3 数字资源建设应提上日程

长江讲坛在音视频资源建设方面已经积累了丰富的内容,但在文字资源方面尚有不足。QuestMobile数据显示,短视频与在线阅读行业重合用户规模已达到2.9亿人。在线阅读用户与短视频用户在兴趣偏好方面有着较高的相似度。而且,短视频能够为在线阅读提供新的传播形式,短视频的迅速发展有助于促进在线阅读行业的发展。鉴于此,长江讲坛在后续工作中可以将音视频资源的二次传播与阅读推广进一步联系起来,争取增加阅读推荐的链接。同时,如果能在长江讲坛微信公众号的"名家荐书"中增加"一键链接电子书"按钮,就能给读者提供更便利的阅读渠道,提升阅读推广成效。

《"十四五"文化和旅游发展规划》提出,要加快公共数字文化建设推广"互联网+公共文化",丰富公共数字文化资源,广泛开展数字化网络化服务,推动公共文化服务走上"云端"、进入"指尖",拓宽数字文化服务应用场景和传播渠道。长江讲坛线上服务的新实践正是对"十四五"规划要求的初步践行。讲座作为图书馆普及知识、提升民众文化素养和审美水平的重

要阵地,应紧跟科技的发展,依托新的平台和技术方式,不断丰富内容和形式,把握重点环节,创新开发和链接更多的数字化资源,使讲座服务覆盖更多地区和人群,发挥更大的社会价值。

参考文献

［1］中华人民共和国公共图书馆法[EB/OL]. [2022-03-25]. https://zwgk.mct.gov.cn/zfxxgkml/zcfg/fl/202012/t20201204_905426.html.

［2］"十四五"文化和旅游发展规划[EB/OL]. [2022-03-25]. http://www.gov.cn/zhengce/zhengceku/2021-06/03/5615106/files/2520519f03024eb2b21461a2f7c2613c.pdf.

［3］李以璐. 微信公众平台的讲座培训全预约模式的服务探索——以上海图书馆为例[J]. 图书馆杂志,2021（3）:56-59.

［4］丁玉东,许子媛,张春峰. 高校图书馆预约讲座服务模式的改进与思考[J]. 图书馆工作与研究,2018（9）:119-123.

［5］郭琳,高奇奇. 突发公共卫生事件背景下公共图书馆场馆预约应用实践——以福建省图书馆为例[J]. 福建图书馆学刊,2021（2）:6-8.

［6］周轶妮. 图书馆宣传中的平面设计问题初探——以上海图书馆为例[J]. 河南图书馆学刊,2017（6）:118-119.

［7］孙雨,张婕. 后疫情时代公共图书馆直播服务现状及发展策略[J]. 图书馆学刊,2021（9）:106-112.

［8］吕略. 公共图书馆"听书"阅读推广路径探究——基于公共图书馆喜马拉雅官方号的实证分析[J]. 河南图书馆学刊,2021（12）:10-12.

获取流量密码 打造馆员IP

——新媒体背景下瑞安市图书馆阅读推广创新案例

曹依蕾 王丹妮 王晓东（瑞安市图书馆）

随着国家对阅读推广的重视，各地图书馆的阅读推广工作开展得如火如荼，经典图书推荐、名家讲坛、知识竞赛、亲子阅读、VR虚拟数字体验等内容丰富、形式多样的阅读推广活动，为读者带来了丰富的文化体验。尤其是随着融媒体的快速发展，短视频、直播等呈现出用户数量大、覆盖范围广、传播速度快的优势，为图书馆阅读推广和服务带来了契机。

在此背景下，瑞安市图书馆主动创新阅读推广方式，充分利用微信视频号、抖音等新媒体平台，开展各类线上直播活动，发布短视频，围绕"小屏"做大文章，用精彩的内容吸引更多粉丝关注，从而引导用户喜欢阅读、享受阅读，实现文化传播和阅读推广的目的。

1 新媒体阅读推广的主要做法

1.1 直播

在移动互联网的技术支撑下，游戏直播、生活直播、娱乐直播、突发新闻直播等各种网络直播节目纷纷涌现，不仅拓展了直播节目的形态范围，且充分满足了受众个性化信息需求。在直播势头强劲的背景下，各行各业都在用这种方式拓宽受众面积和开发新的宣传方式。而图书馆作为一个直接服务于人民群众、直接与人民群众交流的窗口，除了举办各种线下活动之外，也十分有必要开展丰富多彩的线上活动来满足人民群众的需求。

因此，瑞安市图书馆在2021年4月开播了一个馆员荐书直播栏目——"心兰reading"。这个栏目由馆员小曹担任主持人，小曹通过与嘉宾交流互动的方式，来推荐好书。直播每月开展一次，每期提前确定一个主题，根据主题去寻找嘉宾。找嘉宾有四个原则：一是自带流量，二是健谈，三是有丰富的经历和故事，四是有输出价值。前期先对嘉宾进行采访，深入了解嘉宾的故事，然后与嘉宾讨论策划直播活动如何开展，讨论什么话题、推荐什么书等。直播开始前，选择合适的地点作为直播间，然后进行精心布置，确保符合当期的主题。直播时，与嘉宾就选定话题进行讨论交流，最后由嘉宾推荐书籍，并同步开展抽奖赠书活动，提高直播的吸引力，同时告知没有获奖的观众，可以到瑞安市图书馆借阅该书。第二天，在微信公众号发布图片新闻，对直播活动进行总结和回顾，进一步提升直播的影响力。

"心兰reading"直播栏目经历了一年的积累，目前形成了3个系列。分别是"小曹带你逛市集"系列、"瑞安方言"系列、"全民阅读推广人"系列。其中："小曹带你逛市集"结合了瑞安市图书馆每年的大型书香市集活动，由主播小曹带领读者沉浸式体验。"瑞安方言"系列邀请与瑞安方言有关的非遗传承人做客直播间,在直播中推广瑞安方言,以此促进方言的发展和传承。

1.2 短视频

除了直播,短视频也是阅读推广的一大途径。一般来说,短视频具有传播范围广泛、传播效果好、受众群体多样等优势。首先,短视频时间短,不容易使受众产生疲劳。其次,短视频制作简单,上手快,无需专业器材和专业人士,只要熟练运用手机和剪辑软件即可,对工作人员而言门槛低、难度小。最后,短视频的内容取材丰富,更能够吸引读者眼球,对读者产生吸引力。图书馆可以及时将最新资源和最新讯息发布到短视频平台上,使读者能在第一时间感受到动态式、立体化的阅读体验。

"小曹"是瑞安市图书馆视频号中的一个短视频系列。它是由馆员"小曹"为主角拍摄制作的短视频,目前已有"小曹碎碎念"和地方文献栏目"瑞邑有书"等系列。瑞安市图书馆通过时下最流行的推介方式,向广大市民介绍图书馆的各项服务以及开展的各类活动,吸引更多年轻人关注图书馆、参与阅读活动。

"小曹碎碎念"这个短视频栏目是不定期推出的,主要是对一些图书馆的服务项目、借阅规则等进行针对性宣传。比如,之前经常有读者把自己的随身物品遗忘到图书馆而长时间不领取,图书馆通过发送公众号请读者来认领但效果甚微。于是"小曹"就借鉴当下直播带货的方式,以轻松幽默诙谐的语言和戏剧性的表演,为大家带来了一期精彩的"失物招领"短视频,起到了很好的提升流量和圈粉效果。具体做法是先去各个借阅室和自习室搜集比较有意思的读者遗留物品,然后把所有的东西都摆在书架上,布置成一个卖货直播间的样子。小曹特地戴上白手套,穿上西装,像一个推销产品的人员,开始"推销"介绍各种物品。视频前半段给读者的感觉是直播带货,然后吸引读者,进一步进入正题,完全改变了以往图书馆短视频以及各类宣传片"开门见山"正正式式而做的宣传推广。该系列的其他短视频也通过创意广告、情景演绎、电影和动漫里的经典台词来演绎,从而引起网友共鸣,尤其是受到广大年轻读者的追捧,有利于提高点击率和播放率,提升宣传效果。

"小曹带你逛市集"是对瑞安市图书馆的一些大型市集活动进行宣传推广,用小曹出镜体验的方式来带领读者了解。

"瑞邑有书"是一档用影像记录人文情感温度,向广大市民宣传推广瑞安地方文献的栏目。该栏目通过采集与梳理地方文献背后的人与事,普及与传播瑞安文化的深厚底蕴,让大家更加关注地方文献以及地方文献背后的作家和捐赠人。

开设这档节目的初衷,是因为当前广大市民对公共图书馆地方文献的捐赠意识不强,对图书馆有地方文献收藏职能的知之者甚少。为了让这个知识宝库能被更多的人重视和认识,小曹就用现在年轻人比较喜欢且容易接受的视频网络日志(Vlog)的形式,把本馆馆藏的部分地方文献分期做系统性的推广和宣传,以让更多的人捐献地方文献到图书馆。比如第一期《遁入深山只为书》,小曹将身份设定为普通的瑞安青年,以第一视角去探寻,去口述,去沉浸式地感受瑞安地方文献背后的人文情怀。再比如由"瑞邑有书"衍生出的新栏目"瑞邑有新书"第一期《文字里的乡愁》,更是将书中的场景、人和物通过视频画面的情景再现,引起更多读者对家乡情感的共鸣。"瑞邑有书"系列视频的创新点在于一改以往地方文献的推广以书籍内容为宣传点,将呈现重点转为作者以及捐献者与书的故事,带入感强,迎合当下年轻读者的阅读需求,让年轻读者因为系列视频从而对地方文献产生浓厚兴趣。

1.3 真人系列表情包

表情包现在深受很多人喜爱。对使用者而言,表情包是一个表达情感、放松情绪的载体。它以形象具体的丰富表情表达内心情感,集搞笑轻松为一体,比刻板的文字标志更能让人记牢。

"瑞图小曹"是瑞安市图书馆推出的真人系列表情包,与其他图书馆的吉祥物或动漫卡通形象表情包不同的是,我们的制作素材是馆员小曹。制作前,先根据当下的热点或流行元素选定主题,比如第一期选的是春节,再根据主题谋划表情包内容,最后由小曹进行各种场景的拍摄、制作。由馆员"小曹"以福娃造型演绎拜年、日常聊天、图书馆学习等不同场景下的表情包,把"同志醒醒,起来学习"等这些热门短语融入表情包,用这些富有创意、动态可爱的形象拉近与读者的距离,增强了人们的阅读兴趣。

与大多数图书馆推广方式不同的是,瑞安市图书馆是将馆员"小曹"作为推广主体。因为小曹本人是播音主持专业的,有非常丰富的编导和表演经验,同时,对图书馆业务也非常熟悉。所以瑞安市图书馆充分运用馆员的自身特点和优势,把小曹打造成一个阅读推广的馆员个人IP,打破大众对图书馆的刻板印象,给大众一个亲切、有趣、全新的印象。这样一来,小曹既是图书馆活动部的馆员,又是图书馆各种新媒体宣传渠道的纽带。在各种各样的活动中不断提高小曹的影响力、号召力,让小曹成为读者在图书馆的一个好朋友,从而在短视频时代成为新的流量密码,提升阅读推广的实效,最终达成全民阅读的良好格局。

2 现状与成效影响

2.1 直播

不同于普通的荐书直播,"心兰reading"是一档以嘉宾故事、热点话题、好书推荐相结合的综合性开放式直播栏目,栏目风格轻松幽默、互动性强。推荐好书是"心兰reading"这个栏目的主要目的,但单纯地用语言去介绍一本书或者一个系列的书籍略显单薄。因此我们除了推荐好书,还通过互动直播吸引更多的观众观看,让观众通过直播变成读者。

从2021年4月第一期开始至今,已经开播13期,分别邀请了绘本达人兔子姐姐、无聊书铺创始人张潇、百草校长周国平、反诈民警金晓燕、养生中医周笑梅、音乐达人大雄等13位不同领域的嘉宾做客直播间,针对不同年龄段、不同职业和不同需求的读者推荐好书。在流量的加持下,瑞安市图书馆的阅读推广工作取得显著成效。前20期直播观看人数达到8.6万人,很多人受直播影响爱上了图书馆,图书馆的办证率和图书流通率大大提升。2022年上半年月均办证量达到1200多个,现持证读者超过17万人,月均借阅量达到10万多册次。

2.2 短视频

目前"瑞邑有书"这档栏目已制作并发布第一集《遁入深山只为书》,观看量达3万多次,受到读者喜爱。第二集正在筹备中,而它的衍生栏目"瑞邑有新书"第一集《文字里的乡愁》也已在2022年6月发布。观看量达1.3万次。很多瑞安籍作家在看到视频后纷纷联系栏目组希望能拍摄自己的书籍。所以这一系列的短视频栏目不仅为新出书的瑞安籍作家提供一个宣传的平台,也让瑞安的地方文献开始走近普通读者,实现了相互宣传的双赢效果。

"小曹碎碎念"到目前为止最受读者喜欢的是"失物招领"这一期,阅读量、转发量和影响力都是本馆视频号里最高的。北京大学信息管理系副研究馆员顾晓光教授转发了"小曹碎碎念"系列视频并发表一篇公众号文章，文章对"小曹碎碎念"的视频表达了赞赏和喜爱。"小曹碎碎念"系列视频打破了以往图书馆给读者的刻板印象，以幽默、诙谐的方式呈现给读者，让读者有耳目一新的感觉。2021年4月至今，该系列共发布34个小视频，总播放量达18万次。

2.3 真人系列表情包

2022年春节期间"瑞图小曹"表情包正式发布，一经推出就受到读者的喜爱，不少读者在后台留言"太有创意了吧！""原来图书馆也可以这么可爱。"同时也得到了业界同行们的好评。

目前为止，表情包的下载量为2023次，发送量突破2万次。其中，春节期间，"瑞图给您拜年了"和"为您点赞"的发送量最高。另外，与图书馆相关的"别打扰我学习"等场景表情包的发送量也十分可观，常有读者在后台留言催更表情包。"瑞图小曹"表情包第二弹正在筹备中。

对于瑞安市图书馆用打造馆员IP来获取流量密码的做法，2022年7月11日，《中国文化报》对瑞安市图书馆新媒体阅读推广案例进行了专题报道。2022年8月26日，省级媒体"浙江宣传"微信公众号发布的文章《脱口秀如何"圈"了年轻派》，将"小曹碎碎念"系列中关于图书馆趣事的脱口秀短视频作为典型案例写进文章，并呈现了12分钟的完整视频，获得超过10万次的点击量。

3 存在问题与解决方案

3.1 存在问题

由于经费不足、专业人员较少、新媒体设备缺乏等原因，目前以小曹为主角的几个活动存在着设计感不强、娱乐性不够、吸引力不足等问题，小曹的个人IP还没有形成很大的号召力。

3.2 解决方案

首先要增加资金投入，购买更加先进的新媒体设备，其次要聘请更多的专业人员加入，增强直播的互动感、亲切感和视频的趣味性、利他性，从而打造更加优质、更具影响力的个人品牌IP，由此去激发广大民众的阅读兴趣。

阅读推广是当前公共图书馆工作的重中之重，也是培养大众阅读习惯、营造全民阅读氛围的重要手段。瑞安市图书馆一直在探索好的阅读推广模式，致力于通过直播、短视频等新媒体方式打造"小曹"这个馆员IP，形成辐射和带动效应。目前，从这几个节目的观看人数和实际效果来看，有几期较为成功，引起了很多人的观看和阅览，达到了很好的宣传推广效果。但如果想要让小曹扩大影响力，就必须制作更多的精品直播、精品视频以打动观众、吸引观众，让更多用户通过"小曹"了解图书馆，爱上读书。下一步，瑞安市图书馆将在各个节目前期设计、制作、互动等各环节倾注更多精力，投入更多资源，引入更多专家名人，充分迎合群众喜好和公众认知，融入小曹温暖亲切、幽默智慧、新鲜有趣的人设IP，把小曹打造成大众的"贴心人"、瑞安市图书馆的"代言人"，吸引更多的人关注小曹、关注瑞图、关注阅读。

"立体式绘本阅读"在小学生绘本阅读推广中的运用

——上海少年儿童图书馆"空间认知课堂"项目

崔卓缘(上海少年儿童图书馆)

1 活动主题

"空间认知课堂"以绘本故事为具体场景,以积木为道具,融入"跨学科学习"的理念,以皮亚杰的"发生认知论"为理论指导,为学生的语文、数学、物理等多学科的学习积累"空间概念的动作经验"。

2 开展背景

早期阅读能力的发展越来越受到学界的重视,国内外学界将绘本阅读作为培养儿童早期阅读能力的主要途径。在这方面欧美地区的公共图书馆做了很多积极的尝试,如英国的Book Start项目[1]、美国的Every Child Ready to Read项目[2]、Family Place Libraries项目[3]、1000 books before Kindergarten项目[4]等。这些项目主要聚焦于幼儿语言能力的发展。在国内的公共图书馆,绘本阅读活动的主要受众是学龄前的儿童[5]。

近年来,越来越多的人意识到绘本不仅仅是学龄前儿童的专属读物,也是适合0—99岁共享的文字作品。绘本内容的思想深度是分层次的,读者的理解水平不仅与其年龄、认知水平有关,还与其阅历、共情能力有关。笔者在阅读推广工作实践中发现,很多五年级的学生都不能读懂绘本《躲猫猫大王》中的小勇是一个智力有障碍的孩子;在五年级的课堂上,学生们还在为《大猩猩》中的"大猩猩是不是爸爸变的"这类问题争论不休;很多五年级的学生都没能看出《我的爸爸叫焦尼》是一个离异家庭的故事。从这些例子看,在小学阶段推广绘本阅读仍有必要。

但是在很多家长和老师的观念里,绘本很"幼稚",即便家长和老师们认可阅读的价值,可还是更关心孩子的理科成绩。要让小学生的家长和老师接纳孩子们读绘本,就需要回答"读绘本除了对语文学习有帮助之外,还有什么好处?""读绘本能不能提升学生的理科思维能力?"等问题,于是我们想到可以从绘本阅读拓展活动着手,借助积木,按照"阅读过程游戏化、阅读内容去学科化、读后拓展操作化、操作目标隐性化"[6]的原则进行拓展活动设计,达到提升儿童空间认知能力的目的。

3 总体思路

2018年,上海少年儿童图书馆开设了"空间认知课堂"。在'每次活动中'馆员都会安排阅读一本绘本,然后通过积木建构、绘画、手工等拓展活动来表达、分享阅读成果,从而达到将语文、数学、物理等多学科的知识和技能串联起来的效果。知识是分学科的,但是智力是不分学科的。在阅读活动中应用去学科化的理念,能有效提升学生的整体认知能力。

每次活动开展时间为1个小时,可由10—12名学生共同参与,活动的前三分之一是"互动式分享阅读",馆员选择符合小学生认知水平的故事类绘本,根据绘本内容设置若干问题,学生们以边阅读边讨论的方式了解绘本内容。

那么如何知道学生们读到了什么? 读懂了多少呢? 在绘本阅读之后,馆员设计了不同的拓展活动,让学生交流阅读之后的感悟和收获,同时也能让馆员了解学生们的"认知盲点"。

同一绘本可以设计不同的拓展活动,一次活动可以安排1—2种不同形式的拓展活动。例如,在搭建积木活动完成之后,还可以再搭配一个手工活动。拓展活动的选择和组合比较灵活,可根据绘本内容、学生的年龄、活动表现而定,馆员还可在实际活动中根据不同情况临时微调。

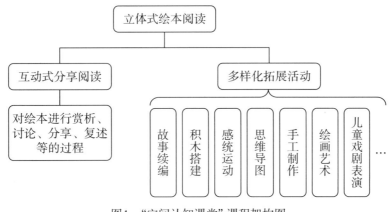

图1 "空间认知课堂"课程架构图

4 具体做法

"空间认知课堂"在绘本阅读的基础上根据学生的年龄设计不同类型的拓展活动。表1是"空间认知课堂"的活动设计。积木类拓展活动通常分为"绘本场景积木建构"和"独立桌面积木游戏"两类,前者注重完成建构作品过程中的合作,后者侧重于培养学生个体的空间能力。手工类拓展活动也是培养学生"心理旋转""心理折叠"等空间能力的方式。思维导图类的拓展活动旨在培养学生按照时间、空间或者其他顺序梳理信息的能力。

表1 "空间认知课程"活动一览表

序　号	绘本名称	拓展活动	拓展活动设计理念
1	《搬过来,搬过去》	用积木搭建鳄鱼和长颈鹿的新家——游泳池	本组活动以小组合作方式完成,旨在培养学生的空间概念。第一,学生要认真观察画面上每一个物体的朝向、物体间的相对位置,然后通过积木作品表现出来。第二,图片是二维平面,积木建构的是三维空间,通过二维平面向三维平面的转换,可以考察学生积木建构的稳定性、象征性。第三,以小组为单位的活动形式可以考察学生的合作、协调以及问题解决能力。
2	《欢乐的圣诞聚会》	用积木搭建提姆和莎兰在爷爷奶奶家过圣诞节的场景	
3	《不一样的圣诞节》	用积木搭建一家四口做姜饼人的场景	
4	《奶牛的埋伏》	用积木搭建农场的场景,并表演邮递员被奶牛吓到的样子	
5	《我和我家附近的流浪狗》	用积木搭建小男孩家周围的地图,找到一条从家到学校且没有流浪狗的路	
6	《小人儿帮手搜索队》	用积木搭建公园场景	
7	《乔伊想当建筑师》	根据积木作品样图搭建"金门大桥"	
8	《爷爷一定有办法》	根据给定的积木,画出对应的立方体展开图	本组活动由每位学生独立完成。活动设计将阅读和几何概念结合,给学生创造动手操作的机会,为培养抽象的空间建构能力打下实操基础。
9	《建筑师海鹦》	画立体图形的三视图;根据三视图拼搭立体图	
10	《一起玩形状游戏》	拼搭积木"伤脑筋十一块"	本组活动由每位学生独立完成。本组活动的任务是将零碎的积木块根据不同的规则拼搭成一个整体的平面或者立体图形。活动对学生的形状凸显能力(增添辅助线)、三维空间建构能力的养成有一定的价值。
11		拼搭积木"伤脑筋十五块"	
12		拼搭积木"育脑塔"	
13		拼搭积木"彩虹魔方"	
14		拼搭积木"九色魔方"	
15		拼搭积木"方片之谜"	
16	《好脏的哈利》	制作手工"魔法书";组织手指谣"哈利操"	拓展活动可以随机组合。手工活动对学生的"心理折叠""心理展开""心理旋转"等空间能力的养成有一定价值。思维导图有利于培养学生的逻辑性。手指谣可以培养学生手、眼、口协调能力,可以训练学生的感觉统合。
17	《葡萄》	奥尔浮律动操《布谷鸟》;用思维导图画出小狐狸种葡萄的过程	

　　积木具有低结构性、高开放性,学生可以充分发挥想象,在游戏中体验诸如几何、测量等数学活动,对他们数理思维的发展具有重要促进作用。通过将绘本阅读和积木建构的结合,绘本提供了故事化的场景,积木提供了游戏化、沉浸式的体验,学生在"隐性"学习过程中获得认知能力的提升。

　　相关案例如下:

　　案例1:绘本《爷爷一定有办法》讲述的是一个名叫约瑟的小男孩,小时候爷爷给他做了一条毯子,随着约瑟渐渐长大,毯子变得破旧了,但是约瑟舍不得扔掉,爷爷就把毯子变成其他物品,陪伴在约瑟身边的故事。

这一绘本的文字很少,语句结构重复,很多幼儿园将它作为语言学习的教材。其实小学生仍然可以读这个绘本,故事的文本内容虽然很简单,但是画面信息非常丰富,很多学生在读了第一遍之后完全没有注意到"约瑟的爸爸是做什么工作的?""约瑟家的地板下小老鼠一家发生了什么变化?"等问题,在阅读的过程中,馆员通过提问的方式可以引导学生挖掘绘本中的小玄机。

故事中约瑟的爷爷是个裁缝,拓展活动中学生们也变身裁缝,为正方体设计衣服,其实就是画立方体展开图。馆员为学生提供积木、与积木边长吻合的格子纸、笔、剪刀、胶带等活动用具。很多学生一拿到纸马上剪,结果"穿"在积木身上才发现不是多了一个面就是少了一个面,然后再用剪刀和胶带做修改。正方体、长方体等立方体的展开图都不止一种,在课堂上馆员要引导学生观察自己设计的"衣服"与别人设计的"衣服"是否相同?在课程结束前,馆员要汇总学生的设计成果,但不需要告诉学生正方体的展开图一共有几种,不过可以留一个作业,比如还能不能为正方体积木设计出其他样式的衣服?

图1　学生们为长方体积木裁剪"衣服"

立方体展开图是几何教学中的重点和难点,很多学生因为缺乏操作经验,很难一下子在脑海中建立立体图形。这一活动设计为学生提供了一个动手操作的机会,有了这次动手的经验基础,学生们更容易在没有实物时,在脑海中形成有关立体图形的空间概念。同样的活动,面向不同年龄的学生,准备工作会稍有差异。如面向小学中低年级学生时,要提供格子纸;面向小学高年级学生时提供白纸即可,让学生们把积木在纸上"翻转",用笔画出积木滚动的轨迹,然后剪下来。除了正方体之外,小学高年级学生还可以为长方体、三角形、圆柱体等其他图形设计"衣服"。其实这个活动也适合在学前阶段的儿童中开展,馆员需要事先将不同立体图形的开展图(衣服)剪好,活动中儿童要选择适合的"衣服"给积木"穿"上。

案例2:绘本《一起玩形状游戏》讲的是小象小妹和大熊哥哥都特别喜欢画画。他们经常玩一个游戏,即一个人随意画一个形状,另一个人在这个形状上加几笔,变成另一个图案。

在拓展活动中,馆员可用积木"伤脑筋十五块"跟学生们玩形状游戏。每人拿到一个

17.5cm × 17.5cm的盒子,盒子里放着15块大小、颜色、形状均不相同的积木块。将积木全部倒出来、打乱再装进盒子里。有上百种不同的摆放方式。刚拿到积木,要求学生在5分钟内将积木放回盒子里。这个任务很少有学生能完成。接着,馆员给学生们准备了"分级通关"攻略,馆员可提前将7—8块的积木位置固定(随着难度的上升,固定积木块的数量会越来越少),拍成图片展示给学生,学生按照样图摆放积木,剩下的积木自行放入。如果给学前阶段的儿童玩,请成人拼好所有的积木,拿出某一块积木让学生放进去,当儿童能熟练放入任意一块积木后,再取出相邻2块积木让学生放入,并以此类推。

在这一活动中,不同学生在空间能力方面的差异很快就显示出来了。有些学生连按照馆员的样图摆放积木都有困难,说明他们在有关二维平面向三维空间转换能力方面有所欠缺。摆放积木的过程,也在考察学生的心理旋转能力、形状凸显能力,这些能力都是学习几何的基础能力。学生们通过转动积木的角度、方向不断地尝试,能够积累操作经验。

这款积木还可以拼成一个的立方体,馆员可向学生展示已经拼成的立方体的前后左右四个侧面,让学生根据已知的四个侧面,还原立方体的全貌。这对学生有关立体空间的建构能力有很高的要求。不过由于学生们手里有积木,实物操作降低了认知难度。他们会不断地对照图纸、转动手上的积木,思考"这个面是如何形成的?""这块积木放在这里能达到图上的效果吗?"之类的问题。当学生还原出整个立方体后,他们会非常有成就感。小学中低年级的学生要由馆员带领一步步慢慢完成,有时甚至要一对一地帮助学生完成。小学高年级的学生自主完成率比较高,而且还能在同伴之间进行互助。

图2　大立方体终于拼成功啦!

案例3:2020年新冠肺炎疫情暴发后,上海少年儿童图书馆的所有线下活动全部暂停,"空间认知课堂"活动由线下转到了线上,笔者在线上课程中选择方便在家里实施的活动,将故事介绍、积木任务、课程设计理念写成小文章,配上课堂实录的照片和视频,在图书馆官微上进行推送。每期推送都鼓励学生回传自己的积木作品,择优在图书馆官微上进行展示。《搬过来,搬过去》和《小人儿帮手搜索队》两期"绘本场景积木建构"的线上活动反响很热烈,不少学生回传了自己在家搭建的积木作品,笔者择优用微信推文的方式进行了展示和点评。经过初步的尝试,我们认为"空间认知课堂"可以以线上的方式开展活动,前提是有具体活动的照片和视频作为示例,让学生产生"自己也想试一试"的欲望;同时还要对学生提交的作业给予积极的反馈,以提高学生参与活动的积极性。

图3　7岁学生搭建的《小人儿帮手搜索队》中奶奶家附近的公园

图4　5岁学生在家长帮助下搭建的《搬过来,搬过去》中的游泳池

5　成效与影响

自2018年9月至2022年3月,"空间认知课程"一共开设了41期,累计参与人数达11094人次。

线下的"空间认知课堂"每月举行1—2期。公共图书馆的受众比较分散,参与的学生一至五年级的都有,一次活动中既有一年级的学生,也有五年级的学生。通过灵活的活动形式、分梯度的课程内容设计,让他们都可以很好地享受1个小时的活动时光。在活动中,高年级的学生还会主动帮助低年级的学生,活动的氛围十分友好。

图5 学生们以小组为单位共同搭建了《奶牛的埋伏》中的农场

上海少年儿童图书馆的活动采取预约制,"空间认知课堂"活动经常一经发布就被一抢而空,常有学生和家长打电话来申请增加名额。活动中学生们有时会问:"老师,下午的活动还是你上吗?""下一次这个活动是什么时候?"临近寒暑假,更是有不少家长来询问"空间认知课堂"是否可以作为学生的假期"雏鹰小队"活动。这些都说明"空间认知课堂"在一定程度上受到了家长和学生们的认可和喜爱。

2020年,受新冠肺炎疫情影响,线下活动暂停,"空间认知课堂"转为线上举行,每期以图文和视频结合的方式,在图书馆官微上发布一本绘本的故事梗概和一个积木建构任务。"绘本场景积木建构"系列还向学生征集积木作品,择优在图书馆官微上展示。线上活动的效果虽稍显逊色,但还是能收到一些学生的热情反馈。

6 特色与亮点

第一,"空间认知课堂"课程设计主要受皮亚杰"发生认知论"和"空间能力"关研究的启发。

皮亚杰将儿童的智力发展分为4个阶段:感知运动阶段、前运算阶段、具体运算阶段和形式运算阶段。儿童通过动作由前一个阶段发展到后一个阶段,儿童的智力发展起源于动作[7]。

常规的几何学习,多是以平面图片的方式展示立体图形。如果学生缺乏把玩实物的动作经验,很难在脑海中建立对应的立体图形,也很难在脑海中描绘出立体图形翻转、位移的运动轨迹。在"空间认知课堂"活动中,馆员提供积木教具,让学生通过对实物模型的操作构建想象中的立体空间,进而促进他们空间能力的培养。

空间认知能力是一种认知图形,并运用图形在头脑中的表象进行图形操作的能力。它的主要内容就是在解决任务的过程中运用图形表象。它的操作单位不是词,而是能表现客体的空间特征和关系的表象[8]。已有研究表明:学童在数学学习中的表现与学童本身的空间能力是正相关的;并且,数学计算能力也与个体的空间能力呈正相关关系[9]。

积木游戏多运用在幼儿园,但是在小学阶段将积木作为教具,对学生空间能力的培养依然能发挥重要作用。康丹等学者认为:在主题积木游戏中,儿童试图从模型中做出特定的结构,分析如何利用空间表征来创建一个预定义的模型;他们使用各项空间技能完成搭建作品的过程,是通过动作不断学习、完善、巩固、发展自己的空间认知能力,提高空间概念、搭建技能、表征水平的过程[10]。这个结论不仅适用于幼儿,也适用于小学生。"空间认知课堂"以游戏化的积木建构任务,给学生制定了明确的目标,在实现目标的过程中,学生们要解决几何形状的替代、积木搭建的稳定、作品内容的表征等具体的问题。解决问题的过程就是提升空间能力的过程。

第二,"空间认知课堂"以去学科化的理念,实现语文、数学、物理等多学科的"跨学科学习"。这种"跨学科性"体现在活动的拓展形式上。在阅读之后,以操作化、可视化的、多样化的拓展活动,让学生展示阅读成果——读到了什么?读懂了什么?更重要的是发现了学生的认知盲点——从积木搭建可以看出学生对故事场景里的空间方位观察不到位,对二维平面到三维空间的转换有困难;从折纸方式可以看出学生在心理旋转、心理折叠、心理展开等空间能力方面的不足;从思维导图的绘制中能看到学生对所读绘本内容的时间、空间顺序有混淆,等等。在发现学生的认知盲点之后,可以通过游戏化的教学方式,在实际动手操作的基础上,降低认知难度。不同的拓展活动针对不同类型能力的培养,同一本绘本采取不同的拓展活动形式,这样更容易实现培养学生多方面能力的目的。

第三,"空间认知课堂"注重"儿童视角"。这一理念从备课阶段就得到充分的体现。绘本场景积木建构系列活动开始前,馆员会提前打印图片,每组一张,尽量避免学生一边搭积木一边抬头看投影,从而避免注意力频繁切换。"伤脑筋"系列等活动做好"分级题库",降低儿童的认知难度,让不同认知能力水平的儿童都有参与感和获得感。手工任务则需提前做好实物样例,给儿童直观的感受。在授课阶段,馆员应尽量关注每一位学生的状态,及时给予帮助和引导。馆员在活动中更重要的任务是做好学生课堂表现的记录,用拍视频的方式记录学生的认知、解决问题的过程和结果。每次活动后,馆员要回看视频,及时记录当天的课堂情况、教学感受,发现问题,调整教学方案。这一回顾的过程会让馆员更加了解活动参与儿童的能力水平,更加认识到儿童的认知盲点,从而设计更适合儿童的活动内容。

7 存在的问题与改进方向

第一,课程缺乏量化的效果评估。公共图书馆是面向大众服务的,为了确保受众面广泛,馆内的所有活动都不能固定某一特定受众。像"空间认知课堂"这样的活动不是一次就能让参与学生获得明显的提升和进步。未来,在条件允许的情况下,若能固定受众(20名学生),连续三个月,每周授课一次,活动效果可能会比较显著。同时,在经监护人同意的前提下,可尝试用韦氏智力测验中的空间测验等标准化测试对这批学生进行测评,在活动开始前和结束后分别进行一对一的评估,能够达到量化课程效果的目的。

第二,线上活动缺乏配套教具。虽然线上的"空间认知课堂"是受新冠肺炎疫情影响而采取的备选方案,活动效果不及线下。但是从扩大活动受众面的角度来看,这是一个很好的活动推广方式。"绘本场景积木建构"系列课程的参与度比较高,多是因为上海地区学生们家里基本都有乐高等积木玩具。但是独立桌面积木游戏所使用的教具,很多家庭是没有的,尽管平面拼搭任务可以用纸片剪出相应的形状来替代,但是无法完成立体图形的拼搭。未来,在线上活动报名之后(每堂课30名学生左右),馆方可为活动参与者寄送活动素材包。线上活动的形式也可以从简单的图文介绍改变为直播课,馆员一边讲授、示范,学生们按提示操作。如此一来,也能增加活动的互动性,还可将活动的理念延伸到家庭中,甚至可以开展亲子共同参与的活动。

参考文献

[1] 施衍如,文杰.大英图书馆学前儿童阅读推广实践与启示[J].图书馆工作与研究,2021(6):49-54.

[2] 温慧仪.美国公共图书馆早期读写能力培养服务项目ECRR的探析与启示[J].图书馆学刊,2020(12):107-111.

[3] Family place libraries[EB/OL].[2022-03-11].https://www.familyplacelibraries.org/.

[4] 1000 books before Kindergarten[EB/OL].[2022-03-11].https://1000booksbeforekindergarten.org/.

[5] 殷宏森.公共图书馆儿童早期阅读服务探讨[J].河南图书馆学刊,2020(7):7-9.

[6] 吴念阳.跟着儿童心理学家玩绘本[M].上海:上海教育出版社,2021:4-5.

[7] 方富熹,方格,林佩芬.幼儿认知发展与教育[M].北京:北京师范大学出版社,2003:26-30.

[8] 杨孟萍,石德澄.空间认知能力的测验研究[J].心理发展与教育,1990(4):213-217.

[9] 王毓婕,陈光勋.运用几何软体Cabri 3D与实体积木教具教学对国小二年级学童学习空间旋转概念之影响[J].台湾数学教育期刊,2016(1):19-54.

[10] 康丹,胡姿,蔡术,等.主题积木游戏对5—6岁儿童数学能力和空间技能发展的干预效果[J].中国心理卫生杂志,2020(4):332-336.

巧手妙思"慧"阅读 地方之花发"新"芽

——唐山市图书馆儿童地方文化阅读推广案例

韩琮琳 刘小菲 隋 丽 刘聚斌 王硕硕(唐山市图书馆)

1 背景与意义

文化兴则国运兴,文化强则民族强。文化是一个国家、一个民族发展历程中最基本、深沉、持久的力量。公共图书馆作为城市文化中心,肩负着地方文化普及与推广的历史使命与担当。挖掘地方文化精髓,揭示地方文化内涵,传承地方文化记忆,是公共图书馆加强阅读推广工作活力、锚定文化自信目标的勇敢试炼。围绕地方文化展开图书馆的阅读推广工作,能为图情工作领域的"创"与"变"提供更多思考。地方文化的独特魅力使得这一话题自带"流量",图书馆馆员借力创新载体形式,讲述好城市故事,使得地方文献中沉睡的文字重新"活"起来充分激活读者内在文化基因,畅享地方文化盛宴。

面向儿童开展地方文化阅读推广活动,对文化启蒙教育具有重要意义。孩提时代对家乡优秀地方文化的探索与了解,有利于儿童从小形成热爱祖国与家乡的情愫,在其构建人生观、价值观的重要时期,将优秀本土文化的种子根植心灵,内化于情、外化于行,在其成长通路上不断提供能量,为儿童的健康成长树立精神世界坐标,在生活实践中强化其地方文化自信,增强文化归属感。

目前公共图书馆通过挖掘、利用本土文化资源开展面向儿童的阅读推广活动案例甚少。唐山市图书馆的儿童地方文化阅读推广系列活动经过唐山市图书馆馆员反复打磨实践,已开展一年有余,成功举办儿童地方文化阅读推广活动百余场,辐射唐山所属各县(市、区)大小读者2万余人,积极助力地方文化普及与推广工作。活动注重家长对儿童文化启蒙的影响,帮助家长朋友把既有认知连同家乡之情传递给孩子,实现地方文化对人们的精神激励与代际传递。系列活动以活灵活现的情境设定入手,通过文化探寻活动激发儿童阅读兴趣,引导儿童阅读行为,使其享受阅读的乐趣,并最终爱上阅读。

2 活动简介

少儿时期的阅读活动不仅可以丰富儿童的童年生活,也深刻影响着他们的文化素养的培养、精神世界的构建以及未来的成长轨迹。目前,各级各类公共图书馆推出的儿童阅读活动层出不穷,但真正有创新性的活动并不多见。在活动同质化严重的现状下,只有挖掘富有地域特色的地方文化,才能精雕细琢出独具特色的精品儿童阅读推广活动。

市面上以地方文化为主题编撰出版的儿童读物大致分为两类:一是选取部分代表地区,

分系列设定主人公的人物形象，以日记体、故事化的展开方式讲述各地的风土人情的图书，如《美丽中国·从家乡出发系列》《中国文化地理绘本》等。二是通过生动有趣的手绘插画，科普我国地理百科知识的图书，如《我们的中国》。在很多地区，有关地方文化资源类的儿童读物几近于无。由此可见，儿童通过阅读能够获取的地方文化是十分有限的。基于此，为培养儿童阅读兴趣，以及建设家乡、传承优秀地方文化的意识，唐山市图书馆将儿童视为文化的传承者，将推广地方文化融入儿童阅读推广工作中，用适合儿童阅读的创作方式诠释地域文化，打造出了"毛茸茸的家乡""手偶话唐山""灯影里的小世界"等一系列精品原创阅读推广活动。

2.1 "毛茸茸的家乡"原创布书制作活动

地方文化来源于当地生活，与地域特征密切相关，并蕴含一定的地方精神，具有独特性和历史传承性。为更好地让儿童感受乡土之美，唐山市图书馆选取符合儿童身心特点、积极向上的地方文化资源作为创造素材，引导读者在日常情境化的创作思路中进行绘本编创，通过多种方式解读地域文化的内在含义，让原创绘本成为充当传递地方文化的载体。活动选取无纺布这一易于保存的材料为布书制作的原材料，辅以颜色鲜艳的插页为背景，更加符合儿童的认知特点。绘本制作过程中为强化视觉形象的真实感，读者更多以主体形象设计为主、文字为辅，充分运用粘贴、绘画等手段表现自己的文化创意，每一本都留存下其关于家乡最美好的童年回忆。

2.2 "手偶话唐山"儿童剧活动

地方文献资源是在当地历史发展过程中形成的，记录着人们的生活轨迹，既有文字记载的地方史籍，又有口耳相传的民间传说，具有强烈的地方印记。儿童通过阅读地方文献资源来了解当地历史文化渊源，对其汲取地方文化的养分有着极为重要的意义。日常生活中，儿童与地方文献资源的接触有限，缺乏了解，因此需要图书馆馆员在大量查阅求证工作的基础上，筛选出易被儿童接受理解的神话故事、历史典故、民俗技艺等精品地方文献资源作为活动内容的来源。读者在每期设定的主题内容中选择要加工的素材，根据自身生活体验进行手偶剧剧本编创，创作生动有趣的故事情节。孩子们将设计好的故事内容通过活灵活现的手偶剧进行演绎，辅以水粉、彩泥、彩色卡纸等制作的背景和环境道具，在活泼的气氛中激发儿童的好奇心及求知欲，根植文化自信的种子。

2.3 "灯影里的小世界"纸皮影绘本剧活动

皮影是唐山市非物质文化遗产之一，有"冀东三枝花"之一的美誉，但因其制作工艺复杂，需专业演员演绎，故受众有限，普及程度不高。为更好地弘扬优秀地方传统文化，唐山市图书馆队集思广益，基于儿童身心发展特点及兴趣所在，创造性地将传统皮影形式改良成制作简单、易于操作的"纸皮影"。"纸皮影"制作继续沿用传统皮影制作原理，但以卡纸为主要材料，通过绘、剪、拼、贴、连等方式实现平面形象"活起来"。用"纸皮影"对经典绘本进行演绎，让简单的文字、图画由二维平面变成三维立体，在有趣的戏剧情节里辅以生动直观的人物形象，以童真童趣的语言风格为大小读者带来耳目一新的视听盛宴。

3 活动内容

3.1 "毛茸茸的家乡"原创布书制作活动

（1）活动对象：4—6周岁儿童和家长

（2）活动频次：每周一期

（3）主题选取：馆员在整合馆内资源的基础上，与当地文化旅游资源相结合，确定出"舌尖唐山""腔调唐山""玩转唐山""腾飞唐山"四个系列主题，分系列探寻其中具有代表性的地方文化产物。

（4）活动开展

①观看体验：每期以系列主题中的一种事物为例，馆员通过带领儿童观看视频、现场讲解、互动提问等方式，启发其深入思考，为创造提供指导。

②布书制作：儿童和家长在充分了解和深入体验的基础上一起制作布书，每期制作两页。

3.2 "手偶话唐山"儿童剧活动

（1）活动对象：5—7周岁儿童和家长

（2）活动频次：每两周一期

（3）主题选取：馆员通过对地方文献资源进行二次加工、整理及改造，以儿童感兴趣的日常生活场景为切入点，设计出具有地方文化特色、便于创编演绎的活动主题。

（4）活动开展

①讲解示范：馆员选取主题部分内容，进行主题释义、剧本编创、现场展演等各环节讲解及示范，为读者编创引领方向。

②剧本编创：儿童与家长一起根据主题内容自行选取剧本素材、以旁白、对话等多种形式完成剧本的故事情节创作。

③手偶演绎：儿童与家长一起练习用手偶对故事情节进行演绎及上台展示。

3.3 "灯影里的小世界"纸皮影绘本剧活动

（1）活动对象：5—7周岁儿童和家长

（2）活动频次：每月一期

（3）主题选取：馆员在深入了解馆藏各类资源的基础上，结合文献流通数据进行统计分析，每期甄选出十本以内适合创意改编、易于理解、贴近生活的绘本，供读者自由选择。

（4）活动流程

①导读引入：馆员选取一本当期主题的绘本进行代入式讲读，讲读过程中创设生活场景，对儿童及家长进行启发式互动提问。

②制作示范：馆员以制作好的纸皮影为例，分步讲解纸皮影的制作方法、工具使用、注意事项。

③故事编创：儿童与家长一起根据自行选择好的绘本，提炼其主要故事内容，选取部分内容进行情节构思，并以简练的故事化语言对故事进行重新创作。

④原创手作：儿童与家长一起确定所需故事形象后制作所需的纸皮影。

⑤现场展演:儿童与家长一起上台表演创作的纸皮影绘本剧。

4 特色分析与创新点

4.1 化"被动"为"主动",抛砖引玉开启地方文化求知大门

在三个原创系列活动中,馆员角色由"主导者"向"引导者"转变,将活动的主要实施权交予读者。馆员以选取的唐山地方文化中不同主题的代表性事物为引导,立足地域文化元素开展主题阅读推广活动,同时为读者提供必要的阅读媒介和设备,帮助读者全身心投入情景感知阅读中,以加深儿童对自己脚下这片土地历史文化的了解。

活动充分发挥读者的主观能动性,让其根据自身的生活体验及独特感悟,在多元的阅读活动形式中加深对地方文化的感知、认知与体验,在实践中建构起对于特定文化共同体的群体归属感。这一活动极大地激发了读者的参与热情,提高他们对地域文化学习研究的兴趣,让孩子从被动学习转化为主动学习,为小朋友们开启一扇通往本土文化新世界的大门。

4.2 亲子代际传播,让沉睡文化记忆在陪伴中焕发生机

父母和孩子生活在不同时代,他们对于本土文化的记忆也有其不同的独特时代烙印,但共同的故乡情是维系两代人的纽带。在亲子互动活动中探寻共同的文化记忆,让代际之间的鸿沟在欢乐的活动中逐渐消弭。活动中儿童和家长各自从生活经验和兴趣特点出发,通过整理、加工、再创造的方式对地方文化进行学习与传承,在一系列动手动脑的协同合作中加深了亲子感情,同时又迸发出了新的智慧火花。地方文化在代际传承中得到升华,为儿童观察生活、描绘事物、表达感悟和创作想象提供了更为广阔的空间,让地方文化焕发出全新的生命力,并更具魅力。

活动开展过程很考验儿童和家长的动手动脑能力,特别是对于家长来说,其在新知识面前是"学习者",但在儿童眼里又是"引领者",学会如何在"学习者"和"引领者"两个角色之间转换也是家长的重要必修课。家长在长期、持续性地参与活动过程中,也能逐步习得正确的阅读观念和阅读方法,不再局限于单纯的讲述,而是学会在家庭阅读中激发孩子的学习热情和求知欲,从而创设良好的家庭阅读环境。

4.3 主题阅读指导,引领家长在家庭阅读中延续启蒙种子

父母是孩子的第一任老师,家庭教育在儿童启蒙期乃至其一生中都起着举足轻重的作用。为更好地帮助读者顺利开展家庭阅读活动,馆员精心设计、巧思妙想,制作出一期期契合不同活动主题、简单易操作、极具指导性的家庭阅读指导手册。家庭阅读指导手册不再局限于单一的促进某类绘本资源推广的活动,而是以活动开展为契机,凝聚核心受众,吸引边缘受众,以便利的方式引领家庭阅读,以点带面,带动馆藏绘本资源的顺利推广。该手册于每期线下活动结束后同期线上发布,手册内容紧扣当期主题,内容分为四个部分:活动回放总结提升、推荐书目开阔视野、游戏环节寓教于乐、互动提问发散思维。

手册中活动环节的设置充分考虑到儿童的理解能力和阅读兴趣,精心设计的小环节看似简单有趣,背后则需要儿童眼观、耳听、动手加思考,让其在家庭日常生活中也能有立体化沉

浸式的快乐阅读体验。家庭阅读指导手册的出现扩大了阅读推广活动的受众参与面，让未能到馆的读者同样可以享受各项阅读资源成果。家长在手册的指导下，不仅可以更好地了解掌握孩子的阅读和学习习惯，学会和孩子的相处之道，还能帮助儿童拓宽知识面，激发其阅读兴趣，在家庭陪伴中完成"春雨润物细无声"式的知识教化。

4.4 引入社会力量，多模式开创推广营销新局面

作为公共文化服务机构的图书馆在不违背公益性原则的前提下，应积极发展合作伙伴，与各类文化机构、区域文化组织以及当地旅游企业、景区管理部门等开展全方位、深层次、多形式的合作，产生协同效应。这一做法既能提升公共图书馆少儿阅读推广工作的质量与效益，促进阅读推广效果最大化；又打通了外部宣传渠道，能进一步提升公共图书馆的社会影响力。

志愿者队伍的加入更是为阅读推广活动注入了新的活力，一方面专家学者做志愿者能让阅读推广活动变得更加可信和有说服力；另一方面，来自不同领域的志愿者队伍协同合作，既能运用集体的智慧在活动开展过程中献计献策，又能扩大图书馆阅读推广活动的宣传范围。

5 活动效果

为了大力弘扬地方文化，唐山市图书馆不断推陈出新，组织开展多样、立体、系统的阅读推广活动，致力于让地方文献之"古树"在新时代大背景下焕发盎然生机。唐山市图书馆少儿馆的馆员们在日常的活动实践中不断磨砺专业技能、提升职业素养，对儿童本土文化阅读推广领域有着独到见解和热忱的情感，馆员们已然将儿童本土文化阅读推广工作当成一项光荣的使命，他们的辛勤工作也体现了图书馆馆员的人生价值和社会价值。

自2020年10月起，"毛茸茸的家乡"原创布书制作活动、手偶话唐山、儿童剧活动和"灯影里的小世界"纸皮影绘本剧活动先后登上唐山市图书馆少儿舞台，三项系列活动虽然在目标受众人群、推广文化资源与活动预期效果方面拥有不同定位与侧重，但在内容主题方面达成共识，全部甄选唐山优秀地方文化进行推广与普及，三项系列活动相辅相成，在内容与形式等多方面互补，共同践行优秀地方文化推广使命。

唐山市图书馆儿童地方文化阅读推广活动已经成功开展百余场，活动采用线上与线下相结合的模式，充分利用网络渠道为活动宣传造势，活动在新媒体的加持下进一步扩大影响力。近年来，系列活动辐射唐山各县（市、区），线上参与人数达2万余人，活动荐读相关绘本图书300多册，2021年本土文化题材绘本与书籍借阅量较2019年增加32%。活动素材选取贴近生活，组织形式丰富多彩，符合儿童身心发展特点。家长和小朋友们纷纷称赞系列活动内容有创意、亲子互动很暖心、主题积极有意义。每场活动一经微信平台发布，名额都是"秒"抢。

6 经验总结

6.1 深挖地域文化资源、打造特色品牌活动

一方水土养一方人，自然环境、人文历史与现代文明一同形成了各具特色的地域文化。公共图书馆在开展阅读推广活动时应注重挖掘地方文化中独有的文化内涵。首先，馆员要选取与城

市文化、时代主题、社会主旋律一脉相承,能充分体现地方历史文化的精品地方馆藏资源作为活动的素材。其次,活动要与当地旅游文化资源相融合,从特定城市的日常文化生活中找寻共同的文化记忆。借助本土文化开展阅读推广活动时,应将有推广价值的地方文化元素与阅读推广活动有机结合,在遵循儿童一般阅读规律的基础上,通过多种方式,使读者全面感知地方历史与文化发展,实现地方文化的立体呈现,打造特色品牌活动,并为读者创设富含地方特色的阅读环境。

6.2 多次编创实现有效传播,活动设计取材实际可行

公共图书馆开展地方文化阅读推广活动时只有认真倾听读者需求,遵循科学的阅读传播规律,才能真正实现有效传播。本案例在活动开展过程中引入了"编创促推广"的理念:一是馆员在提炼地方文化精髓的基础上,根据受众特点在内容选择、过程设计、增强体验、效果评估等各环节都针对性地进行了精心编创,让整个阅读推广活动更加符合儿童的认知能力水平,潜移默化培养热爱家乡的情怀。二是让读者在活动过程中对地方文化进行的二次加工,在活动中强化体验,加强学习能力,这一过程的反复再现能真正实现知识的深层次有效传播。

基层图书馆在人、财、物等要素有限的情况下,在开展阅读推广活动时学会将现有资源优化组合并加以合理利用就显得极为重要。本案例在设计过程中小到活动用材、大到主题策划,每个环节都是馆员在综合考虑现有馆藏资源、读者接受水平、最终呈现效果等多个因素的基础上,运用集体的智慧预想活动开展情境,通过查阅资料、整理改编、动手制作、模拟表演等细细打磨每个活动细节,最终确定出切实可用的活动方案,让阅读推广工作真正落到了实处。

面向儿童的地方文化类阅读推广活动,对激发儿童的家乡归属感、自豪感和培养他们的文化自信有着极为重要的作用。本案例依托唐山市本地丰富的文化资源和图书馆内的文献资源,内容独特,形式新颖,可操作性强,读者接纳度高。希望通过本案例,抛砖引玉,引起业内同人对有关地方文化的阅读推广活动的关注与重视。

家庭参与式的民间儿童阅读推广实践及启示

——以布卡童年童书馆为例

黄　珣（江西省图书馆）

自2006年"全民阅读"活动开展以来，全社会形成了"多读书、读好书"的良好氛围和文明风尚。2020年10月，中央宣传部印发《关于促进全民阅读工作的意见》，提出积极推动青少年阅读和家庭亲子阅读的要求，也明确了要组织引导社会各方力量共同参与和加强全民阅读宣传推广，要求到2025年基本形成全民阅读推广服务体系[1]。随着政府对全民阅读的重视，越来越多的社会力量参与到阅读推广工作中，也有许多民间阅读组织面向儿童开展阅读推广服务，进一步推进了全民阅读推广服务体系的构建。社会各界如何多渠道并进、多元参与全民阅读推广活动、构建书香社会值得深入研究。本文选取民间儿童阅读推广机构——布卡童年童书馆为研究对象，对其开展的儿童阅读推广实践工作进行研究，以期为公共图书馆开展儿童阅读推广工作带来新的启示。

1 布卡童年童书馆概况

布卡童年童书馆（以下简称"布卡"）创办于2011年，专注于0—12岁儿童阅读策略学习的研究与实践，通过对儿童进行阅读方法的指导、组织集体共读以及深度阅读读书会，培养儿童的综合阅读能力。布卡开创了"行走——活阅读"户外阅读模式，秉承"阅读本生活、生活本阅读"的理念，通过带孩子参加自然探索、参观人文历史景点等游学的方式，开展多元阅读实践活动，让阅读"活"起来。布卡通过培养儿童良好的阅读习惯与自主阅读能力，指导家庭阅读正确开展，保障孩子基础阅读量，让儿童读对书、读好书，从而开启"爱阅读"之路。布卡童年童书馆先后获得全国十佳绘本馆、全国妇联亲子阅读体验基地等称号。

2 多维度儿童阅读推广实践

2.1 儿童多元阅读服务

多元化的阅读方式，可以帮助儿童多元化的能力成长。布卡围绕科学认知、艺术创作、戏剧表演、美食美育、游戏等主题开展多元阅读服务，激发儿童的阅读兴趣，近年来开展各类儿童阅读活动超3000场。立体多元的阅读方式让儿童在快乐阅读中学会思考、养成习惯、树立品德、提升能力。

2.1.1　精选绘本阅读推广

绘本是"图乘以文"的一种儿童文学形式,是文字与图画相结合共同构成的一种独特文学艺术表达方式。绘本是儿童早期阅读的最好载体,也可以作为低学龄阶段阅读写作课的素材[2]。面向低幼儿童,布卡重点挑选能体现绘本之"美"的作品,包含美象、美感、美德等内容,让幼儿在绘本阅读中接受美育,学习美德。面向学龄儿童的绘本挑选则以体现绘本之"力"的绘本为主,重视故事建构力、言语表达力、思维想象力。精选绘本中还侧重于中国原创绘本,读图画,培植东方审美情怀,品文字,感受中华传统文化。

开展绘本阅读课以《好神奇的小石头》为例,这是一本适合3—6岁低幼儿童阅读的绘本。书中以"寻找小象"音乐游戏为开场,让幼儿感知音乐律动,再通过猜石头的游戏激发幼儿兴趣,用纸包起石头相互碰撞发出声音,通过听声音,让幼儿描述石头敲击的声音像什么,再通过滚石头游戏,让幼儿观察什么形状的石头更容易滚动。通过《好神奇的小石头》绘本的故事讲读与互动活动,加强幼儿对于物品颜色与形状的认知。还可以开展"石头"主题游戏"石头变变变",给每位幼儿一筐石头,请小朋友们在画纸上将石头按从大到小的顺序排队,并利用石头作画,通过拓展游戏激发幼儿的想象力和创造力。

2.1.2　儿童分级阅读指导(0—12岁)

儿童分级阅读是针对不同年龄段儿童的生理和能力特点进行科学规划和设计的长期阅读方案[3]。不同年龄段的孩子需要不同的阅读内容。布卡针对0—3岁、3—6岁、6—12岁不同阶段儿童开展分级阅读指导。对于0—3岁的儿童,注重"联结性阅读",围绕儿童情感的联结、与世界的联结等方面开展阅读。对于3—6岁的儿童,注重"成长性阅读",要围绕儿童有关语言、认知、情绪管理、社会化发展等方面的能力的成长、社会性发展。对于6—12岁的儿童,则应注重"多视角阅读",围绕人文、社会、科学等多方面开展阅读活动。儿童分级阅读指导工作总体应遵循"多元化阅读不偏食"的原则开展,以实现儿童阅读能力的成长。

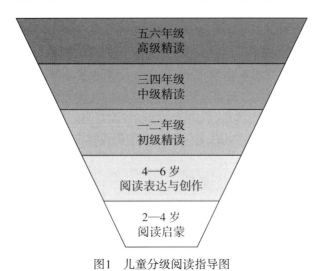

图1　儿童分级阅读指导图

2.1.3　集体共读促进深度阅读

布卡面向儿童开展自主阅读、集体阅读、专业引领三项特色服务,既可通过绘本阅读服务和家庭阅读指导,实现自主阅读与亲子阅读并行开展,也可通过开展专业集体阅读引领特色服务。集体阅读是在孩子的不同心理发展阶段,选择适合他们的书籍,以集体阅读的方式,运用阅读策略,逐步实现从浅阅读到深阅读。要提升孩子的阅读能力,在阅读的不同阶段,提什么样的问题,什么时候提出,如何回应,都需要有专业的引领。同时,相同年龄的孩子,有类似的认知与接近的阅读环境,集体阅读可以帮助孩子们掌握"思考""倾听""表达"的能力,有助于进一步实现分级阅读引领。

表1　从精读到深读——系统培养深度阅读能力

阅读类型	读者阶段	主要内容	阅读目标
精读	3—4岁阅读启蒙	⇨同一年龄段集体精读,专题设置,系统阶梯上升。 ⇨涵盖诗歌类、故事类、散文类、科学类等各类阅读题材	⇨学习阅读策略,开始在阅读中思考,实现跨领域的探索。 ⇨提升想象力、语言表达与运用能力、探索能力,培养情商,让阅读走得更有深度
	4—5岁绘本表达		
	5—6岁绘本精读		
深读	深读一阶	⇨阶梯与主题式设置,围绕不同年龄阅读力要求系统安排。 ⇨选取绘本、文本、整本书、文言文、古诗词等题材	⇨综合培养深度阅读能力,激发与培养孩子的想象力、感受力、理解能力、分析能力、批判能力。 ⇨通过集体共读、讨论、分析与表达等方式,从输入到输出,逐步过渡,从浅阅读到深阅读
	深读二阶		
	深读三阶		
	深读四阶		
	深读五阶		
	深读六阶		

2.2　家庭阅读指导

《中华人民共和国家庭教育促进法》中明确了"父母或者其他监护人应当树立家庭是第一个课堂、家长是第一任老师的责任意识",提出要开展家庭教育,指导服务活动,建立健全家庭学校社会协同育人机制。布卡十分重视家庭参与的阅读推广,累计举办各类家长读书会和深度阅读沙龙超千场。面向家庭开展各类阅读指导服务,组建"3+2"阅读讲师团,发展"故事妈妈"团队,吸引近60名妈妈参与培训学习与实践,走进社区、学校、幼儿园、单位,为更多家庭带去专业阅读服务。布卡参与并专业指导实施南昌市妇联与市妇女儿童活动中心"蒲公英妈妈家庭阅读计划",通过培训、考核、实践督导等方式,培养了两批"蒲公英阅读妈妈",在南昌市开展100多场公益进社区阅读活动,活动范围覆盖了2000多个家庭。

2.2.1　亲子阅读活动

亲子阅读又称亲子共读,是一种以阅读为媒,促进儿童和家长沟通、学习和分享的阅读活动[4]。近年来,亲子阅读服务已成为阅读推广服务的重要内容,布卡通过开展各类亲子阅读活动,培养儿童阅读兴趣,引导家长重视阅读,增强家庭亲子感情。在亲子阅读时,共同参与设计好的互动活动,在互动参与中,无论是孩子,还是成人,都可以感受到生活的幸福、阅读的魅力;还能增加孩子和成人的"共通语言",为良好的家庭阅读氛围打下了基础。同时,家长也能在亲子阅读活动中习得多种家庭养育技能。公共图书馆可每周开设一次亲子阅读活动,家庭可根据自己的时间报名参加,通过参与活动提升家庭的阅读参与度。

2.2.2　家长精读会

一本书可以一个人读,也可以一群人读,每一个人想达成的阅读目标也不同。集体共读区别于个体阅读，只有亲身参与，才能明白个中的意义。在家长精读会中，布卡用一本本绘本，从"自我成长""家庭教育""亲子关系""沟通与情绪"等各方面出发，带领参与者想象、思考、感知，发挥绘本的更大价值，帮助成年人爱上阅读。

在绘本《上山的路》中，每个星期天，獾女士都会去一个叫"甜面包"的地方。她总是沿着山路一直爬到山顶，在路上采蘑菇，帮助朋友。一天，她在路上遇到了一只害羞的小猫，更多的故事就此开始。以互动式故事讲读方式，读懂书的四篇章。第一部分"獾女士带着小猫去上山"；第二部分獾女士老了，"小猫陪伴獾女士去上山"；第三部分獾女士留在家，"小猫独自去上山，再回来分享经历给獾女士"；第四部分"小猫在上山路上遇见兔子，带着兔子去上山"。通过四个部分的互动式提问与思考，家长们读到了陪伴的意义、过程中的收获、激励的方法、如何做选择，更读到了"传承"。

2.2.3 阅读指导课堂

家庭阅读是全民阅读的起点和基础，对于构建书香社会具有重要的价值。倡导全民阅读离不开家庭，离不开家庭阅读。儿童阅读离不开家人的正确引导，如何让家长深入了解阅读的重要性，共同激发儿童阅读的兴趣，培育家庭阅读的良好氛围，这些都需要专业的家庭阅读指导。在家庭阅读指导中，布卡开展了"阅读指导第一课——亲子阅读怎么读"和"阅读指导第二课——家庭阅读中的互动"等专业指导课程。

阅读指导课堂"家庭阅读怎么读？"由布卡童年童书馆创始人谢谢姐姐主讲，面向家长开展阅读指导。线上线下同步开展，每月2次，每次1小时。以阅读绘本时，通过绘本讲读、换位思考、感同身受的引导式方式，围绕家庭讲读绘本时的坐姿、拿书方式、语气语调、如何提问、重点关注信息、是否指字指图等问题开展交流与讨论。通过家庭阅读指导，让更多的家庭明白亲子阅读是最好的亲子陪伴，并可学习使用正确的方式开展家庭亲子阅读。

2.3 行走的阅读研学

文旅融合背景下阅读推广实践和研究广受关注，作为民间阅读组织，如何结合文旅融合，让阅读"活"起来？布卡推出行走的"活"阅读项目，通过游学、研学的方式，通过项目制学习开展更加立体的学习教育，儿童化身观察员、发现者、记录者和思考者，展开探索的"翅膀"，开展身边的阅读。加深儿童对事物的自我意义建构，扩大视野，在现场感受中奠定儿童的主动学习能力，熏陶人文情怀，构建精神密码。特别是结合江西地方文化旅游特色，开展以红色、古色、绿色文化为主的"三色研学"活动。例如，登滕王阁共吟《滕王阁序》，在人文历史之旅中品古色文化；在八一起义纪念馆江西大旅社旧址前讲读绘本《大旅社》，学习红色文化；在绳金塔大成殿前共读绘本《孔子》，知家乡懂礼仪；在景德镇古窑民俗博览区以绘本《阿兔的小瓷碗》为切入点，了解非遗陶瓷技艺并亲身体验等，通过这些活动开创了阅读研学创新模式。

2.4 对外提供阅读服务

布卡非常重视对外提供阅读服务，不仅提供家长课堂、阅读师训等服务，还开设有主题阅读沙龙、深度阅读课堂与各类主题特色阅读活动。布卡还积极开展公益服务，共同推动全民阅读氛围。布卡经常举办各类公益活动与公益讲座，传播阅读理念、让孩子和家庭感受阅读的力量，已累计举办超过300场，参与人数达万人以上。此外，布卡还帮助学校、幼儿园构建阅读特色校园，培训阅读指导老师、故事老师；帮助企事业单位、社区等开展阅读活动，聚拢儿童、家长群体,提升家庭阅读能力、提升阅读生活品质。布卡开展的对外阅读服务主要有:①园所师资培训,为凤凰中心幼儿园、萌翔幼儿园、城北幼儿园、丰城幼儿园等打造体系化书香园所,并提供专业的阅读老师培训服务。②承接课后阅读服务,助力"双减",在南昌市湾里培特实验学校开展课后阅读服务,为一、二、三年级的同学提供系统的每周一次儿童深度阅读读书会,为南昌大学附属小学老师提供整本书教学培训。③承接与参与政府机关单位的托管阅读服务。分别在寒假、暑假为江西省水利厅、江西省总工会机关、青山湖教体局等单位输出丰富多彩的阅读活动服务。④图书馆、社区公益服务,组织"故事妈妈"公益团队,开展各类公益故事会和户外阅读活动,协助培训图书馆馆员。

3 启示

3.1 打造多维度阅读服务圈

以阅读绘本服务儿童,以阅读指导培训家长,为幼儿园老师、微基地馆员等提供专业培训,为社区、图书馆等提供公益服务,通过打造多维度阅读服务圈,激发孩子的阅读兴趣,有利于全民阅读推广服务体系构建。布卡通过多维度构建阅读推广服务圈将营利性的项目与公益性的项目混搭经营,依靠盈利的业务来维持其公益项目的运营。作为民间阅读推广机构,需要承担场地、人员、书籍等开支用于阅读推广服务,而且经营环境较其他儿童培训市场相对吃力。中宣部印发的《关于促进全民阅读工作的意见》,支持社会力量参与提供全民阅读公共服务。因此,具有专业阅读推广能力的民间机构可通过政府购买社会服务的方式,获取公共财政支持,以减轻民间机构的生存压力,助力阅读推广的发展。

3.2 重视学习提升成员职业素养

儿童阅读推广工作具有非常重要的社会意义,面向儿童开展阅读推广服务不仅需要推广人具有一定好情怀,更需要有扎实的专业功底。馆员的职业素养关系到儿童阅读推广服务的高质量发展。重视提升馆员职业素养,是保障儿童阅读服务质量的前提,阅读推广组织要重视成员专业能力的提升。布卡作为民间阅读推广机构,人手有限,通过采取"走出去请进来"的培养方式,可以不断提升成员的专业素养。布卡通过参加国家图书馆阅读推广人培训、爱阅公益基金会阅读学院培训、亲近母语阅读专业论坛及全国性的各类阅读论坛,并邀请彭懿、方素珍、宫西达也、姬炤华等多位作家来南昌开展讲座,定期开展专业交流和内部研讨等方式提升成员专业素养;同时建立布卡线上企学院,将学习内容共享并不断更新,共同学习成长。

3.3 顺应时代要求创新阅读服务

阅读推广组织要顺应时代要求,不断调整和创新阅读服务,助力全民阅读推广服务体系构建。基于早期阅读的重要性,布卡精选国内外优秀绘本创新绘本课程,进行绘本阅读推广。在文旅融合背景下,布卡结合江西"三色"文化组织行走的阅读研学,带着绘本去旅行;配合"双减"政策,提供阅读课程助力学校课后服务;响应《家庭教育促进法》的要求,开展主题亲子阅读活动,提供家庭阅读指导,充分重视家庭阅读的作用,让儿童在书香流动的环境中享受阅读。全媒体时代,新媒体阅读也成为全民阅读的一部分,布卡通过公众号、视频号、读者群等渠道开展直播课堂、好书分享、线上故事会等，进一步扩展服务维度，满足更多的阅读需求。

3.4 关注阅读主体重视家庭参与

《中国儿童发展纲要（2011—2020）》提出要尊重儿童主体地位和权利，加强亲子阅读指导，培养儿童良好阅读习惯[5]。在儿童阅读推广工作中，要选书、读书、思考，都要从儿童本位出发。重视观察，合理提问，充分挖掘儿童的创造性潜能，重视儿童思维能力的培养。布卡根据儿童在不同身心发展阶段的特点，针对不同年龄段儿童制定分级阅读方案，以便更好地提升儿童阅读兴趣，培养良好阅读能力，并形成终身阅读习惯。此外，重视家庭阅读，对家长进行分级阅读指导，通过对家长阅读指导能力的培训，鼓励阅读实践等方式让家庭参与到阅读中。

全民阅读是一项政府主导、社会参与、全民践行的活动[6]。开展家庭阅读是进行儿童阅读推广、营造书香社会的重要途径。布卡作为民间阅读推广组织的代表之一，面向家庭开展绘本阅读推广实践和创新儿童阅读推广服务模式，也是社会力量推进全民阅读工作的有益尝试。虽然社会各界正在积极探索全民阅读工作的创新之路，但阅读推广工作中仍有许多问题值得进一步实践与研究。

参考文献

[1] 中宣部印发《关于促进全民阅读工作的意见》深入推进全民阅读[EB/OL].[2022-04-20]. http://www.gov.cn/xinwen/2020-10/22/content_5553414.htm.

[2] 何捷.绘本的魔力让儿童爱上写作[M].南京:江苏凤凰科学技术出版社,2018:20-30.

[3] 李阳.公共图书馆儿童分级阅读推广策略[J].图书馆理论与实践,2019（6）:6-9.

[4] 曹桂平.试论公共图书馆亲子阅读服务[J].图书馆杂志,2014（7）:47-52.

[5] 柯平,张瑜祯,邹金汇.基于"儿童优先"原则的公共图书馆未成年人服务评估标准研究[J].国家图书馆学刊,2021（5）:37-46.

[6] 聂震宁.全民阅读:奠定基础并将深入推进——我国"十三五"时期全民阅读的回顾与展望[J].中国出版,2020（23）:5-12.

阅读为媒 多态融合

——金陵图书馆"悦苗行动"助力流动儿童成长

李海燕 张小琴 马小翠 周 军 马 骥（金陵图书馆）

伴随着我国社会转型和城市化的快速发展,国内人口出现从农村向城市的大规模转移。根据国家统计局的有关数据,2021年我国人户分离人口达到5.04亿人,约占总人口的36%。其中,流动人口3.85亿人,十年间增长近70%[1]。规模庞大的流动人口为经济社会的发展作出了巨大贡献,但其自身却面临诸多困难,其中有关流动人口的子女教育和社会支持等是反映最强烈、最突出的问题之一。在公共文化服务方面,流动儿童因为成长环境、家庭条件等诸多原因造成阅读缺失,其所能享有的公共文化产品严重不足,文化教育素养与同龄城市儿童相比偏低,属于阅读困难群体。《公共图书馆宣言》中明确提出:"每个人都有平等享有公共图书馆服务的权利,不受年龄、种族、性别、宗教信仰、国籍、语言和社会地位等各种因素限制。"[2]因此,特殊人群尤其是特殊儿童群体应当成为公共图书馆阅读服务的重点对象。作为人口流入地的公共文化服务部门,公共图书馆应当充分发挥其职能,有效提升流动儿童群体阅读服务的可获得性,为流动儿童健康成长保驾护航。

1 主要内容

"悦苗行动"由金陵图书馆联合各类社会组织和机构、爱心人士、志愿者等共同打造,着重解决特殊儿童(流动儿童)的困境,深入覆盖,精准服务,以期通过专门性阅读援助以及不同儿童群体间融合活动的开展,达到流动儿童与城市普通儿童的融合,促进社会和谐发展。

项目围绕"一条主线""两大重点""三种模式""四项内容"开展。聚焦流动儿童阅读的主线,帮助流动儿童提升阅读能力,促进社会不同群体间的理解与融合。通过"走进去""请进来""带出去"三种模式,围绕"新知""行旅""书园""假日"四项内容展开,提升阅读力,传递价值观。项目启动四年来,通过发挥社会力量的作用,以及各类服务资源的不间断下沉,共建立悦苗书园4家,融合开展活动30余场,服务流动儿童5000余人次。

2 实施过程

2018年6月,金陵图书馆联合长三角地区第一家服务流动人口的社会工作机构——南京市协作者社区发展中心打造"悦苗行动",希望能够以阅读滋养幼苗,书香浸润童年,陪伴孩子们快乐成长,期待通过"悦苗行动"促进社会不同群体间的理解与融合。2019年,金陵图书馆积极发展合作伙伴,引入志愿者,拓宽"悦苗行动"的发展空间。2020年,"悦苗行动"项目运行机制确定,"一条主线""两大重点""三种模式""四项内容"的项目链条得以完善。2021年,通过调研,金陵图书馆围绕科普主题开展年度活动,增强与服务对象的密切互动;并于2022年开始着力推进项目体系化建设,将阅读服务推向纵深。

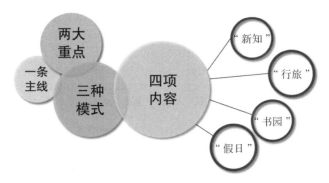

图1 "悦苗行动"项目运行机制

2.1 悦苗新知

2018年6月,"走近图书馆 欢乐度六一"活动走进新南京人较为集中聚居的社区,为"小小新市民"开展阅读指导与分享,把图书馆送到孩子们身边,拉开"悦苗行动"的序幕。2019年3月,"讲故事 诵经典"阅读分享会走进困境儿童自助图书馆,通过经典诵读、故事分享、情景剧表演等,让孩子们亲近经典,感受传统文化的魅力。2020年4月,"我是大自然的孩子"主题阅读活动打破地域限制,通过金图微信邀请流动及困境儿童在线共读,感受大自然的盎然生趣以及生命的真谛。2021年3月,"我们的地球"科普主题阅读分享会,将别开生面的地球知识科普课堂搬到了孩子们的身边。

图2 "讲故事 诵经典"阅读分享会

2.2 悦苗行旅

2018年7月,"悦苗行动"邀请南京"协作者"公益夏令营的孩子们来到金陵图书馆,聆听阅读故事,为孩子们在假日里打开一扇亲近阅读的大门。2020年8月,作为特别策划,"暑期阅读之旅——阅读点亮梦想"活动从线上走到线下,带领孩子们来到玄武湖畔,登明城墙、游玄武湖，读史、读景、读书，展开了一场别开生面的文学、阅读和写作的分享盛宴。2021年5月，"走！一起去火星"公益体验活动，带领孩子们来到南京科技馆"火星2035"的展览现场，开启了一场探索火星的科学体验之旅。2021年6月，"先锋少年寻访建党百年精神"党史研学活动带领孩子们走进红色旅游经典景区、爱国主义教育基地梅园新村纪念馆和南京国防园，通过革命历史故事探寻红色印记。

图3 "走！一起去火星"公益体验活动

2.3 悦苗书园

为了更好回应流动儿童及家庭对阅读资源以及对城市文化认知的需求，2020年，金陵图书馆为困境儿童自助图书馆办理集体借阅证，共建"悦苗书园"，目前在全市已建成4家"悦苗书园"，并定期开展"小馆长"培训，帮助他们了解更多的图书管理专业知识。2021年，第一期"悦苗行动"小馆长培训在金陵图书馆举办，17名流动儿童化身"悦苗书园小馆长"，学习图书管理知识，体验图书整理上架流程，提升为小伙伴们服务的能力。2022年，"小馆长"们再次来到金陵图书馆，通过参与阅读推广活动，建立起对阅读推广的初步认识，成为"小小阅读推广人"，从而带动周围更多流动儿童加入阅读行列。

图4 "悦苗行动"小馆长培训

2.4 悦苗假日

寒暑假期间，"悦苗行动"通过帮助流动儿童制定假期阅读计划，有针对性地制定阅读书单,展开书籍之旅,并通过"阅读打卡"的形式,激励孩子们养成坚持阅读的习惯。2020年暑假,围绕儿童文学阅读展开阅读计划,激发孩子们的文学热情,点亮孩子们阅读梦想。2021年寒假,围绕人与自然、亲情友情与传统文化等主题展开阅读挑战,开启孩子们的探索世界之旅。2021年暑假,围绕年度主题"为孩子插上科学的翅膀",推出天文、宇宙等相关主题阅读,提升孩子们的科学素养。2022年寒假,结合寒假、春节、冬奥会等特定活动的时间节点,从自我成长、传统文化、冰雪运动三个主题出发为孩子们定制阅读书单。

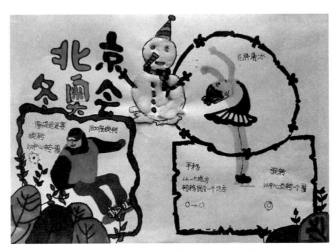

图5 "悦苗"假日阅读挑战中孩子们的成果展示

3 成效与影响

项目聚焦流动儿童阅读,提供阅读资源与专业服务,利用各类文化空间,积极为流动儿童搭建发展平台,促进社会不同群体间的理解与融合,让孩子们以阅读为纽带,共通共享,融合成长。

3.1 融会之"知",实现流动儿童自我发展

精准发力,持续帮扶。"悦苗行动"通过一系列面向包括流动儿童在内的群体开展朗读、故事会、读书分享、阅读培训等线上线下各类阅读活动,帮助流动儿童群体掌握基本阅读技能,提升阅读素养,并通过阅读能力的提升实现自我发展。通过共读等方式为不同成长环境的孩子们搭建交流平台,促进流动儿童和城市儿童之间的交往,增强社会认同感,让他们在阅读中相互融合。

3.2 融洽之"旅",扩大流动儿童阅读视野

以文促旅,以旅彰文。"悦苗行动"一方面主动深入流动儿童家庭实地探访,了解阅读需求,将阅读服务送到孩子们身边;一方面邀请流动儿童来到图书馆,体验图书馆服务,了解并学会利用图书馆;同时还带领流动儿童来到旅游景点和文化场馆,开设实境阅读课堂,文与旅相融,知与行合一,通过"阅读+行走"模式、沉浸式体验活动,带领孩子们感受文化内涵,扩大阅读视野。

3.3 融入之"时"，推动阅读服务长效发展

围绕主题，贯穿全年。"悦苗行动"通过整体规划将零散的阅读活动关联起来，使阅读具有系统性和延续性，更利于流动儿童阅读能力的提升。项目将服务对象的需求放在首位，注重活动的周期化、体系化。在年初确定主题，作为贯穿全年工作的时间线索，如2021年通过调研，围绕天文系列科普主题规划开展年度工作，同时利用各类特定时间节点，融合开展阅读活动，确保项目可持续、系统化发展。

3.4 融通之"书"，促进馆员与项目共成长

以书为载体，延伸服务触角。通过荐书送书、办理集体借阅证以及建立集体阅读机制，将好书送到流动儿童身边。同时在活动环节的设计上，以书为引，巧妙切入，形式新颖，多元融合，大大提升了活动的参与度与接受度。从主题的确定，到图书的筛选以及环节的设计，馆员均亲身参与其中，并通过项目的持续性和针对性开展，与流动儿童之间结成了有益联结，自身的综合能力不断提升。

4 分析与总结

从萌芽、探索到逐渐成熟，"悦苗行动"为流动儿童融合阅读推广实践迈出了坚实的步伐，积累了丰富的经验与教训。未来我们将进一步打磨提升，从需求融合、资源融合、环境融合等方面进行深入的探索与尝试，更好地为流动儿童阅读成长服务。

4.1 聚焦需求融合发展，提高均等化服务水平

从流动儿童的个体特征、发展需要和阅读体验出发，开展服务项目需求征询，形成需求遴选清单，从而设计、优化阅读活动。跟踪评估阅读体验，建立常态化的评价反馈机制。联合开展调查研究，全面深入了解全市流动儿童的数量、现状和需求。关注流动儿童家庭阅读，开展流动儿童家长阅读培育及融合成长探索，进一步拓展流动儿童服务的内容和范围，扩大服务覆盖面，提升阅读推广均等化服务水平。

4.2 打破边界多态融合，全面提升综合素养

核心素养是决定孩子未来走向的关键要素，而阅读是提高孩子核心素养的重要途径。应当充分利用图书馆的资源优势和专业优势，将信息素养、数字素养、科学素养、艺术素养等多元素养教育融入阅读活动，创新服务方式，延展服务内容，在多途径文化浸润之下，使流动儿童通过阅读认识世界、获取信息、发展思维和获得审美体验，从而在整个阅读过程中不断获取有利于自身成长的力量。

4.3 示范引领合作共享，营造融合接纳环境

图书馆通过创设平等阅读、共同成长的环境，搭建沟通与理解的桥梁，促进普特儿童融合发展。然而，流动儿童健康成长仅仅依靠公共图书馆或者单个的社会组织的力量是难以持续的，应当充分发挥引领作用，整合社会力量，提升联动效能，要依托民政、妇联等涉未成年人保

护职能的政府部门及社会组织的力量,链接各方社会资源,培育和发展"悦苗"志愿者队伍,多领域、全方位、立体化地组织起流动儿童融合成长的生态网。

参考文献

[1] 中华人民共和国2021年国民经济和社会发展统计公报[EB/OL]. [2022-03-20]. http://www.stats.gov.cn/xxgk/sjfb/zxfb2020/202202/t20220228_1827971.html.

[2] 公共图书馆宣言1994[EB/OL]. [2022-03-20]. https://repository.ifla.org/bitstream/123456789/168/1/pl-manifesto-en.pdf.

"1+N"一起阅读

——普特儿童融合阅读项目

吕 梅 高 薇 苏 叶 黄秉钊 曾嘉恩 周 亮 程 惠(中山纪念图书馆)

1 项目背景

国际图联在其发布的《公共图书馆宣言》中提出"每一个人都有平等享受公共图书馆服务的权利,而不受年龄、种族、性别、宗教信仰、国籍、语言或社会地位的限制。对因故不能享用常规服务和资料的用户,例如少数民族用户、残疾用户、医院病人或监狱囚犯,必须向其提供特殊服务和资料"。

中山纪念图书馆长期致力于儿童阅读服务和儿童阅读推广,在实践中发现,特殊儿童也有很强的阅读需求,他们渴望从图书馆获得阅读支持,参与社会交往。图书馆不同于学校、社会机构,服务对象来自各行各业,年龄、身份各不相同,最关键的是,图书馆秉持"普惠""均等""包容"的服务理念,对所有服务对象一视同仁,在这里参与社交效果更好。另外,中山纪念图书馆在与特殊儿童教育学校和从事特殊儿童服务机构的交流中发现,特殊儿童的业余生活比较枯燥和单调,他们的社会交往途径也相对单一,现有的教育和社会机构能提供的阅读类帮助和支持很少。由此可知,为特殊儿童及其家庭提供服务势在必行。

2 设计理念

本着"联结、接纳、包容、融合"的理念,中山纪念图书馆推出"一起阅读——普特儿童融合阅读服务"项目。项目依托"1+N"服务模式,尝试让普通儿童和特殊儿童在图书馆一起阅读,在阅读的过程中彼此认识、接纳、交流、包容和成长。普特儿童融合阅读服务的对象不仅有普通儿童和特殊儿童群体,还包括他们的家庭。图书馆应发挥整合社会资源的优势,联结各类人员和社会资源,为特殊儿童阅读交流和社会交往提供必要的支持,让他们在阅读中学会生活自理、掌握生活技能、打开心门,从家庭走入社会,并参与社会交往;同时应鼓励特殊儿童家长接纳孩子的特殊性,勇敢走出家门,融入社会。

这种联结,我们称之为特殊儿童服务"1+N"。这个"1"是核心,即特殊儿童,N代表特殊儿童身边的人士(一般儿童、家长、图书馆馆员、老师、专业社工人员等)和社群组织(政府部门、学校、青少年活动中心、社工机构等),通过N的努力与融合,让社会理解、认识、包容、接纳特殊儿童群体,让特殊儿童及家庭融入社会。

3 项目目标

普特儿童融合阅读项目的三个主要目标分别是：成长目标、理论目标、行动目标。成长目标是打好底色，差异培育。成长目标涵盖两个方面：一是为生活阅读，掌握生活常识和技能、提高生活自理能力、提高社会适应力；二是为生命成长阅读，了解生长规律，了解生命意义，接受差异、接纳不同、尊重生命、爱护生命。理论目标是探究模式，探寻路径。一是探究普通儿童和特殊儿童融合阅读的模式；二是探寻普通儿童和特殊儿童融合阅读的策略和方法。行动目标是增进社会对特殊儿童群体的了解，让社会和家长能接纳并关爱不同的孩子，未来孩子融入社会后也能坦然接纳并欣赏自己；鼓励特殊儿童及家庭勇敢走出家庭、走向社会、融入社会、拥抱社会，助己再助人。

4 项目内容

以包括图画书在内的各类有益于儿童精神成长的图书为介质，依托"1+N"阅读推广模式，凝聚不同人群的智慧和力量，联结各类社会资源，为特殊儿童及其家庭提供服务和帮助。本项目的理念是"联结、接纳、包容、融合"。项目口号是"一起阅读"。具体内容如下：

（1）专为普特儿童打造1个"儿童融合阅读室"，在特殊教育学校专设2个绘本阅读空间，为学生家长提供优质的图画书。融合阅读室内常设有融合阅读类图书，供儿童及家长借阅，中山纪念图书馆少儿图书馆常设专题书架，供读者借阅相关图书。

（2）发布融合阅读专题图书书目，为家长和儿童提供阅读指引。首批精选书目100多本，包括绘本、儿童教育学、心理学等多个方面，其中儿童类图书涉及自然认知、生命教育等多个方面。

（3）研发普特儿童融合阅读课程，内容涵盖儿童成长的多个方面，如事物认知、情绪认知、食物认知、颜色认知等，兼顾普特儿童差异成长。

（4）建立普特儿童融合阅读评估体系，跟踪观察、评估儿童阅读并形成普特融合阅读体验综合报告。在普特儿童融合阅读活动后通过问卷和访谈的形式，了解家长和儿童的活动体验，及时总结反馈相关意见与建议。

（5）打造专业的普特儿童融合阅读志愿服务队，开展家长志愿者服务等活动。

（6）针对志愿者对外和普特儿童家长开展专项培训。邀请教育学（特殊教育）、儿童心理学、儿童文学、图书馆学等多方面专家进行专题讲座，提升家长的阅读素养、教育意识与技能。

5 项目开展条例

（1）中山纪念图书馆建筑面积达57600平方米，专为儿童建造的阅读空间达5000平方米，同时也为普特儿童融合阅读专门开设了融合空间。馆内儿童阅读资源丰富，仅图画书就有33000种、212000多册，还有丰富的儿童数字阅读资源，可以满足读者绝大部分阅读需求。图书馆为所有读者，包括特殊儿童，提供免费服务。

（2）中山市已建成共享型纵横结构图书馆总分馆服务体系，公共文化设施已实现村（社区）全面覆盖，每3.6万人拥有一座自助场馆型图书馆，在这些地方均能享受融合阅读服务。

（3）普特儿童融合阅读活动不仅可以在图书馆开展，还可在"1+N"合作伙伴的场地内开展，在全市的学校、社区和家庭中开展。

（4）疫情期间还能利用"线上直播+线下互动"的方式为儿童及家长提供阅读服务。

6 宣传推广

（1）设计项目标识，设计项目专属的视觉设计形象，树立融合阅读目标。

（2）创作活动主题歌曲《我们读绘本啦》，并邀请普特儿童用合唱、手语、陶笛演奏等多种形式进行演绎。制作普特儿童融合阅读宣传片，在全社会大力推广宣传，营造良好的活动氛围。

（3）充分利用网站、微信等平台进行广泛宣传，设计海报、横幅等在图书馆内外进行宣传。

（4）"1+N"的合作伙伴也会在各自的场地、空间以及合作媒体上进行分发宣传，提升活动的影响力和知晓率。

7 项目成效

7.1 活动绩效

截至目前，中山纪念图书馆共开展普特儿童融合阅读活动70多场。其中，主题展览1场，5197人次参与；儿童融合阅读活动50场，约2000人次参与；家长和志愿者培训及线上读书会、专题讲座共24场，约1500人参加线下活动，约13万人次在线上参加活动。建立融合阅读家长志愿者服务队伍一支，并评选"普特儿童融合阅读最美伴读人"。

2021年，在图书馆儿童阅读推广会上设立了普特儿童融合阅读专场，中山纪念图书馆馆长吕梅作题为"星悦童行：普特儿童融合阅读实践报告"的发言，另外还邀请两名儿童文学作家和特殊教育专家围绕普特儿童融合阅读进行座谈，活动共吸引约13.7万人次参与。

7.2 志愿服务

自本项目开展以来，参与服务的志愿者共900人次，服务时长约1800小时。图书馆馆员、志愿者和教师的服务意识和能力越来越强，能独立开展简单的阅读活动，为特殊儿童家长提供相应的服务。

7.3 媒体报道

媒体对项目进行了大量宣传报道，国家、省市级共10余家媒体，发布了近30篇报道，媒体纷纷转载报道，阅读人次超30万。

7.4 社会效益

目前，中山市残疾儿童教养学校（面向6岁以下的残疾儿童）听障班和孤独症班的近一半孩子已参与到项目中来。他们带动越来越多的同类孩子走出家门，进入图书馆并利用图书馆，在这里阅读、参加活动和交朋友。特殊儿童的家长与孩子之间的关系更加融洽，他们不再逃避困难，尝试着去接受自己孩子的与众不同，包容和鼓励孩子，勇敢地陪伴孩子一起融入社会、共同成长。部分特殊儿童家长在接受帮助后更加乐意去帮助别人，开始尝试用自己的经历去鼓励别的家长，让他们勇敢走出生活的阴霾，乐观地面对生活中的一切。图书馆馆员、志愿者和教师，服务儿童尤其是特殊儿童的意识和能力越来越强。

7.5 用户反馈

以下内容来自家长对本项目的评价：

一名孤独病症孩子的妈妈反馈说："项目慢慢地打开了自己和孩子的心结。每周的活动，我都全程带孩子参加，孩子也爱上了猪猪姐姐的手工课程。感恩中山的'摩尔小姐'吕梅馆长，相信在您和各位大爱老师们的倡导下，一定会有更多的孩子走入融合阅读，在阅读中学习，在活动中成长，让更多的人一起参与一起受益，作为中国融合阅读的开拓者，带领着更多的特殊儿童走入融合阅读，爱上阅读，推广到全国，走向世界。"

六岁的"小逗号"的妈妈留言说："这次普特儿童融合阅读行动意义深远。作为一位特殊孩子的妈妈我的感触极为深刻！通过这次活动，孩子和我的收获极大。"

另一位视障孩子的妈妈也留言说："谢谢德娜老师的耐心引导，孩子视力不好，所以手眼协调能力、精细动作做不太好，之前与她玩这些她都不太乐意或没有耐性完成的，但昨天在大环境下，他在老师分步骤慢慢引导下完成了整幅作品，很受鼓舞，也更自信了，活动后回到家马上又要拼了，今早又要继续。所以，不论是普通孩子或特殊孩子，对她们赞美与鼓励太重要，同时也谢谢图书馆的领导吕梅馆长同老师们开展这项阅读行动计划，提供了这么好的平台让我们参与其中，还有志愿者的帮助，谢谢你们的大爱。"

北京大学图书馆传统文化国际传播实践案例
——基于整合营销传播视角

季　梵　及　桐（北京大学图书馆）

1　案例开展背景

由于信息技术日新月异的发展与用户需求的驱动，使得图书馆从单一的收藏中心转型为集现代文献信息中心、教学研中心、休闲中心多功能复合的公共学习与文化空间。在研究型转向成为潮流、制度同构化成为趋势之时，许多图书馆开始逐渐认识到图书馆的本来和根基仍在于人类知识和世界文明的揭示、组织和利用[1]，为文化传承服务是图书馆的一项根本使命。图书馆因其丰富的文化资源和独特的交流途径，在国际传播中具有显著的内容优势与渠道优势，是我国大外宣格局中的重要主体。对于大学图书馆而言，加强国际传播具有多维价值：第一，响应国家对外传播战略，推动中华文化走出去，促进国际间的人文交流和民心相通；第二，服务学校"双一流"建设，扩大所在高校的国际知名度与影响力，提升大学国际地位；第三，促进自身品牌发展，提高海外竞争力与话语权，在图书馆事业的国际舞台上发挥引领作用。

在国家文化"走出去"战略布局下，近些年来我国图书馆积极开展国际传播活动，提升对外宣传影响力，相关实践主要集中在出版物交换、文献资源共建共享、馆员互换互访、参与或主持国际业务合作会议与联盟等图书馆业务交流、举办国际文化交流活动等方面。尽管我国图书馆在国际传播活动上已取得一定成果，但对于国际传播的认识与实践普遍仍局限在将国际传播等同于文献资源传递与文化交流活动，重实干而轻宣传，尚未充分重视"传播"本身的作用与价值。而且，在移动互联网时代，图书馆的对外宣传由于人力资源配比均衡度不足、对媒介技术敏感度欠缺等原因，宣传的理念、方法、手段亟待创新，特别是宣传形式和宣传内容都需顺应网络传播规律，与受众的互联网思维相适应。宣传形式方面，以讲座、主题沙龙为代表的线下活动在部分图书馆陆续得到推广，但对于线上宣传，无论英文主页还是各图书馆的主要宣传媒介——微博、微信等新兴媒体上的宣传内容较少、更新较慢。宣传内容方面，图书馆对外宣传内容主要以制度、公告、介绍等固定模块为主，新闻、活动等内容更新不足，"短""快""新"的内容运营缺乏重视。此外，海外受众对中国传统文化的认知偏好与需求，同图书馆现有传统文化宣传手段、宣传时效、宣传创意直接的矛盾，已成为影响图书馆对外传播接触率和到达率的重要原因，但这同时也是图书馆传统文化对外传播的机遇所在。

2　内外兼顾、价值共生：北京大学图书馆传统文化国际传播实践

以图书馆东楼重启、建馆120周年等活动为契机，北京大学图书馆举办了国际文化周等线

上线下系列活动，围绕事件打造传播热点，借助北京大学海外传播中心的多级海外新媒体传播平台，组织了系列全球双语移动直播活动，进行二次甚至多次加工，形成融媒体报道矩阵，包括"图书馆探秘"主题的中英文直播活动及相关国际文化节的图书馆展台宣传活动。其中直播活动的路线经过多次踩点设计，直播时间也选择了海外观众较多但馆内读者较少的中午时段，尽可能减少直播活动对到馆读者的影响，同时选取较为适宜新媒体宣传的展示形式，由主播以寻宝者的身份完成任务、收集拼图，从而获得钥匙，打开终极宝箱，同时在游戏中展示了北京大学图书馆馆舍，并介绍了图书馆的历史和现状。

北京大学对外宣传活动在全馆各部门的合作下，实现了内外宣联动，提升了宣传素材的利用效率。一是外宣转内宣，将直播素材和国际文化节中涉及的采访素材整理后在北京大学各官方微信平台发布，并被许多其他微信账号转载，系列稿件也被收录在北京大学双语海外传播出版物《北大与世界》等其他传统媒体上，此外这些素材还将被陆续整合编辑在北京大学官方微信平台进行发布。二是内宣转外宣，以图书馆建馆120周年纪念视频《力量》为例，视频在北京大学官方微信账号首发，发布后一小时阅读量已超过五万，后视频又被编辑为适合新媒体平台传播的版本，经北京大学海外传播中心协助，通过北京大学官方账号在各国际社交平台发布，并在合作外宣媒体中进行大力推广与传播。三是线上宣传转线下宣传，直播活动以点带面、由小见大、全方位展示北京大学图书馆历史沿革、馆藏珍品、服务模式，与图书馆新生入馆教育等活动的需求完美契合，因此北京大学图书馆也将素材整理形成了相关参观接待资料。

2.1 多平台、矩阵化布点，拓宽对外传播渠道

传播渠道建设需要高度重视传播手段的建设和创新，拓展融媒体传播渠道要在做好自身传播矩阵建设的基础上，提升与其他平台的合作方式。在内部组织框架上，北京大学图书馆成立融媒体宣传小组，制定融媒体宣传工作管理办法，树立"大宣传"工作理念，加强馆内各中心间联动，优化融媒体宣传内容。在外部协同合作上，图书馆开展国际传播活动及活动中积极吸纳学生参与都是国际学生的中国文化知识教育、实践能力提升和思想道德培育中图书馆主动作为、全面融入的方式，因此图书馆加深与校内宣传部、国际合作部、团委等有关部门交流，以全局视角推进国际传播，实现"多方共赢"的合力。具体来说，一方面，借助北京大学的校级高传播力平台，提升重点传播内容的影响力和覆盖面。在2019年初发布的《2018中国大学海外网络传播力报告》中，北京大学的海外网络传播力位居中国高校第一名，2020年北京大学Facebook账号实现互动量全球高校第一、互动率全球高校第二、视频播放量全球高校第四，Instagram账号互动率达30%—50%，位于全球高校第二。因此北京大学图书馆依托北京大学的校级海外传播融媒体平台，推出了双语直播、Vlog、宣传片、深度报道等系列活动，其中"图书馆探秘"（A Wonderful Day of The Library）直播活动在《中国日报》、中国网、凤凰网等20家主流媒体平台同步转播，当月总播放量达到168万。另一方面，图书馆与校国际合作部组织的国际文化节等活动合作，推出图书馆线下展台宣传，邀请部分留学生代表体验图书馆美育系列活动，并将活动视频、采访素材等资料整理后在各级融媒体平台发布，促进了线上、线下宣传活动的联动。

2.2 移动式、互动型直播，创新对外传播形式

网络直播的评论互动功能提升了用户关注度及黏性，用户的高质量评论互动也构成了有价值的增值传播内容，直播的可回放功能则使直播脱离了时间地域的限制，而且通过微信、微博等社交平台直播，极大地方便了用户对信息的获知和观看，避免了因需要额外安装软件带来的犹豫心理，同时有利于分享传播，提高直播影响力[2]。以上种种优点促使图书馆界频繁开展了网络在线直播实践，内容主要包括公开课、读书会、信息素养教育等知识普及型内容，以及古籍修复等角色记录型内容。例如，国家图书馆推出的"国图公开课"系列课程，是涵盖百部经典、读书推荐、典籍鉴赏、名著品读等16个栏目2100多场课程的全终端、全平台、全媒体视频资源的在线服务，内容覆盖语言文字学、民族与民俗学、文化教育体育、科学技术等17个学科[3]，截至2018年5月已累计推出1000余场精品讲座，1.5万人参加专题课程现场录制，网络收看人数达830万人次，广播收听人数达120万人次，同时还结集出版了系列丛书，实现了内容的多矩阵复合传播[4]。网络直播作为图书馆宣传推广工作的新形式已取得了较好的宣传效果，但信息技术发展使得数字媒介快速兴起，移动互联网已经成为信息传播主渠道，新闻传播方式正逐步从"演讲式"向"对话式"转变[5]，传播关系的互动性、多中心、多节点特征日益彰显。

北京大学图书馆的双语直播活动是以移动直播进行图书馆传统文化宣传的一次探索，也是图书馆顺应信息社会发展需求开展移动式、互动型对外传播的一次尝试。区别于传统的电视节目，网络节目在节目流程上的精心编排，也不同于短视频在音画特效和内容设计上对受众感官体验的刺激需求，移动直播之所以能具有较强的传播力，正是得益于其无修饰的镜头语言给受众带来的沉浸式体验，并促使受众在参与感的激励下发布"弹幕"，形成多层次传播内容。直播活动选取了体验感较强的展示形式，通过游戏展示图书馆馆舍、介绍图书馆的历史和现状，将技术和图书馆服务结合起来，可以很好地实现跨文化的共情与共鸣。

2.3 内外有别、内外兼顾，重视传播话语选择

对外传播、讲好中国故事时，外国受众对于中国文化的了解程度和关注度是必须纳入考量范围内的因素。对文化背景类信息不但要进行必要的解释，在节目设计时也要重点考虑。以北京大学图书馆探秘直播活动为例，在选择传播内容时，一方面如前所述，为了适应移动直播的节目与传统视频节目、短视频节目在内容编排上的显著差异，选择了参与度、体验感较多的内容，以增强节目趣味性、互动性；另一方面，选择在海外认知度较高的内容作为宣传切入点，增强对受众的文化吸引力。考虑到北京大学图书馆建馆百余年来受到了社会各界的诸多捐赠，而对这些捐赠的宣传可以帮助图书馆更好地营造捐赠对象与图书馆之间良性互动的大环境，因此图书馆在国际传播活动中也加入了相应的活动设置。在具体宣传内容上，综合考量了直播互动游戏环节的资源获取便利性和节目路线安排的合理性，选择了在海外知名度较高的联合国前任秘书长科菲·安南在2017年向北京大学图书馆捐赠的藏书作为图书馆直播活动中的一个互动道具，让主播通过交索书条的方式借出其中一本赠书。这样既能让观众了解图书馆所受捐赠的重要，同时在主播与工作人员的交谈中也能让观众了解图书馆的赠书机制、闭架借书制度和整体馆藏情况。

2.4 散点式、模块化脚本，适应移动直播需要

北京大学图书馆双语直播节目为了切合网络受众在观看直播时随意性、随机性、参与意愿较强的特点，在节目脚本设计上也进行了更加碎片化的内容编排，有针对性地制定与传播渠道相适应的内容，以提升传播力、影响力和引导力。由于直播平台合作方会将节目在页面适当位置进行推广，因此在整个直播过程中，观众随时都有可能进出直播间，直播节目的受众观看时间和时长都具有不确定性。为切合受众随意性、随机性、参与意愿较强的观看特点，直播活动在脚本设计上需进行较为碎片化的内容编排，为中途进入直播间的观众参与直播活动提供机会。因此活动根据路线场景的切换，划分为九个模块，以寻宝游戏为轴线相串联，各模块既是一个独立的场景介绍和小游戏任务互动，也是整个拼图寻宝活动逻辑线的一环，但这种逻辑线是松散的、可割裂的，以此满足随机性、临时性的观众和忠实的、时间充裕的观众在知识获得及游戏互动方面的不同需要。

此外，模块化的脚本也是为了提前应对移动直播中因环境音量、信号等干扰因素造成突发情况的基本措施之一。直播的即时性特征使得移动直播与传统电视直播一样要做好突发应对工作，但移动直播的设备性能与传统广播级设备差距较大，直播时可能的干扰因素较多，脚本上要提前规划，技术上更需要周密准备。一是采用移动、联通、电信等4G网络进行信号传输，尽量避免使用稳定性较弱差Wi-Fi网络。在经费等条件允许时，可选择网络专线，确保直播画面的清晰、稳定、流畅。二是提前预备拍摄备份方案，保证一旦出现如信号中断、画面卡顿严重的技术性问题和直播现场其他无法处理的突发事件时，可以利用直播现场和观众接收端间的延迟，完成画面切换，由直播转录播，保证节目的顺利进行。在录制备份视频时，除了场景和主播的外观应保持一致外，也要尽可能减少画面背景中可能随机出现的人，以免转录播时"穿帮"现象的发生。此外在直播过程中，一般至少应配置包括主播、摄像、现场编导、导播等角色，其中导播主要在后台对直播画面、评论内容等进行监控，做好备份画面切换准备和其他突发事项联络；现场编导要为主播做好内容提示和引导，同时要提前进行下个场景的环境勘察和人员沟通；主播是现场编导、线下观众采访、线上观众互动等多层面信息接收者，因此对个人素质要求较高，应具有较高的现场把控能力和沟通能力。

3 从"传播什么"到"整合什么"：图书馆整合营销国际传播的核心内涵

由于受众会在有意或无意中整合从不同渠道中获取的品牌信息，因此整合所有传播手段以塑造统一的品牌形象变得十分必要[6]。整合营销传播是一种战略性经营流程，用于长期与消费者、客户、潜在客户和其他特定相关的内外部受众一起，规划、开发、执行和评估那些一致的、可测量的、说服性的品牌传播方案[7]。初广志将整合营销传播的核心内涵总结为七点，分别是强调以消费者为导向、运用一切接触形式、发挥所有沟通要素的协同优势、与受众建立持久关系、整合内外传播、重视长期效果、战略层面管理协调[8]。

将整合营销传播理念应用于大学图书馆国际传播实践，需要充分把握和发挥大学图书馆的特性和特色。《大学图书馆现代化指南针报告》指出，"立足关键要素，实现可持续发展"是当前大学图书馆现代化的前沿课题之一，馆员、信息资源、用户、服务、文化等关键要素是大学

图书馆最为基础和必要的组成部分[9]。大学图书馆国际传播实践也应关注和考虑这些关键要素，以其为根基、为抓手、为核心，深入贯彻整合营销传播理念，深度挖掘整合图书馆关键要素资源，做好可持续的大学图书馆的国际传播。

3.1 传播内容的整合

信息资源是高校图书馆创新发展的基础，创新服务是高校图书馆可持续发展的保障，信息资源和服务又共同组成高校图书馆开展国际性文献资源传递、文化交流、宣传推广等传播活动的特色内容。高校图书馆国际传播的受众，既包括本校留学生及外籍教师，也包括海外需要使用中国高校图书馆资源服务的用户，以及对中国高校或者中国文化感兴趣的群体。在选择传播内容时，图书馆要始终树立以受众为导向的传播观念，结合自身定位和发展规划需要，从认知度、共情度等维度进行考量，重视内容的互文性、战略性、品牌性建设。

第一，选择共情度高、认知度较高的文化符号进行宣传策划与呈现，通过内容归类、主题揭示等手段全面细致展现图书馆资源和服务背后所蕴含的文化背景和价值内涵。关于外国人对中国文化认知与意愿的调研显示，大多数受访者对于中国文化的整体认知水平处于初级阶段，但人文资源类中国文化符号的国际认知度普遍较高[10]。因此，借助古籍、特藏类资源开展馆藏、馆史和中国传统文化的对外宣传，用适合目标受众的活动风格制定传播策略，用外国人听得懂、感兴趣的方式讲述中国故事、传承与弘扬中华优秀传统文化，便能较为容易地实现宣传的目的。

第二，一个文本总会同别的文本发生这样或那样的关联，任何一个媒介都要和其他媒介的相互作用才能扩大传播的范围，传播中也要关注不同媒介中传播内容的互文性，将同一事件以多种视角、多种形态呈现给受众。不同的平台宣传一个特定的事件不能是简单的复制粘贴，而是要实现联动和增值，实现良好的互动和提升。

第三，与学校各部门的紧密合作。与国家、学校战略相适应的图书馆的战略规划是高校图书馆一切行为的指引，图书馆国际传播中要始终坚持立足本校特点，明确自身建设发展的基本原则和基本定位，积极探索有中国图书馆特色的国际传播方案，用具鲜明特色的内容打造中国图书馆的文化传播形象。

3.2 传播渠道的整合

运用一切沟通方式和一切接触形式是整合营销传播的核心理念之一。高校图书馆开展的文献资源传递、文化交流等活动是重要的传播渠道，在数字媒介环境中，高校图书馆国际传播还需适应媒介融合背景下的内容生产和传播方式，以构建全媒体立体化的传播格局，开展融合性、多层次的跨媒介叙事传播。

高校图书馆在国际传播活动中对传播渠道的整合，一方面可以依托数字技术将信息资源和服务进行全方位揭示，另一方面可以依托各级数字媒体平台开展立体化传播。新媒体矩阵的联合发声可有效提升宣传效度，分平台的定制化发布又可增强宣传的主动性和及时性。然而由于人力资源配比均衡度不足、对媒介技术敏感度欠缺等原因，尽管图书馆能意识到要把握国际传播领域移动化、社交化、可视化的趋势，愿意采用参与式、互动式、个性化的新型传播形式，但在实践中，图书馆对外传播融媒体平台的宣传内容和手段还是相对单一滞后。因此围绕同一内容，拓展传播形式，根据传播对象和传播渠道与形式的需求将素材进行反复组合、调整,可有效降低图书馆国际传播工作成本,提升效率效果。图书馆在精心开展线下活动时,应积极与线上传播实践相结合,采用文字、声音、图像、虚拟影像、游戏等形式进行融合传播。

3.3 传播主体的整合

传播渠道的整合,是不同种类媒介的整合。传播主体的整合,则是特定媒介内信息发布者的整合。这其中既包括了图书馆与校内其他相关主体、行业内其他机构等的联动,也包括图书馆内部机构与人员的协同。要处理好与校内宣传部门等的协调关系,构建互联互促的国际传播整体体系。综合考量传播效果、人力资源和传播频率等因素,与外部机构进行合作,联合举办具有影响力的国际传播活动,借助高校官方账号等具有高关注度的平台进行信息发布,是图书馆对外传播的有效途径,而宣传有价值、有导向性、有吸引力的图书馆特色内容同样有助于二者的互惠共生。要增强馆内信息共享和内部沟通,培育有活力的、有创新力的馆内国际传播工作体系。馆内协同是在图书馆整体发展规划的指导下,以规划实现为目标的有效合作,从而在国际传播活动中实现决策达成和基于效果反馈的动态决策调整。图书馆自身的价值定位、机构设置及各机构和馆员对于图书馆价值定位、发展重点的认知,都可能会对传播活动的效率、效果产生影响。

通过对上述传播过程整合方式的梳理可以发现,图书馆整合营销国际传播的核心内涵即是在与国家、学校发展战略相一致的基础上,结合图书馆自身定位和发展规划需要,内外协同,运用一切传播形式,以受众需求为导向,以图书馆信息资源、服务、文化为抓手,开展的可持续性的、长期性的、战略性的、与受众认知度相匹配,具有文化共情度和自身品牌性的传播行为。

4 图书馆整合营销国际传播的实施路径及展望

在具体国际传播实践中,图书馆也常常会面临人手不足、工作准备周期较长,翻译质量不佳等现实困境。考虑到传播的延续性和工作的可持续性,可以尝试打造"活字印刷"宣传模式,强调多媒介传播下文本的互文性,促进素材二次传播。具有中国特色或图书馆个性的历史文化背景介绍、古籍特藏珍品介绍、名家专访等文化内容是图书馆对外传播高频利用的素材,而且更新较少。因此可以将对外传播中已有传统文化相关资料和以后采写的资料按素材拆分编码,对单个素材做好归类管理,根据传播对象和传播形式的需求再将素材进行反复组合、调整。例如,将直播活动的脚本及采访材料整理后以文字形式在网络平台二次发布,并进一步整理成全面展示图书馆历史沿革、名家珍品、服务前沿模式的分类宣传素材,在新媒体和传统媒介中灵活整合使用;也可以用于面向国际师生的培训讲座等线下信息素质教育和文化交流活动,做到"一次活动、多种宣传、加倍成效",节省对外宣传人力,提高对外宣传效率,保证对外宣传精准度。

大学图书馆是学校人才培养体系的组成部分,是国家文化繁荣的重要标志,是信息化生态的引领者,相应地,大学图书馆国际传播活动的开展和创新也要始终将把握学校特色、深度融入国家战略放在首位,加强各领域间的协作,加深与用户和受众的交流,以此为基础处理好经费、人力的问题,丰富国际传播形式,提升国际传播质量。

参考文献

［1］陈建龙.大学图书馆的本来、外来和未来——以北京大学图书馆为例[J].大学图书馆学报,2018（6）:7-12.

［2］刘澜,陈晨.图书馆网络直播服务探析——以辽宁大学图书馆为例[J].图书馆工作与研究,2018（5）:76-82.

［3］童忠勇.互联网环境下公共图书馆服务创新及运营策略研究——以国家图书馆国图公开课为例[J].图书情报导刊,2022（5）:7-11.

［4］韩永进.国图公开课系列丛书首发[EB/OL].[2018-05-09].http://reader.gmw.cn/2018-05/09/content_28709204.htm.

［5］张志安.从新闻传播到公共传播——关于新闻传播教育范式转型的思考[J].暨南学报(哲学社会科学版),2016（3）:77-84,131.

［6］KITCHEN P J,BRIGNELL J,LI T,et al. The emergence of IMC:a theoretical Perspective[J]. Journal of Advertising Research,2004（1）:9-30.

［7］SCHULTZ D E,SCHULTZ H F. Transitioning marketing communication into the twenty-first century[J]. Journal of Marketing Communications,1998（1）:9-26.

［8］初广志.中国文化的跨文化传播——整合营销传播的视角[J].现代传播(中国传媒大学学报),2010（4）:101-106.

［9］陈建龙,邵燕,张慧丽.大学图书馆现代化的前沿课题和时代命题——《大学图书馆现代化指南针报告》解读[J].中国图书馆学报,2022（1）:17-28.

［10］杨越明,藤依舒.十国民众对中国文化符号的认知与偏好研究——《外国人对中国文化认知与意愿》年度大型跨国调查系列报告之一[J].对外传播,2017（4）:36-38.

在"世界文都"讲好中国故事

——金陵图书馆"中国图书之窗"品牌系列活动案例

汪　然　马　骥　周莹雪（金陵图书馆）

1　开展背景

20世纪90年代,随着"软实力"概念的提出[1],传统实力符号成为过去式,擅长国际报道的国家更具在权力关系版图中胜出的可能。从这个角度来说,讲故事的能力就是一个国家重要的软实力。在"十四五"规划中,国家对公共文化服务工作郑重提出了"讲好中国故事"以提升中华文化影响力的重任[2]。图书馆在现代公共文化服务中占有重要地位,其"传承文明、服务社会"的核心使命决定了图书馆有参与"讲好中国故事"的社会职责与能够讲好中国故事的能力基础,图书馆日常举办的讲座、展览、论坛等形式也是适合传播中国声音的良好途径。

金陵图书馆所在的南京,是历史文化名城,有着2500多年的建城史和近500年的建都史,素有"六朝古都""十朝都会"的美誉。2019年,南京入选联合国科教文组织"世界文学之都",能够成为中国首个获此称号的城市,与南京丰富的文化资源和创作传播影响力息息相关。金陵图书馆作为南京的市级公共图书馆,早于20世纪80年代就曾与美国圣路易斯郡图书馆开展过馆际合作,有着优秀的对外交流传统。近十年间,金陵图书馆更着重树立对外文化交流品牌,搭建文明对话平台,以"中国图书之窗"品牌为主导,在讲好南京"创作之城""传播之城""阅读之城"的文化故事方面做出了创新尝试。

2　案例内容

2.1　案例概况

2013年,金陵图书馆在南京市文化和旅游局的指导下赴尼日利亚文化交流,输送中国经典文学名著、中国知名作家著作、介绍南京的著作以及儿童文学著作的英文版共计250本,建立起首个"中国图书之窗"。此后十年间,"中国图书之窗"以图书馆专题书架的形式开遍美国、泰国、加纳、纳米比亚、埃塞俄比亚、毛里求斯、马达加斯加等三大洲十多个国家,以书为渠道为世界人民打开认知中国、了解南京的窗口。在此过程中,"中国图书之窗"的建设方式也应各国不同的交流需要日趋多元与精准,不仅包含古籍馆藏、文创开发等特色传统文化与现代文化的挖掘阐发,更注重通过主题展览、互动体验等形式双向举办亲民活动,推动文化宣传的民间力量,为讲好中国故事构筑一扇中外友好的开放、立体、专业、温情之窗。

该品牌活动的具体构成可分为图书赠送、特藏展示、文创互鉴、体验活动、业务研讨五方面。

2.2 主要内容

2.2.1 图书赠送传播中国文化

读一本书如交一位好友，图书交流是促进两国文化交流的重要渠道之一。"中国图书之窗"立足"图书"二字，坚守图书馆行业本色，以图书资源赠送作为联结两国人民友谊、传播中国文化的根基。

每与一个国家或城市达成"中国图书之窗"设立意向，金陵图书馆即与当地公共图书馆或高校图书馆取得联络，选定友好对接图书馆，向其赠送具有中国文化特色的多语种版文学书籍，内容涉及中国古代文学艺术、历史地理以及当代中国政治、经济、文化、旅游等领域。以这些书籍为基础，金陵图书馆协助国外对接图书馆在公共阅览区设立专题书架，命名为"中国图书之窗"，成为当地人民了解中华文明的书籍通道。

截至2021年底，金陵图书馆已陆续在尼日利亚、加纳、刚果（布）、纳米比亚、赞比亚、埃塞俄比亚、毛里求斯、马达加斯加、肯尼亚、泰国和美国建立起十一个"中国图书之窗"专题书架，并根据赠送对象的不同，对所赠送书籍做精准推介。例如，针对泰国法政大学图书馆，赠送书籍内容多偏向语言学习与教育旅游；针对美国圣路易斯郡图书馆，则以弘扬中国文化的《中国经典文化走向世界丛书》等书籍为主。

2.2.2 古籍特藏呈现中国价值

古籍是中华优秀传统文化的经典载体，具有极高的知识价值、文物价值、思想价值和社会价值[3]。将古籍作为对外宣传的主题不仅是对中华文明的深刻展示，更能够讲清中华优秀传统文化的独特创造和价值理念。然而图书馆对于古籍保存有着严格的管理要求，也因价值宝贵无法对外流通，所以金陵图书馆在输送中国书籍走出去的同时也以"中国图书之窗"为平台邀请国外友好图书馆来中国访问，到图书馆实地欣赏传统文化之美，了解地方文化历史渊源。

2016年春，埃塞俄比亚文化旅游部部长携国家档案和图书馆馆长来华访问，特别带领政府文化代表团来金陵图书馆参观古籍珍藏、古迹修缮技艺与藏书票特色馆藏，这次访问给代表团留下深刻印象，对中国图书馆对传统文化与艺术形式的保护和创新给予高度评价，并热情地与藏书票艺术家拍照合影。2020年后受新冠肺炎疫情影响，"中国图书之窗"交流活动多在线上举办，金陵图书馆便用馆员介绍古籍的方式，通过视频传播传统文化。在2022年"中国-中东欧国家图书馆联盟馆长论坛"中，金陵图书馆馆长焦翔亲自录制视频介绍南京本地古籍《金陵百四十八景》，面向中东欧国家的图书馆受众展示传统文化风采。

2.2.3 文创互鉴交流中国IP

文创产品开发对传承中华优秀传统文化，营造社会创新氛围具有重要且积极的作用，文创产品本身也是讲述文化故事的生动载体。"中国图书之窗"在图书的展示交流之外，也注重传播具有丰富文化内涵的文创产品，带领原创IP走出去。

2019年，金陵图书馆在美国圣路易斯郡设立第十个"中国图书之窗"时，特别带去了金陵图书馆设计开发的水晶镇纸、青花瓷书签等富含中国文化元素的文创礼品，展现中国传统工艺。金陵图书馆"阅美家园"吉祥物的文创摆台深受当地群众的喜爱，对其所承载的家庭德育这一中华民族优良传统表示认同，更有当地图书馆理事会成员将其摆回家中向亲朋展示。后来在金陵图书馆邀请圣路易斯郡图书馆代表团来华时，对方特地参观了文创中心，并对香囊这一融入中华民族传统智慧的文创艺术品表现出浓厚兴趣,在听取金陵图书馆馆员的介绍后纷纷希望带回,在"中国图书之窗"向当地居民展示。

2.2.4 主题活动沉浸中国精神

图书馆作为公益文化场馆,是市民休闲娱乐的重要场所。在图书馆内举办国际主题活动,是讲述中国故事、促进民心相通的一种有效交流途径。金陵图书馆依托"中国图书之窗"平台,在10年间主动策划、承办了多场促进中外友谊与文化交流的讲座、展览、文艺表演与文创市集。

早在2018年,金陵图书馆就开始策划举办留学生专场诗歌朗诵会,召集在南京各高校学习的外国留学生学习诵读中国散文诗歌,感受中文魅力与文字背后的文化之美。同年,在巴黎参加世界知名城市"南京周"系列活动,在当地举办的"南京文化嘉年华"活动中,从非遗互动、当代设计、美食交流、南京故事、南京美景等多个角度向法国市民介绍南京文化。2019年,邀请"汉字叔叔"理查德·西尔斯来金陵图书馆举办讲座,分享他来到中国、学习汉语、建立古汉字数据库的独特经历。2021年,承办江苏省-巴西米纳斯州结好25周年系列活动,为巴西代表展现南京"博爱之都"的热情与文化底蕴。同年,承办"丝路·时光"江苏-东盟文化展,为南京市民提供零距离体验东盟各国风情的机会。丰富多彩的主题文化活动让受众在沉浸式体验中感受中国文化,培养起更多的中国故事传播人。

2.2.5 业务探讨表达中国态度

图书馆作为全社会文化保存与传承的主阵地,其服务与成效代表了政府和人民对待文化的态度。在"中国图书之窗"不断建立的过程中,因有机会接触各国各地图书馆同行,金陵图书馆不忘主动发起行业交流,每建立一个"中国图书之窗",都会与当地图书馆开展业务座谈,促进双方图书馆达成友好合作协议,将合作可能性拓展至图书馆工作的方方面面,并邀请对方来华实地参观金陵图书馆,更加有力地宣传中国对文化工作、对图书馆事业的重视。

在与美国圣路易斯郡图书馆的业务交流中,对方对金陵图书馆在保障视障人群阅读权利方面的工作和政府予以的支持大为赞赏,表示尽管美国对公共场所无障碍设施较为关注,但图书馆缺乏人性化的实际服务,中国的服务案例值得借鉴。在泰国"中国图书之窗"建立时,虽因疫情影响无法实地访问,但金陵图书馆依然发起线上交流,通过视频对话的方式就馆藏信息和专业技术管理方面进行沟通,共同探讨当地中国文化中心的发展方向。通过此类形式,"中国图书之窗"不仅向各地居民,也向各地图书馆传达着中国图书馆"以人为本、以文化人"的坚定态度。

3 案例特色

3.1 建立图书馆外事品牌

公共图书馆作为公益性文化单位,在参与国际对话和交流的策划与实施中难免遇到活动资金不足、外事资源匮乏等问题。金陵图书馆扬长避短,牢牢把握"图书传播"这一图书馆核心职能和资源优势,用书籍交流创新对外传播方式,以品牌化理念打造独具行业特色的"中国图书之窗",传播中国深厚的历史文化底蕴。

丰富的馆藏资源和专业的图书推介能力保障了活动品牌发展的可持续性,从一家图书馆到整个国家、从一个国家到一大洲,书籍成为金陵图书馆扣响与外国交流之门的见面礼,成为推动民间交流的催化剂,以点带面不断扩大影响力。品牌的树立又反过来将原本分散的外事活动集零为整,形成合力讲好中国故事,使得"中国图书之窗"依托"世界文学之都"的地缘、人缘优势不断拓展创新,囊括入更多外交地区,提高了活动层次,逐步丰富了品牌的文化内涵。

3.2　强调文化间双向奔赴

"中国图书之窗"的窗口既向外也向内,强调文化交流的双向奔赴。对于非洲国家及地区,"中国图书之窗"偏重文化资源的赠予与援助,而在更广泛的交流中,金陵图书馆秉持谦虚好学的优良传统,取他人之长补自己之短,推动图书馆行业共同体的成长。

在与美国圣路易斯郡、巴西米纳斯吉拉斯州等地的交流中,对方均回赠了涵盖当地文学、民俗、自然风光等内容的主题图书。金陵图书馆特在馆内设立"中国图书之窗"国内窗口,展示回赠书籍与交流内容,为南京市民开拓国际视野提供渠道。美国、埃塞俄比亚、加纳、刚果(布)等国家的图书馆在成立当地"中国图书之窗"后,均有文化代表团在金陵图书馆的邀请下回访中国,欣赏特色馆藏,参与文化活动,作进一步友好交流。这些活动无疑会潜移默化地影响着世界对中国的认知度和美誉度。

3.3　培养讲故事民间力量

要讲好中国故事,不仅需要自己讲,也需要别人讲。如何形成图书馆行业与民间相结合、国内与国外相结合的中国故事联动传播,是"中国图书之窗"项目在品牌发展中不断思考的课题,为此采取了三个维度的角色转化举措。

首先,让国外阅读者成为传播者。"中国图书之窗"在国外公共图书馆、高校图书馆的设立,为更多外国人提供了在阅读中理解和接受中国文化、中国价值、中国精神的渠道,尽管过程较缓,但播撒面广、持续性强。其次,让国外图书馆人成为传播者。在"中国图书之窗"促成的行业交流中,重视馆藏古籍资源、文创产品的宣传展示,引发国外同行的兴趣,让他们将有关的理念或实物带回去,进一步影响他们所服务的社区。再次,让国外留学生成为传播者。以"中国图书之窗"为平台召集的留学生朗诵等活动,让在南京留学的外国青年运用所学语言深入感受中文之美,增进对中国文化的认同,并将这种意识在后期带回自己的国家。

3.4　创新疫情下传播形式

在新冠肺炎疫情影响下,传统对外交流渠道受阻,但"中国图书之窗"未停下讲述中国故事的脚步,积极运用网络直播与视频技术搭建对话渠道,并发展出更多线上互动形式。

在相关人员无法到访的情况下,"中国图书之窗"利用物流运输将图书送往国外,保证专题书架的持续更新,使国外居民阅读中国图书的通道不因病毒受阻。通过Zoom等网络平台,积极连线友好交流方图书馆与当地文化机构代表,线上签署合作协议。因到访条件限制而无法达成的专家讲座,现也凭借"云端会晤"得以多方连线开展,如邀请南京大学教授贺云翱在泰国"中国图书之窗"落成仪式上在线为泰国曼谷的中国文化中心、高校师生讲授南京的古都文化与现代特色,视频直播的形式使得更多愿意参与活动的泰国民众可以在线聆听。

4 成效与评价

截至2021年底，尼日利亚、加纳、刚果（布）、纳米比亚、赞比亚、埃塞俄比亚、毛里求斯、马达加斯加、肯尼亚、美国和泰国等十一地已建立中国特色专题书架，共计赠送图书2000余册，涵盖中、英、法等多种语言版本，构筑起中外人民文化友谊的桥梁，播撒下中国文化的种子。在此过程中还与尼日利亚、加纳、马达加斯加、美国、泰国等地公共图书馆或高校图书馆签署友好合作协议，保持联络互通；有四个国家的图书馆在建立"中国图书之窗"的交流基础上受邀来华回访，进一步了解中国文化与图书馆事业发展情况；在马达加斯加、美国等国的当地报纸中对"中国图书之窗"均有所报道。以"中国图书之窗"为平台，金陵图书馆还举办了多场具有社会影响力的朗诵会、展会及其他活动，活动被《中国日报》、《扬子晚报》、《现代快报》、江苏卫视等多家媒体报道，既为南京市民了解外国风土人情创造机会，也对外弘扬了中国精神，展现了中国风貌，让外国民众通过欣赏中国作品加深对中国的认识，深入了解中国文化。2018年，金陵图书馆因"中国图书之窗"品牌系列活动，被授予"江苏省中华文化海外交流基地"称号。2022年，"中国图书之窗"将继续推进"中国故事"在欧洲的传播，为"讲好大国故事、树立大国形象、传递文都声音"持续贡献力量。

参考文献

[1] 孙雪凡. 习近平总书记关于"讲好中国故事"重要论述的三重逻辑[J]. 马克思主义研究，2021（6）：52-62.

[2] 中华人民共和国国民经济和社会发展第十四个五年规划和2035年远景目标纲要[EB/OL]. [2022-04-20]. https://www.12371.cn/2021/03/13/ARTI1615598751923816.shtml#d10.

[3] 汪东波. 公共图书馆概论[M]. 北京：国家图书馆出版社，2012：77.

新冠肺炎疫情下的图书馆云服务模式研究

朱若星（西北工业大学图书馆）

自2019年12月，全球已经进入到阻击新冠肺炎疫情的第三个年头。疫情的暴发，严重威胁了人民生命安全，影响了工作生活秩序。高校图书馆虽然不是防疫主战场，但作为文献资源保障和文化育人基地，为避免人员聚集，保障一线师生顺利开展教学科研任务，根据党中央关于新冠肺炎疫情防控工作的部署，以及教育部延迟开学的具体要求，所有高校图书馆都不得不临时调整工作安排，以应对来势汹汹的新冠肺炎疫情。

面对类似新冠肺炎疫情这样的重大突发公共卫生事件，高校图书馆都能做什么？具体应该怎么做？三年来，高校图书馆界学者对此进行了深入思考和实践。蔡迎春[1]等以上海师范大学图书馆为例，介绍了一系列线上资源保障及特色创新服务举措，同时指出图书馆还面临电子教参系统配备不全、图书馆创新型服务不多等问题。王惠森[2]等以电子科技大学图书馆为例，探讨新冠肺炎疫情下的图书馆服务工作。栾庆玲[3]等分析了43所"双一流"高校图书馆微信公众号在公共卫生突发事件下的学科服务现状。马毓[4]研究了疫情时代图书馆数字阅读推广发展服务策略。尽管新冠肺炎疫情迫使各高校图书馆纷纷闭馆，但也催生出各具特色的云服务模式。本文以西北工业大学图书馆为例，详细介绍新冠肺炎疫情下的文献资源保障工作和创新服务。

1 疫情下的高校图书馆云服务案例——以西北工业大学图书馆为例

在新冠肺炎疫情暴发的三年时间里，西安已经遭受了两次较大规模的封控管理。根据疫情暴发时间不同，西北工业大学图书馆开展针对性资源保障服务工作。第一次封控管理发生在疫情暴发之初的2020年1月，由于时近农历新年，在校学生人数较少，图书馆服务工作的重点集中于扩大校外资源访问范围、拓宽访问渠道等方面，并为学校延迟开学后的线上教学工作提供辅助支撑。第二次封控管理发生在2021年12月底，时值学生期末复习高峰期，且随着研究生入学考试的临近，图书馆工作主要集中在全力保障学生复习考试工作，整合所有购买数字资源为居家隔离人员提供校外获取方式。

新冠肺炎疫情下，根据中央防疫工作安排，学校统一部署，西北工业大学图书馆在疫情之初迅速成立疫情防控工作领导小组，并组织全体馆员和学生志愿者成立战"疫"工作组，以图书馆微信公众平台为依托，制定"助学·强心·笃行"服务线上教研应急保障工作方案。

1.1 案例建设思路

"助学·强心·笃行"服务线上教研应急保障工作方案,总体设计上经纬纵横,以点到面。以"助学"——助力教学科研、"强心"——阅读推广保持心理健康、"笃行"——倡导学生学有所践等服务类型为经,以本科生、研究生和教师等服务对象为纬,从定点服务一位学生辐射到全校师生读者。

1.2 案例实施过程

1.2.1 "助学":新冠肺炎疫情下,高校图书馆助力教学科研顺利开展

(1)电子资源需求激增,开通教材电子书直通车,全力做好线上教学文献资源保障

对于低年级本科生、研究生,当前阶段仍以课程学习为主。疫情暴发初期,根据西北工业大学教务处、研究生院提供的电子教材目录,图书馆对现有电子图书资源进行了比对,推出了电子教材精准推送服务,先期覆盖全校20个学院急需的79种教材。针对图书馆资源未覆盖到的教材书目,采取定点推荐,专人服务的"点对点"服务模式。例如,同学刘某急需科学出版社教材《电动力学》,数据库馆员和采访馆员10天内实现数据库试用开通,以"点对点"的形式满足一位本科生的资源需求辐射到开通试用数据库保障全校师生文献资源,服务本科生线上教学。

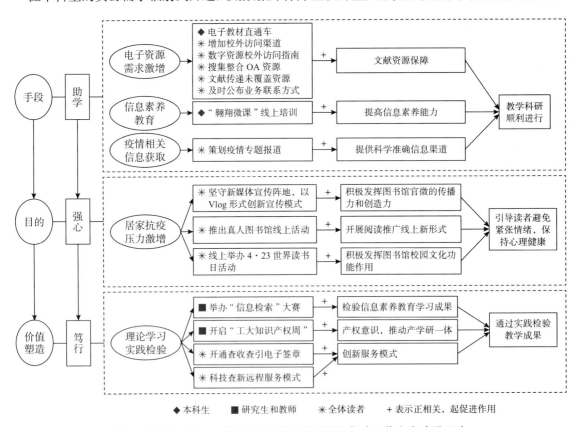

图1 "助学·强心·笃行"服务线上教研应急保障工作方案建设思路

疫情防控常态化后,着手搭建电子教材服务平台。为保障课程全覆盖,图书馆将教务处和研究生院提供的近7年(2016—2022年)约2万余条课程信息、教材书目进行数据清洗、查重。

将清洗过的书目信息与合作数据库书目信息进行对比。通过多轮比对，一期平台建设最终确定两千余条书目信息。然而，由于合作数据库体量有限，仍有522条教材信息未比对成功，后期将通过人工筛选其他电子书数据平台或将未电子化图书电子化处理后提供读者线上阅览。

（2）扩大数字资源校外访问范围、增加校外访问渠道，形成数字资源校外访问指南

疫情初期，对于高年级本科生、研究生和教师，其需求多为开通校外远程访问数据库资源。图书馆迅速成立"共克时坚"工作小组，成员包含信息中心工作人员、图书馆技术人员、数据库馆员、采访馆员。一方面加强网络技术支持与升级，保障VPN访问文献资源服务；一方面联合校内信息部门通过CARSI（中国教育和科研计算机网联邦认证与资源共享基础设施）建立与相关数据库商的联系，实现跨域身份认证和文献资源共享。加入CARSI一个月之内，实现对接中国知网、万方、Web of Science、Springer等在内的17种电子资源，共计7000多名师生完成45000余次认证。

疫情防控常态化以后，有感于初次疫情暴发时数字资源校外访问激增。西北工业大学图书馆着手系统汇总整理所有已购买数字资源的校外访问方式，形成长达188页的《西北工业大学图书馆数字资源校外访问指南》（第一版）（以下简称"指南"）。按照数字资源访问方式的不同，大体分为3类：①校外VPN访问。在校园网IP范围外，读者可通过登录西北工业大学信息中心VPN网页版或客户端，认证成功后即可访问校内数字资源。理论上，目前可通过VPN访问所有购买数字资源。但由于不同的数据库商对于用户访问地址解析程度不同，加之信息中心在网络负载过大时要保持负载均衡，且受VPN出口带宽限制等因素，因此在实际操作过程中，会出现链接不稳定、登录时长受限等问题。②CARSI，即中国教育和科研计算机网联邦认证与资源共享基础设施。部分数据库可通过CARSI认证，借由其主页的机构账户登录方式，可不限制IP地址，无需使用VPN访问数字资源。据统计，可通过CARSI访问的数据库共计31种，其中Web of Science、IEL数据库均可使用CARSI。借助CARSI的校外访问方式，可以为读者稳定使用校内数字资源提供另外一种稳定的远程访问方式，极大地缓解了VPN的访问压力。③数据库账户登录。一部分数据库可随时随地通过西北工业大学校内邮箱注册账户登录，不限制注册时的网络环境，如Elsevier Science Direct、Scival、Scopus数据库等。而另一部分数据库则需在校园网情况下注册账户后校外登录访问，这类数据库往往限制单次注册账户使用时间，一般限时90天，到期后需重新回到校园网环境下认证，方可继续校外访问，如Taylor & Francis期刊数据库、ASME电子期刊和会议录数据库。此后，随着校外访问方式的不断完善，师生读者也更倾向于使用对网络环境限制小的文献资源获取方式。鉴于读者资源获取方式的转变趋势，图书馆文献建设部门也将是否提供免费的校外访问方式纳入数字资源采访重要因素之一，优先购入能够提供免费、稳定的校外访问方式的数据库，或在订购方案中特别要求纳入校外访问方式。

此外，图书馆工作人员还努力从其他途径为读者获取文献资源。面向全体师生读者，搜集OA资源，整合后推送给读者；针对其他未覆盖文献资源采取文献传递方式，尽可能实现居家科研文献资源全覆盖；针对未覆盖的教材书目，采取定点推荐，专人服务模式，全力保障线上教学顺利开展。

（3）充分利用图书馆微信公众平台，打造信息素养教育"翱翔微课"新品牌

根据疫情现实状况，响应国家号召，避免人员流动和接触，图书馆馆员重新制定信息素养线上培训计划。线上课程不同于以往在规定时间、规定地点中进行的线下课程，它完全弱化

了培训对于时间和地点的要求,培训对象人数不受限制,不再局限于教室中座位的个数,且无人员类别要求（校内读者和校外读者之分）。"翱翔微课"线上培训计划依托西北工业大学图书馆微信公众号,以图文音视频推送的形式,采取"直播"和"录播"两种模式,全面升级改造信息素养教育,三年来,共计推出48期培训课程,内容覆盖文献检索技巧、数据库使用介绍、文献管理软件、图书馆资源介绍、前沿科学技术等方面,已累计达94516次阅读,传播力度远超以往线下培训。

（4）策划疫情相关专题报道,提供科学准确的信息获取渠道

图书馆组织策划《"新型冠状病毒"研究资源汇总》,囊括包含Elsevier、Clarivate、Springer Nature等国内外知名出版商关于冠状病毒的研究报道,为读者提供科学、专业、方便、快捷的疫情相关报道及渠道。

（5）及时公布业务工作联系方式,扩大消息传播范围

两次疫情封控管理通知发布后,图书馆立即公布图书借阅、电子资源访问等10种与读者服务紧密相关的业务负责人手机号码、邮箱地址等联系方式,确保读者在有疑问时能快速直接联系到相关业务负责人。同时,借由校内门户网站、图书馆微信公众号、读者QQ交流群等渠道将通知传播出去,也号召馆员在微信朋友圈转发相关推文,尽可能扩大消息传播范围。此外,有10余名馆员长期在读者QQ交流群中驻守服务,建立读者疑问解答快速响应机制。

1.2.2 "强心":新冠肺炎疫情下,高校图书馆开展阅读推广,引导读者避免紧张情绪,保持心理健康

（1）坚守新媒体宣传阵地,以Vlog形式创新宣传模式,积极发挥图书馆官微的传播力和创造力

疫情防控期间,全民居家隔离导致居家隔离人员情绪压力激增,对外信息摄取需求增大,且读者不再受限于学校学习期间会有的公共生活环境,网速流量等因素限制,西北工业大学图书馆新媒体中心积极探索新的服务方式,充分利用微信公众平台,以时下最流行的短视频形式推出"疫情Vlog日记"系列推文,积极制作《想见你想见你想见你》《又一个"被迫改行"的图书馆老师……》《坐标:黄冈,天气:晴~》《"疫"起写——你看,这个工科女娃在写书法！》等视频,内容覆盖分享阅读感受、交流阅读方法、疫区生活日记、图书馆美图分享等。从阅读的角度引导读者分散注意力,提供人文关怀,保障心理健康,传播积极向上的人生态度;组织策划"南山书舍丨以'读'攻'毒'·陪你读经典"系列推文,共计推出《逼近的瘟疫》《疫苗的史诗》等106本经典读物;以上推文阅读量达13195次,读者留言反馈说"Vlog形式带领读者不知不觉以'刷剧'的形式读完一本书,阅读体验和刷剧体验同时得到满足！"

（2）开展阅读推广,推出真人图书馆线上服务模式,探索新媒体与传统服务的创新结合

此外,图书馆新媒体团队还积极探索新媒体与传统服务的创新结合,基于西北工业大学图书馆微信公众号平台推出真人图书馆线上服务模式。活动分为两个阶段,第一阶段可称之为"一本真人书的探索",第二阶段则为"三本真人书的融合"。

当只有一本真人书时,主题设计较灵活,更多地偏向于真人书本人的阅读经验。首先以分享者本人最喜欢的一本书为引,通过朗读书中片段,引导观看视频的读者进入阅读情境,接着通过理论和实践相结合的形式介绍如何阅读一本书,最后分享纸本书籍的购买心得。实际操作中,分享者以《撒哈拉的故事》为引,首先介绍作者三毛的生平及本书的创作背景,并通

过朗读"白手成家"片段,形成阅读氛围,引领读者更加深刻地认识阅读的重要性。对读者而言,要如何开始并长期保持阅读的热情和爱好呢?以《如何阅读一本书》为例,从理论层面总结书中的阅读方法。实践层面则通过分析个体阅读阶段的差异性和方法的选择,重点介绍主题阅读方法,从小说题材、作者、文学地域三个维度分享实际案例,阐述如何保持阅读兴趣。最后针对阅读达人,从书籍收藏层面,介绍不同的版本,以及版本版次的选择。

当真人书数量大于1时,活动主题更倾向于选择大家都熟悉的话题,这样更容易让读者产生共情。在"三本真人书的融合"阶段,以一本大家比较耳熟能详的书为引,重点讨论基于此书的外延式思考。首先,选书阶段,参考西北工业大学图书馆借阅数据,选择借阅次数较高的书籍。由于时人浮躁,阅读多以碎片阅读为主,故团队反其道而行,选取一本反映当代中国城乡社会生活的巨著《平凡的世界》探讨努力的重要性,分享阅读感悟。其次,虽然三位分享者对这本书都有非常深的阅读感触,但鉴于心得比较零散,每个人共情的触发点不同,所以要求三人重新阅读此书,选择大家均能产生强烈共鸣的角度切入,重点讨论。相较于第一阶段,第二阶段需要牺牲一定的真人书个性以达到整体和谐。

真人图书馆活动经由微信平台推出后,平均阅读次数达到2052次,高于图书馆微信公众号的年平均阅读次数。该活动视频投稿至西北工业大学哔哩哔哩账号后,收获2719次播放。

（3）发挥校园文化功能作用,举办"众志成城抗疫情,花开又见读书日——2020年4·23世界读书日"云活动

新冠肺炎疫情暴发初期的第一次封控使得西北工业大学该学期延迟开学,到了2020年4月很多学生仍未返校。为缓解学生居家压力,图书馆当年"4·23世界读书日"所有活动全部采取线上模式。其中"寻找最爱读书的西瓜子"优秀读者云表彰活动根据2019年度纸质图书借阅数据,从全校30000余名读者中评选出50名"最爱读书西瓜子"。根据2019年度图书荐购的数量和质量,评选出10名"荐购之星"。"'中科杯'趣味文学知识竞赛"以知识问答、小作文、视频的比赛形式吸引参与人数708人,共收获Vlog视频作品110份,拟推选优秀作品70份报送中国图书馆学会"图书馆故事"比赛。"我们一起云读书"通过视频或图片的形式记录读书感悟,推选优秀获奖作品31份。此外图书馆主办的"'万方杯'信息检索大赛""读书日,想对小图说""你'悦'选,我'悦'买""翱翔微课—4·23信息素养专题培训""畅想之星荐购活动"等活动获得读者积极响应,参与人数总计达到700人次以上,推荐图书850种、学位论文27篇,征集书评39个。和陕西省图书馆学会、东南大学图书馆、维普、畅想之星电子书数据库等合作举办的"阅读滋养心灵""蛀书虫挑战赛""方言朗诵诗经"等活动也受到了读者们的欢迎,校内获奖人次达58人以上,图书馆馆员的方言朗诵《诗经》在东南大学图书馆微信公众号中得到展示。通过云活动,以挑战赛吸引读者参与,以书评、阅读分享的形式强调读者互动,丰富疫情防控期间的居家隔离生活,引导读者保持良好心态。

1.2.3 "笃行":新冠肺炎疫情下,高校图书馆通过实践检验教学科研成果,真正做到"停课不停学,停课不停研"

（1）举办"信息检索"大赛,开启"工大知识产权周",巩固信息素养教育成果

通过远程在线测试的模式,举办2020年"信息检索"大赛,检验长期以来的信息素养教育学习成果,试题内容涉及检索技巧、资源获取、专利文献、文献著录信息甄别等类别。本次大赛共有近300位学生参加,其中博士研究生参赛获奖比例最高,达65.79%,硕士研究生为53.97%,本科生为35.57%。从不同身份人员参赛获奖比来看,虽然西北工业大学信息素养教

育从高年级向低年级逐级推进，但综合技能仍以高年级研究生占绝对优势。开启"工大知识产权周"，以授课形式引导师生树立知识产权意识，提升专利质量。

（2）开通查收查引电子签章，减少接触概率，创新服务模式

论文检索证明是学生学位申请、教师职称评审的必要材料。鉴于现实情况，图书馆与学校信息中心沟通协商，申请办理查收查引电子签章。读者通过图书馆信息服务管理系统提交查收查引预约申请，馆员出具证明后，加盖电子签章，通过邮箱发送读者，实现无接触式远程服务，共计完成2357份证明报告，为全校师生的项目申报、职称评定、学位申请等提供服务。此外，疫情防控期间还为广大毕业生读者免除了学位申请检索费用，提供人性化服务。

（3）保障科研工作顺利开展，推出科技查新远程服务模式

新冠肺炎疫情暴发前，为保证查新的准确性，提升查新工作效率，西北工业大学图书馆科技查新服务均需要读者到场，当面与查新员沟通确定检索式，选择密切相关文献。疫情暴发后，除严格封控管理期间，大部分科技查新服务均转入"线上沟通、线下邮寄报告"的服务模式。具体来看，读者通过信息服务管理系统提交科技查新委托单，查新员通过QQ、微信、电话等渠道与读者沟通查新点，确定检索式以保证查新准确性，随后完成查新报告文字整理工作，纸质报告则采取邮寄方式送达读者。

2　实施成效与经验提炼

2.1　实施成效

西北工业大学疫情防控期间"助学·强心·笃行"工作方案在3年的实践工作中深受读者好评，也取得了不错的工作成效。以《"助学·强心·笃行"——重大突发公共事件下图书馆云服务升级和价值塑造》为题的工作案例报告获评2020年高校图书馆服务战"疫"时期优秀案例，笔者受邀前往成都在主会场做业务交流汇报。这一方案工作也在"第二十一届国防科技院校（7+8）图书馆学术年会"中做交流汇报，受到业界一致好评。

此外，疫情防控期间的服务多以微信公众平台为依托，读者们的后台留言就是对图书馆业务工作最真实的反馈。读者"13"在推文"知网、Springer你们终于可了！"中留言"瓜大图书馆牛！正愁知网没得看……"；读者"LEE DARGON"在推文"不用担心，外借图书超期不是事！"中留言"感谢图书馆，外借图书不是事儿"；读者"CN萧尼奥"在推文"那个留言咨询的同学，你要的电子书教材来了……"中留言"雷厉风行，急我们学生之所急，点赞！"

以上留言仅仅是西北工业大学图书馆微信公众号后台留言中的一小部分。读者的一条条留言、参与活动的一位位读者、后台的一串串数据都是对西北工业大学图书馆疫情防控期间"助学·强心·笃行"工作的肯定与认可。

2.2　经验提炼

2.2.1　总体设计图书馆"助学·强心·笃行"应急保障工作方案

总体设计经纬纵横，以"助学·强心·笃行"等服务类型为经，以不同年级服务对象为纬，同时根据疫情暴发的时间不同，有针对性地突出工作重点，更好地服务全校师生。以"助学"推动线上教研工作顺利开展，以"强心"带领学生通过阅读推广避免紧张情绪，保持心理健康，

以"笃行"倡导学生学有所践,通过实践巩固学习,检验教学科研成果。针对高年级读者和教师,整合已有馆藏线上资源,不断开发文献资源获取新途径,满足其居家科研学习的文献需求。针对低年级读者,通过比对教材目录,推出电子书教材精准推送服务,未覆盖资源则通过"以点到面"式服务响应需求;通过信息素养在线培训,提高读者信息检索能力。后期通过开展"信息检索"大赛等活动,充分调动读者积极性,检验信息素养教育成果。

2.2.2 整合数字资源校外方式,形成一站式获取指南

新冠肺炎疫情暴发前,图书馆数字资源建设局限于保证校园网范围内稳定访问,读者如有校外访问的需求,全部依赖VPN这并不稳定的单一渠道。疫情暴发后,数字资源校外访问需求激增,VPN负载压力陡然增大,造成资源访问不流畅,大家纷纷将目光转向寻求其他更稳定渠道。经过前期对接各个数据库,调研数据库的校外访问方式,汇总所有购买数字资源校外访问方式并形成指南,帮助广大师生读者快速掌握校外文献资源访问方法,保证教学科研工作的顺利进行。

2.2.3 以Vlog为主的阅读推广创新服务模式

近年来以Vlog为主的短视频形式受到热捧。西北工业大学图书馆率先以Vlog形式分享阅读感受,交流阅读方法,带领读者开启沉浸式的阅读体验。通过Vlog分享图书,开启"真人图书馆"的线上模式;通过Vlog分享阅读方法和购书经验,吸引更多读者进入书的世界;通过Vlog分享图书馆美图,传达读者对于图书馆文化地标的思念;通过Vlog分享疫区生活日记,引导读者的兴趣和关注点,保持积极向上的心态。

3 存在的问题

虽然2015年施行的《普通高等学校图书馆规程》规定"高等学校应重视图书馆公共安全管理,采取多种防护措施,制订突发事件应急预案,保护人身安全",但没对高校图书馆应急服务作出具体规定。目前国内高校关于应对传染病这一重大突发公共事件的服务能力略显薄弱,主要集中体现在,缺乏文献资源应急保障机制、缺乏危机管理应急服务支撑、馆员个人和团体应急管理能力不足三方面。

3.1 重大突发公共事件下,图书馆缺乏文献资源应急保障机制

重大突发公共事件对图书馆文献资源应急保障机制提出挑战。面对"停课不停学,停课不停研"的号召,目前并没有一套完善的文献资源应急保障体系以支撑基本的教学科研任务顺利进行。疫情初期,全体读者均处于离校春节休假中,返校日期没有具体安排,科研工作停摆。这种"孤岛"情况下,读者只能依赖网络获取线上资源,大量用户涌入VPN通道访问校内资源。然而西北工业大学的VPN一直以来主要用于校外线上办公,无法满足大量用户的同时使用需求,经常处于一种"拼人品"的情况下。同时,其他文献资源校外访问渠道几乎为零。

3.2 重大突发公共事件下,图书馆缺乏危机管理应急服务支撑,缺乏快速响应机制

重大突发公共事件对图书馆危机管理应急服务支撑提出挑战。大部分图书馆针对危机管理应急服务和馆员能力培训多集中在"防火、防水"等公共安全事故。针对严重传染病导致的国际重大突发公共事件,图书馆能够做到避免人员流动、暂停到馆服务、闭馆"打烊"这样

的立即响应,但后续应急服务支撑能力略显薄弱。

3.3 重大突发公共事件下,图书馆馆员个人和团体应急管理能力不足

重大突发公共事件对图书馆馆员个人和团体应急管理能力提出挑战。正常工作条件下,图书馆分工明确,相互配合协作,强调团队作业,馆员各司其职。突发事件下,全民居家隔离,团队协作机制因为缺乏面对面沟通略显效率低下,无法形成业务的快速响应。此外,面对突发事件,各项业务近乎停摆,疫情初期急需一个总体纲领性意见组织有生力量开展业务工作。

4 思考与启示

4.1 面对突发重大公共事件,迅速建立文献资源应急保障机制

依据文献类型的不同,文献资源应急保障机制的建设方法又有差异。

(1)针对电子文献资源:①联系教务处比对已有电子书线上资源,推出电子教材精准推送服务;②未覆盖到的教材书目,采取定点推荐,专人服务模式;③联系信息中心VPN改造升级;④通过CARSI建立与相关数据库商的联系,实现19种数据库的跨域身份认证和文献资源共享;⑤积极联系万方、Elsevier、Science Direct、ProQuest等数据库开通以校内邮箱为标识的个人用户认证方式;⑥搜集OA资源,整合后推送给读者;⑦其他未覆盖文献资源采取文献传递方式,实现居家科研文献资源全覆盖,全力保障线上教学顺利开展;⑧整合全部渠道,一站式获取校外访问方式。

(2)针对纸本文献资源:①提供纸质图书文献预约借阅服务,读者将需要借阅图书的具体信息发送至指定邮箱,工作人员找到图书后,与读者约定到馆取书时间。若读者不方便取书,可提供校园内上门送书服务;②外借图书不计算逾期罚款,为读者解决后顾之忧;③通过QQ群在线咨询提供疫情防控期间所需各类型文献荐购服务。

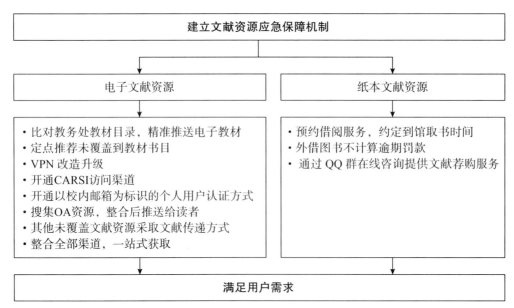

图2 文献资源应急保障机制工作方法

4.2　打破原有部室壁垒，突破级别设置，实现快速响应，建立危机管理应急服务支撑

图书馆迅速成立，一支有组织、有决策、有服务、机动能力强的专业线上服务团队。团队以文献资源保障、宣传推广等服务类别划分，成立小组模式，打破原有部室壁垒，突破级别设置，实现发现问题到解决问题的快速响应，建立良好的信息反馈机制；同时要求馆员在实际解决问题的过程中不断加强自身学习，提高专业水平和技能素养，完善自身能力以更好地提供线上服务。

4.3　面对突发重大公共事件，图书馆馆员拓展业务范围，提升应急管理服务能力

疫情防控期间要求快速响应机制以应对突发事件，这就需要图书馆馆员不断提升业务能力，拓展业务范围，扩大视野，做到"一个人就是一支队伍"以满足正常甚至超乎寻常的工作需求。管理组织者制定应急保障方针政策，具体业务馆员根据方针政策制定工作方案，形成自上而下的工作模式，团队间的协作也需要寻求新的联络沟通模式形成配合，完成大型任务作业。

西北工业大学图书馆遵照党中央国务院防疫部署，按照教育部"延迟开学"的部署，服务西北工业大学"线上教学"安排。图书馆人秉承在疫情面前不退缩，在困难面前不低头，关键时刻冲在前的执着精神。通过"助学"手段，推动线上教研工作顺利开展，以达到"强心"，带领学生通过阅读推广避免紧张情绪，保持心理健康的目的，最终实现让学生学有所践，通过实践巩固学习，检验教学科研成果的"笃行"价值的塑造，真正做到"停课不停学，停课不停研"！

参考文献

[1] 蔡迎春，穆卫国，段晓林，等.高校图书馆应急服务的实践与思考——以上海师范大学图书馆为例[J].高校图书馆工作，2020（3）：62-66.

[2] 王惠森，彭莉红，周倩.新冠肺炎疫情下的高校图书馆服务工作——以电子科技大学图书馆为例[J].高校图书馆工作，2020（3）：84-86.

[3] 栾庆玲，李美玉，胡媛.公共卫生突发事件下高校图书馆微信学科服务现状与思考——基于43所"双一流"高校图书馆微信公众号的调研[J].图书情报研究，2022（1）：75-82.

[4] 马毓.后疫情时期图书馆数字阅读推广发展策略研究[J].新世纪图书馆，2021（9）：41-45.

科普公益课程"病毒猎人"

——疫情下的科普实践活动

高智英　曾观凤　黄璇熙

[广东省科技图书馆(广东省科学院信息研究所)]

1　开展背景

2020年初,突发的新型冠状病毒肆虐神州大地,给我们的工作生活带来了极大的破坏,也引发了人们对于生命、健康、居住环境以及人与自然的关系等一系列问题的思考。

与此同时,中国图书馆学会倡导各级各类图书馆通过互联网路径创新开展阅读推广服务,向读者提供"宅"阅读的全新阅读体验。图书馆同人积极响应,线下闭馆抗疫,线上服务创新。面对新冠肺炎疫情带来的挑战,广东省科技图书馆以主动出击、联合应对等方式积极作为,在应对疫情过程中积累了较为丰富的经验。经过不断的打磨,广东省科技图书馆的科普公益课程"病毒猎人"应运而生,并逐步成熟。

这一课程主要借助网络,和孩子们一起认识和了解新冠病毒,一起探讨新冠病毒对人们生活的影响,以及思考如何在一个已然生变的未来世界中生活。

当第一季"病毒猎人"课程开始时(2020年5月30日),全球确诊新型冠状病毒患者接近600万人,而第二季开展时(2020年7月19日),全球确诊新冠病毒患者已过1100万,中途循环课程时(2021年7月28日起)全球确诊人数已近2亿,在后续不间断的相关教育中,全球确诊人数也在不断增加,至目前(2022年4月中)全球确诊已超5亿,死亡623万。自中国在武汉实施了对抗疫情的第一次封城后,陆续又有不少的城市实施了封城,人口超2000万的深圳、上海都不得不颁布封城令,我们身处的广州同样正处于疫情的风暴眼中,因此对疫情的认识感受颇深。本次疫情之严峻,足以促使我们有必要更深入地了解这次世界性暴发流行病的元凶——新冠病毒。但值得庆幸的是,我们早于两年前已经有充分认识的准备,也力所能及地引导青少年朋友不断地进行有益的探讨,相信会给参加过活动的大小朋友有所帮助。

广东省科技图书馆是科普公益课程"病毒猎人"的主办单位,长期致力于青少年科普阅读推广活动,有扎实的科普活动推广运营团队,善于科普活动的策划和执行,同时拥有较为强大的志愿者团队支撑,是全国科普教育基地、广东省少先队校外实践教育营地(基地)、广东省青少年科技教育基地、广州市科学技术普及基地、广州市越秀区科普基地,在历年的广州市科普基地复评中名列前茅。在疫情防控期间,广东省科技图书馆严格执行有关防控规定,并制定了详细的疫情防控规章制度,为课程的实施提供了强有力的保障。

2 主要内容

"病毒猎人"课程主要从青少年的认知规律入手,让他们从感官认知到内化感悟,渐进式地认知病毒,了解病毒,从而增强战胜病毒的信心。

该案例课程在前两季进行了内容的更迭,第一季为4个主题,第二季以后,在学员和家长反馈的基础上,结合实际需要进行了增量扩容,增加到5个主题。通过将孩子们感兴趣的编程内容的引入,丰富了活动的内容和形式,使学员们对病毒有更直观的认识。

(1)第一季课程内容

第一课:情感捕手——疫情下,我们有什么感受?

第二课:火眼金睛——流言满天飞,我们如何鉴别信息真伪?

第三课:使命必达——面对灾难,我们如何做好决策判断?

第四课:猎人行动——面对来自疫区的人们,我们该如何对待?

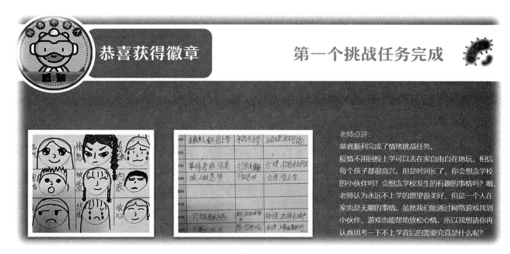

图1 学习过程记录

(2)后续课程内容

第一课:捕捉情绪——审辩情绪的表达

第二课:情绪表达——主题情景的展示

第三课:火眼金睛——信息真伪的鉴别

第四课:使命必达——社会话题的关注

第五课:猎人行动——关怀社会的行动

经过第一季的课程实践,认识到在疫情防控期间人们更需要情感的依托和情绪的表达,在后续的课程中我们用整整一节课,以当今流行的编程方式,让参与课程的学员有充分的情绪表达;并依据当时的政令和环境条件,增加和补充相关的内容开展渗透式教学。

3 活动过程

3.1 明确课题

拟定课题,设计课程。"病毒猎人"系列课程以疫情为切入点,结合当下的环境形势,引导学生讨论和思考,让他们跟随"猎毒"导师和"猎毒"小向导,一起去解开种种疑问,探索更多的未知,构筑更多人类互助的方案。

3.2　课程形式

线上Zoom平台课堂,借助Zoom这款多人视频会议软件,让小读者通过手机、平板电脑、PC机与老师或其他参与者等进行视频及语言通话,通过屏幕分享、分组讨论,有效地保证课程的互动性。

3.3　课程对象

课程主要面向8—12岁少年儿童,每季可邀请20个家庭参与。

3.4　学员招募

通过公众号发布活动推文招募学员,并附上相关的书单推荐,让感兴趣的学生提前阅读,加深对活动主题的了解。优先招募医务人员子女、被隔离过的孩子参与活动。

3.5　教学环节和流程

(1)链接(暖场、连接、导入)
例如:问题导入

> 2020年以来的春节你是在哪过的? 怎么过的? 去给亲戚朋友拜年了吗? 那是为什么呢?
> 什么是新型冠状病毒?
> 显微镜下看起来像是戴着个皇冠样子的病毒,就是冠状病毒;还因为这种冠状病毒是新发现的,所以叫新型冠状病毒。
> 新型冠状病毒有什么危害? 看见这些危害,你觉得怎么样呢?
> 我们国家采取了什么好办法对付它?
> 在抗击新型冠状病毒的过程中,有哪些人值得你敬佩?
> 在新冠病毒流行的时期,我们听到很多关于疫情的各种传言,你知道哪些是可信的? 哪些是流言呢? 知道有啥好办法去辨别真伪吗?
> 对于病毒的防护,你懂得哪些好方法? 用什么好方式跟大家分享? 在生活中学习中该如何做呢?
> 随着各地封城令的解除,以及后续多城病毒围困后的解封,曾经的疫区中的人们又回到了我们的生活中,遇见这些朋友们,我们又该怎么与他们友好相处呢?
> ……

从孩子的兴趣、好奇和疑问出发,让孩子带着问题参与活动,在活动中寻找答案。
(2)发现
你有什么发现? 看不到的地方发生了什么? ……让孩子像个猎人一样,用敏锐的目光来侦察疫情带来的影响,培养孩子们的观察能力。

（3）理解

把事情叙述清楚，识别出观点和事实，判断对与错，学会陈述理由；分组讨论，和小伙伴们一起分享感受与发现，在这个过程中提高辨别是非的能力。

（4）实践

活动延伸。孩子们将课堂上的知识延伸到课后，并完成跟课堂内容相对应的一定实践任务。

（5）反馈

为了保证更好的学习效果，在整个课程中，父母至少有一人能够陪伴孩子，全程参与课程，并且能够在课程开展期间、结束之后提供反馈，帮助课程更好迭代以完善课程。

在后续的"病毒猎人"课程实践中，还加入了国家对疫情防控、病人救治等的政策宣传，如：内防反弹，外防输入；人民至上，生命至上；从全面围剿到动态清零等。结合各个时期的疫情状态，利用官网、展板、公众号等多种宣传手段对新冠的防治进行多维度的宣传，通过疫情防控征文活动等引导学生以及公众的主动参与，以提高公众对新冠疫情的防控意识，舒缓其心理压力，增强公众战胜疫情的信心，这些活动在疫情防控期间起到了较好的正向引导作用。

公益科普课程"病毒猎人"的活动流程设计，遵循"设计—探究—反馈"的一般步骤，围绕制订计划、开展研究、生成创作、修正改进、展示评价等环节展开，逐步完成这些步骤所需解决的一系列问题。这正是项目式学习（Project-based Learing，PBL）理念[1]在科普活动中应用的最好体现。PBL理念以其独特的多学科融合，作为尊重个体差异、增进学生参与、培育高阶技能的有效学习方式，已被作为一些发达国家的基础教育课程标准，越来越多地应用于跨年级和跨学科水平的课程与教学的组织[2]。

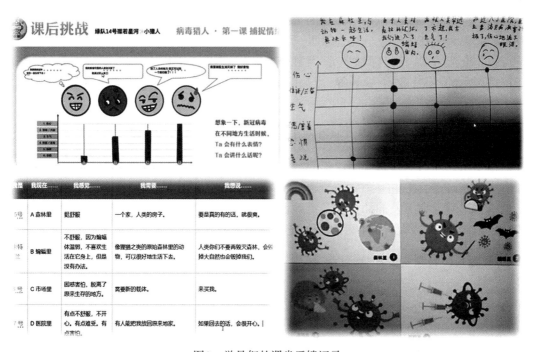

图2　学员们的课堂反馈记录

4 特色分析

4.1 专业多样化的课程研发团队为课程提供支撑

课程研发团队由许多专业不同、职业不同的志愿者组成,其中有银行保险业从业人员、教师、图书馆馆员、大学生、全职妈妈等,团队成员从各自的专业和不同的职业经验出发,为课程的策划带来了多维切入点,也为科普课程的问题导向设置带来了更丰富的思考,经120多个小时进行课程设计和反复雕琢打磨,最终成为较为成熟的课程蓝本。

4.2 以问题为导向,置于真实社会环境中完成学习和探究

疫情,也正是带孩子了解病毒,探究微观世界的好时机。本课程抛弃传统教育中的被动学习模式,从孩子的兴趣和好奇出发,用一系列驱动性的问题引导学生们进行思考,通过学习、小组讨论等方式自主寻找解决问题的答案,培养自主学习的能力,提升辩证思维能力,增强团队协作能力等综合实力。医务人员子女、被隔离过孩子的加入,会在学员中传递对病毒更真切的感受,增强战胜病毒的信念。

4.3 课程注重互动,强调反馈

以往,图书馆的线上阅读推广活动多是给读者提供"一对多"服务,是一个信息推送和展示的平台,在交流和互动方面做得比较欠缺。

疫情防控期间,由于大中小学、各类辅导机构关门停课,网络课堂成为主流的学习模式。这也为图书馆开展以网络课堂为主的阅读推广活动提供了契机。

"病毒猎人"系列课程的每一个课时都由"导入—讲解—提问—分组讨论—问题归结—小结—留问题思考—布置作业—互致感谢—下课—作业—老师评价"等12个环节构成。网络课堂的可视化交流方式,让导师和学员"无距离"接触,交流无障碍,互动反馈及时。同时,通过电子屏幕展示的图片、音频、视频等,也让课程内容更加丰富多彩,绘声绘色,增强了课程的吸引力。

4.4 学员的持续性和课程的连贯性相结合,取得相得益彰的效果

课程要求每个参与学习这一课程的学员都要坚持完成整季的活动,并及时完成每次活动后布置的创意任务,通过合适的方式分享给身边的人,传递战胜病毒的正能量。完成全部课程活动可获得举办方颁发的社会实践活动证书。这样,既培养了学员坚持学习的习惯和任务意识,又能让学员对新冠病毒有一个较为正确和全面的认知。

4.5 图书馆特色资源加持

图书馆拥有丰富的纸质书籍以及电子资源,为课程的开发提供了有力的资源支持。同时,在每一季的活动开始时,我们都会从海量的馆藏资源中精心挑选与主题密切相关书籍推荐给学员,作为课堂相关知识的拓展与延伸。让孩子足不出户即可通过阅读增长知识,消解疫情带来的恐慌,提高辩证思考能力,学会热爱生命,热爱大自然。

图3 社会实践活动证书样板

表1 "病毒猎人"系列主题科普课程部分荐读馆藏资源

序 号	书籍名称	馆藏信息
1	《图说病毒》	索书号:939.4-49/285 馆藏地点:(5楼)科技图书阅览室
2	《不可忽视的病毒真相》	索书号:939.4-49/375 馆藏地点:(5楼)科技图书阅览室
3	《病毒世界历险记》	索书号:J238.2（312.6）/365（2）-10/2 馆藏地点:(3楼)青少年科普阅览室
4	《赛雷三分钟漫画——病毒、细菌与人类》	索书号:J228.2/817, 馆藏地点:(3楼)青少年科普阅览室
5	《病毒博物馆》	索书号:Q939.4-49/776 馆藏地点:(2楼)新书展借区
6	《病毒星球》	索书号:Q939.4-49/197 馆藏地点:(2楼)新书展借区
7	《抗病毒植物药臭灵丹》	索书号:R282.71/549-2 馆藏地点:(4楼)社科图书阅览室
8	《勇闯病毒世界》	索书号:J238.2 馆藏地点:(3楼)青少年科普阅览室
9	《挑战毒魔王》	索书号:Q93-49/585-2 馆藏地点:(3楼)青少年科普阅览室
10	《病毒,正在扩散》	索书号:I287.47/624-4 馆藏地点:(3楼)青少年科普阅览室

综上所述,"病毒猎人"主题系列科普课程,导师只是问题的引领者和恰当的评价者,应用PBL教学法让学员在学习中发现问题、探究问题、并寻找解决问题的有效方法。这样可以极大地激发学员的学习主动性和求知欲,提高了学员的课程参与度,活跃了学员的思维,使得线上教学从抽象、枯燥、平面的形式中解放出来,更具体化,更接地气。

5　经验总结

第一,在课程选题的设置上,应选择当下深受读者关注的热点事件。新冠肺炎疫情之下,人人如惊弓之鸟,迫切地需要了解与疫情相关的知识。"病毒猎人"课程正好符合了这一时期公众的需求,更容易引发读者的兴趣点和共鸣,从而让青少年朋友在深入的探究中获得知识和技能,并树立起正确的社会文化价值观念。

第二,图书馆科普活动的出发点和归宿都跟阅读紧密结合。馆藏资源是图书馆最大的资源优势,也是区别于社会上其他机构所开展的科普活动的关键。在活动中,图书馆应注重对馆藏优秀资源的挖掘,主动为学员和家长提供相关的阅读支撑。

第三,社会力量是图书馆科普活动开展过程中不可或缺的组成部分,广东省科技图书馆联合了一些社会公益机构和志愿者的力量,利用各自的资源优势,充实了活动的内容,创新了活动的方式,提高了科普活动的效果,实现了合作共赢。同时,社会力量参与活动,也加强了疫情防控期间对青少年的正向教育,使得青少年朋友感受到来自社会各方的关怀和温暖,为青少年朋友带来了战胜疫情的信心。

第四,科普公益课程"病毒猎人"系列活动的实施,为图书馆在疫情防控期间开展科普活动实践起到了一种示范引领作用,引起了较为强烈的反响。活动积极运用网络资源,利用公众号进行宣传推广,借助视频会议软件将各地的青少年汇聚在一起,打破了时间和空间的限制,实现了特殊环境下科普活动推广形式和内容的创新。本次线上科普阅读课程原计划只在广州范围内招募学员,但通过线上宣传,吸引了来自吉林、陕西、上海、江苏以及广东惠州的许多外地学员报名参与。由此可见,"病毒猎人"线上科普课程已经得到了受众的认可,并且线上宣传的成功也为我们今后的活动推广工作起到了良好的示范作用。

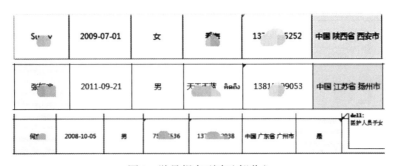

图4　学员报名列表(部分)

图5　学员家长的反馈

参考文献

[1] 卡普拉罗 R M,卡普拉罗 M M,摩根.基于项目的STEM学习[M].王雪华,屈梅,译.上海:上海科技教育出版社,2016:89.

[2] 高智英.以例证说明PBL理念引导下的科普活动流程设计[J].科技传播,2021（24）:22-24,31.

无处安放的蒙尘图书

——基于虚拟化加工技术的下架图书管理探索

黄　勇　刘璐璐　陈丽丽（芜湖职业技术学院图书馆）

芜湖职业技术学院由原芜湖联合大学、芜湖农业学校、芜湖信息技术职业学院等多所学校合并组建而成。芜湖职业技术学院图书馆的纸质馆藏早已突破100万册，由于历史原因，低通率图书均已下架保存在密集书库，部分零星堆放在小空间库房内，图书管理信息系统中的典藏信息未及时修改，现有典藏信息已经无法反映真实存放地点。2018年，图书馆对开架流通的45万册图书进行RFID标签全加工，初步建成RFID自助借还系统。2021年，芜湖职业技术学院图书馆开始消防改造和环境提升项目工程，项目实施前，所有图书都需要下架。项目实施期间如何在图书已经打包封存的情况下继续为师生提供借还书服务？项目完成后大批量的低流通率图书是否需要再上架？不能上架的图书如何管理？这些都成为学校图书馆迫切需要解决的问题。

1　开展背景

1.1　概况

我国高等教育由大众化阶段迈入普及化阶段，高等院校办学规模的扩张使得图书文献需求急速增加，同时各种评建工作以及相关办学关键性指标又对纸质图书的数量提出硬性要求，高校图书馆迎来了跨越式发展。根据事实数据库"2020年1192所高校图书馆纸质资源购置费统计表"显示，年纸质资源购置费在500万元以上高校有80所，在200万—500万元之间有333所，在100万—200万元之间有336所。2020年纸质资源购置费均值达到207万元，最近十年纸质资源购置总费用均值已经超过2449万元，图书馆纸本馆藏数量呈明显上升趋势，纸质馆藏无处存放的问题已经不是某一个图书馆面临的问题。2016年，北京大学教授刘兹恒在《图书馆未来发展的十大趋势》中提到了第九个趋势就是图书馆馆藏仓储化。馆藏仓储化建设主要有三种：储备书库、密集书库（我馆改造为样本书库）、自动化立体书库（ASRS），其中ASRS是存储量最大的仓储方案。国内仅有苏州市第二图书馆、贵州省图书馆、深圳第二图书馆、国家图书馆等4家图书馆新建ASRS书库进入实施阶段，项目总投资（包括新馆建设等所有费用）最低4.8亿元，馆藏容量最低400万册，国内大学图书馆在ASRS书库建设方面尚属空白。芜湖职业技术学院图书馆馆藏规模远未达到ASRS建设标准，改建ASRS书库成本得不到有效分摊，ASRS书库并非经济可行的方案（见图1），储备+密集（样本）书库的仓储化方案成为首要选择。

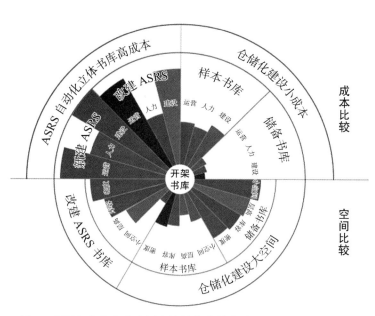

图1 芜湖职业技术学院图书馆馆藏仓储化建设成本与空间对比图

1.2 馆藏、空间、利用率三者之间的矛盾

融媒体时代,信息资源的电子化已成趋势,图书馆纸质资源利用率逐年下降,但纸质文献仍然占据着图书馆相当大的空间并且数量仍在逐年增加,据事实数据库统计数据显示高校图书馆建筑面积已趋于稳定,高校图书馆建筑面积馆均值从2014年的2.46万平方米到2020年2.55万平方米,增长率仅3.66%,馆藏与空间的矛盾在各高校图书馆普遍存在,对低流通率的纸本图书上架已成为图书馆管理中颇不经济的选择。如何在有限空间实现纸质图书的高密度存储和管理,成为图书馆急需解决的问题。

1.3 提质培优提出新要求

教育部2020年联合多部委下发《职业教育提质培优行动计划(2020—2023年)》,2021年又印发了《本科层次职业教育专业设置管理办法(试行)》的通知,芜湖职业技术学院在职业教育大有作为的新时代,以实现高质量发展为目标,扎实推进提质培优、改革攻坚,积极申报职教本科。图书馆也在思考如何建设成为特色鲜明的职业教育图书馆,而现有馆舍空间布局已无法科学有效地管理纸本馆藏资源,因此在现有馆舍的基础上实现空间再造与功能重组的计划被提上日程。2021年,芜湖职业技术学院图书馆消防改造与环境提升项目启动,根据规划流通书库的规模缩小三分之一,下架图书占纸质馆藏比例将从42%增加到67%,若在人、财、物上对下架书进行大量投入,馆藏投入与效用的矛盾将日趋突出,影响馆藏有效文献功能的发挥,但是纸质图书的价值仍不容忽视,下架书若弃之不管,低流通率就变成零流通率。

2 工作思路

在图书管理信息系统OPAC中虽然可以查阅到低利用率图书的馆藏书目信息,但缺少图书定位信息,能查到但找不到;同时,由于在自助借还系统建设时只对开架书库图书进行RFID标签全加工,通过自助借还公共检索大屏无法搜索到下架图书相关信息,查不到又找不到。OPAC和自助借还检索平台数据出现不一致,OPAC数据全但不能定位,自助借还平台只能显示RFID全加工图书。对低利用率图书进行RFID全加工重新上架,成本高,书架数量也不够;但由于存放无序,到库房中找书,费时还未必能找到。在这种情况下我们启动了低成本、高效率、高密度的仓储化建设方案。

2.1 方案原理

通过仓储化管理软件建立图书与书架(箱)及书库之间的绑定关系,实现对下架图书的定位查找功能,通过公众号等多平台可以检索到含定位信息的图书书目。通过软件技术实现图书条码和层(箱)架标签之间关联,实现"书—箱—架—库"的四层绑定关系。在图书仓储化加工过程中除使用手持PDA设备采集图书条码外,不需要对下架的纸质图书进行RFID标签加工等过程,虚拟化加工后即可实现图书的定位查找等功能(见图2)。RFID标签全加工的图书进行仓储化时,实体RFID标签号和虚拟化的RFID标签号信息同时存入数据库字段;未粘贴RFID标签的图书仓储化时,只写入虚拟化的RFID标签号相关字段信息,实体RFID标签号信息为空。仓储的绑定流程极致性简化,图书经过"装箱"绑定后可以被精准查找,箱架之间的绑定调整灵活方便,新加图书可以快速绑定到箱,也可以轻松实现解除绑定、重新绑定。

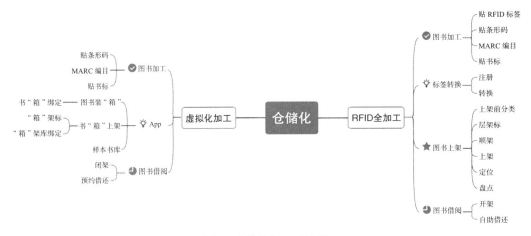

图2 仓储化加工对比图

2.2 制作App

图书馆从2020年开始牵头开发低流通率馆藏资源管理系统App,梳理低流通率图书管理难点,制定了低成本、高密度、高效率、易操作、易检索、易索取的工作原则,前往高校图书馆、公共图书馆、电商物流中心等地进行调研,借鉴现代物理WMS仓储管理系统的入库、出库等功能,确定功能菜单、设计UI页面、优化算法、重写层(箱)架标签数据格式等,经过一年多的时间,不断优化,开发出馆藏仓储App,初步满足了需求。

2.3 箱架关系及标签规则

仓储化建设中定义的"箱"和"架"都是抽象虚拟化概念,我们将书架的单层或者单面抽象为一个箱子,而每排书架、货架,甚至存书柜都可以定义为"架"(见图3),架标格式为"校区+房间号+架号",层标格式为"校区+房间号+书架类型+AB面+列号(箱包号)+层号"。"箱"中的图书按中图法大类粗排序,完成排架后进行箱架定位,定位信息写入数据库后即可通过检索大屏查找图书,实现闭架管理,预约方式借还图书。

图3   密集书架、货架的标签条码

2.4   虚拟化加工

对图书不需要进行任何额外的再加工(只需确认书目可以检索到,无需二次加工),零星图书仓储化时使用手持终端设备上的"低流通率馆藏资源管理"App(见图4)的存储绑定菜单扫描图书条码即可装箱、绑定书架、入库。通过App建立书—箱—架—库的四层绑定关系,实现低流通率图书以"箱"为单位上架,定位到图书所存放的箱或包。"箱"只是一个最基本的存储单元,存储方式灵活,定位精准,实现了图书"箱"的快速上架功能,也可快速获取文献位置。

2.5   实物加工

(1)批量采集数据

第一次仓储化加工基本上都是进行大规模的加工,我们使用普通采集器快速采集下架书库上所有图书的条码号,同时记录下每层书架的第一本图书所在架号和层号的位置,制作成Excel表格。

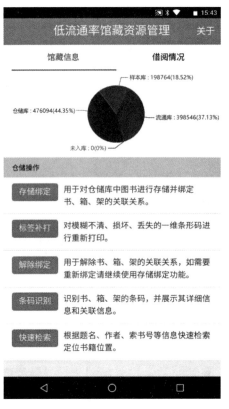

图4　低流通率馆藏资源管理系统

（2）抽取样本

对采集的条码号进行匹配，读取该条码号对应的图书信息，完善图书ISBN号等信息，使用脚本代码对数据进行匹配，根据ISBN号定位到样本图书的准确位置，将样本的位置信息制表导出。抽取工作人员根据反馈信息到书架上对样本进行下架。抽取样本图书按顺序操作，重新上架到密集书架时，只需要记录该层密集书架的第一本图书的条码，在Excel表格中增加一列密集书架所在列层位置，将该表格导入仓储系统，样本图书仓储化加工就全部完成。如果样本图书暂时不能上架，则可按照采集条码的顺序打包，记录包内图书条码号，并粘贴包号，后续上架不需重新采集。

（3）仓储图书装箱或打包

下架书库中抽取样本后剩余的图书仓储化加工。由于该批图书已经采集条码，只需记录装箱或打包图书的第一本和最后一本条码号即可。芜湖职业技术学院图书馆采用高密度存储，对该批图书进行打包，粘贴包号。制作Excel表格，至少应有三列，数据格式如表1所示，后续箱包绑定书架时，按仓储化数据格式规范批量导入系统即可完成仓储化加工。

表1　批量加工时包号记录简表

条码号	包号	房间号
001111	2021南样-001	南区121
001112	2021南仓-001	南区123

（4）零星图书仓储加工

使用安装有低流通率图书App的PDA手持设备扫描图书条码号。第一步是使用软件采集图书条码，会自动判断该册图书是否为样本书（见图5）。第二步，采集完所有条码后扫描书架层架号，将"箱"中所有图书绑定到书架，即可完成仓储化加工。

图5　零星图书仓储化加工样本判断

3　实施过程

3.1　仓储化布局规划

针对图书馆整体书库少，小空间库房多的现状，为有效实现纸本图书的科学管理，芜湖职业技术学院图书馆于2019年起着手进行馆藏仓储化布局调整，依据功能作用将现有基藏书库、密集书库与小空间库房调整为基藏书库、样本书库和仓储书库（见图6）。针对基藏书库中的高流通率RFID非样本图书继续保留在基藏书库，低流通率图书保留1本作为RFID样本图书收入样本书库，以备后续借阅查找，其余复本作为低流通RFID非样本图书，通过箱架定位收入仓储书库存储。针对密集书库分类粗排架和小空间库房中打包无序堆放的图书，由于未进行RFID加工，图书馆开创性提出使用虚拟化加工技术对图书进行仓储加工，首先确保所有图书进行"磁条+条码"加工,可在检索系统中查找到,然后每种图书抽取一本通过读取条码+箱架定位收入样本书库,剩余复本同样通过虚拟化加工收入仓储书库,从而实现高流通率图书基藏书库可开架借阅流通,低流通率图书可闭架流通的规划。重新调整后的仓储功能,由基藏书库70万、密集书库30万、小库房20万、升级为基藏书库40万、样本书库60万、仓储书库60万,提升了馆藏仓储能力,在满足未来10年的新增馆藏存储要求的同时提高了下架图书的流通率,芜湖职业技术学院图书馆纸本图书规划总量是160万册,超过时需要进行剔旧处理,保证馆藏资源零增长,满足储存和流通要求。

虚拟化加工技术的仓储建设标准化作业流程

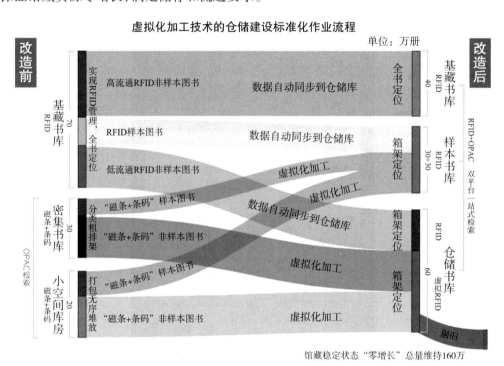

图6 虚拟化加工技术的仓储建设标准化作业流程

小库房改造仓储书库,发挥实用价值。根据虚拟化加工仓储建设方案,基藏书库功能位置维持不动,密集书库调整为样本书库,而现存小库房面积多为19—40平方米,其中部分库房由于位置偏、带有立柱等原因不适宜作为基藏书库或阅览空间,成为本次功能场地改造的重点。芜湖职业技术学院图书馆根据一楼小库房内部结构小但层高有5米的现实情况,放弃采用高度范围为1.9—2.5米的密集书架,改选4米高的货架作为存储书架。改建后仓储书库能充分利用垂直空间且不必考虑空间承载极限,极大提高了藏书密度;货架作为存储书架,文献装箱后依序摆放,不仅存储容量大,还能方便灵活实现扩展。为解决一楼书库湿度高的问题,计划在书库添置通风除湿机器进行通风换气,以便避免潮湿的同时做好防蛀虫防火等工作。二楼以上库房的"架"仍采用普通钢制书架。

3.2 同步数据源

将图书管理信息系统中的图书信息同步到RFID数据库中(见图7),其中已进行RFID加工的图书归入"流通库",未加工图书归入"未入库"。通过算法给"未入库"图书生成虚拟

RFID标签号（根据条码号和索书号），数据库中图书拥有虚拟RFID标签号、RFID标签号等字段。

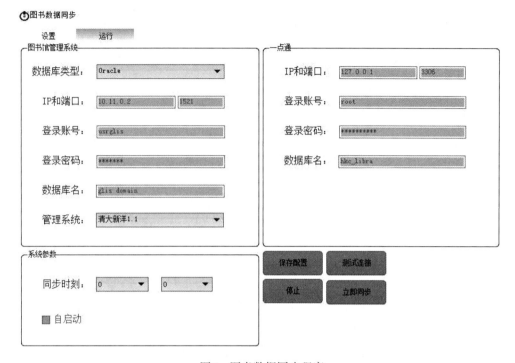

图7 图书数据同步程序

3.3 提取样本（样本库建设）

密集书库功能调整为样本书库。样本书库作为二线典藏书库，主要功能是存储全品种下架馆藏图书，采用闭架开放方式，通过检索实现对图书的精准定位，方便管理及查找。一方面，样本书库与基藏书库信息相结合，确保了馆藏书目信息全覆盖，基藏书库查找不到所需图书时，可从样本书库通过精确查询确认馆藏是否有该种图书，以便在图书馆有该藏书时准确提取图书进行流通，若未收藏该图书则读者可以进行图书荐购。当样本书库图书借阅2次以上时，该书目将从样本书库调拨至基藏书库；另一方面，对即将存入仓储库图书进行匹配，若样本库中无此图书，则存入样本库。样本书库与仓储书库信息相结合，确保了低流通率图书收入二线、三线书库后，样本书库图书种类不遗漏，提高了仓储书库图书的可查找性及流通率。图书目前已将密集书架34.6万种、27万册纸质文献全部下架进行仓储化加工（见图8），并将每种书抽出1套（册）作为样本书收入样本书库，库容率达到96%，实现了密集书库到样本书库的功能调整。

3.4 批量加工定位

通过条码采集结合层架标，可实现样本书库、仓储书库的箱架定位批量操作工作，因为书库中的基本存储单位为"箱"，而"箱"中图书均按照中图分类法进行粗排序，批量定位后，在闭架管理的环境下，可迅速完成高密度存储下图书的查找工作。

图8 仓储化加工:装箱打包绑定到货架图书

3.5 单册加工二步法

单册图书加工时,管理员使用"低流通率馆藏资源管理"App的手持PDA终端设备扫描图书条码号,不需要进行对RFID实物标签的加工,两个步骤即可实现虚拟RFID标签注册,图书装箱绑定到架,实现图书定位和盘点等功能。

(1)图书装箱

为应对下架图书管理问题,芜湖职业技术学院图书馆牵头开发出"低流通率馆藏资源管理"App,利用安装App的手持终端设备可在下架图书现有的"磁条+条码"基础上,首先通过"存储绑定"中的"图书装箱"功能采集需要"装箱"的图书条码信息(见图9),App也可以打印箱包的条码号,完成书箱绑定工作。

(2)绑"架"入库

再通过"存储绑定"中的"书箱上架"功能选择具体的仓储库并打印架条码,完成箱架绑定工作(见图10),简单约两个步骤即可实现虚拟RFID标签注册、图书装箱、上架、定位、盘点等功能。

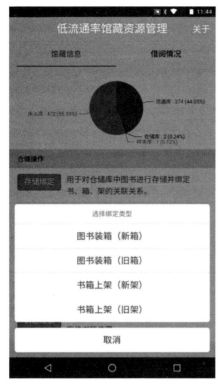
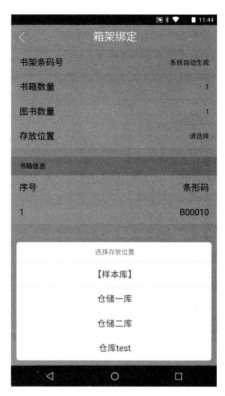

图9 图书装箱操作界面　　　　图10 箱架绑定操作界面

3.6 一站式检索平台更换

过往馆藏图书多采用"基藏书库+密集书库+小库房"的存储方式,这一存储方式存在许多图书存放及利用方面的问题,虽然基藏书库书目实现了RFID全加工及定位,可以轻松检索查找图书,但是密集书库、小库房书目仅实现磁条加工,一来存在典藏、定位不及时、不准确的问题,二来由于检索平台为RFID系统,无法显示未进行RFID加工的书目信息,存在检索平台数据源不全面的问题,不能显示全面的馆藏数据;而原有未进行RFID升级的检索系统,虽能检索图书信息,却不能显示定位信息,人工查找图书的时间成本大大增加。

针对存在的问题,芜湖职业技术学院图书馆在重新调整书库功能的基础上,对归入样本书库和仓储书库的图书书目采用箱架定位法进行馆藏数据全面清洗,虚拟加工后的数据可实现RFID检索平台与OPAC检索平台的互联互通,解决了原有检索平台馆藏信息显示不全的难题,实现了馆藏一站式检索。为方便读者随时检索查阅馆藏书目信息,芜湖职业技术学院图书馆除在借阅大厅放置检索大屏外,还通过微信公众号嵌入仓储检索平台(见图11),读者只需关注图书馆微信公众号"芜职图书馆",利用微服务大厅中的"校园网内·图书定位"模块,即可实现对馆藏图书的检索定位功能,还可以通过检索平台预约外借,避免无馆藏时跑空的情况,提升读者借阅体验。

图11 芜职图书馆微信端检索界面

3.7 人工借阅

书库功能调整后,样本书库和仓储书库作为二、三线基藏书库,实行闭架预约借阅管理流程,即读者在检索平台查阅到所需图书在样本书库后,线上进行预约借阅申请,工作人员收到申请后,到书库查找取出图书后,再通知借阅人取书。由于未进行RFID加工,图书流通需走人工借阅归还流程,若借阅人需要自助借阅,可将挑选图书实行RFID全加工后通知借阅人自助借阅。图书馆力争以最低的管理成本实现下架图书的最大利用率。

4 分析与总结

4.1 低成本高存储

针对芜湖职业技术学院图书馆小面积库房多的现状,合理规划改造,变闲置资源为储备书库,通过虚拟加工技术实现图书的规范化管理,解决了原先图书零星堆放丢失、损坏、找不到等管理问题,以分布式、可扩展的存储方案,提高了闲置资源的利用价值。

在仓储化书库的布局上,考虑到一楼小开间库房面积小房间多的情况,通过打通库房扩大面积形成整体,减少分开管理成本。在书架的选择上,在科学评估一层库房每平方米地面承重力超过4吨后,结合层叠、通道宽度、每节容书量,占地面积、藏书密度、架位成本等多方面因素对现有几种书库类型进行了多角度对比论证,其中密集书库与仓储书库的藏书密度较高且架位成本较低,针对一楼库房层高5米的实际情况,决定放弃采用高度范围为1.9—2.5米的密集书架,改选高度范围更高的货架作为存储书架,所选用的三层堆垛架书库每一节三层标准架可存放纸本文献3024册,藏书密度约为密集书库的1.59倍,架位成本只有1.12元/册,能够实现最大限度地贮藏文献,最大限度地利用物理空间(表2)。

表2　各种书库藏书情况对比表

书库类型	尺寸/毫米	层叠	通道/米	每节容书量	占地面积	折算通道/平方米·节$^{-1}$	藏书密度/册·平方米$^{-1}$	架位成本/元·册$^{-1}$
开架书库	900×500×2200	1	1.5	410	0.45	1.35	228	2.93
闭架书库	900×500×2200	1	0.6	483	0.45	0.54	488	2.48
密集架书库	900×600×2400	1	0.0	650	0.54	0.45	657	1.85
期刊仓储库	1300×1250×1000	3	0.6	1344	1.625	1.275	463	2.51
图书仓储库	1300×1250×1000	3	0.6	3024	1.625	1.275	1043	1.12

注:开架、闭架、密集等标准书架的容书量以芜湖职业技术学院图书馆五节相同书架为样本求出平均值,均值也在JGJ 38—2015《图书馆建筑设计规范》A.0.1规定的每标准书架容书量的标准规定范围内。

　　仓储化改造中,除了在空间和书架上最大限度发挥价值,沉没成本的再利用也是考量因素之一。首先,在仓储化改造后的一体化检索系统由未升级RFID加工前的OPAC系统兼容自助借还系统而成,只产生微小的软件兼容人工成本。其次,针对目前下架图书中既有RFID加工书目,也有磁条加工书目的情况,采用不同加工方式加以区分,通过箱架定位方式进行数据清洗,即对已RFID加工的下架图书直接箱架定位,而磁条加工下架的图书则生成虚拟RFID标签号后再进行箱架定位,操作过程不需进行额外加工,实现无成本转换。同时仓储化加工中"箱""架"等都是抽象虚拟化概念,已经成为沉没成本的各类型书架均可再利用为"架",达到提高现有资产利用率,收回沉没成本的目的。

4.2　简流程提效率

　　融媒体时代的到来,职教本科建设新征程的开启,对图书馆也提出了新的要求和规划,如何提升馆员工作效率以及馆员有更多的时间用于提升职业素养与职业能力,关键在于日常工作流程是否精简优化。明确各项工作最优流程,降低馆员重复性劳动频次,减少纸本图书倒架等非必要工作量,都可以有效增加馆员学习专业技能的时间。

　　仓储化建设完成后,一线基藏书库实现RFID全加工,自助借还结合盘点定位系统,借书还书课程实现全自助,还书依靠盘点定位系统后可实现上架扫描即定位,大大减轻了人工借还的工作量,免去了整架理架的烦恼。二、三线样本书库及仓储书库的图书管理,在不考虑开架闭架流通方式的情况下,通过虚拟加工进行管理作业的时间更是仅占RFID全加工的1/17(见表3),大大减轻了馆员的工作强度,实现了生产力的解放。

表3 五千册图书仓储化作业时间对比表

加工方式	图书加工 （不含MARC编目）/分钟	分拣装箱/ 分钟	上架/分钟	定位/分钟	流通方式	总作业时间/ 分钟
RFID全加工	4005	161	2045	1033	开架	7244
虚拟化加工	239	69	83	28	闭架	419

4.3 整馆藏升服务

图书馆作为学校的文献资源中心，为广大师生提供优质资源服务，浓厚校园阅读氛围，是图书馆的职责。仓储化改造完成后，图书馆各书库功能明确，书库管理流程制度简洁，一线基藏书库为高流通率图书，全开架实现自助借还；二、三线基藏书库作为下架图书的样本书库和仓储书库，闭架预约借还，方便管理的同时提高了下架图书流通率。三库实现一站式检索，确保全部馆藏在检索时不漏一本，在编在册，方便读者快速有效查找。定期对三库图书进行流通率评估，当二、三线图书借阅2次以上时，及时调拨至一线基藏书库，确保基藏书库中始终是师生读者想看的较高流通率图书。针对读者有需要而馆藏没有的纸质文献，图书馆设置了采购专项经费并开通公共采选平台，以便读者提报所需图书，由图书馆采访人员按需采买加工，线上反馈结果，及时向读者提供所需图书，有效改善了以往读者荐购采购周期长的问题。以改造的契机，对图书馆的功能布局进行调整，对阅览区域进行功能细分，增加自修空间、研修空间、娱乐交流空间等，改善读者在馆学习环境，提升阅读体验，以期为读者提供更优质的服务。

发挥馆藏资源发挥资源价值是图书馆的使命。在进行图书馆资源重新整合清洗的过程中，图书馆发现有关安徽公学（芜湖农业学校前身）的珍贵资料，整理后与学校现存相关文献资源归档，形成了安徽公学特色资源。2021年，芜湖职业技术学院的双高校建设和职教本科申报工作启动，图书馆紧随学校发展步伐，积极与二级学院对接系部资料室整合事宜，由图书馆提供对口专业所需文献资料，全力打造"高水平专业群"建设的后备支撑力量，助力双高建设。图书馆针对职教本科要求对现有资源进行科学评估和补充，协调好纸质资源与数字资源的配比，加入SLCC外文期刊采访联盟，同时积极开展与安徽省高校图工委、安徽省高校数字图书馆资源共享共建，促进馆校合作内涵的进一步延伸，满足读者多元化的需求。通过问卷调查、图书馆咨询服务QQ群等广泛收集读者意见建议，完善馆藏评价机制，落实"低本高质"的文献资源建设保障体系，提升读者黏度。

4.4 兼改造顾开放

2013年，因学校合并，南校区图书馆未完成内部装饰就仓促投入使用。2019年经校基建办根据最新版《公共消防设施条例》对图书馆楼消防设施评估，结果为未达标，需进行消防空间改造。2021年10月，图书馆消防改造及环境提升项目开始施工，根据施工计划，改造过程中须将书库清空，书架及借阅设备全部拆除搬离，流通中的近40万册图书只能下架，南校区图书馆流通服务至少暂停半年。为尽量缓解南校区图书馆闭馆对读者借阅图书需求的影响，图书馆启动仓储化加工程序，对下架流通中图书同样采用"样本书库+仓储书库"的管理模式，开启闭架预约借阅流程，继续为全校师生提供借阅服务。

4.5 跨场景多应用

（1）RFID智慧图书馆初期解决方案

针对有建造RFID智慧图书馆自助借还系统需求但因资金、加工空间、开放需求等问题需要分阶段完成改造的图书馆，完成RFID全加工前同样会面对部分RFID加工的状况，以及部分未加工图书管理流通的问题。图书馆可采用全开架自助借还和闭架预约借还RFID虚拟化加工并行的管理方案来解决这些问题。

（2）下架图书的管理

打破图书馆下架图书管理困局，无需对图书进行额外的加工，通过虚拟化加工技术对图书箱架定位，即可实现精准检索，快速定位，借阅方便，实现低成本建库，管理下架图书。

（3）系部资料室的管理

图书馆与二级学院建立资料室，一方面方便各学院学生快速查阅专业学科资料，提高文献流通率，更好地满足师生读者的阅读资源需求。另一方面可丰富二级学院资料室的文献资源，助力二级学院的专业建设和学科建设，拓宽高校图书馆的服务渠道，扩大服务范围。还可以分摊图书馆场馆存储压力，使资源安排更加合理。

学院的二级学院众多，资料室大小规模不一，以图书馆一线基藏书库的标准进行RFID加工实现自助借会面临耗时长、成本高等问题，采用虚拟化管理方案，只需对图书进行回溯建库，即可实现资料室的统一管理。

（4）地方共建共享书库

高校图书馆与公共图书馆进行资源共建共享，不仅能避免文献资源的重复建设，避免资金的重复投入和浪费，还可以实现馆藏资源共享，满足公众对信息日益增长的需要，提高资源利用率。但是要实现资源共享，共建是基础。在共建过程中，首先就面临不同图书馆之间使用的管理系统、图书加工标准等不一致的问题，无法进行通借通还，若按某一家标准统一则耗时耗力成本巨大。通过虚拟化建设管理方案，则可以在不改变原有流通方式、不改变加工标准的前提下，快速实现统一管理，真正实现资源共建共享。

（5）高密度存储书库

传统的高密度存储方案多为密集书库或高密度自动存储书库，相对于开架书库确实提高了存储容量，但场地适应性不高，建设成本也随之增加，芜湖职业技术学院图书馆提出的仓储化建设方案，选用的三角货架承重力强，层高可调节，扩展性好，可适用多种建筑格局，存储密度是开架图书的5倍。虚拟化加工技术的应用无需对书目进行再加工，作业时间提高10倍以上，加工成本节省90%，实现了图书的精准检索，保证了图书好管理、易流通。

高校图书馆的工作重心是做好读者服务工作，创建师生满意的图书馆。有些高校图书馆在异地建设大型储备书库用于图书存储和周转；有些则将部分尚有流通价值的下架书放到二线书库重新上架；有些与其他图书馆进行低流通率图书交换；有些下架书通过捐赠、图书漂流等多种形式进行流转。为了让低流通率图书更好地发挥作用，图书馆想了很多办法，争取让蒙尘的图书继续发挥作用。芜湖职业技术学院图书馆提出的基于虚拟化加工技术的馆藏仓储化建设方案，结合了现实情况与长远规划，满足了近10年的馆藏增长需求，达到馆藏顶点后可通过定期评估剔旧维持零增长，同时规范简化了工作流程，实现了高存储率低成本的目标。改造后从查找文献到索取图书理论上只需要10分钟就可以找到某一图书,低流通率下架图书将不再继续蒙尘或流失。芜湖职业技术学院图书馆仓储化App获得安徽省高校图工委第二届(2014—2020年)学术成果奖一等奖,仓储化建设工作经验还在四川大学举办的2021年全国图书情报案例学术研讨会上作现场分享,兄弟院校都给予了较高的评价。